中华当代学术著作辑要

王学与中晚明士人心态

左东岭 著

图书在版编目(CIP)数据

王学与中晚明士人心态/左东岭著.—北京:商务印书馆,2024(2025.3重印)
(中华当代学术著作辑要)
ISBN 978-7-100-23142-8

Ⅰ.①王… Ⅱ.①左… Ⅲ.①王守仁(1472—1528)—哲学思想—研究 ②知识分子—心理状态—研究—中国—明代 Ⅳ.①B248.25 ②D691.71

中国国家版本馆 CIP 数据核字(2023)第 193710 号

权利保留,侵权必究。

中华当代学术著作辑要
王学与中晚明士人心态
左东岭 著

商 务 印 书 馆 出 版
(北京王府井大街36号 邮政编码100710)
商 务 印 书 馆 发 行
三河市尚艺印装有限公司印刷
ISBN 978-7-100-23142-8

2024 年 4 月第 1 版　　开本 710×1000　1/16
2025 年 3 月第 2 次印刷　　印张 42
定价:210.00 元

中华当代学术著作辑要
出　版　说　明

　　学术升降,代有沉浮。中华学术,继近现代大量吸纳西学、涤荡本土体系以来,至上世纪八十年代,因重开国门,迎来了学术发展的又一个高峰期。在中西文化的相互激荡之下,中华大地集中迸发出学术创新、思想创新、文化创新的强大力量,产生了一大批卓有影响的学术成果。这些出自新一代学人的著作,充分体现了当代学术精神,不仅与中国近现代学术成就先后辉映,也成为激荡未来社会发展的文化力量。

　　为展现改革开放以来中国学术所取得的标志性成就,我馆组织出版"中华当代学术著作辑要",旨在系统整理当代学人的学术成果,展现当代中国学术的演进与突破,更立足于向世界展示中华学人立足本土、独立思考的思想结晶与学术智慧,使其不仅并立于世界学术之林,更成为滋养中国乃至人类文明的宝贵资源。

　　"中华当代学术著作辑要"主要收录改革开放以来中国大陆学者、兼及港澳台地区和海外华人学者的原创名著,涵盖语言、文学、历史、哲学、政治、经济、法律、社会学和文艺理论等众多学科。丛书选目遵循优中选精的原则,所收须为立意高远、见解独到,在相关学科领域具有重要影响的专著或论文集;须经历时间的积淀,具有定评,且侧重于首次出版十年以上的著作;须在当时具有广泛的学术影响,并至今仍富于生命力。

　　自 1897 年始创起,本馆以"昌明教育、开启民智"为己任,近年又确立了"服务教育,引领学术,担当文化,激动潮流"的出版宗旨,继上世纪八十年代以来系统出版"汉译世界学术名著丛书"后,近期又有"中华现代学术名著丛书"等大型学术经典丛书陆续推出,"中华当代学术著作辑要"为又一重要接续,冀彼此间相互辉映,促成域外经典、中华现代与当代经典的聚首,全景式展示世界学术发展的整体脉络。尤其寄望于这套丛书的出版,不仅仅服务于当下学术,更成为引领未来学术的基础,并让经典激发思想,激荡社会,推动文明滚滚向前。

商务印书馆编辑部

2016年1月

目　　录

第一章　明前期的历史境遇与士人人格心态的流变 …… 1
第一节　道与势之纠缠——明代士人境遇的尴尬 …… 2
一、方孝孺之死——士人的悲剧与尴尬命运的序曲 …… 2
二、成祖朱棣的政治策略与永乐士人的无奈 …… 9
三、仁、宣士风与台阁体 …… 15
四、于谦之死——士人的尴尬与绝望 …… 27
第二节　理学、八股与明代前期士风 …… 37
一、八股科举制度的选择与理学意识形态的确立 …… 37
二、科举与圣学：手段与目的的颠倒 …… 48
三、理学流行中的士人人格与心态 …… 59
第三节　白沙心学与明代士人人格心态的变异 …… 68
一、江门心学的内转及其时代印痕 …… 68
二、内在超越与江门心学的价值取向 …… 78
三、受用与责任——陈献章的复杂矛盾心态 …… 96

第二章　王阳明的心学品格与弘治、正德士人心态 …… 108
第一节　弘治、正德的士人心态与阳明心学发生的心理动机 …… 110
一、弘治、正德二朝的士人境遇及其心态流变 …… 110
二、"龙场悟道"的心理动机与工学产生的意义 …… 141
第二节　良知说所体现的阳明心学境界 …… 158
一、致良知与四句教之关系与阳明之学术风格 …… 158

二、"无善无恶"与"致良知"所体现的人生境界 ········· 167
三、"致良知"说产生的时代原因及其王阳明的人生实践 ········· 182
第三节　王阳明的求乐自适意识及其审美情趣 ········· 194
一、求乐与自得 ········· 195
二、王阳明的审美情趣 ········· 205
三、王阳明的归隐意识与明代士人生存空间的拓展 ········· 218

第三章　嘉靖士人心态与王学之流变 ········· 232
第一节　嘉靖朝政治与士风演变以及王学之遭遇 ········· 233
一、"大礼议"对嘉靖士风之影响与王学所扮演之角色 ········· 233
二、世宗独裁与阳明心学之际遇 ········· 247
三、嘉靖晚期士风与王学的扩张变异 ········· 267
第二节　王艮——儒家狂者的典型 ········· 287
一、"思出其位"的进取意识 ········· 289
二、守道尊身的人格设计及其对时代的回应 ········· 297
三、狂侠精神与泰州传统 ········· 307
第三节　罗洪先——归寂与自保的代表 ········· 323
一、"归寂"的原因及其所蕴含的人生追求 ········· 323
二、"彻悟仁体"与罗洪先的晚年心态 ········· 333
第四节　王畿——三教合一与士人心态的新变化 ········· 346
一、心学的内部学术对话与王畿的良知观 ········· 346
二、王畿心学理论所体现的人生价值取向 ········· 354
三、王畿的人生实践与人格心态 ········· 364
第五节　唐顺之——从气节到中行的心学路径 ········· 374
一、阳明心学与唐顺之的学术思想 ········· 375
二、唐顺之的心学思想与文学思想 ········· 385
三、阳明心学与唐顺之的晚年心态 ········· 403

第四章　阳明心学与晚明士人心态 ………………………………… 418

第一节　风云变幻的晚明政局与阳明心学的历史命运 ………… 420
一、张居正与阳明心学 ……………………………………………… 420
二、晚明政局与阳明心学的历史走向 ……………………………… 444

第二节　李贽——阳明心学转折的标志 ………………………… 462
一、李贽的心学因缘与其人格心态之特征 ………………………… 463
二、自适与真诚——李贽对心学理论的改造与超越 ……………… 479
三、从本色论到童心说——明代性灵文学思想的演变（一）…… 496

第三节　阳明心学与晚明言情思潮 ……………………………… 510
一、汤显祖的心学渊源与其言情说的内涵 ………………………… 510
二、心学影响与佛学因缘——汤显祖人格心态演变轨迹描述 …… 530
三、冯梦龙的人格特征与其情教说 ………………………………… 556

第四节　阳明心学与追求性灵的士人心态 ……………………… 573
一、公安派的心学渊源与求乐自适的人生价值取向及其人格心态 … 573
二、从良知到性灵——明代性灵文学思想的演变（二）………… 602
三、从公安到竟陵——晚明士人由开放到封闭的心态转换 ……… 622

主要参考引用书目 …………………………………………………… 646
后记 …………………………………………………………………… 656
再版后记 ……………………………………………………………… 660

第一章 明前期的历史境遇与士人人格心态的流变

本书是对阳明心学与中晚明士人精神生态关系的研究。如果就阳明心学所发生的具体原因而言，则是士人对明代中期种种变化了的历史状况的回应，尤其是在明代中期日益险恶的政治环境中如何安顿士人个体生命，更是其发生的直接原因。然而，尽管阳明心学的产生时间是在弘治、正德年间，但若从更为深层的原因看，它理应是整个明代前期历史发展演变的必然结果。阳明心学犹如一棵大树，它固然生长于明代中期，但它的根却伸向了整个明朝一代。如果对明代各种政治文化措施一片茫然，如果对明代前期的历史状况不甚了了，便很难弄明白阳明心学发生的真正原因，也很难把握其学说的真实内涵，当然也就谈不上对中晚明士人的人格心态所造成的真正影响做出准确的描述了。因此，本章即先从明代前期的历史状况谈起，以便具体探讨阳明心学所产生的真实契机，并为全书的行文建构一个较为宽广的文化视野。本章共分三节：第一节是对明前期政治变迁中所显示的皇权与文官集团之间的关系，以及在此种关系中所形成的士人心态的研究与描述，其核心在于表现明前期历次重大政治事件对士人心态所造成的影响。第二节是对明代文官铨选制度的研究，其中包括八股制艺的选拔方式与程朱理学的选拔标准两个侧面，其核心在于探讨科举制度所具有的谋取个体利益的实质与理学道德理想化标准之间的背离，以及对士人的人格心态所造成的负面影响。第三节是对陈献章的心学内涵及其人格心态的研究，其核心在于指出明代思想界试图通过心学的建立来对时代进行回应，从而为士人的生命安顿寻觅到一条有效的途径，显示了阳明心学产生时那种呼之欲出的必然趋势。

第一节　道与势之纠缠——明代士人境遇的尴尬

一、方孝孺之死——士人的悲剧与尴尬命运的序曲

明代在中国历史上是个独具品格的朝代。一方面，它像宋代一样，所采用的是典型的文官制度。这主要是指其立国的宗旨为礼法并举的儒家礼乐制度，其选拔官员的方式为程序严格的科举制度，其官员构成与权力的实际操作也都由受过儒家诗书教育的士人来承担，更重要的是，士人是这个朝代实际利益的真正获得者。然而另一方面，明代又是一个帝王专制空前强化的时代。在明初的洪武时期，朱元璋将中国历史上曾存在了上千年之久的宰相制度彻底废弃，把权力下分六部并直接向皇帝负责。至永乐年间，明成祖朱棣设内阁，立大学士数名以备顾问并负责处理章奏诰敕等文字工作。由此，贯穿明代二百余年的内阁制正式形成。在此种制度下，皇帝的权力凌驾于文官集团之上而缺乏必要的限制是不言而喻的。就理想状态言，皇上与文官在共同遵守仁义礼智的伦理原则亦即儒道的前提下，方能和衷共济以求取共同的利益。如果说皇上代表权力之势而文官集团代表伦理之道的话，就需要达到势以道为依据而道借势以流行的和谐一致。但是由于皇上的权力与欲望在明代得不到制度上的限制，因而上述所言的理想状态在历史的实际发展过程中便很少能够得以实现。许多士人为此进行过抗争，甚至付出了血的代价。于是在明代前期就形成了一种士人人格心态由悲愤尴尬趋于疲软平和的历史态势。此一趋势的奠基者就是那位死得

凄惨而又悲壮的方孝孺。

　　明人李贽曾对明前期数位帝王的施政特征做过一个概述："唯我圣祖，起自濠城，以及继位，前后几五十年，无一日而不念小民之依，无一时而不思得贤之辅。盖自其托身皇觉寺之日，已愤然于贪官污吏之虐民，欲得而甘心之矣。……自是而后，建文继之纯用恩，而成祖二十有二年，则又恩威并著而不谬。仁宗之纯用仁，而宣宗章皇帝在位十年，则又仁义并用而不失。"（《续藏书》卷一）① 倘若将此段文字做一简化，则为：太祖——用威，建文——用仁，太宗——恩威并用，仁宗——用仁，宣宗——仁义并用。本段文字如果剔除当朝人对列祖列宗的崇拜与歌颂的情绪，其论断则基本符合历史实际。在洪武时期，朱元璋为矫元末贪污放纵之习，以酷刑整顿吏治，行严法扭转士风。当时的著名诗人高启、张羽、杨基诸人均被迫害致死，甚至连开国功臣宋濂、刘基也最终郁郁而死，正如解缙在为太祖所上封事中所说："国初至今，将二十载，无几时不变之法，无一日无过之人。"（《明史》卷一四七，《解缙传》）这是一个政治稳定的时代，同时也是一个令人窒息的时代，生活在此一时代的士人，他们所拥有的只能是惴惴不安的畏祸避害心理，而不可能有扭转乾坤的守道抗势壮志。只有当洪武时代结束而朱允炆登基后，士人似乎才迎来了转机。从改元"建文"的新年号里，就不难发现这位自幼饱受儒学熏陶的年轻皇帝所追求的政治理想，这意味着一个仁治时代的到来。方孝孺则是这仁治舞台上协助建文皇帝的主要角色。

　　方孝孺（1357—1402），字希直，一字希古，宁海人。他像洪武时的其他士人一样，亦曾有过痛苦的经历。他生于元至正十七年，明王朝建立时，已经十二岁，元末群雄混战、生灵涂炭的情景应该依稀留在他

---

① 本书所引书籍版本及出版时间，均在书后"主要参考引用书目"中标出，文中注不再赘述，特此说明。

的记忆中。其父方克勤曾坐"空印"案而被诛,据《明史》本传记载,他曾"扶丧归葬,哀动行路"。(卷一四一)其本人亦曾被仇家牵连而逮至京师。但或许由于他太年轻,太祖朱元璋竟然放过了他,认为"今非用孝孺时"而令其处下僚以"老其才"。这些经历使他具有了特殊的人格心态,四库馆臣评价他说:"孝孺学术纯正,而文章乃纵横豪放,颇出入于东坡、龙川之间。盖其志在于驾轶汉唐,锐复三代,故其毅然自命之气,发扬蹈厉,时露于笔墨之间,故郑瑗《井观琐言》称其志高气锐,而词锋浩然,足以发之。"(《四库全书总目》卷一七〇,集部,别集类二三)由此可知孝孺是位学术纯正而又志气豪迈的儒者,他既没有刘基叹老嗟卑的畏惧失望心理,也不像高启那样缺乏政治热情而甘居草野,他不仅自幼"恒以明王道、致太平为己任"(《明史》卷一四一,《方孝孺传》),而且此种志向是其反复斟酌、深思熟虑后的人生选择。其《立春偶题二首》曰:"万事悠悠白发生,强颜阅尽静中声。效忠无计归无路,深愧渊明与孔明。""百念蹉跎总未成,世途深恐误平生。中宵拥被依墙坐,默数邻鸡报五更。"(《逊志斋集》卷二四)该诗显然作于洪武时期,在进退失据的情景中,他夜半拥被而坐,默默思考将如何度过自己的一生,而渊明与孔明这二位退隐自适与济世忧民的大贤便是他此时的人生楷模。但后来在其所作的《闲居感怀十七首》中,其志向便已集中于济世一端,试选数首为证:"凤随天风下,暮息梧桐枝。群鸥得腐鼠,笑汝长苦饥。举头望八荒,默与千秋期。一饱亮易得,所存终不移。"(其二)"乘时功易立,处下事少成。君看萧曹才,岂若鲁两生?贤豪志大业,举措流俗惊。循循刀笔间,固足为公卿。"(其三)"我非今世人,空怀今世忧。所忧谅无他,慨想禹九州。商君以为秦,周公以为周。哀哉万年后,谁为斯民谋。"(其八)(《逊志斋集》卷二三)依然是身处下僚,依然是境遇窘迫,却已经自视为凤凰贤豪,蔑视庸人般的鸥鸟追逐腐鼠,不愿做萧曹般的刀笔俗吏,甚至连商鞅、周公的只为一姓一朝亦不被其欣赏,他所追求的是大禹治水般的忘我奉献精神,目的是"为斯民谋"。怀抱如此志向的方孝孺,终于在年轻皇帝朱允炆那里寻找到了实现理想的机遇。

建文皇帝登基后即诏行宽政并锐意复古,方孝孺从中当然起了不可低估的作用。后人对建文君臣恢复井田旧制与《周礼》之古旧官称往往持批评态度,如清人评曰:"圣人之道,与时偕行,周去唐虞仅千年,《周礼》一书已不全用唐虞之法,明去周几三千年,势移事变,不知凡几,而乃与惠帝讲求六宫改制定礼。即使燕王兵不起,其所施设,亦未必能致太平,正不必执讲学家门户之见,曲为之讳。"(《四库全书总目》卷一七〇,集部,别集类二三)建文君臣的行为主张自然是幼稚可笑迹近荒唐,然而却不必怀疑他们对政治理想追求的真诚热情与君臣间关系的融洽和谐。方孝孺的所作所为,完全是对自己志向的追求与人生理想的满足,没有丝毫的被动勉强。这种对实现政治理想的渴望与对知遇之恩的感戴,使方孝孺无论从情感还是理念上都把建文帝视为千古一遇的圣主,并将自己的命运与之紧紧地联系在一起。就此一点而言,在后来的靖难之役中,他是绝不可能降于成祖朱棣的。就实际情形论,方孝孺在所有殉难文臣中,是最有资格也最有可能存活下去的人物,故后人曾对此论曰:"惟是燕王篡位之初,齐、黄诸人为所切齿,即委蛇求活,亦势不能存。若孝孺则深欲藉其声名,俾草诏以欺天下,使稍稍迁就,未必不接迹三杨。而致命成仁,遂湛十族而不悔。语其气节,可谓贯金石、动天地矣。"(同上)以实而论,方孝孺的死不能被视为一种个人的行为,它是明前期士人儒家政治理想昙花一现后破灭的标志。从此一角度言,可以同意某些学者的观点,将他的死视为"儒家之绝唱"[①]。因此,方孝孺之死的意义已经远远超出了事件本身。现在将

[①] 此种说法见徐立新之《儒家之绝唱——方孝孺悲剧根源剖析》(《台州师专学报》1996年第5期)。文中认为方孝孺的悲剧"实质上是以方孝孺为主体的儒家文化与明初残

《明史·方孝孺传》中描述其死的场面摘引如下：

> 是日，孝孺被执下狱。先是，成祖发北平，姚广孝以孝孺为托，曰："城下之日，彼必不降，幸勿杀之，杀孝孺，天下读书种子绝矣。"成祖颔之。至是欲使草诏。召至，悲恸声彻殿陛。成祖降榻劳曰："先生毋自苦，予欲法周公辅成王耳。"孝孺曰："成王安在？"成祖曰："彼自焚死。"孝孺曰："何不立成王之子？"成祖曰："国赖长君。"孝孺曰："何不立成王之弟？"成祖曰："此朕家事。"顾左右授笔札，曰："诏天下，非先生草不可。"孝孺投笔于地，且哭且骂曰："死即死耳，诏不可草。"成祖怒，命磔诸市。孝孺慨然就死，作绝命词曰："天降乱离兮孰知其由，奸臣得计兮谋国用忧；忠臣发愤兮血泪交流，以此殉君兮抑又何求。呜呼哀哉兮庶不我尤。"
>
> （卷一四一）

或许是为了叙事凝练的史书体例，本传省略了一些精彩生动的细节，如诛灭十族的对话以及株连八百七十三人的记载，等等，但仅此已足以说明问题。方孝孺的死无疑是轰轰烈烈的，这表现在两个方面：一是他被灭十族的惨烈结果，二是那义无反顾的大无畏精神。然而遗憾的是，他面对的并不是一个改朝换代的历史时期，而是皇室内部的自相残杀，这

（接上页）暴的封建专制政治的冲突和对抗"。转换成本书的术语，也可以说是儒家之道与帝王之势之间的抗争。从此一意义上讲，笔者同意将方孝孺之死视为"儒家之绝唱"的说法。但"绝唱"说依然有必要做出进一步的说明。这是因为在明代以文人群体为代表的儒家之道与帝王之势的抗争并非以方孝孺之死作为结束的标志。如果将儒家政治理想与帝王专制的对抗做出宽泛的理解，而不是仅注目于恢复古代礼治与燕王篡位这一狭小的范围，则后来的于谦之死、海瑞之以死相争、东林党的群体悲剧，均可视为此一性质。从此一角度讲，说方孝孺之死为"儒家之绝唱"便不是十分准确了。

使他的以身殉道的壮举减少了些许悲壮的色彩,从而带有某种历史的尴尬,这从后人的不同评价中可以看得非常清楚。《明史》评曰:"忠愤激发,视刀锯鼎镬甘之若饴,百世而下,凛凛犹有生气。"(卷一四一)然亦有讥其为迂阔者,王廷相以为孝孺之死绝难与文天祥相比,他实为"忠之过者",因"自激之甚"而卒招杀身之祸,此种"轻重失宜"之举措,"圣人岂为之"!(《慎言》卷十三,《鲁两生篇》)至清人吴敬梓作《儒林外史》时,犹借书中人杜慎卿之口评曰:"方先生迂而无当。天下多少大事,讲那皋门、雉门怎么?这人朝服斩于市,不为冤枉的。"(第二十九回)方孝孺的尴尬源自其两难:若降顺燕王则有损节操,若仗义死节又显迂阔。

这种尴尬带来的直接后果是对士人操守的影响,这在方孝孺未死之前,已被姚广孝所言中,即所谓:"杀孝孺,天下读书种子绝矣。"何以杀孝孺便会断绝天下读书种子,后来李贽做了明确的解答:"一杀孝孺,则后来读书者遂无种也。无种则忠义人材岂复更生乎?"(《续藏书》卷五)则所谓读书种子断绝,实在是对忠义操守的放弃,此乃靖难之役留给明王朝的最大损失。正是有鉴于此,仁宗继位后便立即宣布:"若方孝孺辈,皆忠臣,诏从宽典。"(郑晓《文学博士方公孝孺传》,见焦竑《献征录》卷二十)但要挽回已造成的影响显然不是件轻而易举的事。其实,此事对士人节操的消极影响当时即已显露无遗,这从如何对待周是修殉难的态度中最足说明问题。嘉靖时士人郎瑛在其笔记《七修类稿》中,有"名人无耻"条记曰:"文天祥在燕京时,欲为黄冠去国,南官王绩翁欲合谢昌元等十人请保释之,世祖亦有然意。留梦炎曰:'不可,天祥倘出,复号召江南,置吾十人于何地?'遂寝其事。我太宗渡江靖难之时,廷臣胡广、金幼孜、胡俨、解缙、杨士奇、衡府纪善周是修同约死节。明日,惟是修诣国子监缢焉。他日士奇为之作传,与其子曰:'向使同尊翁死,此传何人作也?'呜呼!众固可责矣,若留、杨数言,尤为无耻之甚。读书明大义,至此尚尔云云,天理人心安在哉!"(卷十六)无独有偶,祝允明《野记》卷二亦记曰:"周纪善初与胡广、金幼孜、解缙、黄淮、杨士奇、胡俨约同死。比难及,周命其子邀诸人,皆不应。周乃独缢于应天府学礼殿东庑。"(《国朝典故》卷三二)杨士奇是后人眼中的名臣,但郎瑛却将其与无耻之徒留梦炎相提并论,似乎有失宽容,但倘若将此段记载与杨士奇所撰的《周是修传》相比较,就会明白郎瑛所言并非没有道理,其曰:"太宗文皇帝靖难之师驻金川门,宫中悉自焚。明日,是修留书其家,别其友江仲隆、解大绅、胡广大、肃用道、杨士奇,且付后事。暮入应天府自经,六月十五日也。又明日,臣民推戴文皇帝继大统。数月,御史言是修不顺天命,请加追戮。上曰:'彼食其禄,自尽其心。'一无所问。"(《献征录》卷一〇五)观此知士奇所记与郎瑛相比有两点出入:一是将是修与士奇诸人的约同赴难改为"且付后事。"二是有意为朱棣开脱而颂扬其胸怀宽大。这样做当然不能算是信史,但却既掩饰了自身的软弱失节,同时又讨好了当今皇上,岂非一举两得之举。当时那些归顺了燕王的文官们恐怕都抱有与士奇相同的心态,只是未能形之于语言而已。杨士奇由于遇到了为周是修作传的麻烦,不得不厚起脸皮来自我解嘲。但这不仅掩饰不住其内心的尴尬,却适足显示了其尴尬心态的存在。郑晓在斥责某些人对方孝孺的不实记载时说:"同时文学柄用之臣,际会功名,史有别书,以故彭惠安公泽哀江南词曰:后来奸佞儒,巧言自粉饰。叩头乞余生,无乃非直笔。"(同上,卷二十)这样的评语移之于杨士奇对周是修的记载,恐怕郑晓是不会反对的。当然,称士奇为"无耻"似仍稍显过分,当士人面临或守节而死或降顺而存的严峻抉择时,理所当然地会有各自不同的作为。以道德尺度来衡量二者,也许应该有褒贬的不同。可是当他们面对明代历史时,却均处于尴尬的境地。在朱氏皇权面前,他们都显示了士人的无奈,其区别仅仅在于:前者因生命的结束而失去了守道的能力，后者则主动归顺而放弃了守道的权力。从士人的精神世界而言，也许后者比前者更为痛苦，前者因生命的结束而一了百了，后者却依然须经受无休止的心灵煎熬。当人们将目光转向永乐的士人群体时，便会发现上述推断并不是没有根据的。

二、成祖朱棣的政治策略与永乐士人的无奈

历史有时往往充满讽刺意味，那位在南京城内杀文人杀得眼红并将儒家之道践踏得一塌糊涂的燕王朱棣，转眼之间却成了有明一代以儒家理论作为治国纲领的真正奠基者，而且竟然得到了后来士人的认可，明中叶的李贤便说："吾道正脉实由近世周程张朱有以倡明之也，至我太宗文皇帝，乃始表章其言行天下。由是，天下士习一归于正。"（《献征录》卷十三，《薛公瑄神道碑》）但实事求是地讲，明王朝的真正成熟的确是从成祖开始的。在此不必讲他三次御驾亲征漠北的武功，以及多次派郑和率船队下西洋炫耀国威的盛举，仅就对士人的控制训化而言，他也较太祖与惠帝更精明练达。朱元璋对士人的反复摧折尽管使之生气丧尽，然而同时亦造成其多诈死佯狂而求解职事的消极后果；建文帝虽宽仁重士，却未顾及文人之徒托空议以致天下不保。朱棣显然是汲取了这两方面的经验教训，从而创制出一套刚柔并济的策略。他于永乐元年即摆出重道尊儒的姿态下诏曰："惟欲举贤材，兴礼乐，施仁政，以忠厚为治。"（《明太祖实录》卷二三，永乐元年丙子）其后便是一系列的实际举措，诸如祭祀孔子，大兴科举，组织文人编纂《五经大全》《四书大全》《性理大全》《永乐大典》等大型类书，对热衷仕途者广开门路，有山林之趣者即放之归野。尤其是三部"大全"的编纂，更奠定了以理学为本的政治文化方略，朱棣在三部"大全"的序中说："由是穷理以明道，立诚以达本，修之于身，行之于家，用之于国，而达之天下。使家不异政，国不异俗，大回淳古之风，以绍先王之统，

以成熙雍之治,将必有赖于斯焉。"有人曾将洪武、永乐二朝作对比说:"国初右武事,上民功。士之出为世用者,不限以科第。至于永乐纪元,民庶且富,文教大兴。龙飞初科,取士倍蓰于前,一时绩学馆阁试政方州者多其人。至今言进士科者首称之。盖文皇帝所以鼓舞一世,摩砺天下,而为此盛举耳。"(吴宽《匏翁家藏集》卷三二,《吴县儒学进士题名记》)身当其时的士人自然更是大为感激,胡广便说;"陛下待儒臣,进退之际,恩礼俱至,儒道光荣多矣。"(《明太祖实录》卷五七,永乐四年闰七月乙亥)杨士奇甚至说:"文皇帝之心,孔子之心也。"(《东里文集》卷二,《朴斋记》)此话虽给人一种不伦不类的滑稽感,然激动感戴之情却也溢于言表。但朱棣并未能始终保持此副慈祥面容。他所做的一切,都是为了满足自己好大喜功的帝王心理与维护皇室至高无上的权势利益。对于那些个性突出的士人与有损皇室权益的行为,他绝不会表现出丝毫的宽容。解缙是个足以说明问题的实例。解缙(1369—1415),字大绅,洪武二十一年进士。他自幼颖敏,但却同时养成恃才傲物的脾气。他在政治环境严酷的洪武朝,不仅对同僚上司出言不逊,而且凭着年轻气盛上万言书批评太祖,尖刻地指出"天下皆谓陛下任喜怒为生杀"。(《明史》卷一四七,《解缙传》)他未被太祖杀掉实在是万幸。然而到了永乐朝他却没能再保持这样的运气,焦竑曾用极简练的文字概括了他的一生:"解大绅十八举乡试第一,以进士为中书庶吉士。上试时,称旨,赐鞍马笔札,而缙率易无所让。尝入兵部索皂人,不得,即之尚书所谩骂。尚书以闻,上弗责也,曰:'绅逸乃尔耶?苦以御史。'即除御史。久之,事文皇帝入内阁,词笔敏捷,而意气疏阔,又性刚多忤,中汉庶人谗,出参议广西,日与王检讨偁探奇山水自适。上书请凿章江水,便往来。上大怒征下狱,三载,命狱吏沃以烧酒,埋雪中死。"(《玉堂丛语》卷七,《任达》)解缙的死是相当悲惨的,作为一位以天下为己任的儒者,他没有实现自己的夙愿,他甚至没能像方孝孺那样守道骂贼而死得轰轰烈烈,他就那样被人灌得烂醉,稀里糊涂地在寒雪中送掉了性命。其实,朱棣在永乐初年时是非常信任他的,他是明代第一批入文渊阁备顾问参与机务的七人之一,然而,是什么原因导致了君臣关系的恶化呢?其中自然有性情刚直的个人原因,但是最致命的是他介入了皇室内部的权力纷争,《明史》卷一四七《解缙传》中的一段话,不必加以任何引申就能完全说明问题:

> 缙少登朝,才高,任事直前,表里洞达。引拔士类,有一善称之不容口。然好臧否,无顾忌,廷臣多害其宠。又以定储议,为汉王高煦所忌,遂致败。先是,储位未定,淇国公丘福言汉王有功,宜立。帝密问缙。缙曰:"皇长子仁孝,天下归心。"帝不应。缙又顿首曰:"好圣孙。"谓宣宗也。帝领之。太子遂定。高煦由是深恨缙。会大发兵讨安南,缙谏。不听。卒平之,置郡县。而太子既立,又时时失帝意。高煦宠益隆,礼秩逾嫡。缙又谏曰:"是启争也,不可。"帝怒,谓其离间骨肉,恩礼寝衰。

但朱棣对士人的处置方式显然较其父朱元璋已更为老猾,除对个别"冥顽不化"如解缙者需消灭其肉体外,他乐得让不顺眼者关进监狱中去领受坐牢的滋味。与解缙一起入阁的黄淮、杨溥就曾以相同的原因在大牢中度过了整整十年的痛苦生涯,这留待后边再详细解说。现在要说一件虽然细小却也足以说明问题的史实。朱棣在永乐二年对新科进士殿试后,亲选曾棨等二十九人入翰林读书,显然对他们寄寓了厚望。但令其大为恼火的是,这群年轻进士竟敢不按其要求读书上进,当令其背诵柳宗元《捕蛇者说》时,竟无一能全诵者。盛怒之下他将此二十九人悉数发配边卫充军,继之又令其充任搬运木头的苦役,这群身单力薄的读书君子自然不堪忍受,便托人向皇上求情表示悔过。朱棣料定他们苦头吃足了,方令回翰林重操旧业,自然也就老实服帖多了。(何孟春《余冬序录摘抄外编》卷五)此法之妙不言而喻,他既未让朱棣落下嗜杀寡恩的恶名,同时又使文人逐渐懂得循规蹈矩的必要。

做永乐朝的士人的确是够难的,因为他们很难达到朱棣的要求。朱棣理想中的君臣关系是:"若使进言者无所惧,听言者无所怍,天下何患不治。"(《明史》卷一四七,《解缙传》)做臣子的要敢于大胆地讲出自己内心的真实想法,却又要让皇上听起来舒服顺耳。这实在是一种相当美妙的境界,但要实现它却几乎是不可能的。真实的情形往往是,为了不触怒皇上而免遭不测,臣子们会将真实的情感与想法深藏于内心,而小心翼翼地选择一些皇上爱听的话,从表面来满足朱棣的要求。此种情形犹如一位胆战心惊的女子想方设法去讨凶狠丈夫的欢心一样,断难达到平等和谐的情感交流,而只能形成一种妾妇心理。当时曾入内阁的黄淮就非常典型地拥有此种妾妇心理。他有过得宠的恩遇:"凡侍朝,特命解公缙与公立于榻之左以备顾问。上虑万机丛脞,日御奉天门左室,每夕召公语。至夜分,上或就寝,则赐坐榻前议论,虽同列不得与闻。"(陈敬宗《文简黄公淮墓志铭》,见《献征录》卷十二)他也有过失宠的悲哀:"帝征瓦剌还,太子遣使迎稍缓,帝重入高煦潛,悉征东宫官属下诏狱,淮及杨溥、金问皆坐系十年。"(《明史》卷一四七,《黄淮传》)黄淮与其同僚们又是因介入皇室内部的权力而获罪。在这十年漫长的牢狱生涯中,黄淮有足够的时间来思考自身的处境及其与皇帝的关系,但他却始终将自己固定在妾妇的位置上,并进行了长达十年的深深悔过,后来他将这些悔过的文字收集起来,命名为《省愆集》。他回顾了自己不幸的经历,将其概括为《妾薄命》诗一首:

薄命妾,薄命妾,昔日颜如花,曷来头半雪。翻思初嫁时,朝夕承恩私。蕙兰播清馥,罗绮生辉光。夜夜庭前拜新月,衷情诉与天公知。愿同比目鱼,游泳长相遂。愿同连理枝,百岁相因依。岂料衰荣无定在,遂令始终成参差。参差良可叹,命薄分所宜。报德未及已,妾心徒然悲。愿夫慎保金石躯,好音慰妾长相思。

(《省愆集》卷上)

反复思恋承恩的愉快,深深嗟叹失宠的遗憾,不敢有丝毫的怨心,所流露出的唯有对夫君的一片忠诚,因而后来四库馆臣在《省愆集提要》中评曰:"当患难幽忧之日,而和平温厚无所怨尤,可谓不失风人之旨。"(《省愆集》卷首)然而在这枯燥而漫长的牢狱生涯中,黄淮的内心深处果真能保持这种温和平静吗?其实凭他敏感的文人心灵,不会感受不到岁月的流逝与暮年的降临。读黄淮的诗,使人总感到有一种两分的结构模式存在,即上半首是对命运的嗟叹与凄伤情感的抒写,而下半首则往往是对忠诚之心的表白,比如:"常时不对镜,对镜即伤情。自觉衰容恶,谁知白发生。松筠存晚节,蒲柳谢春荣。喜有丹心在,常怀报圣明。"(《省愆集》卷上,《对镜》)"人生七十稀,十载守圜扉。暮景还能几,芳心半已违。秋霜风叶老,朝日露华晞。俯仰默无语,悠然愧昨非"。(同上,《偶成》)这种结构模式透露出作者的真实心理,前边是其真情的显现,是自言自语,当然也不排除有自伤乞怜的意味,后者是他言,是对皇上言说并渴望得到理解的。用他自己的话说就是:"中情无限凭谁诉,安得因风达九霄。"(同上,《言志》)他要让皇上知道,他并没有灰心,他理解皇上对自己的惩罚是对自己的磨炼与考验,因此才会说:"谓阳舒阴惨兮,皆至仁之流形。彼困心衡虑兮,庸玉汝于有成。"(同上,《闵志赋》)当然,上述的所有良苦用心,均为了一个目的,即重新获得帝王的青睐,在《拟去妇词调风入松》中,他又一次借"弃妇"的身份表达了此种愿望:"落红万点委苍台,春事半尘埃。满怀愁绪知多少,思量遍无计安排。好似风中飞絮,时时拂去还来。当年鱼水正和谐,两意绝嫌猜。谁知命薄多乖阻,箫声远零落天涯。破镜终期再合,梦魂长绕阳台。"(《省愆集》卷下)此种妾妇乃至弃妇的心理显示了永乐士人在君臣关系中的被动地位,而且此种心理还将在以后的相当一段历史时期内缠绕在士人的心头,形成其牢固的人格心态。

黄淮的妾妇心态并非是永乐士人中的特例,与其抱有相同心态的尚有内阁重臣"三杨"。且不说像黄淮一样也蹲过十年牢狱的杨溥与沉稳持重的杨士奇,甚至连多次随成祖出征且勇于言事的杨荣,也竟然总结出与皇上相处的如下经验:"吾见人臣以伉直受祸者,每深惜之。事人主自有体,进谏贵有方。譬若侍上读《千字文》,上云'天地玄红',未可遽言也,安知不以尝我?安知上主意所自云何?安知'玄黄'不可为'玄红'?遽言之,无益也。俟其至再至三,或有所询问,则应之曰:'臣自幼读《千字文》,见书本是天地玄黄,未知是否。'"(叶盛《水东日记》卷五,《杨文敏论进谏有方》)杨荣的经验显然是从自身以及同僚那种伴君如伴虎的人生现实中总结出来的,无疑有颇强的针对性与实用性,倘若一味不知弯曲而使龙颜震怒,非但本人要吃苦受辱,而且于事亦无补益。他杨荣则因"进谏有方"而始终恩荣不减。并以此挽救过不少获罪文臣的性命,据载:"夏原吉以兵饷不给坐系,吕震言其柔奸;侍读李时勉尝论事,亦有言其卖直者。皆激上怒。公悉委曲为之辨解。"(杨士奇《文敏杨公墓志铭》,见《明名臣琬琰录后集》卷一)可见其效果颇佳。然而其中也并非无懈可击,杨荣的个性已经在环境的压迫下极度地萎缩,在其患得患失的盘算中,也就根本谈不上守道与否了;同时还使其作为大臣的政治责任心也大打折扣,因为倘若皇上始终未能醒悟而不加询问,那么他亦将永远把话留在腹中而不纠正那明显的错误了。"天地玄黄"与"天地玄红"的区别也许无关紧要,但若是有社稷陷溺的大事呢,是否也可以站干岸而不援之以手?更何况像黄淮、三杨那般谦恭谨微地做人,倘不下长期而痛苦的水磨功夫,是断难修炼到家的,尤其是要做到表里如一身心俱化则更为不易,可以说永乐朝士人包括"三杨"在内都尚未达此炉火纯青的境界,他们只是在形式上服服帖帖并不断表示"吾皇圣明"的谦恭,至于他们心中盘算些什么那只有天知道了。

一向以圣明自居的天之子朱棣对此显然尚未糊涂到毫无觉察的地步。余继登《典故纪闻》卷七曾记述了成祖与太子之间的一次私人谈话,话题是由陕西耀州百姓向朝廷供呈一只作为国家祥瑞征兆的玄兔而引起的。聪明的朱棣深知"彼一物之异"实难证明国家已真达尧舜之盛世,因为"今虽边鄙无事,俄郡县水旱往往有之,流徙之民亦未尝无"。深居皇宫的朱棣尚知不能盲目乐观,则饱读诗书的文臣心中自然应该比他更为清楚。可他们非但不肯讲出实情,反倒争先恐后地献上溢美诗文,可见他们是言不由衷,朱棣则称之为"喋喋为谀"。为此他郑重地告诫皇太子:"尔将来有宗社生民之寄,群下有言,切不可不审之于理,但观此表及诗,即理了然而情不能遁矣。"本条史料的真实性已难以考辨,是否为余氏的推测之词或经过夸张润饰,均已不可知晓。但证之以上述其他史料,此则史料便不能被视为空穴来风。明察秋毫固然是朱棣的聪明之处,但不也说明在其治下君臣间尚未达到知无不言的融洽境地吗?

三、仁、宣士风与台阁体

就现存资料看,最早对台阁体做出概括的应该是宣德进士李贤(1408—1466),他在序杨溥文集时说:"观其所为文章,辞惟达意而不以富丽为工,意惟主理而不以新奇为尚,言必有补于世而不为无用之赘言,论必有合于道而不为无定之荒论,有温柔敦厚之旨趣,有严重老成之规模,真所谓台阁之气象也。"(《明名臣琬琰录后集》卷一)从内容讲,为道与用;从风格讲,为温柔敦厚。应该说李贤的概括是颇为准确的,只是尚未与当时士风相联系。清乾隆年间四库馆臣在为杨荣文集所作提要中则补充了李贤的不足,其曰:"荣当明全盛之日,历事四朝,恩礼始终无间,儒生遭遇可谓至荣。故发为文章,具有富贵福泽之气,应制诸作,汧汧雅音。其他诗文亦皆雍容平易,肖其为人,虽无深湛幽渺之思,纵横驰骤之才,足以震耀一世,而迤逦有度,醇实无疵,台阁之文所由与山林枯槁者异也。"(《四库全书总目》卷一七〇,集部,别集类二三)此处所言正是士人遭遇与其诗文体貌之间的关系问题,具体地讲,也就是士人由其生存环境而形成的性情心态如何造就了他们的文学风格的问题。应该说无论是李贤还是四库馆臣,他们对此关系的感受都是既深刻又具体的。认识到这一点对士人心态的研究是至关紧要的,因为既然台阁体是当时士人"情动而辞发"的结果,那么今天便可以通过"批文以入情"的手段,去探讨并描述出当时士人的人格、性情与心态来。

但是,在论述此问题之前,还有一点尚须做出更具体的界定,即台阁体的流行时间问题。时下学者一般均笼统指称是明前期,但严格地讲,它既不在洪武甚至亦不在永乐时期,而是在仁宗、宣宗及英宗前期的近二十年时间内广为流行,高潮乃在宣宗一朝,景泰、天顺、成化三朝则是其余响。因为洪武时的高压政治只能令士人战战兢兢从而导致哀叹感伤的情调,永乐一朝虽可视为台阁体的发端期,却大多是半真半假的谀词。而在英宗正统年间的土木堡之变以后,随着国力的衰弱与朝政的混乱,就再也不可能具有台阁体那种雍容平和的气度了。台阁体的产生起码须具备两个条件:一是天下太平、政治清明的时代环境;二是皇帝与文官集团之间的关系要达到亲融和谐的状态。而此二种条件唯有仁、宣时期方庶几近之。先看第一点。仁、宣时期可谓士人眼中的"盛世"。因为中国传统的盛世观念有其独特的内涵,它既不看重武力的强大,也不看重生产力突飞猛进的发展,至于商品经济的发达则更被视为舍本逐末的颓世衰风,圣人不是说过吗:"不患寡而患不均,不患贫而患不安。"(《论语·季氏》)所以儒家的理想社会是天下统一而百姓安乐,知礼不争而盗贼匿迹,即所谓夜不闭户,道不拾遗,丰年得以温饱,凶年免死于沟壑,其要旨则在于稳定和谐,这在《礼记·礼运》里讲得很清楚:"大道之行也,天下为公,选贤与能,讲信修睦,故人不独亲其亲,不独子其子,使老有所终,壮有所用,幼有所长,鳏寡孤独废疾者,皆有所养。男有分,女有归。货,恶其弃于地也,不必藏于己;力,恶其不出于身也,不必为己。是故谋闭而不兴,盗窃贼乱而不作。故外户而不闭,是为大同。"(《十三经注疏》卷二一)仁、宣士人感到他们所处的时代似乎已接近此大同盛世,如杨士奇说:"今圣天子在位,诞敷恩德,以洽于万方。登贤拔材,咸列有位。贷逋赋,宥过眚,百政修举,乖沴和顺,万物条畅,岛夷洞獠,悉驯悉归。斯非所谓平康之世者乎?故贵者遂乐于上,贱者遂乐于下。士农工商,无小大富贵,各以类而乐于其所。"(《东里续集》卷五,《东山燕游诗序》)窥诸历史现实,士奇的话并非毫无所据。明王朝至仁、宣时期,经过洪武、永乐二朝的苦心经营,政治基本趋于稳定,经济尤其是农业经济较之元末战乱时已有较大恢复,各方矛盾亦暂趋缓和,整个王朝进入和谐有序状态,尤其是在宣宗时更为典型,史载:"当是时,帝励精图治,士奇等同心辅佐,海内号为治平。帝乃仿古君臣豫游事,每岁首,赐百官旬休。车驾亦时幸西苑万岁山,诸学士皆从,赋诗赓和,从容问民间疾苦。有所论奏,帝皆虚怀听纳。"(《明史》卷一四八,《杨士奇传》)由是,士人普遍地拥有了和乐的心态,杨荣有《行乐图自赞》曰:"澹然以居,恬然自适。当玉署之燕闲,正金銮之退直。光风霁月,慕前哲之襟怀;翠竹碧梧,仰昔贤之标格。惟意态之雍荣,乃斯图之仿佛。至于策励驽钝,勤劳夙夜,以感圣主之眷遇,乐盛世之治平者,抑岂丹青之所能窥测哉!"(《文敏集》卷十六)此种"澹然""恬然"的自适不是逃避社会而归依山林的隐士心态,而是志得意适的一种政治满足感。因为雍容典雅的诗风只能是关注社会的外向性心态的反映,而隐士的心态一般是封闭狭小的。

再看第二点。尽管士人的和乐心态与当时国家太平、政治清明的氛围有密切联系,但对此依然应持谨慎的态度,因为此二者之间实际上还存在有相当的距离。身居庙堂的台阁体作家对现实真实状况的了解毕竟是有限的,在他们的诗文中,所表现的生活面相当狭窄,即使有几首写到农村场面的诗,如"桃蹊深浅红相间,麦垅高低绿渐肥"(杨士奇《东里续集》卷五九,《归至清河》),"茶输官课秋前足,稻种山田火后肥"(杨溥《送归州太守复任》,见《明诗纪事》乙签卷四),均为浮光掠影的远距离扫描,说明不了什么问题。可以肯定,当时的大明帝国绝不会和谐美妙到如台阁体作家所描写的那般地步,因而太平和乐的心态在某种程度上可以说是当时士人的一种主观心理感受。此种感觉自然有其产生的基础,那就是士人在帝国中所处位置的变化,或者说是皇帝与文官之间关系的重新调整。与洪武、永乐年间相比,仁、宣时士人与帝王间的亲和力大大加强,从而达到一种虽则短暂却颇为和谐融洽的程度,换言之,即皇权与文官集团之间达成一种相对的平衡状态。此种融洽平衡乃是由下述三方面的原因所决定的:

(一)从双方关系讲,他们既有师生之谊又有共同的情志兴趣,容易保持融洽和谐。仁宗与宣宗在潜邸时即长期受教于文官,从而结下较深的感情,一旦龙飞于天势必会尊重信任之,像三杨、金幼孜、蹇义、夏原吉诸人,在仁宗一系与高煦争夺皇位继承权中均曾出过大力,许多人还为此获罪于成祖而身陷囹圄,所以这群顾命大臣后来理所当然地会得到新皇上的报答。更重要的是,在长期相处中他们形成了许多共同的兴趣爱好,这也为后来的君臣相处提供了有利的沟通条件。明末的钱谦益便充分注意到了此一点,他记载曰:"仁宗在东宫久,圣学最为渊博,酷好宋欧阳修之文,乙夜缥阅,每至达旦。杨士奇,欧之乡人,熟于欧文,帝以此深契之。"(《列朝诗集小传》乾集上)又记宣宗曰:"帝天纵神敏,逊志经史,长篇短歌,援笔立就。每试进士,辄自撰程文曰:'我不当会元及第耶!'万机之暇,游戏翰墨,点染写生,遂与宣和争胜;而运际雍熙,治隆文景,君臣同游,赓歌继作,则尤千古帝王所希遘也。"(同上)非但好文,而且在所好对象与传统继承上,均情投志合,由此也就明白了何以会形成台阁体文风的原因。而此种从政治利益到个人情趣的一致,决定了双方关系的融洽。

(二)从帝王一方讲,亦须依靠并信任文官。因为仁宗、宣宗等守成之君在锦衣玉食的环境中长大,已不再具有祖宗开国的气度与才能,倘若失去文官的支持拥戴则将一筹莫展。三杨等人都曾是辅佐四朝的老臣,而且均多次提出过致仕的请求,朝廷的一再执意挽留固然说明了对他们的深厚情感,同时也显示出对他们的依赖之深。而要有效地依赖他们,就必须满足其各种人生的需求。这除了尽量提高其官位,同时还使三杨等重臣身兼数职,目的显系令其支取更为丰厚的官禄。当然,日常的各种赏赐也是不可缺少的,这不仅有物质上的补偿意义,还显示了情感上的关怀。如正统四年杨士奇归乡省墓时,英宗特意"命兵部缘途给行廪,水路给驿船递运船,陆路给驿马运载车,从者皆给行粮脚力,往复并给"。(《东里续集》卷四九,《南归纪行录》上)杨士奇之所以将这些记录下来收进自己的文集中,显然是作为至高的荣耀并抱有深深的感激之情的。不过对于这些儒臣来说,最为看重的还不是物欲的满足,而是对自己一腔忠诚的理解。皇上自然也能洞悉臣子们的衷曲,尽量予以满足。如仁宗登基伊始,便立即将夏原吉、吴中、杨勉、黄淮、杨溥、金幼孜等一帮被成祖下狱的文臣悉数官复原职。而且登基未及一月,便"赐蹇义、杨士奇、杨荣、金幼孜'绳愆纠谬'图书"(《明史纪事本末》卷二八),以便其直接对皇上密封言事。一枚图章虽小,却饱含了皇上的信任之意,而这在洪武、永乐时则是不可想象的,难怪杨士奇特撰《赐银章记》一文以致感激之意,其中曰:"既受赐,时皆以为千载之遭际,希阔之大恩也。"(《东里续集》卷五)然而从历史上看,为臣子者直言敢谏尚不难做到,但做皇上者要容纳逆耳的忠言可就不那么容易了。为了打消臣子的顾虑,仁宗曾与杨士奇进行过一次诚恳的谈话:"(上)谓杨士奇曰:'朕尝处事有过,退朝思之,方自悔,而廷臣已有言者,甚惬朕意。'士奇对曰:'宋臣富弼有言,愿不以同异为喜怒,不以喜怒为用舍。'上曰:'然。《书》云:有言逆于汝心,必求诸道。群臣所言,有咈意者,朕退必自思。或朕实有失,亦未尝不悔。'士奇曰:'成汤改过不吝,所以为圣人。'上曰:'朕有不善,患未知耳。知之不难于改。'"(《明史纪事本末》卷二八)在此杨士奇虽是引用宋人富弼的话来提醒仁宗,不可以一己之喜怒来对待臣下的进言,但实际上是婉转地批评了太祖与成祖,因为早在解缙的奏章里,就已不客气地指出了"天下皆谓陛下(指朱元璋)任喜怒为生杀"(《明史》卷一四七,《解缙传》)的事实。士奇的借古喻今可以视为一种试探,当他得到皇上以道为取舍的承诺时,便立即称之为圣人之举,同时也体会到了皇上的真诚与信任。正是有了这种相互信任,二者的关系方能达到融洽的程度。据史载,宣宗时埰曾"请廷臣三品以上及二司官,各举所知,备方面郡守选。皆报可"。(同上,卷一四八,《杨士奇传》)这种荐选官员的方式既充分体现了皇上对臣子的信任,更显示了君臣之间的和谐。

(三)从士人一方讲,则表现出忠于朝廷、勇于任事而又不流于放纵不羁的特性,这也保证了和谐融洽状态的存在。士为知己者死,是中国士人的做人准则。既然皇上表现出对臣子足够的关怀与信任,那么作为臣子就没有理由不对朝廷忠心耿耿。客观地讲,士人在经过从永乐到宣德的不同体验后,对三位皇上也产生了不同的情感深度,杨士奇如下的两首诗很好地凸显了此种差别：

谒长陵

忆昔六龙升御日，最先呈诏上銮坡。论思虚薄年华远，霄汉飞腾宠命多。

空有赤心常捧日，不禁清泪欲成河。文孙继统今明圣，供奉无能奈老何！

谒献陵

海宇洪熙戴至尊，愚臣殿陛最蒙恩。常依黼扆承清问，每荷纶音奖直言。

万古兹山藏玉剑，九霄何路从金根。余生莫罄涓埃报，血泪横膺不忍论。

（《东里诗集》卷二）

面对长眠长陵中的成祖，士奇没有忘记最早被选入内阁的恩遇，故而不禁流下两行清泪。但是当他转而面对献陵中的仁宗时，回忆起他那种种"承清问""奖直言"的恩德，真是恨不得跟了他去，于是禁不住"血泪横膺"。"清泪"与"血泪"虽仅一字之别，却明显令人感到情感分量的差异。相信具有此种情感差异的并非只士奇一人，比如他在为杨荣撰写墓志铭时，特意用下述方式开头："正统五年二月十八日，少师工部尚书兼谨身殿大学士建安杨公奉敕归展先墓。既毕事，卜日启行，病作。众曰：'曷俟少间？'公曰：'君命不可稽也。'挟医以行。至临安武林驿病加，遂不起，是年七月二十日也。"（《明名臣琬琰录后集》卷一）这显然是为突出其忠诚无比的精神。皇上的宽容与臣子的忠诚终于熔铸成了敢于直言劝谏的士人品格，并取得了较好的效果。有一次大理寺少卿弋谦言事过激,不少人都认为他这是买直沽名,仁宗也颇厌烦,虽经杨士奇劝解,但皇上还是不高兴,因而只令其照旧供职,仍不准参加朝觐。士奇又进言曰:"陛下有诏求言,今谦因言取咎,朝臣皆以言为戒。且四方朝觐之臣咸在,岂能尽知谦过?若传于远人,将谓朝廷不能容直言。"仁宗表示愿意承认过错,并让士奇告谕群臣。不料士奇仍然不依不饶,非要让仁宗下玺书亲自引过认错。皇上最后无奈也只好照办。(王直《杨文贞公传》,见《献征录》卷十二)这在太祖、成祖时是绝对不可想象的。但仁、宣士人的勇于直谏又决不会流于放纵骄横,因为他们在成祖时所过的提心吊胆侍奉唯谨的日子,会长期萦绕在心头,时时提醒他们约束自己,即使遇到某些小的委屈烦恼也能隐忍自控。杨士奇在《题黄少保省愆集后》一文中,非常清楚地表述了此一特征:

> 读吾友少保公永乐中所作省愆诗集至于一再,盖几于痛定思痛,不能不太息流于往事焉。……时仁宗皇帝在东官,所以礼遇四臣甚厚,而支庶有留京邸志夺嫡者,日夜窥伺间隙,从而张虚驾妄,以为监国之过。又结嬖近助于内。赖上圣明,终不为惑。然为宫臣者,胥凛凛虺虺,数见颂系,虽四臣不免,或浃旬,或累月,唯淮一滞十年,盖邹孟氏所谓莫之致者也。夫莫之致而致,君子何容心哉!亦反求诸己耳。此省愆之所以著志也。嗟乎,四臣者今蹇、黄及士奇幸尚存,去险即夷,皆二圣之赐,而古人安不忘危之戒,君子反躬修身之诚,在吾徒不可一日而忽之也。故谨书于集后以归黄公,自儆云耳。

(《东里文集》卷十)

此种去险即夷后的痛定思痛,使这些士人始终保持安不忘危的警觉状态,不敢有丝毫的疏忽大意,比如杨溥的"为人谦恭小心,接吏卒亦不敢慢"(《杨公言行录》,见《明名臣琬琰集》卷一)的性格,显然与其长期的牢狱生涯有直接的关系。从仁、宣士人主要成员的个人性情看,许多人本来并不属于平和谦柔的人格类型,黄淮、杨荣、夏元吉等原都是刚直甚至狂傲的,可知他们后来的平和乃是长期修炼的结果。夏元吉在追述自己的性格形成时说:"吾幼时有犯未有不怒,始忍于形,中忍于心,久则无可忍矣。"(《明史》卷一四九,《夏元吉传》)忍当然是对个性的扭曲,但时间久了也就视为当然甚至自然的了。此种扭曲多样性为统一性并全归之于平和谦柔,对一代士风来说也许并不是好现象,但倘不如此,台阁体诗风乃至仁、宣之治也就无从说起了。

明白上述三方面原因之后,再回头来认识仁、宣士人心态,就简单容易多了。此处可以杨荣为例。杨荣(1371—1440),初名子荣,字勉仁,福建建安人。他在永乐朝较其他文臣更得太祖的信任,而且"论事激发,不能容人过"。(《明史》卷一四八)但正是他总结出上述所言的"事君有体,进谏有方"的处世经验,故以其为例当更具代表性。他曾作有《七十自赞》曰:"荷先世积德之厚,叨列圣眷遇之隆。久侍禁近,冀效愚忠。当齿力之既衰,尚责任之愈崇。自愧乎进无所补,退不我从。徒存心之兢兢,而怀忧之忡忡。惟古人尧舜其君民者,素仰其高风。思勉焉而不懈,期一致于初衷者也。"(《文敏集》卷十六)这七十岁的自赞,即可视为其晚年的心态,亦可算作其一生的总结。他虽身居高位,荣宠有加,却并未有任何的自傲自足,而是深感其责任的重大,以致使他整日抱着心之兢兢、忧之忡忡的心态。仔细体味此种心态,可以发现它是由清纯诚厚与谦恭畏慎二种要素构成的,简言之亦可称之为清与慎。其实杨荣本人便做过精练的概括与具体的说明,其《清慎堂箴》曰:"清如之何?清匪为人。以洁吾心,以持吾身;慎如之何?慎匪为彼。以审于几,以饬于己。心或不洁,私欲纷挐,正理日沦，惟利之趋。几或不审，终戾于善，火始一烬，燎原斯见。惟利是趋，悭人之归。善苟戾焉，害必随之。曰清曰慎，勿肆以污。日笃不忘，绰有余裕。矧兹服政，以莅厥官。事上驭下，云为百端。清则无扰，慎则无过。匪清匪慎，云何其可？清或不慎，亦曰徒清。既清且慎，式安其荣。从事于斯，终必如始。益之以勤，斯为善矣。终食或间，弃于前功；一念以爽，斯玷厥躬。譬行百里，九十方半。惟能勉旃，金石斯贯。"(《文敏集》卷十六)杨荣为人警敏，谋而能断，且性喜宾客，不拘小节，故死后被谥文敏，因而他绝非迂腐刻板的陋儒。在这篇标准的修身养性理论箴文中，其中受有程朱等宋儒的影响自不待言，但主要应视为其人生经验的结晶。全文始终围绕着自我应如何服政莅官、事上驭下而展开。在作者看来，清是为了使自己的心灵纯洁、道德高尚，从而保持应有的做人节操。清的对立面是"污"，污就是不洁，就是贪。贪了就会成为只知追逐私利的小人。此尚未脱宋儒心性修养的范畴。然而"慎"之一项便非心性修养所能涵盖，它除却有"饬于己"的自我整戒外，更重要的在于"审于几"。"几"有微、兆、危诸意，此处应按《易·系辞传下》"几者动之微"之意来理解，即世事变动运化之细微先兆。所谓"审于几"即善于发现事物之微妙征兆，从而审时度势、把握胜机。慎的对立面是肆，"肆"即纵恣放任自我，若"肆"便会有"过"，便会与"善"乖违，那么"害必随之"。很显然杨荣的"审于几"之慎便包含着功利的成分，而且慎比清更为重要，"清或不慎，亦曰徒清"。倘若念头一差，自我便会受到玷污损害；只有"既清且慎"，方可永保自身的尊荣。这样的箴文只有经过宦海风涛者方可写出，这样的心态只有在多事的朝廷官场方能具备。这种心态当然既不同于洪武时的战战兢兢，也不同于永乐时的口甜心苦。它是自觉的自我检饬，并有积极的用世之心与周旋官场的自信，只是在其心里底层依稀可见功利的算计与不易觉察的淡淡隐忧。

谷应泰曰:"明有仁、宣,犹周有成、康,汉有文、景,庶几三代之风焉。"(《明史纪事本末》卷二八)如果将谷氏的话视为对历史事实的判断,那显然带有很大的想象夸张成分,因而我们宁可相信他的话只是一种比喻,意思是仁、宣之于明代犹如成、康之于周代,文、景之于汉代,是该王朝历史上的最好时期。这就像宣德四年宣宗本人所言:"朝廷治化重文教,旦暮切磋安可无?诸儒志续汉仲舒,岂直文采凌相如?玉醴满赐黄金壶,勖哉及时相励翼。辅德当与夔龙俱,庶几致治希唐虞。"(余继登《典故纪闻》卷九)尽管在宣宗左右环绕着德比仲舒、文过相如的群儒,其阁中充满了各种图书,君臣讲论,共重文教,但却依然是"希唐虞"的美好理想而已,并未真正达到唐虞之盛世。而且即使从君臣关系的角度讲,抱着清慎心态的士人也不可能人人皆与皇上亲密无间,而毋宁说大多数人都难以达到完美的和谐融洽境地,如洪熙元年四月,有人上书歌颂国家太平,仁宗拿给众大臣看,几乎所有人都出言奉承,说什么"陛下即位所行皆仁政,百姓无科敛徭役,可谓治世矣";只有杨士奇肯讲实情,告知皇上:"流徙尚有未归,疮痍尚有未复,远近犹有艰食之人。"弄得仁宗颇为尴尬,不得已只好半解嘲半讥讽地笑着说:"朕与卿辈相与出自诚心,去年各与'绳愆纠谬'图书,切望匡辅。惟士奇曾上五章,朕皆从所言。卿三人(指蹇义、夏元吉、杨荣)未有一言,岂朝政果无阙,生民果皆安乎?"(王直《少师杨公大传》,见《明名琬琰录后集》卷一)《明史·杨士奇传》还特意补了四字:"诸臣惭谢。"后来的史学家固然都对士奇的忠心直言给予了特别的表彰,不也同时说明了众人与此种境界尚有一定距离吗?于是谷应泰也不得不承认:"然而三杨作相,夏、蹇同朝。所称舟楫之才,股肱之用者,止士奇进封五疏,屡有献替耳。其他则都俞之风,过于吁咈;将顺之美,逾于匡救矣。"(《明史纪事本末》卷二八)

士人之所以始终抱有清慎的心态,君臣间之所以难达完美和谐之境地,谷应泰认为是由于帝王"让善即喜,翘君即怒"(《明史纪事本末》卷二八)的人性缺陷,自然有其一定道理。但其更深一层的根源则是道与势矛盾的难以协调,士人若欲完全依道行事必然与帝王之势发生抵触,欲完全顺从帝王之势则必然违背道之原则,结果是依违于道与势之间而左右摇摆,起码在形式上保持了君臣间的相安无事与朝政的和谐有序。这从宣宗废皇后胡氏的事件中可以得到充分的说明。此事发生于宣德三年,正是仁、宣之治的高峰时期。事情的起因是胡皇后未能及时生育子嗣而贵妃孙氏却得了贵子,宣宗认为应该"母从子贵"而立孙氏为后,于是便召集众辅臣商议如何处置胡氏。宣宗的易后行为与孙氏间的私人感情是否有关,今日已无法知晓,但易后肯定不是他个人的私事,而是牵涉到宫廷政治的大事,比如后来的万历皇帝曾经为了他心爱的郑贵妃而推迟立东宫太子,为了维护所谓的正义与国家利益,文官集团对此进行了旷日持久的抗争,并最终迫使皇上放弃了自己的主张。但仁、宣士人在面对同类事件时却表现各异。杨荣表示积极支持,蹇义为皇上寻到了宋仁宗降郭后为仙妃的先例,这显然是从了帝王之势。杨士奇则要守道循礼,始而说:"臣于帝后,犹子事父母。今中宫母也,群臣子也,子岂当议废母!"继则曰:"宋仁宗废郭后,孔道辅、范仲淹率台谏数十人入谏被黜,至今史册为贬,何谓无议?"即易后必将招致后世非议,其态度可谓鲜明。张辅、夏元吉二人依回其间说:"此大事,容臣详议以闻。"然而当他们得知"上有志久矣"并看到"上不怿"时,就只能替皇上谋虑胡皇后让位的方式问题了。杨荣的做法显系过分,他竟然编织出"诬诋"中宫的二十件过失之事,连宣宗都感到编得太离谱而生气地说:"彼曷有此,宫庙无神灵乎?"(同上)还是杨士奇稳重周全,最后终于以胡氏有病身体欠佳的理由,令其自辞皇后之位。事情总算有了个体面的结局。至于胡氏交出皇后之位是否情愿其实已不重要,因为凭三杨诸人文过相如的才能,撰写出一篇堂而皇之的诏敕来,肯定是一件轻而易举之事。《明通鉴》的作者夏燮要比谷应泰敏锐而简明,他没有《明史纪事本末》的曲折繁饰,而是直笔书曰:"上独召士奇至武英殿,屏左右,问处置中宫事。对曰:'皇后今有疾,因其有疾而导之辞让,则进退以礼。'上谕之,乃令后上表辞位,退居长安宫,赐号静慈仙师。贵妃遂得立。"(《明通鉴》卷二十,宣德三年三月)事情之最终得以圆满解决得力于双方的相互让步,皇上只是引而不发地使用了皇权而没有一意孤行,听取士奇的主张而保全了皇后的面子;文官一方则亦没有固执己见,迁就了皇上的意愿而维持形式上的礼节,从而最终没有酿成君臣之间的对抗。但如此局面显然并非完全建立在共同守道的基础上,而是君臣间长期形成的相互理解的情感因素作为维系条件,因此它也是非常脆弱的,其中环境与人事上的任何改变均可使之分裂离析。这就是仁、宣之治何以会如此短暂的重要原因之一。

四、于谦之死——士人的尴尬与绝望

从台阁体到于谦之死,其间跨度虽嫌稍大,但二者之间却并非毫无关联。于谦初入仕途乃是由杨士奇所荐,此为其直接关联。更重要的是,于谦之死乃是仁、宣以来各种历史因素运演的必然结果。简而言之,于谦之死源于"夺门","夺门"源于土木堡之变,土木堡之变源于王振专权,王振专权源于仁、宣士风的疲软。其实王振当时的势力尚未达到后来刘瑾、魏忠贤的程度,用历史学家的话说是"势若孤雏,根非磐据"(《明史纪事本末》卷二九),最后却弄得生灵涂炭,几于亡国。这除了皇帝的昏庸柔弱,与士风的疲软也有直接联系。诚如上述,三杨等阁臣与皇上的关系中师生情感占有相当的比重,随着仁、宣二帝的逝去,此种情感已不复存在。正统初年的短时太平无事,实在是因为皇权尚握于太皇太后手中,而随着她的去世,太平的局面也就悄然隐去。就与皇上的情感而言,也许更有利于太监而不是阁臣,因为宦官多顺从帝王的情趣爱好而得其欢心，阁臣则多以君道限制其欲望而招致厌恶[1]，尤其守成之君更是如此。从王振引导刚登基的英宗在将台观看比武，到唆使其御驾亲征，再到土木堡之变的英宗被也先俘获，该是一个顺理成章的过程。士人在失去了与皇帝的情感纽带之后，显然也失去了驾驭朝政的能力。清慎的心态只能使大多数士人在宦官专权下走向无可奈何的自保，更进一步，在自保亦难的情势下，许多人便不免弃道从势，捞取实惠。于是王佑这类士人出现了，他为了讨王振的欢心，竟使其面对"王侍郎何无须"的戏弄做出如此回答："老爷所无，儿安敢有？"（《明史纪事本末》卷二九）无论是清慎的自洁还是无耻的自污，都不能阻止宦官势力的恶性膨胀，于是明王朝政治的恶化也就势所难免了。在这种背景下，出现了于谦。

于谦（1398—1457），字廷益，钱塘人，永乐十九年进士。他从入仕为官至夺门之变时被冤而死，共经历了永乐、洪熙、宣德、正统、景泰五朝。他死后被谥忠愍，又谥忠肃，现代学者则大多称其为抗敌保国的民族英雄。于谦的确有忠诚无私的高洁人格与济世为民的远大抱负，这不仅有他那再造社稷的盖世功勋为证，而且凡是对中国古代文学略有了解者，可能都读过他那"粉骨碎身全不怕，要留清白在人间"的《石灰吟》，以及"但愿苍生俱饱暖，不辞辛苦出山林"的《咏煤炭》。然而这只是于谦人格心态的一半。在王振专权的正统年间，他的确在力所能及的范围内做了不少实事，也保持了清白的自我节操，留下了两袖清风的佳话。但面对混乱的政局，他也只能表示无可奈何的苦闷心态："鬓花斑白带围宽，窃禄无功久旷官。岸帻耻为寒士语，调羹不用

---

[1] 关于阁臣与宦官影响皇帝的问题，可进一步参见谭天星《明代内阁政治》第三章。如其中说："由于阁权与宦权均受之于皇权，很自然，谁对皇帝具有优势的影响力，谁就会拥有更大的权力。以他们影响皇帝的方式而言，宦官多根据皇帝同样存在的人之本性去娱其心志，而内阁则更多是从道义上、从传统的君道与臣道上去试图规范皇帝。一般说来，皇帝更喜欢宦官投其所好的影响，而非内阁说教式的影响。"（见该书第75页）

腐儒酸。逢人只说还家好,垂老方知济世难。恋恋西湖旧风月,六桥三塔梦中看。"(《忠肃集》卷十一,《自叹》)在于谦数量并不很多的诗歌中,有相当的篇幅是吟咏苦闷与退隐的内容,应该说显示的是那一时代许多士人的共同心态。尽管于谦后来的赫赫世功曾一度掩盖了此种心态,但如果仔细辨析,它不仅在其人格中存在过,而且在以后的岁月里还将继续存在,并对其人生产生重大的影响。

倘若孤立地看于谦之死,乃是由于石亨、曹吉祥、徐有贞等小人的报复与陷害。但如果深入研究,其原因不仅非常复杂,而且其结果实难避免。土木堡之变后的京城保卫战无疑成就了于谦的盖世英名,显示了他的耿耿忠心与处危不惊、指挥若定的气度才能,但同时也种下了他尸横法场的死因。因为他再一次陷入了在明代最为麻烦也最为危险的皇室权力之争中。于谦的悲剧在于,他深知陷入这口陷阱的尴尬与凶险,却又义无反顾地投了进去。当也先拥英宗为奇货而要挟明朝廷时,此刻以于谦为核心的明政府断然采取措施,立英宗之子朱见深为皇太子,以郕王为辅代总国政,决不接受任何以英宗为要挟的议和条件,于谦甚至表示了"社稷为重君为轻"(《明史纪事本末》卷三三)的决绝态度。继之又决定以郕王即皇帝位,改元景泰,遥尊英宗为太上皇,彻底断绝了也先的要挟念头。当也先感到英宗已失去奇货作用而欲送其归国时,代宗又恐其归后自己会失去帝位而一再拒绝,此刻又是于谦从容地说:"大位已定,孰敢他议!"代宗这才放心地说:"从汝,从汝。"(同上)最终解决了英宗的归国难题。在此过程中,于谦的处置可以说对国家、英宗、代宗均无不利,尤其对英宗的归国来说更有促成的作用,对此孟森先生曾分析道:"景帝之于上皇,始终无迎驾之说致也先,其不欲上皇之归,自是本意。但其阻上皇之归,乃纵令诸将奋勇御敌,而不与敌和,使敌失贡市之利,则愈阻驾返而敌之送驾愈急矣。"(《明清史讲义》上,第139页)但可惜的是英宗不仅不会领于谦这份人情,还恰恰种下了杀于谦的最初动机。这从勋戚郭登的同类事件中便可得到证明,当时也先曾拥英宗至大同城下索要金银财物,谎称得钱物即可送回皇上,守城都督郭登断然闭门不纳。此时,英宗"遣人谓登曰:'朕与登有姻,何拒朕若是?'登奏曰:'臣奉命守城,不知其他。'英宗衔之"。(《明史》卷一七三,《郭登传》)那么对于始终主战而不主和议,且声称"社稷为重君为轻"的于谦,英宗心中又焉能不"衔之"?更何况在英宗归来之际,众人都不敢发表如何安置二位皇上的意见,唯有他于谦断言"大位已定",英宗又焉能不"衔之"?在此,于谦的二难在于,他要解决国家危机就不能不介入皇位更替的敏感问题,而介入此一难题他便不能不冒身家性命的风险。于谦的可贵处也许就在于,他主动选择了国家危亡的大局而置自我性命于不顾。否则他不必感慨万分地说:"此一腔热血,竟洒何地!"(同上,卷一七〇,《于谦传》)

如果说他在京城保卫战中的选择具有强烈的悲壮色彩的话,那么在景泰年间的一系列作为则处于一种无可奈何的尴尬境地。明人于慎行曾对于谦的不幸发出一通感叹:"嗟夫,于少保之功岂不大哉!然君父蒙尘,普天怛痛,而少保以社稷为重,拥立新主,无一语及于奉迎,岂非虑祸之深不暇两全耶?吁,亦忍矣。是时,去建文时方四十年,而人心不同已至如此。然天下莫以为非,岂非利害之说深溺而不可返耶?少保尝自叹曰:此一腔血竟洒何地。其言悲矣。夫一心可以事百君,死生利害惟其所遇,尽吾心而已,何所不可洒耶。当时群臣奉迎之请,景帝不欲也,使少保一言,未必不信。其后易储之议,使少保以死争之,宪庙亦未必出宫。徘徊隐忍,两顾不发,身死西市,饮恨无穷,可不哀耶!"(《谷山笔麈》卷三)于慎行的话尽管充满激情,但却不能算是中肯。他似乎忘记了,于谦所面对的是两位皇帝:一位是无权的旧帝,一位是在位的新帝。他究竟该听从何人或者说感情上该更倾向何人,就不能不存在选择的困难。在生死存亡的国家危难中,他可以毫不犹豫地做出抉择。但是在危机已过、二帝并存时,旧时的清慎心态不能不重新占据其心头。在京城保卫战中精明果断的于谦,后来却表现得那么犹豫不决甚至近乎迟钝,可见他的确已陷入左右为难的境地。首先使于谦为难的是更易太子之事。当初本是立英宗之子朱见深为皇太子,而令郕王监国,意思显然是待英宗回来后复位。但后来代宗登基做了皇帝,朱见深的太子地位当然也就存在着危机。代宗无疑想传皇位于亲子,可对这样的大事满朝大臣没一个敢于提起。有一次代宗试探太监金英曰:"七月初二日,东宫生日也。"金英却顿首回答:"东宫生日是十一月初二日。"尽管代宗当时只好"默然"作罢,但却已打定了易太子的主意。他先分赐给诸内阁学士各金五十两与银百两,以笼络其心,但还是无人敢于出面挑明。正在此时,广西浔州有一位姓黄的守备都指挥因获罪怕死,乃上疏请易太子。皇上得知大喜曰:"万里外有此忠臣。"遂令众臣廷议,尽管"王直、于谦相顾眙愕",却依然全体通过了。只有老臣王直扣案顿足曰:"此何等事,吾辈愧死矣。"(《明史纪事本末》卷三五)于谦却并未有更多的表示。如果此事就此了结也就罢了,不料不到半年,新立太子朱见济却又一命呜呼,太子问题成了争议更大的难题。是将原太子朱见深复位,还是等皇上生下另外的子嗣,朝臣们见解各不相同,其中不少上疏要求复原太子位者还获罪遭贬。于谦显然对获罪者持同情态度,如礼部郎中章纶、御史钟同为复太子事下狱时,进士杨集曾致书于谦曰:"公等国家柱石,乃恋官僚之赏,而不思所以善后乎?脱章纶、钟同死狱下,而公坐享崇高,如清议何!"于谦将信拿给王文看,王文曰:"书生不知朝廷法度,然有胆,当进一级处之。"于是便让杨集任六安州知州。(同上)书生由于不知朝廷法度而放言高论,王文、于谦等人则知朝廷法度而不敢乱说,看来这就是问题的实质。这当然不是说于谦胆小怕死,而是无论从情感还是实际效果上,他都很难做出自己的选择,在对待皇室问题上,以前曾有过那么多的教训,他于谦能不多方考虑吗？一直到了代宗病危之际,于谦才不得不与廷臣一起上疏请立朱见深为东宫。但是为时已晚,还未等议出结果,石亨诸人已拥立英宗复辟,等待于谦的也只有死路一条了。于谦并非不知道自己处境的危险,而是无可奈何。当年在代宗因其功勋而赐其宅第时,他曾坚决拒绝而未被允准,他只好将其封存,"取前后所赐玺书、袍、锭之属,悉加封识,岁时一省视而已"。(《明史》卷一七〇,《于谦传》)他似乎已经预感到那不幸结局的不可避免,而做好了一切准备。看一看于谦临终前的言行,便会相信上述的推测并非毫无所据："文愤怒,目如炬,辩不已。谦顾笑曰：'辩生耶？无庸,彼不论事有无,直死我耳！'"(《明史纪事本末》卷三五)他面对死亡竟如此平静,是早已做好心理上的准备,还是对一切都已完全绝望？其实此二者应该是兼而有之的,因为自景泰元年代宗登基与英宗被尊为太上皇而入南宫,至今已经整整八年了,于谦有足够的时间把其中的一切全想清楚。他知道英宗不会轻易放过自己,且不讲曾说过"社稷为重君为轻"的绝情话,单是那长达八年的南宫生涯,就足以令英宗充满怨恨,谈迁曾如此记述其南宫生活："在南宫重门内,前后两殿庑甚湫隘,侍卫简寂,膳自窦入,楮笔不多给,恐其通外也。皇后至刺绣出卖。"(《国榷》卷三二,英宗天顺元年)长期的精神孤寂,极度的物质匮乏,这一切尽管不是于谦的初衷,但作为景泰朝廷的实权人物,他当然不会被英宗所轻易原谅,更何况英宗复辟的登基仪式也极需要合适的祭品,则他于谦的死还能避免吗？然而于谦死时又很难产生殉道殉国的悲壮感,因为他眼中的代宗不可能再作为道义的代表。尽管代宗也做过于国于民有利的实事,也曾对于谦有过充分的信任,但在其人格中也充满了自私与狭隘,千方百计地阻止身陷敌国的英宗归朝,残酷无情地虐待囚困于南宫的太上皇,不择手段地更易皇太子,心狠手辣地摧折稍持异议的大臣,所有这些难道会轻易地在于谦的记忆中消失？他有什么必要像方孝孺那样表现出慷慨陈词、大义凛然的崇高悲剧精神呢？在这场皇室内部的兄弟之争中，没有正义，没有是非，所拥有的只是政治权力的争夺与个人私利的算计。于谦的迟钝是因为他没有介入的兴趣，但最后却成了这场闹剧的牺牲品。因而于谦死前的笑是绝望的笑，他对朝廷已失去希望，他对政治已没有热情，他感到将生命投入到如此的纷争中已失去其意义，于是他死得冷静而从容。这乃是清慎士人品格在残酷政治斗争中所得到的必然结果。

尽管于谦的冤案后来得到了昭雪，但于谦之死依然对明代士人产生了深远的影响。首先是对朝廷的不满，如袁帙曰："己巳之变，至今可为寒心。……夫功盖天下者不赏，于公之谓也。"（《国榷》卷三二，英宗天顺元年）所谓的寒心，显然系指朝廷的薄情寡恩，只是语气稍微含蓄些而已。程敏政的话便讲得更为直率："故窃以为肃愍公之死虽出于亨，而主于柄臣之心，和于言官之口，裁于法吏之手，不诬也。首罪之祸，则通于天矣。"（同上）窥诸史实，程氏之论确有见地，因为后来陷害于谦的石亨、曹吉祥、徐有贞诸人虽被斥逐殆尽，但终天顺朝仍未能给于谦平反冤案，就充分显示了英宗对他的怨恨之情。这种不满对士人心态的转变意义巨大。在仁、宣时代，对士人价值评判的标准来自于皇上，如李昌祺曾自赞其像曰："貌虽丑而心严，身虽尽而意止。忠孝禀乎父师，学问存乎操履。仁庙称为好人，周藩许其得体。不劳朋友赞词，自有帝王恩旨。"（叶盛《水东日记》卷十四）帝王的称许与恩旨成为他生命价值的唯一根源，甚至连朋友的评价都是多余的，这固然说明了君臣间的相互信任、关系融洽，但是将自己的一切全都毫无保留地托付给皇上，是否能够永远得到公正的对待？于谦之死毫不留情地粉碎了士人的幻想，使他们不得不在朝廷之外重新寻找生命的寄托。这就接触到了本书的一个重要方面，即阳明心学产生的原因问题。其次是对朝廷政治的恐惧。士人中也有像于慎行那样批评于谦优柔寡断的,但更多人则表示了对其尴尬处境的理解。王世贞曰:"夫人主以私爱欲易太子,虽留侯不能得之汉高,而谦能得之景帝乎哉!天命所畋,大宝中夺,小人贪功,伏机焱发,元勋甫就,膺此祸烈,智不及避,勇不及决,悲哉天乎!"(《献征录》卷三八,《兵部尚书于公谦传》)王世贞除了对于谦的无奈表示充分的理解,同时指出了两点遗憾:"智不及避"与"勇不及决"。那么反过来看,王世贞心中合理的处置方式便应该是"避"与"决"的选择。所谓避便是远离这是非之地,妥善地保全自我;所谓决便是当机立断做出抉择,从而在政局中处于有利的位置。王世贞的话是有相当分量的,因为明代后期的许多士人正是做出了此二种抉择:要么退隐自适以全身远害,要么奋身投入做一次政治的赌博。

其实上述影响在当时就出现了明显的迹象,更不必等待王世贞加以指点。比如在代宗易太子时差点儿"愧死"的老臣王直,在于谦死后便立即请求致仕回乡,甘心和佃仆们一起种地栽树,过那种"击鼓歌唱"的平淡生涯,并对儿孙们发感叹说:"曩者西杨抑我,令不得共事,然使我在阁,今上复辟,当不免辽阳之行,安得与汝曹为乐哉!"(《明史》卷一六九,《王直传》)王直在宣德、正统年间名气颇大,与王英一起称"二王",却因杨士奇的抑制而未能入阁,作为文臣其心中怨气之大可想而知。但在躲过夺门之变的灾祸后,他却衷心感谢起曾压抑过自己的杨阁老了。这说明对于夺门之变这样巨大的心理恐惧来说,其他的恩恩怨怨也就算不了什么了。此种刻骨铭心的记忆在天顺朝想必绝非王直一人所具有。

当然,也有未能吸取教训而依然故我者,则理所当然地吃足了苦头,其中岳正便是个典型的实例。岳正(1418—1472),字季方,漷县人,正统十三年会试第一,赐进士及第。天顺初年以于谦为首的大批代宗旧臣被杀戮斥逐,随后阁臣徐有贞、李贤亦下狱,英宗颇有无人可用之忧。此时他发现了岳正这位年轻有为、又是自己所录取的官员,心中大喜,立即命其入阁。岳正也深感英宗知遇之恩,尽心尽力以图报效。但他仅仅在内阁待了二十八日,便以失败而告终。他先被贬钦州同知,随之又被逮系诏狱,受杖一百,谪戍肃州,后被释回乡为民。岳正的失败虽与石亨、曹吉祥等小人的诬蔑陷害有密切关系,但其主要原因则是他的正直敢言与尽心图报,《明史》本传记曰:"正博学能文章,高自期许,气屹屹不能下人。在内阁才二十八日,勇事敢言,便殿论奏,至唾溅帝衣。"其实态度的过激英宗或可原谅,而敢于说真话才是其获罪的主因,比如他在借承天门失火而代皇上所撰敕文中,竟如此写道:"乃者承天门灾,朕心震惊,罔知所措。意敬天事神,有未尽欤?祖宗成宪,有不遵欤?善恶不分,用舍乖欤?曲直不辨,刑狱冤欤?征调多方,军旅劳欤?赏赉无度,府库虚欤?请谒不息,官爵滥欤?贿赂公行,政事废欤?朋奸欺罔,附权势欤?群吏弄法,擅威福欤?征敛徭役太重,而闾阎靡宁欤?谗谄奔竞之徒倖进,而忠言正士不用欤?抑有司阘茸酷暴、贪冒无厌,而致军民不得其所欤?"这全面的质疑淋漓尽致,略无顾忌,难怪会获致"举朝传诵"的轰动效应。但同时也因有"卖直讪谤"的嫌疑而惹怒了皇上,则其遭贬下狱的结果也就在所难免了。英宗曾为岳正下过如此评语:"岳正倒好,只是大胆。"(《明史》卷一七六,《岳正传》)他只要岳正的"好",而讨厌其"大胆",却不知只有大胆了才会有好。于谦在景泰年间的隐忍徘徊本是欲求一个好的结果,却落了个横尸法场;岳正在天顺年间的大胆直言也是欲求一个好的结果,也照旧落了个几乎丧命的谪戍下场。则士人在当时官场的境遇也就可想而知了。然而岳正的确是够顽强的,在经过贬官流放的折磨后,却依然我行我素,他的两首《自题小像》,不能不让后人充满深深的敬意。其一曰:"有自京师来者,传天语于正曰:'岳正倒好,只是大胆。'或以贺正曰:'上念如此,行召公矣。'曹生为写陋容,遂隐括其辞,题于上云:岳正倒好,只是大胆,惟帝念哉,必当有感;如或赦汝,再敢不敢。尝闻古人之言,盖将之死而靡憾也。"他已获知皇上没忘记其好处,亦深知皇上不喜其大胆,更知道倘若改掉这大胆的性情,就会重新得到皇上的重用,但他却断然表示,宁死也不会改变。岳正在此对理想人格的认识显然与皇上产生了分歧,故而又曰:"孔学不惑,孟心不动。汝年四十,物理犹哄。四举方售,非百中之材;一试辄败,非万全之用。既不能随时以浮沉,又安足为世之轻重。倘伥伥然以执迷,徒晓晓乎而自讼。此盖古人之所谓狂,而今人之所谓蠢也。"(《类博编》卷八)可见他不仅知道皇上不喜欢自己的率直大胆,而且更知道不会被这个社会所接受。但尽管举世非之而认其为蠢,他却在古人那里寻到了知音,这就是孔、孟对行不掩言的狂者的称赞。岳正也许并未意识到,他在明代士人的人格演变史上迈出了艰难的一步,即从依附朝廷而走向独立。此种独立更显示出另一种趋势,即道与势出现裂痕乃至初步分离。当然,为迈出这一步他付出了沉重的代价,即永远地脱离官场。他显然已做好了准备,并且没有太多的遗憾。在晚年,他寻到了两位在生活情趣与人生理想上的知音,即超逸的陶潜与求乐的邵雍,他以诗言志曰:"归去来兮不是辞,陶家家数正如斯。近来次第施行尽,只欠临流会赋诗。"(同上,卷二,《景陶》)"年才五十便休官,却向床头学弄丸。不觉鞻然开口笑,邵家生活这般般。"(同上,《慕邵》)这种生活情趣的转变是否也预示着一种哲学人生观的转向呢?因为在陈献章的诗文中,陶潜与邵雍也一再被作为人生理想的楷模而加以称扬,这该不是偶然的巧合吧。

在明代,岳正无论在事功、哲学还是文学方面,当然都不是第一流的人物,之所以选择他作为士人心态研究的代表,是因为其前后联结着两位重要人物,这就是于谦与李东阳。与于谦的比较价值已见上述,至于与李东阳的关系,我以为四库馆臣在评岳正诗文时的一段话颇有启示意义,同时也可为本小节提供一个恰当的结尾,其曰:"正统成化以后,台阁之体,渐成啴缓之音,惟正文风格峭劲,如其为人。东阳受学于正,又娶其女,其《怀麓堂集》亦称一代词宗,然雍容有余,气骨终不逮正也。所谓言者心之声欤!"(《四库全书总目》卷一七〇,集部,别集类二三)这的确是个值得深思的现象,李东阳受学于岳正,又是其女婿,甚至连那篇洋洋洒洒的《直内阁翰林院学士岳公正传》也是出自他的手笔,但他竟然与岳正的人格迥然不同,其原因究竟何在?我们留待后面再详加探讨。

第二节　理学、八股与明代前期士风

一、八股科举制度的选择与理学意识形态的确立

八股制度与程朱理学的关系是一种形式与内容或者说手段与目的的关系。八股制度是如何选择人才的方式与手段,而程朱理学则是所选人才应具备的素质与标准。而二者的共同目的是为明代官场与社会提供朝廷所认可的理想人才。因此明初朝廷对八股制度的选择便不是一种盲目的行为,而是为达到确立理学地位与选拔合适人才的目的而认真谋划、反复试验的结果。明代是代元而起的王朝,其立朝宗旨便是恢复汉家的礼义传统,用朱元璋的话说就是:"申明我中国先王之旧章,务必父子有亲,君臣有义,夫妇有别,朋友有信。"(《御制大诰》)以重新收拾"胡人纲常大坏"之残局。而欲达如此之政治理想,必先培养出具此礼义品格之士人,则从立国宗旨上说,便是要建立一个以儒家思想为核心的文治社会。在如此文化背景下来探究八股制度与程朱理学的明初境遇,才能有一个合适而清晰的诠释视野。

作为教育史的专业研究人员,一般是这样概括八股制度的生发过程的:"八股之法,源于宋,定于明之洪武,而完备和盛行于明宪宗成化

以后,泛滥于清代。"(周德昌《中国教育史研究·明清分卷》,第161页)此种概括的长处是简洁明快而易于突出主要脉络,需要补充的是产生的原因与不可忽视的某些细节。八股何以会源于宋,其最初动机是什么,其实早在明代便有人做出过回答,比如嘉靖时的茅坤在给朋友的一封信中说:"仆尝谓举业一脉,盖由王荆公厌唐、宋来以辞赋取士,故特倡此经义以揽天下材茂之士。妄谓举子业,今文也;然苟得其至,即谓之古文,亦可也。世之为古文者,必当本之六籍,以求其至;而为举子业者,亦当由濂洛关闽以溯六籍,而务得乎圣贤之精,而不涉世见,不落言诠。"(《茅坤集》,第321页,《复王进士书》)他从王安石废诗赋取策论以重六籍之经义的初衷,推导出举子业"亦当由濂洛关闽以溯六籍而务得乎圣贤之精",应该说是比较准确地把握了当初立八股的本意的。此外,明代八股制度的设立并非直承宋人,而是承自于元代,这就又牵涉到元人立科举的动机问题。元代本是由蒙古贵族建立的王朝,开始时并未认识到以科举选拔人才的重要,故而在相当一段时间内废除了科举。但后来随着统治的稳定与汉化程度的加深,越来越感觉到无论从争取汉族士人人心还是选拔实际政治操作人才,都必须通过科举来实现,所以决定重开科举。而且其科举取士的思路竟与宋人王安石出奇的一致,如元仁宗皇庆二年中书省上奏的意见是:"学秀才的经学词赋是两等,经学的是说修身齐家治国平天下的勾当,词赋的是吟诗课赋作文字的勾当。自隋唐以来,取人专尚词赋,人都习学的浮华了。罢去词赋的言语,前贤也多曾说来。为这上头,翰林院、集贤院、礼部先拟德行明经为本,不用词赋来。俺如今将律赋省,题诗、小议等都不用,止存留诏诰章表,专立德行明经科。明经内四书五经,以程子、朱晦庵注解为主,是格物致知修己治人之学。这般取人呵,国家后头得人才去也。"(《通制条格》卷五,《科举》)尽管所用汉语颇有元杂剧台词味道而缺乏庄重色彩,但所表达的意思还是清楚的,尤其是决定以程朱注解为主作为四书五经的标准解释,更是开了明人八股的先河。对此朱元璋也是认可的,他在洪武三年的诏书中说:"汉、唐及宋,取士各有定制,然但贵文学而不求德艺之全。前元待士甚优,而权豪势要,每纳奔竞之人,夤缘阿附,辄窃仕禄。其怀才抱道者,耻与并进,甘隐山林而不出。风俗之弊,一至于此。自今年八月始,特设科举,务取经明行修、博通古今、名实相称者。"(《明史》卷七十,《选举志二》)在此朱元璋并不是认为所行科举制度本身不好,而是权豪势要往往破坏此一制度,通过不正当途径窃取仕禄,而如今自己要做的便是严格遵守此一制度,做到"非科举者勿得与官"。(同上)通过上述对明代八股制度在传统取舍上的叙述,可以清楚地看出其价值取向与基本特性,那就是由经义学习到德行修养的选士标准的确立。

但是必须同时看到,八股制度的形成与理学标准的确立并非一次完成而是经过了一个曲折的过程。严格地说来,八股制度的核心亦即程朱理学的价值标准是在永乐时期由朱棣和他的臣子们确立的,而整个洪武、建文时期则是其探索期。以洪武为例,其试验性质可归纳为两个方面:(一)各种选官方式的综合运用而非限于科举一途。此时所用的选拔方式主要有荐举、学校与科目三种。多种方式并用的原因当然非一言所能尽之,有时是施行科举的条件尚不具备,不得不用其他方式。如元至正二十四年明太祖即敕令中书省:"今土宇日广,文武并用。卓荦奇伟之才,世岂无之。或隐于山林,或藏于士武,非在上者开导引拔之,无以自见。自今有能上书陈言,敷宣治道,武略出众者,参军及都督府其以名闻。或不能文章而见识可取,许诣阙面陈其事。"(《明史》卷十一,《选举志三》)这显然是在战事紧张而统治区域又迅速扩展、急需人才的特殊情形下所采取的应急措施。与此有关的原因是由于元末战乱所造成的明初官员及各种管理人才的奇缺,必须采取各种有效措施迅速予以补充。《明史·选举志一》曰:"初,以北方丧乱之余，人鲜知学，遣国子生林伯云等三百六十六人分教各郡。后乃推及他省，择其壮岁能文者为教谕等官。太祖虽间行科举，而监生与荐举人才参用者居多，故其时布列中外者，太学生最盛。"但最主要的原因则是尚未筛选出何者为最佳的人才选拔方式。这从洪武朝选拔方式的多次反复即可看出。初年多以荐举选官，但时隔不久即发现所荐人才驳杂不齐，于是在洪武三年乃决定实行科举选拔。然经过一段实验后又发现，"所取多后生少年，能以所学措诸行事者寡"，于是"乃但令有司察举贤才，而罢科举不用"。（《明史》卷七十，《选举志二》）但荐举的方式毕竟随意性太大而缺乏可操作性，故而至洪武十五年而复设科举。至十七年才将科举方法确定下来，而且直至明末基本未有大的改变。本次除了在文章格式与经书传注等方面做出进一步的规定，同时还制定了观政制度："使进士观政于诸司，其在翰林、承敕监等衙门者，曰庶吉士。进士之为庶吉士，亦自此始也。其在六部、都察院、通政司、大理寺等衙门者仍称进士，观政进士之名亦自此始也。"（同上）稍加比较即可看出，此次所采取的措施即可保持人才培养与选拔的有序性，又避免了新进后生缺乏从政经验的不足，为以后的科举取士提供了基本的模式。（二）取士的价值标准尚未归于一元。如洪武三年选士标准为"经明行修，博通古今"。（同上）而六年时又重新强调说："德行为本，而文艺次之。"并将其具体分为八类：聪明正直，贤良方正，孝弟力田，儒士，孝廉，秀才，人才，耆民等。（同上，卷七一，《选举志三》）尽管分类标准显得混乱不统一，但包括德与才二项是显而易见的。加之对"能措诸事"的要求，可见亦颇重视实际的能力。不过最足以说明问题的是有关科举考试内容的规定："初设科举时，初场试经义二道，《四书》义一道；二场，论一道；三场，策一道。中式后十日，复以骑、射、书、算、律五事试之。后颁科举定式，初场试《四书》义三道，经义四道。《四书》主朱子《集注》，《易》主程《传》、朱子《本义》，《书》

主蔡氏《传》及古注疏，《诗》主朱子《集传》，《春秋》主左氏、公羊、谷梁三传及胡安国、张洽传……《礼记》止用陈澔《集说》。二场试论一道，判五道，诏、诰、表、内科一道。三场试经史时务策五道。"(《明史》卷七十，《选举志二》)在此可以很清楚地看出，洪武时对经义注疏之规定尚较为宽泛，只是到永乐时方一归程朱，故陈鼎所言自太祖继位后，"一宗朱子之学，令学生非五经孔孟之书不读，非濂洛关闽之学不讲"，(《东林列传》卷二)就颇有些不着边际了。洪武时取士标准之不能归于单一，是由于此时活跃于官场社会的仍为由元入明的一代士人，他们在元代较为宽松的文化环境里，其思想意识的构成一般均比较复杂，如宋濂之浸染于佛学，刘基之杂有黄老谋略之习，高启之难除狂放不羁之情，等等，他们有的也想尽量改掉原有的习性，却非短时所能奏效，如高启入明后曾明确表示："近年稍谙时事，旁人休笑头缩。赌棋几局输赢注，正似世情翻覆。思算熟。向前去不如，退后无羞辱。三般检束：莫恃傲才，莫夸高论，莫趁闲追逐。"(《高青丘集》，第973页，《摸鱼儿·自适》)但他后来还是被太祖以交涉官员不守规矩而被腰斩于南京。其实即使主张以德行为首的明太祖本人也未做到思想纯一，直到洪武二十一年，解缙犹如此指出："臣见陛下好观《说苑》、《韵府》杂书与所谓《道德经》、《心经》，臣窃谓甚非所宜也。《说苑》出于刘向，多战国纵横之论。《韵府》出元之阴氏，抄辑秽芜，略无可采。"(《明史》卷一四七，《解缙传》)当然，解缙之言是少年气盛而不谙世事的幼稚之举。皇帝总是高高在上不受限制的，观览一些非儒家典籍亦属正常。但如果由个人的爱好而影响到士子教育，便会涉及士风问题，洪武时国子监太学生"所习自《四书》本经外，兼及刘向《说苑》及律令、书、数、《御制大诰》"。(同上，卷六九，《选举志一》)其中所习《说苑》，与太祖所好当有直接关联。因而在洪武一朝未能做到思想观念的纯一是显见的事实。

但是，在朱元璋统治的三十余年中，经过朝廷的不懈努力，整个士人群体的思想意识也逐渐地由驳杂向着纯一趋近，其间种种的演变迹象亦颇可考见。从朝廷方面对士人的要求而言，其标准愈益严格。如洪武三年首次举行科考时，对五经之释义规定为："《易》程、朱氏注，古注疏；《书》蔡氏传，古注疏；《诗》朱氏传，古注疏；《春秋》左氏、公羊、谷梁、胡氏、张洽传；《礼记》，古注疏。"（李调元《制义科琐记》卷一，《初设科举条格记》）拿十七年第二次科考规定与此相比，已将《易》与《诗》之古注疏剔除而仅用程朱释义。改动虽不很大，但从中却透露出对儒家经典的两种不同态度：首次体现出不忽视经典本意的求实精神，第二次则更重视程朱对经典的解释发挥。可知程朱之学此时已有定于一尊的趋势。从士人的人格意识构成而言，在洪武时成长起来的一代亦较其前辈更为纯粹。依宋濂与方孝孺为例，孝孺之学虽得之宋濂，却又与其颇不相同。宋氏虽为明初大儒，其学亦不离程朱渊源，但却颇染于佛旨。孝孺则被誉为一代纯儒，他非但专以明道为己任，且甚严佛儒之辩。正如黄宗羲所述："景濂氏出入于二氏，先生以叛道者莫过于二氏，而释氏尤甚，不惮放言驱斥，一时僧徒俱恨之。"（《明儒学案》卷四三）宋濂曾总结其为学经过曰："余自十七八时辄以古文辞为事，自以为有得也。至三十时，顿觉用心之殊，微悔之。及逾四十，辄大悔之。然如猩猩之嗜屐，虽深自惩戒，时复一践之。五十以后，非惟悔之，辄大愧之；非惟愧之，辄大恨之。自以为七尺之躯，参于三才，而与周公、仲尼同一恒性，乃溺于文辞，流荡忘返，不知老之将至，其可乎哉！自此焚毁笔研而游心于沂泗之滨矣。"（《文宪集》卷九，《赠梁建中序》）根据他文中那痛心疾首的态度，应该相信这是他发自内心的真诚忏悔。但他非但抹不去其早年舞文弄墨的"劣迹"，而且飞逝的岁月也留给他改造自我的时间太短，以致不可能再创造出一位新的宋濂来。方孝孺就不同了，宋濂的人生终点就是他人生的起点，他一开始的人生理想就是"末视文艺,恒以明王道、致太平为己任。"(《明史》卷一四一,《方孝孺传》)很显然,方孝孺已经以有别于其师辈的新生代而自居了。

如何来评价这一新生代,学术界并不是有很清晰的认识,有人说他"道学气甚重"。(《明代文学批评史》,第43页)大致讲也不为错,但他们与永乐后之道学却又颇不相同。他们虽较其前辈理学味道更浓一些,但却并不畏首畏尾,而是意气风发,信念坚定。比如解缙甫中进士即上万言书对太祖之政治措施进行全面批评,并自称"率易狂愚,无所避忌。"(《明史》卷一四七,《解缙传》)许多人不明白,方孝孺何以会一方面以讲明道学、振作纲常为己任,一方面又会对庄周、李白、苏轼充满向往仰慕之情。其实,他对这些前贤离经叛道的思想内涵并没有太大兴趣,而是由衷钦佩其意气风发、奔放激越的精神。如其论三家之文曰:"庄周之著书,李白之歌诗,放荡纵恣,惟其所欲,而无不如意。彼其学而为之哉?其心默会乎神,故无所用其智巧,而举天下之智巧,莫能加焉。……庄周、李白,神于文者也,非工于文者所及也。……庄周殁殆二千年,得其意以为文者,宋之苏子而已。苏子之于文,犹李白之于诗也,皆至于神者也。"(《逊志斋集》卷十二,《苏太史文集序》)他之称赞三家之文,盖在其无不如意之纵横自如;其所以能自如,则在其能默会于神;而其能默会于神,又在其意气之充沛。值得注意的是,朱元璋对由元入明的士人非常严厉,以致不少人虽极力敛其锋芒,仍不免遭致摧折。而对这群年轻气盛的新一代士人,却又颇能容忍乃至优待。或许他认为这些士人成长于洪武年间,尽管心高气锐,可对本朝的忠诚是不成问题的。他曾多次原谅方孝孺,目的是"此壮士,当老其才"。(《明史》卷一四一,《方孝孺传》)否则也许早就大用之了。对于性情狂傲的解缙,他虽不满其"自恣",也只是对其父曰:"大器晚成,若以尔子归,益令进学,后十年来,大用未晚也。"(同上,卷一四七,

《解缙传》)尤其是洪武十八年中进士的练子宁,他在殿试对策时,竟放着胆子说:"天之生材有限,陛下忍以区区小故,纵无穷之诛,何以为治?"前人没能记录下当时周围人的反应,恐怕都要替这位食了豹子胆的新科进士捏着几把汗,却不料皇上反倒"大悦",亲自将其"擢一甲二名"。(《制义科琐记》卷一)难怪这些臣子到了建文年间与惠帝的关系那般和谐而政治热情又那般高昂。从士人的角度来说,也许这短短的四年才是他们最理想的时代。

然而,这昙花一现的局面随着燕王朱棣靖难大军的攻入南京而宣告结束。朱棣给建文政权所按罪名是变更祖宗成法,故而其掌权后便极力做出一返太祖成宪的姿态。他继承了太祖软硬兼施的措施且更为严密残酷。《明史·刑法二》曰:"成祖起靖难之师,悉指忠臣为奸党,甚者加诛族、掘冢,妻女发浣衣局、教坊司,亲党谪戍者至隆、万间犹勾伍不绝也。抗违者既尽杀戮,惧人窃议之,疾诽谤特甚。"于是京城内外遂形成普遍的告讦之风,陈瑛、吕震、纪纲等残苛小人也乘势纷纷深文周纳、株连多杀而邀宠。成祖又特设特务组织东厂以侦测士民隐情,一时弄得人人自危。刘子钦之事例最足显示当时士人之一般状况。某次成祖派人至文渊阁去窥测庶吉士之讲习情况,适逢刘子钦因吃饭时饮酒稍多,此刻正"祖腹席地酣睡"。成祖闻报后大怒,立即召其前来训斥说:"吾书堂为其卧榻耶?"遂即罢其官职,发配至工部为吏员。刘子钦当时也不加分辨,谢恩后即起身外出买来吏员衣巾,至工部列身于吏员行列中,弄得工部尚书一时不知所措。此时皇上又派太监前往查看,得知刘氏这般行为打扮,只好笑着说:"刘子钦好没廉耻。"而后命人还其官服,仍回内阁读书。(祝允明《野记》二,见邓士龙《国朝典故》卷三二)如此大起大落的变化竟发生在一日之内,似乎迹近荒唐,但从中却令后人得知成祖控制士人之严密,以及士人在变幻莫测环境中所领受的人格屈辱与心理压力。成祖对臣子们的心情忧郁也多有感受,但他并没有表示同情,而是深感厌恶,并加重了其猜忌心理。永乐六年六月,礼部尚书郑赐忽然亡故,成祖召翰林诸臣问道:"未尝闻赐病,岂其自尽乎?"众人一时不知如何回答是好,杨士奇连忙解释说:"臣观赐有病数日,但惶惧不敢退即便安求医药。昨日晚臣与赐同立右顺门外,赐体力不支仆地,旁人怪其鼻口之气有嘘无吸,臣遽令其属官扶出午门外。"(杨士奇《三朝圣谕录上》,见《国朝典故》卷四五)无论是因恐惧而自尽,还是因恐惧而有病不敢治疗,其实并没有太大的区别,均为心理压力过重的结果。

对士人的心理摧残与政治高压只是朱棣的控制手段之一,与此同时他还在学校教育与科考内容等方面从正面加以引导,力争使思想意识归于一统。于是在永乐初期他责令大臣们编纂了《四书大全》《五经大全》及《性理大全》等三部士子必读之书,将科举考试内容规定得更为狭窄,以使士子之思想更为单纯划一。其狭窄单纯的明显标志是,三部大全的宗旨以及对经书的解释均以程朱理学为准则,学校以此施教,士子以此应试,臣民以此修身,而不许有任何异议。正如主编者胡广、杨荣、金幼孜等人在进书表中所言,其编纂目的为:"以是而兴教化,以是而正人心。……非惟备览于经筵,实欲颁布于天下。俾人皆由于正路,而学不惑于他歧。家孔孟而户程朱,必获真儒之用。佩道德而服仁义,咸趋圣域之归。顿回太古之淳风,一洗相沿之陋习。焕然极备,猗欤盛哉!"(胡广《进五经四书性理大全表》,见《皇明文衡》卷五)其实,永乐十六年三部大全的成书与颁布只不过是永乐君臣努力为程朱理学确立官方统治地位的结果。而早在永乐二年处理朱季友的事件上,便已显示出他们的此种强烈愿望。杨士奇《三朝圣谕录上》记此事曰:

永乐二年,饶州府士人朱季友献所著书,专斥濂、洛、关、闽之说，肆其丑诋。上览之，甚怒，曰："此儒之贼也。"时礼部尚书李至刚、翰林学士解缙、侍读胡广、侍讲杨士奇侍侧，上以其书示之。观毕，缙对曰："惑世诬民莫甚于此。"至刚曰："不罪之，无以示儆。宜杖之，摈之遐裔。"士奇曰："当毁其所著书，庶几不误后人。"广曰："闻其人已七十，毁书示儆足矣。"上曰："谤先贤、毁正道，非常之罪，治之可拘常例耶？"即敕行人押季友遣饶州，会布政司、府、县官及乡之士人，明论其罪，笞以示罚。其搜检其家，所著书会众焚之。又谕诸臣曰："除恶不可不尽，悉毁所著书最是。"

(《国朝典故》卷四五)

这是记载朱季友事件较完整的一条，此外尚可补充的是："杖之一百，就其家搜检所著文字悉焚之，仍不许称儒教学。"（余继登《典故纪闻》卷六）亦即被打了一百棍子，然后被端去饭碗并被开除出士人行列。除了上述二书，记载该事的史籍还有许多，就手边方便，即有《献征录》卷十二《杨文贞公传》、《明通鉴》卷十四永乐二年七月壬戌、《万历野获编》卷二五《献书被斥》、《国榷》卷十三成祖永乐二年七月壬戌、《明史》卷六《成祖本纪》、《明成祖实录》卷三二永乐二年七月壬戌等七种之多。明代史籍甚繁，未及笔者经目者当有不少，然仅此已足以说明明人对此事的重视。其实，朱季友既然敢于将所著书直接献给朝廷，无论是出于邀功希宠还是维护儒家道统，朱棣都大可一笑置之，实在没有必要如此兴师动众地去折腾这位七十余岁的老人。朱棣及其大臣们之所以如此重视此事并大张旗鼓地予以惩戒，无非说明了他们对程朱理学的重视与渴求统一士人思想的决心。应该说他们的努力借助官方的巨大优势而基本取得了成功，尽管其间出现过姚广孝著《道余录》以驳程朱的小插曲，但并未影响程朱理学统治地位在永乐后

第一章　明前期的历史境遇与士人人格心态的流变　47

期的确立。① 而后来有如此众多的史籍对朱季友事件加以记载,则显示了此事的影响之大。明末的谈迁在记述完该事后感叹说:"先朝守宋儒遗书如矩矱,毋敢逾尺寸,故惩朱季友,而经学至深邃也。句沿字蹠,等于苴蜡,于是曲士凿其隅见,稍有所缘饰,而矫异之窦,纷互四出,如近日李贽狱死,纸更为贵,俗尚之觭久矣。彼季友一斥不再振,则当时功令可想见也。"(《国榷》卷十三,成祖永乐二年)谈氏身处晚明异端思想纷起的时代,深羡先朝能使"季友一斥不再振"的"功令",足可见出该事件巨大的历史效应。谈迁认识到"曲士凿其隅见"是对"句沿字蹠,等于苴蜡"的回应,但他却忽视了"句沿字蹠,等于苴蜡"又是斥季友、尊程朱的直接结果。由此回顾明前期朝廷对政治的设计与意识形态的建构,实在值得令人回味。依其设想,政治的稳定在于选拔出合格的士人群体,而士人的获得在于具有合理的选拔方式,而合理的选拔方式又必须与恰当的取士标准密切结合,于是他们选择八股科举与程朱理学,并且最终得到了实现。然而后来的历史发展证明,政治局面似乎并不能由此而长治久安,倒是引来了许许多多的麻烦。可见历史远比人们想象中复杂得多。

---

① 关于姚广孝著《道余录》以驳程朱的貝休情况,可进一步参见台湾学者江灿腾先生的《中国近代佛教思想的争辩与发展》一书的《明初道衍的反排佛论及其净土思想》一章,其中"《道余录》在明代的流传情形"一节说:"《明史·姚广孝传》和顾亭林的《日知录》都提到'广孝著《道余录》,诋讪先儒,为君子所鄙'。其实在道衍禅师圆寂后不久,亦即《道余录》问世后的第十八年(一四三〇),修成的《明太宗实录》中,已出现了上述批评《道余录》之语。此为官方文献的正式贬词。"郎瑛的《七修类稿》则提到张洪烧书之事。张洪为道衍禅师生前共修《永乐大典》的伙伴,曾受禅师的照顾。他自供:'少师于我厚,今无以报,但见《道余录》即焚之,不使人恶之也。'商传认为这样的报恩,是'十足的以怨报德的恶行'。说是不错,却也反映出《道余录》的出版,在以儒家官僚为主的知识分子间,造成巨大的压力"。(见该书第24页)《道余录》在永乐间的出版并不说明程朱理学受到了挑战,而是姚广孝利用自己与成祖的密切关系来为佛教作殊死的顽抗。这其实正说明佛教在当时已受到极大的压制。

二、科举与圣学：手段与目的的颠倒

就明代设立科举的本意讲，是为了求得圣人之道与朝政之势的有机结合。尽管在每位皇帝那里对科举的要求并不完全一致，如太祖为"能以所学措诸行事"而要求"惟务直述不尚文藻"。（王世贞《弇山堂别集》卷八一，《科试考一》）成祖乃"欲以求博洽之士"而强调"贯通经史，识达天人"。（同上）宣宗则"欲得忠鲠之士为用"而"不尚虚文"。（余继登《典故纪闻》卷十）但在要求士人明圣学以达实用这一点上则是相同的。明代是一个文治的社会，离开士人的支撑是不可想象的。而欲使士人有效地支撑朝政，其关键在于培育士气。而士气的培育在历代君主看来最重要的莫过于崇圣学而尊程朱。就科举所推行的实际效果看，在明前期的相当一段时间内还是卓有成效的，从士人品格讲，如况钟之类的循吏显系与其儒者身份直接相关；同时此种科考制度也具有一定的公平性，贫寒之士凭才德而有了入仕的机会，而豪门贵族也难以独霸仕途。如典史出身的曹鼐不顾他人嘲笑而刻苦读书，也中了宣德八年的进士，并因"对称旨，上亲擢为第一"。（《制义科琐记》卷一）虽还难说是朝为田舍郎而暮登天子堂，但称其平步青云则是恰如其分的。因而谷应泰曾比较荐举与科举说："成周兼里选，两汉举孝廉，抑可通行欤？曰：叔世也，而诈伪萌起。舍高棘重帷，封名易书，孰能为至公！必此而君不得私其臣，父不得私其子。"（《明史纪事本末补遗》卷二）作为一种考试制度，目的明确与形式公平兼顾，应该说有其优越之处。

然而随着时间的推移，人们却对此种制度不断地提出批评，认为它正逐渐地失去自身应具备的目的，同时也失去其公正的形式。一种制度在推行过程中显然不能保证丝毫不出纰漏，但在此却并非指的一些人为的偶然因素①，而是明明知其错误却难以避免的总体趋势。首先是对圣人与经典本意的背离，从而导致士人品格的下降。嘉靖时的何良俊是较早对此种现象做出论述的学者，他先从对比太祖与成祖二人对待经书的不同态度入手，来论述明代科举的失败。他说："太祖时，士子经义皆用注疏，而参以程朱传注。成祖既修五经四书大全后，遂悉去汉儒之说，而专以程朱传注为主。夫汉儒去圣人未远，学有专经，其传授岂无所据。况圣人之言广大渊微，岂后世之人单辞片语之所能尽。故不若但训诂其辞而由人体认，如佛家所谓悟入。盖体认之功深，则其得之于心也固，得之于心固，则施之于心也必不苟。自程朱之说出，将圣人之言死死说定，学者但据此略加敷演，凑成八股，便取科第，而不知孔孟之书为何物矣。以此取士，而欲得天下之真才，其可得乎？"（《四友斋丛说》卷三）无论从"体认""悟入"的学术方法，还是从对程朱"将圣人之言死死说定"的公然批评，都带有鲜明的阳明心学影响的痕迹。但他对专尊程朱之学而难得真才的见解，却显然是深思熟虑的结果。他将此种现象概括为如下两句话："始则尽扫百家而归之宋人，又尽扫宋人而归之朱子。"（同上）非独此也，更进一步，连传注亦不必读，而只读"旧文"亦即前人所作八股文字，所谓"更读旧文字千篇，则取青紫如俯拾地芥矣"。士子们既然仅读旧文字便可中进士获高官，而

---

① 此处所说的"偶然因素"是指某些帝王或大臣因个人的好恶而使取士受到影响。明显的例子可举洪武三十年的科场案，该年考官刘三吾、白信蹈所取的五十二名进士全为南方士人。朱元璋认为所取有偏向，非常生气，便命侍读张信等十二人重新阅卷，结果仍未有什么改变。太祖大怒，将许多考官及所取状元悉加诛戮，把刘三吾戍边，然后自己亲自阅卷，"取任伯安等六十一人。六月复廷试，以韩克忠为第一。皆北士也"。（《明史》卷七十，《选举二》）又如永乐二十二年廷试，"上初取孙曰恭第一，嫌其名近暴，曰：'孙暴不如邢宽。'遂擢宽第一。仍用朱书填黄榜。一时称异事"。（《制义科琐记》卷一）此类事件对士子来说当然是不公平的，但是它们对科举制度本身并没有太大的影响。因而本书也不对此类虽则有趣却无关乎根本的历史事件作更多的关注。

刻苦体认经书者却穷年白首，饥冻老死，那么"人何不为其易且乐，而独为其难且苦者哉"？但负面影响也相当严重，因为"人人皆读旧文，皆不体认经传，则五经四书可尽废矣"。（《四友斋丛说》卷三）科举的本意是要通过考试而掌握程朱之学，再通过程朱之传注而把握儒家经典之真意，但在何良俊眼中却适得其反，科举的实行正好废弃了儒家的经典。与何氏同时的归有光亦有同样感受，故曰："夫终日呻吟，不知圣人之书为何物，明言而公叛之，徒以为攫取荣利之资。"（《震川先生集》卷七，《山舍示学者》）可见此乃许多士人之共识。

其次是公平原则的丧失，以致考中者不必有德有才，而抱憾终生者却往往才德过人。翻检明代文人集子，会发现许多科举失意者对此种不公平遭遇的深沉慨叹。以明中期的士人文徵明为例，在其诗文集中先后撰写了《戴先生传》《顾春潜先生传》（《文徵明集》卷二七）、《杜允胜墓志铭》（同上，卷三十）、《王履吉墓志铭》《东川军民府通判王君墓志铭》（同上，卷三一）等科举失意的士人传铭。这些士人都曾经耗费一生的精力，从各个方面探索科举成功的方式，结果均以失败而告终。顾春潜的失败在于驳杂，所谓"雅事博综，不专治经义，喜为古文辞，习绘事，众咸非笑之，谓非所宜为"。他的失败命运显然是不可避免的。故"春潜自弘治己未至正德丁丑，凡七上礼部，不中"。但学问博大、议论高远的戴冠先生也未能免于被绌的结局，"其学自经史、外，若诸子百家，山经地志，阴阳历律，与夫稗官小说，莫不贯综。而搜弥剖别，必求缘起而会之以理。为文必以古人为师，汪洋澄湛，奋迅凌轹，而议论高远，务出人意。诗尤清丽，多寓讽刺。推其余为程文，亦奇隽不为关键束缚。一时誉闻籍籍起诸生间"。可见他已得到周围同类士人的普遍认可，而且"先生亦自谓科第可得也，而八试皆绌"。这显然已不能令士子们心服了。更为令人费解的是杜允胜先生的遭遇，因为他并非闭门自我摸索，而是得到过内行高人的指点，所谓

"王文恪公归自内阁,遂往游其门,因得作文之要"。王鏊本是明代出名的八股时文大家,曾于成化十一年乙未科会试第一,殿试第三。杜先生于彼处讨教,所得理应算是"真经"。就其实际学问看亦然,"其学粹而深,为文光洁而传于理"。但"自正德丙子至嘉靖戊子,凡五试,试辄斥",最后"竟不售以死"。科举士子的命运如此变幻莫测,也难怪会使他们痛心疾首大发感叹了。文徵明对此类失意士人所以深表同情并为之立传,其中显然包含有自我感叹的情绪发泄,故而在《戴先生传》后意犹未尽地议论道:"以余观于戴先生,一第之资,岂其所不足哉?迄老不售,以一校官困顿死,殆有司之失耶,抑自有命耶?谓科目不足以得士者,固非也;而谓能尽天下之士,谁则信之?"痛苦的人生现实迫使士人不得不对科举的公正性提出了质疑。另一位时文大家归有光亦曾深切地总结自我体会说:"世事殊不可测。劝君行固难,然亦不可不一行也。七篇文字,顷刻能就;只是时有得失。若造化到,必不见短;不然,终岁俯首占毕何为者?不须问江东神,鄙人便是也。"(《震川先生集》《别集》卷七,《与沈敬甫》)从自身数十年的科场屡次失败的经历中,归氏得出的结论是,科举文字毫无定准可言,唯一的标准便是中与不中,所谓"时之论文,率以遇不遇加铢两焉"。(同上,卷二,《会文序》)于是他叹息说:"国家以科举之文取士,士以科举之文升于朝,其为人之贤不肖,及其才与不才,皆不系于此。至于得失之数,虽科举之文,亦不系其工与拙。则司是者,岂非命也夫。"(同上,卷二二,《南云翁生圹志》)归有光对待科举的态度无疑是认真的,他除了为自我的不幸遭遇愤激不平,还为国家朝廷的人才培养而忧心。但到了万历朝的汤显祖时,他已将一切都看透,也就一切都释然了。他曾如此表述对时文的看法:"承以时艺卜询,不佞以为时义惟时是因。……时义入彀,何必高谈。"(《汤显祖诗文集》卷四八,《答卞玄枢》)没有了愤怒,没有了不平,也没有了忧虑,在平静的语气里显示了对科举取士的绝望。明人沈际飞对此深有同感，因而在评"时文入彀，何必高谈"时说："文章原无定相，平奇浓淡，入彀即佳，敲门砖管甚方圆粗细也。"也就是说，随着历史的发展，科举八股已与求圣人之道无关，也与才能高下无关，当然也与入仕后的品格行为无关。于是，原本为检验治学求道的时文，便逐渐演变成为求官入仕的技巧。如茅坤明知科举设立之本意，故一再提醒一位胡姓举人说："从经术中洞关窍、栉骨理，譬则孙吴之治兵，本之正，以出入变化，百战百胜，无不如意，未有以诎天下之敌者。"（《茅鹿门先生文集》卷五，《与胡举人朴庵书》）"圣学以洗心为功，而举子业，亦当以炼心为案。吾辈能炼其心如百炼之金之在冶，斯之谓自得而资深逢源也"。（同上，卷六，《与胡举人论举业书》）其实上述这些言论显然不是茅坤的由衷之言，说它完全是应付朋友的门面话或许有些过分，其中也许还包含着扭转士风的苦心与自身对儒家理想境界的追求，但他没有全部讲出自己的心里话也是实情，看一看下面他给自己的侄子茅桂的家书，就会明白此处的推论绝非虚言。

>侄行年且五十，于举子业可谓苦心矣。举业而入苦心之路，其于名理，虽或精研，而于风调，不免沉滞。尝闻先辈举业"三字符"曰："典、浅、显。"予独更之曰："轻、清、精。"然"精"之一字，亦不易得；但能"轻、清"，而稍加之以秀逸疏爽，则百试百中矣。尝谓头场七篇，最为吃紧，须如行云之出岫，巧燕之穿市，荷叶之擎露，柳絮之飘风，万无过思深构，必致重滞艰涩。于二三场后，并听侄之蹀躞驰骤，出经入史，千金之骏，绝尘而奔，亦无不可者。……千万令放"轻、清"，而加之以秀逸疏爽；斯则侄之老马长途，而姑从康庄以策辔而驰，亦所以慰我衰飒悬悬之望也。

>（同上，卷九，《与侄举人桂书》）

倘若说与胡举人的信重在谈"名理",与其侄子的信则重在论"风调",此种差别同一般学者论文章的内容与形式的各有侧重不同,因为在二者之间不存在必然的内在联系,亦即他在此所谈之"轻、清、精"风调并非是为了更好地突出所谓的"名理",而是如何能够得到主考官的青睐,说得俗气点便是研讨敲门砖的方圆粗细问题。当然,此种不同的谈话内容也许针对不同对象及不同场合的因素,但同时更应看到,茅坤所言的"轻、清、精"风调乃是真正的内行之论。如明人对苏轼的文章极为推崇,其重要原因之一便是苏文的便爽畅达、疏宕犀利更有利于博得主考官的好感。所以王世贞曰:"今天下以四姓目文章大家,独苏公之作最为便爽,而其所撰论策之类,于时为最近,故操觚之士,鲜不习苏文者。"(《弇州山人续稿》卷四二,《苏长公外纪序》)陈绍英亦曰:"当今以制义取士,学术事功,无所不备,而尤以疏宕犀利为夺目,故最便子瞻文。"(《苏长公文燧》卷首)李贽甚至对自己所选苏轼文集有如此的自信:"令学生子置在案头,初场二场三场毕具矣。"(《焚书》卷二,《复焦若侯》)稍加对比即可看出,茅坤所突出的风调与众人的推崇苏轼文章风调是颇相一致的。由此可以得知,明代文人经常聚会以讲论揣摩时文,其中所揣摩的大都不是名理,而是当时流行的所谓"风调"。当然,科举既然已失去公平,欲中举者所揣摩的便不会只限于"风调",而会根据各自的具体情况选择最有利的手段,如婺源人倪进贤"素不读书,以房术进万安。安大喜。适成化戊戌科,安嘱考官刘吉、彭华取之。遂登进士,选庶吉士"。(《制义科琐记》卷二)这就更是等而下之了。但从实质上讲,它与揣摩"风调"并没有太大的差别,同样都是将检验圣学的方式手段异化为人生的目的,从而使科举制度变成仅具形式而无内容的空壳。

至于说科举制度何以会逐渐背离圣学本意与失去公平原则,明人亦曾做过一些自我反思,他们往往将其归结为利禄的侵蚀,其中以顾炎武的话为最明快,而以黄省曾的话为最具体。顾炎武曰:"自其束发读书之时,所以劝之者,不过所谓千钟粟、黄金屋。而一旦服官,即求其所大欲。君臣上下,怀利以相接,遂成风流,不可复制。"(《日知录》卷一三,《名教》)所有的祸患皆起源于利欲之求。正德时的黄省曾较之顾氏的笼统之言就更为具体了,他认为士人之父师妻子对科举仕宦的目的便是:"何不仕以华其宫也?""何不仕而膏粱乎其口也?""何不仕而积夫千金以侈老而利夫子孙为也?"正由于此,"五尺童子方辨仓颉,而即皆以此为之心。所以分官以往,各以其官而渔猎于亿兆。环九州布四海去来乎守令,万千乎南面,各求饱其溪壑之欲而已。轻之者为贸易,加之者屠沽,极之者乃盗贼而已矣"。随后他又描述了当时的状况:"夫今城衢之内有门将将堂观煌煌而穷极土木之丽者,必进士之家也;郊遂之间青畴万井,柳碕百里,而肆其畎亩之辟者,必进士之家也;役奴下走文衣麂履泛鹢浮马,贱妾愚妇翠髻瑷冠,一珠千金,拱如后妃,出则象舆者,必进士之家也。"(黄宗羲《明文海》卷九二,《仕意篇》)其实,顾炎武、黄省曾都是把圣学与利禄对立起来加以论述,仿佛士人生来便只能追求治国平天下的远大理想,而不能有丝毫的利欲之需。这显然仍是宋儒的利欲观而并不符合先儒的本意。《中庸》曾曰:"舜其大孝也与!德为圣人,尊为天子,富有四海之内,宗庙飨之,子孙保之。故大德必得其位,必得其禄,必得其名,必得其寿。"(《四书集注》,第25页)此乃言舜因大孝之德而贵为天子,故由此顺推便得出大德必有位、禄、名、寿的结论。可见先儒也并不排斥利禄的获取。但这充其量亦仅为一种理想的状态,在现实中才德与禄为并不能完全对等,最明显的例子莫过于孔子,其才德被后人广为称扬,他却未能获致应有的禄位,不得不被后人遗憾地封为"素王"。在明代,才德与禄位之间的矛盾进一步加剧,有才德者不必有禄位,有禄位者不必具才德。于是,求取禄位的必然途径——科举制义便不能不被称之为俗学了。这才应该是问题的实质,而并非是顾、黄二人所痛心疾首的追逐利禄。这种简单的否定利禄的做法并不限于此二人,自唐宋时期科举产生以来,便不断有人提出此一问题,认为它导致士人追求利禄而败坏其心性,从而有违圣人之学。宋儒朱熹指出,士人为了求取利禄,便不再有追求圣学真意的兴趣,从而造成如下之局面:"近年以来,习俗苟偷,学无宗主,治经者不复读其经之本文与夫先儒之传注,但取近时科举中选之文,讽诵摹仿,择取经中可为题目之句,以意扭捏,妄作主张,明知不是经意,但取便于行文,不暇恤也。盖诸经皆然,而《春秋》为尤甚,主司不惟不知其谬,乃反以置之高等,习以成风,转相祖述,慢侮圣言,日以益甚。名为治经,而实为经学之贼;号为作文,而实为文字之妖。不可坐视而不正也。"(《朱子文集》卷十三,《学校贡举私议》)拿朱子的话与何良俊所言明代科举弊端相比,简直如出一辙。既然有人对此种目的与手段相颠倒的现象不断提出批评,那么何以会不能加以避免,反倒有愈演愈烈之势呢?这背后实际上隐藏着更深层的原因。就本质讲,科举入仕乃是对社会知识精英的选择,而被选入者也必将是这个社会中利益的真正获得者,被儒者经常痛斥的所谓"利禄",尽管听起来颇为俗气,但却是士子入仕的真正目的,举凡光宗耀祖,改换门庭,人生受用,家族繁衍,无不与此相连。而且这不仅是其本人的追求,更是其家族的共同愿望。当然,一位真正的儒者绝不应满足于此,还应该将出仕视为治国平天下的成物过程。但从朝廷设立官位尊卑与俸禄差别来看,其鼓励士人的根本手段仍是利禄。在儒家官员中,求名利与济天下兼得者已是不易,而沦落为只求名利者却比比皆是。在此种为利禄而仕宦的社会结构中,无论采用何种选拔方式,最终都会将高远的理想目标沦落为谋利的手段。汉代以察举为选拔官员方式,但经师告诉弟子说:"士病不明经术,经术苟明,其取青紫如俯拾地芥耳。学经不明,不如归耕。"(《汉书》卷七五,《夏侯胜传》)将"取青紫"与"耕"并列,可见其视利禄为当然。隋文帝废九品中正制而代之以科举,其目的便是"设好爵以縻之",于是"四海九州强学待问之士靡不毕集,""负笈追师,不远千里,讲诵之声,道路不绝"。(《北史》卷八一,《儒林传》)至宋代亦然,杨时曾曰:"今之治经者,为无用之文,侥幸科第而已,果何益哉!"(《杨龟山先生集》卷二,《语录·荆州所闻》)由此看来,明代之八股制义既然作为一种文官选拔方式,选拔者与被选拔者均以利禄作为目的,那么它就没有理由不把圣学变为谋利的手段。如果仔细观察将不难发现,一旦失去利禄此一目的或者有更大的利益领域可供追求,就会减少士人的入仕兴趣。前者如明初的洪武时期。当时过低的俸禄与严酷的政治环境,使许多士人视官场为危途,乃至使朱元璋专门制定出一条法律,凡是寰中士大夫不为君用者,可以戮其身而籍其家。为此,清代史学家赵翼在其《廿二史劄记》中,特意列出"明初文人多不仕"加以强调,认为"盖是时,明祖惩元季纵弛,一切用重典,故人多不乐仕进";并引用明初文人叶伯臣之语曰:"取士之始,网罗无遗;一有磋跌,苟免诛戮,必在屯田筑城之科,不少顾惜。"(卷三二)在此可以袁凯为例透视一下士人之惧仕心态。袁凯,字景文,号海叟,华亭人。他以《白燕诗》而在元明之际的文人中享有盛誉,人称"袁白燕"。以他的名气,理所当然地会被太祖征召入仕。但他并不以此为荣,反而心怀忧惧,视若水火。"命严孰敢后,中夜去田里。邻友赠予道,切切语未已。妻孥独无言,挥泪但相视。于时十月交,悲风日夜起。轻舟溯极浦,瑟瑟响枯苇。警凫乱沙曲,孤兽嗥荒市。回首望旧庐,烟雾空迤逦。抚膺独长叹,胡为乃至此。"悲风枯苇、警凫孤兽,一派凄清荒凉的景色,配以邻友的依依不舍,家人的挥泪无言,作者的一步三回首,构成其灰暗感伤的诗境,使人很难将其与赴朝做官的事件连在一起,但这确系作者入朝辞家时所作的诗篇。究其伤感原因,则正如诗中所言:"趋事深为难,速戾将在是。皇恩尚嘉惠,还归卧江水。"(《海叟集》卷二,《新除监察御史辞贯泾别业》)而在京中为官时,他似乎也未感到有丝毫的快意,地位权力仍难以冲淡他那凄凉的心境与浓郁的乡思:"檐影望参差,霜气纷荡漾。耳目幸无役,心意多遐想。园庐日应蔽,萝茑春还长。况兹纲纪地,王事方鞅掌。安得春江棹,东原归偃仰。"(同上,《察院夜坐》)他日夜想的竟然还是回家。而一旦其归乡愿望得以实现,则心中顿时充满喜悦之情:"欣然入场圃,儿女各来亲。当轩释负担,拂去衣上尘。老夫行役久,归来志复伸。陶潜爱清风,张生思故莼。援笔为此诗,示我邻里人。"(同上,《京师归别业》)与出家门时的心情相比,真是有天壤之别。明初本是个百废待兴的时代,急需大量士人辅佐王政,否则朱元璋求士之心不会那么急切。然而,在入仕非但无益甚且有害的政治高压下,什么自我抱负的实现,什么天下苍生的安危,什么服务王室的责任,被许多士人统统置于脑后,只有自我生命的保存才是最为实惠的选择。明代对士人入仕构成一定影响的另一时期是商业经济发达的晚明。一方面是有限的官僚队伍难以容纳所有的士子,另一方面是丰厚的商业利润的刺激,使相当一部分士人不再选择仕途,而是涌入商人的行列。《吴风录》曾言:"至今吴中士大夫多以货殖为急。"所说尚较为笼统,因为像徐阶之类的官员虽以"货殖为急",却只是令家人为之,其自身并未失夫士人身份。而晚明文人汪道昆所言便更为明确具体:"古者右儒而左贾,吾郡或右贾而左儒。盖诎者力不足于贾,去而为儒;赢者才不足于儒,则反而归贾。"(《太涵集》卷五四,《明故处士溪阳吴长公墓志铭》)汪氏之言是否有充足的根据,今已难以判定。但他说是"吾郡"如此,则所指乃安徽歙县之情状。该地为明代商业最发达地区之一,凌蒙初在《叠居奇程客得助》中曾如此概括道:"却是徽州风俗,以商贾为第一等生业,科第反在次着。"(《二刻拍案惊奇》卷三七)此虽为小说家言,却亦可从一个侧面支持汪道昆的看法。[①] 从上述所论即可见出，无论儒家曾经为士人设计出多么高远的人生理想，但只要他们步入仕途，就无法避免利禄的追求，因为利益驱动乃是这个社会颠扑不破的真理。或许在某些个别人身上与某些特殊的历史时期会表现出某些例外，如不计个人名利的献身精神与拒斥个人欲望的天理追求等，但最终支撑这个社会运转的仍是名利二字。一个成功的统治者不在于取消人们对于名利的追求，而是如何利用名利鼓舞其服务于朝廷的热情，同时又用伦理与法律限制其对名利的过分追求。作为拥有过于理想化的儒家思想尤其是宋儒的人生理念的那些士人，往往无视名利对这个社会不可缺少的价值，而一味沉迷于理想的境界，以致对士人的生存空间做出了过于狭隘的限制。这种限制显然无法永久维持下去，名利的追求便日益强烈，可许多思想家除了对其大加痛斥，并未能为名利的追求设计出应有的法则与措施，于是便感到天下大乱、人心不古了。科举制义正是这样一种制度，从本质上讲，它是士人追求名利的途径，但却为它设计了过于高远的目标，最后便不能不走向目的与手段互为颠倒的结果。

作为有明一代心学的开创人物王阳明，无疑清楚地察觉到了此种历史趋势，故而才会说："惟世之号称贤士大夫者，乃始或有以之而相讲究，然至考其立身行己之实，与其平日家庭之间所以训督期望其子孙者，则又未尝不汲汲焉惟功利之为务，而所谓圣贤之学者，则徒以资其谈论，粉饰文具于外，如是者常十而八九矣。"（《王阳明全集》卷八，《书黄梦星卷》）因而阳明心学的建立，可以视为对此种历史现象的回应与反拨，其目的之一便是重新确立圣学的地位，再塑士人的儒家理想

---

① 关于明代后期的士人弃儒经商的情况，可进一步参考余英时《士与中国文化》一书第八章《中国近世宗教伦理与商人精神》中"新四民论——士商关系的变化"一节。尽管余先生对此有强调过分之嫌，但其所提供的资料依然有重要的参考价值。尤其是明代部分的材料更应多加关注。

人格。但是从上述所言的复杂情形而观,王阳明显然为自己背上了过重的历史负担,在整个社会格局与基本特性没有改变的状况下,要想挽狂澜于既倒显然是过于天真的想法。

三、理学流行中的士人人格与心态

当理学的宗旨与科举入仕的动机逐渐相背离时,并非所有士人均屈从于势而同流合污。他们坚持自我的人生理想,以弘扬圣学为己任,视科举为俗学,决不肯为利禄而有损其节操。薛瑄是较早对科举发难的明儒,他非常直率地说:"道之不明,科举之学害之也。"(《薛文清公读书录》卷八)这是因为,许多士子将经书与科举视为二物,不能有切于自我心性之修炼,所谓"学举业者,读诸般经书,只安排作时文材料用,于己全无干涉。故其一时所资以进身者,皆古人之糟粕;终身所得行事者,皆生来之气习。诚所谓书自书,我自我,与不学者何以异"。(同上,卷七)而其要害则在于"借经书以徼利达"。而著名学者吴与弼读朱子《伊洛渊源录》后,便立志学为圣人,"而尽焚当时举子文字,誓必至乎圣贤而后已"。(《康斋文集》卷十二,《跋伊洛渊源录》)他果然不再参加科考,以躬耕讲学而终其一生。此二位均为明前期的大儒,故可作为持守程朱理学的士人代表。剖析此二人,便可透视此类士人的人格与心态。

薛瑄(1389—1464),字德温,号敬轩,河津人,永乐十九年进士。宣德中授御史,景帝时任大理寺丞,英宗复辟后为礼部右侍郎兼翰林学士,后致仕卒于家。吴与弼(1391—1469),字子傅,号康斋,抚州崇仁人。平生讲学不仕,天顺初被朝廷征召授谕德,旋辞归,卒于家。此二人从品格上讲均为重节操的高洁儒者,他们淡泊名利,守道直行,诚可作为士人的楷模。薛氏的耿直倔强曾被多种明史著作及野史笔记所记载称颂,宣德间为御史时,台阁重臣三杨欲识其面,他却认为自己司纠弹之职而不应私见公卿大臣,从而拒绝相见。尤其在正统年间,宦官王振因同乡关系使召其为大理寺少卿,三杨劝其前往王振处一见,薛拒绝不行;三杨无奈托李贤劝之,薛义正词严地说:"拜爵公朝,谢恩私室,吾不为也。"后来"公卿见振多趋拜,瑄独屹立。振趋揖之,瑄亦无加礼"。为此他得罪了权倾朝野的王振,终于被诬蔑下狱,差点丢掉了性命。景泰间又因平反冤狱而与大臣王文发生冲突,亦无丝毫畏避意,以致王文恼怒地说:"此老倔强犹昔。"(上所述均见《明史》卷二八二,《儒林传》)至于吴与弼则更因其甘居草野并多次拒绝征聘,而被明人誉为难以企及的高人,连轻易不肯许可人的大怪杰李贽亦赞其曰:"公风格高迈,议论英伟,胸次洒落,师道尊严。善感悟启发人,其学术质任自然,务涵养性情,有孔门陋巷风雩之意。"(《续藏书》卷二一,《聘君吴公》)薛、吴二人作为独善其身的典型,显示了程朱理学的确对士人自我节操的培育具有很大的作用,使明前期不少士人具备了儒家理想的伦理主义人格特征。

但是过于严峻狭隘与理想化的程朱理学对士人人格的塑造并不全都具有正面的意义,起码它在下述三个方面对于士人人格产生过负面效应。首先是过分执着于伦理理想会使士人在现实的政治中缺乏应有的适应能力。前人在研究以薛氏为代表的关学时,多强调其追求实用的实践品格,这大凡是指下述两个方面。一是在理论上缺乏自我创造性,基本恪守宋儒原有理论而践履之,即其本人所言:"自考亭以还,斯道已大明,无烦著作,直须躬行耳。"(《明史》卷二八二,《儒林传》)二是在行动上强调与理论的一致性,他说:"见得理明,须一一践履过,则事与理相安,而皆有着落处,若见理虽明,而不一一践履过,则理与事不相资,终无可依据之地。"(《续读书录》卷二)这些主张都不能算错,特别是第二点,颇有与后来阳明所言知行合一相近之处。但任何理论进入现实领域时都不可能丝毫不走样,这在先儒那里称之为通权达变,尤其像程朱理学那样高远的理想化伦理原则,在复杂多变的现实政治领域必然会遭遇到许多麻烦。薛夫子的绝不拜官公朝而谢恩私室当然显示了他做人的光明磊落,但他之不能如三杨那般从容地应付于官场也是显而易见的。且不说他的多次下狱遭贬的麻烦,即使其本人亦曾屡次辞官,说明了他也自我感觉到对官场的不适应。他在天顺年间致仕时,临行前对岳正嘱咐道:"英气太露,最害事。"(《明儒学案》卷七,《河东学案上》)这或许是针对岳正耿直的个性而进行的劝告,但又何尝不是他一生的人生经验的总结呢?吴与弼的遭遇则更能说明问题。当他在天顺初被征召至朝中时,没多久便坚决辞朝归乡了。关于他辞官的原因,前人曾有过种种的推测,《明史》本传言因大臣尹直与其有隙,遂毁谤之,故而还乡;有人认为是他本欲做尹、傅之类的帝王之师宰,朝廷却未能满足其要求而辞职;黄宗羲则力辩其谬,认为是他预先知道"石亨必败,故洁然高蹈",其根据是吴与弼回乡后曾对人解释何以辞归曰:"欲保性命而已。"(《明儒学案》卷一,《崇仁学案一》)这些推论除第二点缺乏有力证据外,其他两点则都有一定道理,但我以为最根本的原因还是他没有任何应付官场的能力。在其未入朝前,便已有了"迂"的名声,尽管英宗说:"人言此老迂,不迂也。"却并未改变周围人的看法,那些宦官们见其"操古礼屹屹,则群聚而笑之"。俨然将其视为一件古色古香的出土文物。若仅仅是宦官的看法倒也罢了,可是连极力推荐他的李贤也如此说:"凡为此者,所以励风俗,使奔竞干求乞哀之徒,观之而有愧也。"(同上)话虽讲得很婉转,意思却无大的变化,依然是中看不中用的摆设而已。在此种环境中,作为持守圣学理念甚坚的儒者吴与弼,显然已经没有留在朝中的任何必要,于是便只有退隐之一途可供选择了。在其退隐行为中,石亨、曹吉祥诸权臣所造成的险恶政治环境固然是重要原因之一,同时也有其理想与现实之间存在巨大的差距而产生的失望情绪在起作用,但他之缺乏现实适应能力应是最为重要的原因。因为作为一位以天下为己任的儒者,绝不应轻易放弃对现实的关注,除非到了于时事无任何补益的程度。此种缺乏实际操作能力的情形决非只限于薛、吴二人,而是体现于许多士人身上,成化年间宪宗失德,此时内阁大臣刘吉、万安等三人及众大臣对朝政无所规正,时有"纸糊三阁老,泥塑六尚书"之谚语,以讥其无能也。(《明史》卷一六八,《刘吉传》)宪宗久不接见大臣,而万安见帝时无他语,只知顿首口呼"万岁"而已,"一时传笑,谓之'万岁阁老'。帝自是不复召见大臣矣"。(同上,《万安传》)此类士人在品格上自然不能与薛、吴二人相比,但由于科举八股的摧折与程朱理学的限制,使其人品与能力均失之,遂造成明中期人才的荒芜。

其次是对程朱理学的过于执着往往使许多士人流于固执与偏激。坚守程朱理学者一般都自律甚严,具有高洁的人格与凛然的正气,这些都是他们超越常人之处。但他们对于其他人也常常要求甚严,有时甚至近乎苛刻。仍以薛瑄为例,他死后被谥"文清",说明了后人对其高洁人品的认肯,但同时也留下了他不能善解人意甚至有些吹毛求疵的史实,黄宗羲曾在《明儒学案》中记录了正统四年南安知府林竿的一段话:"比者,提学薛瑄以生员有疾罢斥者,追所给廪米。臣以为不幸有疾,罢之可也。至于廪给,糜费于累岁,而追索于一朝,固已难矣。父兄不能保子弟之无疾,今惩偿纳之苦,孰肯令其就学。"(卷七,《河东学案上》)生员得病已属不幸,停发其廪米已是不忍,而薛老夫子竟然还要追回已往所发廪米,其行为不能不说近于刻薄。但此类小事上的刻薄至多说明薛夫子性情有些偏执,尚不至于影响其纯儒的品格。而后来至大学士邱濬,其偏执便流于忮险了。邱濬(1420—1495)字仲深,琼山人,景泰五年进士,后官至礼部尚书,文渊阁大学士。他虽未能被列入《明史·儒林传》与《明儒学案》,但他曾作过《大学衍义补》及《续通鉴纲目》,还编写过教忠教孝的南戏剧本《五伦全备记》,理应被列入理学家之行列中。就其个人品质讲,他廉洁耿介,自甘清苦,一生嗜学,至老不衰。加之为官直言敢谏,勇于任事。应该说并没有大的污点。但在各种史书中已记载了他不少并不美妙的遗闻琐事。《明史》本传记其"性偏隘,尝与刘健议事不合,至投冠于地。言官建白不当意,辄面折之。与王恕不相得,至不交一言"。(卷一八一)此种恩怨分明的举措尚无大过,至多算是缺乏容人之量,所以后来李贽讥讽其为"真不脱海蛮气习"。(《续藏书》卷十一,《太傅邱文庄公》)而焦竑在《玉堂丛语》中,已言其"学博貌古,然心术不可知";并引述了刘健送他的一副对子,叫作:"貌如卢杞心尤险,情比荆公性更偏。"(卷八,《刺毁》)这便牵涉到了人格品行的大问题。同时还由人品推及到为官施政的才能上,文徵明虽承认他"博学自信,以天下为己任"的长处,却随之又指出其"任偏矫正"的性格缺陷,于是他赞同毛珵对邱氏的评论:"天下事非纸上陈言可举,而古今异宜,远近异势,亦非一己之见可尽。如濬之才,置之翰林则有余,不可在论思之地。"(《文徵明集》卷二六,《明故嘉议大夫都察院右副都御史毛公行状》)不过,人们尽管已经在怀疑邱学士的"心术"是否纯正,但总体上仍没有将其归入小人的行列。再向前发展,偏执与追逐名利的私心相结合,更使得士人的人格问题趋于严重。黄绾在其《明道编》中曾集中论述了好名尚气节所带来的负面效应。他认为自明代立朝以来,逐渐养成一种尚气节的士习,其风声流传,遂不可止,并由此造成了很坏的影响,他说:"盖立名、尚气节者,但知名节为大,而不知圣人之于君臣、父子、夫妇、长幼、朋友、亲戚、故旧、上下交际,处处皆有其道。后世不知有道,惟欲立己之名,成己之节,一切反之而不恤,忍心残薄,乃自以为贤,为得计,其弊遂至不可救。故古人以名节为道德之薄,为学者之戒。论人者,乃以为圣贤事业在此,或取之为理学名臣,不知其流越趋越下。故今之仕者,争以殊诡标名,惟恐其不异;刻虐称才,惟恐其不极;颠倒乱真,惟恐其不奇；坚忍毁成，惟恐其不特；要其心皆阴怀巨利，阳示不欲；内存刻薄，外施仁义。论世者尤以天下事非此才力不能为，非此风声不能振，岂不为世道之害，国家生民之祸哉！"真诚的偏执已经不能被视为君子之气象，更何况为谋一己之私而走向气节的极端，那显然要被归入小人之行列了。此种士风的要害在于其人性之伪，亦即表里不一，言行脱节。依黄绾的见解，此种士风败陋的原因乃在于学术之不纯，故曰："今日海内虚耗，大小俱弊，实由学术不明，心术不正，故士风日坏，巧宦日众，吏弊日多，贪残日甚。……此皆吾党之所当知，必思有以救之可也。救之如何？明学术而已。"（《明道编》卷二）黄绾的论辩当然不是无隙可击，诚如上节所言，在明代这个以私有制为基本性质的封建帝国中，士人入仕的真正目的乃在于个人利益的获得，其他方面诸如科举的成功、名节的崇尚、学术的讨论等等，都极易流于获利的手段。由此观之，为名尚气节而走向世道之害，也脱离不了追求名利这一根本的性质，盖因其有名节可称，则有利于仕禄之显达也。明代士人显然无法改变制度，因而从本质上讲也就无法改变士风。但这并不意味着可以将黄绾所提出的"明学术"的主张视为无足轻重，对于明代学术史而言，认识到学术不明为士风不正的原因之一，便须辨明学术，而辨明学术的具体内容，便是由朱学走向心学。学术固然不是转变士风的唯一因素，但却是体现士风的重要标志。其实，对此问题的认识并不始于黄绾，在此引述他的话乃在于他论述得较为具体详细而已。早在其师王阳明那里，便已认识到此种阴阳不一的人性之伪，故曰："逮其后世，功利之说日浸以盛，不复知有名德亲民之实。士皆巧文博词以饰诈，相规以伪，相轧以利，外冠裳而内禽兽，而犹或自以为从事于圣贤之学。如是而欲挽而复之三代，呜呼其难哉！"（《王阳明全集》卷八，《书林司训卷》）程朱理学由熔铸士人的儒家伦理人格的理想学说沦落到士人猎取名利的招牌，这当然是明初极力推行程朱理学的君臣们所始料未及的，然而的确又是不得不然的历史发展趋势。尽管此种趋势不是直线型的,其发展阶段也并非如此处所描绘的那般泾渭分明,其中有曲折、有回流、有夹杂,但就总体上讲,却是清晰可辨且不可逆转的。同时这也是心学产生的契机。

其三,士人对程朱理学的固守使其思想空间过于狭窄,从而形成其封闭内向与紧张自责的心态。第一节所概括的士人清慎的心态,一方面固然是明前期外部政治环境的产物,但同时也与士人人格的内部构成有密切的关联,尤其是与其程朱理学的学养有关。比如宋儒朱熹论学主敬,便对明前期士人有深刻影响。朱子之治学名言便是"涵养需用敬,进学则在致知"。那么"敬"有何内涵呢?朱子曾解释说:"敬非是块然兀坐,耳无所闻,目无所见,心无所思,而后谓之敬。只是有所畏谨,不敢放纵。如此则身心收敛,如有所畏。常常如此,气象自别。存得此心,乃可以为学。"(《朱子语类》卷十二)可知敬有两大特征:一是畏谨,故又曰"敬,只是一个'畏'字";二是收敛不放纵,故又反复强调"学者须常收敛,不可恁地放荡","人常须收敛个身心,使精神常在这里"。(同上)当然,敬还可以具体落实到言行上:"坐如尸,立如斋,头容直,目容端,足容重,手容恭,口容止,气容肃,皆敬之目也。"(同上)总而言之,敬是对人的身心言行的一种限制,此乃从消极意义讲;同时亦为精神专一之谓,此乃从积极意义讲。限制身心之其他方面而使之专一于圣学,则是二者的统一。对此朱子亦言之甚明:"敬,莫把做一件事看,只是收拾自家精神,专一在此。今看来诸所以不进,缘是但知说道格物,却于自家根骨上煞欠缺,精神意思都恁地不专一,所以工夫都恁地不精锐。未说道有甚底事分自家志虑,只是观山玩水,也煞引出了心,那得似教他常在里面好!如世上一等闲物事,一切都绝意,虽似不尽人情,要之,如此方好。"(同上)朱子把敬作为进学的态度与手段,强调畏与收,显然将士人的生存空间与精神空间大大压缩了,非但不可观山玩水,还要"世上一等闲物事,一切都绝意",尽管也察觉到颇有些"不尽人情",还是称"如此方好"。他描画出的俨然是一副形若槁木、情趣皆无的道学家图像。明前期士人为学大都尊崇朱子,在人生态度上采取严格的伦理主义立场,从而自我的思想空间也被压缩到极为狭小的范围。如明儒胡居仁论学即强调敬与诚二字,他在主持白鹿洞书院时所续修之学规,便特意列入"主诚敬以存其心"一条,作为朱子《白鹿洞学规》的补充,由此可见二者之间的继承关系。(《胡敬斋集》卷二,《续白鹿洞学规》)胡居仁有时甚至比宋儒更有过之而无不及。如周敦颐、程颢尚倡言寻求孔颜乐处,讲一些人生受用,而胡居仁连此一点也反对,论及"求乐"便皱眉头,故而反复辩难曰:"上蔡记明道语,言'既得后,须放开'。朱子疑之,以为'既得后,心胸自然开泰,若有意放开,反成病痛'。愚以为,得后放开,虽似涉安排,然病痛尚小。今人未得前,先放开,故流于庄、佛。又有未能克己求仁,先要求颜子之乐,所以卒至狂妄。殊不知周子令二程寻颜子之乐处,是要见得孔、颜因甚有此乐,所乐何事?便要做颜子工夫,求至乎其地。岂有便来自己身上寻乐乎?故放开太早,求乐太早,皆流于异端。"(《明儒学案》卷二,《崇仁学案二》)依胡氏之见,士人绝不应轻言求乐,而须终生在"所乐何事"上痛下功夫,否则即为儒家之异端。因而他甚至对黄庭坚赞许周敦颐的那段名言亦表示不满曰:"'胸中洒落,如光风霁月',虽曰形容有道气象,终带了些清高意思。"(《居业录》卷一)士人既不可求乐,连清高亦须避免,这就把"清慎"心态中的"清"之一项也抽而去之,所留下的唯"慎"而已。所谓"慎",亦即时刻保持自我警觉,进行自我检束,从而使自我始终保持一种战战兢兢、如履薄冰的状态,其实也就是朱子所言的"敬"的状态。要保持此种状态是相当艰难的,它不仅须牺牲掉自我的人生享乐,极力抑制自我的人生欲望,收敛自我的个性,更要不断地进行心灵的自我拷问,剔除一切可能影响道德纯洁的因素。现择取几位明代前期儒者，看他们内心深处的天理与人欲之间是如何进行艰苦搏杀的。曹鼐，这位中了宣德八年状元的士人，无疑饱读过儒家诗书并深谙程朱之义理，但他在做泰和典史时，"因捕盗，获一女子，甚美，目之心动。辄以片纸书'曹鼐不可'四字火之，已复书，火之。如是者数十次，终夕竟不及乱"。（《玉堂丛语》卷一，《行谊》）"不及乱"说明了他意志的坚定，并最终入阁为大学士；而数十次书写"曹鼐不可"，则说明了克制自我情欲的艰难。杨鼎，这位中了正统四年榜眼的官员，在任户部右侍郎时，曾"书'十思'于座隅以自省，曰量思宽，犯思忍，劳思先，功思让，坐思下，行思后，名思晦，位思卑，守思终，退思早"。（同上）此"十思"充分体现了克制情欲、检束自我的"敬"与"慎"的原则，可谓全面而具体。杨鼎是否真正做到了"十思"的要求，因无充足的材料而难以断定，但是要整日生活在这"十思"之中，想必需要付出极大努力并时刻处于警觉的状态。查一查杨鼎的生平，不免令人颇为失望。他如此地检束自我，却依然在天顺三年"以陪祀陵寝不谨下狱"，最终被弹劾而辞官归乡。如果说曹、杨二人非纯粹理学家而缺乏足够代表性的话，也许再拿薛瑄为例更为合适。他在明前期可谓是坚守朱子学之大师，像朱子本人一样，他立定志愿痛下克去己私而还复天理的工夫，以便最终达到圣人的境界。但在这天理人欲的交战中，他却时时感受到变化气质的艰难，他曾一再说："尝念颜子三月不违仁，诸子或日一至焉，或月一至焉。吾自体验此心，一日之间，不知几出几入也。以是知圣贤之学极难，而亦不可不勉。"（《薛文清公读书录》卷六）"气质极难变，十分用力，犹有变不能尽者，然亦不可以为难变而遂懈于用力也。"（同上）在此，由气质之性而变为纯乎天理可以视为一个逐渐趋于理想境界却又永远无法实现的过程，并且在此过程中充满了"几出几入"的反复纠缠，则其内心充满紧张也就不言而喻了。

程朱理学与科举制度都是关系到明代思想学术的重大举措,尤其对士人人格心态具有重大的影响。它们在明前期尽管对政治的稳定、文化的建设以及文官制度的建立起到了相当大的作用,但同时也带来了如上所述的种种负面影响。从士人这个角度讲,他们在领受了许多的挫折与烦恼之后,势必会自觉不自觉地提出自己的质疑并试图突破对自我的困扰,下面要论述的陈献章便是在思想界异军突起的第一人。

第三节 白沙心学与明代士人人格心态的变异

一、江门心学的内转及其时代印痕

陈献章(1428—1500),字公甫,号石斋。广东新会白沙里人,故人称其为白沙先生。白沙濒临西江入海之江门,故又称其学为江门心学。其早年曾锐意科举,二十岁时中正统十二年举人,后两次参加礼部考试皆下第。其间从吴与弼讲学。五十六岁时因布政使彭韶、都御史朱英荐而被征召入朝,并被命就试吏部。屡以病辞不赴试,上疏乞终养,被授翰林院检讨以归。自此后屡荐不起,在家乡讲学而终其一生。

江门心学在明代学术史上有着重要的地位。尽管明朝是个思想活跃、名家迭出的时代,但真正能够作为划分时代标志者,则应推薛瑄、陈献章与王阳明三人。李庭机在万历年间曾就此做过一次较具体的论述,他说:"国初固多才,然而挺然任圣道者寡矣。自河津薛公起而引圣道为己任,卮言细行,必准古则遗训而绳之。盖自是天下学道者四起,争自濯磨以承圣范。岂谓尽出河津哉?要之,默自河津启之也。然而士知淳质行己矣,于心犹未有解也。自新会陈公谓'学必有源,静而反观乎此心之体,得其自然而不假人力'。以为至乐具是矣,其于世之荣名若遗也。盖自是天下学道者,浸知厌支离而反求诸心。岂谓尽出新会哉？要之，默自新会启之也。然以其初知反本真也，则犹隐然与感应二之也。自会稽王公于百难万变中，豁然有悟于学之妙机，以为天下之道原自吾本心而足也。于是揭人心本然之明以为标，使人不离日用而造先天之秘，不出自治而握经世之枢，及其随所施而屡建大勋，则亦由学之约而达也。盖自是天下学道者，浸知显微之无间，体用之一源，劃然有中乎道之窾却。岂谓尽出会稽哉？要之，默自会稽启之也。"（《从祀文庙疏议》，见《陈献章集》附录四）就理学的范畴而言，李庭机的论述是相当精彩的。薛氏的确有肩负圣道的热情，但却缺乏盛大气象与开拓精神，而是在具体的"厄言细行"上，遵循宋儒的规范而实行之，即所谓"必准古则遗训而绳之"。他代表了"濯磨以承圣范"的前期士人的品格。但其缺陷亦至为明显，即只知检点自我以约束其行，却没有真切的自我体悟，陈献章的特异之处就在于其"反观乎此心之体"的真实体验，将圣学与安顿自我直接联系起来，认为这才是真正应该追求的，而对于外在于此的"世之荣名"则已不甚留意。陈氏之学可以说扭转了薛氏之学的方向，即"厌支离而求诸心"代替了"淳知行己"。我们暂且称此种学术品格的差别为哲学的"内转"。至于王学与陈学的差异"体用之一源"的知行合一，后文会有足够的笔墨加以论述。李庭机对明代学术思想演进大势的概括确有高屋建瓴的气势与通达透彻的明快感，尤其是对江门心学的定位，更显示出其独特的眼光。

倘若证之以江门心学的实际，人们将会认识到李庭机之言的分量，并将进一步深入了解江门心学的具体内涵。陈氏之学的内转特点是全面性的：在为学目的上，它由面向社会转而面向自我个体；在为学内容上，由依傍宋儒转而追求自得；在为学方法上，从学习圣贤典籍转而强调静中自悟。陈献章曾追述其为学经过曰："仆才不逮人，年二十七始发愤从吴聘君学。其于古圣贤垂训之书，盖无所不讲，然未知入处。比归白沙，杜门不出，专求所以用力之方。既无师友指引，惟日靠书策寻之,忘寝忘食,如是者累年,而卒未得焉。所谓未得,谓吾心与此理未有凑泊吻合处也。于是舍彼之烦,求吾之约,惟在静坐,久之,然后见吾此心之体隐然呈露,常若有物。日用间种种应酬,随吾所欲,如马之御衔勒也。体认物理,稽诸圣训,各有头绪来历,如水之有源委也。于是涣然自信曰:'作圣之功,其在兹乎?'"(《陈献章集》卷二,《复赵提学佥宪》)白沙此论,重在"自得","自"是对道的自我真切体悟;"得"是对圣人之道的真实把握。即所谓"道也者,自我得之,自我言之,可也"。(同上,《复张东白内翰》)而自得的标志便是"义理须到融液处,操存须到洒落处"。(同上)所谓"融液"亦即心与理之"凑泊吻合处"。而此"凑泊吻合处"亦即"心之体隐然呈露"之"物",用现代术语讲便是获道之圣人境界。所以他才会说"作圣之功,其在兹乎"。为了求取此自得的结果,便必须保证必要的前提条件与正确的为学方法。首先最重要的是"静坐",因为它可以保持心境的平和宁静,以便于自我的体悟。白沙先生所言的"静坐",并不是一件容易做到的事情,首先它必须摆脱世俗的干扰,不为各种名利所诱惑,他对此具有颇为深入的体会:"予少无师友,学不得其方,汩没于声利、支离于秕糠者,盖久之。年几三十,始尽弃举子业,从吴聘君游。然后益叹迷途其未远,觉今是而昨非,取向所汩没而支离者,洗之以长风,荡之以大波,惴惴焉,惟恐其苗之复长也。坐小庐山十余年间,履迹不逾于户阈,俯焉兹兹,以求少进于古人,如七十子之徒于孔子,盖未始须臾忘也。"(《陈献章集》卷一,《龙岗书院记》)如果简单地讲便是"为学须从静坐中养出端倪来,方有商量处"。(同上,卷二,《与贺克恭黄门》)其次是"求之吾心"的治学方法。不少人认为陈献章为学反对读书,这自然有一定道理,因为他非但说过"此者苟能明,何必多读书"(同上,卷五,《赠羊长史寄贺黄门钦》),而且还表示"他时得遂投闲计,只对青山不著书"(同上,卷八,《留别诸友》)。但他又并非主张绝对地不读书,读与不读,要视能否获道而定,故曰:"夫人所以学者,欲闻道也,求之书籍而道存焉,则求之书籍可也;求之书籍而弗得,反而求之吾心而道存焉,则求之吾心可也。"(《陈献章诗文续补遗》,《与林缉熙书》)因此他认为读书应始终围绕着自我体悟而进行,他深信"以我而观书,随处得益;以书博我,则释卷而茫然"。(《陈献章集》卷一,《道学传序》)静坐也罢,以我为主的读书方法也罢,均是为了达到自我获道的目的。他将此种治学的特点称之为重内而轻外:"重内轻外,难进而易退,蹈义如弗及,畏利若懦夫,卓似有以自立,不以物喜,不以己悲,盖亦庶几乎所谓浩然而自得者矣。"(同上,卷一,《李文溪文集序》)"重内轻外"便是内转,内转便是更加重视自我,而重视自我的内涵便是"自得"。这可以说是江门心学的主要特征,也是明代学术思想的一次大的转折。

陈献章的此种学术转折与其现实人生经历有着直接的关联。他本来是颇为热衷于仕进的,这从他多次参加礼部考试的行为中可以得到证明。但后来当他被彭韶、朱英推荐于朝而有出仕机会时,却又多般推辞,最终归隐江门,以讲学而终其一生。关于陈献章拒绝出仕的原因,黄宗羲说朝廷"令就试吏部"是由于"政府或尼之"的结果,故而决意归隐。(《明儒学案》卷五,《白沙学案上》)其实问题远非如此简单。早在被征召之前,陈献章就已经没有了出仕的兴趣,故黄宗羲言:"已至崇仁,受学于康斋先生,归即绝意科举,筑春阳台,静坐其中,不出阃外者数年。"(同上)他在成化二年复游太学,实在是非所得已,他在《与湛民泽书》中说:"久居于危,尝两遭不测,几陷虎口。不得已为谒铨之行,非出处本意也。"(阮榕龄《编次陈白沙先生年谱》,见《陈献章集》附录二)阮氏于此下注曰:"按即习射事。"所谓习射事发生于成化二年,《年谱》记曰:"讲学之暇时与门徒习射礼。流言四起,以为聚兵。众皆为先生危,先生处之超然。时学士钱溥知顺德县,雅重先生,劝亟起,毋诒太夫人忧。先生以为然,遂复游太学。"(《陈献章集》卷二)可知他之不肯出仕乃是深思熟虑的结果。根据他在诗文中的表述,可以分为消极与积极两个方面。消极方面是全身远害。他在《与张廷实主事》中谈及一位早逝的士子说:"文祥始从湖西游,颇见意趣,后为仕进累心,遂失其故步,至不得一第而死,是亦命也。夫人生几何,徒以难得之岁月,供身外无益之求。弊弊焉,终其身而不知悔,惜哉!"(同上)在《悼马龙》(同上,卷六)一诗的小序中,他几乎用了相同的语言,对为追求科第而死的马龙表示了深切的同情与遗憾。其实不仅中举前的苦读是对生命的戕害,即便在进入官场后,也会有更多的麻烦接踵而来。他曾追忆在京师的经历曰:"余顷居京师二年,间从贵公卿游,入其室,见新故卷册满案,其端皆书谒者之词。就而阅之,凡以其亲故求挽诗者,十恒八九,而莫不与也。一或拒之,则艴然矣。惧其艴然而且为怨也而强与之,岂情也哉?噫,习俗之移人,一至于此,亦可叹也。天下之伪,其自兹可忧矣。"(同上,卷一,《澹斋先生挽诗序》)在官场中,仅此应付挽诗一项,就令白沙先生头痛不已:倘若不能满足众人,便会艴然而怨,这当然是很危险的;如果尽量满足,则又必须违心作假,心中便会充满痛苦。于是,他感到官场实在是桎梏人的牢笼,便借诗感叹道:"金笼锁鹦鹉,山林纵斑鸠。巧拙知谁是,天机不自由。"(同上,卷五,《题画》)在自由与羁锁之间,他无疑选择前者,便只好退隐而不入仕。此种意念在《送李世卿还嘉鱼其五》中显示得最为清晰:"疾风起惊涛,舟以柁为命。柁乎苟不操,舟也何由静?是舟如我身,孰知身之阱?是柁如我心,孰祛心之病?不如弃其舟,免与风涛竞。"(同上,卷四)由于人生世途的险恶,故而要放弃人生的担荷。既然自我不能向外伸展以建立功业,便只好收敛内转以悦己适志。积极方面则是追求个体自我的舒展与自我道德的完善。他在《南归寄乡旧》中,用了十首五律来描绘其乡居野处的自得情景,其中第六首曰:

"山童呼犬出,狂走信诸孙。乳鸭争嬉水,寒牛不出村。墟烟浮树梢,田水到桑根。邻叟忻相遇,笑谈忘日曛。"(《陈献章集》卷六)在远离官场的自然山水中,没有了尔虞我诈的争斗,没有了利害得失的权衡,当然也就没有了心机,没有了忧惧,面对墟烟田水,眼观无拘诸孙,似乳鸭嬉水之自在,如寒牛恋村之自得,在与邻叟的开怀笑谈中,不知不觉度过了一日的光阴。这样的生活在世俗的眼中也许过于平淡,但陈献章却认为它比高官厚禄更值得珍惜,因为他有了自己的人生价值观:"道至大,天地亦至大,天地与道若可相侔矣。然以天地而视道,则道为天地之本;以道视天地,则天地者,太仓之一粟,沧海之一勺耳,曾足与道侔哉?天地之大不得与道侔,故至大者道而已,而君子得之。一身之微,其所得者,富贵、贫贱、死生、祸福,曾足以为君子所得乎?君子之所得者有如此,则天地之始,吾之始也,而吾之道无所增;天地之终,吾之终也,而吾之道无所损。天地之大,且不我逃,而我不增损,则举天地间物既归于我,而不足增损于我矣。天下之物尽在我而不足以增损我,故卒然遇之而不惊,无故失之而不介。舜禹之有天下而不与,烈风雷雨而弗迷,尚何铢轩冕尘金玉之足言哉!"(同上,卷一,《论前辈言铢视轩冕尘视金玉上》)当他摆脱世俗的缠绕而体悟到道之境界时,便会与道合一,从而产生超越天地万物的崇高感觉,那么世俗眼中的什么富贵、贫贱、死生、祸福,与道相比也就不值一提了。在此种人生体验中,他想到了古人陶渊明,感到自己在心灵上与之获得了共鸣,大有"此中有真意,欲辨已忘言"的相同感受,于是他情不自禁地吟出如此诗句:"五斗之粟可以生,折腰殆非贤所能。即生斯世须妨俗,莫道前身不是僧。庐阜社中期滚滚,浔阳菊畔醉腾腾。南山歌罢悠然句,谁续先生五字灯。"(同上,卷五,《怀古》)他像陶渊明一样不愿为五斗米折腰,希望保持自我人格的独立,从而追求那悠然自在的人生境界。正是在这方面,他自以为理所当然地应成为陶渊明的传人。

《明史·儒林传》曰:"原夫明初诸儒,皆朱子门人之支流余裔,师承有自,矩矱秩然。曹端、胡居仁笃践履,谨绳墨,守儒先之正传,无敢改错。学术之分,则自陈献章、王守仁始。"此处所言之"始",当然是为了突出其转变学风的作用,而不应该理解为只有到陈献章本人才开始了此种转向自我的关注。其实早在陈氏之前,便有许多士人显示了此种倾向。在君臣关系融洽、政治热情高涨的仁、宣时期,大多数士人固然都具有入仕的愿望与较强的社会责任感,但这仅是指主流而言,并不说明没有其他思想成分存在。比如那位出仕四朝、恩荣始终不减的内阁大学士杨士奇,也并非天天都在歌功颂德,他有时竟也会吟诵出如下的诗句:"昼眠梦故里,扶竹过西家。邻翁爱敬客,延赏辛黄花。一觞歌一曲,不觉红日斜。觉来空怅惘,漂泊尚天涯。"(《东里续集》卷四五,《纪梦》)该诗当注意之处并不在梦境本身,那固然也显示了作者对平静闲适生活的向往,更令人值得思索的是,他醒来之后依然不能从梦中情调里摆脱出来,依然将为官做宦视为漂泊天涯。也许会有人视杨氏之言为无病呻吟的矫情之举,但我却认为那的确是其真实的心态,因为在他始终保持清慎状态的过程中,心理的疲惫是难以避免的,故而他梦到了故乡,梦到了放松的生活,梦到了可以对之畅所欲言的邻翁。当然,对于杨士奇来说,如此的生活情调只能在梦中实现,他不可能放弃辅佐皇帝的责任而自图清闲,尽管他在晚年曾做过辞官归乡的尝试,也肯定不能得到朝廷的批准。而且可以推测,具有如此梦境的绝不应该只有杨士奇一人。后来随着政治环境的恶化,士人的心态从疲惫走向失望与恐惧,那么他们对平静生活的渴望当更加强烈,这在我们曾经叙述过的于谦、岳正诸人的意识中均有明确的表现。同时,还有相当一批士人自明朝立国以来始终缺乏出仕的政治热情,而甘愿在乡野诗酒优游。如曾在明初被朱元璋施以重法的吴中士人,便有隐居的传统。以沈氏家族为例,有人总结史料得出如下结论:"沈氏自澄以高节自持,不乐仕进,后代以为家法。其族既富资产,亦重诗书。父子祖孙常相聚一堂,赋诗倡和。三吴间当时论盛族,咸称相城沈氏为最焉。"(陈正宏《沈周年谱》,第 5 页)从沈周的祖上到沈周本人再到后来的祝允明、唐寅、文徵明等,都曾有不乐仕进而高视自我的人格特征。因而,陈献章的人生追求不能被视为个人的行为,而应是明代前期士人人格心态演变的必然结果。在他的人格中,有着鲜明的时代印痕,比如张诩《白沙先生行状》载,成化二年复游太学期间,"祭酒邢让一日试先生和杨龟山《此日不再得》诗,大惊曰:'龟山不如也。'明日飏言于朝,以为真儒复出。由是名振京师,一时名士,如罗伦、章懋、庄昶、贺钦辈,皆乐从之游"。(《陈献章集》附录二)这首引起士人轰动的诗到底是何内容呢?其中自然有官样文章,如"吾道有宗主,千载朱紫阳。说敬不离口,示我入德方"。但他在客套几句后,即笔锋一转,大谈其所悟之学曰:"行远必自迩,育德贵含章。迩来十六载,灭迹声利场。闭门事探讨,蜕俗如驱羊。隐几一室内,兀兀同坐忘。那知颠沛中,此志竟莫强。譬如济巨川,中道夺我航。"(同上,卷四《和杨龟山此日不再得韵》)在为朝廷培育人才的太学中,面对着太学祭酒,却公然宣称要灭迹于声利之场,退居于一室之内隐几悟道,并对"中道夺我航"者表示强烈的不满。可祭酒竟称之为真儒复出,陈献章也由此声名大振,并得到那么多名士的捧场,则说他的追求体现了相当一部分士人的共同志趣,该不是一厢情愿的臆测。

不过,对陈献章之人品学术造成最直接影响者应推吴与弼。作为师徒的吴、陈二人,当然应该有直接的承传关系,但二人又有区别于他人的特殊之处。从人生经历上讲,他们都有辞官归隐的举措,至于白沙之退隐是否受过康斋的影响,因无直接材料而不便遽下断语。从时间看,康斋辞官于天顺初年,而白沙则在成化十九年,若言毫无影响似亦过分。所幸张诩《白沙先生行状》中存有陈氏本人比较二者行为的一段话,可以透露部分消息,其曰:"康斋以布衣为石亨荐,所以不受职而求观秘书者,冀得间悟主也。惜乎当时宰相不悟,以为实然。言之上,令受职,然后观书,殊戾康斋意,遂决去。某以听选监生荐,又疏陈始终愿仕,故不敢伪辞以钓虚名。或受或不受,各有攸宜耳。"(《陈献章集》附录二)白沙认为,其师康斋的本意是要与皇帝保持一种师友的关系,避免被纳入君臣尊卑的官僚体制,以便取得行动的自由与人格的独立,或许能起到启悟君上的独特作用。但他的良苦用心无人能够理解,便只好归隐而去。他当然也想保持此种自由与独立,但监生的身份决定了他不能像乃师那般潇洒,而必须采取更为迂回复杂的手段。他本无出仕之意,只是被人强荐出于不得已方才应召,看看他给荐主朱英的书信便会明白这一切:"然仆窃观来谕之言,大意欲劝仆出仕耳。非直劝之,且加责焉。""伏承此月二十四日都宪老大人命使降临衡茅,谕令某即日起程赴京,春闱在迩,不许推延。闻命悚惶,为慰为惧。"(同上,卷二,《与朱都宪》)信中语气容或有些夸张,对方的强硬也许并无什么恶意,但白沙先生感受到了压力则是事实。而且假如他一味坚拒应召,显然会真的得罪朱都宪。于是他不得不前往应召并象征性地接受了朝廷的任命。但他并未改变初衷,依然达到了归隐的目的,这便是白沙先生的高明之处。因为他获有职官后,在闲居时可以"有司以礼相待,免其杂派差徭"。朋友也认为如此可"以心存道,以迹存身"。但陈献章并不认为任何人皆可如此做法:"吾之所以见疾于时,此朋友所共知,宜朋友所共忧也。然有可疑者:迹者,人之所共见;心者,吾之所独知。迹著而心隐。通变者,圣人也。执其道至死不变者,贤人也。圣人任迹而无心,贤人有心而践迹。因时有险易,故道有恒变。微乎,微乎,惟圣人然后可以与权。"(《陈献章诗文续补遗》,《与林缉熙书》)陈氏本人应召前后的所作所为,当然应被视为圣人之权变行为,其迹虽已受官,其心则已归隐。但从实质上看,吴、陈师徒间虽有简单与复杂之别,其归隐以讲学、远害以全身的志趣则是完全一致的。从学术思想上看,他们之间亦有相承之关系。《四库全书总目提要》曾如此论述康斋学术品格及其与后学之关系:"与弼之学,实能兼采朱陆之长,而刻苦自立。其及门弟子陈献章得其静观涵养,遂开白沙之宗;胡居仁得其笃志力行,遂启余干之学。"(卷一七〇,别集类二三)可知康斋之学既有对明前期朱子学的继承,又有兼容陆九渊心学的新变。表现在为学风格上,便是既有痛自检束自我的竣厉,如:"日夜痛自点检且不暇,岂有工夫点检他人。""观《近思录》,觉得精神收敛,身心检束,有歉然不敢少恣之意,有悚然奋拔向前之意。"同时又有追求自我适意的和乐,如:"月下吟诗,独步绿阴,时倚修竹,好风徐来,人境寂然,心甚平澹,无康节所谓'攻心'之事。""中堂读倦,游后园归,丝桐三弄,心地悠然,日明风静,天壤之间,不知复有何乐!"(上所引均见《明儒学案》卷一,《崇仁学案一》)这后一种品格显然对陈献章产生过深刻的影响。然而自从黄宗羲引用白沙本人所说从吴聘君学而"未知入处"的话后,遂给人造成一种白沙之学乃得之自悟的印象。其实白沙本人言之甚明,"所谓未得,谓吾心与此理未有凑泊吻合处也"。亦即心与理未能浑融为一,用传统儒学术语说乃是"未能打成一片"。如果对比二家学术,便可见出无论是为学方法还是所学内容,崇仁之学都对白沙之学有过直接的启迪。从治学方法上讲,白沙之静观与心悟实源于康斋。康斋曰:"南轩读《孟子》甚乐,湛然虚明,平旦之气略无所挠,绿阴清昼,薰风徐来,而山林阒寂,天地自阔,日月自长。邵子所谓'心静方能知白日,眼明始会识青天'。于斯可验。"(同上)尽管康斋未特意强调静坐,但白沙静坐的目的依然是为了心静,与其师所言并无二意。康斋又曰:"欲异于物者,亦曰反求吾心固有之仁义礼智而已,欲实四者于吾身,舍圣贤之书则无所致其力焉。"(《康斋集》卷八,《劝学赠杨德全》)"反求吾心"即通过自我之心的体悟使圣学之理有切于一己之身心,此与白沙之路径亦无二致。所不同者,康斋更重视通过圣贤典籍来进行心之体悟,白沙虽不完全反对读书,却更倾向于自我独立之体悟,这意味着他具有心学的品格。关于白沙从其师处所学之内容,我以为主要是士人的节操与人生的志趣,阮榕龄曾记曰:"白沙先生学于吴康斋先生。吴先生无讲说,使先生刷地植蔬编篱。吴先生或作字,先生研墨;或客至,即令接茶。如是者数月而归,竟无所得于吴先生也。"(《编次陈白沙年谱》卷一)康斋此种隐居的情趣当会对白沙有潜移默化的感召作用。但此言白沙从吴先生处学无所得似不确,白沙后来在《祭先师康斋墓文》中曾回忆说:"先生之教不躐等,由涵养以及致知,先据德而后依仁,下学上达,日新又新。启勿助勿忘之训,则有见于鸢鱼之飞跃;悟无声无臭之妙,则自得乎太极之浑沦。弟子在门墙者几人,尚未足以窥其阈域。彼丹青人物者,或未暇深考其故而徒摘其他一二近似之迹描画之,又焉能足以尽先生之神。"(《陈献章集》卷一)既然白沙已体味到乃师之勿助勿忘、鸢飞鱼跃之自然与无声无臭、浑沦一片之境界,则可谓已得其先生之神。其实,康斋之不愿多加言说无非是令其弟子自悟而已,此种学风后来亦被白沙所继承。也许可以这样讲,白沙从康斋处已将其为学之法与人生境界基本了解,所缺乏的乃是内化为自我的精神世界与真实的人生受用。后来他通过自我的深切体悟,终于掌握了康斋的学说精髓并有很大的创造发展。因此,陈献章的江门心学就不是产生于岭南深山中的孤学绝说,而是明代前期诸多士人人格心态涌动演变的必然结果。

二、内在超越与江门心学的价值取向

后世学者论及江门心学时,一般均将其纳入宋明理学或者更确切地说是心性之学的范畴。但具体到其学术品格时,便会有见仁见智的差异。直至今日,意见也还是难以归一,侯外庐《宋明理学史》认为:

"他为学的根本目标,乃是'作圣',即完成儒家主张的伦理道德修养。在这一点上,他和宋、元以来的理学家是一致的。"(下册,第155页)而有人则认为他属于道家:"白沙显示的精神意态,甚似庄周,非但与象山、阳明不类,即与濂溪、康节亦截然不同。由于白沙使明代理学大放异彩,亦毓成理学中的杰出人物之一。我们如誉之为新儒家中的庄周,亦无不可。"(林继平《明学探微》,第43页)但明清许多学者更倾向于指白沙为禅,如陈建、黄宗羲等均持此议,故四库馆臣总结曰:"史称献章之学以静为主,其教学者但令端坐澄心,于静中养出端倪,颇近于禅,至今毁誉参半。"(《四库全书总目》卷一七〇,别集类二三)其实,即使白沙本人也未给自己限制固定的身份,他时而称佛,所谓"道人本自畏炎炎,一榻清风卷画帘。无奈华胥留不得,起凭香几读《楞严》"(《陈献章集》卷六,《午睡起》);时而称道,所谓"山人家世本陈抟,供奉何堪晚得官"(同上,卷五,《至日病起四首》其四);又时而称儒,所谓"吾儒自有中和在,谁会求之未发前"(同上,卷四,《夜坐二首》其二);有时甚至对杨朱之学亦颇有好感,说"莫笑杨朱小,杨朱解爱身"(同上,《寄太虚上人二首》其二)。可见若欲彻底理清白沙之学的属性是相当困难的,因为无论提出任何一家来指称江门心学,均可在其诗文集中寻找到支撑的例证,但同时又难以排除其他反证。在此,我认为有效的途径是抓住其诗文中之主要意象,归纳出其主导倾向,最后再看其主要人生价值取向。如此也许可大致理清白沙之哲学思想。

陈献章的哲学思想具有独特的表现形式,即他主要不是用论文或语录去宣扬其人生见解,而是常常用诗歌来描述其人生感受与人生理想。在其诗歌中,涉及许多历史人物与历史事件,如严光、李白、杜甫、苏轼、黄庭坚、二程、朱熹等等,但出现最多并构成其诗歌主要意象的则有两个人,这便是陶潜与邵雍。随手翻检即可得如下诗句:"或疑子美圣,未若陶潜淡。"(《陈献章集》卷四,《示李孔修近诗》)"从来少人知,谁是陶潜者。"(同上,《寒菊》)"我思陶长官,庐山一杯酒。"(同上,《题民泽九日诗后》)"若道渊明今我是,清香还属隔江人。"(同上,卷六,《谢九江惠菊四首》其一)"世人有眼不识真,爱菊还他晋时人。"(同上,卷四,《答惠菊》)"长驱李白诗中逸,不舍尧夫酒后温。"(同上,卷五,《庐阜书舍和潘白石五首》其五)"弄丸我爱张东所,只学尧夫也不孤。"(同上,《次韵廷实示学者》)"雪月风花还属我,不曾闲过邵尧夫。"(同上,卷六,《答石阡太守祁致和》)"敢为尧夫添注脚,自从删后更无诗。"(同上,《读韦苏州诗四首》其二)"诗到尧夫不论家,都随何柳傍何花。"(同上,《得世卿、子长近诗,赏之三首》其三)……不必再多加征引,因为不仅仍有许多同类的篇什,而且还有大量作品虽未出现陶、邵二人姓名,但其情趣、境界、意象均与他们有一致之处。因而明人杨慎曰:"白沙之诗,五言冲淡,有陶靖节遗意。"(《升庵诗话》卷七)清人朱彝尊亦曰:"白沙虽宗击壤,源出柴桑。"(《静志居诗话》卷七)他们都准确无误地指出了白沙与陶、邵二人之间的前后继承关系。

现在须进一步追问的是,陈献章到底继承了陶、邵二人的什么,同时又与之有何不同。关于白沙与渊明之关系,仍可在其诗中见出。若单从诗之数量观,他之重渊明实有甚于尧夫,他曾集中写下过十二首和陶诗,虽未能赶上有百首之多的苏东坡,却也足以显示他对渊明的重视,其中一首写道:

> 我始惭名羁,长揖归故山。故山樵采深,焉知世上年?是名鸟抢榆,非曰龙潜渊。东篱采霜菊,南渚收菰田。游目高原外,披怀深树间。禽鸟鸣我后,鹿豕游我前。泠泠玉台风,漠漠圣池烟。闲持一觞酒,欢饮忘华颠。逍遥复逍遥,白云如我闲。乘化以归尽,斯道古来然。

(《陈献章集》卷四,《归园田三首》其一)

同时他还有一首《对菊》诗,可一并捻出作为对照,其曰:

> 渊明无钱不沽酒,九日菊花空在手。我今酒熟花正开,可惜重阳不再来。今日花开颜色好,昨日花开色枯槁;去年对酒人面红,今年对酒鬓成翁。人生百年会有终,好客莫放樽罍空。贫贱或可骄王公,胡乃束缚尘埃中?簪裾何者同牢笼!

(同上)

此二首诗足以显示白沙对渊明精神的认同与效法。他告诉我们,他之归隐乃是对人生透悟后的必然选择。他感受到了生命的短暂与尘世的虚幻,不愿再受世俗礼法牢笼的折磨。在贫贱而适意与富贵而受羁之间,他宁可选择前者。他告诉我们,他自甘做一只虽则微小却能自由自在飞翔于树间的鸟,而并不是暂隐乡野、待时而动的潜龙。于是他表示要义无反顾地投入大自然的怀抱,学陶渊明种田采菊,游目高原,披怀深树,与禽鸟做伴,与鹿豕相游,做一个如白云般逍遥自如的人。应该说,他的确把握到了陶渊明的精髓。关于陶潜,也很难用一句话来概括其思想,他的复杂程度绝不低于白沙先生。单是他的人生态度到底属于儒释道哪一家,便是个永远说不尽的话题。但我以为,白沙此处的"乘化以归尽,斯道古来然"一句,方真正是陶诗的灵魂。无论说陶潜是儒家也罢,佛家也罢,道家也罢,玄学也罢,谁都不能不承认,以委运任化的人生态度,去追求物我一体、心与道冥的人生境界乃是其主导倾向。陶氏本人并无意专门继承某家思想,所以才会在《神释》一诗中如此说:"三皇大圣人,今复在何处?彭祖爱永年,欲留不得住。老少同一死,贤愚无复数。日醉或能忘,将非促龄具?立善常所欣,谁当为汝誉？甚念伤我生，正宜委运去。纵浪大化中，不喜亦不惧。应尽便须尽，无复独多虑。"(《陶渊明集》卷二，《影答形三首》其三）显然，陶潜所看重的，是对自我生命的珍惜，是现世的我如何活得充实而自在。这其中，也许包含了儒家君子固穷的品格，佛教一切皆幻的义理，以及道家物我一体的哲思，然而它们却都需要融化在陶氏的人生境界中，最终构成其委运任化的生命情调。陈献章看到了此一点，于是他也采取了这种人生态度，以便安顿从俗世中摆脱出来的自我，从而架起了由"纵浪大化中，不喜亦不惧"到"乘化以归尽，斯道古来然"之间的思想桥梁。他像陶渊明一样，主张超越小我，顺应造化，一任自然，物我合一，亦即："一痕春水一条烟，化化生生各自然。七尺形躯非我有，两间寒暑任推迁。"(《陈献章集》卷六，《观物》）他之所以归向自然而超越世俗，是由于看破人间是非、得失、荣辱的没有把握，为此而浪费生命毫无意义，即所谓："费尽多少精神，惹得一场笑唾。百年不满一瞬，烦恼皆由心作。若是向上辈人，达塞一起觑破。归来乎青山，还我白云满坐。莫思量，但高卧。"(同上，卷四，《可左言赠宪副王乐用归瑞昌》）像陶渊明一样，白沙先生的达观是建立在对生死了悟的基础之上，他体悟到人生只不过是"造物一场变化"而已，又何必执着于生死而与造化为敌，故而说："孔子曳杖歌，逍遥梦化后。我梦已逍遥，六字书在牖。圣愚各有尽，观化一遭走。问我年几何，春秋四十九。死生若昼夜，当速何必久？即死无所怜，乾坤一刍狗。"(同上，《梦观化，书六字壁间曰：造物一场变化》）其弟子湛若水评此诗曰："盖死生者昼夜之道，大数既速，何必欲久，况人物如天地之一刍狗耳，死何足怜哉？观于此诗，先生深明昼夜之道，寿夭不二者矣。"(《白沙子古诗教解卷之上》，见《陈献章集》附录一）超荣辱得失，明生死变化，倡物我合一，得自然之乐，白沙从渊明处所获得的这些价值观念与人生态度，在本质上显然都更合乎道家的精神，从这个角度说，可以认为陈献章具有道家的特征。

然而,白沙并不仅仅留意于渊明先生,他还对尧夫先生同样感兴趣。其实,白沙对邵雍的认同乃是对宋儒不同学术风格的一种选择。就为学风格言,大致可将宋儒分为二途,一途是以周敦颐、邵雍、程颢为代表的传统,为学主张宽松和乐;另一途是以程颐、朱熹为代表的传统,为学主张庄敬严谨。白沙的选择从其一首诗中可明显见出:"一语不遗无极老,千言无倦考亭翁。语道则同门路别,君从何处觅高踪?"(《陈献章集》卷六,《读周朱二先生年谱》其二)从白沙的学风看,他自然喜爱不事言说的无极老,而对千言无倦的朱子缺乏兴趣。他最终选取邵尧夫作为宋儒的代表,我以为他是看中了邵氏不事言说的风格与求乐的人生价值取向。他有《次韵廷实示学者》诗曰:"树倒藤枯始一扶,诸贤为计得毋疏。阅穷载籍终无补,坐破蒲团亦是枯。定性未能忘外物,求心依旧落迷途。弄丸我爱张东所,只学尧夫也不孤。"(同上,卷五)他认为苦读载籍乃纠缠于外物,而坐破蒲团恰恰是求心于迷途,均无助于身心之涵养。正确的做法是学康节的求乐,所谓:"真乐何从生,生于氤氲间。氤氲不在酒,而在心之玄。行如云在天,止如水在渊。静者识其端,此生当乾乾。"(同上,卷四,《真乐吟,效康节体》)"氤氲"即阴阳之气浑融一体,而欲达此境界便须保持心体之超越玄远。犹如云行于天而无心,水止于渊而澄澈。倘若能达此境界,便会拥有旺盛的生命活力,而这也才是人之真乐。应该说白沙也是对邵雍知之甚深的,邵雍之为学宗旨在于求取自我之适意,他曾自称:"君子之学以润身为本,其治人应物皆余事也。"(《皇极经世书》卷十四,《观物外篇下》)又言其为学目的曰:"学不际天人不足以谓之学。""学不至于乐亦不可谓之学。"(同上)而要求乐,便不能被世俗礼法所缚,放不开,便不乐,但又并非要破坏礼法,他已体悟到礼法之真意,故言:"悟尽周孔道,解开仁义结。礼法本防奸,岂为吾曹设。"(《击壤集》卷三,

《秋怀三十六首》其三）心中有礼，而行不必拘礼，此即孔子所言从心所欲不逾矩也。但此又非以年齿论，而是以获道与否论。待获道放开后，便会心闲而自得："动止未尝防忌讳，语言何复着机关？不图为乐至于此，天马无踪自往还。"（同上，卷六，《思山吟》）此种乐实际上是内在超越之乐，它主要指的是精神世界的自满自足，即所谓："心安身自安，身安室自宽。心与身俱安，何事能相干？谁谓一身小，其安若泰山。谁谓一室小，宽如天地间。"（同上，卷十一，《心安吟》）邵、陈二人将此种乐之境界同喻之为羲皇上人之乐，康节言："北窗当日比羲皇。"（同上，卷五，《后园即事》）白沙亦曰："悠然清唉外，一枕到皇羲。"（《陈献章集》卷四，《对鹤二首》其一）"江门水上庐山颠，蒲团展卧羲皇前，洗手一弄琴无弦。"（同上，《枕上》）其实，二人之"羲皇"之乐的意象又同受陶潜的启示，渊明曾说："见树木交荫，时鸟变声，亦复欢然有喜。常言：五六月中，北窗下卧，遇凉风暂至，自谓是羲皇上人。"（《陶渊明集》卷七，《与子俨等疏》）综合三人对羲皇的表述，可以作一大致的归纳。羲皇本是中国远古的圣人，羲皇之世乃是礼法未设、一任自然的盛世，则羲皇上人乃是一任本真、浑朴自然、率意和乐的太古之人。邵、陈二人既然都对羲皇之世充满向往之情，那么他们也同样对世俗之事不屑一顾，而宁可独享其乐，邵雍有诗曰："人情大率喜为官，达士何曾有所牵。解印本非嫌薄禄，挂冠殊不为高年。因通物性兴衰理，遂悟天心用舍权。宜放襟怀在清景，吾乡况有好林泉。"（《击壤集》卷三，《贺人致政》）白沙亦有诗曰："官府治簿书，倥偬多苦辛；文士弄笔砚，著述劳心神。而我独无事，隐几忘昏晨。南山转苍翠，可望亦可亲。岁暮如勿往，枉是最闲人。"（《陈献章集》卷四，《拉马玄真看山》）白沙先生从康节处学来的求乐精神的确改变了明代前期士人的风貌，与官场士人的案牍劳苦及理学之士的检束自励相比，白沙的确使原本绷紧的心理获得了极大的放松，并真正享受到了与自然相亲融的审美愉快。

他在《东圃诗序》中对其弟子范归之父生活情调的描绘实可视为其自况：

> 翁寄傲于兹，或荷丈人条，或抱汉阴瓮，兴至便投竿弄水，击壤而歌。四时之花，丹者擢，白者吐。或饮露而餐英，或寻芳而索笑；科头箕居，柽阴竹影之下，徜徉独酌；目诸孙上树取果实，嬉戏笑语以为适。醉则曲肱而卧，藉之以绿草，洒之以清风，寤寐所为不离乎山云水月，大抵皆可乐之事也。
>
> （《陈献章集》卷一）

然而白沙在获得这些人生受用时，却有放弃儒家社会责任的危险，因而招致了不少人的非议，明末大儒刘宗周曰："盖先生识趣近濂溪，而穷理不逮；学术类康节，而受用太早。质之圣门，难免欲速见小之病也。似禅非禅，不必论矣。"（《明儒学案》，《师说》）清儒陆世仪说得更具体："世多以白沙为禅宗，非也。白沙曾点之流，其意一主于洒脱旷闲以为受用，不屑苦思力索，故其平日亦多赋诗写字以自遣，便与禅思相近。或强问其心传，则答之曰：有学无学，有觉无觉，言未尝有得禅也。是故白沙静中养出端倪之说，中庸有之矣。然不言戒慎恐惧而惟咏歌舞蹈以养之，则近于手持足行无非妙道之意矣。不言睹闻见显而惟端倪之是求，则近于莫度金针之意矣。其言养气则以勿忘勿助为要，夫养气必先集义，所谓必有事焉也。白沙但以勿忘勿助为要，失却最上一层矣。"（《鲒埼亭集》卷二八，《陆桴亭先生传》）陆世仪首先肯定了白沙之学是儒而不是禅，但它又不同于陆氏理想中的儒，其要旨在于，其为学目的乃是洒脱闲旷之受用而无关于事，其为学之法乃是咏歌舞蹈而不讲戒慎恐惧，其为学内容乃是勿忘勿助而不言集义。若再加简化，则他心目中的白沙之学便是"乐"与"放"二字。陆世仪身处清初朱子学再兴的学术潮流中,对心学自然不无偏激之弊。但此段论白沙之学的话实为持平之论,查白沙诗文集,他不仅有"手持青琅玕,坐弄碧海月"(《陈献章集》卷四,《度铁桥》)的逍遥受用,而且有"白头襟抱胡为尔,得放开时且放开"(《陈献章诗文续补遗》,《次韵缉熙河源道中闻林琰凶问》)的证据,更重要的是明人夏尚朴还记述了下面一则往事:

> 章枫山谓予曰:"白沙应聘来京师,予在大理往候而问学焉。白沙云:'我无以教人,但令学者看《与点》一章。'予云:'以此教人,善矣。但朱子谓专理会《与点》意思,恐入于禅。'白沙云:'彼一时也,此一时也。朱子时,人多流于异学,故以此救之;今人溺于利禄之学深矣,必知此意,然后有进步处耳。'"
>
> (《明儒学案》卷四,《崇仁学案四》)

因此,黄宗羲便十分肯定地指出白沙之学术渊源为:"远之则为曾点,近之则为尧夫,此可无疑者也。"(同上,卷五)其实,比黄氏更早的林俊便已指出白沙之学风为:"脱落清洒,独超牢笼造物之外,而寓言寄兴于风烟水月之间,盖有舞雩陋巷之风焉。"(《续藏书》卷二一)所有的这些言论,实质上最终均可收归为一个"乐"字,则白沙是否为儒的问题实又可归结为对"乐"之如何看待的问题。其实,在儒家的传统中,很少有人公开反对求乐,即使力主诚敬的朱熹亦然,其分歧主要是如何理解乐之内涵。在宋明理学中,较早提出学以求乐此一话题的是周敦颐,程颢曾回忆其从周子受学曰:"昔受学于周茂叔,每令寻颜子仲尼乐处,所乐何事。"(《二程集》,第16页)而周敦颐本人是如此解释孔颜之乐的:"颜子'一箪食,一瓢饮,在陋巷,人不堪其忧,而不改其乐'。夫富贵,人所爱也,颜子不爱不求,而乐乎贫者,独何心哉?

天地间有至贵至富可爱可求而异乎彼者,见其大而忘其小焉尔。见其大则心泰,心泰则无不足。无不足,则富贵贫贱处之一也。"(《通书》卷二,第29页,《颜子》)在此孔颜之乐分为两层,一是"见其大",一是"心泰",前者为后者之条件,而后者为前者之结果。后来程颐又做过重要补充:"鲜于侁问伊川曰:'颜子何以能不改其乐?'正叔曰:'颜子所乐者何事?'侁对曰:'乐道而已。'伊川曰:'使颜子而乐道,不为颜子矣。'"(《二程外书》卷七,第35页)依现代学者陈来先生的见解,此所言乃指"'道'并不是乐的对象,乐是人达到与道为一的境界所自然享有的精神的和乐"。(《宋明理学》,第45页)此解可通,亦即上所言之"心泰",但在此又必须指出,虽所乐非道,然若未见其"大",亦无"心泰"境界实现之可能。可见"道"依然是"心泰"之乐的前提条件。后来,明儒曹端又将此"道"落实到一"仁"字上,并重释孔颜之乐曰:"孔颜之乐者,仁也。非是乐这仁,仁中自有其乐耳。且孔子安仁而乐在其中,颜子不违仁而不改其乐。安仁者,天然自有之仁;而乐在其中者,天然自有之乐也。不违仁者,守之之仁;而不改其乐者,守之之乐也。《语》曰'仁者不忧',不忧非乐而何?周、程、朱子不直说破,欲学者自得之。"(《明儒学案》卷四四,《诸儒学案上二》)可见仁乃是其强调的重点,故陈来先生引此说释曰:"仁可以包括乐,但乐却无法包容仁。若把精神的和乐愉悦当作人生全部精神发展的唯一目的,就仍然预设了一种自佚的动机,与追求感性快乐的快乐主义在终极取向上仍不能完全划清界限,也无法与佛家、道家划清界限。从这个方面看,曹端坚持仁的本源性,坚持仁是儒学的最高的完满的境界,是符合儒学传统的。"(《宋明理学》,第223—224页)强调求乐的伦理前提当然是很重要的,但又必须同时指出,这种观点并不能概括儒学的全部传统,起码从曾点到邵雍再到陈献章就未能包容进去。如果仔细观察,会发现理学诸子更乐意强调颜子之乐,而心学诸子更倾心于曾点之乐。白沙很明确地说要让后学看"与点"一章,恰好证实了此一点。"与点"出自《论语·先进》,曾点所言之志的原文是:"莫春者,春服既成,冠者五六人,童子六七人,浴乎沂,风乎舞雩,咏而归。夫子喟然叹曰,吾与点也。"孔子到底所叹为何,由于行文简略而不易断定,因而也就产生了不同的解释。就文字本身观,似乎并未涉及伦理的内容。在暮春的季节,穿上轻便的春装,约上几个同伴弟子,在沂水中沐浴,在舞雩台上吹风,然后一路唱着歌归来。的确有融合于大自然的审美情趣与超越世俗的襟怀。故邢昺疏曰:"善其独知时而不求为政也。"(《十三经注疏》,第2500页)但此亦仅为推测之词而已,并没有什么历史的根据。不过在与子路、冉有、公西华等其他三人的事功志向相比时,的确显示出曾点的超越情怀。依此来看邢氏之疏,可许之为有一定道理。邢氏之后对曾点之志影响最大的解释当然要推朱子,他说:"曾点之学,盖有以见人欲尽处,天理流行,随处充满,无稍欠阙。故其动静之际,从容如此。而其言志,则又不过即其所居之位,乐其日用之常,初无舍己为人之意,而其胸次悠然,直与天地万物,上下同流,各得其所之妙,隐然自见于言外。视三子之规规于事为之末者,其气象不侔矣。故夫子叹息而深许之。"(《四书章句集注·论语章句》)朱子毕竟是思想家兼文学家,能够利用自我的审美感受力去深入体悟曾点所拥有的美的人生境界,所谓"胸次悠然,直与天地万物,上下同流",正是一种物我合一的浑融超越之境,而此种境界实现的前提,便是具备"初无舍己为人之意"的超越襟怀。但像其他理学家一样,朱子也为曾点之志附加上了伦理的限定,即所谓"人欲尽处,天理流行",从而带上了浓厚的理学色彩。不过这显然不是曾点与孔子的原意,而是著作本人的"创造性诠释"。陈献章对曾点之乐的理解显然与朱子不同,而更接近其原始意象。试看下面数则直接论乐的文字:

出处语默,咸率乎自然,不受变于流俗,斯可矣。

(《陈献章集》卷二,《与顺德吴明府四则》其三)

存存默默,不离顷刻,亦不着一物,亦不舍一物,无有内外,无有大小,无有隐显,无有精粗,一以贯之矣。此之谓自得。

(《陈献章诗文续补遗》,《与缉熙书》)

天命流行,真机活泼。水到渠成,鸢飞鱼跃。得山莫杖,临济莫渴。万化自然,太虚何说?绣罗一方,金针谁掇。

(《陈献章集》卷四,《示湛雨》)

在此,其论述的核心在"自然"二字,而其对立面则为"流俗",若欲"咸归乎自然",必须"不受变于流俗"。这便是陈氏最著名的立学宗旨:"自然之乐,乃真乐也。"(同上,卷二,《与湛民泽》)因而此所言"天命"并非朱子所言"天理",而是自然之意。当然,白沙并不反对仁义教化,其"鸢飞鱼跃"之本意便是王化得行而万物各得其所之意。[1]但白沙的立脚点仍在于自我的受用,这便是所谓的"亦不着一物,亦不舍一物",换言之,即不离世俗而又超越于世俗,这显然是禅宗所倡导的随缘任运的态度,则其目的也应是自我的解脱与受用。其实,白沙

---

[1] "鸢飞鱼跃"之语出于《诗·大雅·旱麓》,其原句为:"鸢飞戾天,鱼跃于渊。"唐人孔颖达疏该句曰:"德教明察,著于上下。其上则鸢鸟得飞至于天以游翔,其下则鱼皆跳跃于渊中而喜乐。是道被飞潜,万物得所,化之明察故也。"(《十三经注疏》,第516页)孔氏之解此句显系受汉儒解经的影响,故而强调德化之内涵。但该句并非只有此一种解释,朱熹《诗经集传》便引《抱朴子》曰:"鸢之在下无力,及至乎上,耸身直翅而已。盖鸢之飞,全不用力,亦如鱼跃,怡然自得,而不知其所以然也。"(卷六)就陈献章的熟悉程度言,他应该受朱子影响更大一些,盖朱子之注乃当时士子科举所必读也。则白沙对该句之怡然自得的境界应有较深之理解。此亦合乎其一贯思想。

的悟道方法比禅宗更为主观化,他甚至连禅家的棒喝也不再需要,只要悟得"万化自然"的道理,便会获得"活泼"的心灵自由。也就是朱子所说的"胸次悠然,直与天地万物,上下同流"。而这才是曾点之乐的真意。明乎此,便会知道为白沙之学定性是颇为困难的,因为它最终必须落实到如何为曾点之乐定性。如果说曾点之乐是儒家人生理想的最高境界,那白沙便是儒学的正宗;如果将儒家之学视为治国平天下的学问,那曾点之乐便是儒家的旁枝,白沙自然也便失去了正宗的地位。

依白沙的本意,他真的是想合陶潜与邵雍为一家,从而融会成他本人的自然自得之学。我们读他的《湖山雅趣赋》,便会有非常真切的体会,为印象完整,不避文字稍长,全录如下,以飨读者:

丙戌之秋,余策杖自南海循庾关而北涉彭蠡,过匡庐之下,复取道萧山,溯桐江舣舟望天台峰,入杭观于西湖。所过之地,盼高山之漠漠,涉惊波之漫漫;放浪形骸之外,俯仰宇宙之间。当其境与心融,时与意会,悠然而适,泰然而安。物我于是乎两忘,死生焉得而相干?亦一时之壮游也。

迨夫足涉桥门,臂交群彦;撤百氏之藩篱,启六经之关键。于焉优游,于焉收敛;灵台洞虚,一尘不染。浮华尽剥,真实乃见;鼓瑟鸣琴,一回一点。气蕴春风之和,心游太古之面。其自得之乐亦无涯也。

出而观乎通达,浮埃之蒙蒙,游气之冥冥,俗物之茫茫,人心之胶胶,曾不足以献其一哂,而况于权炉大炽,势波滔天,宾客庆集,车马骈填!得志者扬扬,骄人于白日;失志者戚戚,伺夜而乞怜。若此者,吾哀其为人也。嗟夫!富贵非乐,湖山为乐;湖山虽乐,孰若自得者之无愧怍哉!

客有张瑮者,闻余言拂衣而起,击节而歌,曰:"屈伸荣辱自去来,外物于我何有哉?争如一笑解其缚,脱屣人间有真乐。"余欲止而告之,竟去不复还。噫,斯人也,天随子之徒与!振衣千仞冈,濯足万里流。微斯人,谁将与俦?

(《陈献章集》卷四)

"丙戌"为成化二年,正是白沙之学的初步形成期。在第一段,他那"放浪形骸""俯仰宇宙"的胸襟,物我两忘、死生无干的境界,"悠然而适""泰然而安"的自得自足,正是庄子那种"忘其肝胆,遗其耳目,芒然彷徨乎尘垢之外,逍遥乎无事之业"(《庄子·达生》)的真人境界。而第二段那种优游不迫、虚怀真纯的风度,"气蕴春风之和,心游太古之面"的格调,又展现了他"一回一点"的儒家圣人气象。此二种倾向当然有相通之处,那就是出世的胸怀。在这方面,非但儒道相通,且亦与释通,因而在白沙的生平中,便很难发现与释道相龃龉的情形,他有与僧人交往的经历,并称赏佛教曰:"苟有得焉,则能以四大形骸为外物,荣之、辱之、生之、杀之,物固有之,安能使我戚戚哉?(同上,卷三,《与僧文定》)他更有如太虚那样交情颇笃的僧友,认为其"真无累于外物,无累于形骸矣。儒与释不同,其无累同也"。(同上,卷二,《与太虚》)在陈献章倾心陶、邵与会通佛神的行为中,可以发现他具有一以贯之的价值取向,那便是他对自我身心的安顿与求乐的精神。他不属于某一家思想的传人,而是混合儒释道后精心做出选择的结果。

但如果认真加以比较,白沙又绝对不是陶潜与邵雍的混合体,甚至再加上些禅学色彩也依然构不成一个完整的白沙先生。陶潜有足够的超越情怀与物我一体的审美境界,但在其隐士的从容里不免透露出些许寒酸相,以致写下"扣门拙言辞"的《乞食》诗,让后来不怎么宽容的王维抓住把柄大大讥讽了一番。①白沙则没有这副寒酸相。康节先生比陶潜要活的潇洒得多,他躲进洛阳的安乐窝中,吟自在诗,饮欢喜酒,留下了他那"美酒饮教微醉后,好花看到半开时"(《击壤集》卷十,《安乐窝中吟》)的名句。但他的潇洒不免显得俗气了些,给人的印象是得了便宜又卖弄乖巧,比如其《龙门道中作》曾如此写道:"物理人情自可明,何尝戚戚向平生。卷舒在我有成算,用舍随时无定名。满目云山俱是乐,一毫荣辱不须惊。侯门见说深似海,三十年来探臂行。"(同上,卷三)你已经拥有了云山之乐与荣辱无惊的生活,踏踏实实地受用便是,何必再卖弄卷舒自如的成算,用舍随时的乖巧?至于说自我宣扬三十年来出入侯门的荣耀,便有些近于无耻了。白沙则没有这副卖乖相。他比陶潜高傲,又比邵雍更高洁。无论是读其诗还是观其文,都给人一种伟然屹立的印象与底气浑厚的感觉。下面这段话只能是白沙先生的,而不可能见之于陶、邵二集中。

> 宇宙内更有何事,天自信天,地自信地,吾自信吾;自动自静,自阖自辟,自舒自卷;甲不问乙供,乙不待甲赐;牛自为牛,马自为马;感于此,应于彼,发乎迩,见乎远。……人争一个觉,才觉便我大而物小,物尽而我无尽。夫无尽者,微尘六合,瞬息千古,生不知爱,死不知恶,尚奚暇铢轩冕而尘金玉耶?
>
> (《陈献章集》卷三,《与林时矩三则》其一)

陶渊明在悟得此中"真意"后,只是达到了"欲辨已忘言"的默契,"悠

---

① 王维讥讽陶潜语见于其《与魏居士书》:"近有陶潜,不肯把板屈腰见督邮,解印绶弃官去。后贫,《乞食》诗云:'叩门拙言辞。'是屡乞而多惭也。尝一见督邮,安食公田数顷;一惭之不忍而终身惭乎!此亦人我攻中,忘大守小,不□其后之累也。"(《王右丞文集》卷八,静嘉堂藏南宋刻本)

然见南山"的从容,而陈献章则有了与万物一体、与天地并立的崇高感;当邵雍在为能够出入侯门深感得意时,陈献章甚至没有了锱铢轩冕而尘视金玉的兴趣,因为在他觉悟之后,已经具有了"我大而物小,物尽而我无尽"的永恒感。在如此感觉中,见六合如微尘,视千古若瞬息,怎么还会想到什么富贵利禄之事呢?是何种因素给了白沙先生这尘视金玉、粪土王侯的勇气与力量?这其中当然不排除有个人气质与时代氛围的原因,但也与其所汲取的思想传统有密切的关系。这便是孟子的思想与人格在白沙之学中占据了突出的地位,对此他曾有过明确的表述:"会此则天地我立,万化我出,而宇宙在我矣。得此把柄入手,更有何事?往古来今,四方上下,都一齐穿纽,一齐收拾,随时随处,无不是这个充塞。色色信他本来,何用尔脚劳手攘?舞雩三三两两,正在勿忘勿助之间。曾点些儿活计,被孟子一口打并出来,便都是鸢飞鱼跃。若无孟子工夫,骤而语之,以曾点见趣,一似说梦。会得,虽尧舜事业,只如一点浮云过目,安事推乎?"(《陈献章集》卷二,《与林郡博七则》其七)"色色信他本来"是对自然之强调,而"舞雩三三两两"的曾点之乐,则必须用孟子"勿忘勿助"的工夫方可获得。所谓"勿忘勿助"本是孟子所言养气工夫,孟子曰:"我知言,我善养我浩然之气。敢问何谓浩然之气?曰:难言也。其为气也,至大至刚,以直养而无害。充塞于天地之间。其为气也,配义与道。无是,馁也。是集义所生者,非义袭而取之也。行有不慊于心,则馁矣。我故曰告子未尝知义,以其外之也。必有事焉而勿正,心勿忘,勿助长也。"(《孟子正义》卷三,《公孙丑章句上》)对后三句诸家有不同的解释,我以为宋人孙奭疏中所引一说较为可取,其曰:"言人之所行不可必待有事,而后乃正其心而应之也,惟在其常存而不忘,又不在汲汲求助益之而已。"(《十三经注疏》,第2686页)此犹如孟子本人所引"揠苗助长"所喻,倘若以为无益而舍之,便等于不耘苗,亦即"忘";而倘若揠苗助长,则非徒无益而又害之,亦即"助"。只有勿忘勿助,才能以心帅志,以志帅气,从而使自我的浩然之气沛然若决江河,并最终成就其"富贵不能淫,贫贱不能移,威武不能屈"(《孟子·滕文公上》)的大丈夫人格。当然,正如陆世仪所言,白沙言养气但以勿忘勿助为要,却未强调"必先集义",也就是说他只主张顺应自然,而未强调德性之主导。但有一点是明确的,即白沙认为曾点之乐须和孟子之气合而言之,才会具有"天地我立,万化我出,而宇宙在我"的崇高境界,否则便"一似说梦"而不着边际。正是有了孟子养气理论与大丈夫人格的介入,才使白沙比陶潜与邵雍具备了更为高傲豪迈的情怀,同时也具备了心学的品格。再合之以陶氏超越的境界与曾点求乐的精神,终于构成了白沙之学的独自特征,黄宗羲曾对此总结说:"先生之学,以虚为基本,以静为门户,以四方上下、往古来今穿纽凑合为匡郭,以日用常行分殊为功用,以勿忘勿助之间为体认之则,以未尝致力而应用不遗为实得。"(《明儒学案》卷五,《白沙学案上》)讲虚,讲静,讲凑合,讲勿忘勿助,可谓全面,但不如其师刘宗周讲的精练而得其要领,即:"先生学宗自然,而要归于自得。"(同上,《师说》)综合其师徒二人之语,可以如此描述白沙之学:它以虚为获道的基本前提,以静为获道的基本途径,以自然为获道的基本方法,以自得之乐为获道的目的,以物我合一、潇洒轩昂为获道的境界。此种品格显然使白沙之学带有了浓郁的诗学特征与审美特性。的确,白沙的学说多用诗来表现,白沙的人生也充溢着诗意。我们今天读白沙的诗,依然可以感受到他是真正获得了美的享受,而不仅仅是停留于口头。试看下面二首:

拨闷无人致酒瓶,哦诗灯下一郎清。夜深笑拍胡床语,忽乱阶前落叶声。

(《陈献章集》卷六,《与景星夜坐》)

迟迟春日满花枝,江上群儿弄影时。渔翁睡足船头坐,笑卷圆荷当酒卮。

(《陈献章集》卷六,《江上》)

前一首以动写静,笑语乱却落叶之声,以显示环境之幽静,并烘托心境之平静。若无审美之情趣与超越之境界,便很难感受到这物我交融的幽深细微之处。后一首写在花香日暖的春景中,群儿尽情地玩耍嬉戏,以致引动了老者的童趣,也"笑卷圆荷当酒卮"了。这天真的情调,简直是天人的境界。明代士人由于官场的奔波与理学的桎梏,疲惫木僵的心灵已经很久没有感受到这种美了。白沙之所以能感受到这自然天真之美,不仅仅是他的归隐生涯为他提供了亲融山水的条件,更重要的是他的人生观及其心学理论陶铸了他那具有审美能力的主体心灵,对此白沙本人有着深切的体会,他说:"罗浮之游,乐哉! 以彼之有入此之无,融而通之,玩而乐之,是诚可乐也。世之游于山水者皆是也,而卒无此耳目之感:非在外也。由闻见而入者,非固有在内则不能入,而以为在外,自弃孰甚焉。"(《陈献章诗文续补遗》,《与林缉熙书》)罗浮之游可以产生"乐"的受用,但世人有那么多游山水者,何以难获此乐?可见此乐非在外而是在内。山水之乐当然离不开"融而通之,玩而乐之"的主客交融,但在白沙看来,"非固有在内则不入",主体的审美心灵才是第一位的。可以说白沙是明代倡言主体性灵说的第一人。因此,白沙的学说,白沙的人格,白沙的诗作,无疑为士人朽腐的心灵带来了一丝清风与活力。直到近人梁启超读白沙时,依然可产生如下的感觉:"白沙心境与自然契合,一点不费劲……常常脱离尘俗,与大自然一致,其自处永远是一种鸢飞鱼跃、光风霁月之景象,可见其人格之高尚,感化力之伟大矣。"(《儒家哲学》第五章)由此便可知白沙之魅力。

三、受用与责任——陈献章的复杂矛盾心态

倘若认为白沙先生一生总是如此的潇洒自适，总是充满了诗情画意，那显然不是一个真实的白沙。看一看他给儿子的这首诗，你会感受到白沙先生的另一面：

> 日往则月来，东西若推磨。及时愿有为，何啻短檠课？强者能进取，不能空坠堕。四书与六经，千古道在那。愿汝勤诵数，一读一百过。嗟余老且病，终日面壁坐。古称有志士，读书万卷破。如何百年内，能者无一个？书生赴场屋，势若疾风柁；不悟进退，反言勇者懦。吾闻邵康节，撤席废眠卧；又闻范仲淹，画粥充饥饿。砥柱屹中流，有力始能荷。汝患志不立，不患名不大。诗友为汝资，薪水为汝助。黾勉在朝夕，用为老夫贺。
>
> （《陈献章集》卷四，《景旸读书潮连，赋此勖之》）

此诗之主旨在勉励其子为科举而刻苦读书。以白沙之境界，当然不会让儿子做只追求功名的利禄之徒。但此举却与其学术风格、人生态度适相背离。他不是主虚静而倡退隐吗？此处何以又赞成进取之强者？他不是学主心悟而视六经为圣人之糟粕吗？又何以说四书、六经乃千古道之所在，并令其子"一读一百过"地"勤诵"呢？他此时倒是又想起了倾慕的前辈邵康节，但已不是悟后而求乐的尧夫先生，而是早年汲汲于功名的邵雍。《宋史》卷四二七《道学传》载："雍少时自雄其才，慷慨欲树功名，于书无所不读。始为学即艰苦自厉，寒不炉，暑不扇，夜不就席者数年。"难怪他要将其与"先天下之而忧，后天下之乐而乐"的范仲淹并列为儿子学习的楷模了。可当他让儿子以其成功"用为老夫贺"时，他是否要为自身的出世行为而伤悲呢？他既然认定人生的

最高价值在于自我的适意,何以不让自己的儿子走此道路,而反勉励其求取功名呢?究竟是他失去了自信,还是在向儿子说谎话?

要解释清楚这种矛盾的人生态度是一件困难的事情,但我们仍然没有必要怀疑白沙先生的真诚。他的追求超世脱俗是真诚的,他的鼓励儿子求取功名也是真诚的。之所以产生价值取向的背离是由于其心理状态的矛盾。此种矛盾的原因是多方面的,首要一点是他未能忘怀儒者的社会责任与自身所拥有的不朽情结。他曾反复吟诵过如此的诗句:"孔子万世师,天地共高厚。颜渊称庶几,好学古未有。我才虽卤莽,服膺亦云久。胡然弗自力,万化脱枢纽。颓颜无复少,此志还遂否?岁月岂待人,光阴隙中走。念此不成眠,晨星灿东牖。"(《陈献章集》卷四,《冬夜二首》其二)"邈哉舜与颜,梦寐或见之。其人天下法,其言万世师。顾于独何人,瞻望空尔为!年驰力不与,抚镜叹以悲。岂不在一生,一生良迟迟。今复不鞭策,虚浪死无疑。请回白日驾,鲁阳戈正挥。"(同上,《自策示诸生》)两首诗几乎为同一意旨,前一首为自策,后一首是自策兼策他人,应视为其真实心态。这种心态便是"舜人也,我亦人也"(《孟子·离娄下》)的希圣情结,他看到了"孔子万世师,天地共高厚"的不朽名声,更羡慕大舜"其人天下法,其言万世师"的赫赫功业,于是他想到了自己,他渴望追随其后,而不空活此生。在此种理想的支配下,他感到了时光的无情流逝,遂产生了时不我待的紧迫感,以致每念及此,便深夜难以入眠。这些睡梦里时时牵挂于怀的情思,你难道能说不是白沙的真实心态?当然,他的希圣情结并非全是为了一己之不朽,同时也有担心"万化脱枢纽"的社会责任感,他有《禽兽说》一文,充分表现了他的这种观念,其曰:"人具七尺之躯,除了此心此理,便无可贵,浑是一包脓血裹一块大骨头。饥能食,渴能饮,能着衣服,能行淫欲。贫贱而思富贵,富贵而贪权势,忿而争,忧而悲,穷则滥,乐则淫。凡百所为,一信血气,老死而后已,则命之曰'禽兽'可也。"(《陈献章集》卷一)他显然不能坐视此种人之为禽兽的伦理堕落,必须担负起拯救人类的责任。于是,他提出了作为一个儒者的最高人生理想:"一洗天地长,政教还先王。再洗日月光,长令照四方。洗之又日新,百世终堂堂。"(同上,卷四,《梦作洗心诗》)他要通过"洗心"而使天地长久,使天下再还复圣王之政教时代,此犹如洗去掩覆日月之阴霾,使天下永处光明之中。总之,他要洗出一个新天地,并使之百世而长存。如此志向不可谓不大,境界不可谓不高,他有孔孟尧舜其君的宏愿,有宋儒为天地立心、为生民立命、为往圣继绝学、为万世开太平的理想,可谓达到了一个儒者所能达到的高度。

然而,这也只不过仅仅是陈白沙的理想而已,因为我们发现他在抒发此种宏愿时,往往是在梦中。尽管是非常美好的梦,却又是非常虚幻的梦。这并不是他不愿实现自己的梦想,而是现实环境没有实现的可能。后来钱谦益深深地理解了白沙先生的苦衷,因而才会说:"余观先生之为人,志节激昂,抱负奇伟,慨然有尧舜君民之志,而限于资地,困于谣诼,轮囷结轖,发为歌诗,抑塞磊落之志气,旁见侧出于笔墨之间。"(《列朝诗集小传》丙集)今查白沙诗文集,可证钱氏所言不虚,如其《行路难》曰:"颍川水洗巢由耳,首阳薇实夷齐腹。世人不识将谓何,子独胡为异兹俗?古来死者非一人,子胥屈子自陨身。生前杯酒不肯醉,何用虚誉垂千春。"(《陈献章集》卷四)做洁身自爱的巢由、伯夷、叔齐式的人物已难以得到世俗的理解,更不用说愤怒沉江的子胥、屈子了。那么又何必不尽情享受生前的人生受用,而去追求那无人理解的虚誉呢?于是白沙由人生的失意而对官场逐渐失去兴趣,转而去追求超越的自由境界,追求人生的自我受用。这其间当然不是一蹴而就的,而是经过了一个较长的摸索体验过程。其中吴与弼对他的人生转折起到了不可低估的作用,吴氏的隐者风范与求乐倾向,引爆了他对人生价值认真思考的念头。尽管他当时尚不能将吴氏的人生理念内化为自我的人生体验,尚需要以后长期的闭门静思体悟以及与山水亲融的实际历练,但从吴氏就学却依然是他从早年的锐意功名到后来的退隐自适之间的分界标志。但正是早年的儒者进取情结,使得白沙先生在追求自我适意的过程中显示出某种矛盾与徘徊。比如他认为必须守静求虚方可获道,却又担心危及名教,因而感叹道:"近苦忧病相持,无以自遣,寻思只有虚寂一路,又恐名教由我坏,佛老安能为我谋也。"(《陈献章集》卷二,《与容一之》)因此他一面说,"应笑书生闲未得,白头忧世欲何为"(同上,卷四,《题闲叟》),真是通达潇洒极了;可另一面却谆谆告诫其弟子,说:"弃礼从俗,坏名教事,贤者不为。愿更推广此心,于一切事不令放倒。名节,道之藩篱。藩篱不守,其中未有能独存者也。"(同上,《与崔楫》)作为中国的一位传统士人,尤其是在明前期理学文化氛围中浸泡过的士人,令其放弃"名节"而彻底超脱的确是一件很困难的事情,家族的义务,亲友的往来,士人的节操,这一切从幼年起都成为其做人的基本前提,再往后退,真要令其自身怀疑是否仍有做人的资格。从此一点而言,陈献章之不能完全超越而存有矛盾的心态是可以理解的。但在白沙本人却又是一件相当痛苦的事情。从理想状态讲,尽管他已经没有进入官场的兴趣,而宁可退居乡野讲学,不过讲学也并非不能用之于世,当年的孔子不正是在野儒者立德教化的楷模吗?因而白沙论孔子曰:"孔子不得其位,泽不被当世之民,于是进七十子之徒于杏坛而教之,择善力行,以底于成德。其至也,与天地立心,与生民立命,与往圣继绝学,与来世开太平。若是者,诚孔子之教也。大哉,教乎!"(同上,卷一,《龙冈书院记》)但白沙所遇到的现实困境使他的用世理想不得不逐渐趋于暗淡,否则他不必执着于隐居的生涯。其实白沙的困境不仅存在于官场,更存在于日常乡居中,从以下白沙信中所抱怨的内容看,后人会很清楚地感受到他的困惑与失望:

> 闻老兄近复假馆禅林静坐，此回消息必定胜常。耳根凡百所感，便判了一个进退，老兄今日此心，比诸平时更稳帖无疑否？贱疾幸少脱体，但寻常家中亦被聒噪，情绪无欢。大抵吾人所学，正欲事事点检。今处一家之中，尊卑老少咸在，才点检着便有不由己者，抑之以义则咈和好之情。于此处之，必欲事理至当而又无所忤逆，亦甚难矣！如此积渐日久，恐别生乖戾，非细事也。将求其病根所在而去之，只是无以供给其日用，诸儿女婚嫁在眼，不能不相责望，在己既无可增益，又一切裁之以义，俾不得妄求。此常情有所不堪，亦乖戾所宜有也。

（《陈献章集》卷三，《与李德孚二则》其二）

信中有"此语非相知深者不道，惟心照"之语，可知所言乃其心中真实之感，非泛泛虚套之门面语。有人认为本段话表现了白沙反对以理性戕害自我情感的愿望，可算是一个不小的误解。[①] 其实，此处所讲的乃是他在家庭中欲按儒学（确切地说应为理学）的标准来治家，却遇到了极大的困难。他的"情绪无欢"来源于两个方面，一是意欲自我事事"点检"，但"才点检着便有不由己者"，因为他要"抑之以义"便会令他人不自在，从而破坏了家庭和谐的气氛。在此种环境中，要做到"事理

---

① 此种误解见于冯达文《宋明新儒学略论》之第五章。作者在引录了《与林郡博》和《与陈德雍》二书后评曰："从此二书可见陈白沙'心'之困顿。这种困顿来自于公共生活中的角色担当：身处一家之中。'尊卑老少咸在'，不可以不'点检'，即不可以不求助于道德理性，但'才点检着便不由己者'，'吾心'已不再有自由；而且，身为一家之主，承担着一家人的日用供给，还不可以不讲求工具理性；加之，人不仅必须面对家庭，还必须面对社会，应接各种人等与各类事务，一一需要讲求理性。此'心'又岂能不困顿呢？"（第232页）说《与陈德雍》有突出主体情感的倾向尚可理解，因有"行乐""野性"的话可以作为证据。但说《与林郡博》亦为突出情感则实属误解，因其"正欲事事点检"的是白沙自己，不是在老少面前不得不点检，而是在老少面前不能自我做主地去"点检"。一语错解，而意义全乖。

至当"而又不"忤逆"他人,实在是太不容易了。如果再由此造成了家庭矛盾与破裂,则势必事与愿违,即导致了家族的不幸,故言"非细事也"。二是更需要用此种标准去要求家庭其他成员,比如说诸儿女的婚嫁之事,不仅须耗费大量精力,而且又要"一切裁之以义",便会使他们难以满足过分的要求。由此也会引起其"乖戾"之情。按照《大学》八纲目的设计,欲治国平天下者必先齐其家,可如今在一己之家中便难以做到"事理至当",又何望于"与来世开太平"呢?这是白沙矛盾心态所造成的第一层痛苦。同时,难以割舍的"名节"情怀更妨碍了他追求超越的求乐之学,使其人生适意的受用效果不免打了相当的折扣。对此他深感苦恼,无奈只好向朋友抱怨说:"某别后况味如昨,但年来益为虚名所苦,应接既多,殊妨行乐耳。平生只有四百三十二峰念念欲往,亦且不果。男女一大俗缘,何日可尽?虽云道无凝滞,其如野性难拗,寻欲振奋一出,又未能也。"(《陈献章集》卷三,《与陈德雍》)在信中,他使用了两组对立的词汇,以"虚名""俗缘"指称用世之意念,以"野性""行乐"指称超越之情怀。从其人生理想的主导方面言,他当然是想顺其性而求其乐,故而时时有"振奋一出"的宏愿,但到底被"俗念"所牵而"未能也"。于是他也只好将此寻山觅水之乐形诸梦寐,并在此信中描绘道:"清江之去白沙几山几水,一夕恍然与德雍先生葛巾青藜相值于宝林,拍手笑语,坐佛灯前,促膝嬉戏若平生,不知其在梦也。及觉,怅然若有所失,即复闭目入华胥,寻向来所见……"白沙是一位真正懂得欣赏山水之美的诗人,所以才会说"平生只有四百三十二峰念念欲往"的人生志趣,但儒者身份又使之无法满足其愿望,因而便不能不产生怅然若失的遗憾。历史没有为白沙提供出如晚明时期那样的文化氛围,他也便不可能像袁宏道们那样尽情地饮酒谈禅,居山游水,享尽天下之乐。这不仅决定了白沙先生必然会存在矛盾的心态,而且也决定了白沙之学内在超越的基本品格。

其次,外在环境的压迫也是造成白沙矛盾心态的重要原因。在第一节中曾提及白沙之出山应召并接受翰林院检讨一职的温和态度,乃是迫于朱英的善意压力与顾及朝廷的面子。其实,那只是其中的原因之一,在这些表层现象的背后存在着更为沉重的环境压力,那便是将其作为异端加以攻讦。在一封题为《复赵提学佥宪》的信中,表现了白沙先生面对此种压力时的沉重的心情与极力的辩解。据信中所言,当时有人给他按上了两条罪名:一是自立门户而流于禅学,二是"妄人,率人于伪者"。而且是"数者之诋",亦即形成了一定的声势。至于此类罪名的具体内容,由于史料的缺乏,今天已不能详细知晓了。但根据下面白沙本人的辩解,依然可知其大概:

> 孔子教人文、行、忠、信,后之学孔氏者则曰:"一为要。"一者,无欲也。无欲则静虚而动直,然后圣可学而至矣。所谓"自立门户者",非此类欤?佛氏教人曰静坐,吾亦曰静坐;曰惺惺,吾亦曰惺惺;调息近于数息,定力有似禅定。所谓"流于禅学者",非此类欤?仆在京师,适当应魁养病之初,前此克恭亦以病去,二公皆能申于进退者也。其行止初无与于仆,亦非仆所能与也。不幸其迹偶与之同,出京之日又同,是以天下之责不仕者,辄涉于仆,其责取证于二公。而仆自己丑得病,五、六年间自汗时发,母氏加老,是以不能出门耳,则凡责仆以不仕者遂不可解。所谓"妄人,率人以伪者",又非此类欤?仆尝读程子之书,有曰:"学者当审己如何,不可恤浮议。"仆服膺斯言有年矣,安敢争天下之口而浪为忧喜耶?且仆闻投规于矩,虽工师不能使之合;杂宫于羽,虽师旷不能使之一。何则?方圆之体不同,缓急之声异也。尚何言哉!
>
> (《陈献章集》卷二)

所谓自立门户而流于禅,大致是指白沙的治学方法。亦即其静坐、悟解、调息、定力之虚静入学门径;而所谓"妄人,率人于伪",显然是指其人生价值取向,亦即其归隐而超越世俗的行为以及对士人所造成的影响。尽管他最后表现了"方圆之体不同,缓急之声异"的不加置辩的态度,但根据他很勉强地抬出孔子来抵御攻击的做法,其心理上压力的沉重还是清晰可感的。因为无论是流于禅还是鼓励士人弃仕归隐的"率人于伪",都是当时难以接受的罪名。更何况这些攻诘并非毫无所据。白沙说应魁与克恭的弃官乃是由于身体有病,但是恐怕并非事实,所以后来的史学家便没有听从白沙的说法,而是如此记载克恭(即贺钦,其字为克恭)之生平:"钦时为给事中,闻先生议论,叹曰:'至性不显,宝藏犹霾,世即用我,而我奚以为用。'即日抗疏解官去。"(张诩《白沙先生行状》,见《陈献章集》附录二)如此确凿的证据,白沙先生怕是否定不了的。非但此也,查一查白沙的弟子,竟然可以找出相当一批对仕途不感兴趣者。

李承箕,字世卿,楚之嘉鱼人。成化丙午举人。闻白沙之学而慕之,即南行而师之。白沙与之登临吊古,赋诗染翰,投壶饮酒。久之而有所悟入,归乡而筑钓台于黄公山,读书静坐其中,不复仕进。(见《明儒学案》卷五,《白沙学案上》)

张诩,字廷实,南海人,白沙之弟子。成化甲辰进士。以养病而归乡,六年不出,后朝廷召起之,授户部主事。不久又丁忧守制,屡次被荐而不起。正德甲戌,拜官南京通政司左参议,又极力辞去,仅进谒了一次孝陵便归乡而去。

陈庸,字秉常,南海人。成化甲午举人。从游白沙之门,白沙传授其自得之学。年五十始入仕,仅到任五日,因不能屈曲事人而解官,遂杜门不入城市。

李孔修,字子长,号抱真子,广州人。张诩引其入白沙门下,以布衣终其一生。二十年不入城市,儿童妇女皆称曰"子长先生"。间或出门,人们便远近围观之,以"奇物"视之。后人多称其能继承白沙抗节振世之志。

谢祐,字天锡,南海人,白沙弟子。筑室葵山之下,甘于清苦,淡泊名利,曾有寄湛若水诗曰:"生从何处来,化从何处去。化化与生生,便是真元机。"卒后附祀于白沙。

何廷矩,字时振,番禺人。初为郡学生。及师事白沙后,便弃去举子业。学使胡荣强其参加秋试,执意拒绝。

林光,字缉熙,东莞人。成化乙酉举人。已丑年因入京会试而见白沙先生,二人相语大为投机,便随其归于江门。筑室深山之中,往来问学者二十年。白沙曾称赞"其所见甚是超脱,甚是完全"。成化甲辰复出参加会试,中了乙榜,授平湖教谕,后历任兖州、严州府学教授。白沙对此颇不以为然曰:"定山为窘所逼,无如之何,走去平湖,商量几日求活,一齐误了也"。(以上材料均见《明儒学案》卷六,《白沙学案下》)

所有的这些历史事实难道还不足以证明白沙之学对士人归隐倾向的深刻影响?尤其是林光的例子,他归隐了便得到白沙的赞许,一旦出仕便被白沙讥之为"一齐误了也"。则白沙的价值取向以及对其弟子的影响全都昭然若揭了。面对这些事实,白沙的上述辩解是何等的缺乏力量,同时也可得知他心中存在着何等的心理压力。反复的辩说也许可以部分地消解自我的心理压力,但要应付外在的攻讦便需要更为审慎与周全的措施。于是人们便会时常看到白沙一些近乎矛盾的人生态度,如他在言超脱时说:"眼中朋友,求可与言者不可得,世味之移人者不少,大者文章功业,然亦为道之障,为其溺也。"(《陈献章集》卷二,《与邓球》)但同一位白沙先生,他也可以如此说:"夫士能立于一世,或以道德,或以文章,或以事功,各以其所长。其出处语默,进退去就不能皆同,亦不期于同也。"(同上,《与王乐用金宪三则》其二)如果将两段分而论之,均有其自身的道理与价值。但同出之于白沙一人之手,便不能不令人产生疑惑,哪一句是他的真实价值判断呢?就白沙的主导倾向言,人们有理由认为前句更符合其一贯主张。那后句呢?是否应该视为是他的违心之言?如此立论也许并没有什么错误,但却过于苛刻。其实道理很简单,前者是与弟子论学,当然不必客套,一抒己见便是;后者是与官员讲话,便须考虑对方的身份与观念,如此可既不使对方难堪,也避免了自身不必要的麻烦。此固可视为圆滑之举,同时也是不得已之举。鉴于此,我们在读白沙的诗文时,便不能将其每句话均视为由衷之言,比如他说:"幸逢尧舜,那无巢许。"(《陈献章集》卷四,《题画松泉,为张别驾》)你便不必认为白沙是在真心赞誉他所处的时代是政治清明、天下太平的盛世,充其量不过是为归隐寻一个冠冕堂皇的理由而已。但也不可将白沙所有这些关心世事的话均视之为装点门面的空话,他毕竟是自幼饱读诗书的儒者,倘若能够出世与入世兼得,他又何乐而不为呢?于是,下面的诗句出现了:"身居万物中,心在万物上。"(同上,卷五,《随笔六首》其四)用散文的语言说便是:"不离乎人伦日用而见鸢飞鱼跃之机。"(同上,卷一,《夕惕诗集后续》)这是在极力照顾两端:既不脱离儒者所看重的人伦日用,同时又能享受到鸢飞鱼跃之乐。而且也合乎"心在万物上"的内在超越精神,则此便应被视为白沙的真实愿望。只是人们依然不可忘记,其中还是含有某种因环境压力而采取的权变心理。比如白沙说:"道无往而不在,仁无时而或息,天下何思何虑,如此乃至当之论也。圣人立大中以教万世,吾侪主张世道不可偏高,坏了人也。"(同上,卷二,《与张廷实主事六十九则》其十一)提倡博大、中庸以容纳各阶层群体,这的确合乎儒家的传统精神,但其中又很难说没有丝毫的避害自保意思,这在白沙给另一位弟子的信中也许讲得更清楚:"接人接物,不可拣择殊甚,贤愚善恶,一切要包他。到得物我两忘,浑然天地气象,方始是成就处。"

(《陈献章集》卷二,《与贺克恭黄门十则》其十)此与上段话为同一意旨,但要包容一切"贤愚善恶",显然已有了利害算计,说严重点,已有滑入乡愿的危险。白沙先生当然不是乡愿,但由此却让人们看到了他面对环境时的无奈,看到他力倡求乐却又时常陷入矛盾紧张的复杂心态。此副模样的白沙先生也许不是特别的潇洒,但我以为这是更接近历史真实的白沙先生。

一种学说要做到圆融而无懈可击本身便是非常困难的,更何况它还要面对不同的需要与各种现实环境的压力。某种学说的有无价值除却其自身所达到的深度及其完善性外,同时也要看它是否有效地回应了时代所提出的人生问题。从此一角度看,白沙心学已达到了其力所能及的高度。它为明代前期士人的心理疲惫提供了较有效的缓解途径,它使那些被理学弄僵硬了心灵的士人寻到了恢复活力的方法,它为那些在官场被磨平了个性的士人提供了重新伸张自我的空间。它既是明前期学术思想与士人心态运演的必然结果,同时又是对时代需求的及时回应。然而,白沙心学又是只能在那一历史时期产生并得以流行的学说。在白沙心学流行的宪宗成化年间,是一个虽则平庸却也有自身特点的时期。是的,它的特点便是平庸。在宪宗当国的二十三年中,没有发生过太多令后世历史学家倾注精力而研究的重大事件。尽管地震水旱灾害也屡有发生,四面边境也时有战事出现,但以偌大一个帝国,这些都不能算是过于反常的现象。有些现象的出现是对后来的历史产生了深刻影响的,比如皇帝不经吏部而直接内批授官,大批侵占闲田以设置皇庄,成化初年对建州(也就是后来与明朝对峙并最终取而代之的清政权)的用兵,等等,均成为后来明王朝的棘手难题,但当时却很少有人意识到其性质的严重。然而,成化年间还是出现了足以影响士人心态的历史现象,这便是太监汪直的乱政。尽管汪直为害的时间只有大约五年左右,而且真正能够左右宪宗的是宫中的万贵妃,宦

第一章 明前期的历史境遇与士人人格心态的流变

官乱政远未达到危及皇权的程度。但以汪直为首的宦官特务势力依然对士人构成了严重的危害。他统领西厂，迎合皇上，对一批大臣进行迫害摧折；又广布爪牙刺探官员及民间隐情，使当时不少士人对朝廷产生了不满与失望。谷应泰曾集中笔墨指出过宪宗宠信宦官的失误，说他："乃欲刺事暮夜，诇人床第，方言巷语，竞入宸聪；瓜蔓枝连，立成大狱。不知竹筒钩距，贤吏薄之，谓其行衰俗恶。况以万乘之尊，行攻讦之智乎？而且委柄匪人，寄权近寺，招致奸民，显行系械。其始也，李膺破柱，将间呼天。因而权归北寺，狱奏黄门，祸发清流，惨同白马。继也，姜桂皆锄，脂韦成习，呈身宫掖，屈膝私人，中官势成，而主上孤立矣。"(《明史纪事本末》卷三七)面对此种状况，大学士商辂在给宪宗的奏折中说："自直用事，士大夫不安其位，商贾不安于途，庶民不安于业，若不亟去，天下安危未可知也。"(《明史》卷一七六，《商辂传》)依实而论，商辂的话有些夸张，汪直之害尚未对普通百姓构成太大威胁，故而宪宗闻后不以为然地说："用一内竖，何遽危天下。"但是，汪直之乱对文官集团却着实构成了很大威胁，"士大夫不安于位"已成为普遍的现象。我以为这是白沙心学产生与流行的直接时代原因。然而值得令人深思的是，对于宦官的乱政，成化朝的士大夫何以没有形成如后来正德刘瑾专权时的举朝抗争的局面，反而乐于归隐乡野呢？这就必须联系到成化朝之前的士人心态。景泰末于谦惨死对士人心态造成了重大影响，此已见于上述。此种情形在成化朝依然会在士人心态中留下深深的痕迹，使士人在遇到困境时想到的多是退隐而不是抗争。这是白沙心学所面对的时代情景与阳明心学的很大不同处，因而也造成了它们不同的学术品格，对此我们以后会有足够的文字展开论述。

第二章　王阳明的心学品格与弘治、正德士人心态

　　黄宗羲在《明儒学案》中，曾指出明代心学之发展大势曰："有明之学，至白沙始入精微。其吃紧功夫，全在涵养。喜怒未发而非空，万感交集而不动。至阳明而后大。两先生之学，最为相近，不知阳明后来从不说起，其故何也。"（卷五，《白沙学案上》）由此阳明与白沙间学术思想之关系遂成为一争议的题目。其实黄氏之语并非完美无缺，起码有两点可以拈出讨论。一是阳明与白沙的学术思想尽管可以说"相近"，却不能说无别，较黄宗羲更早的东林中坚高攀龙便与其所言不同，他在梳理宋明理学之学脉时说："阳明与陆子静是孟子一脉，阳明才大于子静，子静心粗于孟子。自古以来圣贤成就俱有一个脉络。濂溪、明道与颜子一脉；阳明、子静与孟子一脉；横渠、伊川、朱子与曾子一脉；白沙、康节与曾点一脉。"（《高子遗书》卷五）高氏将白沙之学与康节、曾点归为一脉，根据上章所论，显然是合乎事实的，但他却并未将阳明之学归于曾点之下，而是另立孟子、陆九渊、王阳明为一脉。学脉不同，当然差别便是主要的，则阳明之不提白沙，也便不值得大惊小怪了。对此阳明之得意弟子王畿亦曾言之甚明："愚谓我朝理学开端还是白沙，至先师而大明。白沙之学以自然为宗，从静中养出端倪，犹是康节派头，于先师所悟入处尚隔毫厘。"（《龙溪王先生全集》卷五，《复颜冲宇》）此虽言"毫厘"，然以

古训衡量，有差以毫厘之开始，便有失之千里之结果。二是阳明先生也并非"从不说起"。他在与周道通书中的一段话，可以作为证明："闲居中静观，时物生息流行之意，以融会我志趣，最有益于良知。昔今康节、白沙二先生，故皆留情于此。但二先生又似耽着，有不欲舍之意，故卒成隐逸，恐于吾孔子用舍行藏之道，有未尽合。"（张立文整理《王阳明与周道通答问书》，《浙江学刊》1996年第5期）于静中观悟"时物生息流行之意"，亦即体悟天下万物一体之仁，此与阳明所言"良知"相去不远。但阳明又认为，白沙先生始终沉浸于此而"不欲舍"，割裂体与用，故而到底只能成就其"隐逸"品格，这显然不符合孔子"用舍行藏"的儒者人生追求，故而不可取。就主导特征看，白沙心学虽未全离儒门，但成就自我则是其主流；而阳明在"为己"的前提下，乃"成己"与"成物"并举，或者说只有通过"成物"，方能更好地"成己"。而成己与成物的统一，才是万物一体之仁真实精神的体现。阳明并不反对隐，但却不能"执"，应该用则行而舍则藏，从而达到无入而不自得的超越境界。从此一角度看，阳明之不经常提及白沙是有一定道理的。因此，要真正弄清阳明心学的真实内涵及其与白沙心学之关系，就必须从两个方面入手，即阳明心学发生的原因与其基本人生价值取向。故而本章由三节组成：第一节探讨阳明心学发生的心理动机与当时士人心态的关系，第二节探讨良知说的内涵与发生背景，第三节探讨其求乐适意的人生观。从梳理明代学术思想的纵向发展的角度看，前两节重在求白沙与阳明之异，而后一节则重在求二者之同。当然其核心仍在于突出阳明心学与士人心态的关系问题。

第一节 弘治、正德的士人心态与阳明心学发生的心理动机

一、弘治、正德二朝的士人境遇及其心态流变

关于阳明心学的产生原因,目前学术界一般均概括为程朱理学的僵化与明代中期政治的腐败这两点。如近些年来研究王学卓有成效的杨国荣与陈来这一南一北两位青年学者,便均持此种观点。陈来先生说:"王守仁的思想在整体上是对朱熹哲学的一个反动,他倡导的心学复兴运动不仅继承了宋代陆九渊心学的方向,而且针对着明中期政治极度腐败,程朱学逐渐僵化的现实,具有时代的意义。"(《宋明理学》,第258页)身处上海的杨国荣先生除此之外,还着眼于经济的原因,故而在其《王学通论》的目录第一章第一节"王学形成的历史前提"下,设立了"天理的困窘"与"新的社会经济因素的折射"两个小标题,便可明显看出其思路。这些设想总体说来大致不错,但真正将阳明心学产生的个人心理动机与时代因素之间的内在联结梳理清楚者,至今仍不多见。美国学者考夫曼在其《存在主义》一书中谈到雅斯培时说:"他告诉我们真正的哲学思索必须源自一个人的个别存在,从而帮助他人去了解到其真正的存在。"(见该书第15页)就我们现在面对的这个论题来说,雅斯培的主张无疑特别重要,因为作为重个人体悟、讲心与理合一的阳明心学,他当然更强调个体的存在与个人心理的体验。但与此同样重要的是,时代因素对王学的产生作用也不可忽视,因为哲学家固然可以只针对一个人的个别存在而思索,可他如果要影响他人,从而帮助他人去了解其真正的存在,就必须思考与他人共同面对的人生存在问题,否则其思想即使不胎死腹中,也绝不可能有广泛的时代回应。王学作为对明代中后期造成了深广影响的一个学术流派,其产生

必然既是个体性很强的行为，同时其所思内容又是大批士人所共同关心的问题。因而阳明时代士人群体的心态与其个人的心态之间以何者为联结点，便成为研究阳明心学的一个关键问题。

我们先从弘治、正德士人群体的心态谈起。一般地说来，新的学术思想产生的时代必然是变动巨大的时代，而二者的联结点便是士人心态的变化。弘治、正德时代的最主要变化，我以为是士人与皇帝之间关系的突然转折，并由此带来了士人心态的突变。具体地讲，便是弘治时代孝宗与士人关系的融洽，并在此基础上形成的中兴的政治理想与进取的人生态度；而正德时期士人与皇权关系却趋于紧张，并由此造成了士人政治理想的破灭与愤激悲凉的心态。王阳明的人格心态是此种历史环境的直接产物，同时其心学的产生又是其人生自我对时代的回应，并试图为士人群体的人生困境提供一种有效的解决方案。

弘治一朝在明代是个具有特殊意义的时期，因为它被许多人称为大明之"中兴"，但也有人并不予以认可。比如下面这两条同样采自谈迁《国榷》的材料却表现了褒贬完全不同的见解：

> 大学士李东阳还自阙里，上言："臣奉使远涉川陆，见闻不敢缄秘。臣自闰四月以经里河天津，遇时亢旱，风霾屡作，夏麦枯死，秋田未种。运舟不至，客船希少，曳缆之夫，身无完衣；荷锄之人，面有菜色。极目四望，可为寒心。临清安平间，盗贼纵横，闻青州尤甚。南来人言，淮阳或掘食死人，或贼卖生口。民心惶惶，莫知所措。江南浙东，荒歉方数千里，户口消耗，军伍空虚，官库无旬月之储，俸粮有累年之逋。夫东南财赋所出，岁荒至此。北地尤瘠，素无积聚。今秋再歉，何以勘之？臣非经历此地，则虽久处官曹，日理章疏，犹不得其详，况陛下九重之上耶？臣访之道路，询之官吏，皆言冗食太众，国用无经，差役频繁，科敛重派，木植颜

料,物无虚月,内府钱粮,交纳使用,靡所纪极;京城修造,前后相仍,工役军士,累力倍钱,每值班操,宁死不赴。势家巨室,田连州县,征科过度,请乞无厌;亲王之国,供费至二三十万;修斋挂袍,开山作矿,无益害有益者,间复有之;加以贪官酷吏,肆虐为奸,民力困穷,怨咨交作。他如游手之徒,托名皇亲,附搭盐船;声言造店,关津罗网商税;纵使群小,掊击闸河官吏;逐捉鬻贩,居民骚扰动地,又臣目觏。在途如此,在彼可知。夫间阎之情,郡县不得知也;郡县之情,庙堂不得知也;庙堂之情,九重不得知也。是皆始于容隐,成于蒙蔽。容隐之端甚小,蒙蔽之祸甚深。臣请以所见喻之:节用如闸河然,节一分则上有一分之益;广储如蓄源然,积一分则下有一分之利。今生民日疲,国计日匮,若事事蠲之,则不可尽蠲;时时给之,则不可胜给。在圣心转移间而已。陛下以灾异戒饬群臣,诏书屡降,章疏毕陈。而事关内府勋戚,动为掣肘。累岁经时,俱见遏罢。诚恐今者所言,又成故纸。伏望采择,断在必行。"上纳之。因自劾求退。不许。

(卷四五,弘治十七年)

郑晓曰:"帝仁恕恭俭,敬慎英明,清心寡欲,爱民节用;方术宦寺,莫敢干挠;悯灾思患,戢盗防胡;且崇德报功,兴灭继绝;忧勤惕励,始终不渝。迹其修齐治平之效,盖有得于二南六典九经之道矣。若乃崇祀奉慈而秩分甚严,友爱兴献而恩礼愈笃,悼念昭德而保护甚至。庙号孝宗,不亦宜乎?即位之初,徐溥、刘健入内阁,王恕入吏部。自是众贤并进,李东阳、谢迁、丘濬、耿裕、倪岳、马文升、刘大夏、周经、戴珊、张敷华、黄绂、何乔新、彭韶、杨守陈、周洪谟、许进、杨继宗、屠滽、秦纮、邓廷瓒、谢铎、章懋、张悦、林瀚、吴宽、张元祯、王鏊、杨廷和、刘忠、韩文、林俊、杨一清、樊莹、熊绣诸君子,襄赞皇猷,旬宣方岳。方是时,朝多耆俊之臣,野无废锢之彦;士修端静之节,人怀噪进之耻;吏鲜苛黩之风,民怀乐利之泽。洋洋乎,蔚蔚乎,有丰芑棫朴之化焉。说者又曰:泰陵昼接再三,虚怀霁色,励精访治,将大有为。而诸君子志在包荒,意存裕蛊,多思少断,坐失良期。然十九年间,财以足民为富,兵以薄伐为威,刑以缓死为恩,礼以随时为大。可谓与民休息,培植元气者矣。内外安宁,几至刑措,商周甲戌成康之盛,何以加焉?升遐之日,万方哀痛,如丧考妣,岂偶然哉,岂偶然哉!"

(卷四五,弘治十八年)

李东阳是弘治朝的重臣,上述所引文字又是承给皇上的奏章,其态度应是极为严肃的。文中所写亦多为作者所亲见,情况当属事实。郑晓为嘉靖二年进士,距弘治年间亦不甚遥远,他的话也不会全是空穴来风。那么面对他们截然不同的态度,就应该十分谨慎。比如李东阳说"贪官酷吏,肆虐为奸;民力困穷,怨咨交作",而郑晓却说"吏鲜苛黩之风,民怀乐利之泽",那么谁的话可信呢?根据常识判断,李东阳所言应更接近于事实,就是说弘治时期绝非如后来的文人所想象的那样美好,简直达到了儒家理想中的盛世。但所谓的"弘治中兴"是否完全是虚假的呢?我以为也并非全为文人的美好幻想。弘治中兴的真实含义应该是皇帝与文官集团的关系又恢复到了一定的和谐程度,并且在稳定朝政、整治腐败方面进行了一定的努力。这可以从皇帝与文官两方面来谈。

明孝宗尽管不像文人们所称颂的那般英明伟大,但较之其父宪宗的所作所为则无疑有极大的改观。这大概与他的身世有一定的关系。成化朝万贵妃后宫专权,为维护自己的专宠地位,她对其他嫔妃,尤其是有可能获得皇上宠爱的嫔妃采取甚为严厉的手段横加迫害。以致孝宗生下后被隐藏宫中达六年之久,后来虽被立为太子,但其生母还是不明不白地死去,而他本人也不得不极为谨慎地防范来自万贵妃的暗算。就这样他从六岁开始,静悄悄地在太子的位置上整整观察了十二年,对老皇上的崇信宦官,万贵妃的专横跋扈,内阁大臣的寡廉鲜耻,全都看得一清二楚。于是在继位之初,他显然有做一个好皇帝的打算,从而采取了一系列的举措,诸如斥逐方士李孜省、太监梁芳及外戚万喜、万达及其党羽,罢免内阁首辅万安及阁臣尹直的职务,其先后斥逐奸佞官员达两千余人,罢遣禅师、国师及真人千余人,所谓"先朝妖佞之臣,放斥殆尽"。(《明史纪事本末》卷四二)然后又将徐溥、刘健推为阁臣,起用王恕为吏部尚书,任命丘濬为礼部尚书,马文升为左都御史并提都团营。这些举措自然深得人心,并使朝政大有起色。不过这种英明举措并没有坚持多久,孝宗便流于松懈放任了,以致在弘治十二年兵科给事中张弘至上奏指出其"八渐不克终"的过失。① 孝宗作为皇帝的缺陷主要有两点,一是不断地在宫中举行斋醮之事,二是滥施赏赐。此类行为不仅影响了他对朝政的关注,而且造成了国家的财政危机。从此一角度讲,李东阳奏折中的话应属实情。但孝宗却有一个大优点,那便是性情比较温和,他知道"吾不自治,谁能治吾"(《国榷》卷四五)的特殊身份,于是在许多事情上也就主动地自我收

---

① 张弘至的八渐不克终奏疏主要内容见谈迁《国榷》卷四四孝宗弘治十二年,其曰:"登极之初,革传奉官五百余员,近年寝复举行,异初政一也。登极之初,进番僧佛子,斩妖僧,近年斋醮不绝,异初政二也。登极之初,去万安李裕,朝弹夕斥,近年礼部尚书徐琼等被劾不断,异初政三也。登极之初,曰朕有大政,当召府部大臣面议,近年未闻廷召,异初政四也。登极之初,撤添设镇守烧造内臣,近年渐复差遣,异初政五也。登极之初,左右不敢奏扰,近年陈情乞恩,异初政六也。登极之初,兵部申明旧制,令该科存记,后比例乞升者指奏,近来恩倖乞升,异初政七也。登极之初,光禄寺供应节约,近年增添,辄借太仓银,异初政八也。"但这种劝说并未引起孝宗注意,其结果是"章下所司",从而也就没了下文。这既是孝宗的疏懒因循之处,也是其宽容大度之处。后来这成为孝宗搪塞大臣的常用方式。

敛一些。他一般不与文官直接发生冲突,"上嘉纳之"几乎成为史学家记载孝宗对待大臣奏折的常用语言。有时尽管不愿接受,也只是采取敷衍搪塞的方式,而不会治进言者之罪。故而明史专家孟森先生说:"至廷杖诏狱等惨酷事,终弘治之世无闻。"(《明清史讲义》,第172页)敷衍搪塞大臣当然不是一个有作为的皇帝应有的行为,但比起乃父时的动辄摧折大臣的情形,士人的感觉还是有了很大的不同。比如弘治五年十二月,孝宗命内阁撰写斋醮用的三清乐章,徐溥等人当即予以拒绝,并义正词严地说:"臣等诵读儒书,邪说俚曲素所不习,不敢以非道事陛下。国家设文渊阁,命学士居之,诚欲其谟谋政事,讲论经史,培养本源,匡弼缺失,非欲其阿谀顺旨,惟言莫违也。"(《明史》卷一八一,《徐溥传》)如此的措辞倘若放在嘉靖时期,杀头之罪实属难免,可孝宗观后竟然照旧"嘉纳之"。此种性情恐怕只有仁、宣二帝庶几近之。能够虚心纳谏是文人眼中帝王有德的一个重要标准,因为这不仅可以取得一定的政治实效,更重要的是它能够使君臣间的关系处于一种融洽和谐的状态。

从文官集团这方面看,他们在成化朝饱受了宦官等黑暗势力的摧残,他们或被贬官或主动归隐,曾一度与皇权产生了一定的距离感,这也是陈献章心学流行的原因之一。但到了弘治朝后,由于孝宗的温和性情与锐意革新的种种举措,使他们与皇权之间在一定程度上又建立了信任的关系。这从李东阳对宪宗与孝宗的不同情感上可以明显见出。他曾为两位过世的皇帝各撰写了十首挽歌,在给孝宗的挽歌中,他表现出一定的真实情感,其中有三首曰:

恭己同虞帝,祗台比夏王。内廷无女谒,外圉绝禽荒。富有天和养,终期历数长。彼苍何不吊,民物共悲伤。

(《怀麓堂集》卷五四,其三)

>鹤发呈颜日,龙楼问寝辰。两宫同奉养,九庙极精禋。孝可通金石,诚能动鬼神。徽称高万代,垂宪及千春。
>
>（《怀麓堂集》卷五四,其五）

>极意穷幽隐,虚怀仰治平。近臣常造膝,阁老不呼名。道合君臣义,恩深父子情。化机元不偶,天意竟何成。
>
>（同上,其七）

孝宗之能否比拟虞帝、夏王难以论定,但史书上没有留下他有嫔妃的记载却是事实,因此史学家谷应泰对此特加表彰道:"闻帝与张后情好甚笃,终身鲜近嫔御。琴瑟专一,出自掖庭,玄鸟呈祥,遂在中宫,尤古今仅事云。"(《明史纪事本末》卷四二)仅凭此点,"内廷无女谒"的诗句便不全是溢美之词;至于孝宗之孝则是文臣所公认的,否则他死后不会得到如此的徽号;当然,最令李东阳感激的还是"近臣常造膝,阁老不呼名"的君臣情义。据史书记载,孝宗在位十八年,共接见内阁大臣议事九次[①],这尽管依然不能算是真正做到了君臣亲密无间,但比起宪宗在位二十余年仅接见一次大臣来说,也算是难得的盛举了。因此,对于宪宗皇帝的十首挽歌,李东阳几乎全是讲的面子话,以致实在找不出这位已故皇上的好处时,只好拉出其后代来凑数,说什么"欲知圣泽远,圣子复神孙"。(《怀麓堂集》五四)正因为这些士人在成化朝的不幸遭遇,

---

[①] 孝宗召内阁大学士议事第一次是在弘治十年三月,其成员有徐溥、刘健、李东阳、谢迁等。其他八次据王其榘《明代内阁制度史》统计是:"弘治十三年(1500年)四月壬子(二十九日),因大同告警,朱祐樘才御平台召见阁臣,五月丙辰(初三)为了任命京营提督各官召见了一次。其后到弘治十七年(1504年)六月辛巳(廿二日)为了会议备御小王子入侵的对策,在暖阁召见了阁臣一次,七月壬辰(初四)、癸卯(十四日)、九月丁巳(三十日)又再召见于暖阁,这一年共召见了阁臣四次。十八年(1505年)四月辛未(十六日)为处置流民,召见阁臣一次。最后一次召见,是在十八年五月庚寅(初六日)朱祐樘弥留之际。"(见该书第146页)

更使他们感受到弘治朝的宽松，因而也就易于和皇上达成和谐的关系。

在士人的心目中，他们无疑是遇到了一位崇儒重文的英明君主，尽管他还不完全是理想的圣君，还需要臣下不断地加以劝谏引导，但士人毕竟又在很大程度上恢复了对朝廷的信任以及应有的政治热情。李东阳在上述的奏章中虽则痛陈朝野弊端，却并不表示他对朝廷的失望，而恰恰是他求治心切的反映。他要辅佐孝宗成为圣主，使明王朝再现仁、宣盛世。因为在他看来："宣德之治，因有得于礼貌之隆、信任之笃者，诚亿万世所当法也。"（《李东阳集》卷三，《书赐游西苑诗卷后》）那么如今他既已得到皇上的"礼貌之隆、信任之笃"，理所当然地要实现其"宣德之治"的理想。对此晚明的钱谦益看得很清楚，故而才会说："国家休明之运，萃于成、弘，公以金钟玉衡之质，振朱弦清庙之音，含咀宫商，吐纳和雅，泓泓乎，洋洋乎，长离之和鸣，共命之交响也。"（《列朝诗集小传》丙集，《李少师东阳》）就李东阳本人而言，其追踪仁、宣"三杨"风范的意识也是很明确的，故而在《甲申十同年图诗序》中说："今吾十人者，皆有国事吏责，故其诗于和平优裕之间，犹有思职勤事之意。他日功成身退，各归其乡，顾不得交唱叠和，鸣太平之乐以续前朝故事。"（《怀麓堂集》卷三）弘治朝的某些方面的确与仁、宣之治有相似之处，李东阳的诗文创作也与三杨的台阁之风依稀相像。当后世的文学史家扼腕叹息李东阳未能冲破台阁诗风时，岂不知李东阳本人也在扼腕叹息，只是他叹息的内容与后人不同，他叹息的是自己尚未能够达到三杨台阁诗风的境界，之所以不能追迹三杨，并非其主观努力不够，而是他无法辅佐孝宗真正回到仁、宣时期的政治局面。

既然弘治朝之政治不能与仁、宣时完全等同，也就决定了此时的士人心态不可能是仁、宣士人的翻版。如果认真体味弘治士人的心态，会发现士人群体被自然地划分为不同的两代人，一代是弘治前步入仕途的所谓先朝旧臣，另一代是在弘治中步入仕途的所谓当朝新进。倘若前者可以用李东阳作为代表的话，后者则可以用李梦阳为代表。这两代人当然有其共同之处，如均有正派的人品与较强的政治责任感。但他们更有不同之处，这不同之处尽管还没有像正德时期表现得那么突出，但却种下了后来发生冲突的根子。李东阳这代人曾经历过天顺、成化二朝的政治环境，从其先辈岳正那里以及本人的政治生涯中领受了足够的人世风波，因而其人格已变得干练而老成，但同时也没有了义无反顾的强烈进取精神。李东阳在上呈孝宗的奏折中多次责备自己"玩愒因循"，固然说明了他求治的急切心情，但因循不决依然是这一代士人难以克服的人格缺陷。李东阳曾说："仆尝饱历世故，信升沉得失之有命。故苟命之当黜者，虽王公贵人引手推毂而不得；当升者虽仇人怨家设阱下石而无如之何。"（《怀麓堂集》卷三四，《与刘方伯书》）这种听天由命的人生态度来源于其险恶的政治生涯，当他写下"十年长养成亦难，一旦摧颓势何速"（同上，卷九，《悼竹》）的诗句时，其中难道没有包含自我的官场感受？因而在李东阳的人生态度中，便混杂了许多复杂因素，他当然不缺乏经国济世的儒家政治热情，故而才会尽职尽责地供职内阁、劝谏皇上，但同时他又诗酒优游，甚至不断地表示归隐田园、自我适意的人生追求。因而他在《竹林七贤图》一诗中才会那般向往魏晋名士的风流倜傥，说什么"应从晚岁看冰雪，不向京城醉花柳"；"提防不为此曹设，极目颓波正东走"；"新亭洒泪复何人，将相徒悬印如斗"。（同上）在他身上有抹不掉的白沙心学的影子，尽管它已经被弘治时的政治热情所覆盖，但依然会时不时地从内心深处流露出来。明乎此，则郑晓所说"诸君子志在包荒，意存裕蛊；多思少断，坐失良机"的话，就不能被视为不近人情的过激之言。

李梦阳这一代士人缺乏其前辈的干练与老成，故而往往会意气用事，流于偏激，但也没有其前辈的因循隐忍的特征。他们步入仕途后所感受到的是宽松的政治环境与进取革新的精神，因而他们具有更为饱

第二章　王阳明的心学品格与弘治、正德士人心态　119

满的政治热情。李梦阳后来曾如此描述他对弘治一朝的感受："曩余在曹署,窃幸侍敬皇帝。是时国家承平百三十余年矣,治体宽裕,生养繁殖,斧斤穷于深谷,马牛遍满阡陌,即闾阎而贱视绮罗,粱肉糜烂之,可谓极治。然是时,海内无盗贼干戈之警,百官委蛇于公朝,入则振佩,出则鸣珂。进退理弗婴于心,盖暇则酒食会聚,讨订文史,朋讲群咏,深钩颐剖,乃咸得大肆力于弘学。"(《空同先生集》卷五一,《熊士选诗序》)就文化心态论,此种从容不迫、优游浑然的风度是弘治文人所共同拥有的。但新生代对"弘学"的产生原因及其目的与其前辈并不完全相同。具体地讲,李梦阳们将重文的原因明确地归功于孝宗的提倡奖掖,故而将其视为革新政治的措施之一,此一点被许多明代士人所公认,如有人说:"是时孝宗皇帝拔奇抡才,右文兴治。厌一时为文之陋,思得真才雅士。见先生策,谓辅臣曰:'我明百五十年无此文体,是可以变今追古矣。'遂列置第一,而天下传诵则效,文体为之一变,朝野景慕若麟凤龟龙,间世而一睹焉。"(张治道《翰林院修撰对山康先生状》,见《明文海》卷四三三)作为前七子复古群体中的重要成员康海,其为文动机与空同子应无大别。正是有了如此的动机,前七子的复古主张不能简单地视之为纯粹的文学问题,而是弘治士人实现其政治理想的途径之一种。他们兴复古文的目的在于兴复古道,而兴复古道的直接原因在于对现实状况的不满,弘治十八年李梦阳在《上孝宗皇帝书》中即公开指出国家已患元气之病,其表现形式为:"今人不喜人言,见人张拱深揖,口呐呐不吐词,则目为老成;又不喜人直,遇事圆巧而委曲,则以为善处。是以转相则效,翕然风靡。为士者口无公是非,后进承讹踵弊,不复知有言行之实矣。"(《空同先生集》卷三九)在此,对老成圆巧的不满当然不一定就是指的李东阳本人,但这种士风却肯定大都体现在老一代的身上应属无疑。李梦阳要通过复古而振作士气,从而实现其革新政治的理想。但也有人欲从改造学术入手,令士人能树立求圣的志向,从而实现其政治理想,这便是王阳明的设想。他们尽管途径不同,但同属弘治新生代,同样是在弘治士风中所激发的人生追求,那么他们之间在人格心态上也就有相互诠释的可能。

弘治十八年孝宗的逝世可视为士人心态的明显转折标志。转折的原因则是武宗即位后的一意孤行及其与文官集团旷日持久的对抗。武宗与其父孝宗几乎没有什么相似之处,他是明代皇帝中少有的嫡生太子,其生辰是连如贯珠的申酉戌亥,且与高祖朱元璋相类似,可谓出身高贵。据说他质如美玉,神采焕发,聪明异常,而又容仪庄重,深得孝宗钟爱。只是颇好骑射一项有些特殊,但孝宗认为"克诘戎兵,张皇六师,亦安不忘危之意,弗之禁也"。(《明武宗实录》卷一)殊未料到,后来对朝政造成重大影响的正是这酷爱骑射的嗜好。其实上述对武宗少年时代情状的描述很大程度上可能出自于实录修撰者的溢美之词,否则孝宗不必在临终前拉着老臣刘健的手说:"东宫年幼,好逸乐,卿等当教之读书,辅导成德。"(《明通鉴》卷四十)如果将两段话合起来看,则武宗的突出之处便是爱骑射与好逸乐二项。在他登基之后,正是这两大爱好使之不能忍受朝廷礼法的限制,从而将自己摆在与文官集团相对立的地位。为了满足其爱好,武宗建了一处特别的行宫——豹房,在里边驯服猛兽,训练军队,游玩取乐,甚至将店铺搬了进去,他则亲自"身衣估人衣与贸易,持簿握筹,喧詾不相下。更令作市正调和之"。(同上,卷四二)后来武宗不顾大臣们的纷纷劝谏,日益放肆,愈走愈远,始则搬入宣府不回京城,继之率兵至边境亲自与蒙古骑兵开战,最终又亲任大将军率师征讨反叛的宁王朱宸濠。作为个人的朱厚照,他精力旺盛,兴趣广泛,甚至颇有文学才华,他渴望无拘无束的生活,渴望用练兵打仗证明自己的实力,都不能算什么重大的缺陷。但是作为制度的产物的明武宗,却不能抛开整个制度而为所欲为。因为他的行为不仅打乱了本王朝赖以生存的礼法制度,更为严重的是造成了宦官与佞臣的专权。其后果是引动了两位亲王的造反以及对文官集团构成了极大的危害。御史程启允曾描绘当时朝廷的混乱状况说:"近者正旦令节,文武百官,四夷八蛮,待漏入贺,迄酉而礼始成。及散朝则夜已久矣。枵腹之众,奔趋赴家,前仆后踬,互相蹂践。有将军赵朗者竟死禁门。其他臣僚以下,失簪笏,毁冠裳,至相慰以得生为幸。而午门左右,吏觅其官,子呼其父,仆求其主,喧如市衢,声彻庭陛。"(《明通鉴》卷四六)这种混乱自明朝立国以来的确是空前的。而刑部主事李中所言则更具概括性:"何今日大权未收,储位未建,义子未革,纪纲日弛,风俗日坏,小人日进,君子日退,士气日靡,言路日闭,名器日轻,贿赂日行,礼乐日废,刑罚日滥,民财日殚,军政日弊。"(同上,卷四五)武宗对这些喜欢言事的大臣根本不屑一顾,他轻则不予理睬,重则将其贬谪到遥远的边鄙之地去任驿丞之类的低官小吏,比如这位李中先生就在言事后立即被贬为广东驿丞。武宗具有顽强的个性,又拥有至高无上的皇权,故而他绝不向文官集团低头;而在弘治朝成长起来的这批士人又具有高远的理想与强烈的政治责任心,用明人的话说就是近二十年间所培养出的士气,也绝不会轻易向武宗所代表的皇权低头。于是,一场大规模的士人群体与皇权之间的抗争也就势不可免了。皇帝的权力在名义上尽管是无限的,但实际上却并不完全如此,这首先得取决于皇帝本人的个性以及在行使权力时的正确与否。武宗虽有非常顽强的个性,却并不能完全按自我个性随心所欲地行事,这是因为士人手中还掌握着儒家之"道"与祖宗之法。比如在武宗南巡时,他必须从内阁那里获得拟制的敕书,而当时的首辅大学士杨廷和却拒绝此事并演出了一幕生动的历史画面,据杨氏本人记曰:"一日,命诸司礼及近臣谷大用、钱宁等同至阁中云:'朝廷启行在迩,敕书尚未有,恐误大事。今日必欲进稿,令我辈坐待于此。'萧司礼曰:'先生之言已达,不必再说,今日必欲得敕去,我辈亲奉圣旨:今日无敕,萧敬等不必来见,可投金水河死也。'

予笑曰：'公等不必死，若果欲加罪，止罪廷和耳，公等可以此言复命，再迟一年也是如此说，廷和决不敢奉命也。'……张锐、钱宁怒形于色曰：'上意决欲如此。'予曰：'天子有争臣，我辈之意也决欲如此。'诸公遂去。至午复来，萧率诸公罗拜于花台前，呼予以尊称，声不绝口。予曰：'诸公皆朝廷贵人，以此相待，将置我于何地？我所知者太祖太宗之法，太祖太宗以奉天承运皇帝六字，传之万世圣子神孙，廷和何人，敢称朝廷为威武大将军镇国公耶？'至晚复来。"（《杨文忠三录》卷三）尽管后来由次辅梁储勉强草敕，但从中也充分显示出武宗并非可以事事随心所欲。太监们那种苦苦哀求的死乞白赖的神态，实可视为武宗形象的代表。太监们之不敢强要硬索，是由于武宗的理屈心虚；杨廷和之敢于对抗皇帝命令，在于他依据了更具权威性的太祖太宗的成法。武宗本人尚无公开抛弃成法的勇气，也就显得不那么理直气壮。当然，有时也有例外，在刘瑾专权时便已无成法可言，这是因为他既窃取了皇帝至高无上的权力，又丝毫不顾及道义法制，故而此时士人的受害也是最惨烈的。但就正德一朝的整体情况看，武宗始终没有从根本上压制住文官集团的士气。换言之，文官集团与皇帝之间的对抗伴随了武宗在位的整整十六年。当然，此种对抗的代价是巨大的：它使大量士人惨遭贬谪、牢狱、廷杖的折磨，不少人为此丢掉了性命；同时，整个王朝也日益趋于衰落。

在此种境遇中，士人的心态当然不会与弘治时相同，而势必将产生巨大的转折。在这转折的过程中，弘治时所形成的新老两代士人的区别更加明显，其矛盾冲突也趋于表面化。作为老一代士人代表的李东阳进入正德朝时为少数几位顾命大臣之一，后来又继任内阁首辅大学士。就其在弘治、正德两朝所拥有的地位而言，他的责任无疑在于辅佐皇上以成治道，并协调文官集团与皇上之间的关系。而要克尽如此职责，便需要他具备宽宏的政治胸襟与圆熟的政治才干。这些可以说他都不缺乏，若与仁、宣时的三杨相比，应该说并不逊色多少，并且在弘治朝曾一度获取过朝廷的认可。但是在进入正德朝后,政治形势发生了急剧的变化,他仍然用原来的人格构成显然已无法得到应有的政治实效与文官集团的认可。于是正德朝的李东阳便成为当时乃至后世的一位有很大争议的人物。就当时士人对其评价的主导倾向言,是激烈而不留情面的贬斥,如张芹之疏曰:"东阳谨厚有余,正直不足;儒雅足重,节义无闻。逆瑾乱政,东阳为顾命大臣,既不能遏之于始,及恶迹既彰,又不能力与之抗。脂韦顺从,惟其指使。"(《明史》卷二〇八,《张芹传》)"谨厚""儒雅"本是东阳作为台阁重臣的优点,但此时却成为"脂韦"亦即媚软的代称。于是在许多士人眼中,他成了多余的人。明代的不少笔记都曾记载了如下的一首匿名诗:"文章声价山斗齐,伴食中书日又西。回首湘江春水绿,鹧鸪啼罢子归啼。"据郎瑛的解释:"末句盖以鸟语哥哥行,不如归去。"(《七修类稿》卷四四,《李西涯》)然而,多余人尚非其最低之评价,更有人将其指为助纣为虐的帮凶角色,史学家谷应泰便是对此特别留意者之一,他在《明史纪事本末》中曾选出下列事件提供给后世读者:

惟瑾自建白本,则送内阁拟旨,东阳等必极为称美,有曰"尔刚明正直,为国除害"等语,识者鄙之。

(卷四三)

瑾自擅政,马永成等八党父俱都督,造坟祭葬。所命祭文,皆东阳撰,台谏不敢言。

(同上)

(正德三年)十月,刘瑾创玄真观于朝阳门外,大学上李东阳为制碑文,极称颂。

(同上)

......狱词具,乃止连文臣张采、武臣杨玉等六人。采疏称冤,尽发东阳阿瑾事,卒毙狱,剉尸市中。

(卷四三)

关于最后一条郑晓《今言》有较详细的记述:"狱词具上,采疏称冤,尽发长沙阿依瑾事。长沙大怒,又与永辈谋:不重法诛除此辈,后受其乱。乃改谋反律,然亦不尽本律。"(卷四)若依此而论,则李东阳岂非成了十足的小人?但后人亦有持异论者,如钱谦益便将对东阳的批评归之为不同文学流派间的相互攻讦,并站在东阳的立场说:"自李空同倡为剽拟古学,俪背师门,秦人康、王辈,失职訾毁。嘉靖初,山东李开先趋风附和曰:'西涯为相,诗文取絮烂者,人才取滑软者,不惟诗文靡败,而人才亦从之。'王渼陂为诗喜之曰:'进士山东李伯华,相逢亦笑李西涯。'呜呼!诗文且勿论也,熊峰以下诸公,直道劲节,抗议论而犯权倖,砥柱永陵之朝,皆长沙所取人才也,而以软滑目之,其可乎?斯不可以不辨。"(《列朝诗集小传》丙集,《何侍郎孟春》)钱氏于此褒西涯而贬空同,实有不公之弊。且不言他对西涯的好感另有用意①,即使就事实本身论,其结论亦有可商量处。茶陵派中固然有劲气直节者,但以其后学的有气节并不能证明其师亦必然有气节,更何况东阳门人

---

① 钱谦益乃明末文学批评大家,其《列朝诗集》尤其是为每位作家所作小传对明代文学思想的研究贡献至巨,许多地方亦显示出其敏锐的批评眼光。但有时他也难免因个人之好恶而有失偏颇,如其赞公安三袁而攻竟陵钟、谭,便不能算持平之论,其中原因是由于他与三袁中之小修关系甚笃,故不免多有回护。而钱氏之褒西涯而贬空同,亦实有不公之弊。究其因,则其颇以西涯自居。他论西涯之诗曰:"西涯之诗,原本少陵、随州、香山,以追宋之眉山、元之道园,兼综而互出之。其诗有少陵,有随州、香山,有眉山、道园,而其为西涯者自在。"(《列朝诗集小传》丙集,第245—246页)而这恰恰正是其本人的论诗主张,赞西涯实等于自赞。又他对西涯之领袖文坛的地位颇为仰慕,其本人在明末亦实有领袖文坛之欲望,其言"非欲与世之君子,争坛墠而絜短长也"(同上),实乃此地无银三百两之举措。

中尚有软弱者存在呢？比如与东阳师生情感甚笃的邵宝先生，就曾留下如此之笑柄："刘瑾擅国日，邵二泉先生与同官一人以公事往见，此人偶失刘瑾意，瑾大怒，以手将卓子震地一拍，二泉不觉蹲倒，遗溺于地。二泉甫出而苏州汤煎胶继至。瑾与汤最厚，常以兄呼之。瑾下堂执汤手而入，因指地下湿处语汤曰：'此是你无锡邵宝洒的尿。'盖二泉本正人，但南人怔怯，一震之威乃可至此。"（《四友斋丛说》卷十五）据作者何良俊讲"此事闻之王雅宜"，看来并非毫无所据。若依钱氏思路，是否由邵宝而推知东阳亦胆小如鼠呢？其实，正是被钱氏曾作为劲节例子的长沙门人罗圭峰，却严厉地指责过其师的媚软行为。罗圭峰的确为气节之士，他曾说："丈夫事在磊落，掀天地而置生死祸福于度外。"（《圭峰集》卷二一，《与友人论旧事札》）正因其有如此人格，他才看不惯乃师的软弱，于是沉痛地写下了那封断绝师生关系的书信，其曰："今则天下皆知忠赤竭矣，大事亦无所措手矣。易曰：不俟终日。此言非欤？彼朝夕献谄，以为当依依者，皆为其身谋也。不知乃公身集百诟，百岁之后，史策书之，万世传之，不知此辈亦能救之乎？白首老生，受恩居多，致有今日。然病亦垂死，此而不言，谁复言之？伏望痛割旧志，勇而从之。不然，请先削生门墙之籍，然后公言于众，大加诛伐，以彰叛恩者之罪，生亦甘焉。"（同上，《寄西涯先生书》）据焦竑《玉堂丛语》载："李得书泪下。"（卷六）是否"泪下"当然不容易证实，但却足以证明钱谦益以东阳门人的坚持气节来论定其本人的并非疲软是站不住脚的。也许李东阳本人的话最具权威性，他曾在刘瑾失势后所上辞官疏中如是说："比者刘瑾专权乱政，备员禁近，事体相关。凡票本拟旨，撰写敕书，或驳下再三，或径直改窜，或带回私宅，假手他人，或递出誊黄，逼令落底，真伪混淆，无从辩白。臣虽委曲匡持，而因循隐忍，所损也多。倘蒙渊衷明见，谓不干内阁。然玉毁椟中，也难辞责，理宜罢黜，更复何言。"（《明武宗实录》卷六六）其中所言虽难说句句属实，但应大致不差。在刘瑾专权时，他同意了刘健、谢迁的辞职而单独留下东阳，说明在其印象中东阳确实要较为温和些。此外，作为首辅大学士的李东阳与秉笔太监刘瑾共事武宗，往来应酬自是难免，其中违心地讲一些奉承吹捧的面子话也是少不了的。此乃官场惯例，不足为怪，自然也难以作为李东阳大奸大恶的罪证。说到底还是张芹的话有理，李东阳的致命弱点乃是"脂韦顺从"，因而《明史》本传评曰："其潜移默夺，保全善类，天下阴受其蔽，而气节之士多非之。"（卷一八一）是的，媚软与气节，这正是新旧两代士人的本质区别。至于说究竟是由于李东阳的隐忍周旋而减少了文官集团的受害程度与政治危机，还是他的因循软弱而导致了宦官集团的更加放肆，从不同的角度加以认取，可能会有见仁见智的差异。然而，如果拿后任首辅杨廷和的果决强硬而宦官近侍似乎也无可奈何的情形相比，则同时士人之批评东阳脂韦害政也并非没有一定道理。但即使超越所有的这些是是非非，李东阳的此种隐忍因循人格也还是过时了。因为他靠此种人格已无法完成协调皇帝与文官集团之间关系的职责，更得不到气节之士的认可与谅解。甚至连他本人也感到了自己的不合时宜，你看他在被获准辞职后所写的诗句，其内心感受便昭然若揭了："四朝冠弁已华颠，一住黄扉十八年。力尽驰驱千里道，梦回钟漏五更天。从来癖性耽山水，老去闲情付简编。惟有国恩酬未了，海波无地着微涓。"（《李东阳续集》卷一，《致仕命下，喜而有述》）他已经没有能力再在这千里仕途上驰驱，在这波浪汹涌的正德宦海里，已经没有他这股婉转柔和溪水的位置，现实能够为他留下的，就只有闲观山水、漫览简编的归隐一途了。既然已经想通，也就没有什么不平，没有什么遗憾，没有什么留恋，因此，尽管他知道"国恩"未酬，但在得闻致仕命下时，依然用了个"喜"字，只是在这"喜"字里，却分明饱含着沉甸甸的无奈。

以李东阳为代表的前辈士人的过时并不意味着新生代李梦阳们的

得势。在荒唐的武宗与凶恶的宦官佞臣面前，狂直劲健的气节之士遭遇显然更惨。他们的苦难不仅是罢官贬谪的仕途坎坷与廷杖牢狱的肉体折磨，更在于其人生价值失去外在标准后所造成的精神世界的空虚苦闷。这在李梦阳的一生中可算是得到了淋漓尽致的体现。李梦阳（1472—1529），字天赐，又字献吉，号空同子。庆阳人，后徙河南扶沟，晚年隐居汴梁。弘治七年进士，先后任户部主事、江西提学副使等职。他以文学复古流派前七子领袖的身份而扬名后世，但历史上的李梦阳却更以狂傲正直的气节被人们刮目相看。他的一生可谓坎坷不幸，他在弘治、正德二朝曾五次被免官、四次被下狱，尤其在刘瑾专权时他因起草弹劾奏章而差点送掉性命。但他却能终生持守气节而不改，他曾自许曰："尝自负丈夫在世，必不以富贵死生毁誉动心，而后天下事可济也。于是义所当往，违群不恤；豪势苟加，去就以之。"（《空同先生集》卷六二，《答左使王公书》）他在弘治时就因弹劾贵戚而下狱，至正德朝更成为反阉宦的中坚。正德元年，刘瑾横行一时，众阁老束手无策，吏部尚书韩文虽心怀忧愤，但却只会"泣下"感叹。是李梦阳对其发出"徒泣何益"的愤激之言，并为其设计出弹劾刘瑾的方案说："比言官章入，交劾诸内侍。章下阁，阁下持劾章甚力。公诚及此时，率诸大臣死争，阁老得诸大臣，持劾章必益坚，去瑾辈易耳。"（《明史纪事本末》卷四三）且不言此事效果如何，李梦阳乃是此次弹劾刘瑾运动的发起者应该是没有问题的。然而李梦阳在弘治、正德的正直敢言所得到的结果与心理感受却是截然相反的。在弘治十八年他因弹劾寿宁侯而下诏狱时，他也有愤激不平，并挥笔写下十七首《述愤》诗（见《空同先生集》卷十），但他并未绝望，他深信皇上会给他一个公平的结果，故而会说："明明昊天威，我宁久在兹？"（其十三）即使自己领受了些许皮肉之苦，但士为知己者死，"皇心苟识察，百死宁一身"（其三），他还有什么可遗憾的？果然，孝宗皇帝不顾贵戚的反对，很快释放了梦阳,只给了他罚俸三月的处置。[①]为此李梦阳大为感激,故又赋诗曰:"皇矣彼上帝,赫赫敷明威。四序舒以惨,中有玄妙机。烛龙跃天门,一朝景光回。昔为霜下草,今为日中葵。稽首沐罔极,欲报难为词。"(其十四)但是到了正德年间,他已经不再有此种遭遇。他初始尚未察觉时代的变易,故而在正德元年士人群体驱逐刘瑾失败纷纷遭贬时,他还想以妾妇的身份向皇上诉说内心的苦衷,以期求得理解:"妾悲妾怨凭谁省,君歌君舞空自怜。郎君岂是会稽守,贱妾宁同会稽妇。郎乎幸爱千金躯,但愿新人故不如。"(《空同先生集》卷二七,《去妇词》)在明代前期,无论是君臣关系和谐之时还是紧张之时,士人几乎均处于妾妇的被动地位,欲用妾妇的温顺去争得帝王的同情。此种妾妇心态我们在黄淮等人的身上已经充分领略到了,如今李梦阳也想故伎重演。然而,他失败了。败得那么彻底,那么不容置疑,倘若不是康海先生的援之以手,他恐怕早就横死狱中了。于是,他感到了世道的不平,命运的不公,他沉痛地向朋友倾诉:"以仆至公极廉,脱履富

[①] 关于李梦阳弘治年间下狱事,其本人所撰《秘录》有详细的记述,其中一则记曰:
太医院使吴锅,高邮人也。谓我曰:上崩之明日,锅往见一近侍阉,……阉曰:"前李梦阳事知否?"锅曰:"不知。"阉曰:"上初无奈寿宁辈何,金夫人又日在上前泣诉不平。上欲借官人每力。一日朝退,召三阁老。上问曰:'李梦阳言事若何?'刘健辄对曰:'此狂妄小人耳。'上默然。良久,谢迁前对曰:'其心无非为国。'上领之曰:'然。'会科道官交章入,李梦阳由是得释。然释之日,金夫人犹在上前泣诉求重刑。上怒推案出,竟批止罚俸三月。汝以为此等皇帝能更得否?"言既,二人相对大哭。而尚书刘公大夏曰:"释李梦阳时,会上召我言阉辈事,因遂及李梦阳事。上曰:'朕初欲轻遣此人,而左右者辄乃日轻莫若打二十放了。'已顾大夏曰:'汝知渠意乎?'大夏叩头对曰:'臣不知。'上曰:'打必送锦衣卫,渠拴关节打之,必死也。于渠辈则诚快矣,如朕杀谏臣何?'"正德间,予至江西,则见都御史艾璞,曰:"……锦衣百户郭勋曰:'上游南宫时,二张夜入侍酒,中皇后皇太子金夫人皆迤逦出游。上独召大张促膝语,左右咸莫知闻,第遥见大张免冠触地谢云。'"(《空同先生集》卷三九)
很难说其中所记皆为史实,但罚俸三月的确是至为轻微的处罚,更重要的是,这些传闻皆李梦阳本人所记,故而会使他认识到孝宗为免除其重罚,曾顶住了周围环境的压力,从而会更加感戴皇上的知遇之恩。

贵,诚有利于国,死生以之,犹不免于大恶之名之加,他可知矣。"(《空同先生集》卷六二,《与何子书》)此种一心为国反得恶名的结果,自然是由于朝廷之不能主持公道,但同时也是由此而导致的士人群体之价值混乱所引起的。以前曾经被视为为国为民的高尚举措,如今却难以再得到一致的认可,对此李梦阳感触尤深:"凡所振纪纲,慑权贵,兴礼教,作士气,起废举坠,拔冤伸枉,植善除强,皆置不说,而妒者目为生事,异者倡为尚气,仇者指为奸邪,私者诬为善讦,排者劾为不谨。"(同上,《奉濬庵先生书》)更严重的是,当他观察官场时,如其遭遇者比比皆是,所谓:"善不必寿,恶不必夭;作忠者罹忧,造伪者显遂。"(同上,卷五六,《余公挽歌诗序》)面对这庞大的黑暗势力,他感到自己是如此的渺小:"小鸟填巨海,芦灰遏洪川;力诚有不及,心情良可怜。"(同上,卷十,《杂诗三十二首》其三)一向狂傲自负的李空同何以会突然间变得如此渺小可怜?这是因为他原来的一腔盛大之气来自于对朝廷的忠诚,并需要从朝廷那里获得支持,此一点他本人有清楚的表述:"浩然而塞于天地之间者,气也。人孰无之,然存之者寡焉。其见也则系乎时。时有幸不幸也。士有是气,常苦抑而不伸焉,鼓之而使之伸,则又系乎上之人焉。"(同上,卷四八,《浩然堂记》)可现在"上之人"已不再能履行其应负的责任,面对猛虎般的恶势力,"我欲击之,刃不在手。欲往告泰山之君,陆无车,水无舟"。(同上,卷六,《猛虎行》)其实,他即使有车有舟,果真告到"泰山之君"面前,那位荒唐的"泰山之君"又焉能还他以公道?

既然朝廷已无公道可言,于是空同先生想到了归隐:"天昏岁暮百忧并,中夜悲歌泪沾臆。起视众星白烂烂,我今胡为在长安。"(同上,卷十七,《思归引》)然而,回去之后又能如何呢?怀抱如此的愤激心态,即使躲进深山也还是挥抹不去。他有时也想强打精神从其人生失败中找出点乐趣来,所谓:"批襟恣我适,既夏不知热;回思行役日,寒暑靡得辍。疏懒古虽鄙,任性亦可悦。"(《空同先生集》卷十五,《田居左生偕二李见过二首》其一)他时而欲学谢安石东山高卧,时而又欲效邵康节小车漫行,然而他却不能真正从中寻出乐来,因为他不是身心疲惫的李东阳,也就消受不了春日长眠的清富。"人生几何忽已老",他还有很多事要做,他不能平淡地度过一生,可如今却虎落平川,在沉寂中浪费生命,如何不使他"激昂泪下如流泉"呢?(同上,卷三三,《无事》)抱有如此心态的空同先生怎能乐得起来?他心中充满了苦涩与不平,也就不能不在诗中流露出来:

叹凤世已远,悲麟竟何为?兰蕙秘幽岩,萧艾盈路歧。君子抱明德,伤也谁复知?随流非吾心,特立乃见疑。亭亭南山松,匪无霜霰摧。寒蕤但不改,孤贞常自持。

(同上,卷十六,《寄赠端溪子二首》其一)

明月照我怀,耿耿殊未已。霜雪委如山,悲风中夜起。揽衣仰天叹,涕陨不可止。卞生抱荆玉,捐躯剖终始。青蝇攸来集,白黑反在此。城阙屹九重,浮云日千里。我欲竟此曲,此曲悲且苦。

(同上,卷七,《杂诗六首》其一)

叹盛世已远,恨小人当道,表自我特立,悲无人相知,欲孤贞自洁,疑悲苦难持,其中充满了委屈、烦恼、自怜、自傲、怨恨、悲伤的复杂情感,而这才是他真实的心态。这时他自我所一贯坚持的价值观念与人生态度在遭遇时代挑战时所必然产生的精神苦恼,当他失去外在价值权威的支持而必须独立面对人生选择时,他就必须领受徘徊难决的心灵折磨。然而,如此重大的人生难题不是李梦阳在短时期内所能解决的,于是他选择了中国文人排解苦恼烦闷的最常用方式——呼酒买醉。在

《空同先生集》中,你可以随时发现他对酒的特殊偏爱:"身世一杯外,山河双眼中。"(卷二八,《春宴二首》其一)"潦倒元吾分,金樽莫放空。"(同上,《春日漫成》)"白头风物里,烂醉是真如。"(卷二七,《初春饮大道观因题》)"少小追欢地,乾坤放逐臣;已看共如此,何惜醉游频。"(同上,《春日大梁东郭》)"生死尚无常,万事诚尘灰;舒啸饮醇酒,聊与玄化嬉。"(卷十,《杂诗三二首》其三一)"蝉鸣鸟乱从渠暮,把酒看云是我时。"(卷三三,《东园夏集》)在这醉意朦胧的世界里,烦恼没有了,痛苦没有了,坎坷的身世忘掉了,甚至连生死无常的威胁也烟消云散了。他仿佛已敞开怀抱与自然合一,升入佛教天国的真如境界。然而,这只不过是一时的幻觉而已,靠这种自我麻醉果真能使痛苦的心灵得到解脱,将悲伤的心绪转换成惬意的情调吗?对此与李梦阳有着相近经历的复古派成员顾璘曾做出过明晰的回答:"世之慕旷达者,皆谓嵇、阮、刘、李诸贤得醉乡之乐,为能养其真,以成其名。丘子曰:醉乡之徒,乃负其不羁以俯仰于时,不得直其志,乃托诸酒以自广焉耳。当其酣湎沉着任真率出绳度,以傲倪一世,真若有以忘天地之为高厚,日月之为晦明,古今之为久暂,与万物相忘于无何有之乡矣。使其醒解寤寐,或触而感,其能释然于怀耶?愚谓醉乡之徒非真乐也。"(《山中集》卷十,《高石门传》)在这段透彻的人生体悟中,显然蕴含了顾氏本人的人生体验,因而是颇为令人信服的。其实,李梦阳也并非不明白自我麻醉不可能从根本上解决其人生困惑,比如他曾在其草堂之东筑起一座高台,并以庄子"翛然而来,翛然而去"之意而取名"翛然",本为登高望远以得开怀之乐,但最后却掉转笔锋提出一个问题:"予观屈原放逐江滨,非与圹野崇原大泽天地日月星辰霜露不干涉,非不知朝夕烟霞之变,寒暑草木往来荣枯之情,而恒感戚戚忧,斯人殆未天游乎?抑宗臣当如是耶?"(《空同先生集》卷四八,《翛然台记》)此问实可视为空同之自问,他尽管不是"宗臣",但却有一颗与屈原同样的忧国忧民之心，有一腔与屈原同样的傲然不群之气，于是他也就与屈原一样，不能达到"天游"的境界。

李梦阳之好友徐缙曾感叹说："今之论公者，独慕诵其文，称为文士，鲜有知其气节行谊慷慨激直，若斯之奇显也。即求之汉廷，其贾谊、刘向之俦乎？使时见用，功业未可量也。"（《明文海》卷四三二，《明江西按察司副史空同李公墓表》）徐缙的话显然只讲对了一半，并非只有他才了解空同先生的气节，而他人"鲜有"知之者。只不过对其气节评价的尺度不同而已。在一般人眼中，李梦阳是位"尚气负傲"的狂士，气节固然不缺，但是否全为优点则又容当别论。像李东阳那样缺乏刚烈之气固然有损于事，但一味地狂傲负气，也很难在复杂的官场站得住脚，更不用说求得良好的政治实效。可否将傲然脱俗的气节、从容不迫的胸襟以及权变灵活的手段完美融合起来，以应付险恶复杂的环境呢？这的确需要有人做出认真的思考。更重要的是，像李梦阳之类的气节之士在被免官野处时，很容易走向悲伤沉沦，因为气节必须在世事中方能见出，而在野居独处时，气节便无从显露，则气节之士在失去负气对象之后，又没有一种更为坚实的价值观念作为支撑，便会迅速消沉下去，表现在李梦阳身上便是陷入"寄情诗酒自沉晦"的境地。而比空同先生沉沦更深，更足以说明问题的，乃是同为前七子成员的康海先生。康海（1475—1540），字德涵，号对山，又号沜东渔父。陕西武功人，弘治十五年状元，曾任翰林院修撰之职。对山生平中存在不少有待弄清的疑问，但基本都与其罢官一事有直接关联，如李梦阳下狱时曾求救于康海，康本不欲和宦寺刘瑾往来，然为救空同，只好降志为之，当刘瑾败后康海因与其为同乡而被贬官时，空同却不肯援之以手，故而对山罢官家居下便撰《中山狼》杂剧以讥之。又言康海之父逝世时，不肯像当时其他士人那般向文坛领袖李东阳求取铭文行状，而只邀请了一班复古之士为文以祭，由此他得罪了东阳，故而在刘瑾失败时便刻意报复而将其贬官。这些是否属于历史事实当然还可继续研究,但史书对其罢官的最直接记述还是因为他与刘瑾的关系,对此也很少有人提出异议。其实,对于时代的变易对山早有觉察,而且并不缺乏心理的准备,这有他留下的"可怜湖上龙飞后,人事官曹渐寂寥"(《对山集》卷十,《忆昔》)的诗句为证。可是如今他的贬官却与令士人不齿的阉宦纠缠在一起,此非但不能被朝廷所容,更得不到一般舆论的同情,甚至有可能留恶名于史策,康海显然难以接受如此的事实,因而他失去了起码的人生支点,空同先生尚有气节可守,他连这点也被剥夺净尽,作为士人的康海还有什么可以支撑起自己的精神世界呢?于是他从愤激走向了放浪,对此他本人言之甚明:"仆自庚午年蒙诏之后,即放荡形志,虽饮不多,而日与酩酊为伍,人间百事一切置之。"其原因则为:"生平微志,付之秽途,情苦心局,不复自爱。"(《明文海》卷二〇〇,《与彭济物》)在这种彻底失望的心态下,即使有了复官的机会他也再难以与世俗和解,故而在信的末尾坦然宣称:"语有曰:君子非其招不往。以不贤人之招贤人,如之何其可往哉?"这真是将其再度出仕的路完全堵绝了,有谁愿做"不贤"之人而去招他以贤自居的对山先生呢?此时,他心中最需要有一种人生信念的支撑以度过精神的危机,然而此刻他却没有,所以他愤激狂放,郑仲夔《玉麈新谭》载:"康海罢官,自隐声酒。时杨侍郎以使事过康。康置酒至醉,自弹琵琶唱新词为寿。杨徐谓家兄居恒念君,但得一书,吾当为君地。康大怒,骂曰,若伶人我耶,手琵琶击之。杨走免。康遂入,口咄咄蜀子,更不复见。"(《清言》卷十,见《明代资料丛刊》第三辑,第152页)康海此刻的置酒醉友,弹琵琶唱曲,乃是自我愤激情绪的宣泄,杨侍郎只不过是一宣泄的对象而已。而不识趣的杨侍郎此时竟提出以非常渠道复官的建议,无疑是重揭旧伤并施之以椒盐,则理所当然地会出现不愉快的结局。为了寻找宣泄郁闷的对象,康海甚至不惜从放荡走向颓废,即留恋于声伎词曲。据史料载:"康对山常与妓女同跨一蹇驴,令从人赍琵琶自随。游行道中,傲然不屑。"(何良俊《四友斋丛说》卷十八)"康德涵六十,要名倡百人,为百岁会,既毕,了无钱,第持笺命诗,送王邸处分。时鄠杜王敏夫名位差减,而才情胜之,唱和词章布人间,遂为关西风流领袖。"(《玉堂丛语》卷七,《任达》)甚至有人记曰:"其殁也,以山人巾服殓,遗囊萧然,大小鼓却有三百副,其风致可思也。"(《列朝诗集小传》丙集)此刻的康海似乎显得既高傲又潇洒,一副名士派头,可他更有另一个侧面:"陆俨山尝至关中,以对山旧同在馆中,特往诣之,相见共谈旧事,即取琵琶鼓二、三曲,欷歔者久之。"(《四友斋丛说》卷十八)那么高傲潇洒的对山先生怎么会又变得痛哭流涕了呢?其实他本人在给寇子淳的信中已做出明确的回答:"放逐后,流连声伎,不复拘检,虽乡党自好者,莫不耻之,又安可与士大夫同日语者?阮籍之志,在日获酩酊耳。三公、万户非所愿也。"(《玉堂丛语》卷七)"流连声伎"本来是被士大夫,尤其是明前期的士大夫所不齿的,康海对此非常清楚,然而他却义无反顾地做了,从现代心理学的角度看,这显然是一种自残的行为,他以涂污自我形象的手段来反抗社会的不公道,并释放出心底积存的过多有害能量。正如嘉靖士人姜大成在评价那位同样遭贬、同样流连声伎词曲的李开先时所言:"古来抱大才者,若不得乘时柄用,非以乐事系其心,往往发狂病死。"(《宝剑记后序》,见《李开先集》,第825页)由此我们看到了两个康海,一个是在朝为官时的康海,他意气风发,胸怀远大,写诗撰文,倡言复古,一副标准士大夫的形象;一个是罢官家居时的康海,他颓废放荡,流连伎酒,手弹琵琶,笔写艳曲,一副放浪形骸的形象。以前学者们或论其复古主张,或赞其散曲创作,却很少有人将这两副悬殊巨大的形象放在一起认真加以比较,并说明其中的原因。王世贞评其诗曰:"诗如河朔丈夫,须髯戟张,借躯报仇,人疑大侠;与之周旋,乃是酒肉伧父。"(《明诗评》卷二)那么,哪一个是真正的康海本色呢？这可借用他对王九思的评语来说明："诗格浑浑，中岁仿何李，如优孟孙叔容笑颇似。暮年率易，遂露本色。"（《明诗评》卷一）可见他认为"率易"之"伧父"才是他们的真实本色。其实，王九思本人就承认他这种变化："吟诗四十载，学海足生涯。汉魏二三子，唐人几百家。拈须空锻炼，得意漫矜夸。不见少陵老，情真语自佳。"（《渼陂续集》卷上，《吟诗》）这说明其晚年对刻意锻炼之复古已无太大兴趣，其眼中之杜甫已非讲究诗律之诗圣，而是惟取其"情真"罢了。而他本人的创作则是"引睡书过眼抛，写怀诗信口胡嘲"（《渼陂集·碧山乐府》卷一，《雨中偶成》）。从文学表现自我性情的角度讲，王世贞的话能够被认可。康、王在朝为官时所写的诗文，尽管颇为雅训正大，也显示出其学问才气，但却毕竟是做给他人看的；而当他们罢官家居后，无复拘检，随笔挥洒，将元代失意文人经常写的酒与女人这两大题材重新捡起，以发泄自我郁闷之气，格调尽管不高，却是真实性情的流露。现代学者对此种文学创作给出较高评价是完全应该的，但同时必须认识到，它们却是士人政治失败的产物。此种创作倾向的出现，可以视之为是明代文学思想的转折，但却是迫不得已的转折。换言之，明代中期出现了康海、王九思、杨慎、李开先等一大批转向俗文学领域进行创作的作家，从文学本体讲当然是极有价值的，但从士人心态的流变过程看，却并不是一件令人乐观的事情，尤其是对于当时的士人而言，则更是不幸命运的象征。试看当时其他几位失意士人的言行心态，人们便会充分理解他们的生存困境。"王廷陈削秩归，益自放，达官贵人求见者，多蓬首垢足囚服应之，间衣红绔窄衫，跨马或骑牛，啸歌田野间，人多望而避者。"（《玉堂丛语》卷七）放荡、潇洒但却孤独。边贡，这位前七子的成员之一，用下面两句诗来形容其心态："闲来愤世心如火，老去临文眼欲花。"（《华泉集》卷六）与康、王如出一辙。再看看王廷相，他在正德十年由监察御史被贬为赣榆丞后作《梦讯帝赋》

曰:"彼婾嫚而浊婪兮,善淫朋而总俑。世不以为戮兮,反被华而服宠。术巧佞以糜糵兮,敖典型于何有。既糅乎帝之纪兮,又加余以逸口。岁五改而再斥兮,余颠越其焉极。虽蹈海之不悔兮,余何忘情于鬼域。同托体于玄化兮,何独蹇而离尤。彼何辟而畅志兮,此何淑而殷忧。余由乎古人之所履兮,曾夙夜之敢止。苟致福之不我由兮,何天道之恃?"面对不平的遭遇,他愤激于黑白的颠倒,既然"辟而畅志"与"淑而殷忧"已无固定准则之可言,于是他终于发出了"何天道之恃"的绝望质问。既然外在之"天道"已不可凭恃,自我之良知是否能够支撑其伤痕累累的自我?王廷相未能有效地解决此一问题,梦中的上帝告诉他,孔夫子相鲁"见沮"即"脱冕"而去,尧让天下而许由遁逝而固辞,贤如颜回也要箪瓢乐贫,孟轲齐梁不遇也不怨天尤人,既然如此,"盍圣徒以为师兮,黜浮子之鄙陋。心与迹缀相忘兮,抱至和而独守"。他听后愿意接受上帝劝告,表示自己要"盘桓乘化效无闷兮,逍遥涵和抱天倪兮,世方回遹非天孰揆兮"。(《王氏家藏集》卷四)这显然又回到"君子固穷"的老路,而且对于"回遹"亦即奸邪乃是上天所负之责而无关乎士人之个体自我。其实,此处的所谓上帝不是别人,正是王氏意识中的另一个自我。他之写诗作赋无非是通过一个自我安慰另一个自我,从而得以释放心中的郁闷而已。此一点他在《悼时赋》小序中说得很清楚:"予谪亳之明年,为正德己巳,时政愈急,抑郁愤闷,卧郡斋者数月,乃赋以自释。"(同上)然而"自释"只能解决一时的郁闷,却既无法改变世道,也不能有效地坚持自我的人生节操,故而其晚年便不免随波逐流、谨小慎微。

当然,也有人在郁闷失望之余,试图寻找朝廷仕途之外是否也可以存在人生的价值,徐祯卿便是一位突出的代表。徐祯卿(1479—1511),字昌谷,一字昌国,吴县人。弘治十八年进士,官国子监博士。一般文学史研究者提及他时,看重的是两件事,一是他与唐寅、祝允明、文徵明号称吴中四才子,二是他是复古派前七子的重要成员。其实,他从弘治十八年中进士至正德六年病逝,时间虽仅有七年左右,其为学过程却有三变,对此讲得最清楚的是王阳明,他在正德六年所作的《徐昌国墓志》挽词中说:"早攻文词,中乃谢弃;脱淖垢浊,修形炼气;守静致虚,恍若有际。道几朝闻,遽夕先逝。"这便是所谓"昌国之学凡三变,而卒乃有志于道。"(《王阳明全集》卷二五)在这短短的七年中,是什么力量促使徐氏三次改变自我追求呢?我以为正是时代变易带给他的人生焦虑,这在他传世并非很多的诗文作品中留下清晰的痕迹。首先是他感到了时代的急剧改变,其有《忆往》诗曰:"昔我逢休景,结交共云翔。秦客穆修距,鲁生蔚令章。同声展言笑,四座发芬芳。北牖湛清酒,明月出西方。广署灭流尘,兰灯扬朱光。极意连篇翰,良夜殊未央。欢宴丰时豫,千秋焉可忘。流光一朝绝,扶膺增慨慷。"(《迪功集》卷四)他回忆的正是"早攻文词"的美好光景,如今是一去不复返了。不仅朝政一蹶不振,而且其个人命运也非常不幸,他尽管中了进士,却因为其容貌丑陋瘦小而仅被任命为大理寺副,后又被降为国子监博士。他曾专门撰《丑女赋》以抒其不平之气,赋中言丑女虽其貌不扬,但操守高洁,任劳任怨,"三十不嫁,守信闺阃;供劳杵臼,蚤夜弗息;鸡鸣入机,没晷下织;复有巧慧,刺绣缘饰。世无梁鸿,孰求子叱"。然而由于"世降道凉,好色贱德",使得"冶容作厉,实犹鬼蜮"。(同上,卷五)丑女只能落下不幸的命运。个人与时代的双重不幸,使他萌发了强烈的不满情绪与归乡愿望:"心怆怆以增恋,魂营营而外驰。""叹余穷之栖旅,长淹留以何须。"(同上,《怀归赋》)虽然他并未能实现辞官归乡的愿望,但并不说明他比李梦阳、康海、王廷相们具有更多的政治热情,他在给空同的信中说:"惟是足下与吾同怀,遭时龃龉,良图弗遂,抱膝空林之中,栖神穷迹之境。"(同上,卷六,《重与献吉书》)但他的绝望要比其他人来得更为彻底,他已不再对现实政治与个人前途抱什么乐观的幻想,所以他劝乡居的空同先生要放开一些,"河清难俟,人寿几何,"为什么不"穷"而"乐"呢?他向空同建议:"既退处原野,抱杖行歌,沐耳清渠之滨,晞发茂阴之下,而枕以六经,淑以群籍,抚景则悠然,赋诗临流则引觞独酌,斯亦达士之所希,生人之极欢也。揆之此怀,何必上同三闾,下减殷中军耶!"(《迪功集》卷六,《答献吉书》)狂傲愤激的李梦阳当然做不到徐氏所言的平静悠然,但徐氏本人却是认真的,他打定主意要深入思考人生的究竟意义,所以要"历上下而旁搜","降百氏之藩囿",以便"总天地之纲维,极人事之显幽",最终达到"轶世路而傲游"的境界。(同上,卷五,《玄思赋》)然而,他达到目的了吗?我以为没有,在《迪功集》中,最能表现其人生境界的是《放言赋》,读了它,便会知晓徐氏所达到的高度:

> 征堪舆之盈数兮,览四序之消息。纷庶形之总总兮,孰有生而罔极。朝向荣而夕殒兮,零雨骤而不日。澹澹者易竭兮,曒曒易灭。何庸愚之长勤兮,怀千岁之虞惕。植高门与厚利兮,为祸患之胚蘖。圣哲高举以超俗兮,恚身修而名立。高明鬼所瞰兮,每遭忌而毁集。老氏乃贵乎无为兮,却嗜欲而枯瘠。徒澹泊以自苦兮,孰神仙之能执。出郭门而遥望兮,何丘坟之历历。嗟圣愚之奚别兮,曷仙举之寥寂。信死生之必然兮,恨修短之多忒。愿放志以自娱兮,穷生人之玩溺。永逍遥以徜徉兮,俟天命之我毕。系歌曰:对酒歌呜呜,天道欲何如?出门累累坟墓多,死人白骨相捱摩。素裳临穴重踟蹰,望彼友朋泣如颓。逝往无还岁迫除,超遥乘化会斯须。怀忧去去汩精离,策马遨行聊自娱。

(卷五)

贫富、贵贱、死生、贤愚,全都没有定准。追求富贵吗?却恰恰成为祸患的根源。修身立名固然是圣贤的高尚之举,但如今却适足成为嫉妒诋毁的对象。效道家的寡欲而成仙吗?那大片大片的坟墓,证明了长生神仙的虚幻。在死亡面前,圣愚无别,仙凡不分,谁也挣不脱这必然的归宿。那么,唯一实惠的,是及时地享受这短暂的人生,去尽情地逍遥,去放志以自娱,从中透露出的是及时行乐的杨朱哲学精神。徐祯卿寻到了真正的生命寄托了吗?或者说,这种人生的"放言"是他真实心情的表现吗?这是个难以回答的问题。也许有一部分是其真情实感,因为此种及时行乐的人生态度我们在他的吴中好友唐寅、文徵明身上也能够看到,生于吴中长于吴中的徐祯卿受到些影响不是很正常吗?尤其是在其遭受人生挫折时就更容易流露出来。然而及时行乐又很难说是他全部的生命追求,甚至不是他主要的生命追求。他毕竟是一位饱读诗书的儒者,又是现任的朝廷官员,从他中举的弘治十八年到他病逝,只有短短的七年左右的时间,他不可能完全放弃儒者的人生责任感而去放怀追求享乐。因此我们宁可将其行乐的宣示在很大程度上视作愤激之语,或者说是他刚开始思考生命价值时的理性论说而并非是其透悟后的真实生命体验。对此,王阳明曾给过我们具体的回答。在徐氏病逝的前一个月,他曾很认真地与阳明反复讨论过此一问题。当时,他正热衷于"服之冲举可得"的"五金八石"的道教秘术,当王阳明向他反复讲述"存心尽性,顺夫命而已"的心学理论后,还一再追问:"冲举有诸?"王阳明对他的回答是:"尽鸢之性者,可以冲于天矣;尽鱼之性者,可以泳于川矣。""尽人之性者,可以知化育矣。"按阳明的心学思想,应该是物各得其性之意,也就是说,一个儒者,既要荣辱得失无萦于心以超越世俗,又要尽到参赞化育的济世责任,这才是成己成物的最高境界。徐氏当时是否已经真正领会了阳明心学的真意,今日已不可得知,据阳明的记载是领会了,因为过了几日,徐氏来向阳明道谢说:"道果在是,而奚以外求!吾不遇子,几亡人矣。然吾疾且作,惧不足以致远,则何如?"但很快他就去世了,再没有了深究的机会了。所以阳明说他"吾见其进,未见其至"。(《王阳明全集》卷二五,《徐昌国墓志》)从此一角度看,也可以说他仍未透悟心学的真意。但有一点是可以肯定的,那就是徐祯卿的确对自我生命意义进行了认真的思索,代表了当时相当一部分士人的人生追求。

本小节的目的在于探讨阳明心学产生的时代契机,因而我们必须回复到开始所提出的问题。每位哲学家都从自身与自己所处的时代来思考问题,或者说都要解决自我与时代所提出的人生难题。由本节的论述可知,身处弘治、正德时期的阳明先生之所以倡导心学,是因为他必须回答当时与士人个体生命密切关联的三方面的难题。一是士风疲软的问题。因为以李东阳为代表的旧官僚已不能有效地应付变化了的政治环境,他们的遇事迁就、优柔寡断、患得患失,非但不能挽救危局,有时甚或有意无意地助长了恶势力的气焰。于是有李梦阳诸人以气节矫正之。二是在严酷的政治迫害下,士人如何解决心情愤激郁闷的问题。因为以李梦阳为代表的新生代以气节对抗宦官等恶势力造成了士人更大的灾难,他们或被囚禁,或被贬官,或被革职,在失去朝廷公正的情形下,士人靠什么来支撑自我心灵。三是在失去政治理想时自我生命还有无价值的问题。在弘治中兴的政治理想破灭后,甚至连复古运动亦无正面结果时,士人门的存在还有无人生的价值。换言之,他们应该用什么来支撑生命的存在。嘉靖三年,获罪家居的李梦阳在极度苦闷无聊之中,想到了千里之外同样归越隐居的老友阳明先生,便挥笔写下一首《甲申中秋寄阳明子》的诗:"风林秋色静,独坐上清月。眷兹千里共,眇焉望吴越。窈窕阳明洞,律兀芙蓉阙。可望不可即,江涛滚山雪。"(四库本《空同集》卷十)诗写得不算很好,但可以看出他对阳明还是充满了思念之情的。至于是在追忆他们当初在京城聚会赋诗时的欢乐场面,还是渴望从阳明那里获得一些情感的慰藉,那就不得而知了。尽管当时的阳明先生正在家乡与弟子们愉快而深入地讨论心学问题,但是千里之外的空同先生却不大可能了解到心学的具体内容,也就不可能解决自己的心中苦闷了。然而,阳明先生既然以圣者自居,他却有责任去回答士人提出的人生难题。

二、"龙场悟道"的心理动机与王学产生的意义

"龙场悟道"被许多人视为是王阳明学术生涯与生命历程的转折点。古今各家论说甚多,先择取三家以见一斑。阳明本人在《朱子晚年定论》中说:"守仁早岁业举,溺志词章之习,既乃稍知从事正学,而苦于众说之纷绕疲疢,茫无可入,因求诸老、释,欣然有会于心,以为圣人之学在此矣。然于孔子之教间相出入,而措之日用,往往缺漏无归,依违往返,且信且疑。其后谪官龙场,居夷处困,动心忍性之余,恍若有悟,体验探求,再更寒暑,证诸五经四子,沛然若决江河而放诸海也。"(《王阳明全集》卷三,《传习录下》)其好友湛若水则言其:"初溺于任侠之习,再溺于骑射之习,三溺于辞章之习,四溺于神仙之习,五溺于佛氏之习。正德丙寅(元年)始归正于圣贤之学。"(同上,卷三八《世德纪》,《阳明先生墓志铭》)黄宗羲亦曰:"先生之学,始泛滥于词章,继而遍读考亭之书,循序格物,顾物理吾心终判为二,无所得入。于是出入于佛、老者久之。及至居夷处困,动心忍性,因念圣人出此更有何道?忽悟格物致知之旨,圣人之道,吾性自足,不假外求。其学凡三变而始得其门。"(《明儒学案》卷十,《姚江学案》)此三人所述应是可信的,故而后世学者将龙场悟道作为阳明研究的重点,应该说是具有充分理由的。然而亦有持不同观点者,明末东林党魁高攀龙便说:"余观文成之学,盖有所从得,其初从铁柱宫道士得养生之说,又闻地藏洞异人言周濂溪、程明道是儒家两个好秀才。及娄一斋与言格物之学,求之不得其说,乃因一草一木之将,格及官舍之竹而致病,旋即弃去。则

其格致之旨,未尝求之。而于先儒之言,亦未尝得其将之意也。后归阳明洞习静导引,自谓有前知异,其心已静而明。及谪龙场,万里孤游,深山夷境,静专澄默,功倍寻常,故胸中益洒落。而一旦恍然有悟,是其旧学之益精,非于致知之有悟也。"(《高子遗书》卷十)初看高氏对阳明颇不尊重,且所言与王、湛、黄三人之观点出入甚大,其实如果仔细辨析,高氏之言在阳明年谱中均可寻得根据,只是双方在何者为阳明心学之根基上有分歧而已。前三人强调了龙场悟道对阳明前期思想的转变与超越,而后者则更强调其前期思想对其整个心学思想的基础作用。高氏的话中显然有攻击阳明心学为异端的意思,但却不能就此否定其对研究阳明思想的启示作用。我以为须将此两种观点结合起来,才能理清阳明思想的发展脉络,并更加彰显龙场悟道的价值意义。

若欲理清阳明前期思想与其龙场悟道之关系,必须首先解决互为相关的两个问题,即阳明前期思想有无统绪?若有又以何者为统绪?而欲解决此二问题,则又须同时弄清阳明当时之人格心态为何种特征。王阳明(1472—1528),他本名守仁,字伯安,余姚人。因其曾在会稽阳明洞修炼讲学,故又称阳明先生。他于弘治十二年中进士,龙场悟道前先后任刑、兵二部主事。他的幼年曾有不少奇异的传说[①],但可信的程度较小,从中充其量只能说明他是个聪明而有好奇心的孩子而已。能够看

---

① 据钱德洪等人所撰王阳明年谱载,阳明出生时的奇异之处为:"太夫人郑娠十四月。祖母岑梦神人衣绯玉云中鼓吹,送儿授岑,岑警寤,已闻啼声。祖竹轩公异之,即以云名。乡人传其梦,指所生楼曰'瑞生楼'。"又记其五岁时:"先生五岁不言。一日与群儿嬉,有神僧过之曰:'好个孩儿,可惜道破。'竹轩公悟,更今名,即能言。"又记其十一岁寓京师时:"一日,与同学生走长安街,遇一相士。异之曰:'吾为尔相,后须忆吾言:须拂领,其时入圣境;须至上丹台,其时结圣胎;须至下丹田,其时圣果圆。'先生感其言,自后每对书辄静坐凝思。"(均见《王阳明全集》卷三三,《年谱一》)此类传说若非当初阳明之家人自神其说,便是后人因阳明事功与学术之成就而有意附会之。此乃旧时代常见之现象,不足为奇。但有些传说或有一定根据,如言其五岁时:"一日诵竹轩公所尝读过书。讶问之。曰:'闻祖读时已默记矣。'"(同上)其中容或有些夸张,但据此说明王守仁自幼聪慧则是不成问题的。

出对其后来的人生发生了影响的，是成化十八年他十一岁在京师时的一件事。当时他问塾师"何谓第一等事"，其师说："惟读书登第耳。"他却疑惑地问："登第恐未为第一等事，或读书学圣贤耳。"（《王阳明全集》卷三三，《年谱一》）这固然说明他比一般士子具有更高的追求，但成圣本是宋代以来理学家常言的志向，且先儒在经书中也屡屡言之，阳明提出如此志向也便不能视为反常之举动。其幼年所可注意的是，由于优越的家庭环境与随其父在京师的广博阅历，使之受到了良好的教育并具备了广泛的兴趣。比如在十五岁时出居庸关了解虏情、观察地势与逐胡儿骑射；又于当年闻石和尚、刘千斤暴动，即向朝廷献平乱方略；十七岁时在新婚之际入铁柱宫向道士扣问养生之说，弄得岳丈家通宵找人；等等。对王阳明一生造成了深刻影响的事件发生在弘治二年他十八岁时，本年他在偕夫人从江西归越途中，至广信向理学家娄谅问学。一斋先生向他讲了宋儒格物之学，但对其精神世界造成了巨大震撼的却是"圣人必可学而至"的人生志向。《年谱》说他当时"遂深契之"，这"深契"的含义显然是与其少年的人生兴趣发生了联系。他少年时常常有超越庸常的打算，但究竟如何超越却并没有一个明确的目标。而如今在娄谅的启示下，他具有了明确的"学为圣人"的人生目标，不能不说这对其一生都产生了深远的影响。

　　需要指出的是，此时的"学为圣人"依然是一位青年士人的美好愿望，至于如何成为圣人以及成为什么样的圣人，均带有未定的性质。但有一点是清楚的，即此时的成圣愿望是紧紧围绕着阳明成就自我的人生理想而展开的。这意味着其成圣带有多种可能性而尚未归向于一家，而弘治年间的宽松文化环境也为他探索成圣的多种途径提供了条件。如果说阳明前期的思想与人生追求有什么统绪的话，我以为渴望超越常人的成圣愿望便是其一以贯之的统绪。至于说他探索的途径我以为主要有三种。一是循宋儒之旧途，格物以成圣。自弘治五年至十年，他除了进行科举考试的准备,基本把精力用之于此。可他并没有取得成功,据《年谱》载,他先是"遍求考亭遗书读之",然后取官署中竹格之,"深思其理不得,遂遇疾"。(《王阳明全集》,卷三三)据说他整整格了七日,可见其求圣愿望的强烈,而最终归于失败的结果,曾对其心灵产生了巨大的震撼,以致许多年后他依然对此次的失败感叹说:"遂相与叹,圣贤是做不得的,无他大力量去格物了。"(同上,卷三,《传习录下》)二是求实用之学。他在格物失败后便改学兵法,于弘治十年"留情武事,凡兵家秘书,莫不精究。每遇宾宴,尝聚果核列阵势为戏"。其目的便是成就其"韬略统驭之才"。(同上,卷三三,《年谱一》)他对自己的军事才能及学问是颇为自负的,因而在其中举后便立即应诏上"边务八事",尽管他条分缕析,讲得头头是道,而且后来的被任命为兵部主事或与此有关,却依然无法以此立下不朽的事功,因为弘治时的明王朝已不再具有主动出击的军事势力。孝宗亦曾一度有建功边境的宏愿,却遭到大臣们的善意阻止,他问刘大夏:"太宗频出塞,今何不可?"大夏曰:"陛下神武固不下太宗,而将领士马远不逮。……度今上策惟守耳。"(《明史》卷一八二,《刘大夏传》)从此孝宗再也没有萌生过出师的打算,也就意味着阳明立军功理想的破灭。三是求养生之说。弘治十一年,"先生自念辞章艺能不足以通至道,求师友于天下又不数遇,心持惶惑。……偶闻道士谈养生,遂有遗世入山之意"。(《王阳明全集》卷三三,《年谱一》)对此事可以存在两种解释,未得圣学遂退而求其次,与认佛老亦为圣学之一种。考诸实际,后者应是正解。这是因为求养生之学是其龙场悟道前的一贯行为,他不仅有十七岁时向铁柱宫道士求学的前期经历,而且在这之后的弘治十五年归越养病时,他又一次沉醉于道教。据《年谱》载:"筑室阳明洞中,行导引术。久之,遂先知。一日坐洞中,友人王思舆等四人来访,方出五云门,先生即命仆迎之,且历语其来迹。仆遇诸途,与语良合。众惊异,以为得道。"此所言"得道"显然是成圣的另一表述,根据后来阳明多次进行圣学与佛老之间同异的辨析,其早年曾认佛老为圣学应该是成立的。但过了一段时间之后,阳明又否定了此种探索。其原因是醒悟到"此簸弄精神,非道也"。所谓"簸弄精神",是指玩弄小聪明而无益于身心之修养,而并非是对养生之学的否定,因而便有了"离世远去"的念头,只是由于对亲人的思念之情难以割舍,他才最终放弃了出世的追求。除了上述三种追求,阳明还对文学复古发生过兴趣,黄绾《阳明先生行状》说:"己未成进士,观政工部。与太原乔宇,广信汪俊,河南李梦阳、何景明,姑苏顾璘、徐祯卿,山东边贡诸公以才名争驰骋,学古诗文。"(《王阳明全集》卷三八)此处所言有失实之处,如说阳明于弘治十二年观政时便与徐祯卿共为古诗文,即甚不通,盖因徐氏于弘治十八年始中进士,其与阳明发生交往则必在正德之后。但阳明曾与前七子有过密切关系并对诗文创作有浓厚兴趣则属事实。不过他从未将诗文一事置于圣学之位,故而亦不曾过于贬低诗文,而是始终吟哦不绝。总结上述各点,可以看出王阳明龙场悟道前在实现成圣的方式选择上,始终徘徊于儒释道之间,或者说是在入世与出世之间,其核心是对超越凡俗的人生理想的追求。

王阳明的这种思想特征是与弘治朝的时代氛围密不可分的。这个时代给了士人宽松的政治环境,使他们产生了追求理想境界的人生进取精神,而孝宗的舒缓个性与李东阳们的因循作风又使此种理想的实现变为不可能。于是新生代的士人便陷入时而亢奋时而灰心的矛盾状态之中。王守仁属于新生代,他当然也陷入了此种矛盾状态。他也像李梦阳那样有变革政治的雄心,只不过空同选择了复古文以复古道的方式,而他则选择了兴圣学以励士气的方式,早在他中进士时所撰的《陈言边务疏》中,便如此指出:"臣愚以为今之大患,在于为大臣者外托慎重老成之名,而内为固禄希宠之计,为左右者内挟交蟠蔽雍之资,而外肆招权纳贿之恶。习以成俗,互相为奸。忧世者谓之迂狂,进言者目为浮躁,沮抑正大之气,而养成怯懦因循之风,故其衰耗颓塌,将至于不可支持而不自觉。"(《王阳明全集》卷九)拿此与李梦阳弘治十八年《上孝宗皇帝书》所指出的所谓"元气"之病的思路几乎如出一辙。事实上,李、王间关系的密切程度远未引起研究者的重视,如李梦阳曾记述其在弘治间弹劾寿宁侯时的情形说:"草具,袖而过边贡士。会王主事守仁来。王遽目予袖而曰:'有物乎?有必谏草耳。'予为此即妻子未之知,不知王何从而疑之也。乃出其草视二子。王曰:'疏入必重祸。'又曰:'为若筮可乎?然晦翁行之矣。'于是出而上马并行,诣王氏,筮得田获三狐,得黄矢吉贞。王曰:'行哉!此忠直之由也。'"(《空同先生集》卷三九,《秘录》)这一方面固然显示了阳明的精明机警,但同时也说明他们之间的了解程度之深,而能够在一起商议预测祸福,就更非一般泛泛之交可比拟了。正是由于他们的性情相投,从而决定了他们也必将有着相近的心态。论参与政治的热情,阳明绝不比梦阳低,他在弘治十五年所作的《九华山赋》中说:"彼苍黎之缉缉,固吾生之同胞;苟颠连之能济,吾岂靳于一毛!矧狂胡之越獗,王师局而奔劳。吾宁不欲请长缨于阙下,快平生之郁陶?顾力微而任重,惧覆败于或遭;又出位以图远,将无诮于鹪鹩。嗟有生之迫隘,等灭没于风泡;亦富贵之奚为,犹荣蕣之一朝。旷百世而兴感,蔽雄杰于蓬蒿。吾诚不能同草木而腐朽,又何避乎群喙之呶呶!"(《王阳明全集》卷十九)他有济苍生、灭狂胡的壮志,却地位低微,难以展其宏图。他感到了生命的短暂,更有了时不我待的紧迫感。但支撑他的整个意识的,是"吾诚不能同草木而腐朽"的圣人不朽观念。不过,他也并非认为只有立功一途可以实现其人生的价值,在两年之后所作的《登泰山》诗中,他便表现了另一面的追求:"我才不救时,匡扶志空大。置我有无间,缓急非所赖。孤坐万峰巅,嗒然遗下块。已矣复何求?至精谅斯在。淡泊非虚杳,洒脱无蒂芥。世人闻余言,不笑即吁怪。吾亦不强语,惟复笑相待。鲁叟不可作,此意聊自快。"(《王阳明全集》卷十九)他本有"匡扶"社稷的大志,却被置于可有可无的低位,于是他有了"淡泊""洒脱"的追求,尽管可能做不成儒家圣人"鲁叟",却可以求得自我的适意。此种适意追求当然不是此时阳明的主要倾向,但也绝非一时的心血来潮,在阳明的其他诗作中,亦曾有过反复的表述:"世外烟霞亦许时,至今风致后人思。却怀刘项当年事,不及山中一著棋。"(同上,《题四老围棋图》)"谪仙栖隐地,千载尚高风。云散九峰雨,岩飞百丈虹。寺僧传旧事,词客吊遗踪。回首苍茫外,青山感慨中。"(同上,《李白祠二首》其二)"尘网苦羁縻,富贵真露草!不如骑白鹿,东游入蓬岛。"(同上,《登泰山五首》其四)尘视刘、项争霸天下,神往李白脱俗栖隐,渴望骑鹿仙游,这既是阳明济世热情受阻时的愤激情绪发泄,也是他自我适意的脱俗情结的自然延续。但这并非表示他当时果真要采取弃绝世事的行动,因为此时他不仅依然关心现实政治,而且其追求成圣的举措也正从精神的漫游向心学的专一归拢。弘治十八年是阳明人生历程上的重要年头,本年他非但正式收徒讲学,更重要的是他结识了白沙先生的弟子湛若水,在他们之间相互问学的交往中,阳明显然已受到白沙心学的较深影响。他在本年所作的《赠伯阳》一诗中说:"大道即人心,万古未尝改。长生在求仁,金丹非外待。缪矣三十年,于今我始悔。"(同上)这说明他既转道教之长生为儒家之求仁,同时又收归大道于人心之内,完成了其心学的第一步构造。这种构造是在湛若水的帮助下完成的,因而带有白沙心学的明显痕迹,尚未树立起自己的独立品格,这从他于次年所写的答甘泉的诗中可以清晰地显现出来:"静虚非虚寂,中有未发中。中有亦何有?无之即成空。无欲见真体,忘助皆非功。至哉玄化机,非子孰与穷!"(同上,《阳明子之南也其友湛元明歌九章以赠崔子钟和之以五诗于是阳明子作八咏以答之》其六)他公开承认甘泉在穷"玄化机"中的巨大作用,还辨析了静虚与虚寂之空的区别以及无欲与勿忘勿助的重要性，这些全是白沙心学的重要命题。可以说，阳明心学在弘治十八年时已经完成了所有的理论准备，从而达到了呼之欲出的地步。然而，尽管他遍读了考亭之书，熟悉了佛道之理，接触了白沙之学，并试图将所有的义理收归于心，但他还是未能建立起自己的心学体系，原因很简单，他不能达到"心与理为一"的程度，也就是说他的学说既不能解决现实的人生难题，也缺乏自我生命的真实体验，因而从阳明成圣的初衷看，他的心学理论尚未完成。在心（自我生命体悟）与理（各种人生哲理）之间，仿佛仍隔着层薄纸，需要有一个合适的契机将其捅破，从而达到浑融一片的境界。

这一契机终于在正德元年来临，尽管对阳明本人来说那是个不幸的遭遇。当时武宗忙于游乐，而造成了刘瑾专权的局面。南京科道官戴铣、薄彦徽等人因谏争而被逮系诏狱。王阳明乃抗疏相救，结果亦下诏狱，"已而廷杖四十，既绝复甦。寻谪贵州龙场驿驿丞"。（《王阳明全集》卷三三，《年谱一》）对于此次进言得祸，阳明并不后悔，作为一个儒者与在朝臣子，扶倾救危是其分内的职责，因而当他身处牢房，仰望着从屋顶缝隙中洒下的月光时，所想到的仍是："良人事游侠，经岁去不返。来归在何时？年华忽将晚。萧条念宗祀，泪下长如霰。"（同上，卷十九，《屋罅月》）当然，在这种逆境中，他也不得不考虑如何安排以后的人生。根据阳明此时所理解的白沙心学，他显然有退隐自全的打算。他在狱中有《读易》诗说："《遯》四获我心，《蛊》上庸自保。俯仰天地间，触目俱浩浩。箪瓢有余乐，此意良非矫。幽哉阳明麓，可以忘吾老。"（同上）《易·遯九四》爻辞曰："好遯，君子吉，小人否。"（《周易集解纂疏》卷五）其意为心安而退而君子获吉祥，小人则难以做到。《易·蛊上九小象传》辞曰："不事王侯，志可则也。"（同上，卷三）亦即退隐以高尚其志之意。在《王阳明全集》卷十九中收有五十五首所谓的"赴谪"诗，其中表达归隐之志的占有相当大的比例，可知退隐之念并非其一时的心血来潮。根据当时的危险情景(如在其赴谪途中尚被刘瑾派人追杀),他没有理由不产生退避自保的心理。然而,家庭的责任又迫使他不能只顾一己之身,《年谱》记载当他躲过追杀后,曾有"远遁"的计划,但此时他却遇到了当年在铁柱宫相识的那位道士,他劝阳明说:"汝有亲在,万一瑾怒逮尔父,诬以北走胡,南走粤,何以应之?"(《王阳明全集》卷三三)于是阳明遂决定径往龙场驿所。此一情节的可信性也许尚容商量,但是依据阳明当年欲出世而放不下亲人,以及其父因受牵连而罢官的事实,则他当时曾有家庭顾虑应是其真实的情状。既要应付险恶的贬谪环境,又不使家庭受到牵连,还要排除心境的焦虑与不放弃儒者的气节责任,所有这一大堆的人生难题都摆在阳明先生的面前,他需要动用其全部的知识储备并进行认真的思考体悟以期得到解决。

正德三年春阳明到达其贬谪之地龙场驿。当时的龙场是一个非常偏僻荒凉的地方,《年谱》曾描述该地情状说:"龙场在贵州西北万山丛中,蛇虺魍魉,虫毒瘴疠,与居夷人鴃舌难语,可通语者,皆中土亡命。旧无居,始教之范土架屋以居。"除自然环境险恶之外,"时瑾憾未已",因而阳明此刻"自计得失荣辱皆得超脱,惟生死一念尚觉未化,乃为石椁自誓曰:'吾惟俟命而已。'日夜端居澄然,以求静一。久之胸中洒洒……因念圣人处此更有何道,忽中夜大悟格物致知之旨,寤寐中若有语之者,不觉呼跃,从者皆惊。始知圣人之道吾性自足,向之求理于事物者误也"。(同上)在这生命的绝境里,他失去了前此的所有人生凭借,什么先儒的教训、朝廷的公正,都无助于解决他眼前的生存困境。无奈之中,他采取了"俟命"的被动态度,住于石椁之中,意味着他已抱定等死的决心。为了排除生死的焦虑,他采取了以前曾接触过的道家与白沙心学的静坐之法。在这"端居"的过程中,以前所储备的各种人生理论包括格物之论显然纷纷涌进他的意识之中,最后他终于悟到了"吾性自足"的人生境界,并由此度过了生命的危境。因而阳明龙场悟道的初衷并非要建立什么理论体系，而是首先解决其自身的生存危机，这在其作于正德三年的《五经臆说序》中讲得很清楚："龙场居南夷万山中，书卷不可携，日坐石穴默记旧所读书录之，意有所得皆为之训释，期有七月而五经之旨略遍，名之曰'臆说'。盖不必尽合于先贤，聊写其胸臆之见，而因以娱情养性焉耳。"(《王阳明全集》卷二二)阳明所著之书当然有启示后学的作用，但论其最初动机，则是为了自我的精神解脱。那么龙场悟道解决了阳明什么样的人生难题呢？首先是摆脱了对环境的依赖，超越了生死祸福的纠缠与威胁，形成了以自我为价值标准的人生态度。在这方面，他采取了道家的生死观，作于正德三年的《祭刘仁征主事》中说："死也者，人之所不免也；名也者，二之所不可期。虽修短枯荣，变态万状，而必归于一尽。君子亦曰朝闻道夕死可矣。视若夜旦，其生也奚以喜，其死也奚以悲乎？"(同上，卷二八)此类语言一般士人也都颇熟于耳，但阳明此时的言说却有了全新的意义，因为通过龙场悟道他已大大提升了自我境界，而这种对生死的认识也已融入其自我的真实生命体验，用他本人的话说已经心与理合一。并且他还将此种人生的境界落实到他的生活实践中。正德三年，思州太守派人至驿所侮辱阳明，当地夷民为其不平，殴打了来者。州守大怒，"言诸当道"，友人毛宪副与阳明陈述祸福利害，并要他去向州守谢罪。阳明丝毫不为所动，义正词严地写信说："君子以忠信为利，礼义为福；苟忠信礼义之不存，虽禄之万钟，爵以侯王之贵，君子犹谓之祸与害；如其忠信礼义之所在，虽剖心碎首，君子利而行之，自以为福也。况于流离窜逐之微乎？某之居此，盖瘴疠蛊毒之与处，魑魅魍魉之与游，日有三死焉。然而居之泰然，未尝以动其中者，诚知生死之有命，不以一朝之患而忘其终身之忧也。大府苟欲加害，而在我诚有以取之，则不可谓无憾。使吾无有以取之而横罹焉，则亦瘴疠而已尔，蛊毒而已尔，魑魅魍魉而已尔。吾岂以是而动吾心哉！"（《王阳明全集》卷二一，《与毛宪副》）毛宪副的劝告自然是善意的，但他却是按当时的官场惯例作为根据。而此时的阳明已经跳出了此惯例，他不再以官职大小论尊卑，不再以祸福利害言取舍，不再以外在权威看对错，他现在已经将价值判断的权力收归于自我。如果坚信自我是正义的，便不会被外来的压力所撼动；如果他人以权势来对自我的正义行为横加迫害，那么自己也就将其视为瘴疠蛊毒与魑魅魍魉。此即为心与理为一，此即为以心格物。这即是一种处世的态度，又是一种士人的人格理想，在《君子亭记》中，阳明曾借用竹子来说明此种理想人格的特征："竹有君子之道四焉：中虚而静，通而有间，有君子之德；外节而直，贯四时而柯叶无所改，有君子之操；应蛰而出，遇伏而隐，雨雪晦明无所不宜，有君子之时；清风时至，玉声珊然，中采齐而协肆夏，揖逊俯仰，若洙、泗群贤之交集，风止籁静，挺然特立，不屈不挠，若虞廷群后，端冕正笏而列于堂陛之侧，有君子之容。"（同上，卷二三）此无疑是阳明之自况，既能虚静以定其神，以阔其心，又能四时而无改其节操；顺时而动，可出可隐，无不从容自如；既有揖逊俯仰之恭谨，又有挺然特立、不屈不挠之伟岸，俨然一位圣者之形象。因此，阳明所言的心即理实际上便是我即理，亦即将价值评判的权力收归自我。尽管其自我的内容仍然是以忠信礼义为核心而构成的，但却极大地突出了主体的地位，从而使士人的人格得以从外在的权威中摆脱出来而独立。

不过对阳明本人来说更重要的是，通过龙场悟道改变了自我的心态，即从忧谗畏讥的悲愤凄凉转向从容自得。龙场悟道的确是阳明生命的一次巨大转折，经由此次转折，可以说无论是其学术还是生活都具有了全新的意义。阳明在其《玩易窝记》中形象地描绘了这种转折的过程："阳明子之居夷也，穴山麓之窝而读《易》其间。始其未得也，仰而思焉，俯而疑焉，函六合，入无微，茫乎其无所措，孑然其若株。其或得之也,沛兮其若决,联兮其若彻,菹淤出焉,精华入焉,如有相者而莫知其所以然。其得而玩之也,优然其休焉,充然其喜焉,油然其春生焉;精粗一,外内翕,视险若夷,而不知其夷之为厄也。"(《王阳明全集》卷二三)将龙场悟道喻之为读《易》我以为是非常恰当的。这不仅是因为阳明的确曾在此读《易》以悟解人生,更重要的是通过此次深刻的反思,他同时也把一部复杂的现实人生的大书悟解透了。而一旦得悟之后,其精神状态也就从原来"茫乎其无所措"的迷乱转化为"视险若夷"的从容。嘉靖三十年在龙场为阳明先生建祠时,其得意弟子罗洪先特撰碑记以志,其中具体地讲述了龙场悟道对阳明人格心态的巨大转变作用:

> 先生以豪杰之才,振迅雄伟,脱屣于故常。于是一变而为文章,再变而为气节。当其倡言于逆瑾蛊政之时,挞之朝而不悔,其忧思恳款,意气激烈,议论铿訇,真足以凌驾一时而托名后世,岂不快哉!及其摈斥流离,而于万里绝域,荒烟深菁、狸鼯豺虎之区,形影孑立,朝夕惴惴,既无一可骋者,而且疾病之与居,瘴疠之与亲,情迫于中,忘之有不能;势限于外,去之有不可。辗转烦督,以须动忍之益。盖吾之一身已非吾有,而又何有于吾身之外。至于是而后如大梦初醒,强者柔,浮者实,凡平日所挟以自快者,不惟不可以常恃,而实足以增吾之机械,盗吾之聪明,其块然而生,块然而死,与我独存而未始加损者,则固有之良知也。
>
> (同上,卷三六,《年谱附录一》)

依罗洪先的理解,阳明在龙场悟道之前乃是气节之士,而在此之后则真正具备了圣者气象。作为士人,气节固然重要,李东阳正是因为缺乏气节方才被李梦阳们所不满,而空同先生正是由于狂直之气节受到后世的崇敬。阳明在反对阉宦专权时,所表现出来的"意气激烈,议论铿訇"的气节与空同如出一辙,故而罗氏亦赞其"足以凌驾一时而托名后世"。然而,气节之士又是有缺陷的,即价值取舍往往依赖于朝廷或某些大老、圣贤等外在标准。一旦失去这些,便没有了精神的依托,从而发狂愤激甚至消沉颓废。李梦阳、康海们的遭遇几乎与阳明相同,可他们并没有从困境中超拔出来,而是走向了沉沦。罗洪先认为阳明的伟大就在于当他面对生命的绝境时,不仅未走向消沉,反而更进一格,去掉了原来的僵硬之"强",不实之"浮",悟解了外在权威对自我生命之无益,发现了自我良知对于生命存在之重要。罗洪先不愧是阳明最得意的弟子之一,他对其师的理解显然是准确的。这只要读一读阳明本时期所写的诗作,便会由衷地佩服罗氏的上述概括。阳明此一时期的诗作被称为"居夷诗",其中《去妇叹》五首(《王阳明全集》卷十九)被列在最前边,显然是刚至龙场时的作品,其诗前有小序曰:"楚人有间于新娶而去其妇者。其妇无所归,去之山间独居,怀绻不忘,终无他适。予闻其事而悲之,为作《去妇叹》。"诗乃借弃妇以自喻是不言自明的。这种诗,我们在黄淮那里见过,在李梦阳那里也见过,可以说,明前期的几乎所有士人都将自己与君主之间视为是妻妾与丈夫的关系,王阳明的诗文中此种比喻是并不多见的。此刻他竟然一连写了五首,则说明当时的他与一般士人并没有太大区别,他尚没有形成自立的学术品格,他的存在还必须靠朝廷与先圣的支撑,一旦离开这些,他便会产生强烈的孤独感,故其第一首曰:"委身奉箕帚,中道成捐弃。苍蝇间白璧,君心亦何愆!独嗟贫家女,素质难为妍。命薄良自喟,敢忘君子贤?春华不再艳,颓魄不重圆。新欢莫终恃,令仪慎周还。"他恨间黑白的小人,叹自身的命薄,因而他有了与先贤屈原相似的委屈感,在《吊屈原赋》中,他感叹"世愈隘兮孰知我忧"。(同上)在作于正德元年的《答言》

中,他更喊出"何天高之冥冥兮,孰察余之衷"?(《王阳明全集》卷十九)但他不能怨君心,不敢忘"君子贤"。在寻不到出路时,他也曾像其他贬谪士人那样用痛饮来麻醉神经:"污樽映瓦豆,尽醉不知夕。"(同上)以忘却心头的烦恼。但是当他身处荒凉险恶的境遇中时,其人生的体验显然要比原来复杂得多,加之其前期的思想积累,逐渐对此种妻妾地位萌生了怀疑,因而在第五首中说:"空谷多凄风,树木何潇森!浣衣涧冰合,采芩山雪深。离居寄岩穴,忧思托鸣琴。朝弹别鹤操,暮弹孤鸿吟。弹苦思弥切,巇岏隔云岑。君聪甚明哲,何因闻此音?"(同上)"别鹤操"一名"别鹤怨",相传商陵牧子娶妻五年无子,父兄命其休妻再娶。牧子悲伤作歌曰:"将乖比翼隔天端,山川悠悠路漫漫,揽衣不寐食忘餐。"后人为之谱曲,名《别鹤操》,以喻夫妻分离。(见崔豹《古今注·音乐》)"孤鸿"应为"孤鸾",陶渊明《拟古九首》其五曰:"上弦惊别鹤,下弦操孤鸾。"(《陶渊明集》卷四)可知二曲皆为伤别离之意。在本诗中,阳明虽依然自比弃妇,依然哀叹忧思,但在凄苦境遇的折磨下,终于开始对"君聪甚明哲"的信念产生动摇,因为在这所谓"甚明哲"的时代,又何以能够有"闻此音"的不幸呢?这种对"明哲"的怀疑,应该是阳明先生之人格走向独立的信号,也是他心学产生的契机。果然,经过自我痛苦的思索,当他读懂了时代人生这本复杂如《易》的大书之后,当他体悟到只有自我的良知才是最终的生命依托之后,他豁然开朗了,于是再看他悟后的《诸生夜坐》一诗,便是迥然不同的另一种情调了:

谪居澹虚寂,眇然怀同游。日入山气夕,孤亭俯平畴。草际见数骑,取径如相求;渐近识颜面,隔树停鸣驺。投辔雁鹜进,携盒各有羞;分席夜堂坐,绛蜡清樽浮;鸣琴复散帙,壶矢交觥筹。夜弄溪上月,晓陟林间丘。村翁或招饮,洞客偕探幽。讲习有真乐,谈笑无俗流。缅怀风沂兴,千载相为谋。

(《王阳明全集》卷十九)

平静的语气、舒缓的节奏、内容丰富的生活、从容自得的情调,显示出阳明摆脱弃妇心态后的乐观心境。这种喜悦不仅是因为有了朋友来往而不再孤独,有了师生的讲学活动而冲淡了郁闷的心情,更重要的是人生情趣的改变与人生境界的提升。他的讲学活动不再是正襟危坐的枯燥训示,而是伴随着鸣琴的和乐与投壶交杯的自由潇洒。除讲学外,夜弄溪月、晓陟林丘的自然之乐,村翁招饮、偕客探幽的优雅之趣,都使他充分感受到人生的可爱可乐,以致令他想起了当年被孔子喟然而叹的曾点之乐。这种情趣不是阳明偶尔有之的一时之举,而是常常出现在其诗作中,如:"富贵犹尘沙,浮名亦飞絮。嗟我二三子,吾道有真趣。"(同上,《诸生》)"交游若问居夷事,为说山泉颇自堪。"(同上,《送张宪长左迁滇南大参次韵》)"渐觉形骸逃物外,未妨游乐在天涯。"(同上,《南庵次韵二首》其一)可见环境并未有变,而是心境有了改变,依然是贬谪生活,依然是远山僻水,依然是遥遥天涯,但由于视富贵如尘沙,等浮名于飞絮,故而便觉得山泉可喜、天涯可乐了。这正如他在劝朋友时所说的:"蹇以反身,困以遂志。今日患难,正阁下受用处也。知之,则处此当自别。"只要能得"虚舟"之意,亦即具备一副超越的襟怀,则便会"随处风波只宴然"了。(同上,《赠刘侍御二首》)从忧谗畏讥到心情无处不宴然,阳明的确使自我生命跃上了一个新的台阶。

关于阳明龙场悟道的意义,以前往往从其心学建立的方面谈了很多,这当然是大有必要的。但就王学的理论内涵看,王阳明在此一时期并未留下太多的有价值著作,比较成形的是前面曾提到的阳明用以"娱情养性"的《五经臆说》,但阳明本人并不同意将其流传,当弟子钱德洪为其师"不复出以示人"而遗憾，并要求其传世时，阳明却说"付秦火久矣"。直至阳明逝世后，钱氏才从其师的废稿中搜得十三条而公布于世。从这十三条残存稿来看，不能说毫无价值，如其释《左传》"元年春王正月"曰："故元年者，人君为国之始也。当是时也，群臣百姓，悉意明目以观维新之始。则人君者，尤当洗心涤虑以为维新之始。故元年者，人君正心之始也。"(《王阳明全集》卷二六，《五经臆说十三条》)这显然是针对武宗即位后的荒唐行为有感而发，表现出正君心的心学格物特征。但正如阳明本人所说："只致良知，虽千经万典，异端曲学，如执权衡，天下轻重莫逃焉，更不必支分句析，以知解接人也。"(同上)就是说《五经臆说》并非心学的成熟著作，因为它不符合心学求悟的根本精神。因而龙场悟道从心学的学术意义上讲，可以视为是其起点，或者说是阳明思想转向的标志。但龙场悟道还有比学术本身更加重要的意义，对此已有人做出过颇有价值的论述①，现再进一步做出强调。对王阳明本人而言，龙场悟道的意义在于：他一方面动用前此所掌握的禅、道二家的修炼功夫，解决了他遇到的实际人生难题，即当其身处逆境时，得以超越外来的诸种

---

① 参见韩东育《关于阳明子"龙场悟道"的非学术寓义》(《史学集刊》1994年第3期)。韩文将龙场悟道之非学术寓义概括为"价值换位与权威否定"二项，颇有启示意义。但这篇文章也并非没有缺陷，如他说阳明释"格物"为正心之意为："易'至'为'正'，无异于向天下宣布：君主并不一定就是真理和正义的化身。倘君心邪祟，亦必被斫正而绝无例外之理。只是，这一祛邪的力量，决非来于腐朽政治集团本身，而是降自凌驾于任何势位和特权者上的无上准则——内心的良知。"话讲到这般地步还是颇有见地的，但文章又继续说："倘经由此匡正办法不能使君心复正，那么，君主就应该被否定，被打倒。他通过与学生讨论问题的方式影射道：'不知自己是桀纣心地，动辄要做尧舜的事业，如何做得！'更何况在王阳明看来违背天理良知者实与禽兽无异呢？而已堕为禽兽者，又有何资格再君人南面、享受万岁耶：'若违了天理，便与禽兽无异，便偷生在世上百千年，也不过做了百千年的禽兽！'"要打倒无道的昏君，并斥之为禽兽，这种无父无君的主张王阳明肯定不会接受。假如这样，那阳明与反叛的朱宸濠又有何区别。话讲过了头便是谬误，我们决不能用自己的思想去妄测甚至代替古人的思想。

威胁而保持心境的平静空明，从而使其避免陷入悲观沉沦；同时他又以儒家的心学理论（尤其是从湛若水那里了解的白沙心学），提升了禅、道二家的人生境界，即摆脱精神苦闷的目的并非完全为了一己的自我解脱，而是为了保证其在艰难的境遇中担负起一个儒者应有的人生责任，这包括关怀他人，留意国事，讲学不辍，保持自我节操，等等。可以说，阳明先生通过龙场悟道，用释、道的超越理论应付了险恶的环境，又用儒家的责任感坚定了自我的用世之心。从明代士人的人格心态演变史的角度看，王阳明的这种人生体悟与心态转变具有更为重要的意义。它显示了明代士人正在开始艰难地摆脱长期的从属地位，从原来政治工具的角色转向道义的承担者，从妾妇的心态转向独立自主的心态。当然，这个转变过程并不是一次性完成的，而且终明之世士人也很难真正完全独立。但王阳明毕竟向士人昭示了一种新的人格形态，为士人摆脱现实苦恼提供了一种内在超越的有效途径。尽管它未能及时地成为医治李梦阳、康海们精神苦闷消沉的良药，但在以后的历史发展中则显示了极大的活力。正如具有同样遭遇的顾璘所言："谪来颇与静便，唯思亲一念，唯日耿耿。正思执事谈滇中之乐，于时漫为悲喜。乃今始知其味也。"（顾璘《息园存稿》卷八，《与王伯安鸿胪》）尽管顾氏并不算王门弟子，却也用阳明龙场的人生体验来解决贬官的精神苦闷。阳明后学邹元标在万历时期同样体验了讲学对其人生自我生存的意义："臣弱冠幸举孝廉，从诸长者游，一登讲堂，此心戚戚。既谢计偕，独处深山之三年；嗣入夜郎，兀坐深菁者六年；浮沉南北，栖迟田亩又三十余年。赖有此学，死生夷狄未尝陨志。"（《明文海》卷六一，《讲学疏》）其实，以心学度过精神危机者比比皆是，举顾、邹二人只不过例示说明而已。当然，阳明心学并非只为士人提供缓解心灵危机的药方，而是还有更为重要的目的，但就龙场悟道而言，我以为主要意义便在于此。

第二节 良知说所体现的阳明心学境界

一、致良知与四句教之关系与阳明之学术风格

从正德三年的龙场悟道至嘉靖七年病逝，阳明心学经过了近二十年的发展演变。其大致发展阶段为：正德四年在贵阳主要是倡知行合一之旨，正德八年在滁阳教人静坐息心以入道，正德十二年在南赣教学者存天理去人欲以复本体，正德十五年经忠、泰之难而揭致良知之说，嘉靖六年天泉证道而确定四句教。由此可知阳明心学始终处于不断地发展变化之中，倘若阳明嘉靖七年未病故，或许依然会有新的悟解也说不定。这与王学的强调心悟与不执定板有直接关系。但这也为研究王学造成了相当的困难，即阳明心学有无最后结论，若有，则何为其最后定论。最早对此做出论述的是阳明的两个得力弟子钱德洪与王畿。钱氏说："居贵阳时，首与学者为'知行合一'之说；自滁阳后，多教学者静坐；江右以来，始单提'致良知'三字，直指本体，令学者言下有悟：是教亦三变也。"(《刻文录叙说》，见《王阳明全集》卷四一)按钱氏所言，致良知应是阳明心学的最后定论，起码是最后说法。而王畿则与钱氏所说有出入，其不同处在于致良知之后又增添了"居越以后"一个阶段，其曰："江右以后，专提致良知三字，默不假坐，心不待澄，不习不虑，出之自有天则。盖良知即是未发之中，此知之前更无未发；良知即是中节之和，此和之后更无已发。此知自能收敛，不须更主于收敛；此知自能发散，不须更期于发散。收敛者感之体，静而动也；发散者寂之用，动而静也。知之真切笃实处即是行，行之明觉精察处即是知，无有二也。居越以后，所操益熟，所得益化，时时知是知非，时时无是无非，开口即是本心，更无假借凑泊，如赤日当空而万象毕照，是学成之后，又有此三变也。"(《明儒学案》卷十，《姚江学案》)陈来先生断定这"居越以后"是

指的晚年四句教,并认为它才是阳明晚年思想的最后阶段。(见《有无之境》,第329页)然而这种看法我以为还是有商量余地的。

之所以不能轻易否定钱德洪致良知为阳明晚年定论的说法,是由于有阳明本人的话作为支持。阳明曾多次强调良知或致良知的重要性:"良知明白,随你去静处体认也好,随你去事上磨练也好,良知本体原是无动静的。此便是学问头脑。我这个话头自滁州到今,亦较过几番,只是致良知三字无病。"(《王阳明全集》卷三,《传习录下》)"近来信得致良知三字,真圣门正眼法藏。往年尚疑未尽,今自多事以来,只此良知无不具足。"(同上,卷三二,《年谱二》)"吾良知二字,自龙场悟道以后便已不出此意,只是点此二字不出,与学者言,废却多少辞说。"(《刻文录叙说》,同上,卷四一)直至嘉靖六年也就是阳明病逝的前一年,阳明还赋《长生诗》曰:"长生徒有慕,苦乏大药资。名山遍探历,悠悠鬓生丝。微躯一系念,去道日远而。中岁忽有觉,九还乃在兹。非炉亦非鼎,何坎复何离;本无终始究,宁有死生期?彼哉游方士,诡辞反增疑;纷然诸老翁,自传困多歧。乾坤由我在,安用他求为?千生皆过影,良知乃我师。"(同上,卷二十)本诗应视为是阳明对其一生为学求道的总结,而他生命的最后归宿依然要落实于良知二字之上。可见钱氏说致良知为阳明晚年定论是言之有据的。当然,王畿的四句教为定论说亦非其主观臆造,《传习录》记天泉证道阳明解释四句教后说:"已后与朋友讲学,切不可失了我的宗旨:无善无恶是心之体,有善有恶是意之动,知善知恶的是良知,为善去恶是格物。只依我这话头随人指点,自没病痛。"(同上,卷三)《年谱》亦曰:"二君以后与学者言,务要依我四句宗旨:无善无恶是心之体,有善有恶是意之动,知善知恶是良知,为善去恶是格物。以此自修,直跻圣位;以此接人,更无差失。"(同上,卷三五)无论是《传习录》还是《年谱》,都有钱德洪的参与,则王畿所言的四句教为晚年定论看来亦绝非自我杜撰。

陈来先生之所以要将致良知与四句教区分开来并肯定后者,是与其分阳明思想为有、无二境直接相关的,他说:"江西时的致良知思想还只是纯粹的道德理性主义,归根到底还是'有'的境界,四句教的提出,才实现了境界的有无合一。因此从江西时期到居越末期的发展固然也可以看作'致良知教'本身的发展,但确实可以看作两个不同的发展阶段。"(《有无之境》,第330页)这种看法并不符合阳明心学的实际发展状况,说江西时期的致良知是'有'的境界更与阳明思想不合,如阳明正德十六年在《与杨仕鸣》的信中说:"区区所论致知二字,乃是孔门正法眼藏,于此见得真的,直是建诸天地而不悖,质诸鬼神而无疑,考诸三王而不谬,百世以俟圣人而不惑! 知此者,方谓之知道;得此者,方谓之有德。异此而学,即谓之异端;离此而说,即谓之邪说;迷此而行,即谓之冥行。虽千魔万怪,眩瞀变幻于前,自当触之而碎,迎之而解,如太阳一出,而鬼魅魍魉自无所逃其形矣。尚何疑虑之有,而何异同之足惑乎? 所谓'此学如立在空中,四面皆无倚靠,万事不容染着,色色信他本来,不容一毫增减。若涉些安排,着些意思,便不是合一功夫'。"(《王阳明全集》卷五)阳明在此不仅更为坚定地指出了"致知"(实即致良知)在其心学中地位的重要,而且突出了心学"如立在空中,四面皆无倚靠,万事不容染着"的超越特征,也就是说江右时期的阳明心学便具有了"无"的境界,更不必等到归越后方才产生,以后我们会有更多的例子来证明此一点,因而陈来先生的上述观点是不能成立的。

那么致良知与四句教之间到底是一种什么关系呢? 我以为是对同一种哲学主张的两种不同教学方法。其核心是良知,其方法则可分为江右时期所提出的"致"与嘉靖六年在越中时提出的"四句教"两种。从龙场悟道时所提出的"吾性自足"到江右时期的"自信良知",实际上都是阳明本人对人生哲理的自我体悟。通过这种体悟,他有效地解决了自身所遭遇的人生困境。但是如何将这种人生体悟传达给弟子们,则需要恰当的教学手段。因为心学是靠自我体悟而实现人生觉解的学术,因而其教学方法也就是独特的。开始时阳明用了"致"的手段。他所言的"致"包含有两层意思:一是扩充自我之善端,这显然是遵循了孟子的思路。因为良知的观念从学术渊源上说便是来源于孟子的良知良能,则其为学手段自然也受孟子之影响。孟子认为人皆有恻隐、羞恶、辞让、是非之善端,而"凡有四端于我者,知皆扩而充之矣,若火之始燃,泉之始达。苟能充之,足以保四海;苟不充之,不足以事父母"。(《孟子·公孙丑上》)阳明亦曰:"夫学、问、思、辨、笃行之功,虽其困勉至于人一己百,而扩充之极,至于尽性知天,亦不过致吾心之良知而已。"(《王阳明全集》卷二,《答顾东桥书》)这便是自信己心具备天然良知,若加以扩而充之,即可达到圣人的境界。二是推自我良知于事物之中,亦即其所言的格不正以归于正之意,故而他说:"若鄙人所谓致知格物者,致吾心之良知于事事物物也。吾心之良知,即所谓天理也。致吾心良知之天理于事事物物,则事事物物皆得其理矣。致吾心之良知者,致知也。事事物物皆得其理者,格物也。"(同上)用现代术语讲,前者是道德认知,而后者是道德实践。应该说思路是非常清楚的,但这却并不符合阳明心学的一贯风格。首先,根据阳明知行合一的主张,决不能将知与行分开来讲,所谓"知之真切笃实处即是行,行之明觉精察处即是知"。(同上)尽管他做了特别的强调,却依然有割裂知、行的危险,因而用"致"来作为教学手段不能算是最好的表达方式。其次,用"致"不能涵盖良知之学的全部内容,比如良知的内涵、良知的发用等等。其三,用"致"来说明获得良知与实行良知显得理性化成分太浓,而理性成分的浓厚又导致了手段的单一与死板。这与心学讲究个体的体悟是背道而驰的,阳明本人便说过:"圣人教人不是个束缚他通做一般,只如狂者便从狂处成就他,狷者便从狷处成就他,人之才气如何同得?"(同上,卷三,《传习录下》)正因为"致良知"并非其最理想的表述方式,所以他必须寻找一种更具包容性,更富于弹性的教学方式来,于是就有了四句教的出现。

其实,王畿在其《天泉正道记》中对此讲得很清楚:"阳明夫子之学,以良知为宗,每与门人论学,提四句教为法。"(《龙溪王先生全集》卷一)在以良知为宗旨这一点上,四句教与致良知没有区别,而只是将"致"换成了四句教之"法"。尽管四句教在当时便引起了钱德洪与王龙溪的不同理解,并且为后世留下了一桩打不尽的笔墨官司,但在阳明本人看来却是相当满意的,所以才会说:"只依我这话头随人指点,自没病痛。"至于钱、王二人的争议,似乎他早有所预料,故言"正要二子有此一问"。(同上)那么,又为什么要保留这种疑问与不一致的理解呢?阳明说:"我今将行,正要你们来讲破此意。二君之见正好相资为用,不可各执一边。我这里接人原有二种。利根之人直从本源上悟入。人心本体原是明莹无滞的,原是个未发之中。利根之人一悟本体,即是功夫,人己内外,一齐俱透了。其次不免有习心在,本体受蔽,故且教在意念上实落为善去恶。功夫熟后,渣滓去得尽时,本体亦尽明了。汝中之见,是我这里接利根人的;德洪之见,是我这里为其次立法的。二君相取为用,则中人上下皆可引入于道。若各执一边,眼前便有失人,便于道体各有未尽。"(《王阳明全集》卷三,《传习录下》)由此可见,四句教对阳明心学的概括不仅是全面的,而且也是富于弹性的。这种弹性实际上是一种模糊性,人们在接受它时必须动用自我的智慧去反复琢磨,在这多指向的表述中去体悟其意旨,从而根据各自的天分资质进行独特的体验。我以为这才真正合乎阳明心学的根本特征。

阳明心学将接受对象分为"利根"与"中下"两类有着复杂的原因,其中的重要原因之一便是阳明心学往往可分为"自言"与"他言"两个部分。所谓自言是指对自我存在之关注,所谓他言是指对社会之教化。阳明龙场悟道与致良知说之提出均带有强烈的自我悟解色彩,即自我在身处险恶境遇时应持何种人生态度。龙场悟道在于吾性自足，江右时期在于自信良知，其实都是要超越利害得失的纠缠而保持心境之平静。对此种超越境界的追求，是阳明要解决的自我人生难题。在讲学中尽管他也曾多次涉及此种境界，但他通过诗歌的方式自言的时候更多。另一方面，作为儒者的阳明还要教化社会，扭转士风，则其所言往往是针对当时官场及知识界而发。此类人中的大多数由于"习染太深"，必须痛下为善去恶的诚意功夫，方可达到较高境界。此可视为一种"他言"，即对他人而言说。在阳明一生中讲的较多者是他言，而自言则较少，尤其用哲学的语言讲的比较少。但这并不意味着"自言"在其生命中是无足轻重的，有时这少量的"自言"甚至超过了大量"他言"的分量。因而阳明下述这段话便需给予新的理解："利根之人，世亦难遇，本体功夫，一悟尽透。此颜子、明道所不敢承当，岂可轻易望人！人有习心，不教他在良知上实用为善去恶功夫，只去悬空想个本体，一切事为俱不着实，不过养成一个虚寂。此个病痛不是小小，不可不早说破。"(《王阳明全集》卷三,《传习录下》)在此与其说是在批评王畿，倒不如说是表现了阳明本人以"利根"的圣贤资质自居的自信与自负。否则，他何以前边刚肯定过王畿所言"是我这里接利根人的"，后边却又马上予以否定？这种将人群分为利根与中下的做法并不始于阳明，起码从宋儒朱子便已将圣人分为生而知之与学而知之两种，至元代大儒许衡则将此析之更明："天生圣人，明德全明，不用分毫功夫，于天下万事，皆能晓解，皆能了干，见天下之人，皆有自己一般的明德，只为生来的气禀拘之，又为生以后耳目口鼻身体的爱欲蔽之，故明德暗塞，与禽兽不远。圣人哀怜，故设为学校，以变其气，养见在之明，使人人明德，皆如自己一般，此圣人立教本意。"(《鲁斋遗书》卷三,《论明明德》)观此后人当明白，阳明乃以圣人自居，天生有明德之良知，而后学弟子则未必可人人皆如此，故须做为善去恶的功夫。同时他也未堵死天生圣人之利根一途,起码在他的眼中,王畿即与此较近。这体现了王学的巨大包容性及其阳明本人挽救世道人心的迫切心情。

然而,王阳明也并未因追求这种包容性便将其学说降低为条分缕析的俗儒教化,因为还有其学由心悟的心学宗旨必须得到贯彻。因而其四句教又显示了相当程度的模糊性。当龙溪、德洪弄明白了阳明先生的利根与中下应采取不同的教法之后,仍存有疑问需要解答,于是又有了所谓的严滩问答,《传习录》记曰:"先生起行征思、田,德洪与汝中追送严滩,汝中举佛家实相幻想之说。先生曰:'有心俱是实,无心俱是幻;无心俱是实,有心俱是幻。'汝中曰:'有心俱是实,无心俱是幻,是本体上说工夫。无心俱是实,有心俱是幻,是工夫上说本体。'先生然其言。"(《王阳明全集》卷三)而王畿在《刑部陕西员外郎特诏进阶朝列大夫致仕绪山钱君行状》亦记此事曰:"夫子赴两广,予与君送至严滩,夫子复申前说,两人正好互相为用,弗失吾宗。因举'有心是实相,无心是幻相;有心是幻相,无心是实相'为问。君拟议未及答,予曰:'前所举是即本体证工夫,后所举是用工夫合本体,有无之间不可置诘。'夫子莞尔笑曰:'可哉!此是究极之说,汝辈既已见得,正好更相切劘,默默保任,弗轻露泄也。'二人唯唯而别。"(《龙溪王先生全集》卷二十)两种材料没有太大的出入,尽管"此是究极之说"比"先生然其言"更强调了王畿对自己见解的价值,但阳明对王畿的答案持赞许态度则是可以肯定的。关键是师徒二人的问答究竟是谈的什么问题,目前虽有人试图予以解答,但所得结论均难以令人满意。① 我以为

---

① 就近几年学术界的研究状况看,曾对严滩问答做出具体阐释的主要有:陈来《有无之境》(人民出版社1991年版),丁为祥《王阳明"无善无恶"辨》(《孔子研究》1993年第2期),方祖猷《天泉证道·严滩问答·南浦请益——有关王阳明晚年宗说的三件大事》(《宁波大学学报》1997年第3期)。方文在文献梳理上颇有成绩,但将每条拆开用佛、儒理论分别加以解说,则颇不得要领,很难令人满意。丁文本为与陈来商榷而作,但我以为尚不如陈说通达。由于作者先执定心体为"至善"的观点,以致使他在理解此

此次问答所谈问题不可能与天泉证道之内容相重复,拿王畿的聪明及其与阳明的密切关系,却反复紧追不舍地探询同一问题,这是难以想象的。理解此一问题的关键我认为必须与致良知联系起来才能得到合理的答案。所谓"本体说工夫"或曰"本体证工夫",是指的"致"的第一种内涵,即扩充自我善端的过程,也就是如何认识良知本体,如何达到良知境界的问题。在这个时候,必须"有心",亦即痛下为善去恶的功夫。假如此时"无心",则绝不可能有任何收益。对此阳明本人有过很具体的论述:

> 一日,论为学工夫,先生曰:"教人为学,不可执一偏:初学时心猿意马,拴缚不定,其所思虑多是人欲一边,故且教之静坐、息

(接上页)问题时完全将阳明之意做了相反的释说。他说:"功夫中的'无心'恰好是本体上'有心'的表现;而本体上的'有心'也只有全然表现为'无心'的功夫时,才是本体的充分实现。这样,如果说'有心'是对'至善'的执着,那么,'无心'便是'至善'本体在功夫中的'无善无恶'表现了。"这种将阳明心学的本体解释为至善,而将其功夫解释为无心,显然不能被王学研究者所普遍接受,故不须深辩。在三人中,以陈来先生的解说最为通达:

> 经过前几节的讨论,我们可以比较容易地了解,"有心俱是实,无心俱是幻"是就四句教后三句"有"的立场来说的。这里的"有心"是指承认善恶及其分别为实有,故依知善知恶之良知,诚之以好善恶恶之意,实为为善去恶之事,这就是"有心俱是实"。如果把善恶的分别看成虚假的对立,认为善恶的分别是无意义的,这种看法就是"无心",是错误的,所以是"幻"。这是从儒家"有"的基本立场立论。下二句"无心俱是实,有心俱是幻"则是用"无"的智慧对"有"的立场作一种补充。这两句中的"无心"与"有心"与前二句中的"无心""有心"意义不同,这后二句中的"无心"是指无心而顺有、情顺万物而无情,指"不着意思",即对事物不要有偏执或执着,否则便会引起种种心理障碍,而这里的"有心"是指计较、执着之心。因此在后二句中就要否定作为执着之心的有心,而肯定作为不着意思的无心。(第231页)

陈氏的解释本身没有错误,而是略显含糊。他遵循的思路正是其书名所显示的,乃有无相兼,但由于他未能区别功夫也就是"致"有修炼与践履的不同,因而影响了行文的明晰。其实他所说的"有"即修炼之"致",而"无"则是践履之"致"。但更重要的是,他忽略了对本体的解说。王畿所言的无论是"本体上说工夫"还是"工夫上说本体",都与本体密不可分,而陈先生竟绕过王畿所作的本体阐释而直接解释阳明之原句,便不免丢失部分内容,但他现有的解说却并没有错误。

思虑，久之，俟其心意稍定。只悬空静守如槁木死灰，亦无用，须教他省察克治。省察克治之功，则无时而可间，如去盗贼，须有个扫除廓清之意。无事时将好色好货好名等私逐一追究，搜寻出来，定要拔去病根，永不复起，方始为快。常如猫之捕鼠，一眼看着，一耳听着，才有一念萌动，即与克去，斩钉截铁，不可姑容与他方便。不可窝藏，不可放他出路，方是真实用功，方能扫除廓清。到得无私可克，自有端拱时在。虽曰何思何虑，非初学时事。初学必须思省察克治，即是思诚，只思一个天理。到得天理纯全，便是何思何虑矣。"

(同上，卷一，《传习录上》)

这便是"有心"，只有如此，方可收为善去恶之实功。尽管此"有心"之工夫是为"无心"之本体而发，但为得彼之"无"必先行此之"有"。此即为"本体上说工夫"。而"工夫上说本体"或曰"用工夫合本体"则是指"致"的第二种内涵，即致吾心之良知于天下事事物物的道德践履功夫。在这个过程中，虽是要求得格不正以归于正之实功，但却需要"无心"，需要廓然大公，而这才是阳明心学的最高境界。对此阳明解释说："圣人致知之功，至诚无息，其良知之体皦如明镜，略无纤翳，妍媸之来，随物现形，而明镜曾无留染，所谓情顺万物而无情也。无所住而生其心，佛氏曾有是言，未为非也。明镜之应物，妍者妍，媸者媸，一照而皆真，即是生其心处；妍者妍，媸者媸，一过而不留，即是无所住处。"(同上，卷二，《传习录中》，《答陆原静书》)此处所言"致知"显然是属于良知发用的道德践履，它可以取得"妍者妍，媸者媸，一照而皆真"的实效，但本体却依然归于"一过而不留"的无之境界。此时，"无心"才是本体的真实状态，故言"无心俱是实"；如果心滞于物，则犹如明镜中所生"纤翳"，即非本体之实相而为"幻"矣。这便是以工夫之"有"证本体之"无"。关于这一点,我们留在下面再详细说明。这种近乎禅宗偈语的问学方式的确令人费解,远不如用"致"来得清楚明白,也难怪连其高足钱德洪也一时悟不出个所以然来,但一向悟性高超的王畿却立时透悟了阳明先生的立意,迅速做出了满意的回答。不过此种方式显然不具备教法上的普遍意义,尤其不会被稳重的钱德洪所采纳,因而钱氏说:"但先生是因问偶谈,若吾儒指点人处,不必借此立言耳。"(同上,卷三,《传习录下》)但通过对天泉证道与严滩问答的研究,使我们认识到了四句教与致良知的关系以及阳明心学的风格特征。

这种特征对阳明心学也许是合适的,但却给今天的学术研究带来了一定的难度。因为阳明心学的目的是要求得真实的人生体悟,只要实现了此种目的,大可不必形诸语言。而今天的研究却必须予以明晰的表述,则单靠体验是不能完全解决问题的。不过我们既然理清了四句教与致良知之间的关系,则也就找到了理解其内涵的门径。即必须将四句教的表述与致良知的内容结合起来,才能更清楚地看出其良知理论所体现的人生境界。

二、"无善无恶"与"致良知"所体现的人生境界

天泉证道所提出的四句教历来是阳明心学研究中最为聚讼纷纭的题目。就目前所争议的焦点看,大致有两个:一是对"无善无恶心之体"的理解,究竟是无善无恶为至善的表述形式,还是至善的实质即无善无恶,这牵涉到阳明心学的核心究竟是禅道之虚空还是儒家伦理之善的问题。二是如何看待四句教中各句之间的关系问题,一般的看法是,将"无善无恶心之体"视之为无之本体,而将"有善有恶意之动,知善知恶是良知,为善去恶是格物"三句视之为有之功夫。有人即根据此种二分原则将阳明心学概括为"有无之境"。如果将这些争议的观点均一一罗列出来,那将会花费太多的文字,因而在此我只能概括为一

句话,即对王阳明的误解实在是太多太久了。其误解的核心是出于对阳明声誉的维护,即担心将阳明心学说成是禅或道会有损于其作为大哲学家的声誉,因而自觉不自觉地便要通过论其儒家伦理品格而辨其非禅。此种学术思路并不是产生于现代,而是在明代就成为许多人的共言的题目。当晚明知识界对阳明心学大张挞伐时,其所列重要罪名之一便是"近禅"。于是便有人站出来为阳明先生辩护,如袁中道说:"良知之学,开于阳明,当时止以为善去恶教人,更不提着此向上事。使非王汝中发之,几不欲显明之矣。……近日论学者,专说本体,未免逗漏,大非阳明本旨。"(《珂雪斋集》卷二一,《书学人册》)小修的用意当然是好的,但他说阳明"止以为善去恶教人",显然是很不全面的。与小修同时的董其昌则力辨阳明与禅之相异处,他在《别集·禅悦》中说:"古人以水喻性,荷泽得法于曹溪,拈出心体,曰水是名,以湿为体;心是名,以知为体。最为片言居要。乃永嘉曰灵知,王阳明曰良知,晦翁曰虚灵不昧,其语似有混讹,若为代代相承曰:永嘉之所谓灵者,即不生不灭,不垢不净,不增不减,迎之不见其首,随之不见其尾,了了常故,自言之不及,非以能思算、能注想为灵,《阴符》不神之神也。若朱子之虚灵不昧,则唯其仁义礼智者所自出,如见孺子入井,即起恻隐;闻呼救声,即起羞恶,动于善之机也。阳明之良知,则曰无善无恶者心之体,有善有恶者心之动,知善知恶是良知,为善去恶是致良知。夫无善无恶者心之体,近于禅矣;而知善知恶是良知,与晦翁虚灵不昧何尝相悖?"既有禅之无,又有朱子所言伦理之有,董其昌所言可谓标准的有无之境的明代版本。明清之际的黄宗羲则更是力辨阳明本人绝不同于其后学,他在《明儒学案》中说:"阳明言'无善无恶心之体',原与性无善无不善不同。性以理言,理无不善,安得云无善?心以气言,气之动有善有不善,而当其藏其体于寂之时,独知湛然而已,亦安得谓之有善有恶乎?且阳明之必为是言者,因后世格物穷理之学,有先乎善者而立也。乃先生建立宗旨，竟以性为无善恶，失却阳明之意。"（卷三六，《泰州学案五·周汝登传》）他认为阳明之所以不同于周汝登，是由于其将心与性分别对待，只承认心之无善无恶，而不承认性者无善无恶。而周氏之错误即在于混同心与性之差别。可以说后来的所有争议，都或多或少地牵涉到如何看待心与性之内涵及其关系的问题。

就宋明理学的总体趋势而言，的确大都将心与性区别对待。从学脉言，阳明乃是承孟子心性之学而来，因而在其论学过程中多强调心性之善。从其一生作为看，入世精神强烈并建立了突出的事功。因此，无论是其人格还是学术属于儒家应该不成问题。但阳明心学毕竟具有自己的独特品格，从而在宋明儒学中独树一帜，而其最突出的特点即在于合心、性为一。在阳明心学中，其论心论性往往混而言之，有时看似论心，其实就是论性；有时形似论性，其实就是论心。正由于此，他在江右时期提出的良知观念便是心性合一之体，所以才会说："心者身之主也，而心之虚灵明觉即所谓本然良知也。其虚灵明觉之良知应感而动者，谓之意；有知而后有意，无知则无意矣。知非意之体乎？意之所用必有其物，物即事也。"（《王阳明全集》卷二，《传习录中》，《答顾东桥书》）在此，良知成了心的虚灵明觉，仿佛是心之功用，但他同时又说"知"（实即良知之性言）为意之体，则良知便又成了体。因而在阳明心学体系中，心与良知是相互包容的两个概念，均可视之为体，而意和物才是用。如在《大学古本序》里，阳明是如此阐述心、知、意、物之间的关系的："《大学》之要，诚意而已矣，诚意之功，格物而已矣，诚意之极，止至善而已矣，止至善之则，致知而已矣。正心复其体也，修身著其用也。以言乎己谓之明德，以言乎人谓之亲民，以言乎天地之间则备矣。是故至善也者，心之本体也，动而后有不善。然而本体之知未尝不知也。意者其动也，物者其事也，致其本体之知而动无不善，然非即其事而格之，则亦无以致其知。故致知者诚意之本也，格物者致知之实也,物格则知致意诚,而有以复其本体,是之谓止至善。"(《王阳明全集》卷七)尽管阳明在此运用的全是儒学的传统术语,但他还是将心与知归于本体的范畴而把意与事归于用的范畴。因此,在四句教中虽然将心与良知分而言之,其目的只不过是为了突出心体的超越特性与良知的明觉之灵而已,分而言之为"无善无恶"之虚与"知善知恶"之灵,合而言之则既称心之虚灵,亦可称良知之虚灵。许多现代学者认为良知更强调至善的性质,其实在阳明看来,至善与无善无恶本来就是可以互换的概念。这通过考察良知的内涵便可得知。

良知尽管是阳明心学的核心概念,但对其内涵阳明却从并没有过集中的表述。根据他在不同场合的使用情况,起码应有如下内涵:一是虚灵,二是明觉,三是真诚恻怛之心。虚灵之特性已见上述,而对其他两方面的表述则有:"盖良知只是一个天理,自然明觉发见处,只是一个真诚恻怛,便是他的本体。故致此良知之真诚恻怛,以事亲便是孝;致此良知之真诚恻怛,以从兄便是悌;致此良知之真诚恻怛,以事君便是忠:只是一个良知,一个真诚恻怛。"(同上,卷二,《答聂文蔚》)这是最容易被认为强调伦理情感之"有"的例子。的确,在阳明的表述中,真诚恻怛乃是天地生生之仁在人心中的情感体现,是万物一体精神的体现,是对同类充满感情的真诚关注。但这种情感却并不就是孝、悌、忠等伦理行为本身。真诚恻怛有两个特征,一是不抱成见、不加检择的宽阔胸襟,此亦可称为虚;一是不假思索的自然真诚,如"知是心之体。心自然会知,见父自然知孝,见兄自然知弟,见孺子入井,自然知恻隐。此便是良知,不假外求"。(同上,卷一,《传习录上》)孝弟、恻隐均为良知所发之意,却并不是良知本身。这种自然而知的特性亦可称之为"灵"。在另一场合,阳明曾将良知与情感比做太阳与云雾的关系,他说:"喜怒哀惧爱恶欲,谓之七情。七者俱是人心合有的,但要认得良知明白。比如日光,亦不可指着方所;一隙通明,皆是日光所在，虽云雾四塞，太虚中色象可辨，亦是日光不灭处，不可以云能蔽日，教天不要生云。七情顺其自然之流行，皆是良知之用，不可分别善恶，但不可有所着；七情有着，俱谓之欲，俱为良知之蔽；然才有着时，良知亦自会觉，觉即蔽去，复其本体矣！此处能勘得破，方是简易透彻功夫。"（《王阳明全集》卷三，《传习录下》）本体如日光，是虚，是明，是自然；七情是云，是雾。良知具有普照万物的阔然大公胸襟，它可以使七情自然流行，可以觉察七情之不正，并可使不正归之于正，但却不能认七情为良知本体。因此，四句教中的"知善知恶是良知"也就不是说良知本身是善，而是说它有知善知恶的能力，如果勉强说是善，也不同于道德判断的伦理之善，而是超道德的本性之良，故言其为"至善"。其实，王畿对阳明良知的概括是较为精确的，正如上边所引述的，在江右时，"盖良知即是未发之中，此知至前更无未发；良知即是中节之和，此知之后更无已发。此知自能收敛，不须更主于收敛；此知自能发散，不须更期于发散。收敛者，感之体，静而动也；发散者，寂之用，动而静也"。可知良知之本体是"未发"，是"静"，是"寂"；"感"是"已发"，是"动"。在它是未发之中时，则为无善无恶；在其发散时，则为知善知恶。而在居越以后，则是"时时知是知非，时时无是无非"，亦即体用合一，无间于已发未发。但若拆开来说，则还是无是无非是体，知是知非是用。可知良知确为无是无非、无善无恶之本体。在阳明心学中，他所说的良知、性、理、天理大多情况下都是指的同一对象，从而也都有虚灵之特性，阳明在嘉靖三年所作的《太傅王文恪公传》中，曾如此概括王鏊论性，其曰："欲知性之善乎？盍反而内观乎？寂然不动之中，而有至虚至灵者存焉。湛兮其非有也，窅兮其非无也，不堕于中边，不杂于声臭。当是时也，善且未形，而恶有所谓恶者哉？恶有所谓善恶混者哉？恶有所谓三品者哉？性，其犹鉴乎！鉴者，善应而不留。物来则应，物去则空，鉴何有焉！性，惟虚也，惟灵也，恶安从生？"（《王阳明全集》卷二五)不知是阳明在叙述王鏊的性论时进行了创造性的诠释,还是他受到了王鏊性论的深刻影响,这些尚有待于深入研究。但有一点是清楚的,即此处所言之性与其所言良知特点甚为相似,即均为虚灵之物。因此,在研究阳明心学的过程中,不了解其体与用的各自内涵及其关系不行,不了解其即体即用的特征也不行,不了解其合心与性为一尤其不行。

至于心在阳明心学中的内涵,与良知大致相同,亦有虚与灵二种特点。只不过在谈到心时,更强调其虚之一端而已。对此阳明在世时的情形与其身后大不一样。后世的学者对心之善恶问题曾产生过很大的争议,而阳明在世时则无论其本人还是其弟子对心之虚灵特征均持有大体一致的看法,一向主张"四无"的王畿是如此,阳明本人也是如此,甚至被后人视为崇尚"四有"的罗洪先也是如此。罗氏在释心之无善无恶时说:"人之心体一也,指名曰善可也,曰至善无恶亦可也,曰无善无恶亦可也。曰善、曰至善,人皆信而无疑矣,又为无善无恶之说者,何也?至善之体,恶固非其所有,善亦不得而有也。至善之体,虚灵也,犹目之明、耳之聪也。虚灵之体不可先有乎善,犹明之不可先有乎色,聪之不可先有乎声也。目无一色,故能尽万物之色;耳无一声,故能尽万物之声;心无一善,故能尽天下万物之善。今之论至善者,乃索之于事事物物之中,先求其所谓定理者,以为应事宰物之则,是虚灵之内先有乎善也。虚灵之内先有乎善,是耳未听而先有乎声,目未视而先有乎色也。塞其聪明之用,而窒其虚灵之体,非至善之谓也。……虚灵之蔽,不但邪思恶念,虽至美之念,先横于中,积而不化,已落将迎意必之私,而非时止、时行之用矣。故先师曰'无善无恶者心之体',是对后世格物穷理之学先有乎善者立言也。因时设法,不得已之辞焉耳。"(《明儒学案》卷十一,《浙中王门学案一·复杨斛山》)无论说这是阳明先生的"因时设法"也好,"不得已之辞"也好,总之一句话,罗洪先明确地承认了心体的虚灵特征,而且此种见解直接源于其师阳明先生。不仅此番议论的话头是从阳明之"无善无恶心之体"的四句教而引起的,而且其所用阐释语言亦从阳明处学来,《传习录》记阳明之言曰:"心体上着不得一念留滞,就如眼着不得些尘沙。些子能得几多?满眼便昏天黑地了。"又曰:"这一念不但是私念,便好的念头,亦着不得些子。如眼中放些金屑,眼亦开不得了。"(《王阳明全集》卷三)因此,在阳明心学体系中,根据其心性合一的特点,我们可以说其良知与心是经常作为同一概念而使用的,其共同特点是虚灵。在四句教中,"无善无恶心之体"与"知善知恶是良知"是为了突出其不同的侧面,"无善无恶"突出其虚,"知善知恶"突出其灵。需要特别留意的是,"知善知恶"的"灵"才是良知的特性,而不是善恶本身。当然,作为明代思想家的王阳明在使用心与良知的概念时不如现代人那样严密,有时可能会有超出虚灵之外的内涵出现,这也是必须指出的。但就其主要方面而言,虚灵乃其共同的特征应该是没有什么问题的。

  王阳明之所以对心与良知的虚灵特性如此重视,自然是为了建立其心学的体系,这可分为灵与虚两方面来谈。阳明强调"灵"之目的在于彰显心学的心灵主体的主宰作用,在此种意义上,他有时称之为"天理自然明觉"(同上,卷二,《答聂文蔚二》);有时又称之为"明师"(同上,卷三,《传习录下》)。总起来说,便是"心之虚明灵觉即本然之良知也"。(同上,卷二,《答顾东桥书》)有时王阳明为了突出此种特性,似乎有将良知神化的倾向,如说:"良知是造化的精灵,这些精灵生天生地,成鬼成帝,皆从此出。"以前论阳明心学,往往将其说成是意识产生物质的唯心主义,其根据便是阳明的此类言论,其实他在此的行文重点并非生成论上的先后问题,而是价值论上的主次问题,因为他紧接着便说:"真是与物无对,人若复得他完完全全无少欠亏,自不觉手舞足蹈,不知天地间更有何乐可代。"(同上,卷三,《传习录下》)"与物无对"便是价值观上的至上地位,亦即对于人类来说,无论是实有的万事万物,还是传说中的鬼神上帝,假如缺乏主体心灵的观照,它们便不具备存在的意义。对此阳明本人说得很清楚:"我的灵明便是天地鬼神的主宰,天没有我的灵明谁去仰他高,地没有我的灵明谁去俯他深,鬼神没有我的灵明谁去辨他吉凶灾祥。天地鬼神离却我的灵明便没有天地鬼神万物了。我的灵明离却天地鬼神万物亦没有我的灵明。如此便是一气流通的,如何与他间隔得?又问:'天地鬼神万物千古见在,何没了我的灵明便俱无了?'曰:'今看死的人,他这些精灵游散了,他的天地万物尚在何处?'"(《王阳明全集》卷三,《传习录下》)就是说,天地鬼神万物必须成为"他的"天地鬼神万物,对"他"来说才有意义。没有了"他",并不是说天地鬼神万物不存在了,而是对"他"来说已经没有意义了。而这个"他"又必以"精灵"为主宰,如果精灵散了,"他的"天地万物也就不存在了。人之精灵或曰良知之所以如此重要,是因为它具有下列两种特征:一是其自发性,阳明称之为"自然",即其自身便会如此,而不必借助于外力。故曰:"知是心之体。心自然会知,见父自然知孝,见兄自然知弟,见孺子入井,自然知恻隐。此便是良知,不假外求。"(同上,卷一,《传习录上》)良知本体尽管寂然不动,但却又会自然感而通之,阳明后学徐阶曾如此概括其学说特性:"取孟子所谓良知,合诸《大学》以为致良知之说,其大要以谓人心虚灵,莫不有知,唯不以私欲蔽塞其虚灵者,则不假外索,而于天下之事无所感而不通,无所措而不当。"(《王文成公全书序》,见《王文成公全书》卷首)这种感而遂通的自发性保证了心学即体即用,体用双彰的品格。二是人人皆具的现成性。阳明说:"是非之心,不虑而知,不学而能。所谓良知也。良知之在人心,无间于圣贤,天下古今所同也。"(《王阳明全集》卷一,《传习录上》)"自圣人以至于愚人,自一人之心以达于四海之远,自千古之前以至于万代之后,无有不同是良知也者,是所谓天下之大本也。"(《王阳明全集》卷八,《书朱守乾卷》)此二点的进一步推衍,便是其所谓"满街都是圣人"之主张。作为一种学说,这种心性上的解说是非常有必要的,否则阳明先生便无法推行自己的哲学主张。正是由于他将良知赋予每一位有生命的个体,使得人人均有成圣的可能,其心学才能在中晚明掀起一场声势浩大的学术潮流,从而广泛深刻地影响了士人群体的人格心态。

然而,建立心学体系我以为并不是阳明提出良知虚灵的最终目的,他的心性论是与其存在论紧密相连的。从存在论的角度来看阳明的心体或良知虚灵的主张,就应该将其视为是对一种人生境界的追求。而他之所以要追求此种人生的境界,是为了解决士人(包括阳明本人)两个互为关联的存在问题,即如何在艰难境遇中保持自我的独立与超然,并担负起救世济民的儒者责任。前者是解决的个体自我的问题,而后者是解决的社会群体问题,但若不能有效解决前者,后者也就无法得以实现。因而必须将此二者联系起来进行研究,才能较完整地把握阳明心学的存在论命题。从解决个体自我的存在而言,阳明所言之虚往往与忘之意相近。从人格类型上看,阳明与白沙先生追求从容的隐者风度不完全相同,他属于具有进取精神的豪杰之士,他曾说:"昔之君子,盖有举世非之而不顾,千百世非之而不顾者,亦求其是而已矣,岂以一时毁誉而动心邪!"(同上,卷五,《与陆原静》)这不顾毁誉的"昔之君子"不妨视之为阳明所追求的理想人格,但如何能够达到举世非之、千百世非之而不顾呢?阳明认为这就需要致其良知,达到无善无恶的虚灵状态,要达到虚灵状态便需要克服来自外部环境与个体自我的双面纠缠。然而,外部环境在许多情形下是个体所无法改变也无法抗拒的,则要使心境虚灵便只好从自我个体入手。阳明先生认为这包括下列内容,首先是忘掉个人得失荣辱的私欲,这便须下一番省察克治的功夫,他曾说:"省察克治之功,则无时而可间,如去盗贼,须有个扫除廓清之意。无事时将好色、好货、好名等私欲逐一追究、搜寻出来,定要拔去病根,永不复起,方始为快。"(《王阳明全集》卷一,《传习录上》)个人之得失荣辱对一般士人来说也许是很难除去的,但对于追求圣贤之学者来说,则是并不困难的。更重要的是忘怀生死,对此阳明说:"学问功夫于一切声利嗜好俱能脱落殆尽,尚有一种生死念头,毫发挂滞,便于全体有未融释处。人于生死念头本从生身命根上带来,故不易去,若于此处见得破透得过,此心全体方始流行无碍。"(同上,卷三,《传习录下》)如果达到了忘怀得失荣辱生死的地步,那就是致得了良知,便是求得了圣学之实用,此统称为"忘我",而圣人之学正是以无我为本,无我即心之本体,亦即良知之本体:"人心本是天然之理,精精明明,无纤芥染著,只是一个无我而已。胸中切不可有,有即傲也,古先圣人许多好处也只是无我而已。"(同上,卷二六,《大学问》)这些道理谈起来当然不难,在阳明之前的庄子与禅宗已不知进行过多少解说,但真正达到超越境界其实并不多见,尤其是身处官场的士人便更不容易做到。在这方面,阳明并未抱过于乐观的态度,他在嘉靖六年致黄宗贤的信中,曾反复强调了此一点:"人在仕途,比之退处山林时,其功夫之难十倍,非得良友时时警发砥砺,则其平日所志向,鲜有不潜移默夺,弛然日就于颓靡者。"此所言颓靡之具体表现为:"言语不能屈服得人为耻,意气不能陵轹得人为耻,愤怒嗜欲不能直意任情得为耻。"此种情形乃是当时官场中意气用事、结党拉派、相互倾轧之常见现象,而阳明先生认为作为一个追求圣学的儒者对此应采取忍耐态度,所谓:"凡人言语正到快意时,便截然能忍默得;意气正到发扬时,便翕然能收敛得;愤怒嗜欲正到腾沸时,便廓然能消化得;此非天下之大勇者不能也。"但如何能够做到忍之大勇呢?阳明告诉其弟子须是"见得良知亲切时"方能为之。而致良知之具体内涵即"克去己私,真能以天地万物为一体"。因为"今天下事势,如沉疴积痿",若欲"起死回生","实康济得天下,挽回三代之治",那么个人之私利与快意也就不足挂齿了。(《王阳明全集》卷六,《与黄宗贤》)可见要达到无我的艰难,它不仅需要有康济天下、挽回三代之治的大志,而且还要有超越世俗利害得失的大勇。除此之外,还要有甘冒被他人指为异端的心理准备。因为就个体与环境的关系而言,"无善无恶"的超越境界的确可以摆脱对于名利生死的纠缠,从而使自我没有挂碍而获得心灵的自由。就此境界而言,实与庄子之内在超越、禅宗之自我解脱非常相似。尽管阳明一再申述,他之获取超越境界并非仅为一己之受用,而是更有利于济天下之苍生,故曰:"佛氏著在无善无恶上,便一切都不管,不可以治天下。圣人无善无恶,只是无有作好,无有作恶,不动于气。然遵王之道,会其有极,便自一循天理,便有个裁成辅相。"(同上,卷一,《传习录上》)但在当时及其身后,他还是被许多人误解为禅,甚至连与其关系密切到结成儿女亲家的黄绾,也反戈一击,著《明道编》而攻之。但阳明并不以毁誉而动心,他有充分的自信来区别儒释的不同,因而说:"释氏之说亦自有同于吾儒而不害其为异者,惟在于几微毫忽之间而已。亦何必讳于其同而遂不敢以为言,狃于其异而不以察之乎?"(同上,卷二一,《答徐成之》)那么,阳明是用什么标准来辨别儒释之间这"几微毫忽"的相异之处的呢?我以为阳明是从价值取向此一最根本的方面来入手的。他批评陷于佛老者曰:"君子之学,为己之学也。为己故必克己,克己则无己。无己者,无我也。世之学者执其自私自利之心,而自任以为为己。溺焉入于隳堕断灭之中,而自任以为无我者,吾见亦多矣。呜呼!自以为有志圣人之学,乃堕于末世佛、老邪僻之见而弗觉,亦可哀也夫!"(同上,卷八,《书王嘉秀请益卷》)在阳明看来,儒家的克己、无己、为己与佛老不同。儒家的克己与无己是要去掉一己之私欲而达到超越世俗的境界,但并不是要断绝与社会的关系而入于断灭之中;儒家的为己是说要真正做到成就自我的圣贤品格而有益于身心之修养,而不是说像佛老那样只为求得一己的精神解脱或肉体永恒。但同时又要敢于汲取佛老有益于吾儒者,而不能一味加以拒斥,故曰:"然则圣人之学乃不有要乎?彼释氏之外人伦遗物理而堕于空寂者,固不得谓之明心矣;若世儒之外务讲求考索而不知本诸其心者,其亦可谓理乎?"(《王阳明全集》卷五,《答夏敦夫》)可见只要不遗去人伦物理,就可以毫不犹豫地向佛老吸取身心修炼的方法,而不能成为固执拘谨的腐儒。可知阳明对儒释之间的异同是知之甚切的,因而从阳明本人的个性讲,他是绝不甘心被佛老所缚而入其彀中的,他既要超越世之俗儒,也要超越佛老异端,在与周道通的书信中,他充分表达了此种愿望,他先是认肯了二者求虚明的共性:"世儒之学,才见人说就心性上用功,辄拒而不听,以其流为禅也。故其为学,必须寻几句书来衬贴此心,庶有依靠,此殆不能自立而然耳。先儒言心中不可有一物,若依靠□□□□有物矣。安得此心虚明而应物无滞耶?"虽然儒佛之求"虚明"均为"应物无滞",但儒实又优于佛,故而他接着说:"佛释不累于物,与吾儒同,但吾儒不离于物,而能不累于物。若使佛释不离于物,则不能不累于物矣。吾儒知所容心,而又知无所容其心。佛释则欲尽归于无所容心而已矣。佛释之明,如生铜开镜,乃用私智凿出,吾儒则如日月有明,一本其自然,故镜怕物障,日月不怕物障。"(张立文整理《王阳明与周道通问答书》,《浙江学刊》1996年第5期)阳明之意为,佛氏怕物累故逃于物,而儒者则应物而不累于物,即入世而能不累于俗。在阳明先生眼中,这才是真正的超越,才是真正的虚明,它犹如日月一样,普照万物而又不被万物所障。从理论上讲,这是阳明为学的真实动机,也是其主要的价值取向。但作为现实的王阳明,他是否真正做到了不顾世俗毁誉而一意济世救民,他的无善无恶的内在超越是否只具备儒者情怀而丝毫没有追求个体愉悦的动机,都尚待进一步的研究。

从社会关怀的角度看,若欲有效地担负起救世济民的儒家责任,就必须具备博大宽广的圣人胸襟，阳明也将此种人生境界称之为虚。在阳明学的研究中，许多学者一般把这种救世的倾向称之为"有"的境界。的确，阳明本人曾说过："吾平生讲学只是致良知三字。仁，人心也，良知之诚爱恻怛处，便是仁，无诚爱恻怛之心，亦无良知可致矣。"(《王阳明全集》卷二六，《寄正宪男手默二卷》)从传统儒学的角度讲，仁的确是一种真诚关注爱护他人的情感意向，就像孔子所说的那样，仁者爱人。但在王阳明的心学体系中，仁除了保持有传统儒学的意思，又具有其独特的内涵，那就是廓然大公的天地境界之意，具体讲便是博大宽容，心怀万物，无私意，无偏袒，情顺于物，普济众生的圣人胸襟。从境界上来规定仁，我们宁可也把它作为无来看待。此一规定当然并非研究者的一厢情愿，而是有阳明本人的看法作为论点的支撑。他说："仙家说到虚，圣人岂能虚上加得一点实？佛家说到无，圣人岂能无上加得一毫有？但仙家说虚，从养生上来；佛家说无，从出离生死苦海上来；却于本体加却这些意思在，便不是他虚无的本色了，便于本体有障碍。圣人只是还他良知的本色，更不着些意思在。良知之虚，便是天之太虚；良知之无，便是太虚之无形。日月风雷山川民物，凡有貌相形色，皆在太虚无形中发用流行，未尝作得天的障碍。圣人只是顺其良知之发用；天地万物俱在我良知的发用流行中，何尝又有一物超于良知之外能作得障碍？"(同上，卷三，《传习录下》)在此说得很清楚，良知的本色便是虚无，便是"不着些意思"；良知乃天然之知，如天地一样，本无所谓善恶。在此一层面上，主要是突出虚无的博大宽阔的特性。同时，虚无还有至公无私之意，《传习录》中载，有一次阳明的一位弟子除去花间杂草，由此引发了阳明先生的一番对"无善无恶"的议论。他先说："天地生意，花草一般，何曾有善恶之分？子欲观花，则以花为善，以草为恶；如欲用草时，复以草为善矣。此等善恶，皆由汝心好恶所生，故知是错。"弟子问："然则无善无恶乎？"阳明曰："无善无恶者理之静,有善有恶者气之动。不动于气,即无善无恶,是谓至善。"(《王阳明全集》卷一)此所言"至善"或曰"无善无恶",与"天地生意"有直接联系,而这"天地生意"也就是"万物一体之仁",这是一种平等对待天下万物的廓然大公胸怀,超越了一般的价值判断与事物分别,也可以说是儒家意义上的超越。用阳明的话说,此种无善无恶乃是"理"未接触具体事物时的状态,即理之静造成了心体的无善无恶。而动于气亦即有了主观价值判断或者说主观欲望,如"观花""用草"的不同用处的选择,这便有了分别,当然也就有了善恶,而此时便会发挥其"知善知恶"的灵明作用,所谓:"至善之发见,是而是焉,非而非焉,轻重厚薄,随感随应,变动不居,而亦莫不有天然之中;乃是民彝物则之极,不容少有拟议增损于其间也。"(同上,卷二六,《大学问》)正如本段文字最后阳明所追问的:"此须汝心自体当。汝要去草,是什么心?周茂叔窗前草不除,是什么心?"(同上,卷一)依阳明的解释,周茂叔之心乃体味天下生意之仁,乃是无善无恶;而其弟子则是要除草养花,乃是有善有恶的价值判断之心。此二种心很难说有是非的区别,但却是不同境界的心体显现。而由此"万物一体之仁"的胸怀也就自然显示出儒者之无善无恶与佛者之无善无恶之间的差别:佛氏之无善无恶虽亦为超越性的,却是以遗忘天下而成就自我解脱为前提的,也就有了负面的意义;而阳明之无善无恶则是仁溥万物而无私的积极态度,最终是以成己成物为目的。阳明这种无善无恶的超越境界从学术渊源上说,我以为是来自大程。程颢论学主定性,而"所谓定者,动亦定,静亦定,无将迎,无内外"。所以能如此,是由于圣人之道与天相通:"夫天地之常,以其心普万物而无心;圣人之常,以其情顺万物而无情。故君子之学莫若廓然大公,物来顺应。"(《答横渠张子厚先生书》,见《二程集》,第460页)此所言"无心""无情""廓然大公",实与阳明之"无善无恶"相近,其目的乃是要做到"物来顺应"的结果。而要做到"廓然大共",

大程认为须"内外两忘",故曰:"与其非外而是内,不若内外两忘之也。两忘则澄然无事矣。无事则定,定则明,明则尚何应物之累哉?圣人之喜,以物之当喜;圣人之怒,以物之当怒。是圣人之喜怒,不系于心而系于物也。是则圣人岂不应于物哉?乌得以从外者为非,而更求在内者为是也。"(《答横渠张子厚先生书》,见《二程集》,第461页)此种内外两忘的境界来源于庄子,亦与禅之无所住而生其心相通,就此而言,谓其通于庄、禅亦无不可,然而这却又可以导向两种不同的结果:一种是忘怀一切的心灵自我受用,心虽应物却并非为物,而是为了自我之解脱,庄、禅之目的为此;另一种则是在忘却得失荣辱之小我后,可以更加洒脱地去济世为民,这是大程的目的,也是阳明先生的目的。他们之间所不同的是,大程是纯粹的学者,而阳明则是学者兼实践家,他对儒者廓然大公的胸怀在济物利民实践中的作用,应该具有更为深刻的心理体验。

当然,良知之虚的自我超越与济世利民两个方面是互为关联的,没有忘怀自我的超越境界,就不可能具备廓然大公的宽广胸襟,也就不可能有效地济世利民;反过来,如果抱定了济世利民的坚定信念,则对于生死荣辱的一己得失便自然会漠然处之。这使得良知之超越境界与所有其他的超越境界清晰地区别开来。关于此一点,阳明在其《答南元善》一文中有具体生动的表述:

> 世之高抗通脱之士,捐富贵,轻利害,弃爵禄,决然长往而不顾者,亦皆有之。彼其或从好于外道诡异之说,投情于诗酒山水技艺之乐,又或奋发于意气,感激于愤悱,牵溺于嗜好,有待于物以相胜,是以去彼取此而后能。及其所之既倦,意衡心郁,情随事移,则忧愁悲苦随之而作。果能捐富贵,轻利害,弃爵禄,快然终身,无入而不自得已乎?夫惟有道之士,真有以见其良知之昭明灵觉,圆融洞澈,廓然与太虚而同体。太虚之中,何物不有?而无一

物能为太虚之障碍。盖吾良知之体，本自聪明睿知，本自宽裕温柔，本自发强刚毅，本自斋庄中正文理密察，本自溥博渊泉而时出之，本无富贵之可慕，本无贫贱之可忧，本无得丧之可欣戚，爱憎之可取舍。……故凡慕富贵，忧贫贱，欣戚得丧，爱憎取舍之类，皆足以蔽吾聪明睿知之体而窒吾渊泉时出之用。若此者，如明目之中而翳之以尘沙，聪耳之中而塞之以木楔也。其疾痛逆郁，将必速去之为快，而何能忍于时刻乎？故凡有道之士，其于慕富贵，忧贫贱，欣戚得丧而取舍爱憎也，若洗目中之尘而拔耳中之楔。其于富贵、贫贱、得丧、爱憎之相，值若飘风浮霭之往来变化于太虚，而太虚之体，固常廓然其无碍也。

(《王阳明全集》卷六)

此处所言的"宽裕温柔""发强刚毅""斋庄中正，文理密察"，是良知入世的品格与能力；而"无贫贱之可忧""无得失之可欣戚、爱憎之可取舍"，又是内在超越的前提。而具备了如此的良知之体，可济世利民，但不会流于世俗之见；可超然自得，但不必绝世离俗。如此便叫作世出世入，无不自得也。因而良知之超越非但不同于庄禅之消极避世与断灭种姓，也不同于文人雅士流连山水之独善其身，甚至与李梦阳辈的意气风发、感激愤悱亦不相同。因为以上所有这些都须有所外待，而一旦失其所待便会陷入忧愁悲苦的境地，从而达不到无入而不自得的境界。阳明认为唯良知可得乎此，故而反复倡言之。

三、"致良知"说产生的时代原因及其王阳明的人生实践

正德十六年对阳明心学来说是个值得重视的年头，因为在本年王阳明正式提出了他的"致良知"的学说，而本年阳明先生恰为五十岁，依先圣的说法，正好是知天命的年龄。这也许是个巧合，但就阳明的生

平而论,他在本年提出致良知却有充分的人生依据,《年谱二》载:"是年先生始揭致良知之教。先生闻前月十日武宗驾入宫,始舒忧念。自经宸濠、忠、泰之变,益信良知真足以忘患难,出生死,所谓考三王,建天地,质鬼神,俟后圣,无弗同者。乃遗书守益曰:'近来信得致良知三字,真圣门正法眼藏。往年尚疑未尽,今自多事以来,只此良知无不自足。譬之操舟得舵,平澜浅濑,无不如意,虽遇颠风逆浪,柁柄在手,可免没溺之患矣。'"(《王阳明全集》卷三四)在此,可将阳明所提出之致良知分为两方面解:一是坚信良知在我,保证仁者与万物同体的儒者胸怀,无论在任何艰难境遇中均不失其责任感,此即为"操舟得柁""柁柄在手";二是超越的高尚境界,即不执着于任何外在的利害荣辱,保持吾心之空灵虚明,从而摆脱险恶环境与自我焦虑的双重困惑,此即所谓"忘患难,出生死""免没溺之患"。而这两方面又是互为关联的,正由于忘怀物我的超越境界,为万物一体之仁的现实关怀提供了可能性;同时良知在我的把柄在手的自信,又反过来增强了自我的超越。就阳明心学的整体而言,仁民爱物显然是其主要目的。然而就其当时提出的心理动机而言,则如龙场悟道一样,乃是为了解决其人生自我所面临的困惑焦虑。可以说,作为具备了儒者品格的阳明先生,仁民爱物是其终生一以贯之的、不言而喻的人生志向,而如何实现此一志向才是他不断探索的话题。阳明先生曾说过:"吾良知二字,自龙场以后便不出此意,只是点此二字不出。"(钱德洪《刻文录叙说》,见《王阳明全集》卷四一)这固然突出了龙场悟道对阳明心学产生的重要,但却同时留下了一个疑问,即何以他长期提不出良知二字,必待其五十岁时方始提出。其实,这与阳明本人的学术品格直接相关。从阳明上述致守益的信中,可以看出致良知说对于他自身生命存在的重要。他一贯主张心与理合一,"诚诸其身","使人洞然知得是自己生身立命之原,不假外求,如草木之有根,畅茂条达,自有所不容已"。(同上,卷六,

《寄邹谦之三》)反过来,他的学说主张的提出,也都是以其自我的人生经历与人生体验为前提的。因此,若欲回答阳明何以在正德十五年前后提出致良知的疑问,就必须了解此时阳明先生的遭遇与心境。在这方面,尽管已有人进行了初步的探索,但将其梳理得具体清晰者于今尚未见到。① 阳明曾说良知二字乃是自己从百难千死中得来,但到底这百难千死包括哪些内容?我以为起码包括宸濠之变,忠、泰之难与嫉功陷害这三个主要阶段。以下便分而述之。

宸濠之变是王阳明在正德十五年前后所面临的第一个严峻的人生考验。尽管宁王朱宸濠之反意早有迹象显露,但在其举事时依然造成了人心的极度恐慌。这不仅是因为武宗的荒唐行为导致了朝政的混乱,以致人们很难相信朝廷平息此次叛乱有必胜的把握,更重要的是这又牵涉到了皇室内部权力争夺的敏感问题。在这方面,明代士人留下了太多的人生惨剧与人生尴尬。方孝孺气节凛然却被惨烈地祸灭十族,那可歌可泣的历史场面已深深印在每一位士人的心中;齐泰、黄子澄、练子宁因向建文帝建议削藩而被成祖列为奸党,他们被死后灭族的史实犹清晰地书之于简册;还有景泰年间的兵部尚书于谦,他拥有再造社稷的大功却终难免横尸西市的下场,那凄惨的情景仿佛就发生在昨日。因而凡是稍有头脑的士人都不会去介入此一敏感的祸区,如宣德元年朱高煦叛乱时,杨荣极力劝谏宣宗御驾亲征,其原因便是臣子处此类事顾虑太多,诚如夏原吉所言:"臣昨见所遣将,命下即色变,临事可知。"(《明史》卷一四九,《夏原吉传》)正德年间此种情形并未有大的

---

① 参见陆玉林《王阳明晚年心境与哲学精神》(《孔子研究》1997年第2期)。这篇文章所提出的论题颇有价值,用作者的话说是:"本文一方面着力揭示阳明晚年洒落而沉痛的心境,为理解阳明哲学打通路径;另一方面通过对作为其哲学的血脉和灵魂的基本范畴和命题的分析,发掘阳明哲学的真实意蕴。"问题虽然提出来了,但由于作者在历史方面未能进行深入的研究,故而使其文章显得较为单薄,尤其对阳明之心态未能做出深入的开掘,故须进一步做出梳理。

改变，郑晓后来曾回忆说："宁藩反时，余时年二十一，应试在杭。见诸路羽书，皆不敢指名宸濠反，或曰江西省城有变，或曰江西省城十分紧急，或曰江西巡抚被害重情，或曰南昌忽聚军马船只，传言有变。惟阳明传报，明言江西宁王谋反，钦奉密旨，会兵征讨。"（《今言》卷四）这种徘徊观望的态度固然有对个人身家性命的顾虑，但也与当时政治形势的复杂纷乱有关，据徐阶说："武皇帝之在御也，政由嬖幸，濠悉与结纳。至或许为内应，方其崛起，天下皆不敢意其遽亡。"（徐阶《阳明先生画像记》，见《王阳明全集》卷四十）就在这形势不明的情形下，阳明却一面毅然"明言"宁王谋反，并且还诈称"钦奉密旨"；同时又上疏痛责武宗说："陛下在位一十四年，屡经变难，民心骚动，尚尔巡游不已，致宗室谋动干戈，冀窃大宝，且今天下之觊觎岂特一宁王，天下之奸雄岂特在宗室？言念及此，憯骨寒心。"（同上，卷十一，《奏闻宸濠伪造檄榜疏》）他可以说将双方都指责了一番，没有为自己留下任何回旋的余地。拿阳明的精明与干练，他当然知道自己这样做的危险，所以才会采取如下的断然措施："先生引兵而西，留其家吉安之公署，聚薪环之，戒守者曰：'兵败即纵火，毋为贼辱！'"（同上，卷四十，《阳明先生画像记》）是什么东西使他具有了如此义无反顾的决心？在当时，他既缺乏朝廷强有力的支持，手中又没有足以制胜的兵力，可他硬是要用地方的乡兵义勇去平定号称有十万之众的宁王叛军。唯 的解释便是儒家拯乱救危的责任心，或者是如其所称的良知。然而在此千钧一发的危急关头，若没有义无反顾的决心与镇定自若的心态，是绝对不会取得任何实际效果的。阳明靠了他的良知，既态度坚决，又心境空明，所以才会像李贽所称赞的那样："旬日之间，不待请兵请粮而即擒反者。唯先生能之。"（《续藏书》卷十四）后来，有许多明代士人虽不否定阳明的事功，但却认为那是他善于用兵，与其良知之学没有关系。客观地讲，阳明在正德年间所以能屡次平乱立功，的确与其年轻时的喜读兵书,留心军事密不可分。但也与其学术素养不无关系,他本人就曾说过:"用兵何术,但学问纯笃,养得此心不动,乃术尔。凡人智能相去不甚远,胜负之决,不待卜诸临阵,只在此心动与不动之间。"那么又如何使此心不动呢?阳明认为:"若人真肯在良知上用功,时时精明,不蔽于欲,自能临事不动。不动真体,自能应变无言。"(钱德洪《征宸濠反间遗事》,见《王阳明全集》卷三九)依阳明的心学理论,人若能达超越生死利害的无我境界,心便能虚,虚而能静,静而能定,定而能明,而明了便会有正确的决断。《年谱二》曾记述了他心定神明的实际事例:"先生入城,日坐都察院,开中门,令可见前后。对士友论学不辍。报至,即登堂遣之。有言伍焚须状,暂如侧席,遣牌斩之。还坐,众咸色怖惊问。先生曰:'适闻对敌小却,此兵家常事,不足介意。'后闻濠已擒,问故行赏讫,还坐,咸色喜惊问。先生曰:'适闻宁王已擒,想不伪,但伤死者众耳。'理前语如常。旁观者服其学。"(同上,卷三四)弟子们在为其师作年谱时,对此类事容或有些夸张的成分,但阳明在行军打仗之际常常讲学不辍,却是有很多记载的。也许邹守益的叙述更接近于真实些:"昔先生与宁王交战时,与二三同志坐军中讲学。谍者走报前军失利,坐中皆有怖色。先生出见谍者,退而就坐,复接绪言,神色自若。顷之,谍者走报贼兵大溃,坐中皆有喜色。先生出见谍,退而就坐,复接绪言,神色亦自若。"(《征宸濠反间遗事》,见《王阳明全集》卷三九)退一步讲,即使并未完全做到心中丝毫不惊,但能够做到惊不乱其神,而喜不流于色,也可谓大智大勇了,而这应该是阳明从其自信良知中获得的真实受用。

忠、泰之难是阳明在正德十五年前后所经历的第二个人生考验。此次较上次更加危险而难于应付,因为上次是对待叛乱的宁王,尽管危险但却有措手之处,而本次却是来自朝廷内部,阳明完全失去了主动。所谓忠、泰是指武宗的亲信大臣提督军务太监张忠与安边伯边将许泰。当武宗得知宁王反叛时，认为正好为施展其军事才能提供了难得的机会，便亲率数万士卒南下平叛。然其刚至涿州，守仁擒获宸濠之捷报亦至。武宗大为扫兴，便将捷报隐而不发，令大军继续南下，并命忠、泰先至南昌。张、许二人为讨好武宗，竟建议阳明将宁王释放，以待武宗亲自捉拿。阳明岂能拿国事做儿戏，自然拒绝了他们的无理要求。于是，忠、泰二人及其党羽便对阳明多方构陷，必欲致之死地而后快。关于当时的危急情状历史上曾有过大量的记载，其弟子陆深用了"谗构朋兴，祸机四发"来形容此时阳明的处境，并说："武宗南巡，奸党害新建之功，飞语构陷，危疑汹汹，群小侦伺，旁午于道，或来先生家私籍其产宇丁畜，若将抄没之为，姻族皆震撼，莫知所出。"（陆深《海日先生行状》，见《王阳明全集》卷三八）可知当时确实弄得人心惶惶，不知所措，仿佛大祸立时便要临头似的。那么，张忠、许泰之辈到底为阳明立下了什么罪名呢？详细情况已经被历史的迷雾所遮饰，但有一点是确凿无疑的，那便是他们曾诬陷阳明"必反"："忠、泰在南都谗先生必反，惟张永持正保全之。武宗问忠等曰：'以何验之？'对曰：'召必不至。'有召面见，先生即行。忠等恐语相违，复拒之芜湖半月。不得已入九华山，每日宴坐草庵中，适武宗遣人觇之曰：'王守仁学道人也，召之即至，安得反乎？'乃有返江西之命。"（同上，卷三四，《年谱二》）"谋反"的罪名非但有杀身之危，且更有灭族之祸。故而当时阳明之父海日翁乃言"宸濠之变，皆以为汝必死矣"（同上），阳明本人也感受到前所未有的沉重压力，故《年谱》记曰："先生赴召至上新河，为诸幸谗阻不得见，中夜默坐，见水波拍岸，汩汩有声，思曰：'以一身蒙谤，死即死耳，如老亲何？'谓门人曰：'此时若有一孔可以窥父而逃，吾亦终生长往而不悔矣！'"（同上）但现实不容许他逃走，所以他依然要面对这危机四伏的艰险境遇。于是，他再一次动用其良知的理论，在九华山上以"每日宴坐"（同上）的超越从容来忘却现实对其自我的威胁。关于此一段阳明之心境，我们可在其留下的游九华山诗中得到具体的感受。他有过"尽日岩头坐落花，不知何处是吾家"（《王阳明全集》卷二十，《岩头闲坐漫成》）的迷茫，也有过"莫谓中丞喜忘世，前途风浪苦难行"（同上，《重游化城寺二首》其一）的不满，但由此却正好看到了他在危境中"忘世"的本领。他自信良知，心无愧疚，故而他无畏无惧；他心地平静，魂定神明，故而他应付自如。"谩对芳樽辞酩酊，机关识破已多时"（同上，《劝酒》），尽情豪饮，成竹在胸，是何等的洒脱，又是何等的自信！"风咏不须沂水上，碧山明月更清辉。"（同上，《将游九华移舟宿寺山二首》其二）等九华于沂水，效曾点之咏乐，是何等的超脱，又是何等的趣味盎然！而所有这一切，均取决于他那"我本无心云自闲"（同上，《登云峰二三子咏歌以从欣然成谣二首》其二）的良知境界。"飘飘二三子，春服来从行；咏歌见真性，逍遥无俗情。各勉希圣志，毋为尘所萦。"（同上，其一）倘若你不了解阳明的境界，你不把握良知的真髓，你肯定不会相信这是出于身陷危境的阳明子之手。也许《登云峰望始尽九华之胜因复作歌》一诗最足展示此时的阳明心境：

> 九华之峰九十九，此语相传俗人口；俗人眼浅见皮肤，焉测其中之所有？我登华顶拂云雾，极目奇峰那有数？巨壑中藏万玉林，大剑长戟攒武库。有如智者深韬藏，复如淑女避谗妒。谙然避世不求知，卑己尊人羞呈露。何人不道九华奇，奇中之奇人未知。我欲穷搜抉出，秘藏恐是天所私。旋解诗囊旋收拾，脱颖露出锥参差。从来题诗李白好，渠于此山亦潦草。曾见王维画辋川，安得渠来拂纤稿？

（同上）

诗可分两层意解。在表层上，它显示了九华山千奇百怪的胜境，抒写了作者游山时的审美感受;但更重要的是其深一层的意蕴,因为那里边有阳明的苦衷,阳明的自负,阳明的智慧。"淑女避谗嫉",是其饱谙世事险恶的苦衷;"巨壑"藏玉林若大剑长戟之武库,是其身怀奇才的自负;"有如智者深韬藏",是其避害全身的智慧。而"谙然避世不求知,卑己尊人羞呈露"之句,则更是隐含着阳明难于言说的一段史实。当时为使武宗满足虚荣心而不入江西扰害百姓,阳明乃重上告捷文书,声称其平定宁王叛乱乃事先已亲奉"威武大将军"方略,故而方能取得如此大功。许多士人对此不理解,认为迹近谀谄,但从上述诗句中,人们应该理解阳明的那份苦心。避世远害是其智,卑己尊人是其德,关心百姓是其仁,更何况还有其超然不群的高洁境界呢?阳明后学万廷言在其《阳明先生重游九华诗卷后序》(《明文海》卷二六九)中,曾将阳明此刻之心态及其与良知境界之关系剖析得条理清晰,深入具体,不妨引述如下:

> 孟子曰:"诵其诗读其书,不知其人可乎?是以论其世也。"廷言诵阳明先生重游九华诸诗而论其世,其毅皇南巡金陵召见之时乎?是时先生既擒濠逆,凶竖攘功,阴构阳挤,入在左腹,召至采石,而咫尺不奉至尊,祸且莫测,盖亦危矣。彼怵于死生祸福之交者,垂首丧气,伈伈俯俯不能自存;而世称敏略之士,又投机乘变,侥幸于须臾,固皆不足道。其豪杰君子善处患难,不忘其忠,亦不过悚息待罪,达旦不寐,绕床叹息而已。固未有捐得失之分,齐生死之故,洞然忘怀,咏叹夷犹于山川草木之间,乐而不忘其忧,油油然不失其恭如先生者也。呜呼!此九华之诗所为作,而诵之者之当论其世欤!盖其良知之体虚明莹彻,朗如太空,洞视环宇,死生利害祸福之变,真阴阳昼夜惨舒消长相代乎吾前,遇者而安,触之而应,适昭我良知变见圆通之用,曾不足动其纤芥也。其或感触微存凝滞,念虑差有未融,则太虚无际,阴翳间生,荡以清风,照以

日月,息以平旦,煦以太和,忽不觉转为轻云,化为瑞霭,郁勃之渐消,泰宇之澄霁,人反乐其为庆为祥,而不知变化消熔之妙实在。咏歌夷犹之间,脱然以释,融然以解,上下与天地同流矣。故观此诗而论其世,然后知先生之乐,乃所以深致其力,伊川所谓学者学处患难,其旨信为有在。益知先生千古人豪,后世所当尚论而取法者也。苟徒词而已,骚人默士工为语言者耳,何足知先生者哉!呜呼!先生所处死生利害之大犹若此,况富贵贫贱失得毁誉之小!

万廷言字以忠,号思默,南昌东溪人。他是罗洪先的弟子,受其师的影响,他亦有隐居以求寂体的倾向,故能于阳明先生之超越境界有深切的体会。阳明靠了自己的学养,不仅在千钧一发的当口能保持镇定自若的心境,从而度过了生命的危境,而且为明代士人树立了处乱不惊、临危不惧、若凤凰翔于千仞之上的大丈夫榜样。

嫉功陷害是王阳明在正德十五年左右经历的第三个人生考验。正德十六年武宗病逝,世宗因武宗无子而以藩王的身份入继大统,首辅杨廷和利用皇权交接的关口而大力革除正德朝旧弊,朝政顿时为之一新。阳明在正德末曾四上归省奏折,名义上是因亲老多病,而实际上是因"权奸谗嫉,恐罹暧昧之祸","故其时虽以暂归为请,而实有终身丘壑之念矣"。嘉靖改元,使他感到命运有了转机,当时大有"若出陷阱而登春台"的欣喜之情。但这显然是他的错觉,正当朝廷要对其平叛之功进行封赏时,从内阁到科道都有不少人嫉妒他的功赏,从而掀起了一股强劲的"谗构"阳明之风。(见《王阳明全集》卷二,《年谱二》)其实,作为阳明朋友的方献夫早就提醒过他,方氏初始时语较含蓄地说:"朝廷赏功大典不日当下,然盛德者不居其功,明哲者不保其盈,先生进退之间,可以自处矣。先正谓留侯有儒者气象,非观其进退之际欤?"(《西樵遗稿》卷八,《柬王阳明》)他要阳明学汉代人张良,做一个功成身退的明哲之士,言外之意是他将在功高赏巨之时遇到麻烦。后来方氏干脆将话挑明说:"赤松之托,此正其时。古人云:功成身退,天地之道。幸谛思之。时情固有大不可人者,不必论也。"(《西樵遗稿》卷八,《又柬王阳明》)可尚未等阳明采取行动,攻讦之词便接踵而来。当时对阳明的"谗构"可分为两方面,一是言其平宸濠之功不实。阳明的弟子陆澄在《辨忠奸以定国是疏》曾对此类攻讦进行了概括,将其分为六条:"一谓宸濠私书,有'王守仁亦好'一语;二谓守仁曾遣冀元亨往见宸濠;三谓守仁亦因贺宸濠生辰而来;四谓守仁起兵,由于致仕都御史王懋中、知府伍文定攀激;五谓守仁城破之日,纵兵焚掠,而杀人太多;六谓宸濠本无能力,一知县之力可擒,守仁之功不足多,而捷本所陈,妆点过实。"(《王阳明全集》卷三九)各条之间矛盾颇多,明眼人一看便知为诬蔑不实之词,可当时人言汹汹,一时难以置辩,尤其是前三条交通宸濠之言,均有杀头之罪。二是诬其伪学欺世。任士凭《江西奏复封爵咨》曰:"科道官迎当路意,劾公伪学。"(同上)可见其是有后台、有组织的行动。钱德洪在《仰止祠记》中也说:"夫子之始倡是学也,天下非笑诋訾,几不免于陷阱者屡矣。"(同上,卷三六,《年谱附录一》)面对这些攻讦,阳明心情异常愤激,在给兵部尚书王琼的信中,他用了"惟有痛哭流涕而已"(同上,卷二七,《与王晋溪司马》)的沉痛语气,这在以前他是很少用的,哪怕是在艰苦的龙场驿所他都没有如此沉痛。当然,这沉痛之中不全是对个人得失的考虑,更是对国家命运的担心,他曾明确地说:"今地方上事残破愈极,其间宜修举者百端。去岁尝缪申一二奏,皆中途被沮而归。继是而后,遂以形迹之嫌,不敢复有建白。"此时他已知道,"地方事决知无能为",于是只好"闭门息念,袖手待尽矣"。(同上)他在《与胡伯中》的信中做一总结,说:"正人难得,正学难明,流俗难变,直道难容,临笔悯然,如有所失。"(同上,卷四)在如此形势与如此心境中,他还有什么理由待在这是非之地的官场而不归乡隐居呢？但此时的阳明先生已处于学术的成熟阶段，他已经受了太多的磨难，面临过太多的险境，因而尽管蒙受了极大的冤屈，他已没有兴趣去与对手争辩曲直是非，从他的人生经历中，他得出的结论是："君子与小人居，决无苟同之理，不幸势穷理极而为彼所中伤，则安之而已。出之未尽于道而过于疾恶，或伤于愤激，无益于事，而致其怨恨仇毒，则皆君子之过也。"(《王阳明全集》卷四)这当然不是有意苛责君子而放纵小人，而是自信良知而鄙视污浊，他决不会做同流合污的乡愿，而是要做高傲的狂者，他曾对弟子说："我在南都以前，尚有些子乡愿的意思在，我今信得这良知真是真非，信手行去，更不著些覆藏，我今才做得个狂者胸次，使天下之人都说我行不掩言也罢。"(同上，卷三，《传习录下》)他已没有任何犹豫顾虑，天下所有的人既然已不能改变其对良知的自信，那么他还有什么必要去与攻击自己的几个小人计较胜负得失呢？他此时的确是要退出官场，但并没有绝世的打算；他固然想回归自我，但并不要放弃社会的责任。《啾啾吟》是他在江西任上的最后一首诗，其中所显露的心态对他此一时期的人生态度做了一个全面的总结：

  知者不惑仁不忧，君胡戚戚眉双愁？信步行来皆坦道，凭天判下非人谋。用之则行舍即休，此身浩荡浮虚舟。丈夫落落掀掀天地，岂顾束缚如穷囚！千金之珠弹鸟雀，掘土何烦用镯镂？君不见东家老翁防虎患，虎夜入室衔其头？西家儿童不识虎，执竿驱虎如驱牛。痴人惩噎遂废食，愚者畏溺先自投。人生达命自洒落，忧谗避毁徒啾啾！

（同上，卷二十）

"不惑"是由于他拥有了知是知非的自我灵明，"不忧"是由于他具备了廓然大公的超然胸襟，一句话，是由于他自信良知。正因为他一任自然而无涉于私人谋智，所以他具有了"信步行来皆坦道"的心理感受，同时也具有了"用之则行舍即休"的无牵无挂。正是有了"丈夫落落掀天地"的精神境界，因而也就不会在失意时如落魄的囚徒，小人尽管可以施其攻讦陷害之伎俩，但你不必与之计较，不必用你这千金之珠去弹那些鸟雀，不必用你这镯镂利剑去切那些不值一提的粪土。只有自信良知以保持心境的平静，才不会自乱阵脚而被邪恶所害。人生只要达到了致良知的"不惑""不忧"，就能真正认识生命的真谛，从而也才能获得洒落超然的自得境界。王阳明在他五十岁时，自认为已达到了如孔夫子那般的"知天命"境地，"达命"不就是了知天命吗？当他嘉靖七年在征思、田回军至南安青龙铺时，他走到了生命的尽头；当弟子们向他询问有何遗言时，他留下的临终遗言是："此心光明，亦复何言！"（《王阳明全集》卷三五，《年谱三》）是的，他自信良知，心地光明，因而也心中安宁，他还有什么可遗憾的呢？死而无憾，难道不是一个人最值得满足，最值得得意的事情吗！阳明可以瞑目矣！

　　正德十五年左右，无论是在学术上还是在现实的生命历程中，对阳明先生来说都具有重要的意义，他后来曾如此回忆说："君子之学务求在己而已，毁誉荣辱之来，非独不以动其心，且资之以为切磋砥砺之地。故君子无入而不自得，正以其无入而非学也。若夫闻誉而喜，闻毁而戚，则将惶惶于外，惟日之不足矣，其何以为君子！往年驾在留都，左右交谮某于武庙。当时祸且不测，僚属咸危惧，谓群疑若此，宜图所以自解者。某曰君子不求天下之信己也，自信而已。吾方求以自信之不暇，而暇求人之信己乎？"（同上，卷六，《答友人》）在此，阳明主要强调了本段经历对于其学术的切磋砥砺之功。其实，应该说它对于其学术与生命现实同样重要，此段人生经历固然促进了阳明心学的成熟与完善，但也正是有了心学良知的支撑，才使他度过了现实生命的难关,并使之始终保持一种洒落超然的心境。就实际而论,也许后者的意义更加重要,因为这不仅是阳明心学发生的前提,即首先它是为解决自我生命存在的困惑而进行哲学思辨与生命体验的;同时,对于他同代与稍后的明代士人,这种生存的智慧也将产生重大的影响。从李梦阳开始,直至嘉靖末的士人群体,阳明先生"用之则行舍即休"与"人生达命自洒落"这种拿得起放得下的人生境界,都无疑是一剂极为难得的良药。读过上节文字者想必已有初步的同感,以后我们会有足够的文字进一步加以证明。

第三节　王阳明的求乐自适意识及其审美情趣

阳明心学说到底是一种儒家的心性学说,因而后世学者大多注目于其哲学概念与伦理特征的讨论辨析也就不足为奇了。然而其求乐意识与审美情愫则较少有人问津,这时因为作为哲学家的王阳明在思想史的研究中不可能有他的审美位置,而在美学史与文学史的研究中又由于他没有专门的美学论述从而失去了研究者的应有关注。但这样做显然是有失全面的,这不仅会影响对其心学思想的完整了解,也不可能认识阳明本人的完整人格,更重要的是不能充分认识阳明心学对当时士人的影响途径。其实,阳明的朋友兼弟子黄绾眼中的王阳明就不是后人理解的那副模样:"公生而天姿绝伦,读书过目成诵。少喜任侠,长好词章仙释,既而以仙道为己任,以圣人为必可学而至。实心改过,以去己疵。奋不顾身,以当天下之难。上欲以其学辅其君,下欲以其学淑其民,惓惓欲人同归于善,欲以仁覆天下苍生。人有宿怨深仇,皆置不较。虽处富贵,常有烟霞物表之思,视弃千金犹如土芥。藜羹琼鼎,锦衣蕴袍,大厦穷庐,视之如一。真所谓天生豪杰,挺然特立于世。求之近古,诚所未有也。"(黄绾《阳明先生行状》,见《王阳明全集》卷三八)黄氏的话里,不仅有阳明进取济世的狂者精神,还有以仙道为己任的出世追求,常有烟霞物表之思的审美情趣,视千金如土芥的超越脱俗境界,等等。其中求乐意识与审美情愫我以为是阳明思想人格的一个重要方面,故本节集中加以论述。

一、求乐与自得

求乐是阳明先生的一贯主张,他认为无论是从本体还是功夫乃至境界而言,求乐都是不可缺少的。他在《与黄勉之》的信中,曾明确提出"乐是心之本体",其特性是"和畅",所谓"仁人之心,以天地万物为一体,欣合和畅,原无间隔"。其实,这与阳明论良知有直接联系,因为作为人之本体的良知,亦具有廓然广大,与物无违的虚灵特性,所以他也就可以顺理成章地改"乐是心之本体"为"良知即是乐之本体"。(《王阳明全集》卷五)从功夫上,他又强调"常快活便是功夫"。(同上,卷一,《传习录上》)此处阳明所说"快活"到底内涵是什么呢?其实他是从心之本体特性引申而来的,他认为人之本性便是喜放松而苦拘束,因而在为学过程中要教人为善最好是诱而导之而不是拘而束之,只有如此,方可"顺导其志意,调理其性情,潜消其鄙吝,默化其粗顽,日使其渐于礼义而不苦其难,入其中和而不知其故"。(同上,卷二,《传习录中》)从人生理想与为学目的上,乐也是阳明的最高追求,他对此强调说:"人一日间,古今世界都经过一番,只是人不见耳。夜气清明时,无视无听,无思无作,淡然平怀,就是羲皇世界。平旦时,神清气朗,雍雍穆穆,就是尧、舜世界。日中以前,礼仪交会,气象秩然,就是三代世界。日中以后,神气渐昏,往来杂扰,就是春秋、战国世界。渐渐昏夜,万物寝息,景象寂寥,就是人消物尽世界。学者信得良知过,不为气所乱,便常做个羲皇已上人。"(同上,卷三,《传习录下》)这"无视无听,无思无作,淡然平怀"之世界,我以为就是阳明所言之无善无恶的良知境界,亦即混然一片,无分别,无对待的自由自在的境界。对此种境界后来阳明之弟子王艮曾有过补充,《王心斋先生年谱》载:"先生如金陵,偕燧数十辈会龙溪邸舍,因论羲皇、三代、五伯事,同游未有以对。复游灵谷寺,与同游列坐寺门,歌咏。先生曰:'此羲皇景象也。'已而龙溪至,同游序列候迎。先生曰:'此三代景象也。'已而隶卒较骑价,争扰寺门外。先生曰:'此五伯景象乎?羲皇、三代、五伯,亦随吾心之所感应而已,岂必观诸往古?'"可知所谓羲皇世界是与纷争之五伯、礼仪秩然之三代相对应的,是一种自由随意、歌咏自得的和乐世界。因而王学之最高境界,是像孔子当年所欣赏的曾点那种和乐自得的人生境界。由上可知,求乐是阳明先生的一贯主张。

一般地说来,自从孔子提出曾点之乐以来,求乐便成为儒学的一种传统,很少有人公开加以反对,但在乐之内涵与如何求乐上却依然有较大的分歧,因而就需要对阳明的求乐主张做出具体的辨析。我以为阳明的求乐倾向从总体上并未脱离儒家范围,亦即他之所言之乐首先是儒家之乐,故曰:"君子乐得其道,小人乐得其欲。……若夫君子之为善,则仰不愧,俯不怍,明无人非,幽无鬼责,优优荡荡,心逸日休,宗族称其孝,乡党称其弟,言而人莫不信,行而人莫不悦。所谓无入而不自得也,亦何乐如之!"(《王阳明全集》卷二四,《为善最乐文》)此文作于嘉靖六年,又是为他人而作,也许并不能完全代表其本人的思想,但起码他对此不持反对态度,或者说此种伦理之乐是他所求人生之乐的一种。从现代心理学的角度,为善最乐并非没有道理。因为一个人在做了于他人或群体有益的事后,非但会得到一个融洽的环境,而且其本人在心理上也将保持一种坦然平和的状态。就阳明心学的主导倾向看,他所言的求乐并不在乎周围环境的反应与评价,而是更重视个体内心的自我感受,他将此称为"自得",他追求的最高境界也被称为"无入而不自得"。可以说"和畅"是从本体上讲,而"自得"乃是从境界上讲,二者共同构成了"乐"之内涵。

那么,阳明所言的自得又具体指什么呢?他在嘉靖三年为黄省曾"自得斋"所写的题词中,否定了那些"业辞章,习训诂,工技艺"的求乐可能性,认为它们"弊精极力,勤苦终身",却都是致力于身外之物,"宁有所谓自得逢原者哉?"在阳明看来,要求自得就必须求道,因为"道,吾性也;性,吾生也"。只有求道,才真正抓住了生命的根本。所以他说:"古之君子,戒慎不睹,恐惧不闻,致其良知而不敢须臾或离者,斯所以深造乎是矣。是以大本立而达道行,天地以位,万物以育。"那么这又与乐有何关系呢?对此,阳明引用了孟子的话加以解释说:"君子深造之以道,欲其自得之也。自得之则居之安;居之安则资之深;资之深则取之左右逢其原。故君子欲其自得之也。"(《王阳明全集》卷七,《自得斋说》)在此,阳明已涉及"居之安"的心理内容,但孟子的行文重点显然还不是在心之和乐,因此也就不能充分表达阳明的求乐思想。要理解求道与求乐的关系,还必须与阳明"为己""成圣"的为学宗旨及人生目标联系起来加以考虑。在阳明的心学体系中,求道是为了成圣,而成圣又只是个"为己"。此处的"为己"并非一己私利之意,而是实现自我所追求的成圣目标,故而成圣与为己都离不开"成物"。而在成物的现实进取中达到成己,从而获取一种"无入而不自得"的至乐境界,则是成己成圣的最终实现。在这个过程中,自始至终都带有强烈的自我实现色彩,但同时又具有万物一体之仁的廓然大公胸怀,故曰:"仁者以天地万物为一体,莫非己也。"(同上,卷八,《书王嘉秀请益卷》)而一旦具此仁者胸怀,便可为大人,亦可称为圣人,故又曰:"夫圣人之心以天地万物为一体,其视天下之人,无外内远近,凡有血气,皆其昆弟赤子之亲,莫不欲安全教养之,以遂其万物一体之念。"(同上,卷二,《传习录中》)而欲达仁者境界,则必须排除内外干扰,即内去其私欲,外忘其荣辱,做到无牵挂,无执着,无得失之留恋,无善恶之分别，以达"无我"之境地，这就叫"圣人之学以无我为本"。（《王阳明全集》卷七，《别方叔贤序》）但这种无是为了具备宽阔的圣人胸怀与忘却心境之焦虑，从而更有利于体现其万物一体之仁，而并非佛、道之拒斥世界，可以说"无"依然是为了"有"。有了这种超越世俗生死的无，就能做到处于任何境遇都能安然自在，所谓"素富贵则行乎富贵，素贫贱行乎贫贱，素患难行乎患难，故无入而不自得也"。（同上，卷四，《与王纯甫》）这是一个层次的自得，它主要是指免除焦虑忧思而获得的安然顺适的心境，有时阳明也称这种自得为"洒落"，所谓"人生达命自洒落"，正是指此。但在此必须指出，无论是忘怀物我的安然顺适还是仁民爱物的廓然大公，都尚非阳明心学的究竟意义。也就是说，他不仅要求顺适之小乐，还要获成圣之大乐；他不仅要通过现实进取而成物，更要通过成物而成己。"无我"并非只具佛道之消极义，同时还有成己之积极义。这种自我实现的自足感是阳明自得的别一层境界，他有时称之为"自慊"，有时又称之为"自安"。在嘉靖四年所作的《题梦槎奇游诗卷》一文中，阳明集中地描述了这种境界，他说：

> 君子之学求尽吾心焉耳，故其事亲也求尽吾心之孝而非以为孝也，事君也求尽吾心之忠而非以为忠也。是故夙兴夜寐，非以为勤也；划繁理剧，非以为能也；嫉邪去蠹，非以为刚也；规切谏争，非以为直也；临难死义，非以为节也。吾心有不尽焉，是谓自欺其心。心尽而后吾之心始自以为快也。惟夫求以自快吾心，故凡富贵贫贱忧戚患难之来，莫非吾所以致知求快之地；苟富贵贫贱忧戚患难而莫非吾致知求快之地，则亦宁有所谓富贵贫贱忧戚患难者足以动其中哉！世之人徒知君子之于富贵贫贱忧戚患难无入而不自得也，而皆以为独能人之所不可及，不知君子之求以自快其心而已矣。

（同上，卷二四）

在这种成物为己的过程中,使自我超越了庸碌的凡俗世界而得到极大的提升,"出乎尘垢之外而与造物者游"(《王阳明全集》卷二四,《示徐曰仁应试》),成为翔于千仞之上的凤凰,同时也得到了心理的愉悦与精神的安适,而在阳明眼中,这才是真正的为己之学,也是最大的自得。难怪他会将良知夸张到如此地步:"良知是造化的精灵。这些精灵,生天生地,成鬼成帝,真是与物无对。人若复得他完完全全,无少欠亏,自不觉手舞足蹈,不知天地间更有何乐可代。"(同上,卷三,《传习录下》)也许只有在了解阳明对成己之学所达到的超越境界的渴望心情后,才能真正懂得他对良知的这种赞许意味着什么。

以前亦曾有人涉及阳明心学的这种追求自得境界的学术论题,但都有失之简单之弊。[1] 如洒落与敬畏的关系问题,求乐自得与佛道的关系问题,自适与救世的关系问题,等等,还都需要做出明确的解说。先谈洒落与敬畏的问题。阳明一面主张放开,但有时又特别强调敬畏,因而在其《谨斋说》中,他如此形容"谨"之态度:"谨守其心于其善萌焉,若抱赤子而履春冰,惟恐其或陷也;若捧万金之璧而临千仞之崖,惟恐其或坠也。"(同上,卷七)既要放开又要敬畏,这显然是矛盾的。其实这种矛盾从宋儒始便一直存在,谢上蔡与其弟子有一段问答颇为著

---

[1] 如陈来《有无之境》对阳明心学论述甚为系统,但却并未专门讨论"求乐"之内容,在该书 324 页的注②中,作者曾指出:"阳明正德七年所作别湛甘泉序中说:'老释与圣人之道异,然犹有自得也。''居今之时,而有学仁义求性命、外辞章记诵而不为者,虽其陷于杨墨佛老之偏,吾犹且以为贤,彼其心犹求以自得也。'如果把这里对佛求自得境界的赞赏与后来同湛若水几次关于'佛老是圣之枝叶'的讨论联系起来,明显地可以看出阳明乙丑之后对于仙释的一贯态度,正是在自得的意义上,他认为老佛虽偏犹以为贤。自得就是寻求精神生活的怡然、满足、淡泊、恬适、宁静、充实、自在,这种境界对阳明始终有极大吸引力,尽管他并不想以放弃刚健不息的社会活动为代价,事实上他总是想把二者结合起来,因此,弘治末年阳明的归本圣学并不意味着对佛老的彻底否定。"但仅仅将社会活动与求取自得分属儒家与佛老实际上是远远不够的。阳明将追求精神的和乐称之为乐,将成己成物亦称之为乐,故而必须将其求乐的内涵做出认真具体的辨析,弄清其"自得"的复杂特征,才能说对此问题有了较深入的了解。

名:"问:'太虚无尽,心有止,安得合一?'曰:'心有止,只为用他,若不用,则何止?''吾长莫已不用否?'曰:'未到此地,除是圣人便不用,当初曾发此口,被伊川一句坏了二十年。曾往见伊川,伊川曰:近日事如何?某对曰:天下何思何虑!伊川曰:是则是有此理,贤却发得太早在。'问:'当初发此语时如何?'曰:'见得这个事,经时无他念,接物亦应付得去。'问:'如此,却何故被一句转却?'曰:'当了终须有不透处。当初若不得他一句救拔,便入禅家去矣。……至此未敢道到何思何虑地位。'"(《宋元学案》卷三四,《上蔡学案》)在宋儒那里,不是不向往此何思何虑境界,但那是圣人才会具备的,一位普通学者距此仍有遥远的距离,必须经过长久而艰苦的诚敬格物功夫,方有可能达此境地,否则,发得太早,便有可能流入禅家的空寂中去。这种认识,可以说在明代前期仍占有绝对的主导地位。只是到了陈献章时情况才起了变化,陈氏虽自认是儒,但其学术宗旨乃求乐自适则是实情,即使替白沙辩护者也不能不承认他是继承了曾点、邵雍的求乐一脉。那么,阳明对此态度如何呢?他在嘉靖二年给弟子舒国用的信中做了集中说明:"夫君子之所谓敬畏者,非有所恐惧忧患之谓也,乃戒慎不睹,恐惧不闻之谓耳。君子之所谓洒落者,非旷荡放逸,纵情肆意之谓也,乃其心体不累于欲,无入而不自得之谓耳。夫心之本体,即天理也。天理之昭明灵觉,所谓良知也。君子之戒慎恐惧,惟恐其昭明灵觉者或有所昏昧放逸,流于非僻邪妄而失其本体之正耳。戒慎恐惧之功无时或间,则天理常存,而其昭明灵觉之本体,无所亏蔽,无所牵扰,无所恐惧忧患,无所好乐忿懥,无所意必固我,无所歉馁愧怍。和融莹彻,充塞流行,动容周旋而中礼,从心所欲而不逾,斯乃所谓真洒落矣。"(《王阳明全集》卷五,《答舒国用》)在此出现了"天理""欲"等程朱理学的术语,并主张"戒慎恐惧之功无时或间",仿佛与朱子已较接近。其实研究阳明心学始终要注意其对话背景此一重要问题,也就是说当时士人为参加科举考试,早就对朱子学非常熟悉,当阳明先生对他们进行心学启示时,必须在他们现有的知识背景下与其对话,这就免不了要用理学的话语来阐释心学内容。同时阳明教人往往讲究因人因时施教,在初学时多讲为善去恶之功夫,对世俗之念强者多强调去欲,等等。但无论如何,他的落脚点还是"无所亏蔽,无所牵扰,无所恐惧忧患,无所好乐忿懥,无所意必固我,无所歉馁愧怍"的自然和乐境界,所以他在下面才会总结说:"洒落为吾心之体,敬畏为洒落之功。"但这功夫要做到何时才能放开,阳明并没有一个固定的说法,根据他因人施教的宗旨,也不可能有一个统一的模式。这造成了后来王学的分化,有专主敬畏的修炼功夫者,有强调放开之洒落者。然而就阳明之本意讲,我以为他是更倾向于放开的。

之所以说阳明更倾向于放开的洒落,是因为他始终与佛道有脱不开的干系,从他对"自得"的认识上也是如此。他在正德七年所作的《别湛甘泉序》中,曾谈了自己对佛道杨墨的理解。他认为当时许多人都扬言是宗孔孟而贱杨墨摈释老,其实都是学无所得,他问道:"其能有若墨氏之兼爱者乎?其能有若杨氏之为我者乎?其能有若老氏之清静自守、释氏之究心性命者乎?吾何以杨墨老释氏之思哉?彼于圣人之道异,然犹有自得也。"从"自得"的角度讲,它们要比那些"伪为圣人之道"者更有价值。于是他最后得出结论说:"居今之时而有学仁义,求性命,外记诵词章而不为者,虽其陷于杨墨老释之偏,吾犹且以为贤,彼其心犹求以自得也。夫求以自得而后可与之言学圣人之道。"(《王阳明全集》卷七)阳明的意思当然不是鼓励士人从学于杨墨老释,而是说从自得的意义上讲,要比那些只会依仿圣人言辞者更有价值。那么,阳明在此所言的自得是什么意思,文中所言的"杨墨老释之偏"又是指的什么?其实阳明的意思并不难理解,他此处所言的自得,实际上是指有切于自我的身心性命,这从他对道家至人的描绘中可得知一二,所谓"古有至人,淳德凝道,和于阴阳,调于四时,去世离俗,积精全神;游行天地之间,视听八远之外。"而要如此,就必须"胸中洒洒不挂一尘"。(《王阳明全集》卷二一,《答人问神仙》)超越世俗,心境无累,使自我生命得到安顿,此即为"自得",所以他才会说当时士人所从事的记诵、词章、功利、训诂"终身劳苦于身心,无分毫益,视彼仙佛之徒清心寡欲,超然于世累之外者,反若有所不及矣。"(同上,卷一,《传习录上》)从这一角度说,儒与老释并没有什么差别,所以他告诉弟子陆澄:"大抵养德养身只是一事,元静所言真我者,果能戒慎不睹恐惧不闻而专志于是,则神住气住精住,而仙家所谓长生久视之说亦在其中矣。"(同上,卷五,《与陆原静》)这其中无疑包含着阳明本人的切身体验,因而不可视为泛泛之言。阳明所言老佛之偏主要是指它们放弃社会的责任与人伦的关系而只图自我之受用,所以他区分儒与禅说:"盖圣人之学无人己,无内外,一天地万物以为心;而禅之学起于自私自利,而未免于内外之分;斯其所以为异也。今之为心性之学者,而果外人伦,遗事物,则诚所谓禅矣;使其未尝弃人伦,遗事物,而专以存心养性为事,则固圣门精一之学也,而可谓之禅乎哉!"(同上,卷七,《重修山阴县学记》)许多人都曾将阳明的这种看法归纳为上一截与老释同而下一截与其异,但阳明本人却反对这种归纳,因为在他的眼中,并非在心性修养时可以超越世俗而安顿自我,待用世济物、处于人伦之中时就失去了自我的受用。倘若如此,则依然是有分别,那便不是精一之学了。他甚至反对说超然自适是老佛专利,而心学之追求超越境界是兼取老佛,故而说:"说兼取便不是,圣人尽性至命,何物不具,何待兼取?二氏之用,皆我之用:即吾尽性至命中完养此身谓之仙;即吾尽性至命中不染世累谓之佛。但后世儒者不见圣学之全,故与二氏成二见耳。譬之庭堂三间共为一厅,儒者不知皆吾所用,见佛氏,则割左边一间与之;见老氏,则割右边一间与之;而己则自处中间,皆举一而废百也。圣人与天地民物同体,儒、佛、老、庄皆吾之用,是之谓大道。"(《王阳明全集》卷三五,《年谱三》)可见阳明之心学要囊括儒、佛、老、庄的所有内容,既要济世成物,也要完养此身,更要不染世累。更重要的是,他还主张无分于阶段,无有于间隔,要在济世中实现自我的超越,在成物中求得心灵的自得。就其不脱离世俗而求成物而言,阳明的确没有失去儒者的品格;就其追求自我之超越与心灵之自得而言,他又的确有释、道的境界与情怀。他的这种特性从其父亲王华身上也可窥知一二,当有人用神仙之术来诱惑他时,其父曰:"人所以乐生于天地之间,以内有父母昆弟妻子宗族之亲,外有君臣朋友姻戚之懿,从游聚乐无相离也。今皆去此而槁然独往于深山绝谷,此与死者何异?夫清心寡欲以怡神定志,此圣贤之学所自有,吾但安乐委顺,听尽于天而已,奚以长生为乎?"(陆深《海日先生行状》,同上,卷三八《世德纪》)究竟是王华的生活态度影响了阳明的心学理论,还是阳明的心学理论影响了王华的生活态度,现在已经无法考辨清楚,而且对于我们的研究也无关紧要,重要的是这说明了阳明心学超越儒、释、道而自成一体的品格。

正由于阳明心学这种既具超越情怀而又不绝世离俗的特征,保证了其求乐意识中为审美留下了应有的位置。因为无论是儒还是释道,在其主张脱俗的同时,往往也否定了美。宋儒主张以天理胜人欲,却常常否定了人之感性存在,同时也失去了对美的追求。而道家之真人最终所获得的至乐也是超感性的。尤其是佛,其最大之乐乃是寂灭之乐,因而在佛教世界中美也是没有位置的。而阳明心学所言的求乐,并不排斥情感等审美因素的存在,我们看他的《寻春》诗,便会对此有具体的感受:"十里湖光放小舟,漫寻春事及西畴。江鸥意到忽飞去,野老情深只自留。日暮香草含雨气,九峰晴色散溪流。吾侪是处皆行乐,何必兰亭说旧游。"(同上,卷十九)此处不仅有对美景的描绘,而且还有这自称"野老"的阳明先生对美景恋恋不舍的深情,尤其是他将自己的此种"是处皆行乐"的行为与兰亭旧游的六朝名士之举相对照,更可显出其求乐的情感特征与自我愉悦的精神,提起兰亭之游,当然会令人立时想起王羲之那篇千古名作《兰亭集序》,想起那些至今读来依然使人怦然心动的名句:"是日也,天朗气清,惠风和畅,仰观宇宙之大,俯察品藻之盛,所以游目骋怀,足以极是之听娱,信可乐也。"多么赏心悦目的情感愉悦!"夫人之相与,俯仰一世,或取诸怀抱,悟言一室之内;或因寄所托,放浪形骸之外。虽趣舍万殊,静躁不同,当其欣于所遇,暂得于己,快然自足,不知老之将至。及其所之既倦,情随事迁,感慨系之矣。向之所欣,俯仰之间,已成陈迹,犹不能不以之兴怀,况修短随化,终期于尽。古人云:死生亦大矣,岂不痛哉!"(《晋书·王羲之传》)对自我生命的留恋又是多么的强烈!阳明当然不同于六朝名士,但是当他说"何必兰亭说旧游"时,你不能排除他们之间拥有了生命情调的接近。如果说这首作于弘治十五年的《寻春》属于其早期作品而不能全面说明问题的话,我们再看他作于正德九年的《山中懒睡四首》中的两首:"扫室焚香任意眠,醒来时有客谈玄。松风不用蒲葵扇,坐对青崖百丈泉。""人间白日醒犹睡,老子山中睡却醒。醒睡两非还两是,溪云漠漠水泠泠。"(《王阳明全集》卷二十)可以说此时他比《寻春》诗中更加超然,也更加走向个体自我生命的关注,他已渴望从现实羁绊中摆脱而出,去过那种"任我真"的潇洒自由生活。在这种生活中,没有是非,没有压力,任意睡觉,随口谈玄,享自然之清风,见山间之明月,其人生犹如无心飘拂之闲云与自由流动之溪水,这又是多么诱人的美妙境界。

综合上述各点,可以说王阳明的求乐意识中包括了许多复杂的因素,它既有儒家为善的伦理之乐,又有摆脱世俗的洒落之乐,还有在济世成物中获得的自我成就之乐,同时也有超俗而又不绝俗的超功利审美之乐。而统一诸点的则是其良知自然之乐。当然,阳明先生之所以会有如此强烈的求乐倾向,是与其本人所具有的审美情愫分不开的。

二、王阳明的审美情趣

"何处花香入夜清?石林茅屋隔溪声。幽人月出每孤往,栖鸟山空时一鸣。草露不辞芒屦湿,松风偏与葛衣轻。临流欲写猗兰意,江北江南无限情。"(《王阳明全集》卷二十,《龙潭夜坐》)倘若隐去本诗的作者,也许读者不容易觉察是明代大儒王守仁的诗作。那暗暗花香与淙淙溪流,月下幽人与栖鸟空山,露中草鞋与风中葛衣,都俨然一副隐士高人的情趣与襟怀,尤其是"江北江南无限情"的结尾,更给人留下余韵悠长、含蓄不尽的无限遐想。诗的确是写得很美,若置之陶潜、王维集中,当无任何逊色之处。然而,它又的确是阳明先生的诗作,那"临流欲写猗兰意"的情趣,分明是一种高洁的圣者境界,《乐府诗集》五八《琴曲歌辞猗兰操》引《琴操》曰:"《猗兰操》,孔子所作……(孔子)自卫返鲁,见香兰独茂,喟然叹曰:'兰当为王者香,今乃独茂,与众草为伍。'乃止车援琴鼓之,自伤不逢时,托词于香兰云。"原来在诗作高雅超然的背后,还隐含着作者圣人伤时之意与济世之情。因而阳明的情感便是如孔子"兰当为王者香"的圣者生不逢时的意味,其胸襟之高又非陶、王之类隐士所能比拟。圣者可写洒落秀逸之诗,或曰哲学家兼有审美情趣,这便是王阳明的特色。其实,对阳明此一特征学界早有注意,《四库全书总目》在指出其学术成就的同时,亦言其"为文博大昌达,诗亦秀逸有致"。(卷一七一)近人钱基博之论述则更为明快:"而于时有大儒出焉,曰余姚王守仁字伯安,特以致良知绍述宋儒象山陆氏之学;而发为文章,缘笔起趣,明白透快,原本苏轼;上同杨士奇、李东阳之容易,而力裁其冗滥;下开唐顺之、归有光之宽衍,而不强立间架。"(《明代文学》,第26页)钱先生不仅指出阳明诗文之特征,还兼论其承前启后之地位,确为透辟之论。但阳明何以能取得如此成就,却少有人涉及,即使有论及者,亦多为浮光掠影之议。我以为阳明之所以有如此成就,是由于他具有哲学家兼诗人的气质,或者说他除了有哲学家的思想,更具备有文学家的审美情趣。但认识到他有审美情趣并不算什么发现,可以说这乃是最普通的常识:能写出美学品味很高的诗文者,必具有高雅的审美情趣。然而若进一步追问,阳明何以会具备此种审美情趣以及其审美情趣之具体特点,便绝非三言两语所能解决,而这正是我们在此要解决的重点。

王阳明之所以具有高雅的审美情趣,首先是因为他拥有丰富饱满的情感。当年在阳明洞修道时,他曾一度有离世的念头,后来由于难以割舍思亲之念而打消了此一追求,但由此也说明了他对于亲情的执着。由此种儒家亲亲的意念推广开去,使他具备了万物一体之仁的胸襟,也使其情感更加丰富。在他悼念亲友的一系列祭文中,你可以深切地感受到他的这份深情。如他的弟子徐曰仁亡逝,他撰长文以志念,文中追叙了二人的友谊以及共同求道的志向,更表达了失去同志时的沉痛之情,所谓:"天而丧予也,则丧予矣,而又丧吾曰仁何哉?"(《王阳明全集》卷二五,《祭徐曰仁文》)此种以身相赎的情感应该是真实的,否则他没有必要在徐曰仁逝世十年之后,再写下这篇《又祭徐曰仁文》:"别我而逝兮,十年于今。葬兹丘兮,宿草几青。我思君兮一来寻,林木拱兮山日深。君不见兮,窅嵯峨之远岑。四方之英贤兮日来臻,君独胡为兮与鹤飞而猿吟?忆丽泽兮歔欷,奠椒醑兮松之阴,良知之说兮闻不闻?道无间于隐显兮,岂幽明而异心!我歌白云兮,谁同此音?"(同上)时间已过十年,他依然没有忘记到这深山墓地,面对坟上青草而凭吊这昔日的弟子,依然地哀伤之痛,依然地思念之深,依然地遗憾无穷。如果说对亲友弟子的情感尚带有明显的儒家伦理色彩的话,那么他在《瘗旅文》中所表现出的情感,便是一种纯洁高尚的诗人情怀。

本文作于正德四年其遭贬龙场时期,文中所祭之人是三位不知姓名的过路者。据阳明文中自述,那是来自京师而先后病死于路旁的吏目及其所携一子一仆。阳明出于同情心,率二童子将其埋葬以免其暴骨于野,然后又为文以祭之。当然,在哀悼死者的情感里,同时也包含着自悼的成分,此诚如他对不欲前往埋葬的两位童子所说:"吾与尔犹彼也。"从而引动得二童"悯然涕下"。但我以为主要的还是对于不幸者的同情与安慰,此正如文中所言:"吾念尔三骨之无依而来瘗尔,乃使吾有无穷之怆也,呜呼痛哉!纵不尔瘗,幽崖之狐成群,阴壑之虺如车轮,亦必能葬尔于腹,不致久暴露尔。尔既已无知,然吾何能为心乎?自吾去父母乡国而来此,二年矣,历瘴毒而苟能自全,以吾未尝一日之戚戚也。今悲伤若此,是吾为尔者重而自为者轻也。"可以说同病相怜是引发其行为的原因,而为文致祭则是其强烈同情心的体现,我们听一听阳明为死者所作的挽歌,便会更加体会到其视人若己的仁人之心:"连峰天际兮,飞鸟不通;游子怀乡兮,莫知西东。莫知西东兮,维天则同。异域殊方兮,环海之中;达观随遇兮,奚必予宫?魂兮魂兮,无悲以恫。"(《王阳明全集》卷二五)最后,阳明用自己达观的人生态度来安慰死者,说尽管在这崇山峻岭的隔绝之区,但以天之角度视之,则广袤的异域殊方又无不处于环海之一国,那么又何必一定要生死于自己家中?又何必为不能生死于家中而悲伤恐惧?其实,从另一面讲,正是阳明具有这种异域殊方同处环海之中的宽阔胸襟,方使他有了仁者的同情之心。阳明之所以能够拥有如此丰满深厚的情感世界,当然与其致良知的心学有密切的联系,他曾经说过:"所幸天理之在人心,终有所不可泯,而良知之明万古一日,则其闻吾拔本塞源之论,必有恻然而悲,戚然而痛,愤然而起,沛然若决江河而有所不可御者矣!"(同上,卷二,《答顾东桥书》)良知的此种特性,实际上就是对他人发自内心深处的真诚关注,用儒学术语讲乃是万物一体之仁的发露。然而,仅有此儒者仁人之心,对于诗人的审美情感构成还是不够的。因为审美情感是一种超功利的心灵境界,是只有诗人才具有的独特气质,它不是要为对象提供实用性的帮助,自身更不打算从中得到任何好处与回报,但却又是发自诗人心底的最真诚、最纯洁的关怀与体贴。就像王阳明这样,他在理性上当然知道自己对徐曰仁、无名氏吏目诸人的悼念安慰没有任何实际的价值,既不可能使之死而复生,又不能使之在天获知,但他依然不能控制自我的情感冲动,必欲一吐而后快,这便是审美的情感,是一种虽无实用却能够深深打动读者的艺术力量。没有这种审美的情感与艺术的力量,王阳明也许能成为一位出色的思想家,但却不能成为一位杰出的诗人。

王阳明之所以拥有高雅的审美情趣的另一原因,是他对自然山水的特殊爱好。阳明的弟子栾惠在《悼阳明先生文》中,称其师"风月为朋,山水成癖;点瑟回琴,歌咏其侧"。(《王阳明全集》卷三八)此处所言的"风月为朋,山水成癖",指的正是他那与大自然相亲融的浓厚兴趣;而"点瑟回琴,歌咏其侧",则是其超然自得的人生境界的写照。用阳明本人的话说,叫作"性僻而野,尝思鹿豕木石之群"。(同上,卷二九,《对菊联句序》)而将此特性进一步浓缩,阳明则将其称为"野性"。而且这种"野性"并非其在某个时期或某种场合方具有的爱好,而是贯穿其一生的性情,为此他曾在诗中对此反复加以强调,如:"野性从来山水癖,直躬更觉世途难。"(同上,卷二十,《四明观白水二首》其二)"风尘渐觉初心负,邱壑真与野性宜。"(同上,《游清凉寺三首》其二)"混世亦能随地得,野情终是爱邱园。"(同上,《林间睡起》)至于与此相近意思的诗句,那就更是不计其数了,略举一二,如:"每逢山水地,便有卜居心。"(同上,《寄隐岩》)"烟霞有本性,山水乞骸归。"(同上,《青原山次黄山谷韵》)"僻性寻常惯受猜,看山又是百忙来。"(同上,《游庐山开先寺》)"平生山水已成癖,历深探隐忘饥疲。"

(《王阳明全集》卷二十,《江施二生与医官陶野冒雨登山人多笑之戏作歌》)"羡杀山中麋鹿伴,千金难买芰荷衣。"(同上,《春日游齐山寺用杜牧之韵二首》其一)"淡我平生无一好,独于泉石尚多求。"(同上,《复用杜韵一首》)完全弄清此种山水情趣何以会在某人身上产生的最初原因是相当困难的,因为这其中既可能有先天的因素,也可能有后天的某种偶然机缘,要解释清楚这些,犹如要说明是什么原因使得某人成为画家、诗人或剧作家一样,往往是徒劳无益的。但有些东西却是可以解释清楚的,比如是何种因素加强了这些自然山水情趣,以及诗人追求此山水情趣的主要目的,等等。阳明之所以如此酷爱自然山水,是因为他在其中可以享受到人生的乐趣,而这种人生的乐趣又往往是与官场中的人性压抑与钩心斗角相对应的,这便是所谓的"病夫久已逃方外,不受人间礼数嗔"。(同上,卷十九,《山中懒睡四首》其一)在阳明的诗作中,自然山水与官场功名往往被置于价值判断的两端,并经过权衡比较,然后再显示出其追求山水之乐的人生志趣,我们看他的《次魏五松荷亭晚兴》诗:"入座松阴尽日清,当轩野鹤复时鸣。风光于我能留意,世味酣人未解醒。长拟心神窥物外,休将姓字重乡评。飞腾岂必皆伊吕,归去山田亦可耕。"(同上,卷二九)尽管松阴野鹤的自然风光是诱人的,但沉酣于"世味"之中者也大有人在,可见人生志趣的选择是难以避免的。如果要具备"窥物外"的"心神",你便不能在乎"乡评"的世俗价值判断。用他另一首诗中的话说便是:"但得青山随鹿豕,未论黄阁画麒麟。"(同上,卷二十,《别余缙子绅》)亦即你要钟情于自然山水,就不要再考虑功名的追求。当然,不能认为王阳明已将其人生价值定位在归隐山水的志趣上,他一生的主要追求无疑仍为救世济民的现实进取。尽管他有时仿佛非常厌恶官场,并为自己的入仕感到痛心疾首地后悔,说什么"一自浮名絷世间,遂令真诀负初心",于是便表示"最羡渔父闲事业,一竿明月一蓑烟"。(同上,《即事漫述四首》其四)但我们还是宁可将此视为是他对官场黑暗的批评与坚持自我节操的宣示。然而,王阳明向往山水自然的愿望又绝非一时的愤激之言,像李梦阳等人,他们口中说归向自然是人生的最大乐趣,但在山水中却并不能做到心境悠然,而只能靠饮酒来排解心头的苦闷。阳明虽未将自然作为他唯一的人生归宿,而始终是用之则行舍即休的两可态度,但他却是从山水中真正获得了人生的乐趣,你看他的《睡起写怀》,是何等的从容悠闲:"江日熙熙春睡醒,江云飞尽楚山青。闲观物态皆生意,静悟天机入窅冥。道在险夷随地乐,心忘鱼鸟自流形。未须更觅羲唐事,一曲沧浪击壤听。"(《王阳明全集》卷十九)一觉踏实的春睡,起而坐对青郁的楚山,在一片生意的万物自然中,他心悟了"天"之玄机,于是他化身鱼鸟,随地可乐,便浑然是羲皇上人,这绝非未获真实体验者所能言说的。阳明将此种人生之乐称之为"自得",所谓:"鸣鸟游丝俱自得,闲云流水亦何心?"(同上,卷二十,《山中示诸生五首》其一)此所言"自得"固然与其良知境界难以分开,但却与其所说的成物成己的圣人境界不全然一致,这种"自得"是忘怀物我的个体人生受用,是在现实进取难以实现时的人生自我安顿,他在正德八年所作的《梧桐江用韵》一诗对此做过很好的描述:"凤鸟久不至,梧桐生高冈。我来竟日坐,清阴洒衣裳。援琴俯流水,调短意苦长。遗音满空谷,随风递悠扬。人生贵自得,外慕非所臧。颜子岂忘世,仲尼固遑遑。已矣复何事,吾道归沧浪。"(同上)他又一次表现了"归沧浪"的人生意向,而濯足沧浪无疑是洁身自爱的行为。他的"人生贵自得,外慕非所臧"的自得其乐,当然不是要否定孔子的"遑遑"济世,而是因为世事难为,不得不走向山水而保持自我的清白,尽管个体的受用并非其首要的人生选择,但一旦选择它时,却照样获得了从容悠然的审美快感。这种快感之所以是审美快感,是因为它具有无拘无束、自由自在的心灵感受,它犹如前所言"鸣鸟游丝"般的任意自由,"闲云流水"般的从容自在,表现在其诗歌意境中，它既可是"恬愉返真澹，阒寂辞喧豗"（《王阳明全集》卷二十，《青原山次黄山谷韵》）的平静，亦可是"饮水曲肱吾自乐，茆堂今在越溪头"（同上，《寄浮峰诗社》）的淡泊，但更可以具有如下的高超境界："驾苍龙，骑白鹿，泉堪饮，芝可服，何人肯入空山宿？空山空山即我屋，一卷《黄庭》石上读。"（同上，卷三二，《游白鹿洞歌》）从他这些诗作中，当然可以体味出浓厚的庄禅意识，是其求乐倾向的另一侧面，在中国历史上，庄禅意识对于审美境界的贡献，的确较儒家思想要大得多，这在王阳明身上也不例外，当他高吟"吾侪是处皆行乐，何必兰亭说旧游"（同上，卷十九，《寻春》）时，他的确是自觉认同了深受玄学影响的六朝名士，则其强烈的老庄意识也就不言自明了。

王阳明之所以拥有高雅的审美情趣的第三个原因，是他具有瞬间感受美并将其表现出来的能力。此乃诗人所独具的审美能力，也是决定其审美情趣的最直接的因素。我们来观其《山中示诸生五首》（同上，卷二十）中的其中三首，以具体感受其此种能力："滁流亦沂水，童冠得几人。莫负咏归兴，溪山正暮春。"（其二）"桃源在何许，西峰最深处。不用问渔人，沿溪踏花去。"（其三）"溪边坐流水，水流心共闲。不知山月上，松影落衣斑。"（其五）在第一首中，作者已定下了"鸣鸟游丝俱自得，闲云流水亦何心"的审美基调，即朝然自得的情怀，下面便是要从各个角度来突出此一基调。第二首抓住"暮春"的季节特征，将眼前的"滁流"与孔子时的"沂水"相联结，从而使现实与历史接通，当年曾点于暮春时"浴乎沂，风乎舞雩，咏而归"的人生情调，仿佛与眼前景象相重合，取得了异时共域的审美效果。第三首则又抓住溪边桃花此一美的意象，将其与陶潜所建构的理想国桃花源相沟通，当他沿溪踏花而去时，仿佛就要走向那美好的源头，为人留下了无限的遐想空间，非但有美之景色，更有陶潜高洁超然的人格蕴涵其中。第五首则从正面来表述此种审美情调，坐于小溪之旁而静观流水，遂进入一派平静悠闲的境界,心犹如流水般清澈自然,不知不觉中,月亮已升上山头,只有斑驳的松影洒落衣上时,方才感到时间的流动。在此,作者将流水、山月、松影三种景象迅速加以拼合,遂形成了自然、皎洁与摇曳多姿的格调,准确地传达出了自己超然自得的审美心境。正是有了这种准确感受自然美的能力与迅速融历史、自然、自我情感于一体的丰富想象力,才保证了王阳明作为一个诗人的品格,因为再高超的人生境界也必须最终落实到诗境的构造上,方可显示出其审美的情趣。

　　从现代美学观念看,王阳明所拥有的丰富饱满之情感、对自然山水之特殊爱好以及瞬间发现与把握美的能力诸种因素,适可构成一种意蕴深厚而又超越功利的高级审美品格。他丰富饱满的情感,使作为哲学家的王阳明在其一生中重视情感因素对人生的意义,但又由于他具有摆脱世俗而向往自然山水的超然胸怀,又使他不会固执于一己私情而显得俗气狭隘,他曾经如此论述乐与情的关系说:"乐是心之本体,虽不同于七情之乐,而亦不外于七情之乐。虽则圣贤别有真乐,而亦常人之所同有。但常人有之而不自知,反自求许多忧苦,自加迷弃。虽在忧苦迷弃之中,而此乐又未尝不存,但一念开明,反身而诚,则即此而在矣。"(《王阳明全集》卷二,《传习录中》)此处所言的乐之所以不同于世俗中的七情之乐,是由于它已超越世俗的荣辱得失,它既与现实利害拉开了一定的距离;但又其是人生自我所获取的安顺和乐的自得境界,是一种高级的人生享受。当然,阳明此处所说并非专对审美而言,但他主张圣贤之乐既不脱离七情之乐而又超越七情之乐的观点,显然是与其审美观一致的。他在作于正德八年的《书东斋风雨卷后》(同上,卷二四)中,则是专门论述了人生现实感受与其审美感受之间的不同,他说:"悲喜忧快之形于前,初亦何尝之有哉?向之以为愁苦凄郁之乡,而今以为乐事者,有矣;向之歌舞欢愉之地,今过之而叹息咨嗟,泫然而泣下者,有矣。"人之情感会随着时间的流逝与场合的改变而有所不同,这自然是人之常情,非诗人所独有。但阳明论述的重心显然并不在此,于是下面才会接着说:"吾观东斋《风雨》之作,固亦写其一时之所感遇。风止雨息,而感遇之怀亦不知其所如矣,而犹讽咏嗟叹于十年之后,得非类于梦为仆役,觉而涕泣者欤?夫其隐几于蓬窗之下,听芹波之春响,而咏夜簷之寒声,自今言之,但觉其有幽闲自得之趣,殊不见其有所苦也。"能将原来的凄苦之感遇转化为幽闲自得之趣,是衡量其是否达观以及有无审美情怀的标准,如果一味执着于实际感受而不放,则无异于梦中做了仆役而醒后仍涕泣不止。所以他又假设以推言之:"借使东斋主人得时居显要,一旦失势,退处寂寞,其感念畴昔之怀,当与今日何如哉?然则录而追味之,无亦将有洒然而乐、廓然而忘言者矣!而和者以为真有所苦,而类为垂楚不任之辞,是又不可以与言梦者。"真正美的情感是在经过一段时间沉寂之后,再加以反观而产生的感受,而不是当时感受的真实记录。也就是说只有当事件经历者从中抽身而出,与其保持一定距离后,才能获得真正审美享受。可那些和诗者却依然认为"真有所苦",依然去写一些"垂楚不任之辞",则无异于痴人说梦,实在是不懂得"洒然而乐"的美感。许多人之所以不能化凄苦经历为自得之趣,是由于他们不具备达观的态度与超然的胸襟,也就与现实人生拉不开距离。阳明则恰恰具此优势,在达观的人生态度上,他很少许可别人,连诗仙李白谪夜郎而"放情于诗酒,不戚戚于困穷",他认为也只不过是"其性本自豪放,非若有道之士,真能无入而不自得也"。(《王阳明全集》卷二八,《书李白骑鲸》)不少学者都认定阳明之文乃出于东坡,其要在于"达"之一字,王世贞即曰:"文章之最达者,则无过于宋文宪濂、杨文贞士奇、李文正东阳、王文成守仁……王资本超逸,虽不能湛思,而缘笔起趣,殊自斐然,晚立门户,辞达为宗,遂无可取。其源盖出自苏氏耳。"(《艺苑卮言》卷五)王世贞之评价是否恰当且置不论,但他指出阳明之文的超逸放达乃出于苏轼则是许多人的公论,而阳明本人却认为东坡尚未达此最高境界,故曰:"人言鼻吸五斗醋,方可作宰相,东坡平生自谓放达,然一滴入口便尔闭目攒眉,宜其不见容于世也。偶披此图,书此发一笑。"(《王阳明全集》卷二八,《书三酸》)这自然是戏谑之言,其实,他的不容于世又何尝下于东坡?在此无非借东坡以自况罢了,若稍加留意,连本文风格亦酷似东坡。从此种达观超然的人生态度出发,阳明如此描述他理想中的创作心境:"务在怡神适趣,忽充然滚滚,若有所得,勿便气轻意满,益加含蓄酝酿,若江河之浸,泓衍泛滥,骤然决之,一泻千里矣。每日闲坐时,众方嚣然,我独渊默;中心融融,自有真乐,盖出乎尘垢之外而与造物者游。"(同上,卷二四,《示徐曰仁应试》)这当然是在论科举应试之文而非文学创作,然而科举之文尚且须有"出乎尘垢之外而与造物者游"的超然心境,更勿论审美的文学了。因此,关于王阳明理想审美心境的看法,我以为下面一联诗最足以概括:"不离日用常行内,直造先天未化前。"(同上,卷二十,《别诸生》)审美心境不能离开"日用常行",倘若真正断绝了世俗的念头,成为不食人间烟火的隐士,他便会视美而不见,更没有必要去特加强调,比如那得道的佛门禅师,他的人生境界便是见山是山、见水是水的平淡无奇,或者说是"春来草自青"的悄然无言。只有像王阳明这样,既超越了现实的束缚,归向了自然,却又能翻转过身子,去发现,去欣赏,去咏叹自身对自然之美的享受,才算是审美的情调。此种情调是超世而不离世,绝俗但不绝情的人生境界。很难说阳明先生时时都处于此种境界中,但他曾经拥有过此种境界则是无疑的。而这一切都得力于他那丰富饱满的情感、超然离俗的山水情趣及其捕捉美的能力的综合效应。

就实际情形而言,由于王阳明一生的精力主要用之于讲学与事功,文学创作只不过是其副业。尽管他很看重人生的受用,也具备高雅的审美情趣,但所取得的实际成就毕竟是有限的,因而文学史上未给他以重要地位并非没有道理。从此一角度,说他的文学成就被其心学所掩是可以成立的。但从文学思想史的角度看,正因为其心学对其文学有直接的影响,从而使王阳明在明代甚至在近古的文学思想的演变过程中具有了重要的意义。这主要体现在对心与物关系的理解上。在宋代之前,感物说在文坛上占着绝对的主导地位,从《礼记·乐记》的"人心之动,物使之然也"到《文心雕龙·物色》的"情以物迁,辞以情发",物在文学发生过程中都占据着第一位置,在唐代形成的以情与景之匀称浑融为主要特征的意境说,可以说是感物说所取得的最丰硕的成果。此种感物的文学思想随着中唐以后倡言见性成佛的南宗禅的流行,以及宋代理学的发展,其一统的局面逐渐发生了松动。但由于禅宗的宗教性质与理学的拒斥情欲,使它们在审美上未获得应有的正面效应,因而感物说的主导地位也就没有受到根本的动摇。王阳明是中国文学思想从早期的感物说向晚期的性灵说转变的关键人物之一。在其心学体系中,对心与物关系的规定,毫无疑问心已上升到主导的地位。王阳明当然没有否定物,《传习录》曾记曰:"先生游南镇,一友指岩中花树问曰:'天下无心外之物,如此花树,在深山中自开自落,于我心亦何相关?'先生曰:'你未看此花时,此花与汝心同归于寂。你来看此花时,则此花颜色一时明白起来。便知此花不在你的心外。'"(《王阳明全集》卷三)在此,物对于心当然不是可有可无的,没有它,便无法证得此心的功能;然而从价值取向上讲,物的自在是没有意义可言的,是人的主观心灵的观照,才使得花一时"明白"起来。从诗学观念上看,这也可以称是一种境界说,只有当心灵与物相遇时,才能取得"明白"的诗意,其中缺少任何一项,也就构不成诗之境界。正是由于此一原因,王阳明的诗可以用意境的理论加以剖析,并会得到较高的评价。但从发生论的角度讲,主观心灵在心学体系中占据了绝对的主导地位。在朱熹那里,"格物"是究极物理之意,人心所具之天理与万物所具之天理如万川印月,并无主次之分;而在阳明这里,"格物"是正不正以归于正之意,物的意思也被规定为"意之所在"亦即事之意。当王阳明说:"天没有我的灵明,谁去仰他高?地没有我的灵明,谁去俯他深?鬼神没有我的灵明,谁去辨他吉凶灾祥?天地鬼神万物离却我的灵明,便没有天地万物了。"(《王阳明全集》卷三)由此推衍,当然也可以说,诗没有我的灵明,谁去成其美了。在此,人之灵明成了一切的主宰,而物则退居于次要的地位。尽管王阳明并没有在文学理论上明确地提出性灵说,但在实际创作中则已显示出重主观、重心灵、重自我的鲜明倾向。且不说他的许多讲学诗几乎没有什么物象的介入,如:"良知即是独知时,此知之外更无知。谁人不有良知在?知得良知却是谁?"(同上,卷二十,《答人问良知二首》其一)此已属有韵之讲学议论,固无诗美可言;即使那些表现审美情趣的诗,也多以赋体写之,如:"中丞不解了官事,到处看山复寻寺。尚为妻孥守俸钱,至今未得休官去。"(同上,《重游开先寺题壁》)不少人认为阳明的诗有率意不计工拙的特点,究其实质,则是其重心灵愉悦与心灵表现的必然结果。更须留意的是,阳明诗作中有许多表面上看是咏自然景色的诗,但若寻其脉络,依然是主观心灵作为全诗的主线而贯穿始终,略举数首以为佐证:

老桧

老桧斜生古驿旁,客来系马解衣裳。托根非所还怜汝,直干不挠终异常。风雪凛然存节概,刮摩聊尔见文章。何当移植山林下,偃蹇从渠拂汉苍。

(同上,卷十九)

杖锡道中用张宪使韵

山鸟欢呼欲问名,山花含笑似相迎。风回碧树秋声早,雨过丹岩夕照明。雪岭插天开玉帐,云溪环碧抱金城。悬灯夜宿茅堂静,洞鹤林僧相对清。

(《王阳明全集》卷二十)

太平宫白云

白云休道本无心,随我迢迢度远岑。拦路野风吹暂断,又穿深树候前林。

(同上)

第一首是咏物诗,从表面看似乎与前此的同类诗作没有太大的差别,也是借物以咏人。但若稍加品味,便会发现该诗依然有其独特之处,诗虽题名为《老桧》,可老桧并没有构成完整的形象,作者所关注的重心乃是其自我人格与人生理想,也就是说在"我"与物之间未能达到艺术上的均衡状态。第二首好像是纯粹的写景诗,因为作者并未直接在诗中出现,整首诗全是由景物组成的,然而在阅读它时又仿佛处处都留有作者的影子,且不说那"欢呼"的山鸟与"含笑"的山花是直接向作者表示欣喜之情的,即使那穿越碧树的秋风,雨后丹岩的夕阳,有意展开的雪岭玉帐,含情抱城的碧色云溪,乃至静谧的悬灯茅堂,清高的洞鹤林僧,无不涂上了作者的主观感情色彩,无不是为了表现作者的喜悦之情,用王国维的话说,这些全都可视为有我之境。最后一首则完全围绕作者的主观自我而展开,与其说白云有心,倒不如说是作者有意,充满了人情味的白云实际上是作者自然之趣的外化,白云对作者的恋恋不舍实际上是作者自己对自然山水的一往情深,因而本诗也不再需要用传统的意境标准加以衡量,而须代之以自然活泼的人生之趣。此类风格的诗在前人那里当然也可以时有发现,但作为一种整体风格出现在阳明的创作中却应该引起足够的重视。因为在此种风格的背后有着深厚的思想背景作为支撑,它预示着一种新的文学思想潮流已经产生。尽管这种现象在王阳明身上尚未充分的显现,或者说虽然已经显现却未能引起人们的足够关注,但在后来的文学潮流中,却日益显示出其巨大的影响力,如果认真追索明代中后期文坛所流行的文学思想,比如唐宋派与徐渭的本色说,李贽的童心说,公安派的性灵说,汤显祖与冯梦龙的言情说,都或直接或间接地受到过王阳明的影响。从此一角度讲,说王阳明的思想是明代中后期诸多文学思想的哲学基础是并不过分的。正是从梳理文学思想的发展脉络的价值上,我以为应该对王阳明的审美情趣以及由此形成的文学思想特征做出较为深入的研究。

三、王阳明的归隐意识与明代士人生存空间的拓展

从弘治年间入仕到嘉靖初年归越讲学,王阳明几乎在不间断地表达其归隐的愿望[①],但他真正实现其愿望的机会却很少,有时甚至不得不自我解嘲说:"山僧对我笑,长见说归山。如何十年别,依旧不曾

---

① 王阳明的归隐诗可以说比比皆是,现略举数首,以见一斑。作于弘治十七年的《登泰山五首》其五曰:"我才不救时,匡扶志空大。置我有无间,缓急非所赖。孤坐万峰间,嗒然遗下块。已矣复何求? 至精凉斯在。淡泊非虚香,洒脱无蒂芥。世人闻予言,不笑即吁怪;吾亦不强语,惟复笑相待。鲁叟不可作,此意聊自快。"(《王阳明全集》卷十九)本诗显出阳明当时急于用世而又不得重用的心情,但尚缺乏深沉之感。作于正德初年贬谪龙场时的《春行》曰:"冬尽西归满山雪,春初复来花满山。白鸥乱浴清溪上,黄鸟双飞绿树间。物色变迁随眼,人生岂得长朱颜! 好将吾道从吾党,归把渔竿东海湾。"(同上,卷二十)此时他要度过漫长的贬谪生涯,于是感到了生命的短暂与流逝,故而有了归隐的念头。作于正德八年的《送蔡希颜三首》其二曰:"群鸟喧北林,黄鹄独南逝。北林岂无枝? 罗弋苦难避。之子丹霞资,辞我云门去。山空响流泉,路僻迷深树。长谷何盘迂,紫芝春可茹。求志暂栖岩,避喧宁遁世。縶予辱风尘,送子愧云雾。匡时已无术,希圣徒有慕。倘入阳明峰,为寻旧栖处。"(同上,卷二十)弘治时尚以自己的救世之志不能实现而大发牢骚,而此刻他深觉"匡时已无术",遂产生退隐以求圣的打算。作于正德十四年的《用韵答伍汝真》曰:"莫怪乡思日夜深,干戈衰病两相侵。孤肠自信终如铁,众口从教尽铄金! 碧水丹山曾旧约,青天白日是知心。茅茨岁晚饶风景,云满青溪雪满岑。"(同上)尽管环境更加恶劣,但其亦更加自信,故而即使言归隐也更加从容自得。因此正德十五年左右是阳明的成熟时期,论其归隐意识以此时为最合适。

闲。"(《王阳明全集》卷二十,《宿净寺四首》其四)只是到了嘉靖元年,他才真正实现了此一心愿,得以归越而隐居六年。其实,归隐在中国古代士人的诗文中是一个说不完的话题,因为官场本身便是个是非之地,不如意事常八九,加之身心的劳顿,故而向往一片安静的土地,使自我身心得到栖息调整,便成为许多士人的共同追求。拿本朝来说,官场得意的三杨有过,仕途艰难的前七子也有过,而且愈至王朝的后期,此种追求亦愈加强烈。王阳明自然也具有普通士人的共同心理,而且其不同时期也具有不完全相同的动机。然而本书之所以将其归隐意识作为一个论题而提出剖析,是由于在阳明的此一意识中还具有异乎他人的一些丰富内涵,这些内涵在明代中后期的士人心态演变中曾起到过颇为重要的作用,因而不得不引起我们充分的重视。

在上节中曾将正德十五年作为阳明心学成熟的标志,其实就其归隐意识而言也是如此。在此一时期,不仅提出了致良知学说从而标志着其心学体系的最终确立,而且其现实人生也遇到了空前的困境,需要他认真考虑加以解决,归隐可以说是他所选择的最终解决方案。因而此时的归隐既不是他一时的情感冲动,也不是随意出口的门面话,而是他反复思考、仔细斟酌的成熟想法。因此下面便以此一时期的诗文为核心,并结合其前后的现实行为及其他诗文来对其归隐意识作一考察,庶几可以得出有价值的结论。

在众多的诗文作品中,我以为正德十五年所写的《思归轩赋》表述其归隐意识最为全面集中,这不仅是因为该赋写作时间的重要,而且此种文体本身便须经过认真的构思方可动笔,其中所表述的思想也往往是作者的成熟见解,故而对该文不妨全引,以便于作为讨论对象:

>阳明子之官于虔也,廨之后乔木蔚然。退食而望,若处深麓而游于其乡之园也。构轩其下,而名之曰"思归"焉。

门人相谓曰:"归乎!夫子之役役于兵革,而没没于徽缠也,而靡寒暑焉,而靡昏朝焉,而发萧萧焉,而色焦焦焉。虽其心之固嚣嚣也,而不免于呶呶焉,哓哓焉,亦奚为乎!槁中竭外,而徒以劳劳焉为乎哉?且长谷之迢迢也,穷林之寥寥也,而耕焉,而樵焉,亦焉往而弗宜矣。夫退身以全节,大知也;敛德以亨道,大时也;怡神养性以游于造物,大熙也,又夫子之夙期也。而今日之归,又奚以思为乎哉?"则又相谓曰:"夫子之思归也,其亦在陈之怀欤?吾党之小子,其狂且简,佟佟然若瞽之无与偕也,非吾夫子归,孰从而裁之乎?"则又相谓曰:"嗟呼,夫子而得其归也,斯土之人为失其归矣乎!天下之大也,而皆若是焉,其谁与为理乎?虽然,夫子而得其归也,而后得其道。惟夫天下之不得于道也,故若是其贸贸。夫道得而志全,志全而化理,化理而人安。则夫斯人之徒,亦未始为不得其归也。而今日之归又奚疑乎?而奚以思为乎?"

阳明子闻之,怃然而叹曰:"吾思乎!吾思乎!吾亲老矣,而暇以他为乎?虽然,之言也,其始也,吾私焉;其次也,吾资焉;又其次也,吾几焉。乃援琴而歌之。歌曰:归兮归兮,又奚疑兮!吾行日非兮,吾亲日衰兮;胡不然兮,日思予旋兮;后悔可迁兮?归兮归兮,二三子言兮!"

(《王阳明全集》卷十九)

就整首赋而言,其归隐意识可分为消极与积极两个层面。所谓消极层面,是指其在外部环境的压迫下而不得不隐,也就是赋中所言的,尽管他数年间奔波劳苦于兵事,不分寒暑昏朝,弄得头发萧疏,面容憔悴,可他处心积虑、鞍马劳顿所换来的,竟然是呶呶哓哓的攻讦之声,他还有什么理由不退出这是非之地呢?在数年之间,阳明曾不断地有此类的表述，如早在正德十三年的《与黄宗贤》的信中，他便说"仕途如烂泥坑，勿入其中"，其标志则是"士风日偷，素所目为善类者亦皆雷同附和，以学为讳"，以致使其产生"人生动多牵滞，反不若他流外道之脱然"的感叹。（《王阳明全集》卷四）至于其所言"善类"究为何指则不易落实，根据后来霍韬在《地方疏》中所说："当时大学士杨廷和，尚书乔宇，亦忌王守仁之功。"（同上，卷三九）可知与阳明志趣不和者是大有人在的。因而厌倦仕途的情绪便不断从其诗作中表现出来，作于正德十五年的《送邵文实方伯致仕》说："君不见埘下鸡，引类呼群啄且啼；稻粱已足脂渐肥，毛羽脱落充庖厨。又不见笼中鹤，敛翼垂头困牢落。"（同上，卷二十）生前有"敛翼垂头"之束缚，而肥后又有"充庖厨"之危险，则入入其中还会有什么趣味。作于同一时期的《贾胡行》甚至认为自己的入仕为官还不如商贾之求利，因为为官的害处较之经商要大得多，所谓："钻求富贵未能得，役精劳形骨髓枯。竟日惶惶忧毁誉，终宵惕惕防艰虞。一日仅得五升米，半级仍甘九族诛。"（同上）阳明的此种感受并没有过度地夸张，在忠、泰之害的危局中，"竟日惶惶忧毁誉"理应是其真实心态，而"九族诛"也并非不可能出现的结果。尽管阳明每次上疏辞官的理由都是疾病与养老，但其真正的原因主要是对仕途的畏惧与厌恶，这有他自己的话为证，在正德七年其弟子希渊要归隐时，他就致函劝其不必操之过急，而应该找机会"托疾而行"，其原因则为："彼此形迹泯然，既不激怒于人，亦不失己之介矣。"（同上，卷四，《寄希渊》其一）真正想退隐者必须追求实际的效果，而不必广事张扬以显气节。对比王阳明抒情言志的诗作与上奏朝廷的官样文章，便可以发现其归隐的真实原因与追求实效的心情。

　　说阳明的归隐原因是对仕途的畏惧可能会造成某种误解，因为用"畏惧"二字来形容自信良知的阳明先生显然是不恰当的。这便需要结合阳明归隐意识的积极层面加以阐释，方可避免此类误解。王阳明的确有超人的自信与不计利害得失的高尚胸襟，同时更有舍生取义的狂者进取精神。但这并不能说明他毫无所惧，因为"九族诛"不仅牵涉到他一己之性命，更关系着家族亲人的安危存亡，因而他不能只顾自己的一时快意或一己功名之成就，倘若因此而危及家族尊亲，他首先便未能尽到儒家所倡言的立身之本——孝的责任。更何况当他感到在官场中已无法担负儒者的救世责任时，便更会"畏惧"忠孝双失的结局与自我生命的浪费，从而去寻求更有价值的生命空间。在《归兴》一诗中，他曾写下"时方多难容安枕？事已无能欲善刀"（《王阳明全集》卷二十）的诗句，正是此种心态的流露。作为一个儒者，在国家处于多事之秋时，当然不应贪图个人的安逸，但如果尽其所能依然于事无补，那又何不善刀而藏，别寻他途呢？此一思路在《思归轩赋》中得到了具体的表现，这便是他通过门人之口所提出的三种归隐目的。一是退而自保自适，即所谓的退身以全节，敛德以亨道，怡神养性以游于造物。二是归隐以授徒讲学，即赋中所言的"在陈之怀"。"在陈之怀"语出《论语·公冶长》，其曰："子在陈，曰：'归与！归与！吾党之小子狂简，斐然成章，不知所以裁之。'"何晏注曰："孔子在陈思归欲去，故曰。吾党之小子狂简也者，进取于大道，妄作穿凿以成文章，不知所以裁制，我当归以裁之耳。遂归。"（《十三经注疏》，第2475页）故而赋中言"非吾夫子之归孰从而裁之乎"。三是归隐讲学以求道，通过正人心而使天下太平。也就是所谓："道得而志全，志全而化理，化理而人安。"阳明显然是同意此二三子之言的，所以说"其始也，吾私焉"，亦即自适乃是追求自我人生之乐；而"其次也，吾资焉"之"资"，乃禀赋、才质之意，亦即授徒讲学乃其本分。"又其次也，吾幾焉"之"幾"乃"冀"之通假，亦即希望理想之意。就其价值取向而言，其实此三条可进一步化约为两条，即自保自适以自乐与讲学求道以救世。早在正德二年，阳明便表示过此种意向，他在《别三子序》中说："予有归隐之图，方将与三子就云霞,依泉石,追濂洛之遗风,求孔、颜之真趣,洒然而乐,超然而游,忽焉而忘吾之老也。"(《王阳明全集》卷七)在野讲学,既可无拘无束以洒然而乐,又可授徒施教以拯济天下。只不过他当时正在赴贵州贬所途中,根本无归隐的条件罢了。如今情形已大不相同,环境比当初更为险恶复杂,其人生阅历也更加丰富,尤其是通过龙场悟道与忠、泰之变,使他悟得了良知的大道,具备了空前的人生自信与超然胸襟,最终形成了他那"用之则行舍即休"的通达人生态度。因而他此时的归隐便与一般的士人之隐有了很大的不同:他的确是要摆脱官场的束缚与仕途的险恶,从而归向自然山水,享受自由洒落的人生之乐,真正做自我生命的主人;然而,他在追求庄禅的超然境界时,却并不意味要放弃儒家的人生责任,他不仅准备着朝廷需要时可以随时出山,更重要的是他还要向前来求学的士人讲学论道,去启悟他们的良知,让他们坚定自我的求圣志向,提升自我的人生境界,并最终承担起拯救天下的重任。这种归隐讲学的人生模式不仅使其自我从沉闷险恶的官场中解脱出来而获得身心的舒展,而且会比在仕途中更能发挥救世的功能。我以为这就是王阳明在《思归轩赋》所显示出的人生境界与人生理想,也是他归隐意识的主要内涵。

那么,阳明先生在归隐后是否实现了自己的愿望呢?我以为他在一定程度上已经实现。首先是他的心灵在归隐后得到了解脱,他在刚归乡时兴奋地吟诗曰:"归去休来归去休,千貂不换一羊裘。青山待我长为主,白发从他自满头。种果移花新事业,茂林修竹旧风流。多情最爱沧州伴,日日相呼理钓舟。"(同上,卷二十,《归兴二首》其二)这便是他的愿望,也是他的计划,因而在他的隐居生涯中漫游山水便成为重要的内容之一,并且从中得到了心灵的愉悦享受,其《山中漫兴》曰:"清晨急雨度林扉,余滴烟梢尚湿衣。雨水霞明桃乱吐,沿溪风暖药初肥。物情到底能容懒,世事从前顿觉非。自拟春光还自领,好谁歌咏月中归。"(《王阳明全集》卷二十)在越中的美丽山水景色中,其身心得到了放松,其自我融化在明霞红桃里,显得是如此的从容自得,以致使之深感从前的失算。在饱赏春光之后,一路歌咏而归,其人生的满足感可谓溢于言表。阳明隐居期间的另一生活内容是讲学论道,从他所写的一系列的咏良知的诗中,可以窥知其讲学的大致内容,但更重要的是他的讲学方式及其当时的心态,钱德洪后来曾回忆当时情景说:"甲申年(嘉靖三年)先生居越。中秋月白如洗,乃燕集群弟子于天泉桥上。时在侍者百十人。酒半行,先生命歌诗。诸弟子比音而作,翕然如协金石。少间,能琴者理丝,善箫者吹竹,或投壶聚算,或鼓棹而歌,远近相答。先生顾而乐之,遂即席赋诗,有曰'铿然舍瑟春风里,点也虽狂得我情'之句。既而曰:'昔孔门求中行之士不可得,苟求其次,其惟狂者乎?狂者志存古人,一切声利纷华之染,无所累其衷,真有凤凰翔于千仞气象。得是人而裁之,使之克念日就平易切实,则去道不远矣!予自鸿胪以前,学者用功尚多拘局;自吾揭示良知头脑,渐觉得此意者多,可与裁矣。'"(《刻文录叙说》,同上,卷四一)作诗弹琴,吹箫唱歌,如此讲学方式自然令人立时想起孔子叹赏的曾点咏歌而归之乐,此种生命情调也许并不比漫游山水稍有逊色。而正是在此种人生氛围中,从学者得到了良知之学的启示,具备了成圣的起码前提——狂者气质。阳明显然看到了其教学的效果,所以才会说"自我解释良知头脑,渐觉见得此意者多,可与裁矣"。而在如此的氛围中,也更增加了阳明本人对良知之学的自信,并从而产生一种"凤凰翔于千仞"的崇高心理感受。钱氏所引诗句出自阳明的《月夜二首》,其全诗为:

万里中秋月正晴,四山云霭忽然生。须臾浊雾随风散,依旧青天此月明。肯信良知原不昧,从他外物岂能撄!老夫今夜狂歌发,化作钧天满太清。

第二章　王阳明的心学品格与弘治、正德士人心态　225

处处中秋此月明，不知何处亦群英？须怜绝学经千载，莫负男儿过一生！影响尚疑朱仲晦，支离羞作郑康成。铿然舍瑟春风里，点也虽狂得我情。

(《王阳明全集》卷二十)

诗题下原有小注曰："与诸生歌于天泉桥。"可知此诗当时一定在其弟子中广为流传。在该诗中，的确集中表现了阳明此时的自信与心境。这一轮皎洁的明月显然是良知的象征，它本来是纯洁明亮的，尽管有时会被云霭遮蔽，而一旦驱散云雾，依然会显示出其明亮的本色。阳明所发狂歌的愿望，就是要使自己的良知主张广为传播，"化作钧天满太清"。正是在自信良知可以正人心、救天下的心境中，阳明有了继绝学于千载的圣人之感，在他眼中，无论是汉儒郑康成的训诂解经，还是宋儒朱仲晦的格物穷理，都未得圣学之真谛，只有良知才是承接千载圣学的真血脉。而自己能够继千载之绝学，当然也就成为未虚度此生的豪杰了，所以他才会在诗之结尾处吟出"铿然舍瑟春风里，点也虽狂得我情"的豪迈诗句。在阳明居越讲学的六年里，无论是其所接纳的弟子还是所造成的影响，都较之以前大有进展。钱德洪在《刻文录叙说》中曾回忆当时讲学盛况说："先生自辛巳年初归越，明年居考丧，德洪辈侍者踪迹尚寥落。既后，四方来者日众，癸未(嘉靖二年)已后，环先生之室而居，如天妃、光相、能仁诸僧舍，每一室常合食者数十人，夜无卧所，更番就席，歌声彻昏旦。南镇、禹穴、阳明洞诸山远近古刹，徙足所到，无非同志游寓之地。先生每临席，诸生前后左右环坐而听，常不下数百人；送往迎来，月无虚日，至有在侍更岁，不能遍记其姓字者。诸生每听讲，出门未尝不踊跃称快，以昧入者以明出，以疑入者以悟出，以忧愤恫憶入者以融释脱落出，呜呼休哉！不图讲学之至于斯也。尝闻之同门，南都以前，从游者虽众，未有如在越之盛者。虽讲学日久,孚信渐博,要亦先生之学益进,感召之机亦自不同也。"(《王阳明全集》卷四一)暂且不言其讲学效果是否经过了钱氏的夸张润色,仅就讲学规模而言,亦可谓自孔子以来所罕有,也许只有宋儒朱熹庶几可与之相比。后来王学之能在士人中广为流行,与阳明的这六年越中讲学当有直接关系。正如钱氏所言,阳明之名声影响的日益增大,也与他本人的为学日进密不可分,换言之,阳明本人的名气随着讲学的日益深入也越来越大,许多非其弟子的士人非但向往其学识,而且欲其出山以主持朝政,霍韬便曾直接致信阳明说:"庙堂尤急,必得先生入阁,则默赞潜旋,自非时辈所可望,若居冢宰,则转移士习,鼓动士风,决大有可观。"(《渭厓文集》卷六,《复阳明先生》)阳明最终并未能居要路以施展其良知之学,故而也难以对其实际效用做出评价,但能够被时人寄以入阁与冢宰之望,亦可见其影响之大矣。从此一角度言,应该说阳明已实现其当初归隐讲学的理想。

然而须引起注意的是,阳明越中讲学所造成的并不全是正面的影响,同时也给了反对者以更多的攻评口实。就是在上述霍韬给阳明的同一封信中,同时也提示阳明:"或谓先生张主学问,有流禅者弊,恐鼓天下后学逞浮谈不切实德,而庸俗无知者起而攻争焉。"霍氏虽无意攻击阳明,但也不得不提出善意的劝告:"王老先生学问诚有过高者,此贤知之过也。然老先生虚心无我,闻一善言,见一善行,恐改不早也。所虑者或及门之士面从心违,或张主门户,哓哓自异,启流俗诋訾之隙。"话讲得尽管颇为婉转,还是指出了阳明"过高"的一面。其实阳明本人也并不避讳此一点,他讲不避毁誉,讲超然自得,讲凤凰翔于千仞之上,都可证明其拥有求乐自适的高蹈风范。关于此点还可在阳明与其弟子董澐的关系中得到进一步的证实。董澐,字萝石,他在阳明弟子中是位带有传奇色彩的人物。他原本是位嗜诗之人,而六十八岁始闻阳明心学,遂大叹服,乃强执弟子礼。其亲友均对其行为不以为然,而他却一意孤行，毫无所动，立志"将从吾之所好"，并由此自称从吾道人。连阳明本人也深觉奇异，特撰《从吾道人记》以志之。然而，阳明之学吸引董萝石的巨大力量到底是什么呢？各家记载言之不明，根据阳明的记忆，他们相见后董氏曾如是说："吾见世之儒者支离琐屑，修饰边幅，为偶人之状；其下者贪饕争夺于富贵利欲之场；而尝不屑其所为，以为世岂真有所谓圣贤之学乎，直假道于是以求济其私耳！故遂笃志于诗，而放浪于山水。今吾闻夫子良知之说，而忽若大寐之得醒，然后知吾向之所为，日夜弊精劳力者，其与世之营营利禄之徒，特清浊之分，而其间不能以寸也。幸哉！吾非至于夫子之门，则几于虚此生矣。吾将北面夫子而终身焉，得无既老而有所不可乎？"（《王阳明全集》卷七）可知在阳明这里他寻到了生命的归宿。这归宿依阳明说便是"良知"，但董萝石又看中了良知的什么呢？阳明在文中未言，他写本文的目的在于称赞萝石勇于求道的精神。但可以肯定的是阳明对萝石有良好的印象，比如阳明全集中共留下居越诗三十四首，与萝石赠答者便有六首之多，几近五分之一。其中《天泉楼夜坐和萝石韵》曰："莫厌西楼坐夜深，几人今昔此登临？白头未是形容老，赤子依然浑沌心。隔水鸣榔闻过棹，映窗残月见疏林。看君已得忘言意，不是当年只苦吟。"（同上，卷二十）可知阳明认为萝石已悟得良知的大道，使自我生命跃上了一个新的境界。董萝石在阳明处所接触的当然有良知的父慈子孝等伦理要素，因而在阳明《答董萝石》中便记录有他喜录人善言善事的行为，但阳明却告诉他："录善人以自勉，此亦多闻多见而识，乃是致良知之功。"可见仍非究竟话头，关键是要"致良知而心得其宜"，因为唯有如此，方可"浩然之气至大致公，充塞天地，自然富贵不能淫，贫贱不能移，威武不能屈"。（同上，卷五）可见他从阳明心学那里得到的乃是超然洒落的自得境界。故而《明儒学案》记其语曰："内不见己，外不见人，即是任理。""心无所希，名之曰道。"（卷十四，《浙中王门学案四》）均是就内在之心灵超越一面而立论。这便与佛教尤其是禅宗不能完全分开，因此黄宗羲说他："悟道无两，费隐一致，从佛氏空有而入，然佛氏终沉于空，此毫厘之异，未知先生辨之否耶？"（同上）其实，萝石岂止不辨，竟有意合之，黄绾《萝石翁传》记其于阳明执弟子礼后："且读内典，遂究心释老，忽若有悟，乃喟然曰：'今日客得归矣！'"故而黄绾疑曰："欲为儒学，而又逃释老，遂以没世，吾诚不知其何志何为何品者也。"但有一点是可以肯定的："就其所志而言，则萝石者实可谓超然斯世，锱铢不入，乐善无求，其贤于人也何如哉！"（《明文海》卷三九七）我以为这才真正道出董萝石为学的真实目的与其最终获得的真实受用，同时也证明王守仁在越讲学时期，也就是他心学的最后阶段，依然有追求自得自适的价值取向。黄绾正是看到了此一点，于是后来便改变对阳明心学的态度，著《明道编》以纠正阳明心学的禅学倾向。[①]

其实，作为阳明的朋友、弟子与儿女亲家的黄绾，应该说对阳明心学的了解并不全面完整。王阳明的确有庄、禅意识，教导弟子也的确有令其追求自我适意的倾向，但是这又的确不是阳明思想的全部。根据阳明狂者便从狂处成就之、狷者便从狷处成就之的教学原则，他当然会针对不同的对象而采取不同的态度。拿董萝石来说，他原本就是个无甚功名的诗人，年龄又已近七十，不可能指望他再有什么治国平天下的壮举，因而阳明对他的要求是去掉苦吟的旧习，而更加关注自我生命

---

① 黄绾对阳明的不满主要在于担心其耽于虚寂，从而有异于圣学，他曾说："予昔年与海内一二君子讲学，有以致知为致极其良知……又令看六祖《坛经》，会其'本来无一物'，'不思善，不思恶'，见'本来面目'，为直超上乘，以为合于良知之至极。又以《悟真篇》后序为得圣人之旨，以儒与佛仙之道皆同，但有私己同物之殊，以孔子《论语》之言皆下学之事，非直超上悟之旨。"（《明道编》，第11页）以黄氏与阳明的密切关系，此处所言当是实见实闻之语，断不至诬阳明，然其不提阳明济世意识之一面，便不免有偏颇之弊。此亦不可不辩者。

的意义。阳明所改变的是董萝石的文学思想，他使本来执着于苦吟的董氏敞开了心灵的窗扉，体验到如陶渊明那般"此中有真意，欲辨已忘言"的自然人生境界，从而体悟到人生的真正价值。这对董氏来说无疑是最合适的，也难怪他会欣喜若狂了。而对于那些有可能且有能力出仕为官或讲学育人的士人，他又毫不犹豫地鼓励他们大胆进取，比如他在作于嘉靖五年的《送萧子雍宪副之任》一诗中曰："哲士营四海，细人聊自谋。圣作正思治，吾衰亮何酬！所望登才俊，济济扬鸿休。隐者嘉肥遁，仕者当谁俦？宁无寂寥念？宜急疮痍瘳。舍藏应有时，行矣勿掩留！"（《王阳明全集》卷二十）尽管他将"营四海"者称之为明哲之士，而称"自谋"者为"细人"，却并不表示他对"自谋"者的否定，否则他不必说"宁无寂寥念"的心里话，但瘳国家之"疮痍"亦为士人之急务，如果都求取隐遁的实惠，那国家百姓之事又有谁来管？所以尽管他本人因衰病而无法报效朝廷，却希望才俊之士能大有振作，故而在诗的结尾才毫不迟疑地鼓励萧子雍"行矣勿掩留"。既欲超然世外以求自适，又难以放弃儒者的济世之念，这确实是难于克服的人生矛盾，王阳明一生都生活在此一矛盾中，而且最终也没有找到有效的解决办法，就在他鼓励萧氏出仕的次年，他本人也接到了朝廷令其征思、田的差遣，尽管他此时已是身患疾病，还是义无反顾地踏上了征途。当他途经桐庐钓台时，挥笔写下了《复过钓台》一诗，最后留下了他那出处难以兼得的人生遗憾，诗曰："忆昔过钓台，驱驰正军旅。十年今始来，复以兵戈起。空山烟雾深，往迹如梦里。微雨林径滑，肺病双足胝。仰瞻台上云，俯濯台下水。人生何碌碌？高尚当如此。疮痍念同胞，至人非为己。过门不遑入，忧劳岂得已！滔滔良自伤，果哉末难矣！"（同上）诗后有注曰："右正德己卯（十四年）献俘行在，过钓台而弗及登。今兹复来，又以兵革之役，兼肺病足疮，徒顾瞻怅望而已。"两次途经钓台，他都因戎马倥偬而难得一登浏览，但当他仰望高台时，当年严子陵隐居垂钓的高韵，都会深深引起他的无限向往之情，因为归隐六年的阳明先生怎能体会不出超然洒落人生境界的可贵，从而与这位千年之前的高人隐士产生心灵的沟通，难怪他会发出"人生何碌碌，高尚当如此"的深沉感叹。然而，眼见国家的满目疮痍，万物一体的仁人之心又不允许他"为己"自乐，只好又匆匆登程了。他的确不愿"忧劳"，可又实非"得已"，于是便不能不留下无穷的人生遗憾，道一声"滔滔良自伤，果哉末难矣"！

阳明心学并不是一个完美无缺的思想体系。王阳明所要解决的是士人在险恶的现实境遇中如何保持心境的平静，并依然有效地担负儒者的社会责任，于是他的心学理论讲立志成圣，讲有切于身心，讲个体心灵的超然，讲自我人格的独立，从而带有很强的自我心灵体悟色彩。这是其优点，同时也是其缺点。王阳明将其学说最终收归为良知的虚与灵两大特性，这固然有利于超越现实的利害得失与自我良知知善知恶的识别功用。但强烈的自我体悟色彩又使其不可能有统一的标准，从而缺乏具体的可操作性。无善无恶的虚空心体固然可以解除士人的内心焦虑，甚至可以求得心灵的顺适和乐，但这又如何能保证在空掉烦恼的同时而不失去人生的责任感？当他强调自我良知具有知善知恶的自然灵明时，固然是为了突出真诚自觉而不矫饰虚伪的品格，但良知在自然发用时又如何保证其所发全为儒家之大公至善而不是一己之私。他当然也强调为善去恶的修炼功夫，却又必须最终达到无修无执的虚明自然境界，并以廓然大公、情顺万物而无情的无分别对待去发挥良知的作用，但在为善去恶与无善无恶之间，以什么作为检验的标准，又有谁来执行检验的职责？佛家禅宗尚要讲最后的得道印可，而心学良知却只能依据自我的体悟。天泉证道与严滩问答也许有在阳明处求印可的意味，但已经表现出难以相互认可的倾向。而一旦阳明去世，又有谁能够发挥此种仲裁的职能呢？现实中的王阳明显然已达圣者的境界，他可以既不失自我心灵的和乐，又能时刻不忘儒者的职责，在各种境遇中均可达到无入而不自得的从容境界。但在一个私欲流行的世界，并且各种社会制度都在鼓励士人去求得自我利益的实现，王阳明如何能够靠一种学说去改变这个制度化的社会？所有这一切都预示着两种结果，一是阳明心学必然会随着阳明的去世而走向分化，从而形成多元的格局；二是这种学说不可能落实于制度的层面，从而也就不可能挽救明代的社会危机。尽管如此，阳明心学的出现对于明代士人来说依然意义巨大，其中最重要的一点便是它极大地拓展了明代士人的生存空间。洪武年间朱元璋依靠强制手段将士人都压缩到出仕为官一途，士大夫若不为君主所用，便要诛其身而籍其家，而八股科举的推行又将学术归之于一途，因而士人无论是现实生活还是精神世界均被束缚于一个狭小的空间，从而其人格也逐渐地趋于萎缩。因此，明代前期的士人将自己的存在意义始终紧紧地与朝廷联系在一起，士人自我人生价值的实现被毫不犹豫地固定在出仕为官之一途，这就是李梦阳、康海们在遭受仕途挫折时，何以会深感生命意义的丧失从而走向狂放颓废的原因。而王阳明的人生实践与心学理论却向士人指出：判断人生价值的标准并不在外部世界，他既不是朝廷的褒奖或贬斥，也不是先圣的经书与格言，更不是世俗的诋毁或赞誉，这个标准就在你自己的心中，除了追求自我的心安与自足，你无法用其他的外在标准来衡定自我生命的有无意义；同时，作为一个士人，出仕为官并不是其生命意义的全部，追求山水审美，获得自我愉悦，对于人生的价值来说是同等重要的。况且，即使要实现救世济民的儒者理想，也并非只能奔波于官场仕途，退隐乡野以讲学论道，同样能感发人心，振作士气，承千圣之绝学，垂万世之典宪。这不仅大大拓展了士人的现实生活空间，同时也使其精神世界更为丰富，从而使他们的自我生命得到了安顿。因此从某种意义上来说，阳明心学的出现重塑了明代士人的心态。

第三章　嘉靖士人心态与王学之流变

嘉靖朝在明代历史上是一个重要的转折时期。前人对此曾有过许多明确的表述,在风俗方面,"正、嘉以上,淳朴未离"。(《四库全书总目》卷一三二,杂家类存目九,《续说郛》)而此后则变为奢侈放纵。在士人人格方面,"当正、嘉之际,士大夫刓方为圆,贬其素履,羔羊素丝之节寖以微矣"。(《明史》卷二〇一,赞语)亦即由原来的方正守节而变为圆滑不讲原则。从学风方面,"盖弘、正以前之学者,惟以笃实为宗。……至正、嘉之间,乃始师心求异"。(《四库全书总目》卷一二四,杂家类存目一,《雅述》)在学术方面,"朱、陆二派,在宋已分。洎乎明代,弘治以前,则朱胜陆,久而患朱学之拘。正德以后,则朱、陆争诟。隆庆以后则陆竟胜朱。又久厌陆学之放,则仍伸朱而绌陆。讲学之士,亦各随风气以投时好"。(同上,卷九七,儒家类存目三,《朱子圣学考略》)所有这一切,都显示了嘉靖朝作为转折标志的特征。那么,在这一时期,朱、陆(实即王学)之间相互消长的具体情况如何,它们与士风的变化有何关系,王学在士人心态的流变过程中起到了什么作用,这便是本章所要解决的问题。本章共分五节:第一节是对嘉靖朝的政局变迁、士人人格的变异,以及阳明心学在此时的遭遇与其所扮演的角色的研究,以期为全章的论述勾画出一个清晰的时代景观;第二节是对王艮及其所开创的泰州学派的研究,主要着眼于他们所提出的出位之思、守道尊身的理论以及由此形成的狂侠精神,意在强调阳明心学在新的时代境遇中如何熔铸了新的士人人格,从而对时代做出有效的回应;第三节是对罗洪先及其聂豹归寂理论的探讨,意在强调士人在险恶的政治环境中所采取退隐自保的另一人生价值取向的追求,同时指出了其有别于传统隐士的心学特色;第四节是对王畿心学理论与人格心态的研究,主要是指出其"圆而通之"的理论特征,并在此基础上形成的出世与入世兼顾的价值取向,以及如何在现实中向着求乐自适的人生态度而倾斜,意在强调其所显示的明代士人人格的新特征;第五节是对唐顺之心学思想、文学思想与人格心态的研究,主要是突出其从狂者人格向中行境界的努力与转变,同时辨析了其晚年出山御倭的性质与意义。

第一节 嘉靖朝政治与士风演变以及王学之遭遇

一、"大礼议"对嘉靖士风之影响与王学所扮演之角色

"大礼议"是嘉靖朝所遭遇的第一件大事,也是对该时期士风影响巨大的历史事件,因而在明史研究中历来受到学者们的重视。然而从士风演变的角度,尤其是王学诸人在其中所采取的态度及其作用,尽管近几年来也有人略有涉及,但尚未触及问题之实质,而此事件实关涉到对嘉靖一朝士人心态之研究与王学性质之判定,故须详加申说。

所谓"大礼议"是指朝廷如何对待世宗之生父兴献王之称呼与地位的争论。武宗因一生荒唐放荡,故在二十九岁时即早早病逝,并且未留下任何子嗣。按明代兄终弟继的祖训,兴献王乃宪宗之第二子,孝宗之亲弟,其子朱厚熜乃武宗之堂弟,因而群臣在讨论武宗之继承人时,朱厚熜便成为首选对象。尽管武宗病逝时朱厚熜已继兴献王之位,但由于他是老兴献王的独生儿子,也就责无旁贷地成了武宗的继承人。但他即位后面临的头等难题便是如何安排其生父的地位。以顾命大臣杨廷和为代表的文官集团坚持继统兼继嗣的意见,认为世宗应该以孝

宗为"皇考",而以兴献王为"皇伯考"。但世宗却又是兴献王的独生子,如果过继给孝宗为子,岂非又绝了兴献王之嗣?于是,双方互不相让,且文臣后来也分为两派,从而展开了一场旷日持久的争论,最后则是以杨廷和为首的文官集团的失败而告终。就人之常情而言,让世宗绝己父之嗣而为他人之子,在心理上总是难以接受的,故而当礼部告知其廷议结果为"以孝宗为考,兴献王及妃为皇叔父母"时,世宗立即表示不能接受,说:"父母可移易乎?"(《明史纪事本末》卷五十)在学识渊博的文臣们引经据典的决议面前,世宗当然讲不出更多的道理,但他无论如何也不能接受这既成的结论。而且开始时他既没有准备也没有能力与群臣作强硬的对抗,他想通过求情使文臣们让步,因而说:"卿等所言俱有见,第朕罔极之恩,无由报耳。今尊父为兴献皇帝,母兴献皇后,祖母为康寿皇太后。"(同上)又据《明史》卷一九一《毛澄传》载:"帝欲推尊所生,尝遣中官谕意,至长跪稽首。澄骇愕,急扶之起。其人曰:'上意也。上言人孰无父母,奈何使我不获伸,必祈公易议。'因出囊金畀澄。澄奋然曰:'老臣悖耄,不能隳典礼。独有一去,不与议已耳。'抗疏引疾至五六上,帝辄慰留不允。"在这以君主身份而以金贿臣与近乎哀求的语气中,很难说不含有世宗父子间的真实伦理情感。难怪当他看到张璁支持其推尊父母的《大礼疏》时,会异常激动地说:"此论出,吾父子获全矣。"(《明史》卷一九六,《张璁传》)无奈杨廷和诸人态度异常强硬,一开始便摆出无丝毫通融余地的架势,尽管世宗"每召廷和从容赐茶慰谕",然"廷和卒不肯顺帝指",并"先后封还御批者四,执奏几三十疏"。(同上,卷一九〇,《杨廷和传》)甚至公然说"异议者即奸邪当诛"。(《明史纪事本末》卷五十)礼部侍郎王瓒表示异议,便立即被逐至南京礼部任侍郎;继之支持世宗的张璁也被安排在南京礼部供职。双方的互不相让导致了冲突规模的越来越大,始而是抗旨封还御批,既而是上疏辞职,最终是大规模的群臣抗议。而随着部分文官站出来支持皇上,世宗的态度也愈益强硬,始则允其辞官,既而惩罚个别文官,最终是将嘉靖三年七月参加抗议活动的134人抓进监狱,另有80余人姑令在家待罪。然后给以或戍边或廷杖或罚俸的处置,其中有17人被杖死,而且凡是因大礼议遭流放者,后来均很难再有重新起用的机会。

如果就事论事,以杨廷和为首的文官们为议礼而造成如此重大的损失似乎有些不值,而且其行为本身也颇显迂执,因而也就招致了后人不同的评价。明人徐学谟曰:"史道下狱,廷和乞罢。累旨慰谕,可谓优渥。乃请辞五六而不休,至毛纪、蒋冕、林俊、孙文、彭泽、乔宇相继求去。一时大臣,未免高激成风,失事幼君之体。自后邪人伺隙离间,新进用而老成削迹矣。"(谈迁《国榷》卷五四,世宗嘉靖八年)明人李贽的评价则稍微客气些:"予谓公只是未脱见闻窠臼耳,若其一念惟恐陷主于非礼,则精忠贯日可掬也。""然公之议大礼也,可以许其忠而未敢以许其妙。"(《续藏书》卷十二,杨廷和)清人谷应泰则各打五十大板说:"若夫廷和等之伏阙呼号,甚于牵裾折槛;世宗之疾威杖戍,竟同元祐党人。大礼未成,大狱已起,君臣交失,君子讥焉。"(《明史纪事本末》卷五十)仿佛双方均不够冷静,将一件本来可以好好商量的事激化为不可收拾的君臣冲突。从表面看,杨廷和诸人的确有些胶柱鼓瑟而不近人情,当他们说"大礼关系万世纲常,四方观听,议之不可不详"(同上)时,似乎真有些小题大做,故而有学者指出杨廷和诸人为"迂阔固执不化的儒生"。① 然而,从历史事实的角度上看,对杨廷和的

---

① 此论点见王其榘《明代内阁制度史》第185页,其原文为:"其实,朱厚熜的这个要求,并不算过分,既无损于国计民生,也适合儒家著重孝道的传统,是可以'委曲折中'的。可是杨廷和等不是善于权衡的政治家,而是迂阔固执不化的儒生,仍然坚执如初,以致君臣之间的矛盾因此而日趋尖锐。"就一般情形而论,此言似颇有道理,但若联系明武宗因自幼缺乏严格的儒家教育而养成游荡无度的习性,以致几乎天下不保,则杨廷和诸人便不能再任凭新皇上为所欲为,而必须在其刚登基时将其纳入正常的儒家传统之中,而这一切又必

如此判断却并不完全正确。杨廷和(1459—1529),字介夫,四川新都人,成化十四年进士,时年只有十九岁。史书言其"为人美风姿,性沉静详审,为文简畅有法。好考究章故、民瘼、边事及一切法家言,郁然负公辅望"。(《明史》卷一九〇,《杨廷和传》)这显然与迂腐固执不相干。他在正德年间继李东阳为首辅,在那风云变幻的多事之秋,面对荒唐而不负责任的明武宗,周旋于幸臣阉宦之间,尽管未能取得更为显赫的政绩,却也实属不易。尤其是在武宗病逝之后的一段时间内,朝廷权利一度出现真空状态,杨廷和曾主持朝政近四十余日,他用计擒获了江彬等奸佞之臣,保持了政局的平稳;又迅速确定了皇位继承人,使得政权实现了顺利交接;还通过遗诏的形式,革去了武宗时期留下的各种弊政。杨廷和如此的精明干练,很难设想他不知道与皇上对抗将会具有何种后果。即使杨廷和一时糊涂,也很难解释数百名京官的态度何以能如此一致,都甘愿以身家性命做赌注,跟随他一起去与皇帝抗争。其实,稍微了解明代历史尤其是正德朝历史者,都会明白杨廷和等人此种举措的不可避免,以及其中所包含的重大意义。在整个正德一朝,由于武宗的喜好游荡娱乐,导致了多么可怕的政治结果,而在文臣的心目中,武宗之所以如此放荡不羁,肯定与其未能得到足够而有效的儒家教育分不开。现在新皇上刚刚登基,若不加以及时的教育与有效的管束,谁又能保证他不会成为第二个明武宗呢?更何况杨廷和身为顾命大臣,手中握有实权,只要文官集团能够保持一致,理应可以将新皇上纳入儒家所设计的圣君模式。从实质上讲,大礼议可以视之为是帝王之势与儒者之道的又一次较量。当杨廷和之子杨慎向群臣高喊:"国家养士百五十年,仗节死义,正在今日。"(《明史纪事本末》卷五十)其心

(接上页)须以世宗尊礼士人,尤其是尊重内阁权力为前提。因此大礼议便不能被视为仅仅是无谓的形式之争,而是君权与相权之间的较量。就杨廷和的生平看,他并非是"迂阔固执不化的儒生",而是颇为精明的政治家。

中所拥有的崇高悲壮感觉,俨然与当年方孝孺面对成祖朱棣时一样义正而辞严。对于论争的这种性质,世宗本人也不会毫无所知。尽管他当时只有十五岁,可他身边的藩邸谋臣袁宗皋辈则肯定会及时地提醒他。因为皇上与群臣之间的权力较量不仅体现在议礼之中,也体现在朝政的诸多方面。如嘉靖元年九月,在文官集团与世宗之间曾发生了是否罪内臣的争执,谈迁《国榷》记曰:"前命科道部曹核御马草场地,逾年尽得其私。奏上,户部请罪内臣。上意宥之。是日,日讲罢,谕辅臣:'草场事勿竟。'杨廷和曰:'此最为先朝之累,侵官民田几万顷,毁人冢亡算。不罪之何以示后?'明日,降罚旧内臣有差。"(卷五二)此事之详情已不得而知,若就事论事,文官们自然是对的,而且最后也终于按他们的意思了结了该事。然而,世宗开始时何以要"宥之",他实际上并没有充足的理由去保护这几位内官"旧臣",根据后来轻易地便将其"降罚"来看,世宗也的确没有表现出什么特殊的兴趣。这便有理由相信,世宗"宥之"的举措只是一种姿态,或者说是一种试探,他要看一看文官们对其圣意究竟会采取何种态度。杨廷和当时手中握有重权,自然很轻松地压制住了世宗。然而,这显然会在世宗的心灵深处留下一丝虽则轻微却又难以忘怀的不快,加之他那由外藩入京继位而造成的敏感心理,这便使得世宗巩固加强皇权的念头日趋强烈,则后来的大礼议也便不可避免地发生了。尤其是当他发现文官集团的态度如此强硬,他的商议求情竟然丝毫无济于事时,也就不能不采取同样的强硬态度,无论是他涕泗不止地要"避位奉母归",还是声色俱厉地大叫"尔辈无君,欲使朕亦无父乎"(《明史纪事本末》卷五十),均显示了他心中所长期积蓄的怨恨情愫。直至嘉靖七年世宗在为大礼议定案时,他所不能忘怀杨廷和的仍是:"以定策国老自居,门生天子视朕。"(同上)尽管他对杨廷和的感情是比较复杂的,因为没有杨廷和的推举,他便不可能以外藩的身份登大宝君临天下,所以最终他对杨氏只给了"特宽宥削籍为民"的处罚;但是他决不能被轻视,甚至不能被任何人所限制,这是自太祖以来便形成的传统,已深深印刻在每一位朱氏皇族成员的心头,因而从此一角度他对杨廷和又充满了仇恨,所以才会咬牙切齿地说杨廷和"法当戮市"。(《明史纪事本末》卷五十)在明代历史上,大礼议是士人以"道"抗势的举措中规模最大的一次,同时也是失败最为惨重的一次。他们中的许多人不仅当即丧命杖下,还有更多的人被罢职贬官流放,从此永远结束了他们的政治生涯。那位曾高叫过"仗节死义,正在今日"的杨升庵先生,不得不将自己的所有政治热情与横溢才华消磨在荒远滇南的吟诗作赋之中,他有一首《自赞》诗说:"临利不敢先入,见义不敢后身。谅无补于事业,要不负乎君亲。遭逢太平以处安边,歌咏击壤以终余年。天之顾畀厚矣笃矣,吾之涯分止矣足矣。困而亨,冲而盈,宠为辱,平而福者耶!"(《升庵集》卷十一)诗中所言可谓半真半假,半真是指他坚信自己的人格高洁无瑕,尽管其政治生涯以失败而告终,但他自认为无负于君亲,无负于道义;半假是指他不得不表示平静地接受这种流放的处罚,以免再招致更多的麻烦。据钱谦益所记:"用修在滇南,世庙意不能忘,每问杨慎云何。阁臣以老病对,乃稍解。用修闻之,益自放。"(《列朝诗集小传》丙集,《杨修撰慎》)于是他在滇南便留下了诸多疯癫放浪的佳话,焦竑《玉堂丛语》载:"用修在泸州尝醉,胡粉傅面,作双丫髻,插花,门生舁之,诸伎捧觞,游行城市,了不为怍。"此可谓是其"自放"的最形象的说明,但焦氏却不同意其目的是佯狂避祸,故曰:"人谓此君故自污,非也,一措大裹赭衣,何所可忌?特是壮心不堪牢落,故耗磨之耳。"(卷七,《任达》)其实,钱、焦二人所言均有道理,杨慎在得祸之后,他深知世宗对其父子的忌恨情绪,而不得不采取应有的措施;而在漫长的流放生涯中,他又必须用各种方式去排解心中的苦闷与不满。因为他没有接受王学我心自足的理论,也就不得不走上与李梦阳、康海们一样的狂放之路。所不同的是,这次他们得罪的不是如刘瑾般的阉宦,而是皇上本人,也就更少有平反的机会,尤其是这位明世宗竟然在位长达四十五年,这意味着这群文人在其有生之年再难有出头之日。不过,这依然不是大礼议影响的全部。在世宗这方面,他不仅从此次事件中对文臣们产生了忌恨的情绪,以致使他在以后的生涯中很难与臣子们处于一种和谐融洽的政治关系中。更重要的是,通过此次事件,使他深深懂得了权力的重要,由此便造成了世宗人格上的两大特征。一是强烈的专制欲望。在他后来的政治生涯中,他从来不肯对权力有丝毫的放松,哪怕是后来在他迷恋上求长生的斋醮后,也从不放松对权力的把持。对权力的过分迷恋又导致了他敏感多疑的心理,从而不相信任何人,在情感上成了名副其实的"孤家寡人"。二是对个性突出的臣子的忌恨与反感。在嘉靖一朝中,凡是被世宗认为具有狂放自恣倾向与个性的官员士人,无一不遭致重罚。所有上述这些影响,都决定了嘉靖一朝的政治格局与士的地位,因而大礼议无疑是本朝最重要的政治事件之一。

然而,需要进一步追问的是,文官集团抱着如此坚定的决心去与皇上抗争,何以会遭致如此彻底的失败?从明代皇权所达到的空前膨胀的情形而言,似乎一开始便注定了文官集团失败的命运。但也不尽然,因为虽然同样是遭到失败,却具有各种各样的失败方式。万历时期的张居正尽管死后被抄家清算,也是以失败而结束了他的政治生涯,但他生前毕竟大权在握了整整十年。而杨廷和实际上只与世宗对抗了不到三年的时间便已彻底败下阵来。也许不应该将世宗即位时比神宗大了六岁此一因素看得过重,因为他毕竟还有以外藩继统的不利因素存在。我以为此次文官集团失败的重要原因之一,乃是其内部出现了分裂,而分裂的原因则是学术思想的相异。具体地讲,也就是程朱之学与阳明心学的不同。可以设想,假如没有张璁、桂萼、方献夫、席书、黄绾、黄宗贤诸人的支持,以及在理论上为世宗寻到坚实的根据,世宗怎么能够显得如此信心十足而不向群臣屈服？正如李贽所言，不应该怀疑杨廷和等人忠于朝廷的愿望与坚守道义的决心。杨慎等人明确地表述了他们的观点，《明史纪事本末》曰："修撰杨慎，廷和之子也。率同官姚涞，编修许成名、崔桐，检讨边宪、金皋等上言：'君子小人不并立，正论邪说不并行。臣等所执者，程颐、朱熹之绪也；萼等所言者，冷褒、段犹之余也。学术不同，议论亦异，臣等耻与萼等并列。'"（卷五十）坚持考孝宗的杨廷和诸人的确是引证了宋儒程颐在宋濮安懿王继仁宗位而考之一事上的议论，毛澄曾引程颐之言说："为人后者，谓所后为父母，而谓所生为伯、叔父母，此生人之大伦也。"（《明史》卷一九一，《毛澄传》）故而杨廷和本人也说："前代入继之君，追崇所生者，皆不合典礼，惟宋儒程颐'濮议'最得议礼之正，可为万世法。"（同上，卷一九〇，《杨廷和传》）他们尽管未能从朱熹那里找到直接根据，但在精神实质上应该说是完全一致的，即明正统、正纲常而弃私恩。而几乎所有支持世宗考其生父的人均是从父子之情而出发，张璁说："孝子之至莫大乎尊亲，尊亲之至莫大乎以天下养。……夫天下岂有无父母之国哉？记曰：礼非天降，非地出，人情而已。"（《明通鉴》卷四九，正德十六年七月）方献夫说："先王制礼，本缘人情；君子论事，当究名实。窃见近日礼官所议，有未合乎人情，未当乎名实。一则守礼经之言，一则循宋儒之说也。臣独以为不然。"（同上，卷五十，嘉靖元年五月）这种观点显然是与阳明心学的精神相一致的，这从相反的例子中亦可得到说明，王门弟子中也有追随杨廷和观点的，最突出者为邹守益。邹守益（1491—1562），字谦之，号东廓，江西安福人，正德六年会试第一，廷试第三。大礼议时因上疏忤旨而被下诏狱，后被谪判广德州。在嘉靖五年阳明给邹氏的信中，曾详细地谈了对礼的理解，他说："先王制礼，皆因人情而为之节文，是以行之万世而皆准。其或反之吾心而有所未安者，非其传记之讹阙，则必古今风气习俗之异宜者矣。此虽先王未之有，亦可以义起，三王之所以不相袭礼也。若徒拘泥于古，不得于心，而冥行焉，是乃非礼之礼。行不著而习不察者矣。后世心学不讲，人失其情，难乎与之言礼！然良知之在人心，则万古如一日。苟顺吾心之良知以致之，则所谓不知足而为屦，我知其不为蒉矣。"(《王阳明全集》卷六，《寄邹谦之》二) 目前尚无充足的材料证明，阳明此段话是在有意开导这位当初曾反对世宗考其亲父的弟子应修正自己的观点，但他的看法显然是与张璁、方献夫诸人完全一致的。结合阳明弟子陆澄的事例或许更能说明问题，《明史》载："而最陋者南京刑部主事归安陆澄。初极言追尊之非，逮服阙入都，《明伦大典》已定，璁、萼大用事，澄乃言初为人误，质之臣师王守仁乃大悔恨。萼悦其言，请除礼部主事。而帝见澄前疏恶之，谪高州通判以去。"(卷一九七，《黄绾传》)《明史》的本段论述，显然是来源于徐学谟对陆澄的攻讦，这在《明儒学案》中黄宗羲已辨之甚详，不必赘言。① 然由此二例足以说明，阳明心学之思想实与张璁诸人相一致。在议礼双方的争辩中，尽管也有其他因素的介入，比如廷和一方有借先儒之权威而迫使世宗就范的意味，而张璁一方也有像桂萼等人那样，具有借议礼以求显达的政治投机目的，但在学术思想上的确可以视为是朱子学与阳明学的首次正面交锋，而最后以正统的程朱理学的失败而告终。这其中不仅仅是因为张璁一方有世宗的支持才具有了优势，而是杨廷和一方所坚持的程朱理学已显得过于僵化，而阳明心学则更合乎人之常情。比如当张璁的《大礼疏》上奏朝

---

① 黄宗羲之辨正见《明儒学案》卷十四《浙中王门学案四·陆澄传》，其曰："徐学谟以先生复官一疏，不胜希用之念，曲逢时好，此以小人之心，度君子之腹者也。大抵世儒之论过，以天下为重，而不返其本心之所安。永嘉或问，天下外物也，父子天伦也，瞽瞍杀人，舜窃负而逃，知有父子而不知有天下也。圣人复起，不易斯言。阳明所谓心即理也，正在此等处见之。世儒以理在天地万物，故牵挽前代以求准则，所以悬绝耳。先生初锢以世论，已而理明障落，其视前议犹粪土也。阳明知永嘉之为小人，不当言责，故不涉论为高。先生已经论列，知非改过，使人皆仰，岂不知嫌疑之当避哉？亦自信其心而已。学谟准之以鄙情，不知天下有不顾毁誉者，哑然笑其旁也。"黄氏从理学与心学理解问题的分歧上来辨正，应该是很有眼光的。

廷后,尽管并没有马上得到多数人的支持,但有不少人私下已感到其见解的合理,当时尚在家居的大臣杨一清看到《大礼疏》后,曾立时致书吏部尚书乔宇说:"张生此论,圣人不易,恐终当从之。"南京吏部尚书石宝也暗自告诉张璁说:"慎之!《大礼说》终当行也。"其实,就是杨廷和本人也感到了张璁《大礼疏》的咄咄逼人,尽管他授意吏部将张氏逐出京城,使其到遥远的南京去充任闲职,可依然觉得不放心,便寄语张璁曰:"子不应南官,第静处之,勿复为《大礼说》难我耳。"(《明史纪事本末》卷五十)威胁的语气中又分明包含着乞求的意思。世界上的许多事情就是如此,明知自己所坚持的思想信念已不如争辩对手,却依然固执而不肯改变初衷,于是便不能不得到一个虽则悲壮却必然失败的结局。关于大礼议思想背景的问题,近来已有人专门撰文加以讨论,尽管其中还存在着严重的缺陷,但其所概括出的"天理"与"人情"的争论核心,仍旧具有较强的说服力。① 故笔者对此不再多加讨论。

在此需要指出的是,大礼议绝不仅仅是程朱理学与阳明心学之间的学术争论,而是充满了许多复杂的因素。对此,通过阳明及其弟子在大礼议中的复杂心态,可以得到很好地说明。据王阳明年谱记载,大礼议开始后,"霍兀厓、席元山、黄宗贤、黄宗明先后皆以大礼问,竟不答"。(《王阳明全集》卷三五,《年谱三》)阳明为何不回答弟子的询问,这是个值得深究的问题。其实年谱所言并不准确,大礼议高潮时阳明虽未明确回答弟子,但在嘉靖六年他还是在给霍韬的信中较详细地对此做出了解释:"往岁曾辱《大礼议》见示,时方在哀疚,心善其说而

---

① 对于该问题请参见邓志祥《"谁与青天扫旧尘"——"大礼议"思想背景新探》(《学术月刊》1997年第7期)。该文将大礼议的思想背景归结为以杨廷和为首的程朱理学一方与张璁、方献夫等倾向阳明心学为一方的争论,其主旨基本正确并有相当的学术价值。但其中有一些问题尚须进一步推敲,如作者认为王阳明"谁与青天扫旧尘"的诗句是"王守仁在礼议初起时跃跃欲试的内心写照",则显然不符合阳明此一时期的心态。阳明之不介入大礼议,除了身陷危疑之中,更重要的是担心双方争论会造成两败俱伤的后果,从而对士气不利,他如何可能在一开始便有跃跃欲试之心呢? 详细情况请参见本书下面的论述。

不敢奉复。既而元山亦有示,使者必求复书,草草作答。意以所论良是,而典礼已成,当事者未必能改,言之徒益纷争,不若姑相与讲明于下,俟信从者众,然后图之。其后议论既兴,身居有言不信之地,不敢公言于朝。然士夫之问及者,亦时时为之辩析,期在委曲调停,渐求挽复,卒亦不能有益也。后来赖诸公明目张胆,已伸其义。然如倒仓涤胃,积淤宿痰,虽亦快然一去,而病势亦甚危矣。今日急务,惟在扶养元气,诸公必有回阳夺化之妙矣。"(《王阳明全集》卷二一,《与霍兀厓宫端》)在此段话中,阳明言其未回答弟子之原因主要有两个:一是对当事者已失去信任,认为他们不会听从自己的意见,还不如先讲明于天下,造成舆论的压力,然后再作主张;二是自己正处于被他人攻讦的不利情形中,言之恐难以产生应有的效果。这些尽管都是阳明的心里话,但我以为又都不是其根本原因,阳明最担心的是他在信的结尾所指出的,因"倒仓涤胃"的折腾而使元气大伤,也就是说使士人遭致严重的摧折。这种担心并非是在事后才被阳明所察觉,而是他人尚正处于争论的兴头上时,他已经预测到了事件将会产生严重的负面效应。他在嘉靖三年曾用两首诗暗示了此种心情:

一雨秋凉入夜新,池边孤月倍精神。潜鱼水底传心诀,栖鸟枝头说道真。莫谓天机非嗜欲,须知万物是吾身。无端礼乐纷纷议,谁与青天扫宿尘。

(同上,卷二十,《碧霞池夜坐》)

独坐秋庭月色新,乾坤何处更闲人?高歌度与清风去,幽意自随流水春。千圣本无心外诀,六经须拂镜中尘。却怜扰扰周公梦,不及惺惺陋巷贫。

(同上,《夜坐》)

王阳明年谱说"盖有感时事,二诗已示其微矣"。(《王阳明全集》卷三五)至于此所言之"微"为何意,却从未有人解说清楚。其中第二首较好理解,除了强调"千圣本无心外诀"的自信良知,最后一联诗句,则表现了对于一时纷纷扰扰的争论已无甚兴趣,反不如隐居山中自得其乐为妙。最易产生误解的是前一首,有人曾认为"谁与青天扫旧尘"表现了王阳明在大礼议初起时跃跃欲试的心情,并以此为题撰写了论文,似乎阳明及其弟子一开始稀里糊涂地受了世宗的利用。就实际后果而言,世宗的确利用了心学。但阳明却并不糊涂,他在大礼议上当然倾向于满足世宗的父子之情,故而才会在给霍韬的信中表示"心善其说",但他更担心双方的争论将导致两败俱伤的后果,"无端礼乐纷纷议"并非只表示对杨廷和一方的不满,而是对争论本身的担心与厌倦,因此"谁与青天扫旧尘"也不是要跃跃欲试地去扫除杨廷和之辈,而是担心在两败俱伤后还有谁去扫除武宗朝留下的诸种弊端,从而使得朝政清明,国家太平。此处所言青天绝非指世宗,而是阳明心目中的政治理想。尽管杨廷和曾嫉妒阳明之功而阻止朝廷对其封赏,但阳明依然不希望以他为首的士人群体遭致摧残,这便是阳明的眼光与胸襟。这当然不是臆测,因为这不仅有"无端"二字作为其心存厌烦的内证,而且在他后来与霍韬的信中所担心的"倒仓涤胃"的后果也再一次得到了证明。其实,这倒不是说阳明先生具有神奇的预测功能,而是明眼人均可察觉的事实。南京吏部郎中郑善夫在嘉靖二年秋曾作《憨竹赋》曰:"何金玉之琅琅兮,乃变此杀伐之余酷。皇天震怒苟罔不摧折兮,松柏则介而独留。余悲夫同类之相攻兮,况复值此凛秋。丽洵美于三益兮,溯前古而则尔。吾清明之内惧兮,盖君子而相诋。嗟芝兰之难容兮,荆棘丽而附赘。纵向背之非同好兮,不愈于槿蕣之与莍蔬。"(《少谷集》卷一上)少谷先生在此显然是以竹作喻,指出议礼双方士人均为有气节之君子,而将会出现的两败俱伤的惨象实在令人悲伤。此种感觉应该说与阳明是完全一致的。在历史上此类旁观者清的现象也许不值得大惊小怪,但身处其中者也并非毫无所觉。嘉靖三年八月己亥,"礼部尚书席书奉趣入朝,行至德州,闻廷臣伏阙哭争,尽系诏狱,因驰疏言:议礼之家,名为聚讼,相持必有一是,陛下择其是者,而非者不必深较,乞宥其愆,俾自新"。(《明通鉴》卷五一)可知王学弟子并无赶尽杀绝之意,其担心摧折士人之用心亦甚明。而且待大礼议定后,他们并未像桂萼那般欲置对手于死地,而是尽量减少士人之损失。如焦竑《玉堂丛语》载:"霍韬自以进贤为己职任,故秉公论荐,不避亲仇。推升霍赐,奏录梁次摅,俱内举之人也。荐丰熙、杨慎、徐文华、唐枢,皆大礼大狱得罪,陆粲则攻击公与张、桂者也,举动光明,人咸钦服。疏荐王守仁平宸濠、平田州思恩八寨功,及荐王琼之政事优长,王九思、康海、李梦阳之文章古雅,其推贤让能有如此。"(卷三,《荐举》)霍韬之所以不避恩仇而大力荐举,不仅仅说明他是举动光明的君子,同时更显示了他广荐人才以"扶养元气"的苦心,尽管他终未能取得"回阳夺化之妙"的实效,其廓然大公之用心则亦可昭日月矣。

嘉靖七年六月,《明伦大典》修成,这代表着大礼议的结束。尽管其影响在后来相当长的时间内依然存在,但该大典仍可视为此事本身完成的一个标志。结果是杨廷和一方得到了处罚,张璁诸人得到了褒奖升迁,而世宗不仅得以称其亲生父母为皇考、圣母,并为他们加了尊号,其父为"恭睿渊仁宽穆纯圣献皇帝",其母为"章圣慈仁皇太后"。此种结果似乎胜负清晰,优劣分明,但实际上却充满了复杂的因素。当时被治罪的杨廷和一方,尽管他们所依据的理论有僵化生硬之弊,但其守道的勇气与坚定的气节则得到了后世的称扬,尤其是他们以集团的形式对皇权进行了声势浩大的抗争,为明代士人谱写了一曲悲壮之歌。而支持世宗的一方尽管在当时取得了胜利,却往往被后人指为奉迎帝王,以图幸进。这当然有一定的道理,因为其中的确有如桂萼之类的幸进之徒,《明史》言其"性猜狠,好排异己,以故不为物论所容"。(卷一九六,《桂萼传》)应该说基本符合历史事实。但如果将支持世宗者均视为如桂萼一般,则又是一个很大的错误,如霍韬在嘉靖七年六月大礼成后被超拜为礼部尚书,是当时六部长官中公认的最重要职位,但他并没有喜悦的感觉,反而上奏说:"今异议者谓陛下特欲尊崇皇考,遂以官爵饵其臣,臣等二三臣苟图官爵,遂阿顺陛下之意。臣尝自慨,若得礼定,决不受官,俾天下万世知议礼者非利官也。苟疑议礼者为利官,则所议虽是,彼犹以为非,何以塞天下口。"(《明史》卷一九七,《霍韬传》)这的确不是在做官样文章,因为尽管世宗不允其辞官,可他硬是三上辞呈并最终得以实现。在此,也充分显示了霍氏守道的决心与坦荡的胸襟。因而对大礼议双方用小人与君子的标准来判断是非常不合适的。用心学与理学的对抗来概括这场争论,在显示双方所拥有的思想系统上也许比较简洁明快,但也不能被视为是无懈可击的概括。因为在杨廷和一方,也有邹守益、陆澄等王门弟子厕身其间;而在张璁一方,并不是王门弟子最先向对方发难,而且作为王学首脑的阳明先生始终不肯介入这场争论。因而也就很难用学派间的争辩来界定此事的性质。更何况在这争论的过程中,还有世宗这一更重要的因素存在其中呢?从杨廷和一方的初衷讲,他们的确是要通过对正统与理学的强调,使朝政纳入一种更加稳定有序的机制,然而他们却彻底地失败了。他们的失败不仅意味着士人的皮肉之苦与气节之摧,同时也意味着程朱理学的被削弱,从而失去了原有的一统局面。从王门弟子的角度讲,他们参加大礼议是因为确实认识到人情比天理更合乎真实的人性状态,认为"礼本人情"更符合礼的本义,也更有利于现实的社会教化。他们依靠这种更令人信服的"人情"击垮了对方僵硬的"天理",却同时也摧垮了激昂的士气,而且也未能带来一个更具有"人情"味的政治局面,随之而来的反倒是一个"非天子不议礼"的独裁结果,甚至比那个僵硬的程朱理学更为可怕与不合乎"人情"。其实,许多历史事件都是如此,表面看似简单,实际甚为复杂,从不同的角度进行观照会得出不尽相同的结论,并且很难用单一的是非优劣标准加以判定,但这往往更接近历史的真实状况。

二、世宗独裁与阳明心学之际遇

从嘉靖八年至嘉靖二十六年,可视为世宗在位的第二个时间段落。这也许与史学家的时段划分不太一致,也可以说前此并没有人做过如此划分。其实,时间之流并无间断之时,因而从本质上说也就无任何段落之可分。人们为了讨论问题的方便,便人为地强行将时间分割。从此一点讲,任何人都不能奢望用自己所分时段作为划分时间的唯一权威标准。史学界一般将嘉靖十八年作为分界的标志,将世宗之在位分为前期与后期,其原因是由于在本年世宗的人生态度发生了重大的转折,即从早期的锐意进取转向晚期的消极荒唐,而明显的外部标志则是自本年起世宗之不视朝的行为变化。① 笔者做出上述的划分则是着眼于阳明心学的遭遇,即从嘉靖八年世宗宣布王学为伪学而加以禁止,到嘉靖二十六年王门弟子徐阶之入内阁而握重权,则此一时段可视为是

---

① 嘉靖十八年是个值得注意的年头,因为这一年是世宗皇帝的人生态度发生重大转变的标志。本年世宗的生母蒋太后病逝,这对世宗在感情上是个很大的打击。为了蒋太后的安葬之事,世宗又于同年三月至四月南巡至出生地安陆,沿途所见皆满目萧条之景象、啼饥号寒之灾民。这引起了他实现其政治理想的怀疑,故曰:"朕为六经之道同归,而礼乐之用为急。自昔唐虞三代之治,莫不由斯。……朕缵承皇祖大统,列圣鸿绪,践祚以来不遑他务,首以人伦典礼是究是图,益勤心宵旰者十余年于兹。……夫复古礼乐以建中和之极,朕之意也。何十年间教化未尽孚,风俗未尽美,灾害未尽弥,生养未尽遂? 其故何欤? 孔子曰:'言而履之,礼也;行而乐之,乐也。力此二者,南面而立,是以天下太平。'然则斯言也,将不足征耶? 兹欲使礼乐行政四达而不悖,比隆于先王之盛,将何修而可尔。"(《明世宗实录》卷二四七,第2页)文字上的充满疑问透露出他心中对盛世的绝望,同时也意味着对其个体自我生命的关注,故《明史》曰:"嘉靖帝自十八年葬章圣太后后,即不视朝。"(卷三〇八,《严嵩传》)可见,嘉靖十八年的确是非同寻常的一年。

王学之遭受挫折与压抑的一个时期。

记载王学被宣布为伪学最详细的文献是《明世宗实录》,其卷八嘉靖八年二月甲戌条记曰:"吏部会廷臣议故新建伯王守仁功罪,言:'守仁事不师古,言不称师,欲立异以为名,则非朱熹格物致知之论;知众论之不与,则著朱熹晚年定论之书。号召门徒,相互倡和。才美者乐其任意,或流于清谈;庸鄙者借其虚声,遂敢于放肆。传习转讹,悖谬日甚。其门人为之辩谤,至谓杖之不死,投之江不死,以上渎天听。若夫剿拳贼擒除逆濠,据事论功,诚有可录,是以当陛下御极之初,即拜伯爵,虽出于杨廷和预为己地之私,亦缘有黄榜封侯拜伯之令。夫功过不相掩,今宜免夺封爵,以彰国家之大信;申禁邪说,以正天下之人心。'上曰:'卿等议是。守仁放言自肆,诋毁先儒;号召门徒,声附虚和;用诈任情,坏人心术。近年士子传习邪说,皆其倡导。至于宸濠之变,与伍文定移檄举兵,仗义讨贼,元恶就擒,功固可录。但兵无节制,奏捷夸张。近日掩袭寨夷,恩威倒致。所封伯爵,本当追夺,但系先朝信令,姑与终身。其没后恤典,俱不准给。都察院仍榜谕天下,敢有踵袭邪说,果于非圣者,重治不饶。'"看到上述内容不免令人吃惊,前此一直被许多人视为有入阁可能的王守仁,如今却成了被否定的人物;不久前还在利用其礼本人情的学说作为议大礼依据的世宗皇帝,转眼间却视阳明心学为"坏人心术"的邪说;如果说阳明心学是"诋毁先儒",那么坚持先儒理论的杨廷和之辈为何要被贬官治罪?而张璁、桂萼们议礼不依程朱之说是否也算诋先儒而倡邪说?从《明伦大典》修成的嘉靖七年六月至宣布阳明心学为伪学的嘉靖八年二月,时间间隔不到一年,朝廷态度竟然有如此大的转变,实在令人吃惊而费解。于是,关于阳明死后被革去恤典的原因便有了种种的说法。一种说法是阳明得罪了因大礼议而得势的新贵桂萼,《明通鉴》曰:"萼暴贵,喜功名,风守仁取交阯,守仁辞不应。一清雅知守仁,而黄绾尝上疏,欲令守仁入辅,毁一清。一清亦不能无移憾。萼遂显诋守仁征抚交失,赏格不行。"（卷五二）此处所言是有根据的,在嘉靖八年二月朝廷下诏禁伪学后,黄绾曾上疏为守仁争辩,其中说:"昨臣荐新建伯王守仁堪以柄用,萼与守仁旧不相合,因不谓然,小人乘间构隙。……然以萼之非守仁,遂致陛下失此良弼,使守仁不获致君尧、舜,谁之过欤?"（《王阳明全集》卷三五,《年谱三》）可知桂萼的确与阳明存有矛盾并对其进行过攻讦,而他当时任内阁大学士兼吏部尚书,既有条件也有能力影响朝廷的决定,说不定上述所引的那段话便是出自桂氏的手笔。但如果仔细比较吏部会议的结果与世宗所下的圣旨,可以看出后者的语气要比前者更为严厉,则阳明之死后所受不公待遇便非桂萼一人所能决定。故而便又有了第二种说法,即阳明得罪了世宗。叶权《贤博编》记曰:"武宗大渐,先生密疏,预言世及之事,疏寝不报。嘉靖初,桂大学士与先生有隙,微发其奏,幸先生卒,止削爵,不尔,且有奇祸。"（《明史资料丛刊》第一辑,第174页）据叶权所讲,此事乃闻之其师柴后愚公,而柴氏系阳明弟子,故而叶氏之言不能视为全无根据。但这也肯定不是世宗禁王学之主要原因,因为在大礼议中,阳明本人虽未介入此事,王门弟子及与阳明交好者却积极支持世宗,故而世宗起码不应对王学产生什么敌意。而且若就事论事,朝廷如此对待阳明道理并不是非常充分。且不讲其所言"兵无节制,奏捷夸张""掩袭寨夷,恩威倒置"乃诬蔑不实之词,其指控本身便留下了难以弥合的裂痕。因为在儒家士人心目中,道德学术决定着事功,他们很难相信,一位大倡邪说者会有忠诚的品格与杰出的事功。换言之,既然认定其学说"坏人心术",则其罪莫大焉,便应毫不迟疑地追夺其伯爵封号。如今既承认其事功与保留其爵位,却同时又禁绝其学术,这是很难令士人信服的。王学之在嘉靖一朝屡禁而不绝,与朝廷之说法难以服众当有直接关系。其实,世宗之禁王学并不仅仅关乎阳明个人品格的优劣与事功的有无,而是与心学的特性有密切关系。王学乃是一种追求个体自我突出的圣人之学,对于传统的规则与外在的礼仪均不甚重视,这在大礼议时,与世宗满足自我心愿的追求适相一致,而在过此之后,朝廷需要的是政治的稳定与思想的统一,不再需要士人突出的个性与妄生事端,则自然会禁止自我意识突出的王学了。从本质意义上讲,阳明心学不是一种适于统治者的学说,因为它缺乏统一的外在标准与具体的操作程序,而主要靠的是个体的体悟与信仰,因而也就不利于朝廷去统一思想与稳定人心。实际上在有明一代无论王学遭禁还是风行,它始终都未能成为朝廷的统治意识形态,也足以说明了此一点。

当然,王学的遭禁与世宗的个性也有直接的关系。世宗本是一位个性突出而感觉敏锐的人,他不仅具有牢固的自尊意识而常常一意孤行,并且能够见微知著,通过很小的事物征兆而预测后来的发展趋势。比如说辅臣们当初为其所拟年号为"绍治",他一眼便看出是欲其继承弘治之意,于是便坚决不予采用,而改为"嘉靖"二字,取《尚书·无逸》"嘉靖殷邦,至于大小,无时或怨"之意,亦即安定而和乐之意。如果他当时疏忽而接受了大臣所拟年号,则后来大礼议定而不以孝宗为皇考,这"绍治"便成了刺目甚至具有讽刺意味的字眼。而世宗在当时只不过是个十五岁的少年而已。通过大礼议的激烈政治较量,不仅增强了他驾驭群臣的能力,更重要的是大大刺激了他独揽朝纲的欲望。而要独揽朝纲,就必须迅速提高帝王在朝廷中的绝对权力优势,而要提高帝王之权势,就必须压制文官作为理论基础的所谓道统。而要达到此一目的,最有效的途径之一便是通过更定各种礼仪,于是,在嘉靖八年之后,世宗便对更定礼制表现出异乎寻常的浓厚兴趣,故而《明史》说:"帝自排廷议定'大礼',遂以制作礼乐自任。而夏言始用事,乃议皇后亲蚕,议勾龙、弃配社稷,议分祭天地,议罢太宗配祀,议朝日、夕月别建东、西二郊,议祀高禖,议文庙设主更从祀诸儒,议祧德祖正太祖南向,议祈谷,议大禘,议帝社帝稷。"(卷一九六,《张璁传》)当然,无论议论何种题目,世宗都要先下礼部让群臣合议,群臣也往往引经据典,广事探讨,但最后的决定权则在世宗本人,这就要求文臣们先要准确窥测世宗意向,然后附和其说并为其找出充足的论据;如果一时未及窥得圣意,则在得知后须赶快改弦更张,抛弃旧说而顺从圣论,否则便会引起龙颜震怒,从而招致罚俸贬官甚至更严重的处罚。世宗立论当然也有根据,而且是从圣人处寻来的根据,他说:"夫礼乐制度自天子出,此淳古之道也,故孔子作此言以告万世。"(《明世宗实录》卷一〇九)然而具有讽刺意味的是,他将孔子授予的权力反过来用在了孔子本人身上,诚可谓是以其人之道还治其人之身的范例。他认为孔子虽是儒家道统的代表,却不应享受与帝王同等的祭祀待遇。自汉代始,儒家便成为官方的正统思想,汉平帝元年孔子被追谥为"褒成宣圣公",唐玄宗时又将其追尊为"文宣王",至元武宗时则更追谥其为"大成至圣文宣王",祭祀时仪式之隆重不下于帝王。明代以文治而著称,当然对孔子之推尊更甚于前代。但此种情形至嘉靖时则起了变化,世宗认为:"圣人尊天与尊亲同。今笾豆十二,牲用犊,全用祀天仪,亦非正礼。其谥号、章服悉宜改正。"(《明史》卷五十,《礼志四》)张璁不知是已被世宗授意还是先窥得了圣意,马上提出如下更改建议:"孔子宜称先圣先师,不称王。祀宇宜称庙,不称殿。祀宜用木主,其塑像宜毁。笾豆用十,乐用六佾。"(同上)于是,朝臣对此又展开了一场争议,结果凡是顺从世宗之意者一律受到褒奖,而提出异议者则均受到处罚,最后终于取得了令世宗满意的方案,嘉靖九年十一月礼部会同内阁、詹事府、翰林院议定了更改后的孔子祀典,其大致内容为:孔子称至圣先师,去其王号及"大成""文宣"等封号;将大成殿改为先师庙;撤塑像而改为木制牌位;春秋二祀,祭品为十笾十豆,乐舞用六佾。世宗利用更改孔子祀典一事,再一次显示了帝王之势高于一切的优越感,张璁对此可谓心领神会,因而在出现争议时,便毫无保留地说:"习俗难变,愚夫之难晓也,其所自为说者亦曰尊孔子也。盖喻于利,而实未尝喻于义也。仰惟皇上仁义中正,断之以心,所谓唯圣人能知圣人者也。"(《罗山奏疏》卷六)在此,张璁不仅将制礼作乐的权力完全奉献给了世宗,而且还将其誉之为具有仁义中正之心的圣人,则世宗无论从品德还是地位均已经具备了论定孔子祭典的资格,当然就可以为所欲为地"断之以心"了。于是,世宗也就毫不客气地担负起最高裁判者的职责,他说:"夫孔子之于当时诸侯有僭越者,削而诛之,故曰'孔子作春秋而乱臣贼子惧'。既如此,其死乃不体圣人之心,漫加其号是何心哉?"(《明世宗实录》卷一一五)既然孔子本人都主张不能越礼,那么后人有何道理为其加上"王"之称号呢?为了纠正此种不合"礼"现象,世宗非但不顾群臣非议,甚至可以突破祖宗成法,故曰:"夫成法固不可改。其也一切事务,未免法久弊生,不可不因时制宜。至于事关纲常者,又不可不急于正也。"(《记录汇编选刊》,嘉靖《御制正孔子祀典中记》)不能说世宗所言丝毫没有道理,但其真实意图显然并非替孔子着想,从而为其恢复应有的历史地位,而是借压孔子而压群臣,并突出自己至高无上的君主威势。对此万历时的沈德符曾一针见血地指出:"孔庙易像为主,易王为师,尚为有说。至改八佾为六、笾豆尽减,盖上素不乐师道与君并尊。"(《万历野获编》卷十四,《祀典》)其实,"易王为师"亦应为不欲孔子与帝王并尊之意。对此,已有人做过较详细的研究,可参考。①

世宗在道与势的较量中之日益占据优势并最终获得以势凌道的胜

---

① 关于该问题,可参见台湾学者黄进兴所撰《优入圣域:权力、信仰与正当性》一书。该书第二章第八节"道统与治统之间:从明嘉靖九年(1530)孔庙改制论皇权与祭祀礼仪",对此次世宗改孔庙祭祀礼仪的目的、性质有令人信服的研究,请参看该书第142—185页之有关内容。

利,同时便意味着士人的逐渐陷入被动地位并最终拜倒在帝王之势下,而放弃守道的责任与独立的人格。早在嘉靖四年,四川副史余珊即上疏世宗曰:"乃自大礼议起,凡偶失圣意者,谪遣之,鞭笞之,流窜之,必一网尽焉而后已。由是小人窥伺,巧发奇中,以投主好,以弋功名。陛下既用先入为主,顺之无不合,逆之无不怒。由是大臣顾望,小臣畏惧,上下乖戾,浸成暌孤,而泰交之风息矣。"(《明史》卷二〇八,《余珊传》)首先因温和而获福者是费宏,史载:"'大礼'之议,诸臣力与帝争,帝不能堪。宏颇揣知帝旨,第署名公疏,未尝特谏,以是帝心善之。及廷和等去位,宏为首辅。"(同上,卷一九三,《费宏传》)并最终以功名而善终。第二位以柔软而获利者是李时,史载:"帝既定尊亲礼,慨然有狭小前人之志,欲裁定旧章,成一朝制作。张孚敬、夏言用事,咸好更张。所建诸典礼,咸他人发端,而时附会成之。或廷意不和,率具两端,待帝自择,终未尝显争。以故帝爱其恭顺。"(同上,《李时传》)因而他也得以君恩"始终不替"。而那些仍然想守道谏君的士人,则须时刻具有遭贬入狱的准备,乃至在嘉靖二十一年工部员外郎刘魁在上疏劝谏世宗时,事先令家人买好棺材准备料理其后事,果然不出其所料,棺材虽未用上,却依然获得如下结果:"上震怒,命杖于廷,锢之诏狱。"(《明通鉴》卷五八)但并非所有阿谀君上者均可避免祸患而得到实惠,这要视帝王当时的心情而定,如嘉靖二十六年群臣朝见后,世宗只不过说了些训谕臣子的套话,然而给事中陈棐却将敕谕敷衍为十章箴诗献给皇上,不料"上大怒,谓棐舞弄文墨,辄欲将此上同天语,风示在外臣工,甚为狂僭,令自陈状。棐服罪,乃降调外任。棐即帝王庙斥去元世祖者,素善逢君,不谓求荣得辱"。可谓马屁拍在大腿上,也就不得不弄巧成拙地白认倒霉。可在此之前的嘉靖十四年,因正月十五日下了场春雪,世宗谕大臣曰:"今日欲与卿等一见,但蒙天赐时玉耳。"夏言当即献上一首《天赐时玉赋》,此次则"上大悦,以忠爱褒之,甫逾年而入相矣"。(《万历野获编》卷二,《进诗献谀得罪》)从表面看似乎世宗喜怒无常,恩威难测,但其中依然可以寻到其一贯之处,即都是以维护君主之独裁为出发点,前者怒其以己语同天语,冒犯了帝王的尊严;后者则以春雪为祥瑞,悦君心而喜龙颜。当然,世宗与士人之间关系的演变是经历了一个过程的,即士人的人格是逐渐被摧折的,而世宗对于何种士人人格才适合自己的专制统治也有一个摸索的过程。以世宗对内阁首辅的选择为例。在专制社会中,君主选择臣子不仅需要其学问品德合乎标准,同时也包括气质、性情、爱好诸复杂因素。按一般原则讲,君主也许乐意选择与其性情相近者为臣子,宋儒邵雍即曰:"择臣者君也,选君者臣也,贤愚各从其类而为奈何!有尧舜之君,必有尧舜之臣;有桀纣之君,而必有桀纣之臣。"(《渔樵问答》)其实此言只有理论上的意义,现实情形却绝非如此。世宗曾以圣君自任,却未见选出几个周公般的臣子,这且不讲,即以性情论,世宗无疑是位刚愎多疑的君主,故而他初始时对勇于任事的臣子是情有独钟的,若张璁、桂萼、夏言诸位大学士,均有与世宗相近的刚愎气习。他们与世宗所不同的地方在于,在对待皇上时,他们必须尽量地克制自我。但就其本质而言,又都以刚狠著称,史载张璁"持身特廉,痛恶赃吏,一时苞苴路绝。而性狠愎,报复相寻,不护善类"。(《明史》卷一九六,《张璁传》)而《明史》对夏言的评价更耐人寻味:"言豪迈有俊才,纵横辨博,人莫能屈。既受特眷,揣帝意不欲臣下党比,遂日与诸议礼贵人抗。"(同上,《夏言传》)他本有豪迈之性,但身处嘉靖朝却不能完全放任自我,他的与张璁诸人向对抗不仅是本性使然,更重要的是窥测的了世宗希望臣下相互争斗以便驾驭的用心,所以方敢斗胆为之。不过,如果认为夏言仅甘心做世宗的工具显然也未能深入其本质,他的挟私报复的凶狠之性在历史上也是出了名的。据后来的汤显祖所记,其同乡徐良傅在科考时,夏言因其为江西同乡而叮嘱考官关照之,但徐氏因不知内情，故未有任何感谢之举；徐氏任了三年武进知县后，夏言特意将其留在京城任给事中，自以为给了徐氏莫大恩惠。可他仍不见徐有什么感谢的表示，甚至有意暗示他也不醒悟。于是夏言便转恩为仇，借故入其罪而置之诏狱，并最终将其削职为民。（事见《汤显祖诗文集》卷五十，《徐子弼先生传》）既然狠愎是其天性，则在其与世宗相处时便会时不时地流露出来，以致造成君臣关系的紧张。世宗对夏言可谓是又喜又恨，所喜者乃是其善于领会自己的意图并做出积极的反应，所恨者则是有时会顶撞自己，因而他就常常用各种方法来惩罚教训夏言。如在大礼议结束后，御史喻希礼、石金请求宽大当时获罪诸臣。世宗大怒，命令夏言弹劾他们。不料夏言却说此二人并无恶意，并请世宗予以宽恕。"帝责言对状，逮二人诏狱，远窜之，言引罪乃已。"（《明史》卷一九六，《夏言传》）从此以后，夏言便不断地被世宗斥责，其原因大都为嫌其"傲慢"，此种愤恨至嘉靖十八年终于表面化，世宗斥曰："言自卑官，因孚敬议郊礼进，乃怠慢不恭，进密疏不用赐章，其悉还累所降手敕。"夏言恐惧，连忙上疏谢罪，"请免追银章、手敕，以为子孙百世荣，词甚哀。帝怒不解，疑言毁损，令礼部追取。削少师勋阶，以少保尚书大学士致仕。言乃以手敕四百余，并银章上之。居数日，怒解，命止行。复以少傅、太子太傅入直，言疏谢"。（同上）但夏言并未能使世宗回心转意，嘉靖二十一年，世宗因崇信道教长生术而赐香叶束发巾给诸大臣，夏言则认为"非人臣法服，不受"，加之严嵩的陷害，世宗下决心罢免他，本年七月十五日日食，世宗下诏曰："日食过分，正坐下慢上之咎，其落言职闲住。"后来尽管又恢复了他的职位，却终于在嘉靖二十七年因复河套失地而被世宗斩首于西市法场，为自己的刚愎个性付出了惨痛的代价。夏言之死实在是性格的悲剧，因为从他内心深处，他的确丝毫未敢忘记对皇上的忠诚，他曾作有《辅臣赋》曰："身代天工，口代天言。汝心非天，罪孰大焉。王言如丝，其出如纶。弗慎枢机，厥乱斯梦。生之杀之,予之夺之,惟帝之命,惟汝之司。曰忠曰贞,曰公曰平,四善阙一,祸延苍生。皋夔伊周,千古称贤。汝独非夫,庶其勉旃。"(《夏桂洲先生文集》卷十六)他要在世宗之下做"皋夔伊周"之类的贤相显然只是一种幻想,因为世宗根本不是周文王一类的圣君,但他表示要以己心为"天心",要生杀予夺"惟帝之名",应该说是他主观上希望做到的。说夏言对世宗缺乏忠诚之心显然是不公平的,即使在其遭贬家居时,他也依然是"梦中长侍君王侧"(同上,卷五,《王宸楼》)的。当他最终身陷囹圄时,其自我处于深深的矛盾痛苦之中,他的《拘幽三首》(同上,卷七)典型地体现了此种心态:

昼杳杳兮忘朝昏,夜冥冥兮孰知宵辰。方炎夏之勃郁兮,攸秋凉之萧森。此何地兮今何辰,嗟遘厉兮而岂无因。大哉圣主兮愚哉罪臣!

白日沉冤狱,青天网不疏。圣恩隆未报,臣罪固当诛。
白发吾已老,青史任他年。死去有余地,生来不愧天!

他感到了倏忽之间便由夏到秋的世态炎凉,也感叹自己是遭逢了不白的"冤狱",但他依然不敢埋怨皇上,而宁可将其归为自因。然而他还是感到了冤枉,因为既然是"臣罪固当诛",那又何必"生来不愧天"?既然是无愧于"天",那又有何当诛之罪?于是只好叹一声"大哉圣主兮愚哉罪臣",除了对赫赫君威的恐惧,似乎还透露出一种被愚弄的后悔之感。但这一切都于事无补了,于是他唯有挥笔写下一首《掷笔长逝》作为生命的结束:"劳形生何为,忘情死亦好。游神入太虚,相伴天地老。"(同上)他谨慎小心地侍奉世宗,忍受着案牍劳形之累与精神紧张之苦,如今却得到如此下场,这人世还有什么值得留恋,还有什么不能忘情？当自己的灵魂升入太虚之后，能够相伴天地而无尽，没有了劳累与惊恐，不比这充满是非的朝廷更令人惬意？他这看似通达的背后，实际上是对君恩的绝望与不公待遇的控诉。后来的历史证明，不仅是夏言，凡是性情刚愎者都很难与世宗长久共事，因而也就被先后治罪贬官，当然，夏言为此而丢了脑袋，是他们中间最不幸的。与世宗合作时间最长的，反倒是与世宗性格并不相似的严嵩，尽管他后来也倒了台，上台的也是与世宗性格不相似的徐阶。因此，在一位刚愎自用的君主统治下，最终形成的必然是阴柔的士风，尤其在官场中更是如此。当时及后来的许多史学家均注意到了此一点，《明实录》在总结夏言的失败原因时说："然其人才有余而识不足，凭宠傲肆，威福自由，无所忌惮，上浸不能堪，稍稍以微旨裁之，言不为惧。久之上益厌，屡加叱咤，麾斥来去，无复待辅臣礼，言亦不以为耻。本年再入政府，一意下恩怨，人皆侧目视。及为嵩所诬谮，遂致身首异处，天下虽以恶嵩，而亦以言为不学不知道，足以自杀其身而已。"（《明世宗实录》卷三四一）此段评语不能算是完全公正，亦不知其所言"知道"为何指，但有一点是正确的，那便是夏言之死乃是由于傲慢的个性使世宗难以忍受。而谷应泰则更是将夏言之失败与严嵩之成功并举对言："桂洲胎祸于香冠，分宜追思乎召鹤。批逆鳞者无全功，盗颔珠者有巧术也。况嵩又真能事帝者：帝以刚，嵩以柔。帝以骄，嵩以谨。帝以英察，嵩以朴诚。帝以独断，嵩以孤立。赃婪累累，嵩即自服帝前。人言藉藉，嵩遂狼狈求归。帝且谓嵩能附我，我自当怜嵩。方且谓嵩之曲谨，有如飞鸟依人。即其好货，不过驽马恋栈。"（《明史纪事本末》卷五四）可知夏言即使有忠诚之心，而其跋扈之气亦难容于世宗；而严嵩尽管有贪污好货的丑行，而其曲谨之性亦将获崇于君上。是不是可以说，夏言的横死与严嵩的得势构成了嘉靖朝士风转折的明显标志呢？

　　阳明心学在嘉靖中便是面对着如此的政治环境与官场风气，由此也就决定了它坎坷的命运。早在嘉靖元年,便有御史程启允、给事中毛玉"倡议论劾,以遏正学",其实就是对阳明心学的攻击;嘉靖二年,"南宫策士以心学为问,阴以辟先生(指阳明)"。但此时或许与世宗尚关系不大,而是"承宰辅意也"。(《王阳明全集》卷三五,《年谱三》)今所见世宗明确对阳明及其学说表示不满是在嘉靖七年:"王守仁报断藤之捷,因言庙廊诸臣推诚举任,公心协赞,故臣得以展布四体,共成厥功,宜先行庙堂之赏,次录诸臣之劳。上不悦。先是上以守仁捷书示阁臣杨一清等,谓守仁自夸大,且及其生平学术。"(《明通鉴》卷五四,嘉靖七年闰九月)究竟是听信了他人的挑拨,还是他自身的真实感觉,今日已难于得知,但世宗已对阳明及其学说产生忌恨则是事实。至于他所忌恨的内涵,在次年禁止王学的话中已显露无遗,即所谓的"放言自肆",尤其是桂萼等人所说的阳明弟子对他的神化,什么"杖之不死,投之江不死",不仅将阳明视为圣人,且视为神人,作为专横自大的世宗来说,是绝对难以接受如此事实的。后来茅坤在回顾本段历史时指出:"圣朝以来,弘治及今皇上,海内文人学士,彬彬盛时矣。而今皇上丙戌(嘉靖五年)、己丑(嘉靖八年)之间尤为卓荦数多,然往往不得擢用;间被用者,又不得通显,或且不久;其余放弃罪废者,不可胜数。……盖人情乐软熟,而忌奇伟;誉随诡,而恶激昂。而间有名贤,独得薄日月,立功名者,非其偶会,必其能窃黄老短长之余以自便于世故也。"(《茅鹿门先生文集》卷一,《与李中麓太常书》)而嘉靖八年对阳明死后恤典的剥夺,可以说正式拉开了这场禁锢王学的序幕。首先是参加议礼的王学诸人,据《明史·方献夫传》曰:"霍韬、黄宗明言事一不当,辄下之吏。献夫见帝恩威不测,居职二岁,三疏引疾。"(卷一九六)至嘉靖十五年后,众人已被斥逐殆尽矣。下面看阳明弟子中的几位主要成员的遭遇:钱德洪(1496—1574),字洪甫,学者称绪山先生,浙江余姚人。嘉靖五年参加科考,不廷试而归,十一年始赴廷试，出为苏学教授。后升刑部员外郎。因郭勋下诏狱，他根据狱词定了郭的死罪，可世宗不仅未治郭之罪，反将德洪投之诏狱，并且一直被囚到郭勋死方才得出，被斥为民。（见《明史》卷二八三，《钱德洪传》；又见《明儒学案》卷十一，《浙中王门学案一》）王畿（1498—1583），字汝中，号龙溪，浙江山阴人，亦参加嘉靖五年科试，与绪山皆不赴廷试而归，十一年始廷对，后官至武选郎中。《明儒学案》曰："时相夏贵溪恶之。三殿灾，吏科都给事中戚贤上疏，言先生学有渊源，可备顾问。贵溪草制：'伪学小人，党同妄荐。'谪贤外任。先生因再疏乞休而归。"（卷十二，《浙中王门学案二·王畿传》）遂终生不仕。季本（1485—1563），字明德，号彭山，浙江会稽人。正德十二年进士。曾任御史之职。他先是因救他人而上疏获罪，被贬揭阳主簿，稍迁弋阳知县。此时桂萼入居内阁，路过弋阳时，季本告知桂萼阳明之功不可被泯灭。可桂氏非但未彰阳明之功，且夺其身后恤典。季氏后升任南京礼部郎中，在任上与邹守益相聚讲学，"东郭被黜，连及先生，谪判辰州"。后来在长沙知府任上又"锄击豪强过当，乃罢归"。（同上，卷十三，《浙中王门学案三·季本传》）聂豹（1487—1563），字文蔚，号双江，江西永丰人，正德十二年进士。他在陕西按察司副史任上，"为辅臣夏言所恶，罢归。寻复逮之，先生方与学人讲《中庸》，校突至，械系之。先生系毕，复与学人终前说而去。既入诏狱，而贵溪亦至，先生无怨色。贵溪大惭。逾年始出"。（同上，卷十七，《江右王门学案二·聂豹传》）当二人在诏狱中对面而坐时，尽管聂豹没有埋怨夏言，但他们的心情肯定是复杂而不平静的。罗洪先（1504—1564），字达夫，别号念庵，江西吉水人，嘉靖八年举进士第一。嘉靖十九年为左春坊赞善时，世宗此时已常常不理朝政，"十二月先生与司谏唐顺之、校书赵时春请以来岁元日，皇太子御文华殿，受百官朝贺。上曰：'朕方疾，遂欲储贰临朝，是必君父不能起也。'皆黜为民"。（同上，卷十八，《江右王门学案三·罗洪先传》)罗洪先自此再未出仕,隐居终生;而唐顺之以后尚出山御倭,并引起一番争议,此是后话。刘魁,字焕吾,号晴川,江西泰和人。他的遭遇更带有点荒诞色彩。他是因上疏谏世宗在禁中建"雷坛"而获罪的,"上怒,杖四十。入狱,创甚,百户戴经药之,得不死。与杨斛山、周讷溪讲学不辍,自壬寅(嘉靖二十一年)至乙巳(二十四年),凡四年。秋八月,上斋醮,神降于箕,为先生三人讼冤,释之。未抵家而复逮,十月还狱,又二年。丁未(嘉靖二十六年)十一月五日夜,高元殿火,上恍忽闻火中呼先生三人名氏,赦还家"。(《明儒学案》卷十九,《江右王门学案四·刘魁传》)晴川先生之得以生还,完全是靠了神仙的大力帮忙,否则怕会就此死于诏狱之中,因为此时毕竟距世宗驾崩尚有二十年之久,若指望新皇上登基而求得赦免,显然是不可能的。陈九川,字惟濬,号明水,江西临川人。正德九年进士。他在正德时已经因谏武宗南巡而被廷杖五十除名。嘉靖时复了太常博士的官位,但又遭到张璁、桂萼的算计,因张、桂二人与费宏有隙,便指使通事胡士绅诬告他用贡玉贿赂费宏,结果被"下诏狱榜掠,谪镇海卫"。尽管后来他"遇恩诏复官",但他已没有混迹官场的兴趣,便致仕归家讲学去了。(同上,《江右王门学案四·陈九川传》)魏良弼,字师说,号水洲,南昌新建人。嘉靖二年进士。他在任职礼科都给事中时,因营救上疏言事而下诏狱的御史而被下狱拷讯。复职后又因弹劾张璁而"受杖于殿廷,死而复苏"。嘉靖十二年,"副都御史王应鹏上疏失书职名下狱,先生以细故当原,又下狱拷讯"。在短短的三年中,他"累遭廷杖,肤尽而骨不续",但却"言之愈激",连世宗都感到惊异:"上讶其不死,受之辄赦,或且迁官,不欲其去。"真难说世宗对他是什么心情,鼓励他勇于直言吗?但何以要将其折磨得"肤尽而骨不续"?是厌恶其直言放肆?那又何不将其贬官,或者毙之杖下以塞其口?真令人怀疑他是在玩猫捉耗子的游戏。但张璁却没有世宗的耐性,当他复位后,终于利用京察而将魏良弼罢官而去，结束了他的政治生涯。(《明儒学案》卷十九，《江右王门学案四·魏良弼传》)没有必要再列举下去了，仅此已足可见阳明心学在嘉靖中所遭受的挫折。王门弟子的这些遭遇不能被视为偶然的现象，而是朝廷有意的举措。世宗除了在嘉靖八年下诏禁王学，嘉靖十六年又下令明禁，《明通鉴》于本年四月记曰："壬申罢各处私创书院。时御史游居敬论劾王守仁、湛若水伪学私创，故有是命。"(卷五七)余继登《典故纪闻》叙述更为具体："嘉靖时，御史游居敬请禁约故兵部尚书王守仁及吏部尚书湛若水所著书，并毁门人所创书院，戒在学生徒勿远出从游，致妨本业。世宗曰：'若水留用，书院不奉明旨，私自创建，令有司改毁。自今再有私创者，巡按御史参奏。比年阳倡道学，阴怀邪术之人，仍严加禁约，不许循袭，致坏士风。'"(卷十七)看来世宗不仅对王学要严加禁止，而且只要有标新立异倾向者一律在禁约之列。如果说这是从禁之一面而入手的话，世宗觉得仍然不够，于是他又在次年兼从正面立论，其诏书曰："士大夫学术不正，邪伪乱真，以致人才卑下，文章政事，日趋诡异，而圣贤大学之道不明，关系治理，要非细故。朕历览近代诸儒，惟朱熹之学醇正可师，祖宗设科取士，经书义一以朱子传注为主。比年各处试录文字，往往诡诞支离，背戾经旨。此必有一等奸伪之徒，假道学之名，鼓其邪说，以炫士心，不可不禁。礼部便行与各该提学官及学校师生，今后若有创为异说、诡道背理，非毁朱子者，许科道官指名劾奏。"(同上)本午在位首辅大学士为夏言，他于嘉靖十六年以少傅、武英殿学士入阁。(见王世贞《内阁辅臣年表》，《弇山堂别集》卷四五)其实，早在嘉靖十一年，夏言便向世宗上了《请变文体以正士习等事疏》，其中除批评"以艰深之词饰浅近之说"的复古倾向之外，同时又指出："刻意以为高者，则浮诞诙诡而不协于中；骋词以为辨者，则支离破裂而不根于理，文体大坏，比昔尤甚。"(《夏桂洲先生文集》卷十二)其矛头显然是指向阳明心学的。故而上述世宗的那份诏书或者就是出于夏言之手也说不定。然而夏言对心学的厌恶，对王门弟子的迫害又不能仅仅视为是个人间的恩怨，正如他本人所说，他是以"天心"为心的，也就是说体现了朝廷的意志。因而沈德符径直指出："世宗所任用者，皆锐意功名之士。而高自标榜，互树声援者，即疑其与人主争衡。"(《万历野获编》卷二，《讲学见绌》)则无论是复古派还是阳明心学，均抹不掉这"高自标榜，互树声援"的特征，当然也就在禁止之列了。

王门弟子万士和曾如此概括嘉靖中期程朱理学与阳明心学之状况："明兴，士大夫之学谨规矩，守格套，以为道在是矣，而或滞于事为形器之末。有阳明先生者出，一剖其藩篱，倡良知以诏天下。世之从事其说者欣欣然足矣，而或堕于空虚无著之归。自是两家角立，同异纷然。彼曰：汝拘。此曰：汝放。"(《明文海》卷四四四，《提督四夷馆太常寺少卿讷谿周公墓表》)可知当时讥心学为虚者不在少数，这种指责不仅来自程朱理学，同时也包括阳明的朋友，如与其辩论的湛若水，以及著《明道编》以批评阳明的黄绾，等等。尤其是黄绾，他既是阳明的朋友，又是其弟子，还是其儿女亲家，从感情上他极为倾向于阳明是可以想见的，但他却指出阳明良知之学"空虚之弊，误人非细"。(《明道编》卷一)这些批评当然不是无中生有，王学在嘉靖中期的确有追求超越的虚无倾向，但这既不是阳明的本意，也不是其弟子们的本意，而是时代压迫的结果，只要看一看当时士人的生存环境，便会对其有充分的理解。在此不妨以薛侃与周怡二人为例。薛侃，字尚谦，号中离，广东揭阳人。正德十二年进士。他是王门弟子中崇尚气节的典型，亦具有为朝廷竭其忠诚的抱负。嘉靖十二年，皇长子生二月而夭折，薛侃私下写好一篇疏稿，根据祖制请求在亲藩中选择一位贤达者，迎入京中作为守城王，等太子生下来时再令其至封国为王。他本来是为朝廷而谋虑，不料却卷入了夏言与张璁的党争之中。当时他将此疏稿拿给同年进士太常卿彭泽看，而彭乃张璁之私党，便暗自对张璁说："储事上所讳言，而侃与言同年,若指侃疏为言所为,则罪不可解矣。"(《明儒学案》卷三十,《粤闽王门学案·薛侃传》)于是便鼓励薛侃说:"张少傅见公疏甚喜,可亟上。"待上疏后世宗果然大怒,说薛侃私通藩王,欲窥皇位,敕令锦衣卫将其逮捕,召集众多官员审问他。叶权《贤博编》记此事曰:"上服朱衣,坐便殿。命且不测。薛被拷,慷慨辩论,言臣具草,未敢奏,以示彭某,彼实誉上之。就班中拽彭,并掠治,彭懵地。张遂大言,侃小臣,未应敢尔,当是大臣主使为之,且言且目夏。薛知张意,因曰,幸宽臣刑,待臣拜命,即招主使者。张令弛刑,薛叩头毕,大呼太祖太宗皇帝鉴临,张孚敬令臣为稿,将有所中伤,不知其他。夏既得白,大骂孚敬奸臣,倾危善类。小黄门入奏,上起更黄衣,有旨:张不问,夏骂朝失仪,以尚书致仕,而薛与彭俱得谪戍。自是上遂注意于夏而薄张矣。"(《明史资料丛刊》第一辑,第184—185页)本条史料《明儒学案》亦有记载,只是细节略有出入而已,故而应是实有其事。在此皇上时刻在猜疑士人存异心而危皇权,乃至亲自拷讯臣下;而张璁等人则在固一己之宠而排陷他人,薛侃夹在中间,其为国之忠心不仅不能被理解,反倒遭到残酷拷掠并被逼迫充任党争的工具,他若听任张璁的指使,也许会少受皮肉之苦,但却成了十足的小人;他若坚持自我气节,则便会理所当然地领受百般地折磨。情急之下,他不得不将内情和盘托出,显示出其君子的风范。但夏言的得势并未给王学带来丝毫的转机,而且皇上在得知真情后依然不肯放过他,依然将其"谪戍"而了事。在此种情形下,他还有什么理由不归隐讲学以终其生。从客观上讲,他已没有出仕的可能;从主观上讲,他在仕途上已难保自我气节的完善。那又何不归山以独善其身呢?因而,薛侃对阳明是深深理解的,他决不信阳明之学为禅,故而逢有疑问者便予以辩难解答,诚如《明儒学案》所言:"世疑阳明先生之学类禅者有三,曰废书,曰背考亭,曰涉虚。先生一一辨之。"(卷三十,《粤闽王门学案·薛侃传》)周怡,字顺之,号讷谿,宣州太平人。

嘉靖十七年进士。授顺德推官，入为吏科给事中。嘉靖二十二年夏，上疏弹劾严嵩、翟銮、许赞等大臣不和状，其中说严嵩："今嵩等在内阁则有违言失色，见陛下则有私陈背诋，是大臣已不和矣，又安望其率下事上也。"又解释朝政败坏之原因说："陛下日事祷祀，而四方之水旱灾伤未能消；岁开纳银之例，而府藏未能实；蠲租之令数颁，而百姓未能苏；选将练士之命时下，而边境未能宁。所以然者，陛下焦劳于上而下无奉命之臣，凡所以利国家惠民生安边徼者曾无远虑，惟知背公营私以市威福。"周讷之时论是否说到了点子上当然还可以讨论，但奇怪的是世宗的处理方式："疏入，上以怡言诸臣不和论非不正，然其本意直是谤讪，至其所论祷祠等事，咎在朕躬，何以不先言之，令具实对状。怡复具疏请罪。诏杖之阙下。"(《明通鉴》卷五八)既然所论"非不正"，又何来"谤讪"之本意？既然承认"祷祠等事"是"咎在朕躬"，又有何必要纠缠于"不先言之"？当然，无人能奈何皇上的强词夺理，周怡先生也只好赶快上疏请罪，但还是没能躲过廷杖的刑罚，更严重的是，他还与刘魁、杨爵一起经过了世宗一捉二放的荒诞而痛苦的经历，而且这牢狱生涯的时间整整长达五年之久。"丁未(嘉靖二十六年)冬，上修醮事，三殿灾，上大悟，下敕释爵等，时漏下三鼓矣。公旦日谢恩就道。"(万世和《讷谿周公墓表》，见《明文海》卷四四四)周怡何以如此匆匆忙忙地辞朝归家，这务须先了解其在狱中所受的人生历练及其所产生的人生体悟，方可得到满意的答案。他有《囚对》一篇，是其狱中留下的产物，其曰："周子被罪下狱，手有梏，足有镣，坐卧有枷，日有数人监之，喟然曰：'余今而始知检也。手有梏则恭，足有镣则重，卧有枷则不敢以妄动，监之众则不敢以妄言，行有镣则疾徐有节，余今而始知检也。'"(《明儒学案》卷二五，《南中王门学案一》)此段材料除却让我们得知周怡先生在镇抚司监狱中的具体情状外，同时也使我们领略了他亦庄亦谐的幽默。然而并非人人皆可具备这份幽默，阳明心学的超越境界应该说帮了周氏不少忙。即使如此，在世宗决定放过他时，他还是毫不迟疑地回乡而去，再不愿在此享受那"疾徐有节"的程朱理学功夫了。

在这种进退失据的境遇中，身处官场中非但难有作为，还要忍受巨大的人生折磨与精神苦恼，要么成为君主专制的牺牲品，要么成为激烈党争的牺牲品。当时的官场真可谓花面逢迎，人奸似鬼，那么正直的士人也就理所当然地渴望归隐而去。别的不讲，就连批评阳明空虚的黄绾先生，最终也不得不走向归隐一途。对此，王慎中的经历或可作为很好的证据。王慎中（1509—1559），字道思，号南江，别号遵岩居士，泉州晋江人。嘉靖五年进士，先后任户部主事、吏部考功员外郎、礼部员外郎、山东提学佥事、河南参政等职。他先是得罪了新贵张璁，被贬谪常州通判，然后又得罪了权臣夏言，嘉靖二十年大计时，夏言"遂内批不谨，落其职"。(《明史》卷二八七,《王慎中传》)从此他再未踏入官场。他有一首《悔志》的五古诗，可以说充分体现了当时归隐士人的心态，其曰："早受天刑拘，遂耽人爵贵。强学思干名，乐仕忘窃位。结交托时豪，然诺重盟誓。只好朋友欢，拙为妻子计。约游见星移，赴急若飚至。掉舌常屈人，扼腕独愤世。出言讥王公，慕达不事事。傲睨多脱略，嘲谩无严忌。辄希孔门狂，自比周士肆。择术谬毫发，千里遂不啻。反躬尽愆尤，考古何乖异？多忮岂通方，易盈知小器。不闻长者言，下流良足畏。"(《遵岩集》卷一)这其中当然有自傲的成分，也不能将其悔过看得太认真，但他通过这首诗毕竟说明了一个事实，那就是如今这个世界已不再能够容忍正直之士的存在。因而他的自悔实际上是对时局的讽刺与控诉。否则他不必时时吟出如此诗句："已知直道非今好，莫向时人叹路穷。"(同上，卷七,《龙南岗久谪不召诗以为叹》)"从今双眼看人世，倏忽浮云几变更。"(同上,《生日自述二首》其二)他甚至借溺亡者而愤激地说道："鼓枻乘流一丈人，入流不出返于真。厌尽世间尘垢浊，清川为濯去时身。"(同上,《挽王隐者溺水死》)当这位老者入水归真时,他的身上仿佛已堆积了过于厚重的世俗尘垢,必须用清川之水洗濯洁净,方可返回那干净的另一个世界。其实,在嘉靖士人的身上岂但堆积了世俗的尘垢,现实对他们的精神世界也造成了压力与伤痕,王慎中在五十岁左右即溘然而逝,难道与其精神的郁闷毫无关系?嘉靖年间的确是士人归隐倾向非常突出的,尽管他们归隐的原因与目的并不完全一样,但都必须面对如何回避现实环境的压迫与归隐后如何从新安排人生自我的问题,茅坤对此曾有过概括的叙述,颇可说明此中情形,其曰:"中世以来,士大夫之弃官而去,能颓然恬势利以饱丘壑者,盖罕矣!间有之,必其游且久,数郁郁不得志;或愤然憎世绝俗,而有所不能容于时;不然,则他日故尝有所忤于世之显人巨公,而惧其以睚眦中覆之也;又不然,则其位盈而年且逾矣,例当以请自去者也。若此者,彼皆有所縻于中,特其遭困厌窘迫之故,不得不以释而去,非所谓颓然恬势利以饱丘壑者也。是以去之久,稍稍或从而悔恨之。嗟乎,名之縻乎世,抑久矣!苟非超然有所脱于外,以务悦乎其内,其能以介然无故去乎哉?"(《茅鹿门先生文集》卷十一,《送华补庵郎中还山序》)茅坤所概括的当然不错,士人的归隐几乎都有迫不得已的苦衷,若非万般无奈,很少有人愿意放弃入世的追求,因为无论是为家族的利益还是为自我的成就,离开现实的进取都无法实现。而难以归隐的另一个原因便是归隐后的难以持久,在离开社会人群之后,归隐者必须有忍受孤独的勇气与耐心,否则的话,便会重新陷入世俗的泥淖,或造成极大的精神痛苦而有损身心的健康。在正德时期,有李梦阳、康海诸人为例,在嘉靖时期,则有李开先为例。李开先(1502—1568),字伯华,号中麓,山东章丘人。嘉靖八年进士。官至太常寺少卿。他也是因得罪权相夏言而被削职为民的。关于他罢官家居时的情状与心态,殷士儋曾做过如此说明:"乃辟亭馆召四方宾客,时时以其抑郁不平之状发之于诗。尤好为金元乐府,不经思索,顷刻千余言,酒酣与诸宾客倚歌相和,怡然乐也。以是公之长篇短调几遍海内,而名亦随之。人或以靡曼谓公者,公不顾。呜呼!古贤智之士抱琬琰而就煁尘者,或傍山而吟,或披发而笑,或鹿裘带索而歌。要之,其中皆有所负而未庸,故缘此以自泄。而世以恒度测之,远矣!若公者毋亦有所负而欲泄也欤!良可悲矣!"(《明文海》卷四三六,《中宪大夫翰林院提督四夷馆太常寺少卿李公墓志铭》)李开先像李梦阳一样陷于酒中之乐,像康海一样迷于金元乐府,则其精神状态显然也是流于颓靡。所谓"有所负",实在是难以忘怀现实与不平;所谓"自泄",实在是心底积蓄了太多的愤怒与郁闷。正如茅坤所说,真正能够弃官而去,恬然于势利之外而欣然于山水丘壑者实在太少了;也就是说,从人性的角度而言,喜热闹而厌孤独乃是人之共性,或者说是人性的缺陷。要克服此种缺陷是非常艰难的,这除却极大的忍耐性之外,还必须有与之相适应的人生观作为信念的支撑,而作为嘉靖士人信念支撑的,恰恰就是王阳明的心学。因此,嘉靖时期阳明心学的演变趋势之一,便是求虚求适的倾向的加强,这既是王学中人解决自身人生困境的必然,同时也为士人群体提供了人生信念的支撑。阳明弟子邹守益在给唐顺之的一封信里说:"仆谓初入朝市恒惧纷华挠志,而渠谓久住山林无良友,生意不免萧索。因相顾以叹,古今两项症候,耽搁了多少豪俊。安得出门如宾,使民如祭,繁剧而常定,岑寂而常充乎?"(《东郭邹先生文集》卷五,《简唐荆川》)这既是邹、唐二人的难题,也是嘉靖中其他士人的难题,因而也就成了其心学讨论中的重要论题。

三、嘉靖晚期士风与王学的扩张变异

万历士人刘应秋在上疏论劾当时首辅申时行时,曾概括自嘉靖至万历士风凡三变,其中"一变于严嵩之黩贿,而士化为贪"。(《明史》卷二一五,《刘应秋传》)嘉靖士风之变是否皆由严嵩所致尚容再有商议,然嘉靖士风之变"贪"则是不容置疑的事实。嘉靖后期,朝中官员

之贪污纳贿、奢侈靡费的确已成普遍的现象,诚如后来张四维所概括的:"当嘉靖末载,世风之涸浊甚矣。民不见德,惟贿是闻。"(《条麓堂集》卷二三,《文贞存斋徐公神道碑》)有人曾对士人之价值观做一前后比较说:"嘉、隆以前,士大夫敦尚名节。游宦来归,客或询其橐囊,必唾斥之。今天下自大吏至于百僚,商较有无,公然形之齿颊。受铨天曹,得膻地则更相庆;得瘠地,则更相吊。官成之日,或垂橐而返,则群相姗笑,以为无能。"(陈邦彦《陈野岩先生集》卷一,《中兴政要书·奖廉让》)此种价值观的变化是值得密切关注的。因为在嘉靖之前尽管也存在有不少贪污纳贿的事件,但在公开场合下,毕竟会被一般人视作是卑污的行为,为君子所不齿;在嘉靖之后并不是说所有的官员均已染贪墨之习,但关键是已"公然形之齿颊",一般人再也不把此类行为视作丑事,反倒认为官员在解任时若宦囊羞涩,乃是无能迂腐之结果,故而方会"群相姗笑"。于是,种种的贪污受贿之事乃成为尽人皆知的公开秘密,嘉靖四十二年,连世宗本人也已闻知贪风之严重,向大学士徐阶等人询问"今日外官贪肆亏国病民状",为此吏部尚书严讷做了具体的陈述:"近日藩臬有司不能体皇上为国为民之心,或赃罚抵赎之隐匿,或折干常例之滥收,或羡余火耗之侵渔,或里甲夫马之索取,或科派劝借之横加,或寿仪节礼之概受,或广市土产以结欢于势要,或极腆供亿以善事乎上官。淫刑以逞,饰诈以欺;潜贿以杜法,假公以济私。"但要消除此类现象却又极其不易,因为"人不易知,知人不易,万一有力者行其苞苴,有挟者冯于城社,有智者巧设机械,善于弥缝,如此则大奸反得漏网,而悃幅孤寒之辈乃辄及之"。世宗闻后也不得不"是之",无奈只好向抚按官下了一道谕旨,令其追查以草草了事。(见《明通鉴》卷六三)看来,嘉靖士风之贪的确已到了无药可救的地步。

要解释此种贪风的形成原因是一件非常困难的事情。刘应秋说此乃因严嵩之"黩贿",可以说代表了相当一部分士人的看法。其实,早在

第三章 嘉靖士人心态与王学之流变 269

严嵩在世时，便有许多人指出了此点，其中最直率而激烈者是杨继盛向世宗所上的《请诛贼臣疏》，抒中曾例举严嵩之十大罪状，其中第十条便是其坏"风俗"。文曰："我朝风俗，淳厚近古，自逆瑾用事，始为少变。皇上继位以来，躬行古道，故风俗还古。及嵩为辅臣，谄谀以欺乎上，贪污以率其下。通贿殷勤者，虽贪如盗跖而亦荐用；奔竞疏拙者，虽廉如夷齐而亦罢黜。一人贪戾，天下成风。守法度者，以为固执；巧弥缝者，以为有才；励廉介者，以为矫激；善奔走者，以为练事；卑污成套，牢不可破。虽英雄豪杰，亦入套中。从古风俗之坏，未有甚于此时者。究其本源，嵩先好利，此天下所以皆尚乎贪；嵩先好谀，此天下所以皆尚乎谄。源之不洁，流何以清；风俗不正，而欲望天下之治得乎？"(《杨忠愍公集》卷一)我以为杨继盛的这段文字应是刘应秋立论的重要来源之一。严嵩是历史上著名的奸相，早在嘉靖末严氏刚倒台时，他已被作为奸臣而写入了《鸣凤记》中，至明末更成为"近代权奸之首"，以致"儿童妇人，皆能指其姓名，戟手唾骂"。(钱谦益《列朝诗集小传》丁集中)他死后所抄出的财产虽各书记载不一，而且也许大都有所夸大，但即使根据最保守的数字，也可证明严氏曾大量地收受贿赂，因而他对嘉靖末期士风的败坏显然负有不可推卸的责任，尤其是他前后做了近二十年的内阁首辅，手中握有重权，而朝政败坏如此，他当然会成为众矢之的了。但后人眼中的严嵩又肯定是经过了有意无意的戏剧化手法处理过的，他显然已不能被再还原回历史的真实之中去了。杨继盛疏中的话虽有所夸张，但却肯定不会有太多的失实之处，否则他便要冒欺君的罪名，但可以同样肯定的是，那并非严嵩的全部，严嵩的许多优点均被他省略甚至有意隐去了。从他当时的交游中，也可以看出他并非十足的坏人，朱彝尊《静志居诗话》曰："然分宜通籍，即见知于献吉、仲默，旋请假还里，读书钤山者七年。献吉远访之山中，作《钤山堂歌》以赠。于时子衡（王廷相）、华玉（顾璘）、廷实（边贡）、子钟（崔铣）、允宁（王维桢)、应德(唐顺之)辈,交相引誉,又走使万里,索用修点定其诗,可称好事矣。"(卷九)非惟此也,阳明先生巡抚江西时,亦曾登门造访严氏,并亲题钤山堂匾额。(《乾隆袁州府志》卷二八,《古迹》)至其晚年,湛若水仍为严氏诗文集作序,唐顺之依然与之有往还。从文学思想上看,他早年追求复古,晚年归于自放,唐顺之谓其"不烦绳削而合"。(《静志居诗话》卷九)其发展过程倒也颇合文坛之一般趋势。在用人方面,严嵩亦并非仅仅以贿赂之有无多少作为其衡量标准,如其任用胡宗宪平东南沿海之倭患,便起码是一件可以见仁见智的事。胡氏在严嵩任首辅时始终被朝廷所信用,而且其平倭之役也取得了明显的成效。严嵩倒台后,他先是被作为严氏私党而逮捕入狱,后竟瘐死狱中。胡氏在与严嵩的交往中,当然少不了物质上的贿赂与精神上的奉承,故而《明史》曰:"宗宪多权术,喜功名。因文华结严嵩父子,岁遗金帛子女珍奇淫巧无数。文华死,宗宪结嵩益厚,威权震东南。性善宾客,招致东南士大夫预谋议,名用是起。至技术杂流,豢养皆有恩,能得其力。然创编提均徭之法,加赋额外,民为困敝,而所侵官币、敛冒人财物亦不赀。"(卷二〇五,《胡宗宪传》)但这种评价显然有些夸张,倘若胡氏果真只知敛财富以奉迎权贵,搜民膏以中饱私囊,他又何以能够赢得东南士大夫的好评。我以为当时的茅坤对他的评价较合乎实情,他说:"苟欲按论胡公之罪,杯酒踯躅,豪宕自喜,大略汉之列侯将军、唐之藩镇节度使者之风是也;其所为声色之嬖、冠裳之亵,众所不得而庇者;然至于长材大略、雄心猛智、临敌乘威、转变为功,亦众所不得而掩者。故律之于庄士之行,则世或不与;课之以捍国之勋,则世不可无。"(《茅鹿门先生文集》卷三,《上袁元峰相公书》)因而茅坤并不认为胡氏之死是罪有应得,而认为乃是权贵之间争斗的牺牲品,他曾记载了胡宗宪在东南平倭时,徐阶因与严嵩争权,怀疑胡氏为严之私党,便"数私唆南京台省为飞语以撼之",后得王门弟子赵贞吉从中斡旋方保无事。(同上,卷二三,《伯兄少溪公墓志铭》)因此,对于胡氏之死,茅坤认定是被徐阶所陷害:"及分宜去,而华亭秉国,遂阴唆南北台谏,论列其事。曾参,孝子也;参之母,贤母也,已而人告之以其子杀人者三,不能不投杼而起。先帝且怜放之来归矣,然华亭且以不杀公,公或当复从丘壑起家,异日栏虎而逸之,祸不测也,于是又撼述其事。公逮系者再,遂死狱中。"(茅坤《玉芝山房稿》卷七,《与吴凤麓绩溪书》)在茅坤的印象中,徐阶挟私报复之心并不下于严嵩,胡宗宪虽有缺点,但毕竟有功于社稷,而徐氏将其置于死地无异于自毁长城。故而茅氏有诗曰:"翻手云兮覆手雨,倏而纵兮忽而横。借问洛阳名利客,不如此处习长生。"(《耄年录》卷二,《夜梦分宜华亭互姿威福两相睚眦累欷不堪予辄黄冠入山题之左右》)正如诗题所显示的,严、徐均成为争权夺利的权豪,而他茅坤在梦中则成了胡宗宪第二。因此,在当时相当一部分士人眼中,严嵩并不是张牙舞爪的奸贼,而颇有几分儒雅本色,如何良俊说:"严介老之诗,秀丽清警,近代名家鲜有能出其右者,作文亦典雅严重,乌可以人而废之。且怜才下士亦自可爱。"(《四友斋丛说》卷二六)严嵩曾如此解释其号"介溪"曰:"夫介者戒也,溪者欺也。大学论诚意以毋自欺为戒。斯义也,守己事君交友之针砭药石也。"(《钤山堂集》卷二二,《别号志》)当然不能相信他已按"号"中所寓之义而做人行事,当他在官场中争夺厮杀时,也许将此早已丢之九霄云外,然而,在嘉靖末年的官场,又有谁能做到守直勿欺而不招致失败呢?当严嵩被罢免走上归途时,这位曾权倾朝野的大学士也会写下如此诗句:"弱冠幸随计,束书来上京。齿稚气方锐,沼视江湖轻。俯仰十五年,辛苦事浮名。世路多险艰,风波使人惊。兹游意已阑,无复少壮情。见鸟羡高逝,望云思遐征。云山遥在梦,日数故园程。"(《南还稿》)其中有对世路风波的惊怕,有对官场的厌恶,也有对故园的向往,与当时失意文人的心态没有什么不同,或者说,这么一位权臣也有如此心态,更说明了嘉靖官场的险恶。说严嵩一人导致了嘉靖后期官场的贪污腐败风气显然是有失公允的,因为贪风不始于严嵩,他的前任夏言已家甚富厚,那"高甍雕题、广囿曲池之胜,媵侍便辟及音声八部",甚至"什器皆用金",单靠他的官俸能够维持如此豪华奢侈的生活吗?而当时与夏言一起在内阁供职的严嵩却不过"寥寥草具"而已。(《玉堂丛语》卷八,《汰奢》)那时的严嵩对夏言的排场阔气怕是要满怀艳羡之情的。同时,严嵩在朝中也没有后人所想象的有那么大的权力,因为他要受到来自文官集团与皇帝两方面的限制。从文官方面讲,并非所有的官员均为其私党或屈服于权奸,在他为首辅的十余年中,弹劾他的奏疏一直没有间断,这使他不能不有所忌讳。尤其是他所面对的世宗皇帝,更是一位刚愎自用、猜忌多疑的君主,尽管在严嵩执政时,世宗曾长期地居深宫设醮炼丹而不理朝政,但对权力却从不肯有丝毫的放松,据记载:"帝虽甚亲礼嵩,亦不尽信其言,间一取独断,或故示异同,欲以杀其势。"(《明史》卷三〇八,《严嵩传》)在世宗治下,非但严嵩不能为所欲为,其他阁臣也照样不能,据明人范守己说:"臣于徐少师阶处,盖捧读世庙谕札及改定旨草。云人尝谓辅臣拟旨,几于擅国柄,乃不然。见其所拟,帝一一省览窜定,有不留数字者。虽全当帝心,也必更易数字以示明断。有不符意者,则驳使再拟。再不符意,则谯让随之矣。故阁臣无不惴惴惧者。"(《国榷》卷六四)徐阶如此,严嵩的情形也应大致如此,因而他不可能达到独断专权的程度。严嵩最大的能耐在于善窥帝意而逢迎之,以柔媚而得上宠眷。既然严嵩不能专权,则士风之变易也就不能全由他来负责。

同样的道理,既然世宗是真正的专权者,那么他便要对士风之贪负有相当的责任。当时所谓的"贿赂公行",实际上与世宗具有更直接的联系,他在不少场合,已公开认可官员受贿的事实。嘉靖二十六年,吏部尚书许赞上疏揭发严嵩因收受监生钱可教之贿赂,而为其书写名帖到吏部去营求东阳知县之职。严嵩则上疏辩曰:"臣观赞在前听嘱者亦多矣。即臣有此一帖,何至便相评发?""且臣昔在礼部时,赞干嘱之帖尽多,臣若效所为,累纸莫尽,但非大臣之体矣。"(严嵩《奏乞追究伪帖以明诬害》,见《历代奏议》卷十)许赞本人是否多有"干嘱之帖"已难于详考,不过当时官员多有嘱托并从中获取回报肯定是事实,但尽管大多数人皆有此举,亦难以证明此举便属正当行为,此犹如不因为世上有许多人偷盗,而盗窃便可成为理所当然之事一样。关键在于作为皇上的世宗如何去评价与处理此事,不料他却轻描淡写地说,严嵩所为"俱不为太私";"你每果一人不奉承,一帖不接受?""汝等果一心尽实,不必有此评发"。(谭希恩《明大典撰要》卷五三)世宗的思路与严嵩如出一辙:你们也未必就不嘱托,既然你们也受嘱,何以要揭发严嵩?可见是另有目的。更进一步,如果你们都廉洁奉公,便不会知晓嘱托之奥妙;既然不知,也便不会有揭发的举动。可见依世宗之言,则天下人若大多都做强盗,强盗也就不必有罪。难怪史家评曰:"案此嵩之卖官鬻爵已露其端倪,而部臣之委靡依违,世皇实已先导之矣。"(同上)此论良然。此类事件绝非仅此一例,如嘉靖三十九年六月,"给事中罗嘉宾等查核倭寇以来督抚诸臣侵盗军粮之数,因劾故尚书赵文华以十万四千计,总督都御史周琉二万七千,胡宗宪三万三千,原任福建巡抚阮鹗五万八千。其他或以万计,或以数千计,至有攘取军饷公行贿赂者,并宜逮问追赃"。证据如此确凿,人员如此具体,应该说处置起来并不困难。但出人意料的是,"上以宗宪功多,不问。寻宗宪奏辩,言臣为国除贼用间用饵,非小惠不成大谋,上以为然,更慰谕之"。(《明通鉴》)胡宗宪的辩解当然有其道理,在瞬息万变的军事活动中,面对着成员复杂的各色人物,当然需要用额外的重赏以激励士卒,用难却的重金以诱间敌方。但是否所有的额外支出均用于朝廷之事,或者上述所有贪污人员均情有可原,恐怕依然存有疑问。若一概不予追究,实际便等于纵容。其实,世宗对此比任何人都更清楚,他何尝不是在利用利禄在诱导臣下为其出力;倘若无利禄可图，谁又肯在这危机四伏的官场多待一日？士人在对严嵩的参劾中，早就悟出了此一奥妙，他们初始时多指责严氏贪婪多欲，却从未能取得成功，最后不得不从专权、纵子为恶等其他方面入手。直到严世蕃最后被逮时，还说："'贿'字自不可掩，然非上所深恶。"(《明史纪事本末》卷五四)就这样自上而下地求得了共识，内阁已明白"皇上只要人干事，不怪人要钱"。(徐阶《答尽去剥虐谕》，见《明经世文编》卷二四四)则大臣便对贪无复顾忌。而内阁纳贿，则郎署便起而效之，所谓"内阁吏部要钱，吾党守清无益"。(沈炼《早正奸臣误国以决征房大策疏》，见《青霞集》卷一)如此上行下效，士风遂不可收拾矣。

嘉靖士风之贪世宗固然负有重要责任，但这也与整个世风的日益趋于奢靡密切相关。在这方面，许多社会史著作已做过不少研究与描述，此处不再展开。仅以松江为例，嘉靖年间，该地风俗以惊人的速度在走向奢靡，何良俊年幼时"见人请客，只是果五色肴五品而已"。但至嘉靖时，已是"肴品计百余样，鸽子斑鸠之类皆有"。更有甚者，他的一位朋友请客，"用银水火炉金滴嗉，是日客有二十余人，每客皆金台盘一副，是双螭虎大金杯，每副约有十五六两。留宿斋中，次早用梅花银沙罗洗面，其帏帐衾绸皆用锦绮。……闻其家亦有金香炉"。面对此种情景，难怪何氏感叹说："虽仲尼复生，亦未之如之何也已！"(《四友斋丛说》卷三四，《正俗一》)其实，当何良俊正感叹时，他本人也在不知不觉中较之以前士人更注重享乐，他曾自称饮酒、听曲、谈谐为其生平三大"夙业"。(同上，卷三三，《娱老》)他当时以学问渊博而著称，虽科举不利，但以特例受南京翰林院孔目，在南京与一帮朋友诗酒优游，相得甚欢，但久而厌之，感叹道："吾有清森阁在海上，藏书四万卷，名画百簽，古法帖彝鼎数十种，弃此不居，而仆仆牛马走乎？"(《明史》卷二八七，《何良俊传》)何良俊较之那些山吃海喝的俗士自然要高雅得多，但四万卷藏书与那么多的名画法帖彝鼎，是以前的士人所难以奢望的。尤其是他的人生态度,将仕途视为若牛马之劳顿,则可知其在野生活之悠闲惬意。反过来,如果朝廷之外的士人已可充分享受人生,而让在朝为宦者终日若牛马之奔走而不受其影响,显然是不切实际的幻想。于是,士人采用各种手段以求取财富也就是必然之事了。拿嘉靖后期在位的两位首辅大学士严嵩与徐阶相比,严氏固然贪财奢靡,而徐氏也致富有方。严氏终于成为声名狼藉的权奸,而徐氏却有幸逃脱历史的谴责,完全取决于其所处地域的不同而导致的致富方式的差异。于慎行《谷山笔麈》卷四载:"华亭之富埒于分宜,吴门(申时行)之富过于江陵(张居正),非尽取之多也。苏松财赋之地,易为经营;江楚旷莽之墟,止知积聚耳。而彼以之败,此以之存,岂岁星长在吴耶?夫得地者得人,得人者得天,天亦何时定也。"(《明史资料丛刊》第三辑,第41页)于慎行还具体记述了吴人之致富方式:"吴人以织作为业,即士大夫家多以纺织求利。其俗勤啬好殖,以故富庶。然而可议者,如华亭相在位,多蓄织妇,岁计所积,与市为贾,公仪休之所不为也。往闻一内使言华亭在位时,松江赋皆入里第,吏以空牒入都,取金于相邸。相公召工倾金,以七铢为一两,司农不能辨也。"(同上,第35页)很难说徐氏家族在买卖交易中不借助徐阶的权势而有额外收入,尤其是松江赋之实物入其家而到京城相府中去取现金,则多收少付之贪污现象更难避免,但他毕竟与严嵩的公然以卖官鬻爵之手段收受贿赂具有明显的区别。其实,士人本身就是这个社会的精英与权力的实际掌握者,因而这个社会所制定的种种制度与政策也必然会以保证他们的利益为前提,但在以前还有儒家天下为公的理想与理学存天理去人欲的理念这层面纱遮饰着,以便使士人追求利禄的欲望不要恶性膨胀,从而危及了制度本身。如今只不过将原本掩饰着的真实目的公开化而已。因而从本质上看,这个社会并没有根本的改变。需要指出的是,原来作为调节因素的程朱理学已无法限制士人日益膨胀的物欲追求,必须找到一种新的东西来作为替代物,或者是思想上的,或者是制度上的。但遗憾的是却没有,阳明心学本有替代程朱理学的要求,却被世宗否定了,而在制度上又丝毫没有新的改观,比如增加官员薪俸、建立严格的会计制度等等,于是士人的物欲追求便通过各种非正常化甚至非合法化的方式去实现,从而带来了各种恶性后果。

其严重后果之一便是士风的疲软。这是因为"贪"与"软"是密不可分的,贪是对利益的追逐与攫取,而要达此目的,必须保持一己之官位或获取更高之官位,则对于能够决定其命运的皇上就自然会采取媚软的态度。此种情形在嘉靖中期已相当严重,至晚期则更是变本加厉。对此当时人所言"青词宰相"一事最足作为例证。《明史·顾鼎臣传》曰:"帝好长生术,内殿设斋醮。鼎臣进《步虚词》七章,且列上坛中应行事。帝优诏褒答,悉从之。词臣以青词结主知,由鼎臣倡也。"(卷一九三)自此之后,"词臣率供奉青词。工者立超擢,率至入阁,时谓李春芳、严讷、郭朴及孙炜为'青词宰相'"。(《明史》卷一九三,《袁炜传》)而嘉靖后期阁臣尤其是首辅之相倾轧与相更迭,青词功夫乃其重要契机之一,严嵩之能居首辅位十年,其青词功夫发挥了巨大作用,世宗在其去位后犹曰:"朕以其力赞玄修,寿君爱国,特加优眷。"(同上,卷三〇八,《严嵩传》)而徐阶欲挤嵩而代之,则"益精治斋语迎帝意"。(同上,卷二一三,《徐阶传》)而当时士人对此竟见怪不怪,视为当然,但若与前朝相比,则可立见其士风人格之卑下。远者且不言,即如弘治八年孝宗命阁臣撰斋醮所用"三清乐章"而论,徐溥诸人犹敢以其为道家妄说而拒不"阿谀顺旨",此种义正词严的声调在嘉靖初尚未绝响,杨廷和曾"先后封还御批者四,执奏几三十疏"。(同上,卷一九〇,《杨廷和传》)但对于嘉靖后期士人而言,此种情形已恍如隔世了。自世宗移居西苑玄修后,入值无逸殿以便随时供应青词的官员共有二十余人,计:太师翊国公郭勋、太师成国公朱希忠、太保驸马都尉崔元、太傅咸宁侯仇鸾、驸马都尉邬景和、少保安平伯方承裕、太保都督陆炳、太保都督朱希孝、少师大学士夏言、少傅大学士翟銮、少师大学士严嵩、少保大学士顾鼎臣、少保尚书费宏、宫保大学士张治、少傅大学士李本、少师大学士徐阶、尚书欧阳德、宫保尚书李默、宫保尚书王用宾、少保尚书吴山、少傅大学士袁炜、宫保大学士严讷、少保大学士李春芳、少保大学士郭朴、尚书大学士高拱等。(王世贞《大臣从游值宿应制》,见《弇州史料后集》卷三八)其中论身份有皇亲侯伯,也有学士尚书;论性情有兀傲的夏言,也有柔媚的严嵩;论学术有尊奉程朱的高拱,也有王门弟子徐阶与欧阳德。但所有这些人均将当值视为一种荣耀而未有丝毫的异议。其实,当值无逸殿并非什么令人愉快的差事,在这冷寂的宫殿中度过一夜夜无聊的时光而不能与家人团聚,不知这些大臣们用什么方式去打发这难熬的时光;同时,这种举动也没有任何价值可言,如袁炜所撰"最为时所脍炙"的一联青词为:"洛水玄龟初献瑞,阴数九,阳数九,九九八十一数,数通乎道,道合元始天尊,一诚有感;岐山丹凤两呈祥,雄鸣六,雌鸣六,六六三十六声,声闻于天,天生嘉靖皇帝,万寿无疆。"(《万历野获编》卷二,《嘉靖青词》)此种纯粹的文字游戏,既无实用价值,亦无审美价值,除了能够满足一下世宗的虚荣与仙欲,没有任何存在的理由,撰写此种文字显然是一种生命的浪费。寂寒的生活,空洞的文辞,当然不会令任何人发生兴趣,这帮大臣之所以乐此不疲并引以为荣,唯一的解释便是可借此固宠而获禄位,则当时士风之卑下也就昭然若揭了。因为大臣如此,则上行下效,必然会带来士风的整体转变。稍翻史书,人们便会发现许多这种转变的实例。孙应魁为谏官,"屡犯权贵,以风节自厉。晚官计曹,一切为苟且计,功名大损于前"。(《明史》卷二〇二,《孙应魁传》)周延"砥节奉公","权臣用事,政以贿成,延未尝有染。然居台端七年,无谏争名"。(同上,《周延传》)闻渊在夏言柄政时,尚不能委曲相徇。世宗令其为夏言定罪，他表示："言事只任意，迹涉要君，请帝自裁决。"结果惹得皇上大怒而"切责"之。然而，"严嵩既杀言，势益横，部权无不侵，数以小故夺渊俸。渊年七十矣，遂乞骸归。家居十四年卒"。(《明史》卷二〇二，《闻渊传》）因而史臣总结说："世宗朝，璁、萼、言、嵩相继用事，六卿之长不得其职。大都波流茅靡，泄沓取容。"(同上，《赞语》)士风疲软的特征之一是因循平庸而毫无主见，正如归有光所言："天下之俗，其弊久矣。士大夫以娣娴雷同、无所可否为识时达变，其间稍自激励，欲举其职事，世共訾笑之。"(《震川先生文集》卷二，《雍里先生文集序》)士风疲软的特征之二是唯利是图、唯势所趋而不讲原则节操。嘉靖后期党争激烈，所谓"世宗之季，门户渐开。居言路者，各有所主"。(《明史》卷二一五，《赞语》)但此时之党争既不同于此前的礼议之争，甚至与万历后期之党争亦有较大差异。一般党争往往以品行、籍贯、同年等为原则，相互结为群体，以维护其道义或利益。而此时的士人则朝秦而暮楚，趋于势利被视为当然。如夏言得势时，严嵩不仅与之大叙乡谊，且撰文赠夏言曰："公方为霖为砺，摅尧舜君民之志，匹休古名臣之业，以赞翊我圣天子中兴之盛治，所谓马周之奏疏，苏轼之文章，盖不足为公道矣。"(《钤山堂集》卷十九，《赠大宗伯夏公序》)如此吹捧实近乎肉麻，而一旦瞅准机会，便将夏氏置之死地并取代其首辅地位。而徐阶亦如法炮制以对付严嵩，在严氏权势炙手可热时，徐阶借口避倭寇之乱而将家迁至江西，又与严世蕃结为亲家，这便与严氏有了"乡曲之谊"，"于是分宜坦然不复介意"。而一旦严氏势败，徐阶"即鬻南昌里第，解江右之籍"。(《谷山笔麈》卷四)而工部尚书雷礼之表现更令人喷饭绝倒，他本是严氏私党，而当严嵩刚失帝宠，他便迅即倒向徐阶，可谓严党倒戈的前茅："一日，分宜在直，司空侍坐。分宜叹曰：'近日少湖间承一二密札，遽作骄肠，何其不广，此老夫二十年前光景也。'司空即大声曰：'徐老先生自是高义，相公未可厚非。'分宜大诟曰：'若非吾里子耶，何得为他人乃尔！'司空应声曰：'某官一品尚书，奈何以语言辱我！'分宜骂曰：'尚书谁所乞与，敢为此态？'司空即走白华亭。"(《谷山笔麈》卷四)什么乡谊、道义、恩义，全被其置诸脑后，唯一起作用的乃是势与利。中国士人的品格竟沦落到如此地步，的确令人吃惊感叹！

当然，也并非所有的士人都认同这疲软的人格，在嘉靖朝也曾先后出现了如杨继盛、沈炼与海瑞那样的勇于谏君的忠梗之臣，尤其是海瑞，敢于直斥世宗之荒唐，"一意修真，是陛下之心惑；过于苛断，是陛下之情偏"，甚至喊出"盖天下之人不直陛下久矣"。(《明史》卷二二六，《海瑞传》)从而引得旧史学家对此大加赞扬："语有曰，'君仁则臣直'。当世宗之代，何直臣多欤！重者显戮，次乃长系，最幸者得贬斥，未有苟全者。然主威愈震，而士气不衰，批鳞碎首者接踵而不可遏，观其蒙难时，处之泰然，足使顽懦知所兴起，斯百余年培养之效也。"(同上，卷二〇九，《赞语》)但仔细品味这段话，会发现存有许多不实之词。首先是相对于因循苟且、谋利自私、结党排陷的大批官员来说，海瑞般的直臣断不能以"多"言之，否则海瑞不必在奏折中说"今大臣持禄而好谀，小臣畏罪而结舌"(同上，卷二二三，《海瑞传》)的沉痛之语。其次，臣直也并非君仁的反映。严格讲来，如海瑞般的强谏对于国家与君上已不是什么好的消息，这证明朝政已败坏到触目惊心的境地，而他们所作的拼死一搏也很少有成功的希望，正如宋儒邵雍所言："虽圣君在上，不能无小人，是难其为小人；虽庸君在上，不能无君子，是难其为君子。自古圣君之盛，未有如唐尧之世，君子何其多耶！时非无小人也，是难其为小人，故君子多也，所以虽有四凶，不能肆其恶。自古庸君之盛，未有如商纣之世，小人何其多耶！时非无君子也，是难其为君子，故小人多也，所以虽有三仁，不能遂其善。是知君择臣，臣择君者，是系乎人也。"(《皇极经世·观物篇四七》)当杨、沈、海诸人或命丧西市，或身系大狱时，其"批鳞碎首"的勇气固然可嘉，可同时不也说明做忠臣的艰难吗？所谓世乱显忠臣，则忠臣显然与乱世相连。嘉靖朝当然还说不上是乱世，却无疑是一个衰世，则世宗又怎能说是位仁德的君主呢？《尚书》曰："君子在野，小人在位，民弃不保，天降之咎。"（《大禹谟》）嘉靖朝正是君子在朝无所措其手而不得不在野的时代，诚如有人所说："考是时公（即唐顺之）既在野，薄文章不为，孜孜研求经世之学，而张居正则默处禁中，考索国家典章及兵食诸籍。惟王、李诙诙以诗文号天下。"（唐鼎元《明唐荆川先生年谱》卷三）此刻必须有忍的功夫，默默等待机遇的来临。否则亦可兴趣他移，如像后七子那般去追求文学的复古。然而，无论是等待还是兴趣转移都是非常痛苦的，因为环境是如此的险恶，而世宗的统治又是如此的漫长，茅坤感叹说："嗟乎嗟乎缙绅家，裂冠毁裳乱如麻。"（《耄年录》卷四，《寄赠钱南离先生长歌一首》）此乃形容士人被摧折之普遍，而"嘉靖累数十年不赦"（《震川先生文集》卷六，《上高阁老书》）则是言其等待之长。于是，一向沉稳的张居正终于有些按捺不住，便向世宗上疏，试图让皇上了解一点如今士人的真实状况，其曰："今大小臣工虽有怀当时之忧为宗社之虑者，而远隔于尊严之下，悬想于于穆之中，逡巡禁口而不敢尽其愚，异日以台谏不言之故常加谴责矣。是臣下不匡之刑也，而至今无一人举当时之急务以为言者，无已则毛举数事以塞责。夫以刑罚驱之而犹不敢言，若是者，何雷霆之威不可干，神明之尊不可测。"于是便产生了种种的弊病，而最大的弊病则是人才的匮乏，而在现有的官员中，又是"举劾参差，毁誉不定，贿多者阶崇，巧宦者秩进"。（《张太岳文集》卷十五，《论时政疏》）由此士风也就不可收拾了。

在此种历史境遇中，王学的命运如何呢？正如前边所言，王学本是为挽救程朱理学的危机而产生的，它肩负着端正士风与安顿自我的双重使命，因而政治境遇愈恶劣，士风愈败坏，它愈能赢得正直文人尤其是失意文人的重视。故而尽管嘉靖朝曾多次明令禁止王学，但它不仅未能被禁绝，反倒信者愈来愈多，规模愈来愈大，其基本走向是：嘉靖初曾一度在北京流行，据阳明年谱载："自师没，桂萼在朝，学禁方严。薛侃等既遭罪遣，京师讳言学。至是年（嘉靖十一年），编修欧阳德、程文德、杨名在翰林，侍郎黄宗明在兵部，戚贤、魏良弼、沈谧等在科，与大学士方献夫俱主会。于时黄绾以进表入，洪、畿以趋廷对入，与林春、林大钦、徐樾、朱衡、王惟贤、傅颐等四十余人始定日会之期，聚于庆寿山房。"（《王阳明全集》卷三六，《年谱附录一》）可见形成了一定的规模。后来随着许多人的贬谪与退隐，在京城渐趋冷落。嘉靖十五年左右，随着邹守益、湛若水的供职南都，讲学重心又转至南京，当时在南京有以邹守益为首的阳明心学，也有以湛若水为首的甘泉学派，还有以吕柟为首的程朱学派，诚所谓"时天下言学者，不归王守仁则归湛若水。独守程朱不变者惟柟与罗钦顺云"。（《明史》卷一九五，《王守仁传》）后经嘉靖十七年的朝廷禁止而稍杀其势。但在民间书院以及不少省、府、县学校依然轰轰烈烈，无少歇止。发展至嘉靖后期，更是以无法遏止的势头迅猛扩张，各地纷纷立书院讲会，其规模之大实属空前。据邹守益讲："鄙邑惜阴之会举于各乡，而春秋胜日，复令九邑及赣抚之士会于青原。"（《东郭集》卷五，《简方时勉》）案此九邑乃指吉安之庐陵、吉水、安福、龙泉、永丰、万安、永新、泰和、永宁九县。如果说青原之会乃由于吉安所辖地域较广的话，而邹守益家居时，"与其乡人刘邦采、刘文敏、刘阳、欧阳瑜等建复古、连山、复真诸书院，为四时之会。春秋二季，合五郡出青原山为大会，凡乡贤士大夫偕与，远者年聚，近者月会。小会人百，大会人千。绛帏一启，云拥星罗"。（沈佳《明儒言行录》卷八）当时各地究竟设立过多少书院讲会，实难做出准确统计。而朝廷官员的公开倡导王学，并利用其官职而推广王学，则预示了其发展的一种新方向。如徐阶任江西督学时即大倡心学，而聘请南中王门薛应旂主白鹿洞讲学事。又如："邹守益嘉靖三十六年会白鹭书院,发明《学》《庸》合一之旨,学使王宗沐率生儒以千计听讲。"(《耿天台先生集》卷十四,《东郭先生传》)而嘉靖二十六年之后,随着徐阶的入阁,以及聂豹、李春芳、赵贞吉等王门弟子占据朝中高位,意味着王学已逐渐在朝廷取得相当的优势。据王门泰州学派传人颜钧回忆:"时徐少湖名阶,为辅相,邀铎主会天下来觐官三百五十员于灵济宫三日。越七日,又邀铎陪赴会试举人七百士,亦洞讲三日。"(《颜钧集》卷三,《自传》)颜钧(1504—1596),字子和,号山农,又号耕樵,吉安永新人。他后来因避神宗讳而更名为铎。他虽终生布衣,但却是泰州后劲,当时颇有些名气。他在此说徐阶请他主讲,我以为有点自我夸耀的成分。不过,当时确有规模很大的讲会,据《明儒学案》载:"(徐阶)及在政府,为讲会于灵济宫,使南野、双江、松溪程文德分主之,学徒云集,至千人。其时癸丑(嘉靖三十二年)甲寅(三十三年),为自来未有之盛。"(卷二七,《南中王门学案三》)《明史·罗汝芳》未言主持人,只说罗氏"劝徐阶聚四方计吏讲学,阶遂大会于灵济宫,听者数千人"。(卷二八三)我以为主讲人应以聂豹、程文德较为合理,他们均为朝中高官,又与徐阶熟悉,故而易被推为主讲,而不大可能让布衣颜钧主讲。至于与会人员到底是数百,还是一千或者数千,实无关紧要,总之规模甚大。此类举动带有半官方性质,尤其是像徐阶作为首辅的地位而倡导讲学,对士子官员的影响应该是相当大的。但阳明心学真正达到最鼎盛的时期是隆庆元年左右,此时世宗已逝,作为顾命大臣的首辅徐阶手中又握有重权,于是在嘉靖一朝始终被禁的王学终于被官方认可,其明显标志便是阳明的重得恤典。隆庆元年五月,朝廷下诏令部院科道官议奏病故大臣有应得恤典赠谥而未得者。这显然是徐阶等人的意思,于是给事中辛自修、岑用宾等,御史王好问、耿定向等上疏,言王守仁"功勋道德,宜膺殊恤"。(《王阳明全集》卷三六,《年谱附录一》)尽管在嘉靖朝也曾有人上疏要求为阳明请求恤典,但都十分小心谨慎。如徐渭的《为请复新建伯封爵疏》，便将阳明之事功与学术分而言之，说："守仁之于学，其真与伪，臣姑勿论，纵其伪也，尽其死力于艰难，索其罪遣于讲说，朝以劳而封之，暮以其学而夺之，无乃大相缪乎？"（《王阳明全集》卷四十）徐渭终生无缘官场，故无上疏之责，本疏乃为他人代笔无疑。而徐氏又系代笔高手，其撰此疏当经过精心思考，以求挽回圣心。因朝廷对伪学有明令之禁，翻案有相当难度，故不言其学，只言其功。这是徐渭之聪明处，也应是当时许多王门中人之共识。但在隆庆时形势已大不相同，世宗已逝，无复顾忌，便"功勋道德"合而言之，并最终得以成功，阳明被朝廷诏赠新建侯，谥文成。在朝廷的《谕祭文》中，是如此评价阳明的："惟卿学达天人，才兼文武。拜官郎署，抗疏以斥权奸；拥节江西，仗义而讨凶逆。芟夷大难，茂著奇勋。又能倡绝学于将湮，振斯文于不坠。岂独先朝之名佐，实为当代之真儒。"（《阳明全书》卷三八，薛侃《祭葬札付》）尽管该文是以皇上口气下达的，但分明代表了王门弟子的情感与思想，甚至该文极可能便是徐阶的手笔也说不定。从隆庆元年朝廷认可王学到万历初张居正禁止讲学的这一段时间，阳明心学得到了空前的扩张，不仅讲学规模日益扩大深入，而且还渗透于科举考试中，顾炎武引艾南英《皇明今文待序》曰："嘉靖中，姚江之书虽盛行于世，而士子举业尚谨守程、朱，无敢以禅窜圣者。自兴化、华亭两执政尊王氏学，于是隆庆戊辰（二年）《论语程义》首开宗门，此后浸淫，无所底止。科试文字大半剽窃王氏门人之言，阴诋程、朱。"（《日知录》卷十八，《举业》）其中所言或许有些夸张，但王学思想渗入科举之中，的确会对士人造成更加广泛而深入的影响。

王学之进入官场并最终被朝廷所认可，可以说好坏优劣各兼其半。从好的一面讲，是它借助官方的力量从受压抑的不利状况中解脱出来，取得了发展与普及的机会，对此已见于上述。从不好的一面讲，它也同时受到了官方习气的影响。因为王学要借助官员而发展，而官员也要借助王学而满足自我的需要。明人沈德符便一再指出:"宰相以功名著者,自嘉靖末年,至今上初年,无过华亭、江陵二公。徐文贞素称姚江弟子,极喜良知之学,一时附丽之者,竟依坛坫,旁畅其说,因借以把持郡邑,需索金钱,海内为之侧目。"(《万历野获编》卷八)此乃借讲学以满足私欲。"嘉靖末年,徐华亭以首揆为主盟,一时趋鹜者人人自托吾道,凡抚台苍镇,必立书院,以鸠集生徒,冀当路见知。其后间有他故,驻节其中。于是三吴间,竟呼书院为中丞行台矣。"(同上,卷二四,《书院》)此乃将书院作为邀名猎誉之工具。胡宗宪之例也许足以说明讲学对于嘉靖后期官员之意义,当他在东南开府御倭时,正是王学流行之盛期,又处于王学之发源地越中,故胡氏亦为推波助澜之举,沈懋孝《讲学述》曰:"年二十一时,胡都府梅林公迎其师东郭邹先生馆于西湖之万松书院,因折柬招四方学者三百人并侍邹先生之教几半月,大都宗象山述阳明二先生之指而昌明之,始欣然有会心处矣。"(《明文海》卷一三二)查胡氏生平,于阳明心学并无特殊兴趣,他何以要将邹守益请来讲学,又何以要召集三百讲学者共成此事。我想,他需要的并不是学者所讲的内容,而是那轰轰烈烈的声势,其目的便是在东南士大夫中造成好的印象。《明史》本传言其"性善宾客,招致东南士大夫预谋议,名用是起"。(卷二〇五)这"预谋议"乃是结果,而将他们招来的手段则是讲学。因为胡氏要成御倭之功,离开东南士大夫的支持是不可想象的,而要获得其支持,就必须投其讲学之所好。看来他的确受到了不错的效果,像徐渭、茅坤等人均曾为其出谋划策,而这些人都与王学有着各种各样的联系,如徐渭系阳明弟子季本之门人,而作为唐宋派代表人物的茅坤则与唐顺之关系甚好。其实,甚至后来唐顺之欣然出山至东南抗倭,也很难说与胡氏重讲学的行为毫无关系。但胡氏本人的成功却说明了讲学的变质,因为阳明讲学之初衷在于提高士人的境界,而最反对将讲学作为求取名利的手段,而胡氏之讲学却恰恰是求功名的手段之一。尤其是当时非但胡宗宪如此,许多士人亦均如此,就以徐阶为例,不仅"缙绅附之,辄得美官"(徐树丕《识小录》卷二,《讲学》);而且其本人作为讲学盟主也是毁誉参半。这主要是由其独特的人格所决定的。徐阶(1494—1574),字子升,松江华亭人。嘉靖二年进士第三人,官至礼部尚书、建极殿大学士。史载其"短小白皙,善容止。性颖敏,有权略,而阴重不泄"。(《明史》卷二一三,《徐阶传》)他正是靠着这"颖敏""权略"周旋于风云变幻的嘉靖后期官场,并立于不败之地的。他有那一时代官员的共同特征:追求钱财与圆滑权变。故工部尚书李遂称其为"四面观音"。(黄景昉《国史唯疑》卷六)海瑞则讥之为"甘草国老",亦即"和柔之义胜,直方之德微"。(《海瑞集》附录,《乞治党邪言官疏》)史学家支大伦则言其"玄文入值,伛偻善谀"。(支大伦《皇明永陵编年信史》卷四)言其"善谀"而撰写青词,"和柔"而善于奉迎,均为抹不掉的事实。但他与严嵩又不同,他追求钱财,却不过于贪墨,而是靠纺织经商而工于算计致富;他圆滑权变,却较少害人,颇有官声。故而也就有了许多正面的评价,言其"器量深沉,虽任智数,要为不失其正";"立朝有相度,保全善类,嘉、隆之政多所匡救,间有委蛇,亦不失大节"。(《明史》卷二一三,《徐阶传》)"惟其小用权术,收采物情,识者不无遗憾焉。虽然,若廷和、阶者,俱救时相也。"(李翊《戒庵老人漫笔》卷八,《凤洲阁臣小断》)"分宜败后,尽反其秕政,卒为名相。"(钱谦益《列朝诗集小传》丁集中)徐阶与严嵩处于同一时代,且其性情亦有相同之处,他之所以未成为权奸人物而落得个身败名裂的下场,除他善于经营而不过于贪墨外,亦与其身为王学中人,耳濡目染良知学说,所接多为正人有关,这使之虽难如阳明先生那般成为一代人豪,却亦未最终流入权奸一路去。可以说,他因身陷官场而败坏了王学的名声,也因身染王学而减少了些许奸人之气,可谓成也萧何,败也萧何。

嘉靖间刑科给事中张岳有一段条陈时政的话,论当时讲学之弊颇为具体,其曰:"今讲学家以富贵功名为鼓舞人心之术,而闻风争附者,则先以富贵功名横于胸中,铨衡一缺,则翘首而垂涎,馆局一开,则热中而濡足。司钱谷则慕秩署之清华,典刑名则思兵曹之喧赫,居台谏则美卿贰之崇高,以为不通其说,不究其术,则无以满其欲而济其私。于是剽窃浮词,谈虚论寂,相饰以智,相轧以势,相尚以艺能,相邀以声誉,初学之士,靡然从之。一入蒲团,皆宛然有圣人面貌,且洋洋独喜自负曰:'吾为会中人物矣。'臣不暇论其立心制行何如,试即与会之时,言语色笑,变态多端,或看喜怒于上官,定进止之秘诀;或腾毁誉于多口,发爱憎之神机;或间为坚白异同之谈,各质己私,哓哓不相下。一有爵位稍尊巧言雄辩者,众皆唯唯,而莫敢发。岂天爵之论,以人爵而后定乎?今群工百执事,各有司存,既非奠贽于师弟,又非结契于朋侪,岂宜群萃州处,什伍成群,以获众听?"(《典故纪闻》卷十七)此段文字不仅记述了当时讲学之盛大规模,而且指出了讲学的种种弊端,归纳起来主要有两点:一是借讲学以谋取富贵功名之私利,二是不能坚持己见而以权高势尊者为准的。但张氏之言并不能全面概括当时讲学之特点,因为他所指出的现象基本上是以京中官场之所见所闻为经验范围,而对民间讲学则未予涉及。因而后世许多学者往往根据明清士人对讲学者的攻击之言作为判断的依据,从而指出讲学的种种弊端,应该说是并不很可靠的,如近些年有人发表文章探讨明人讲学之流弊,所论即大有可商榷之余地。① 如言讲学之"派别淆乱,主张多端",引许孚

---

① 见牛建强《明代中后期讲学风气的扩张及其变异》(《史学集刊》1993年第4期)。该文将明代后期讲学的弊端概括为四个方面:(一)流别淆乱,主张多端;(二)虚空浮躁,束书不观;(三)知而不行,流于口舌;(四)行非所知,实欲弃伦。这些弊端当然都是存在的,但却并不能概括讲学的所有内容与特点。如王艮、何心隐及李贽的讲学便难以归入上述四类。更何况某些价值判断的角度也存在一定程度的问题,如说"流别淆乱,主张多端"为讲学弊端,便是附和了朝廷官方与正统士大夫的眼光。因为流别杂、主张多乃是官方思想统治趋于松动,学术思想趋于活跃的体现,而这也正是阳明心学对于明代学术贡献的价值所在,如何能以弊端言之?

远之语曰:"近时朋友各揭宗旨,以为独得圣学之秘。"(董斯张《吴兴备志》卷二九)认为这使讲学变得"门路多端",令学者无所适从。其实这恰恰说明了王门弟子不盲从的优点,与上述张岳之见刚好相反。又如引查铎之语曰,"今之学者,多随其性之所近与先入之见。有从虚入者,有从寂入者,有从乐入者。久之,各有效验","各有所见","遂以为本来面目"。(《水西会语》)认为这是犯了主张多端的错误。其实,这恰恰体现了王学流派众多、各有所得的生命活力,也是他们在纷繁复杂的时代里,根据各自不同的境遇而悟出的人生之道。这些道理也许并不全面,并不能解决所有的人生问题,但毕竟是他们的真实人生体验,无论是"虚""寂"还是"乐",对于提出者个人来说,均是为自己的人生而设计出的存在方式,故而也就是他们的理想人生哲学。我们在本章里并不急于来评判这些人生理论的优劣,而是重在探讨其如何回应时代所提出的人生难题,并通过其人生理论来研究其真实的心态,以期弄清阳明心学在明代后期发展的真实轨迹及其对士人心态所造成的影响。根据当时的实际状况,我们将嘉靖时期王学的不同人生追求及其由此形成不同心态分为四种类型:以王艮为代表的求圣狂者派,以罗洪先为代表的自保归寂派,以王畿为代表的求乐自然派,以及以唐顺之为代表的事功进取派。下面一一论述之。

第二节 王艮——儒家狂者的典型

对以王艮为代表的泰州学派的研究已经有许多的成果,其主要观点大致有三种:第一种认为是所谓的"自我中心主义",或者叫"个人主义",这是四十年代嵇文甫先生在其《晚明思想史论》一书中提出来的。第二种是所谓的"世俗化儒家思想",持此种看法的人很多,恕不一一列举其代表。第三种是近些年产生的说法,即重感性的市民化倾向,尤其是将王艮与其后学颜山农、何心隐联系起来论述时,更容易得出此种结论。这三种观点当然都有一定的道理,尤其是前两种,可以说的确概括出了泰州学派某个方面的突出特征。但如果从王学与士人心态的关系此一角度讲,上述概括显然是无助于研究的。我以为,无论是从认识该学派的基本性质上,还是对其主要成员的心态研究上,仍以黄宗羲《明儒学案》中的意见最为中肯,他说:"阳明先生之学,有泰州、龙溪而风行天下,亦因泰州、龙溪而渐失其传。泰州、龙溪时时不满其师说,益启瞿坛之秘而归之师,盖跻阳明而为禅矣。然龙溪之后,力量无过于龙溪者,又得江右为之救正,故不至十分决裂。泰州之后,其人多能以赤手搏龙蛇,传至颜山农、何心隐一派,遂复非名教之所能羁络矣。顾端文曰:'心隐辈坐在利欲胶漆盆中,所以能鼓动得人,只缘他一种聪明,亦自有不可到处。'羲以为非其聪明,正其学术也。所谓祖师禅者,以作用见性。诸公掀翻天地,前不见古人,后不见来者。释氏一棒一喝,当机横行,放下挂杖,便如愚人一般。诸公赤身担当,无有放下时节,故其害如此。今之言诸公者,大概本弇州之《国朝丛记》,弇州盖因当时爱书节略之,岂可为信?"(卷三二,《泰州学案一》)黄宗羲显然是不同意顾宪成所言"心隐辈坐在利欲胶漆盆中"的,故而他在下面为颜钧、何心隐、邓豁渠等泰州后学立传时,只强调了其狂侠行为与醉心禅门的两种特征。因而在此也就有必要指出,说泰州学派有追求利欲与感性的市民倾向证据是不充足的,起码此类特征并非其主导倾向。在对黄氏此段话的理解中,关键在于认清"赤手搏龙蛇"的内涵是什么,而以前并未有人对其有具体的解释。我以为所谓"赤手搏龙蛇"是指泰州学派的学者大都不受传统经典的限制,只凭自我之体悟而对经典进行随意发挥诠释,并以此来立身行事,故往往轻视经典,蔑视权威。同时,它也指泰州后学大都是平民学者,他们有急于拯救天下的愿望,并以自我的努力来实现其理想。这在很大程度上破坏了礼教所规定的秩序,所以说"非名教所能羁络"。因此,我认为从人格心态上讲,泰州学派的突出特征是:"赤手搏龙蛇"的狂者精神。其具体表现则是"思出其位"的进取意识与守道自尊的独立人格。下面便以王艮为例来加以论述并兼及泰州后学之主导精神特征。

一、"思出其位"的进取意识

王艮（1483—1540）,初名银,字汝止,号心斋,泰州安丰场人。他是一位颇具传奇经历的人物,他出身于盐丁之家,只念过三年书,却最终成为名噪一时的讲学大师。他开创的泰州学派也成为明代王门后学中影响最大的流派之一。其子王襞曾概括其一生为学经历,说:"其始也不由师承,天挺独复,会有悟处,直以圣人自任,律身极峻。其中也见阳明翁而学犹纯粹,觉待持循之过力也。契良知之传,工夫易简,不犯做手而乐,夫天然率性之妙当处受用,通古今于一息,著《乐学歌》。其晚也明大圣人出处之义,本良知一体之怀,而妙运世之则,学师法乎帝也,而出为帝者师;学师法乎天下万世也,而处为天下万世师。此龙德正中,而修身见世之矩与点乐偕童冠之义,非遗世独乐者侔,委身屈辱者伦也。皆《大学》格物修身立本之言,不袭时位而握主宰化育之柄,出然也,处然也,是之谓大成之圣,著《大成歌》。"（《明儒王东崖先生集》卷一,《上昭阳太师李石翁书》）三个阶段尽管各有侧重,但其中有一点是共同的,那便是强烈的成圣欲望,从起始的"以圣人自任",到最终的"明大圣人出处之义",成圣可谓贯穿心斋之一生。心斋一生既未出仕为官,又读书不多,就其身份而言,他不具备任何成圣的条件,而他偏偏要成圣,这可算是典型的狂者举动,亦可谓是出位之思,用现代语言讲便是非分之想。然而,王艮竟然在一定程度上实现了自我的人生愿望,他生前弟子众多,巡抚吴悌还曾一度准备被将其荐举给朝廷,言其"缙绅倾仰,遐迩闻名"。（《王心斋先生遗集》卷五,《疏传合编》)他死后各地为其所建祭祠有十四处之多,而万历四十二年泰州后学周汝登,即公然撰文称心斋为"东海圣人"。(《王心斋先生遗集》卷四,《续谱余》补遗)诚如时人所赞:"先生布衣,荣名盛世,专祠面食,与国同休,视夫取青紫博名高,死同腐草者,奚啻云泥也?诚无位而贵,无爵而尊,俨然孔、孟之家法,猗与休哉,行将与俎豆争辉也。"(同上,《万历二十三年秋秦州学训蜀峨眉彭公肖崖奠文》)那么,王艮追求成圣的心理动机以及成功的原因是什么呢?这便是本节探讨的重点。

要解释王艮求为圣贤的最初动因是相当困难的,据年谱记载,他的家庭原本比较贫寒,是他在二十岁左右时因经商得宜而家道日渐富裕的。而正德二年二十五岁时,则是他一生的重要时刻,本年他"客山东过阙里谒孔圣及思、孟诸庙,瞻拜感激,奋然有任道之志。归则日诵《孝经》《论语》《大学》,置其书袖中,逢人质义"。(同上,卷三,《年谱》)其弟子徐樾则对此记载更为具体:"既冠,商于山东,特谒孔庙,即叹曰:'夫子亦人也,我亦人也。'归即奋然怀尚友之志,旦夕寤寐,耿耿不能自已。"(同上,卷四,《谱余》)这种记载应该是真实的,在明代乃至在整个封建时代后期,对孔子的尊崇都是极为隆重的,面对阙里孔庙那古柏参天的肃穆环境与拜谒者的虔诚态度,都会令人对孔子千古不朽的盛名产生羡掩之情甚至有效法之志,就像当年刘邦与项羽见了秦皇帝的赫赫威势而顿生大丈夫当如是那样的感觉。只不过作为一般的士人来说,此种感觉只是瞬间性的,随着时间的流逝便会淡忘消失。而王艮却没有,他认真起来了,回去后即"默坐体道,有所未悟,则闭关静思,夜以继日,寒暑无间,务期于有得,自是有必为圣人之志"。(《王心斋先生遗集》卷四,《谱余》)此种情形发展到正德六年他二十九岁时,终于在其意识中有了一个较为明确的成圣蓝图:"先生一夕梦天坠压身,万人奔号求救。先生独奋臂托天而起,见日月列宿失序,又手自整布如故。万人欢舞拜谢。醒则汗溢如雨，顿觉心体洞彻，万物一体，宇宙在我之念益真切不容已。自此行住坐语默，皆在觉中。题记壁间。先生梦后书'正德六年间居仁三月半'于座右。时三月望夕即先生悟入之始。"（《王心斋先生遗集》卷四，《谱余》）此处所谓的"万物一体，宇宙在我"便是"仁"之内容，所谓"悟入之始"也就是由此决定了他求圣的坚定不移。这与阳明先生的龙场之悟尚不在一个层次，只可以说立定了人生的志向，而并未真正认识到自我生命的意义究竟是什么，以及如何去实现自我的人生追求。因为尽管此时王艮为学已采取"以经证悟，以悟释经"的方法，并得到了"讲说经书，多发明自得"（同上）的效果，而且他也具有了"读书考古，鸣琴雅歌"的自得生活情调，但直到正德十四年三十七岁时，他所追求的圣人气象还是相当可笑的："一日喟然叹曰：'孟轲有言：言尧之言，行尧之行，不服尧之服可乎？'于是按《礼经》制五常冠，深衣，绦绖，笏板，行则规圆矩方，坐则焚香默识。书其门曰：此道贯伏羲神农黄帝尧舜禹汤文武周公孔子，不以老幼贵贱贤愚，有志愿学者传之。"（同上）他虽已立志做圣人，但所重视的仍是表层的形式，如他这般古服古行，适足被周围人视为荒唐古怪，而张皇于外的事实也说明其内心对圣学尚无深刻之解悟。此犹如当时的前七子，虽立志兴复诗文之古道，却只注重形式的古色古香，从而难以取得真正的实效。但本段人生经历对心斋本人来说依然意义重大，因为它毕竟决定了其一生的人生志向，并通过对经典的初步学习体悟而提升了自我的人生境界，起码在主观上完成了做一个教化万民的圣者的心理准备。总结王艮此一段的为学经过，可以说是谒孔引起了他成圣的念头，并始终坚持不懈。但谒孔只是一个外部诱因，则作为心斋的主观内因又是什么呢？许多人都指出了他的平民身份与未染俗学的重要作用，徐樾认为王艮之所以能"师心自悟，见其大者"，"盖先生生长海隅，无纷华世味之染，又少不为俗学，无言语文字之障，其得天全矣"。(《王心斋先生遗集》卷四,《续谱余》)有人问邹元标:"泰州崛起田间,不事诗书,一布衣何得闻斯道卓尔?"他回答说:"惟不事诗书一布衣,此所以得闻斯道也。"(同上)这种说法当然是有道理的,由于他没有从事科举文章的学习,所以少了那点富贵功名的念头,同时也更少传统的负担,使其思维未陷入僵化的程度;尤其是他没有介入官僚的行列,故而未被限制在各种规定的礼仪制度中,从而使他有了大胆的想象力与强烈的自我膨胀意识。当然,这种想象力也许各个时代都会在某些士人身上出现,但是否能够发育长大则要视其所处时代的整体特征以及合适的个人机缘。王艮是幸运的,他不仅处于明代中期士人个体意识日益滋长的时代,更由于他有幸遇到阳明先生这样的心学大师,最终方成就了他的求圣愿望,从而使他没有停留于形式的张狂而获得了支撑其圣人意识的理论内涵。

因而,王艮之遭遇阳明先生便成为他人生的又一转折点。他是在一个偶然机会中得知了阳明先生讲学的消息的,当时有一位名叫黄文刚的塾师在泰州听到王艮讲学,告诉他与江西王都堂所讲颇为相类,这引起了王艮浓厚的兴趣,于是他决定前去拜访,否则也许他会一直在泰州一隅张狂下去而得不到任何正果。阳明年谱是如此记载正德十五年二王之相遇情景的:

> 泰州王银服古冠服,执木简,以二诗为贽,请见。先生异其人,降阶迎之。既上坐,问:"何冠?"曰:"有虞氏冠。"问:"何服?"曰:"老莱子服。"曰:"学老莱子乎?"曰:"然。"曰:"将止学服其服,未学上堂诈跌掩面啼哭也。"银色动,坐渐侧。及论致知格物,悟曰:"吾人之学,饰情抗节,矫诸外;先生之学,精深极微,得之心者也。"遂反服执弟子礼。先生易其名为"艮",字以"汝止。"

(《王阳明全集》卷三四,《年谱二》)

此处所言王艮所献二诗尚存于心斋文集中,其曰:"孤陋愚蒙住海滨,依书践履自家新。谁知日日加新力,不觉腔中浑是春。""闻得坤方布此春,告违艮地乞斯真。归仁不惮三千里,立志惟希一等人。去取专心循上帝,从违有命任诸君。磋磨第愧无胚朴,请教空空一鄙民。"(《王心斋先生遗集》卷二,《初谒文成先生诗二首》)他表示了自学自悟而心有所得的自信,更有"立志惟希一等人"的成圣愿望,同时也讲出了"去取专心循上帝"的治学路径,所以方会引起阳明先生的兴趣。但阳明一眼便看出他只重形式外表之依仿而缺乏深刻内涵的特点,而通过近乎禅机的对话,终于使王艮认识到了自身"饰情抗节矫诸外"的不足,以及阳明"得之心"的"精深极微",从而心悦诚服地执弟子礼。当然,实际情形也许并不像阳明年谱所记载的那般简洁明快,这不仅是在王艮年谱中还有首日折服而夜里又悔之的反复,更重要的是二人还有无法调和的分歧,当二人论及"天下事"时,阳明说:"君子思不出其位。"王艮说:"某草莽匹夫,而尧舜其君民之心未能一日而忘。"阳明说:"舜耕历山,忻然乐而忘天下。"王艮说:"当时有尧在上。"(同上,卷四,徐樾《心斋别传》)对于此一是否要"君子思不出其位"的争议,后人有不同的评价,有人认为"这是王艮和王守仁在政治思想上的分歧,也反映了封建社会中统治阶级和被统治阶级的对立"。(侯外庐等《宋明理学史》下册,第424页)这种说法恐怕是有些言重了。因为在此段话之后,阳明对心斋还有一句"足见所学"的奖掖之语,看来他对王艮立志用世与指责朝政混乱的话还是予以认可的。二人的分别恐难用阶级对立来判定。阳明的确是不赞成思出其位的,不仅对心斋是如此,对其他人也是如此,如他有一位无甚功名的弟子童克刚,写了一篇《八策》的奏章,自认为是"致治垂统之 策"而欲上奏朝廷,然阳明坚决反对,这除却文中多为"老生常谈"外,更重要的是阳明认为:"《易》曰:君子思不出其位。若克刚斯举,乃所谓思出其位矣。"故而他要求

"克刚焚此魔障","自此但宜收敛精神,日以忠信进德为务,默而成之,不言而信,不见是而无闷可也"。(《王阳明全集》卷二一,《与童克刚书》)但阳明先生又何尝不知道朝廷之黑暗与世道之混乱,他又何尝不想为重整朝纲而有所作为。但此刻深陷危机中的阳明非常清楚靠个人的进谏不仅不会有任何作用,而且还会招来意外的祸患。因此他虽然赞赏心斋精神的可嘉,却不同意他去冒这个没有任何积极结果的危险。但作为偏居乡野的平民学者王艮,却不可能知晓朝中复杂的政治形势与武宗荒唐的严重程度,仅凭着一腔热情便要去"尧舜君民",实在是很幼稚的。后来他在嘉靖年间给朋友的信中说:"今闻主上有纯孝之心,斯有纯孝之行,何不陈一言为尽孝道而安天下之心,使人人君子,比屋可封。"(《王心斋先生遗集》卷二,《与南都诸友》)这显然是针对大礼议中世宗的表现而出的主意,可以说对此次事件的复杂性一无所知。故而阳明劝心斋"思不出其位",固然有其作为臣子而受封建礼教限制的一面,但更重要的是表现了其政治的成熟与对王艮的关心,实在说不上是"统治阶级和被统治阶级的对立"。

然而,王艮却并没有接受阳明的忠告,反倒更激起了他济世的热情,据心斋年谱记载:

一日,入告阳明公曰:"千载绝学,天启吾师倡之,可使天下有不及闻此学乎?"因问孔子当时周流天下,车制何如?阳明公笑而不答。既辞归,制一蒲轮,标题其上曰:"天下一个,万物一体。入山林求会隐逸,过市井启发愚蒙。遵圣道天地弗违,致良知鬼神莫测。欲同天下人为善,无此招摇做不通,知我者其惟此行乎!罪我者其惟此行乎!"作《鳅鳝赋》⋯⋯沿途聚讲,直抵京师。⋯⋯比至都下,先夕,有老叟梦黄龙无首行雨,至崇文门变为人立。晨起,先生适至。时阳明论学与朱文公异,诵习文公者,颇牴牾之。

第三章 嘉靖士人心态与王学之流变 295

而先生复讲论勤恳,冠服车轮,悉古制度,人情大异。会南野(欧阳德)诸公在都下,劝先生归。阳明公亦移书守庵公(心斋之父)遣人速先生。先生还会稽,见阳明公。公以先生意气太高,行事太奇,欲稍抑之,乃及门三日不得见。一日,阳明公送客出,先生长跪曰:"某知过矣!"阳明公不顾。先生随入至庭事,复厉声曰:"仲尼不为已甚!"于是,阳明公揖先生起。时同志在侧,亦莫不叹先生勇于改过。

(《王心斋先生遗集》卷三)

按年谱将此事置于嘉靖元年之下,实误。据其他多处记载均为嘉靖二年,可信。① 根据心斋《鳅鳝赋》所表现的思想,仍是典型的儒家社会关怀意识,并没有什么出格的成分,如"吾闻大丈夫以天地为一体,为天地立心,为生民立命"。故而当他看到天下百姓像缸中之鳝覆压缠绕而难以透气时,便欲化身为鳅而上下左右松动之,以使之转身通气而有生意,而这正是一个儒者应具的情怀。但值得注意的是,心斋不仅要化身为鳅,他还要"奋身化龙,复作雷雨",于是便要"整车束装,慨然有周流四方之志",这便是他在结尾的诗中所表示的:"一旦春来不自由,遍行天下壮皇州。有朝物化天人和,麟凤归来尧舜秋。"(同上,卷二)这就不仅仅是要做一个兢兢业业的儒家官员或学者,而是要做拯救天下的圣人了。于是,又出现了另一个梦中的意象,即无首的

---

① 关于此事发生的时间,当是在嘉靖二年而非嘉靖元年,对此《宋明理学史》有具体的考证,现引述如下,以供参考。王艮死后,黄直《奠文》说:"癸未之春,会试举场。兄忽北来,驾车衔徨。随处讲学,男女奔忙。至于都下,见者仓黄。事迹显著,惊动廊庙。"王臣(瑶湖)《奠文》说:"癸未之春,予试春官。君时乘兴,亦北其辕。琅琅高论,起儒廉顽。皆寓车床,忘寐以欢。"赵贞吉《王艮墓铭》在记述王艮北行后说:"越五年,戊子(公元1528年),王(守仁)先生卒于师。"(上引见《全集》卷五),从戊子上溯五年即癸未,亦可证此事发生于嘉靖二年。(《宋明理学史》下册,第425页)

"黄龙",尽管这一次不是王艮本人的梦,而是一个不知姓名的老人的梦,因而在真实性上或许要大打折扣,但泰州后学却非常重视这个梦,他们不仅将其郑重地编入年谱中,而且还留下了近乎神奇的传说,万历时的蔡毅中所作心斋传记说:"将至都门,有叟夜梦黄龙无首行雨,至崇文门变为人立。晨起往候,而先生至。叟异其象,与立谈,则风至冷冷动人。"(《王心斋先生遗集》卷五)非但老叟梦中的黄龙颇具神性,连现实中的心斋也笼罩了光环。此则并无多少根据的传说之所以被泰州后学如此看重,是因为它极具代表性的意象功能:心斋是龙,他想呼风唤雨;可他是无首之龙,是没有任何官位的平民儒者,故而他的呼风唤雨便是出位之思。用王艮本人的话说这叫"虽不离于物,亦不囿于物",他要管人间之事,又不欲受人间之管,这便是他的思路。此一思路不仅体现在心斋身上,更体现在其后学颜山农、何心隐诸人的身上,从而形成了泰州学派思出其位的传统,难怪他们会如此重视无首黄龙的意象了。这种人生理想在处士横议的战国时期也许方不被人视为怪异,可早在汉代朝廷已经有了"禁游行"的诏令,心斋却要在千余年后专制制度空前加强的明代重温战国旧梦,不仅要在民间讲学,还要到京场中去教化士人,则在阳明眼中显然属于狂妄之举了。尽管经过阳明先生此次的严厉教训,王艮以后有所收敛,起码不再奢望着到京城去招摇过市了。但严格说来他终生也没有改变这思出其位的意识,比如说他在参与均分草荡时说:"裂土封疆,王者之作也;均分草荡,裂土之事也。"(同上,卷二,《均分草荡议》)表面上似乎有些小题大做,其实是他出位之思的一次实验。

尽管阳明未能从根本上改变王艮的狂者人格,但王艮与阳明的遇合仍具有深远的意义,他不仅在阳明那里印证了自己的心悟所得,结识了诸多的王门弟子,从而更坚定了自我的成圣志向,更重要的是阳明的心学良知理论充实了他的心灵世界,这使他的求圣不再流于外在的狂怪行为,而有了较成熟的理论阐发,因而也才能成为泰州学派的宗师。

对于二王遇合的重要意义,泰州后学是普遍承认的,如邹元标说:"以泰州之天灵皎皎,既无闻见之桎梏,又以新建明师证之,宜其为天下师也。"(《王心斋先生遗集》,卷四,《续谱余》)此言堪称精练,正是王艮自身的狂者气质与阳明对他的影响结合起来,才成就了心斋本人及其泰州学派。如果说"出位之思"是心斋人格心态的支撑点与泰州学派的立派根基的话,而阳明良知则是其不可缺少的理论助成因素。

二、守道尊身的人格设计及其对时代的回应

关于心斋的为学宗旨,他的两位著名的后学门人曾做过精练的概括。赵贞吉说:"盖先生之学以悟性为宗,以格物为要,以孝弟为实,以太虚为宅,以古今为旦暮,以明学启后为重任,以九二见龙为正位,以孔氏为家法,可谓契圣归真,生知之亚者也。"(同上,卷四,赵贞吉撰《心斋墓铭》)耿定向说:"先生为学,其发志初根本于诚孝,总其学旨以悟性为宗,以孝弟为实,以九二见龙为家舍,得孔氏家法矣;其旨归以格物知本为要,以迁善改过反躬责己为勉仁。"(同上,《续谱余》)从本质上讲,阳明与心斋之学是相通的。所谓悟性,即悟人人皆具之良知。阳明讲良知现成,自然灵明,不假思虑;心斋说:"天理者天然自有之理也,才欲安排如何,便是人欲。""天性之体本自活泼,鸢飞鱼跃便是此体。"而为学之首务便是复其本然之体,或者说是复初,即所谓"是学至圣人,只复其不善之动而已矣。知不善之动者,良知也。知不善之动而复之,乃所谓致良知,以复其初也"。(同上,《复初说》)而这良知的核心,二王均认为是儒家万物一体之仁,体现在价值观上,便是济世利民的社会关怀。至于说到阳明与心斋之间的区别,许多学者都将其归结到所谓的"淮南格物"上,如《宋明理学史》说:"所谓'淮南格物',其特色并不表现于认识论方面,主要表现于人生哲学和伦理学方面,即其'安身立本'之说。"(下册,第438页)此言大致不错,但

需要做出进一步的阐释。此所说"人生哲学"其意义具体所指应该是在存在论的层面上。而就实质言,阳明的良知理论也是一种存在论,无论是从其理论发生的原因还是其最终指向,阳明所提出的致良知学说,在很大程度上都是为了解决其人生自我在险恶的境遇中如何安身立命,并保持一个儒者的社会责任感的问题。王艮的"淮南格物"更是一种存在论,他在谈及其"安身立本"说之作用时明确指出:"知本,知止也,如是而不求于末定也,如是而天地万物不能挠己静也;如是而首出庶物,至尊至贵安也;如是而知己先见,精义入神,仕止久速,变通趋时虑也;如是而身安如黄鸟,色斯举矣,翔而后集,无不得所止矣,止至善也。"(《明儒学案》卷三二,《泰州学案一》)此处所言的"不能挠己静""首出庶物,至尊至贵安""仕止久速,变通趋时""无不得所止",全都是在谈个体存在的问题。故而从存在的角度讲,心斋与阳明可谓是一脉相通的。但是在存在的方式上二人又是不同的,并最终决定了二者所设计的人格特点也具有了较大的差异。可以说阳明的存在论是建立在内在超越的基础上,其人生格言是"用之则行舍即休",其所用方法是采用"忘"的态度,忘怀荣辱得失,忘怀毁誉生死,一切无介于怀,以此种道家之情怀来保持自我之宁静,而一旦需要利民济物时,其自我良知又自然会知善知恶,变通趋时。而王艮则不同,他不仅不能"忘",而且要尽量使之明晰,于是他的存在理论就是要将其人生自我放在各种关系当中反复加以权衡评说,以期最终找出一种可供操作的存在理论与人生态度。下面即循此线索来探讨心斋的人生存在理论及其人格理想的设计。

先看其"格物"说。他解释格物之含义说:"格如格式之格,即后絜矩之谓。吾身是个矩,天下国家是个方。絜矩则知方之不正,由矩之不正也。是以只去正矩,却不在方上求,矩正则方正矣,则成格矣,故曰物格。"(《王心斋先生遗集》卷一,《语录》)这既是《大学》修身理论的顺理推衍,也合乎阳明心学的思路,但他的目的主要不在于对修身理论的认识,而是要借此将个体存在引入一种本末关系中来进行意义的界定,所以接着便转了话头说:"修身立本也,立本安身也,安身以安家而家齐,安身以安国则国治,安身以安天下而天下平也。故曰修己以安人,修己以安百姓,修其身而天下平。不知安身便去干天下国家事,是之谓失本也。就此失脚,将或烹身割股,饿死结缨,且执以为是矣,不知身不能保,又何以保天下国家哉!"(《王心斋先生遗集》卷一,《语录》)在此,心斋通过本末关系的比较,用意即在于突出何者为第一性,在他看来,个体乃是第一位的,没有个体,也就没有天下国家;个体之身不修,天下国家也就不治。进而也就顺理成章地引出其保身的理论,保身有积极与消极两方面的含义:就积极一面说,是要正心而修身,然后方可正人正物,以治国家天下;就消极一面说,要保护自我不受损害,那些"烹身割股,饿死结缨"由于造成了对自我的戕害,也就被视为非合理的举动,是一种不知本末的行为。可以说本末关系是心斋所有存在理论的基石,其他理论命题均围绕此而展开。

本末关系的进一步展开便是身与仕的关系,当然也可以表述为士人与帝王的关系。王艮认为,明白了自我与天下国家的本末关系,就应该以自我作为衡量事物的准则,而不能依据任何外在的东西,所谓"知得身是天下国家之本,则以天地万物依于己,不以己依于天地万物"。(《明儒学案》卷三二,《泰州学案一》)此一原则当然也适应于自我与君王的关系,士人出仕是为朝廷做事,但要以不损害自我与不违背自我为前提,否则宁可不出仕。他说:"仕以为禄也或至于害身,仕而害身于禄也何有?仕以行道也或至于害身,仕而害身于道也何有?"(《王心斋先生遗集》卷一,《语录》)士人的出仕无论是为利禄还是为行道,都不能以害身作为代价,因为这是不知本的做法。因而,无论是在朝还是在野,理想的状态均应以我为主而行己之道,用他自己的话说叫作:

"大丈夫存不忍人之心而以天地万物依于己,故出则必为帝者师,处则必为天下万世师。出不为帝者师,失其本矣;处不为天下万世师,遗其末矣。进不失本,退不遗末,止至善之道也。"(《王心斋先生遗集》卷一,《语录》)可知在自我与帝王的关系中,知本就是以自我为主体,既不损其身,又能行其道,所以他的人生格言是:"危邦不入,乱邦不居,道尊而身不辱,其知几乎?"(同上)亦即把握住了其中的微妙之处。在此又显示了他与阳明先生的不同,阳明要置生死于度外而一任自我之良知,心斋则要置生死于度中而把握其玄妙之机。

心斋以自我为核心的保身论招致了不少责难与误解,明末大儒刘宗周责问其明哲保身论曰:"以缗蛮为安身之法,无乃开一临难苟免之隙乎?"(《明儒学案》卷三二,《泰州学案一》)"缗蛮"即小鸟,亦即指心斋所言的"身安如黄鸟"。而他的门人则怀疑其"出则为帝者师"是否有"天下无为人臣"之危险。(《王心斋先生遗集》卷一,《语录》)而许多现代学者则认为心斋保身论是对于感性生活的认肯,是"重感性生活,凸显个体感性生命"。(冯达文《宋明儒学新论》,第248页)这些认识应该说都有一定的道理,但又都存有某些不足之处。王艮的确有重视感性生命甚至肉体之身的表述,如说:"安其身而安其心者,上也;不安其身而安其心者,次也;不安其身又不安其心者,斯为下矣。"(《王心斋先生遗集》卷一,《语录》)此处所言之身显然是指肉体之身。他又说:"即事是学,即事是道,人有困于贫而冻馁其身者,则亦失其本而非学也。夫子曰:吾岂匏瓜也哉,焉能系而不食?"(同上)此则更是直接道出了为学须有基本之物质条件为前提的思想。凡此均显示出心斋之学通达求实的平民化特征。然而,这却不是心斋之学的主要倾向,由于他的人生追求缺乏阳明先生的超越性的一面,因而也就比阳明更具有伦理化的色彩,他俨然一位教忠教孝的平民导师,不仅写出了《孝弟箴》《孝箴》等通俗歌谣以教化百姓,其自身也是一位践行忠孝的楷模。在《孝箴》中,他视孝道为人之天性,认为要"外全形气,内保其天;苟不得已,杀身成天"。(《王心斋先生遗集》卷二)而朱孔阳在嘉靖八年所撰《咨访文》也称赞其"孝弟著于乡邦,道德闻于遐迩"。(同上,卷五)可知他仍视道德为超肉体的最高价值本体,并没有因为认肯感性生活而丝毫减损道德的意义。同时,他之宣称出为帝者师的确有不为人臣的倾向,甚至形成了后来泰州学派独以朋友为人伦关系的特征。但他却并非对君主制度有什么不满,也丝毫没有忽视君主权威的意思,所以他对于历史上被传为美谈的严子陵与光武帝共榻而加足帝腹便有了自己的理解:"光武召子陵与共榻,伸私情也,非尊贤之道也。子陵不能辞而直与共榻,失贵贵之义也,贤者亦不如此自处。故加足帝腹,子陵之过,狂奴之辱,光武之失。"(同上,卷一)光武帝尽管与严子陵共榻,却只是为了一己之私情,而并不是重道,因而也不能算是真正尊重严子陵;而严子陵自以为加足帝腹颇为风光,但那只是不识深浅,并不能算是贤者所为,故可谓两失之。所以王艮对道家隐士的轻视利禄的高超情怀并不欣赏,故曰:"有心于轻功名富贵者,其流弊至于无父无君;有心于功名富贵者,其流弊至于弑父与君。"(同上)可知王艮的出仕与否既和轻视或追逐功名利禄无关,也和是否轻视君主制度无关,而自有其本身的独特性。至于保身是否会产生临难苟免的流弊,则要放在具体的历史环境中加以考察,而不能一概论之。刘宗周、黄宗羲二先生身处晚明阉宦专权与朝代更迭之际,自然对气节更为看重。而王艮的保身论则是对于自身所处时代的回应,心斋年谱在嘉靖五年记曰:"冬十月作《明哲保身论》……时同志在宦途或以谏死,或遭逐远方。先生以为身且不保,何能为天地万物主,因瑶湖北上,作此赠之。"(同上,卷三)可知王艮之保身论是在世宗对士人的残酷迫害下而提出的,当时的情形是,在仕途便有丧失自我人格的危险,否则便会遭到摧折屈辱,甚至送掉性命。如果送掉了性命依然于事无补，那又何必要身陷仕途的泥淖中而不能自拔呢？于是，不仅心斋本人终生不仕，而且当有人认为其子王襞有能力做"科甲中人"，而问他为何不让其子习举子业时，他说："天下英豪济济，何独少斯人哉？吾愿其为学问中人也。"(《王东厓先生集》卷首，《王襞先生行状》)果然王襞也以讲学而终其一生。因而，王艮的保身论可以视为首先是为了解决自我的人生存在的理论。而且这种保身理论也并未违背先儒的仕隐原则，孟子曾将仕隐分为三种，即伯夷式的"非其君不仕，非其民不使，治则进，乱则退"；伊尹式的"何事非君，何使非民，治亦进，乱亦进"；孔子式的"可以仕则仕，可以止则止，可以久则久，可以速则速"。(《孟子·公孙丑上》)无疑孟子是赞赏孔子的仕隐模式的，尽管他并不否定伯夷、伊尹的高尚。孟子也的确把握住了孔子仕隐的真精神，因为孔子曾反复说："邦有道，不废；邦无道，免于刑戮。"(《论语·公冶长》)"危邦不入，乱邦不居。天下有道则见，无道则隐。"(同上，《泰伯》)这铿然的古训相信念过四书的士人谁都不会忘记，同时也不会忘记亚圣孟子对孔子"圣之时者"(《孟子·万章下》)的赞语，那么拿王艮的话相比，并无违背圣训之处。但在嘉靖一朝，士人之被摧折者比比皆是，而归隐也成了许多人的共同追求，王艮在如此情形下提出其明哲保身的理论，又可谓有很强的时代针对性。王艮作为一位识字不多而又无任何功名的平民百姓，其学说却能使大批朝野士人对之倾倒，若无解决诸多士人共同人生难题的理论，显然是不可想象的。但他却并没有因保身而走向自私与不讲原则，即使在《明哲保身论》中，他也是从两方面入手而加以论述的，他说："知保身而不知爱人，必至于适己自便，利己害人，人将报我，则吾身不能保矣。吾身不能保，又何以保天下国家哉？此自私之辈，不知本末一贯者也。若夫知爱人而不知爱身，必至于烹身割股，舍生杀身，则吾身不能保矣，吾身不能保，又何以保君父哉？"(《王心斋先生遗集》卷一)由此可知，王艮的保身论固然有自我生命保护之意，但却既非其全部内涵,亦非其究极意义,从根本上说,心斋哲学的最终指向乃在于"保天下国家"的济世目的的实现。保身固然是保天下国家的重要前提,但却不是目的,这应该是一目了然的。

保身之所以能与保天下国家紧密相关,是由于身与道具有密切的关系。王艮认为国家之势只有以道作为支撑,才会是一个理想的社会。而道却并不是抽象的存在物,它必须有士人作为其载体,因此尊身便是尊道,他有一段话集中地阐述了身与道的关系:"身与道原是一件,至尊者此道,至尊者此身,尊身不尊道,不谓之尊身;尊道不尊身,不谓之尊道。须尊道尊身,才是至善。故曰天下有道以道殉身,天下无道以身殉道,必不以道殉乎人。使有王者作,必来取法致敬,尽礼学焉,而后臣之。然后言听计从,不劳而王,如或不可则去,仕止久速,精义入神,见机而作,不俟终日,避世避地,避言避色,如神龙变化,莫之能测。……君子之守身,修其身而天下平。若以道从人,妾妇之道也。己不能尊信,又岂能使彼尊信哉?及君有过,却从而谀,或不听,便至于辱且危。"(《王心斋先生遗集》卷一)这便是王艮出则为帝者师的理论根据,因为君主只有将其尊为师,士人才能取得主动的地位,进而也才能行己之道。所谓尊身,实际上便是尊敬其人格尊严,只有具备了人格尊严,才可能有师之地位,有师之地位,帝王之势才能服从于道,所以说"身与道原是一件","须道尊身尊,才是至善"。而仕与止之机,便是能否保持人格的尊严与推行至尊之道。如果得不到帝王的尊信而勉强出仕,则势必会自取其辱而道亦难行,故而他说:"不待其尊信,而衒玉以求售,则为人役,是在我者不能自为之主宰矣,其道何由而得行哉?道既不行,虽出徒出也。"(同上)倘若如此,那便是妾妇之道,也就是说只会一味顺从而不讲任何原则,这就既失去了尊严,又失去了道义,从而成为佞倖之臣,从而也就失去了士人的本意,更不用说成为圣贤了。王艮虽然读书有限,但他在此提出的士与道的关系问题在中国历史上却具有悠久的传统。汉代的贾谊说:"守道者谓之士,乐道者谓之君子,知道者谓之明,行道者谓之贤,且明且贤,此谓圣人。"(《新书》卷八,《道术》)可知士与圣之联结点乃在于"道",而与官位无必然之联系,故唐晏说:"夫士生斯世,苟有肩任斯道之志,则位不在高。……昔孔、孟皆以匹夫任斯道,遂与尧、舜比隆。"(《两汉三国学案》卷九,《春秋》)亦即士与圣均以道为标准。刘向说:"通古今之道,谓之士。"(《说苑》卷十九,《修文》)其实,最早将士与道相联结者为孔子,在《论语》中曾有多处记载了他对此种关系的强调:"子曰:士志于道。而耻恶衣恶食者,未足与议也。"(《里仁》)"子曰:志于道,据于德,依于仁,游于艺。"(《述而》)"子曰:人能弘道,非道弘人。"(《卫灵公》)"子曰:君子谋道不谋食……君子忧道不忧贫。"(同上)依孔子之言,既要守道,又要弘道,此方可谓之士。当然,据此而行的孔子后来终于成了众望所归的圣贤,则他提出的这些为士之准则自然也就成了成圣的标准。司马迁《史记·孔子世家》中所记孔子及其弟子被围于陈蔡之野的情形,大约可以较为形象地表现求道而不趋时的精神境界,其文曰:"孔子曰:'赐,《诗》云:匪兕非虎,率彼旷野。吾道非耶?吾何为于此?'子贡曰:'夫子之道至大也,故天下莫能容夫子。夫子盖少贬焉?'孔子曰:'赐,良农能稼而不能为穑,良工能巧而不能为顺。君子能修其道,纲而纪之,统而理之,而不能为容。今而不修尔道而求为容。赐,而志不远矣。'子贡出,颜回入见。孔子曰:'回,《诗》云:匪兕匪虎,率彼旷野。吾道非耶?吾何为于此?'颜回曰:'夫子之道至大,故天下莫能容。虽然,夫子推而行之,不容何病,不容然后见君子!夫道之不修也,是吾丑也。夫道既已大修而不用,是有国者之丑也。不容何病,不容然后见君子。'孔子欣然而笑曰:'有是哉颜氏之子!使尔多财,吾为尔宰!'"(卷四七)守道而不从势,正是士,也是圣人的境界与操守。像子贡那般天下不能容便要"少贬"以从俗的做法,便是违背了士之原则,故被孔子称之为"志不远";而颜回认为世之不能相容并非道之过错,而是"有国者之丑",正因为不容,然后才显示了君子的可贵,孔子听后深感与己心相合,于是就说:要是你颜回有了"多财"的局面,我一定去替你掌管。亦即只有像颜回这么识货者,才能去辅佐他。士人的这种高尚境界与独立人格,在汉代以后几乎已经成为绝响,尤其是在皇权空前强化的明前期,士人更是做梦也再难有此种想法。不料至王艮时却又旧话重提,要求帝王应以师之身份对待自己,既尊其身又尊其道,如此方可出而辅之,诚可视为明代士人观念的一大变迁。因为明代前期之士人在与帝王相处时,总是自觉地将自己摆在妾妇的被动地位,总是默默忍受着来自帝王的人格屈辱,总是将所有的过错都归于自我而不敢有丝毫的怨望,其重要原因之一便是君臣名分的制约。心斋如今则要求做帝王之师,假如不能以师遇之,则宁可不仕,其目的便是要改变妾妇的地位而理直气壮地行道,这岂非士人观念的一大变迁?

　　心斋这种守道尊身的意识决定了他独特的人格理想。正如赵贞吉与耿定向所言,他的人格理想是"以九二见龙为正位,以孔氏为家法",所谓"九二见龙"是指《易》乾卦九二爻辞,其语为"见龙在田,利见大人"。本句之意义各家有不同解释,根据王艮的读书范围,他对此不可能有精深的考辨,最有条件接触的当是朱熹之释意。朱熹《周易本义》曰:"九二刚健中正,出潜离隐,泽及于物,物所利见。故其象为见龙在田,其占为利见大人。九二虽未得位,而大人之德已著,常人不足以当之。故值此爻之变者,但为利见此人而已。盖亦谓在下之大人也。"(卷一)其要义在于"出潜离隐,泽及于物",也就是"虽未得位,而大人之德已著",论其身份则为"在下之大人"。这与王艮本人的解释是相符合的,他说:"见龙可得而见之谓也,潜龙则不可得而见矣。惟人皆可得而见,故利见大人。危其身于天地万物者谓之失本,洁其身于天地万物者谓之遗末。"(《王心斋先生遗集》卷一,《语录》)不危其身故无位,不遗其末故不潜,实亦为在下之大人之意。此种状况落实在具体人物形象上则是孔子,故言"以孔子为家法",心斋是一向以孔子传人而自居的,他在《大成学歌寄罗念庵》中说:"掌握乾坤大主宰,包罗天地真良知。自古英雄谁能此,开辟以来惟仲尼。仲尼之后微孟子,孟子之后又谁知。"(《王心斋先生遗集》卷二)大有孟子之后舍我其谁之意在。他以孔子之传人而自任,那么他又继承了孔子的什么呢?这就是"隐居以求其志,求万物一体之志也"。(同上,卷一)亦即虽不出仕而并不失其万物一体的仁者情怀。于是,他有时便把"见龙"与孔子合而言之以表现其志向:"孔子谓二三以我为隐乎?此隐字对见字说,孔子在当时虽不仕,而无行不与二三子,是修身讲学以见于世,未尝一日隐也。隐则如丈人沮溺之徒,绝人避世而与鸟兽同群者是已。"(同上)此即言孔子虽不做官,但又非绝人避世的隐士,而是在野而修德讲学之圣者。王艮心目中的孔子形象介于二三子与曾点之间。所谓二三子是指《论语·先进》中所说的子路、冉有、公西华这三位弟子,他们都有从政的愿望。而只有曾点不愿从政,而只愿过超然自得的生活。孔子对二三子之志向不表赞许,而独称"吾与点也"。但王艮并不认为曾点之志为完美,故而有记载曰:"先生问门人曰:'孔子与点之意何如?'对曰:'点得见龙之体,故与之也。'曰:'何以为狂也?'曰:'以其行不掩言也。'曰:'非也,点见吾道之大,而略于二三子事为之末,此所以为狂也。'"(同上)曾点之不如孔子在于他尽管已"见吾道之大",也就是有了守道自尊的境界,但他却放弃"事为之末"而一味自适自乐,已有隐逸之倾向,故心斋对之不以为然。当然,那二三子更有不足之处,他们只注重事为之末而未见道之体,也就理所当然被孔子也被心斋所不与。总结起来说便是:"曾点童冠舞雩之乐,正与孔子无行不与二三子之意同,故喟然与之。只以三子所言为非,便是他狂处。譬之曾点有家当不会出行,三子会出行却无家当,孔子则又有家当又会出行。"(同上）从学理上说便是："知体而不知用，其流必至喜静厌动入于狂简；知用而不知体，其流必至于支离琐碎日用而不知。"（《王心斋先生遗集》卷二，《答徐子直》）而孔子是既知其体，又知其用，故可谓之中行之圣。在心斋眼中，孔子乃是最伟大之圣者，他甚至比古代之贤相更高一层境界，所以当有人称心斋为伊傅时他便不高兴，说是"伊傅得君，设其不遇，则终身独善而已。孔子则不然也"。（《明儒学案》卷三二，《泰州学案一》）具体讲就是："孔子之不遇于春秋之君，亦命也；而周流天下明道以淑斯人不谓命也；若天民则听命矣。故曰大人造命。"（《王心斋先生遗集》卷一）孔子是一位身处乱世而不为环境所屈的大人，他知不可为而为之，决不放弃自我的社会使命。王艮便是立志做一位像孔子那样的大人，既不出仕，亦不归隐，而是在野讲学，自作主宰，故亦可称之为"大人造命"。心斋的这种人格不同于前此的白沙先生，陈献章近乎曾点，虽未失儒者身份，却主要追求自我适意，用心斋的话讲叫作得其体而遗其用。阳明与心斋庶几近之，都是对朝廷已失去信心而试图用讲学以救世之狂者，但阳明仍未完全摆脱礼仪身份的限制，故而严守分内之事而无出位之思；心斋则不同，他不再参与朝廷之事，而只靠自我的力量来实现自我的人生理想，是一位真正的出位之思的狂者。此种人格在阳明身上已初见端倪，而在心斋身上则已成形，并从此开辟了明代士人的一个新的类型。古人曾说："朝廷之士为禄，故入而不出；山林之士为名，故往而不返。入而亦能出，往而亦能返，通移有常，圣也。"（《韩诗外传》卷五）而王艮既不在朝廷，也不在山林，而是处民间以讲圣学，居乡野而济天下，岂非士人之别类乎？因此我以为，出位之思与守道尊身才真正是心斋所开创的泰州学派的价值所在。

三、狂侠精神与泰州传统

在现代学术史上，以王艮为代表的泰州学派一般被称之为"王学左派",并被认为是王门后学中最有特色的派别之一。但是,该流派的主要品格究竟是什么,却又言人人殊,或称平民化,或言求乐自适,或曰重物欲感性。但若论其主导倾向,则我以为狂放雄豪的狂侠精神才是其最主要的特征。

平民化的确是泰州学派的突出特点,但如果认真品味其内涵,却与现代的平民化有相当的距离,因为该学派的不少代表人物尽管是以平民身份而讲学,可是很少从平民的物质利益与权利的角度提出问题,故而他们从根本上并未偏离传统的儒家思想。如果给泰州学派的平民化做出界定的话,我以为它只不过是将儒家的道德伦理向平民阶层进行了有效的推广而已,故可简称为儒家伦理的平民化。不少学者抓住该学派"百姓日用是道"的命题,便认定是其重物欲感性的表现,并作为其平民化的铁证,实在是一个不小的误解。而这个误解的造成大概从黄宗羲时便已经开始了,他将泰州学派的讲学概括为"作用见性",并由此称其为认作用为性。这便需要将"作用见性"与"百姓日用是道"联系起来加以阐释,方可弄清此一问题。"作用见性"一语本出自佛家,异见王与波罗提对此曾有一段问答:"问:'如何是佛?'答:'见性是佛。'又问:'如何是性?'答:'作用是性。'又问:'如何是作用?'曰:'在目能视,在耳能闻,在手执捉,在足运奔,在鼻嗅泡,在口谈论。遍现俱该沙界,收涉在一微尘。识者知道是性,不识唤作精魂。'"(引自《北溪字义》,参见《景德传灯录》卷三,载《新修大藏经》五一卷)此种"作用是性"强调的是随缘任运的自然之境,即所谓道无处不在是也。心学为突出人之良知的自然现成,亦往往运用此类比喻,如陆九渊曰:"目能视,耳能听,鼻能知香臭,口能知味,心能思,手足能运动,如何更要甚存诚持敬?硬要将一物去治一物,须要如此做甚?咏归舞雩,自是吾子家风。"因而被朱子批评说:"陆子静所学,分明是禅。"(《朱子语类》卷一一六)这种思路被泰州学派拿来,便成了所谓的"百姓日用是道",如王艮说:"百姓日用条理处,即是圣人之条理处,圣人知便不失,百姓不知便为失。"(《明儒学案》卷三二,《泰州学案一》)但王艮突出百姓日用的主要目的,是为了他能够当下指点而启悟学者,如:"学者问'放心难求',先生呼之即应。先生曰:'尔心见在,更何求乎?'"(同上)由此也形成了泰州学派讲学的一大传统,如罗汝芳经常用童子端茶及洒扫等日常行为来说明良知之现成,亦被人讥为"作用是性"或曰"弄精魂"。就泰州学派的主要成员而言,其本意在于强调良知的先天现成,并无意抹杀良知的伦理属性与主宰作用。拿最为被明代理学家所诟病的颜钧来说,他可能有自我夸耀、张皇过甚的毛病,也有曲解经典、随意发挥的缺陷,但其讲学目的则是为了培育百姓之良知善根,启悟其孝悌天性,并最终达到天下太平的理想境界。他在《自传》中曾述其建三都萃和堂一事,并记其讲学内容曰:"讲耕读正好作人,讲作人先要孝弟,讲起俗急修诱善,急回良心,如童时系念父母,常得欢心,率合家中,外移耽好妻子之蒸蒸,奉养父母之老年,勤勤恳恳,不厌不倦,不私货以裕己,不怀蓄而薄养,生息于士农工商,仰给惟父兄家室。"其所讲内容显然并未超越儒家伦理规范,他还如此描述其讲学效果曰:"会及一月,士农工商皆日出而作业,晚皆聚宿会堂,联榻究竟。会及两月,老者八九十岁,牧童十二三岁,各透心性灵窍,信口各自吟哦,为诗为歌,为颂为赞。学所得,虽皆乌茏俚句,实发精神活机,鼓跃聚呈农览,逐一点裁,迎几开发,众皆通悟,浩歌散睡,真犹唐虞瑟佩,喧赫震村谷,间里为仁风也。"(《颜钧集》卷三)这些平时辛苦劳作的百姓,较少受到高深道理的教诲启迪,故听颜氏演讲自当会有新奇之感,并且不排除会有部分听众由此开悟,但在两月之内达到"各透心性灵窍,信口各自吟哦",颇有似于诗文朗诵比赛,则显系夸耀张大之词。我们与其将此当作真实状况的描绘,倒不如将其视为是颜钧社会构思的理想状态更为合适。而这恰恰是儒家心目中的唐虞盛世。故而黄宗羲说他"颇欲有为于世,以寄民胞物与之志"。(《明儒学案》卷三二,《泰州学案一》)因此,许多学者将颜钧的"制欲非体仁"与何心隐的"育欲"均视为是对物欲的肯定,显然是根据自我设计的逻辑结构而一厢情愿地强古人以从己。泰州学派的确与阳明一样,反对宋儒生硬地克制情欲,但又绝非要肯定情欲,而是要从正面加以引导,启悟人之善根而使其自觉从事道德理想的追求。比如有人引用何心隐的话:"性而味,性而色,性而声,性而安逸,性也。"然后说何氏之性已"不再具有'理'的意义","意味着赋予感官欲求以绝对性"。(冯达文《宋明新儒学略论》,第255页)但这显然是断章取义,根本没有进入何心隐本人的话语系统。因为紧接着上所引话语,何氏便又说:"乘乎其欲者也,而命者为之御焉。是故君子性而性乎命者,乘乎其欲之御于命也,性乃大而不旷也。"可知性之上尚有命作为统御,那么什么是命呢?何心隐说:"命以父子,命以君臣,命以贤者,命以天道,命也,御乎其欲者也。"(《何心隐集》卷二,《寡欲》)因此何氏之原意恰恰不是肯定"欲"而是限制"欲",是以命御欲,所以李贽才会在其《何心隐论》中说:"凡世之人靡不自厚其生,公独不肯治生。公家世饶财者也,公独弃置不事,而直欲与一世贤圣共生于天地之间。是公之所以厚其生者与世异也。"(《焚书》卷三)而现代学者恰恰将其视为是追求物欲的思想家,岂非要取消他做圣贤的宏大志愿。像此类问题本来都是非常清楚的,而许多人所以会视而不见,显然是吃了从主观愿望出发而强古人以就己的亏。由于言泰州学派为平民化与物欲化的观点在学术界已经流行得太久了,故而笔者不得不动用一定的文字加以辩说。

至于说求乐自适的倾向,的确是泰州学派一些成员的人生追求,但严格说来这不属于该学派的正宗思想。王艮本人有一首《乐学歌》,是凡谈及心斋学述思想者无不提到的,但他的本意主要是为了激励众人从事心学,而不是鼓励他们放纵安逸。故曰:"天下之学,何如此学?

天下之学,何如此乐?"(《明儒学案》卷三二,《泰州学案一》)如果一定要说心斋有求乐倾向的话,那也是奉献之乐、济世之乐,而不是贪图安逸之乐。他在《鳅鳝赋》中曾对此做过明确的表示,这是一首体现作者圣人境界的诗作,而其圣人境界概括起来具有两大特征。一是自然而具的济世情怀。赋中言鳅之救鳝曰:"转鳝之身,通鳝之气,存鳝之生者,皆鳅之功也。虽然亦鳅之乐也,非专为悯此鳝而然,亦非为望此鳝之报而然,自率其性而已。"此乃言鳅并不以救鳝为善功,而是其本性使然。此所率之性则为:"以天地万物为一体,为天地立心,为生民立命。"可知心斋所具有的天地万物一体之仁,乃是一种生生不已的精神,它哺育万物而不以为功,故言其济世救民亦可,言其自率其性、自得其乐亦无不可。二是追求天下大同之乐的理想。故曰:"忽见风云雷雨交作,其鳅乘势跃入天河,投入大海,悠然而逝,纵横自在,快乐无边。回视樊笼之鳝,思将有以救之。奋身化龙,复作雷雨,倾满鳝缸。于是缠绕复压者,皆欣欣然而有生意。俟其苏醒精神,同归于长江大海矣。"(《王心斋先生遗集》卷二)在自得其乐的同时,亦必救他人并臻乐境,以共同"纵横自在,快乐无边",这才是心斋的境界。他所求的乐是儒家之大乐,而决非自乐自适者。其后学颜山农、何心隐、罗汝芳诸人也都是此类的儒者,而不是追求一己之乐的自了汉。然而,作为心斋之子的王襞,尽管被许多后世学者视为泰州学派的重要传人,可若以实论之,他已不是纯粹的泰州风范。他当然有继承父学的一面,故而他曾述其人生理想曰:"不打点,不计算,不安排,不布置,此老实敦朴淳厚之心,保之以裕吾身,以裕吾家,以裕吾交接应酬。人贪富恶贫而我忘乎富贵,人爱生恶死而我忘乎生死,人宝金玉而我宝惟贤。出一言务足以感人兴善之心,发一语务足以长人慕德之念,庶几其为人杰也哉!"(《王东厓先生集》卷一)"感人兴善之心""长人慕德之念",依然是心斋平民教主的派头;"不打点,不计算,不安排,不布置",依然是心斋良知现成的衣钵。然而,王襞却较其父有了更强烈的求乐愿望,而且此乐已不全同于心斋的济世之乐,而是包含了山水审美的逍遥自在之乐,是一种真正的个体受用。从他所留下的数量并不很丰富的诗作中,人们还是可以发现他的个人情趣与实际生活情调已与心斋大不相同。比如:"每逢好景偏饶兴,转觉精神老益坚"(《王东厓先生集》卷二,《寄勉南梁周怀坤亲翁诗二首》其二),显然已有了对优美景色的欣赏兴趣;"天南老子情偏逸,白雪阳春歌未休"(同上,《北出舟中吟五首》其一),也有了表现此种情趣的能力;"但得笑歌常对饮,不妨潦倒送残生"(同上,《次韵答北洋崔子见枉三首》其二),更得到了自我享乐的实惠;"细悟形骸皆外物,已知天地得吾生"(同上,《清闲安乐步天阶四韵》其一),最终形成了他那一份道家的超越境界。于是,他具有了与其父相异的生活情调,他既有个人独得之乐,如:"瘦骨先生耸两肩,不将寒相着人怜。虽于尘俗全无气,恐与神仙夙有缘。每对宾朋林下坐,岂曾酒盏手中寒。消磨世界如流水,还我青山不改迁。"(同上,《答以中别居之作》)也有宾朋聚会之众乐,如:"一辈着山冠,一辈飘云袄。时罗紫涯群,或拥芳菲队。传写风月神,露泄山川秘。大运甫良期,斯文履盛际。白雪阳春歌,浩浩不能置。流韵千万年,共此霞觞醉。"(同上,《乐诸友从游之盛歌一阕识喜》)王襞不仅比心斋更文人化,而且其人生志趣也已大不相同。这种改变当然有个人气质的原因,但也与其所受传承大有关系。东厓先生之所以较其父更知游山玩水,保养性命,是由于他曾追随王畿多年,深染其超越自适之人生趣味。黄宗羲对此非常重视,认为王襞对人生受用的追求"虽本于心斋乐学之歌,而龙溪之授受,亦不可诬也";并且还将其与白沙之学相联系,共属于曾点之一系,最后对其评价曰:"细详先生之学,未免犹在光景作活计也。"(《明儒学案》卷三二,《泰州学案一》)也就是说并不是儒家的精髓。因此王襞之学并不能算是泰州之正传,尽管他是心斋之亲子,也依然不能归之正传。泰州之正传乃是由心斋而下至徐樾、颜钧、何心隐、罗汝芳等一脉,其贯穿始终的精神是具有出位之思、高视自我的狂侠人格。

所谓狂侠人格首先是指这些泰州后学继承了心斋先生首出庶物、必为帝王师与天下万世师的顶天立地精神,正如罗汝芳所言:"夫所谓立身者,立天下之大本也。首柱天焉,足镇地焉,以立人极于宇宙之间。所谓行道者,传天下之达道也。负荷纲常,发挥事业,出则治化天下,处则教化万世,必如孔子大学,方为全人而无忝所生。"(《孝经宗旨》)此种"首柱天"而"足镇地"的形象,正是心斋所追求的"见龙"之意象。同时,泰州后学的狂侠精神还包括他们所继承的心斋那种在野行道的出位之思,比如何心隐就明确表示不愿介入那囚笼般的仕途,因为"若在樊笼恋恋,纵得以展高才,不过一效忠、立功、耿介之官而已,于大道何补?直须出身以主大道,如孔孟复生于世,则大道有正宗,善人有归宿,身虽不与朝政,自无有不正矣"。(《何心隐集》卷三,《又上海楼书》)不入仕途而又出身以主大道,这显然又是心斋眼中圣人孔子的形象。但泰州后学又毕竟与心斋不完全相同,他们在继承其首出庶物与出位之思的同时,又将此种精神推衍到了一个新的高度。如果说出位之思在阳明先生那里还只是潜在意识的话,到心斋时已形成为成熟的思想,而至泰州后学如颜山农、何心隐之辈时,便已经将这种思想转化为现实的行动。具体地讲,泰州后学的狂侠精神有互为相关的两个层面而构成:一是在官方系统之外独立进行的讲学与政治活动,二是个体之间患难相依的奉献精神与生死交情。由于缺乏官方的支持,他们必须形成讲学的团体或超越了一般师生关系的师徒情谊,方能够使其出位之思的行为成为可能。所以上述两个层面是密不可分的,但为了行文的方便却不得不分而述之。

前一层面可以何心隐为例。何心隐(1517—1579),原姓梁,名汝元,字柱乾,号夫山。此外,还曾用过何夫山、何两川、梁无忌、梁纲

一、梁光益等名。江西吉安府永丰县人。他为学师事颜山农,是泰州学派的正宗传人。但他既不同于王艮的自幼贫寒而粗识文字,又不同于颜钧的早年木讷而至十九岁方忽然聪明开悟,而是"少补弟子员,治壁经。幼时颖异拔群,潜心经史,辄以远大自期。凡耳而目之,皆知其为伟器"。(邹元标《梁夫山传》,见《何心隐集》附录)并且在嘉靖二十五年中江西省试第一,他是具有充足的条件在仕途上求得发展的。但他"及闻王心斋先生良知之学,竟芥视子衿,乃慨然曰:'道在兹矣!'遂师颜山农,即以继孔孟之传"。(同上)他先是效法其师颜钧,在族内捐资千金建聚和堂以教育子弟,其聚和堂显然比颜钧的萃和会组织更为严密,它不仅设有率教、率养、辅教、辅养诸专职人员,而且还具有了经济方面的设施,所谓"计亩收租,会计度支,以输国赋"。(同上)这种"会"介于地方政权组织与宗族组织之间,可视为是泰州学派推行其心学思想的一种社会试验,关于其所取得的效果,据邹元标说是"彬彬然礼教信义之风,数年之间,几一方之三代矣"。(同上)黄宗羲《明儒学案》亦言其"身理一族之政,冠婚丧祭赋役,一切通其有无,行之有成"。(卷三二,《泰州学案一》)其间或当有所夸张,真实效果今已难以考实,但有一点是可以预测的,即此种组织对于农民的教育与生存或许有一定的好处,不过同时也存在着潜在的危险,因为作为个体的农民很少有能力与官府相抗衡,故而地方政府治理起来也相对容易一些,而一旦将其组织起来,在一定情形下便会给政府的统治带来麻烦。严格说来这是在政府的管理之外而另起炉灶,在当时不能被视为一种正常的现象,它显然是泰州学派出位之思的一种现实操作,因而其失败的命运便是不言而喻的。但此尚非何心隐的最出格之处,在其一生中,另有三件值得一提的事情,更显示了其狂侠的特征。一是带头抗赋外之征。黄宗羲记曰:"会邑令有赋外之征,心隐贻书诮之。令怒,诬之当道,下狱中。"(同上)据容肇祖先生考证,该事当发生在嘉靖三十八年左右陈瓒在永丰知县任上时（见《容肇祖集》，第342页）。此次上书行为不能被视为孤立的事件，而是聚和堂组织的直接影响，也就是说作为该会率教的梁汝元，负有代会中成员"输国赋"的责任，当有"赋外之征"时，他当然会加以询问甚至表示不满，这也就给官员的征收工作带来了阻力，则梁汝元的被治罪也便在所难免了。据王之垣《历仕录》言，梁汝元"以侵欺皇木银两犯罪，拒捕，杀伤吴善五等六命，初拟绞罪，后末减，充贵州卫军"。(《何心隐集》附录)此所杀伤六命究系梁氏亲手所为，抑或为族人相助所致，今已难以落实，但逮捕梁汝元时曾发生过集体抗捕的行为则是有可能的。这便把聚和堂原来对政府的潜在危险变为现实的危险了。二是除奸相严嵩。梁汝元被逮后，由于与泰州学派另一成员程学颜的关系，通过总督胡宗宪、江西巡抚何迁等关节而被释放，然后即更名为何心隐而漫游江湖而讲学。嘉靖四十年，他漫游至京师时，便发生了所谓的以术倒嵩事件。关于此事，黄宗羲《明儒学案》、陈士业《答张谪宿书》、谷应泰《明史纪事本末》均有记载，故而应该是实有之事，其中以黄氏所记最为详细："心隐在京师，辟各门会馆，招来四方之士，方技杂流，无不从之。是时政由严氏，忠臣坐死者相望，卒莫能动。有蓝道行者，以乩术幸上，心隐授以密计，侦知嵩有揭帖，乩神降语，今日当有一奸臣言事，上方迟之，而嵩揭至，上由是疑嵩。御史邹应龙因论嵩败之。然上犹不忘嵩，寻死道行于狱。心隐踉跄，南过金陵，谒何司寇。司寇者，故为江抚，脱心隐于狱者也。然而严党遂为严氏仇心隐，心隐逸去，从此踪迹不常，所游半天下。"(《明儒学案》卷三二，《泰州学案一》)根据何心隐本人称其更名原因说："以心隐易汝元名者，一则避已故严相之肆毒，一则便四方交游之称谓也。"(《爨桐集》卷四，《上南安陈太府书》)可见他真的是与严氏有了矛盾，否则不必说"避已故严相之肆毒"，那么上述各家的记载也就不是空穴来风了。严嵩的倒台当然有许多复杂的因素，甚至没有何心隐的介入也未必不倒台，但他作为一介布衣，竟然有勇气参与如此重大的事件，而且还发挥了相当的作用，就不能不使人颇感惊奇了。他的出位之思竟能想到扳倒当今首辅大学士上面，那可真算是无以复加了。三是与张居正的抗争。万历七年九月二日，何心隐被巡抚王之垣杖死于狱中，终年六十三岁。关于何心隐之死，到底是被张居正授意所杀，还是王之垣诸人为向张氏献媚而杀之，是一场争了很久的笔墨官司，此处不拟涉及。但何氏之死与张居正厌恶讲学有关则是可以肯定的。邹元标《梁夫山传》说："比江陵柄国，即首斥讲学，毁天下名贤书院，大索公，凡讲学受祸者以千计。"（《何心隐集》附录）《明史纪事本末》甚至说："汝元扬言张居正专政，当入都颂言逐之。"（卷六一）如果与他前此的倒嵩之事联系起来加以思考，也很难说他绝对不会产生这样的念头，也许他想再来一次扳倒首辅的壮举。然而，何、张二人的矛盾不能被视为是他们个人之间的恩怨，而是代表政府的当权者与具有出位之思的士人之间的冲突，而且这种冲突并非万历年间才产生，而是长期以来明代士人群体演变分化的必然结果。何、张二人初次见面是在嘉靖三十九年，耿定力记述当时会见场面道："乘会日，偕心隐突入座。心隐、恭简南面，江陵北面，大兴令吴哲与予西隅坐。恭简故令二公更相品评。江陵谓心隐：'时时欲飞，第飞不起耳。'心隐气少平，谓江陵：'居太学，当知《大学》之道云。'心隐退而抚膺高蹈，谓予兄弟曰：'此人必当国，杀我者必此人也。'"（耿定力《胡时中义田记》，见《何心隐集》附录）耿定力当时亲自在场，所言当无大误，而且还可证之何氏本人之言，他在《上祁门姚大尹书》中说："因耿而与今之阁下张公太岳官司业时，讲学于北之显灵宫，即睹此公有显官，有隐毒，凡其所讲者，即唯唯，即不与之辩学是非，而即忧其必有肆毒于今日也。且此公退即对耿言：'元本一飞鸟，为渠以胶滞之。'然元亦即对耿言：'张公必官首相，必首毒讲学，必首毒元。'"（《何心隐集》卷四）此二条材料

第三章 嘉靖士人心态与王学之流变

虽略有出入,然无大的差别,固当属可信。张居正的确目光犀利,他一眼即看出何心隐是位"时时欲飞"的不本分之人;而何心隐感觉也相当敏锐,他凭着初次印象便感到了张居正的政治野心与凌人的霸气,并预言他将来"必当国",而且当国后"必首毒讲学,必首毒元"。因此,当万历时张居正禁止讲学时,何心隐便毫不犹豫地撰《原学原讲》以示抗争,并欲"上《原学原讲》一册以自鸣生平所讲所学事于朝廷于天下"。(《何心隐集》卷四,《上南安赵知府书》)以张居正铁腕政治家的严厉风格,即使何心隐未讲过欲进京驱逐他的话,仅此争讲学权力之一项,便足以会招致政府的惩处,但何心隐却并不畏惧,因为他要借此"一鸣以舒此生平欲鸣未鸣之郁郁然者"。(同上)这其中不仅包含着他个人的不平之气,更重要的是牵涉到天下士人讲学的权力,所以在他身陷囹圄时才会说:"且元一细人也,讲学一大事也,不幸以细人冒大事,而凡与救元者,非徒救元也,救讲学也。"(同上,《谢进贤王大尹书》)作为平民的何心隐当然抗不过官府,所以最终被杖杀于狱中,但他敢于以一人抗政府,则其狂侠之精神又何如也!他所唯一遗憾的是:"为讲学被毒事,且以元为名教中罪人,诚有罪矣。然肆毒于元者,不以名教罪罪,而以妖逆罪罪。"(同上,《与邹鹤山书》)其实,何心隐岂但无妖逆之罪,连名教之罪也并不充分,因为他的人生理想是:"天下无一处可补,以报朝廷。惟仲尼之道,海内寥寥莫闻,诚为一人空耳。此空一补,岂小补哉?亦不过聚英才以育之,将使英才布满于下以待上用,即周子所谓善人多而朝廷正,天下治矣。"(同上,卷三,《又与艾冷溪书》)能以如此的理想定他为名教中罪人吗?但他行为方式又的确破坏了名教,因为名教即礼教,而礼教的含义即在于等级与名分的规定,所谓士农工商各安其业,所谓不在其位不谋其政,所谓不犯上作乱,都在名教规定的范围之内。而何心隐却对此视而不见,抗赋役,倒首辅,漫游讲学而随意议论朝政,尽管其动机或许并无什么不妥,而其行为在当政者眼中则已罪不容赦。但接受了心斋之学的何心隐早已形成了首出庶物的高傲人格与出位之思的参与意识，所以他决不会向当权者屈服，于是他的人生悲剧也就不可避免了。明人李贽对此具有深刻而清醒的认识，他论何心隐说："吾谓公以见龙自居也，终日见而不知潜，则其势必至于亢矣，其及也宜也。然亢亦龙也，非他物比也。龙而不亢，则上九为虚位，位不可虚，则龙不容于不亢，公宜独当此一爻者，则谓公为上九之大人可也。"（《焚书》卷三，《何心隐论》）可见何心隐已经与王艮不同，心斋以九二见龙自居，是为在野之大人，他虽坚决不入仕途，但也仅限于在野讲学，故能得其善终；而心隐则已由九二之位升于上九之位，于是也就由见龙变成了亢龙，而"亢龙有悔"，故爻辞曰："亢之为言也，知进而不知退，知存而不知亡，知得而不知丧。"（《周易本义》卷一）因而何心隐虽惨遭横死，却最终成了"上九之大人"。

　　泰州后学狂侠的第二个层面是所谓个体之间患难相依的深厚交情。这从罗汝芳等人募捐营救颜山农一事中可以得到有力的证明。颜钧本人便有"好急人之难"的游侠性情，故黄宗羲《明儒学案》说："赵大洲赴贬所，山农偕之行，大洲感之次骨。波石战没沅江府，山农寻其骸骨归葬。"（卷三二，《泰州学案一》）他的这种豪侠性情无意间在其弟子罗汝芳身上得到了回报。嘉靖四十五年，颜钧被捕入狱，关于被逮原因，各家记载不一，王世贞《江湖大侠传》言其"挟诈人财，事发，捕之官"。（《弇州史料后集》卷三五）但王氏所记多有诬蔑不实之词，在黄宗羲时已不再将其所述作为颜氏生平传记之依据。颜钧本人所撰《自传》则曰："强诬盗卖淮安官船，坐赃三百五十两，发边充戍。"（《颜钧集》卷三）亦颇语焉不详。诸种材料中唯贺贻孙《颜山农先生传》所记最为详细，其曰："巡抚何公迁，二子争财于官署，相杀莫可解，乃迎先生，至署一月，兄弟不觉抱持大哭，遂相友爱。何公感之，问所欲。先生曰：'生平游江湖，不得官舟，广聚英材讲学为恨耳。'何公以己舟予之。顾先生性峭直,尝为上徐华亭及张江陵书,皆有所指斥,诸公不悦。又与同邑尹太宗伯忤,且有宵人齮龁之者,傅会何公与官舟事,遂以盗官舟故,下金陵狱,论死。"(《颜钧集》附录一)此段记载应该是较符合事实的,因为它一方面与颜氏本人所述"强诬盗卖淮安官船"相合,同时作者未将颜氏被逮归为单一原因,而是将具体原因与颜钧平时多有出位之思的言论结合起来,故而较能服人。根据以上材料,可以肯定此次颜钧的被逮是冤枉的,他在狱中度过了近三年的时间,经受了种种刑罚的折磨。后来官府终因查无实据而不得不将其释放,但却又处以三百五十两银子的罚金。在这一过程中,罗汝芳尽了他所能尽的力量来救助其师,他先是在狱中侍奉,然后卖掉了田产替颜钧筹集赎金。为此颜钧特撰《著回何敢死》一文以志之,其中说:"忽闻樵难埋白狱,芳涕泣如伤父,百计调护,倾囊济赈。三年,瞰亡[诏],携子徒,放棹留都,诉誩代任诸老,具悉诬枉,会助贷金三百五十两,补赃出险,入戍邵武。"(《颜钧集》卷五)罗汝芳破家救人的侠肝义胆固然值得赞叹,但同时也是受其师狂侠精神的感召,是泰州学派精神的延续。更重要的是这种精神不仅体现在罗氏一人身上,据载罗汝芳前后所出捐资共百两,而其余部分则是众多士人所凑集,当时出资者共八十二人,其身份有在朝官员、在学生员,也有乡野隐士、白身平民,等等,其中较著名的王学成员有操江都院吴时来、国子监祭酒姜宝、心斋之子十璧、南京士子焦竑等。本事件的意义与一般的捐资救助不同,他除了具有经济上相互救助的作用,更有道义上的声援与支持,诚如罗汝芳的《揭词》中所言:"戊辰(隆庆二年)腊初,罗近溪来救农难,并募同志助银完赃。今将《揭词》及助赀姓氏一一备录,庶知公论不泯云。"(同上,附录)此处所称捐银者为"同志",而非一般之持同情心者,则其捐助行为便不仅是为颜钧其人,而且有了护道的意义;又称"公论不泯",则更是给官方施加的一种舆论压力。从价值观上讲,这意味着朝廷与泰州学派拥有了不同的标准,朝廷欲治罪者,却被泰州学派士人视为以身守道的英雄,而且他们敢于公然称逮捕关押的行为是"冤狱"。这预示着泰州学派个体间的救助行为已发展成一种群体的行动,并且独立于朝廷之外,形成了一股不可忽视的舆论力量。后来在何心隐被逮时,这种舆论的力量便由同情发展为公然的抗议了,据李贽所言:"方其揭榜通衢,列公罪状,聚而观者咸指其诬,至有嘘呼咤诧不欲观焉者,则当日之人心可知矣。由祁门而江西,又由江西而南安而湖广,沿途三千余里,其不识公之面而知公之心者,三千余里皆然也。非惟得罪于张相者有所憾于张相而云然,虽其深相信以为大有功于社稷者,亦犹然以此举为非是,而咸谓杀公以媚张相者之为非人也。则斯道之在人心,真如日月星辰,不可以盖覆矣。"(《焚书》卷三,《何心隐论》)此种舆论的力量不仅使泰州弟子为何氏鸣冤,而且还影响了大批的士子百姓。李贽的话容或有些夸大其词,然而当时民间之舆论已与官府难保一致并多有人表示不满,应该是存在的事实。这种情形如果再进一步发展,便会在朝廷之外形成一种政治的力量。

上述两方面在实际中是互为促进的,独立于朝廷之外的讲学与政治活动,使泰州学派成员具有了为道献身的共同精神支柱,从而易于形成其共度危难的团体意识;而他们之间由相互救助所形成的团体意识,又使他们的讲学与政治活动获得了更多人的支持,从而增强了其守道自尊的勇气。但严格说来,泰州学派成员本身并不愿承认其行为为侠,这大约出于侠之行为往往不被政府所认可。传统中最早对侠之定义者为司马迁,他在《史记·游侠列传》中说:"今游侠,其行虽不轨于正义,然其言必信,其行必果,已诺必诚,不爱其躯,赴士之厄困,既已存亡死生矣,而不矜其能,羞伐其德,盖亦有足多者焉。"(卷一二四)这一句"其行虽不轨于正义",便会使泰州诸子从心底里感到甚不舒服,因为在他们眼中,自己才是道之推行者,也就是正义之化身,既然侠之行为不轨于正义,自身所行当然便非侠之所为了。而当时的人也正是从侠的角度来指责泰州学派的,王世贞说:"嘉隆之际,讲学之盛行于海内,而至其弊也,借讲学而为豪侠之具,复借豪侠而恣贪横之私,其术本不足动人而失志不逞之徒相与鼓吹羽翼,聚散闪倏,几令人有黄巾、五斗之忧。盖自东越之泰州,犹未大坏;而泰州之变为颜山农,则鱼馁肉烂,不可复支。"(《弇州史料后集》卷三五,《嘉隆江湖大侠》)可知在当时所谓的"江湖大侠"并不是一个具有正面含义的称谓,尤其是说他们"借讲学而为豪侠之具",大大贬低了其讲学的价值,则他们当然不会接受此"侠"之一字了。何心隐曾撰文专门区别侠与圣贤之不同曰:"意与气,人孰无之,顾所落有大小耳。战国诸公之与之落意气,固也。而孔门师弟之与,曷尝非意气之落耶?战国诸公之意之气,相与以成侠者也,其所落也小。孔门师弟之意之气,相与以成道者也,其所落也大。……圣贤之意必诚,诚必诚其明明德于天下之诚也。诚其明明德于天下,而意与道凝矣。圣贤之气必养,养必养其塞乎天地之养也。养其塞乎天地之间,而气与道配矣。若战国诸公之意,亦不可谓不诚也。特诚其一己之侠之意耳。……战国诸公之气,亦不可谓不养也。特养其一己之侠之气耳。"(《何心隐集》卷三,《答战国诸公孔门师弟之与之别在落意气与不落意气》)所谓"一己之侠"的意气,是指其相互救助乃是个体间之行为;而"与道配"之意气,则是包含了"诚其明明德于天下之诚"与"养其塞乎天地之养"的博大至公内涵。泰州诸子皆以圣贤而自任,当然取其大而不取其小,以孔门师弟相称而不以侠相称了。但如果仔细辨析,司马迁所言的"不轨于正义"乃是从官方角度立论的,但官方以为非正义者,从其他角度看又可能另有评价,所以他在上述一段话后又大发感慨说:"鄙人有言曰:'何知仁义,已飨其利者为有德。'故伯夷丑周,饿死首阳山,而文武不以其故贬王;跖、跻暴戾,其徒诵义无穷。由此观之,'窃钩者诛,窃国者侯,侯之门仁义存',非虚言也。"可见来自官方的评价也不一定就成为"正义"的代表,如果官方总是正确的,那么历史上何以会有如此多的正人君子甚至圣贤遇到如此多的不平遭遇?正如太史公本人所说:"昔者虞舜窘于井廪,伊尹负于鼎俎,傅说匿于傅险,吕尚困于棘津,夷吾桎梏,百里饭牛,仲尼畏匡,菜色陈、蔡。此皆学士所谓有道仁人也,犹然遭此菑,况以中材而涉乱世之末流乎?其遇害何可胜道哉!"(《史记》卷一二四,《游侠列传》)这就需要有朝廷官方之外的力量来主持公道,于是侠便应运而生了。从此一意义上说,用侠来概括泰州学派的行为又是非常恰当的,他们虽然自认为是在传道济世,但其行为却并不被朝廷所认可,此亦可言"不轨于正义"。就其实质而言,他们在学术上代表了独立于正统的程朱理学之外的思想,在舆论上代表了独立于朝廷之外的道义力量,更不要说他们还有以个人力量所采取的实际政治行为,以及个体间患难相依的救助行为。与司马迁所言之侠不相同的是,他们除了个人间的"死生存亡"之患难相依,更有以天下为己任的出位之思。因此,我们将泰州学派的这种特点概括为狂侠精神。

泰州学派在理论上的建树应该说是很有限的,它易简的学术风格,随机指点的教学方式,都决定了它不可能在理论上做出更多的探讨,如果说它有理论,也只是提出了一套人格理论而已,既不复杂,也不深奥。因此,研究泰州学派时,过于纠缠于其理论方面是不会有太多收获的,许多学者试图在王艮、颜钧、何心隐的身上寻找所谓重物欲重感性的先进理论,但大多都只是一厢情愿地强古人以就已,并未使研究取得多少进展。其实,泰州学派尽管缺乏深刻丰满的理论,却并不意味着它对历史也缺乏深广的影响。泰州学派的主要成员们以其鲜明的人格风范与强烈的狂侠精神,成为明代中后期士人群体中一个影响巨大的学术流派,而它对当时士人的影响也决不下于如王廷相、罗钦顺这些以理论思辨著称的思想家。在明代的学术潮流中与士人群体的人格心态上，都曾留下过泰州学派深深的思想痕迹，稍后的东林诸子以在野士人的身份而评议朝政，喊出"天下之是非，自当听之天下"。(《顾端文公遗书·自反录》)汤显祖以情而经理天下的政治构想与文艺创作，甚至王夫之那天下兴亡匹夫有责的凛然气节，无不带有泰州学派出位之思的狂侠色彩。士人作为一种独立的阶层来发挥舆论的力量以评议政治，代言民情，在中国古代始终只是一种美好的梦想，这种梦想在战国时昙花一现之后，在中国历史上几乎已成绝响，不料在明代中后期的泰州学派这里，竟然又能旧梦重温，仅此一点，便是可弥足珍贵的。

第三节 罗洪先——归寂与自保的代表

一、"归寂"的原因及其所蕴含的人生追求

罗洪先(1504—1564)，字达夫，号念庵，江西吉水人。嘉靖八年举进士第一，授翰林院修撰，次年告归。嘉靖十一年起充经筵讲书官，旋丁父忧而家居。嘉靖十八年召拜左春坊左赞善。次年冬，因世宗多日不视朝，与校书赵时春、司谏唐顺之请来岁元日皇太子出御文华殿受百官朝贺，世宗震怒，三人皆被黜为民。此后终生非复再仕。嘉靖四十三年卒，年六十一。隆庆元年，赠光禄大夫，谥文恭。他于阳明在世时虽未及其门为弟子，但自幼服膺王学，与王门高足钱德洪、王畿、邹守益、黄弘纲交谊甚笃，且参与阳明年谱的修撰，故其亦为王学后劲无疑。就地域言，他属于所谓的江右王学；就学术宗旨言，他与聂豹(1487—1563，字文蔚，号双江，江西永丰人)一起被后世称为归寂派。本节意在通过对归寂思想与时代环境关系的考察，以说明王学对士人心态影响之一途，故以罗洪先为主要研究对象，同时亦兼及聂豹思想与人格。

罗洪先在其《甲寅夏游记》中,曾对其归寂的学术思想概括叙述说:"阳明先生苦心犯难,提出良知为传授口诀,盖合内外前后一起包括,稍有帮补,稍有遗漏,即失当时本旨矣。往年见谈学者,皆曰'知善知恶是良知,依此行之,即是致知'。予尝从此用力,竟无所入,久而后悔之。夫良知者,言乎不学不虑,自然之明觉,盖即至善之谓也。吾心之善,吾知之,吾心之恶,吾知之,不可谓非知也。善恶交杂,岂有为主于中者乎?中无所主,而谓知本常明,恐未可也。知有未明,依此行之,而谓无乖戾于既发之后,能顺应于事物之来,恐未可也。故知善知恶之知,随出随泯,特一时之发见焉耳。一时之发见,未可尽指为本体,则自然之明觉,固当反求其根源。盖人生而静,未有不善,不善动之妄也,主静以复之,斯道凝而不流矣。神发为知,良知者静而明也,妄动以杂之,几始失而难复矣。故必有收摄保聚之功,以为充达长养之地,而后定静安虑由此以出,必于家国天下感无不正,而未尝为物所动,乃可谓之格物。"(《明儒学案》卷十八,《江右王门学案三》)他认为阳明所提出的良知应该是"至善"之"明觉",其特性是"静而明",而不是王门弟子常说的知善知恶之知,那只是一时之"发见",是一般之"知"而非良知。此良知用另一种表述便是"未发之中",也就是本体,故而他又说:"自知之所以能良言之,则固有未发者主于其中。"(《念庵文集》卷十一,《困辨录序》)因而念庵所言良知之状态为"虚寂",其特性为"静而明",合而言之亦可称之为"虚明静定",有时他用"止水"以喻之。(同上,卷二,《寄欧阳南野》)正是如此的特性,也就决定了他求得良知的主静方式,即所谓的"主静以复之",同时也叫"收摄保聚之功"。当时许多王门弟子都不能同意罗、聂二人的归寂主张,认为一味主静将割裂动与静、知与行为二,而这是不符合阳明先生致良知的本意的。但归寂说之所以能够在众多的王学流派中占有一席之地,自有其本身的学术价值。就阳明致良知的本意讲,实分为中下与利根两类人而分别对待之,这在"天泉证道"解释四句教时已有明确的表述。阳明认为天下利根之人甚少,因而也就要求必须有为善去恶的致良知功夫,方可获无善无恶的虚明良知本体。但在阳明病逝后,其后学弟子却根据各自的理解做出了进一步的发挥。比如同属江右王学的邹守益,他也承认良知之寂,故而说:"夫良知一也,有指体而言者,寂然不动是也。有指用而言者,感而遂通天下之故是也。指其寂然处谓之未发之中,谓之所存者神,谓之廓然而大公。指其感通处谓之已发之和,谓之所过者化,谓之物来而顺应。"(《东郭集》卷五,《答黄致斋使君》)但他更重视良知之"一",主张体用不分,常感常寂,实际上也就等于悬空了本体,落实在具体人性上,便有了天命之性与气质之性合一的见解,因此说:"天性与气质,更无二件。人此身都是气质用事,目之能视,耳之能听,口之能言,手足之能持行,皆是气质,天性从此处流行。先师有曰:'恻隐之心,气质之性也。'正与孟子形色天性同旨。其谓'浩然之气,塞天地,配道义',气质与天性一滚出来,如何说得论性不论气?后儒说两件,反更不明。除却气质,何处求天地之性?"(《明儒学案》卷十六,《江右王门学案一》)一般哲学史著作都认为,在明代到了刘宗周、黄宗羲时,才提出了道心不离人心、天命之性见于气质之性的观点,其实,在邹守益这里已经有了如此的表述。而邹氏所以会有如此的见解,在于他承认了人性的既成状况,并试图消除天理与人心之间过于紧张的矛盾关系,从而解决人性之伪的时代症节。因而江右王学中的许多人论起人性来一般都较宋儒更有人情味一些,如邓以赞曰:"形色天性也。天性原在形色之内,如眼能视,耳能听,手足能持行,这是什么?就有个天性。在圣人之践形,全得这个,视听言动以理,自然声为律,身为度,耳成个耳,目成个目,手足成个手足。贤智者知有个天性,而不知其在形色之内,是知天而不知人;愚不肖徒知有形色而不知有天性,是知人而不知天。"(同上,卷二一)这既非佛家之"作用见性",因为还有个理在;又不是像朱子那样只认天理而斥形色,而是既知人又知天。邹守益等人显然采取了一种折中的态度:既要通过道德修炼以保持自我品格之纯洁,从而去改造世风,同时又不忽视已经发展了的现实,即人们对物质欲望的追求。这是一种较为平实的理论,故而明人很少非议邹氏等江右王门诸子,黄宗羲甚至说:"夫子之后,源远而流分,阳明之没,不失其传者,不得不以先生(指邹守益)为宗子也。"(《明儒学案》卷十六,《江右王门学案一》)但罗洪先却认为这是善恶交杂,而不是纯然之良知,所谓"知善知恶之知随出随泯,特一时之发见耳",如此"妄动以杂之",又岂有纯然良知之可言? 也就是说,他提出归寂说的原因之一是要纠正邹氏之弊。同时,浙中的王畿坚持自己的"四无说",反对为善去恶的致良知功夫,强调良知之现成自然特性,下面还会对其做出详细的论述。罗洪先对此更是不满,故而曾与龙溪多次展开争论,他曾致函说:"终日谈本体,不说工夫,才拈工夫,便指为外道,此等处恐使阳明复生,亦当攒眉也。"(《念庵文集》卷二,《寄王龙溪》)"不说工夫"之所以遭致念庵反对,是因为"持此应世,安得不至荡肆乎"? 而"荡肆"便会"乱天下"。(同上,《与双江公》)他曾与王畿辩论说:"求则得,舍则失,不有存亡乎? 养则长,失则消,不有增损乎? 拟而言,议而动,不有照应乎? 是故不可泯者理之常也,是谓性;不易定者气之动也,是谓欲;不敢忘者志之凝,命之主也,是谓学。任性而不知辨欲,失之妄;谈学而不本真性,失之凿;言性而不务力学,失之荡。吾惧言之近于荡也。"(同上,卷十,《良知辨》)可知罗洪先之提出归寂主张,又是直接针对王畿之自然现成良知说的。尽管罗氏之分动与静、知与用为二,并不完全合乎阳明的本意,但他强调致良知的功夫,强调良知虚明的特征,依然未离王学的路径,故而自有其理论价值。

然而,王学最大的特征乃是有切于个体之身心,可以说在心学诸派别中完全从纯理论上来谈学者几乎没有,有不少人曾将此称为王学的实践品格。故而罗洪先归寂说的提出除具有学术价值外,主要是为了解决自我的现实存在问题。因此,不了解罗氏的生存状况与人格心态,要真正弄清其学术思想是很困难的。黄宗羲曾如此概括罗洪先的学术思想演变:"先生之学,始致力于践履,中归摄于寂静,晚彻悟于仁体。"(《明儒学案》卷十八,《江右王门学案三》)所谓"践履"便是前所言"知善知恶是良知,依此行之,即是致知",也就是根据自我的主观认识来判断事物之善恶。此一阶段大概是其四十四岁之前。据史载罗洪先自幼即有大志,嘉靖八年中状元及第,则更鼓起了他用世的愿望,其岳父闻其及第消息后喜曰:"幸吾婿建此大事。"他却说:"丈夫事业更有许大在,此等三年递一人,奚足为大事也!"(同上)这并不是夸张,他本人亦有《初登第》诗曰:"温饱平生非所愿,君臣今日系纲常。"(《念庵文集》卷二二)为了实现其大志,他自然会一切依其良知而践履之。这甚至在嘉靖十九年经历了上疏罢官的变故后,他也未能改变此种"践履"的风格,《明史》本传记其家居时:"甘淡泊,炼寒暑,跃马挽强,考图观史,自天文、地志、礼乐、典章、河渠、边塞、战阵攻守,下逮阴阳、算数,靡不精究。至人才、吏事、民情,悉加意咨访。曰:'苟当其任,皆吾事也。'"(卷二八三)可见其用世之心不减。

那么罗洪先是何时又是何因改变了此种践履的学风而转向了归寂呢?他作于嘉靖庚戌(二十九年)四月的《困辩录序》对此述之颇详,其曰:"双江先生系诏狱经年而后释。方其系也,身不离接楹,视不离垣户,块然守其素以独居。久之,诸子群圣之言涉于目者,不虑而得,参之于身动则有信。慨曰:'嗟乎!不履斯境,疑安得尽忘乎!'于是著录曰困辩,以明寂感之故。归质之友人,或然或否,或正以师传曰:'阳明子所谓良知不类往岁。'癸卯(嘉靖二十二年),洪先与洛村黄君闻先生言必主于寂,心亦疑之。后四年丁未,而先生逮送之境上,含涕与诀。先生曰:'嘻! 吾自胜之,无苦君辈也。'其容翛然,其气夷然,其心渊然而素,自是乃益知先生。遂为辩曰:先生于师传如何吾未之知,请言吾所尝。昔者闻良知之说悦之,以为是非之心人皆有之,吾惟即所感以求其自然之则,亦庶乎有据矣。已而察之,持感以为心,即不免于为感所役。吾之心无时可息,则于是非者亦有时而淆也。又尝凝精而待之以虚无,计其为感与否也,吾之心暂息矣,而是非之则似亦不可得而欺,因自省曰:昔之役役者其逐于已发,而今之息者其近于未发矣。"(《双江先生困辩录》卷首)嘉靖丁未罗洪先四十四岁,已开始接受聂豹之归寂主张;而在其作《困辩录序》时为四十七岁,其本人的归寂理论已趋于成熟。其中与其说他是被聂豹的理论所说服,倒不如说是被其人格魅力与人生境界与所折服。文蔚先生被逮时的从容镇静,临危不乱;在镇抚司监狱中时"块然以守其素"的沉稳自若,平和充实,都深深打动了罗洪先。然后又经过其本人的反复心理体验,对比了从前与今日的不同心理感受,终于对聂氏之学说深信不疑,并开始亲自探讨归寂的理论。罗洪先之所以能被聂豹的理论及人格所影响,是因为他们之间有着相似的经历。罗氏本来怀着一腔报效朝廷的忠诚,不料非但未能被世宗所理解接纳,反而遭到罢官为民的处罚,其心中之冤屈自不待言。他在刚被罢官时也许并未意识到问题的严重性,故而赋诗曰:"幻迹识从荣宦后,道心坚自险途间。归家若问躬耕处,五柳门前有碧山。"(《念庵文集》卷二二,《望乡》)仿佛有虎穴抽身的因祸得福之感,决心要学陶潜躬耕南亩了。但是具有强烈用世之心的他毕竟不是陶潜,随着时间的推移,他逐渐感到了隐居生活的无味与失落,于是诗中的语气也多有改变,其《读京华旧稿》曰:"少年高揖谈王道,今理残篇愧旧封。世事白云终莫定,故人青鬓岂重逢? 闲垂书幌穿斜日,坐听樵歌对晚峰。却笑儒冠空结束,此身已向远游慵。"(同上)他深愧难以实现当年的大志,感到了时间的流逝而青春难保,更痛心于世事如白云般飘忽不定,而自己已无机会施展原本远大的抱负,只能空戴儒冠而闲对斜日,坐听樵歌,去打发这慵懒无聊的生涯。尽管他用世之心尚在,并以广泛的知识涉猎为用世作好准备并填补闲散的生活,但依然难以使心情平静下来,其《逢雁》诗曰:"几时来塞下,烽火近何如?道路多知己,宁无一札书。江乡今苦旱,瘴疠且难除。处处多缯缴,投身未可疏。"(《念庵文集》卷二一)看到一只大雁,竟然会引起他如此复杂的感想,他欲从大雁处获知边境战事如何,可见其仍心忧国事;他盼望大雁能给他带来知己的书信,可见他感到了人生的孤独;而在灾害流行之时,他又告诫大雁,千万小心啊,到处都布满了可怕的弓矢!那大雁身上显然又寄托了他忧惧世事的心情。他也想极力地排解自己的郁闷心情,以免于身心的折磨,比如:"浮踪从此定,尘土莫相侵"(同上,《龙池》),他要用龙池之水冲洗掉世俗的尘污,以保持自我的高洁;"数息知天度,冥心养谷神。翻怜尘世者,何异梦中身"(同上,《游龙虎山二首》其二),仿佛他被罢官是得了大便宜似的;"神解应难遇,生涯早自知。马归折臂后,鹿失梦醒时。岁久惟存栎,朝饥且刈葵。学农吾分满,肉食莫相期"(同上,《贻相者》),仿佛他一切全想明白了,从而已抱定归隐自全的决心。然而,总提"尘土"意味着他惧怕"尘土",讥笑"尘世"透示出他未忘"尘世",而"马归折臂后,鹿失梦醒时"也完全是痛定思痛之言,说明他仍未能弥合心灵的伤痕。否则他何以会在旷达的同时又写下如下的诗句:"流光不可驻,斜日难再晨。不惑云希圣,无闻只畏人。容身依一室,食力已二春。却忆劬劳德,翻怜心动频。"(同上)本诗题为:"癸卯十月十四日予生四十矣,抚己自悲而有此吟。""癸卯"即嘉靖二十二年,其罢官时间已满二年,又是其刚满四十的年头。孔子言四十而不惑,可他此刻却被罢官躬耕于野,念及父母的养育之恩与殷切希望,难怪他会有逝者如斯的感叹了。而此时用知善知恶的良知显然无法解决其现实的人生难题。正在此刻,他看到了聂豹被逮时的情景,他何以能在危急时刻而处乱不惊,又何以能身陷囹圄而从容镇定?难道果真是靠归寂之学获得了良知的真体了吗?这促使他不得不去了解聂豹的学说,并结合自我的人生体验加以思索。比如说,聂豹认为"劳苦饥饿,困穷拂乱,是锻炼人的一个大炉锤,承受得这个大炉锤锻炼者,金是真金,人是真人"。而经受锻炼的关键是要能守之以"素",何谓素,聂豹曰:

> 素者,本吾性所固有而豫养于己者也。位之所值,虽有富贵贫贱夷狄患难之不同,然不以富贵处富贵而素乎富贵,不以贫贱处贫贱而素乎贫贱,大行不加,穷居不损,而富贵贫贱夷狄患难处之一,一则无入而不自得。得者,得其素也。正己居易,皆反求诸身之素也。不怨不尤,非有所强也。《易》曰:素履之往,独行愿也。故不愿乎外,愿外便有不得,怨尤之念兴而侥幸之事作矣。大意全在素字上,素即温故之故,豫立之豫,先天之先,前定之前。故养之有素者随其所值,坦然由之而无疑,卒然临之而不惊,无故加之而不惧。
> (《双江先生困辩录》卷四,《辩素》)

这是聂豹在监狱中所体悟出的处世之道,或曰处危难之道。"素"乃自身所固有,然欲获之必须要有"养"之功夫。只要"养之有素",便会无入而不自得。难怪念庵读后深有会心曰:"素位一段,全是鄙见,不期暗合。"(同上)所谓"暗合",便是二人具有相近的经历,从而得出了相近的人生体验。而这所谓的"素"就是寂,就是静,就是虚,念庵曾有诗述曰:"静极初生动即消,无端风雨入清霄。谁知扰扰氛尘内,自有元声在寂寥。"(《念庵文集》卷二十,《天籁》)而只要在寂寥中得其"元声",便会排解纷扰,心情平静,无入而不自得,此时他的诗中很少再出现烦恼躁动,而显出一派安然平和的心态,如:"影满棠梨日正长,筠帘风细紫兰香。午窗睡起无他事,胎息闲中有秘方。"(《念庵文集》卷二十,《静坐二首》其一)可知他果真从归寂中获得了真实的人生受用,则他又为何不持之弥坚呢? 当然,念庵之归寂并非只得力于双江,同时亦与其汲取白沙之学关系密切,他曾说:"某自幼读先生之书,考其所学,以虚为基本,以静为门户,以四方上下往古来今穿纽凑合为匡郭,以日用常行分殊为功用,以勿忘勿助之间为体认之则,以未尝致力而应用不遗为实得。盖虽未尝及门,然每思江门之滨,白沙之城,不觉梦寐之南也。"(同上,卷十七,《告衡山白沙先生祠文》)可见白沙之学并未被士人忘却,其静中养出端倪的心学方法又在念庵这里得到了有力的回应,这一方面固然显示了白沙心学的生命力,同时不也说明了在明代中后期大致相近的政治境遇中,士人也必将会有大致相近的人生选择吗? 因而,在梳理明代学术思想时,若不能合白沙与阳明共观之,将很难真正把握其底蕴。

　　当然,念庵之归寂并非只是为了应付险恶的政治环境与安顿躁动烦乱的情绪,更具有摆脱世俗,砥砺德性的正面意义。在嘉靖中后期,世风趋于奢靡而士风趋于贪婪,士人身处其中如何保持自我的纯洁成为一个不小的考验,当时顺风而化者可以说比比皆是,念庵在给朋友的书信中曾反复提及此点,他说:"京华衣冠之萃,可观法者不少,然世情扰扰,亦易汨没,非夫豪杰之士,固莫能于此力精于学而自有生意。"(同上,卷二,《与林东峰》)"京国名利场也,名利人之所易惑者,执事此行顺矣,于极顺中不动乎意,其能乎? 视极顺中与不顺,其能乎? 于名利之去来无少加损,而吾之所以不因之有增减,其能乎? 此亦千百年之一辨也。丝毫牵系,终身之累。"(同上,卷四,《与王塘南》)在念庵眼中,京师仿佛一个大染缸,稍不谨慎,便会玷污其身,可谓视官场如畏途,虽谈不上恐惧害怕,起码也是如履薄冰。其实,非但京师如此,各地又何尝不是如此,比如说他的讲学朋友王畿,早已脱离了官场,但念庵依然认为他受到了世风的浸染而有失贤者风范,故而致函规劝说:"今风俗披靡,贿赂公行,廉耻道丧,交际过情,所赖数公树立风教,隐然潜夺其气,庶几不言而信,豪杰嗣兴。犹恐习染锢蔽,未易移改,况助澜扬波,令彼得为口实。果有万物一体之心,宜有大不忍者矣。好名若节,欺诳耳目以为身利,此诚不可入于尧舜之道;若冒取善之名,借开来之说,以责后车传食之报,不知与此辈同条例否?"(《念庵文集》卷三,《答王龙溪》)龙溪之学以无善无恶之自然良知为宗旨,讲究物来顺应、一过而化的廓然大公,故而历来对生活小节不甚在意,也可以说是学术导致人格吧。念庵也承认人之欲望难以避免,但他认为从事圣贤之学者便不能听任自我欲望之放纵,他说:"人生有知不能无欲,欲不得其道始流于恶。然自古圣贤未有不由嗜好淡泊用度简省而能有成者。"(同上,卷八,《闲书》)而要养成淡泊习性,便须摆脱世俗而归寂,从环境上说,要入山而静处;从心境上说,要一尘而不染,正如他向聂豹所谈体会说:"奉谒五日,密自省察,终是入山滋味与出山较别,归来再验,尚须对火炼金,未是精莹纯全,无铅铜混杂,以此方觉全未济在,长者于此默识,更觉如何,要当以一尘不染为极至处,实吾后生拳拳也。"(同上,卷二,《答聂双江公》)当然,要达到一尘不染是相当艰难的,因为这不仅是一个心理的问题,同时也是一个生理的问题,对此念庵曾忍受了极大的清苦与寂寞,用李贽《续焚书》中对他的概括,便是所谓的"攻苦淡,练寒暑"。(卷二二,《罗洪先传》)在这方面,他可以说是奉身守洁的模范儒者,在学术上也是一个真正归寂的学者。

但主归寂时的罗洪先却并不是要抛弃世界的隐者,他的主静与佛氏之寂灭并不相同,尽管有许多王门学者担心他陷于禅寂而不能自拔,但他在此时却恰好是主于入世的。他的主静只不过是求得良知本体的功夫,而并非其最终目的。他获得静明之本体也并非用以避世自适,而是要以之应世,用他自己的话说叫作:"儒者学在经世,而以无欲为本。

惟无欲,然后出而经世,识精而力巨。"(《明史》卷二八三,《罗洪先传》)此亦即其诗中所言的"虽从静里得,却向动中知"。(《念庵文集》卷二十,《知几吟用康节韵》)此种"动中知"实可包括两个方面:在野与在朝。若在野,则可表率士人,著书传世,他解释自己淡泊其欲的目的说:"若夫假之以二三年,孜孜早夜敏行而不敢怠,则子舆所谓独善兼善,与退之所谓行道为书,化今传后,或者不能两让矣。"(《明文海》卷一九五,《与王尧衢书》)若在朝,则可以念庵所言聂豹之行为为例,他叙述双江嘉靖后期为兵部尚书时说:"当是时,敌岁窥塞,朝廷旰食,内外汹汹,先生临以镇静,事必己出,从容筹计,不夺于横议,异时纨绔之子囊金窃符涸爵恩赏者,不敢一过其门,天下始有羔羊之节。"(《念庵文集》卷十一,《双江公七十序》)依实而言,念庵的话具有很大的夸张成分,因为聂豹的此次出仕结果是很狼狈的,尽管当时他得到了严嵩与徐阶的支持,却并没有出色的表现,《明史》本传言其对南北之乱"卒无所谋画,条奏皆具文",弄得"帝切责大怒",最后"竟以中旨罢"。(卷二〇二)其中所叙与念庵之言相距甚远。但是念庵之语仍不失其资料价值,我们可将其视为是其本人对归寂说之自信与其在现实政治领域中之理想状态之企盼。可以设想,假如念庵有机会再入官场的话,他便会以此来立身行事。至于是否可以达到他所说的理想状态,则因为他后来转变了人生志趣而与官场永远决绝,再也没有了表现的机会,其效果也就不得而知了。

二、"彻悟仁体"与罗洪先的晚年心态

黄宗羲将念庵学术的第三阶段概括为"彻悟仁体",这当然是有道理的,因为有大量的罗氏原话可作为证明。但究竟如何理解此"彻悟仁体"的内涵,便成了重要的问题。前人对该问题研究得并不是很充分,曾做出过明确解答的是侯外庐诸先生所撰的《宋明理学史》,他

们认为罗氏所言之仁即万物一体之仁,而万物一体之仁的内涵又是以天下为己任,并具体解释说:"罗洪先的'仁体'说的主旨则在于以天弘人,让人从天上回到人间,因而具有'入世'、'用世'的思想特点。"(下册,第326页)如此阐释罗洪先的"彻悟仁体",即使不是完全的误读本文,起码也是做了极其狭隘的理解。因为所谓的"以天下为己任""入世""用世"等提法与罗氏本人晚年的人格心态几乎完全对不上号。几种罗洪先的传记几乎都提到了他晚年的出世意识,如《明史》言其晚年"严嵩以同乡故,拟假边才起用,皆力辞"。(卷二八三,《罗洪先传》)《明儒学案》曰:"三十七年,严相嵩起唐顺之为兵部主事,次及先生。先生以毕志林壑报之。"(卷十八,《江右王门学案三·罗洪先传》)李贽《续藏书》曰:"年垂五十,睹时事日非,乃绝意仕进。"(卷二二,《光禄少卿罗文恭公》)钱谦益《列朝诗集小传》曰:"达夫罢官后,杜门讲学,攻苦淡,炼寒暑,弯弓跃马,考图观史,以经世为己任。年垂五十,绝意仕进,默坐半榻,不出户者三年。"(丁集上,《罗赞善洪先》)很难设想,一位以天下为己任的士人,在国家处于危难之中而他又有机会重入仕途时,会如此坚决地拒绝出仕。假如说是由于避严嵩之恶名而欲自洁其身,那么其好友唐顺之何以会毅然出山。还有心学的开山大师阳明先生,也是无论在任何险恶的境遇中,都抱着"用之则行舍即休"的济世精神,以致最终病逝于征讨途中。如果说上述材料尚不足以作为充分证据的话,还有罗氏本人的诗作可为例证,如其《称拙》诗曰:"我从盛年来,常忧行及老。取友历险难,所志在闻道。一日复一日,如饥望得饱。外为名所驱,内苦意不了。蹉跎五十余,坐令颜色槁。齿发日变衰,智虑始欲扫。回首忆盛年,空负筋力好。偃形向岩扉,束书置穷讨。冥心闻斗蚁,纵目对飞鸟。身安忘卑高,分足任多少。聊称拙者心,得此悔不早。"(《念庵文集》卷十九)"五十余"可称之为晚年了吧,然而他所深悔者,乃是年轻时"外为名所驱,内苦意不了"的汲汲进取之举,而所向往者是束书偃卧的宁静生涯,是闻斗蚁、观飞鸟的悠然自在,是知足常乐的随遇而安,你能相信这便是以天下为己任、用世与入世之心甚强的念庵先生所写的诗作?并且还不是其系一时兴之所致的写景抒情小诗,而是深思熟虑的五古长篇。若证之以钱谦益的"五十绝意仕进,默坐半榻,不出户者三年"的记载,就更可视为是其五十后相当稳定的人生志趣了。如果说对其学术思想的研究结果与其人生志趣大相径庭,难道不应该怀疑这结论是否合乎研究对象的实际情形?

《宋明理学史》的作者当然是言之有据的,他引用了下面一段材料来支撑自己的观点:"近来见得吾之一身,当以天下为己任。不论出与处,莫不皆然。真以天下为己任者,即分毫躲闪不得,亦分毫牵系不得。……阳明公万物一体之论亦是此胚胎。此方是天地同流,此方是为天地立心、生民立命,此方是天下皆吾度内,此方是仁体。孔门开口叫人从此立根脚。……《西铭》一篇,稍尽此体段。"(《念庵文集》卷二,《寄尹道与》)对于明代中后期士人来说,张载的《西铭》及王阳明的《传习录》都应是非常熟悉的著作,尤其对王门后学就更应是如此,而万物一体之仁也是儒者常言之话题,关键要看是谁在讲以及讲话者的具体语言环境是什么,方可判断出言说者的真实意图。念庵此番言语当然并非言不由衷,但我以为他主要是从谈话对象身上着眼的。如今虽一时尚难彻底弄清念庵与尹道与之关系,但可以肯定的是,尹氏是一位尚未取得功名并正在努力争取的儒生,而不是像念庵这样已历经磨难的过来人。罗洪先有一首《送尹道与会试》诗曰:"经纶自属吾儒事,温饱何尝虑见侵。况是义方同尹母,可无善养似曾参。万言为试陈王道,一饭应知待士心。但得庙堂多尔辈,岂妨枯槁卧山林。"(同上,卷二二)当他说"经纶自是吾儒事"时,此"吾"乃复数之大我,犹"吾等"之意,而具体所指乃系被赠诗之尹道与,念庵以忠孝激励之,以期得到君臣和谐之结果。但这并不意味着他本人也有出山之念头,因为他在诗之结尾处分明说,只要朝廷之上多有正人君子如尔等,那我即使退卧山林以隐居又有何妨呢? 大约在一年之后,念庵又有《重登海天楼有怀王龙溪尹道与》诗曰:"高阁凭阑思惘然,旧游回首又经年。山阴留滞归舟后,蓟北飘飘去雁边。树影乍疑风侍侧,江流犹见道参前。风尘已觉闲人少,得共闲时信有缘。"(《念庵文集》卷二二)此刻,王畿远在山阴,而尹道与则已去蓟北求取功名,于是念庵感到了孤独,仿佛身边树影都成了朋友的身形,其思念之情自可想见。他感叹如今闲适者的日见其少,于是更珍惜从前那一段共同优游闲适的美好时光。如果根据这首诗,是否可以得出罗洪先不愿让尹道与出仕而与自己共隐山林的结论呢? 显然不能,因为这也是孤证,不能由此推出念庵的整个人生价值取向与学术思想。既然此诗不能,则《宋明理学史》引述的那封并不完整的信照样也不能。我以为,念庵的真实思想应是,他并不反对以天下为己任的人生态度,所以他也不反对尹道与科举入仕的追求;但由于自身的种种具体情形与对时局的考虑,他本人并不想重新入仕,也就是说,他本人此时以天下为己任的"出世""用世"思想并不强烈,甚至可以说相当淡漠。因此,也就有必要来重新阐释念庵"万物一体之仁"的确切含义及其所体现的人生价值取向了。

要阐释其"万物一体之仁",必须首先弄清念庵绝意仕进的真实原因,李贽所讲"见时事日非"当然是不错的,可惜语焉不详。其实,念庵在给朋友的信中,有过相当具体的心迹坦露。他在《寄聂双江》(《明文海》卷一九五)中,曾专门论及其坚不出山之原因,约而言之有三。一是惧祸:"昨得书归语之妇已,曰:'不做吧,无若往年被罪恐吓人也。'呜呼! 妇人之见何遽至此哉!"可见他是认可其夫人的见解的。二是自身有四种不宜出山的特性:"顾其所不能者有四:学问空疏,高之不能善世利物;性气悻直,卑之不能谐俗同人;识见浅陋,内之不能追陪赘御;筋力绵纵,外之不能效死封疆。"三是人生志趣之相异。他曾对唐顺之曰:"兄不可不出,吾则终老山林。"而他在信中解释其终老山林之原因说:"长林邃谷,一介不通;瞑目委形,百念皆弛。考其言,无一编之书;责其实,无尺寸之效。泯泯默默,以还造化。岂于性分有歉乎哉?"就是说即使不出山效命于朝廷,也并不会对自身之性情有分毫损害。可知他已抱定自我完善的志向。应该说,荆川先生的急于用世与念庵先生的坚不出仕,各自代表了王学的一个侧面。然而,尽管罗氏与聂氏同为王门学者且又同主归寂,但因聂氏当时已为朝廷官员,故念庵信中便多有保留而不肯倾心相诉。在其《与王尧衢书》(《明文海》卷一九五)中,面对此位更加亲近的朋友,他讲出了一番发自肺腑的真心话:

> 当今之士隐居独学,修名砥节,如湖州唐子,平凉赵子辈者,凡若干。仆之驽骀,十不及其二三。然此辈皆沦胥流落,淹滞已十数年,少者壮,壮者且老以衰,或馁冻无以存活。又其初皆以尽力国事,误触网而抵禁,非如仆之自以私罪去也。此辈尚不得为当事者所与,则仆得与此辈同陆沉焉,固无憾也,更何有所觊乎!凡人出处利钝,数固不偶,始言官谬相荐举,仆固知终必且弃去,以为万一不弃去,则仆之自为处亦有甚难者。何也?若使仆复如旧时随逐行队,进退以旅,趑趄嗫嚅,于明时无粟粒之补,则将毁平生而弁髦之。且向惟不能为此,所以甘心去官而无所悔耳,不然则柳士师所谓何去父母之邦者也。若便不如此而如彼,守其愚憨固陋而不变,恐日月渐久,积嫌积忤,自作祸孽,更有甚于向时。既不能为邯郸之步,竟当匍匐而归耳。是以终夜思之,进退狼狈。乃今得自脱祸于此,固可谓之幸,而不可谓之不幸也。

观此,罗氏之心态即昭然若揭矣。他的退隐,绝非一时之冲动,而是深思之结果。他知道,他所代表的不是自身一人,而是一批坚守气节的士人的共同命运。当与之同获罪的正直士人皆"沦胥流落"时,他能够与这些士人"同陆沉"已是难得,更不应该有什么非分之想。因为多数正直士人的沦落意味着朝廷的政治依然无公平可言,官场士风也无好转之迹象,则此时出山必归于失败狼狈便已在不言之中。此时出山,其处境之尴尬当一如从前,要么默默无闻地随波逐流,那不仅于事无任何补益,且有损自我之气节。当初自己离开官场之原因,不就是欲保持一己之气节吗?那今日又何必再去贬损气节呢?既然未出山时已知将来必然会终弃之,则今日又何必要勉强出山呢?更何况像自身之为人,若再处官场还会带来种种的祸患呢?如此看来,今日的脱离官场已是人生之大幸,又何以会去重蹈祸机呢?他很清楚,这不是一个正直士人立功扬名的时代,而是一个藏身自守的时代,因为出则于事无补而于己有害,你唯一的选择便是入山不出了。然而,他的归隐却又有自身的特点,他不同于李梦阳、康海辈的狂饮高歌以寄其郁闷愤激,也不同于杨慎、李开先辈的流连于倡优技艺以消其豪杰之志,又不同于文徵明、茅坤辈的寄情于诗文书画,而是要"隐居独学,修名砥节",用传统的儒学术语讲也就是隐则独善其身。之所以能够如此,这得归功于他对阳明心学的介入并在此基础上所进行的自我体验,从而具有了人生的自信与平静开放的心态,而支撑此种心态的便是下面要阐释的"万物一体之仁"。

罗洪先曾在许多场合表示过此种"仁"之意识,《宋明理学史》曾引用其《答蒋道林》(《念庵文集》卷四)的信以说明之,现引全文如下,以作完整观:

> 未几入深山静僻,绝人往来,每日块坐一榻,更不展卷,如是者三越月,而旋以病废。当极静时,恍然觉吾此心虚寂无物,贯通

无穷,如气之行空,无有止极,无内外可止,无动静可分,上下四方,往古来今,浑成一片,所谓无在而无不在。吾之一身,乃其发窍,固非形质所能限也。是故纵吾之目而天地不满于吾视,倾吾之耳而天地不出于吾听,冥吾之心而天地不逃于吾思。古人往矣,其精神所极即吾之精神,未尝往矣,否则闻其行事而能憬然愤然矣乎!四海远矣,其疾痛相关即吾之疾痛,未尝远矣,否则闻其患难而能恻然蠢然矣乎!是故感于亲而为亲焉,吾无分于亲也,有分于吾与亲斯不亲矣;感于民而为仁焉,吾无分于民也,有分于吾与民斯不仁矣。是乃得之于天者,固然如是,而后可以配天也。故曰仁者浑然与万物同体。同体也者,谓在我者亦即在物,合吾与物同为一体,则前所谓虚寂而能感通,浑上下四方往古来今内外动静为一者也。故曰视不见,听不闻,而体物不遗。体之不遗者也,与之为一体故也。

据《宋明理学史》作者考,此信作于嘉靖三十五年念庵五十三岁时,故可作为论证其晚年彻悟仁体之材料。读该信须先注意两个问题:一是罗氏晚年并未完全放弃其归静主张,而是归静说之深化,此处所谈感受即从其静悟中得来;二是信中所谈情状全为"块坐一榻"时的心理感受,而并非欲在现实中真正实现之计划安排。此犹如读《庄子·逍遥游》,其中所言景象均为作者内在超越之精神意象,若有人欲将其视为是庄周本人实有乘风高举之追求,则无异于痴人之前说梦,诚为胶柱鼓瑟矣。本段文字充其量说明了念庵由静悟而带来的精神世界的充实与广大,即其所言"虚寂而能感通,浑上下四方往古来今内外动静为一者也"。如果将此文字与其现实行动直接相联,从而说明其出世或入世的人生价值取向,那是很危险的。因为首先必须弄清作者写作此信之目的,否则不宜将此作为论证材料。在《明儒学案》中,黄宗羲也引用了此信,但与四库本《念庵文集》略有不同,在上引文字后尚有数句可供参考,其曰:"若二氏者有见于己,无见于物,养一指而失其肩背,比于自贼其身者耳。诸儒辟二氏矣,猥琐于扫除防检之勤,而迷谬于统体该括之大,安于近小,而弗睹其全,矜其智能,而不适于用。譬之一家,不知承藉祖父之遗,光复门祚,而顾栖栖于一室,身口是计,其堂奥未窥,积聚未复,终无逃于樊迟细民之讥,则亦何以服二释之心哉?"(卷十八,《江右王门学案三》)此仍是从胸襟处立意,佛道将己与物置于对立的地位,故显其小;而诸儒"猥琐于防检之勤",亦足见其拘。而正确的做法应是像明道先生所言:"不须防检,不待穷索,未尝致纤毫之力。"(同上)从而达到"虚寂无物,贯通无穷"的境界。因而《答蒋道林》乃是属于讨论学术方法与由此方法所获得的精神境界的范畴,而与是否用世无关。故而此所言"万物一体之仁"与《寄尹道与》中所言"以天下为己任"之用世,不属同一层面的论题,不可浑而言之以说明念庵晚年之人生态度。

　　士人之精神境界与其现实人生价值取向尽管并非同一层面之问题,但又绝非是互不相干的。比如"万物一体"的仁之境界,既可以体现为阳明铲除祸患的现实政治操作,也可以体现为白沙观物体仁的精神感悟。落实在念庵身上也同样如此,他晚年虽绝意仕进,但又不忘儒者仁民爱物之责,《明史》本传记其晚年曰:"岁饥,移书郡邑,得粟米数十担,率友人躬振给。流寇入吉安,主者失措。为画策战守,寇引去。"(卷二八三)在《念庵文集》中,保存着一首为民请命的长诗,其诗前有小序曰:"南游赤子,永丰贼自称也。围城四日,投书聂太保,诉言财尽民穷,救死不赡,不得已而至此,且乞济施。辞颇恭逊,余读而感焉,作长谣怜之,亦因以风世云。"此所言"投书聂太保",可知聂豹此时已赋闲家居,聂氏于嘉靖三十三年封太子太保,并于次年致仕回乡,则此诗当作于嘉靖三十四年后无疑,显系念庵晚年。诗中指出当时情景为:

"末代递变迁,浇风散淳朴。公家竞侈靡,大姓工椎剥。"而身处其中的百姓,"迫胁不自聊,激发恣为虐",并替他们代言说:"倘免饥寒忧,肯弃畎亩乐?"(卷十九)念庵的用意当然还是为了朝廷稳定,天下太平,而不希望百姓铤而走险,但他认识到今日"为虐"之徒皆昔日善良之民,只是由于身处"末代",遭致大姓之"椎剥",弄得"财尽民贫,救死不赡",方出此下策,如果能够免去饥寒的威胁,谁又愿抛弃太平安稳的生活?倘若对百姓缺乏"万物一体"的关怀之仁心,怎会讲出如此体贴百姓的诗句来?因此,念庵"万物一体之仁"的真实含义首先应是对民生疾苦的同情与关注,而不是急于"用世"的现实行为。但更重要的是,此仁体还指与物无忤的浑融境界与和乐之心。他在晚年曾告知王畿,自己前此的"收摄保聚偏矣",如此则分"动静为二",最终"必至重于为我,轻于应物"。而当他体悟到"万物一体之仁"后,便是另一种境界了,所谓"心也者,至神者也,以无物视之,固泯然矣;以有物视之,固炯然矣。欲尽敛之,则亦块然不知,凝然不动,无一物之可入也;欲两用之,则亦忽然在此,倏然在彼,能兼体而不遗也"。这显然已接近阳明体用不分,即动即静之自然良知了,故而王畿听后说:"兄已见破到此,弟复何言!"(《明儒学案》卷十八,《江右王门学案三》)正是有了如此的学术思想转变,使得念庵晚年的人生情调向着自然和乐的境界提升,具有了与当年曾点之乐相近似的人生乐趣,吟出了如下的诗句:"却喜舞雩归来晚,春风多少柳条新。"(《念庵文集》卷二一,《赠黄洛村》)"窃比舞雩吾所志,年年将奈暮春何。"(同上,卷二二,《东郭先生贻连生书屋落成诗次韵奉赠》)此种曾点之乐是念庵晚年所追求的主要人生境界,它是与物我一体之仁紧密相连的,其《病起自警》一诗对此做了很好的描述:"五尺身躯一丈夫,百年事业竟何如?每思曾点三春乐,岂用康成万卷书?物我同观从混俗,见闻俱泯似逃虚。古来豪杰几先定,肯向迷途错驾车。"(同上)他不再像从前那样广读博学以苦其身心,而要学曾点在春风中舞咏而乐,物我浑一而无阻隔,但心中自有良知主持,而不同于是非不分之乡愿;泯去见闻而一任自然自得之情韵,形似逃虚而实有仁者万物一体之心。这是一种审美的人生,但并不以放弃儒家的人生责任为代价。于是,在念庵晚年的作品中,就有了非常美的诗篇,其标志便是物我相融的高超意境的存在,试观以下数首:"桃花满村郭,山雨鸣鸠鸟。柴门午始开,苔藓无人扫。"(《念庵文集》卷二十,《山水四咏》其一)"曾伴渊明栗里间,千年流落影阑珊。何知寂寞荒山里,亦有知心为破颜。"(同上,《十月黄花满庭把玩开颜遂有短句二首》其一)"春霁媚行游,春潮静不流。衣薰疑日近,棹动觉天浮。缃缃烟光合,丝丝柳色柔。江南风物美,大半在汀洲。"(同上,卷二一,《晴日江上》)尽管它们全都是山水诗,其中没有出现除作者之外的其他人物,但诗作却清而不空,充满了生机与情趣,虚掩的柴门,静静的苔藓,却被满村的桃花与知情的鸟鸣赋予了生命的情调;而那寂寞荒山中的菊花,本来是形影相吊,阑珊孤独的,但有了知心的作者为之破颜而笑,则立时透露出物与人的相互理解与爱怜;至于那向游人献媚的雨后晴空,那亲近人衣的春天暖日,那水天一色的空明境界,那醉烟中含情脉脉的丝丝柔柳,究竟是人因景而生欣喜之情,还是人之喜悦之情赋予了景色以明丽格调,实在已难以分清,而只见其一片浑融和乐的境界。此处所显之仁乃是自然之生机,诗人之情趣,亦即《易》之所言生生不已之宇宙精神。而这方是念庵晚年主要的生命情调。

然而,如果说念庵在晚年归隐自适的生涯中保持了纯粹的儒者情怀,那也是不合乎实情的。在他归寂的人生体悟中,在他物我一体的审美享受中,在他极力摆脱"末世"现实的纠缠时,佛、道之意识往往乘虚而入,在其心灵世界中占据了一定的位置。因为他要实现内在超越的心灵自由,便不能不流露出"一见真我在,形骸岂足私"(同上,《老至》)的庄子情韵。于是,他主张将儒释道打成一片,而以自我生命之顺适为核心,故而在《答何善山》中曰:"吾辈一个性命,千疮百孔,医治不暇,何得有许多为人说长道短耶?弟愿老兄将精一还尧、舜,感应还孔子,良知还阳明,无生还佛。直将当下胸中粘滞,设计断除,眼前纷纭,设计平妥。原来性命,设计恢复。益于我者取之,而非徇其言也;害于我者违之,而非徒以言也。如是,尚何说之不同而惧之不早已乎?"(《明儒学案》卷十八,《江右王门学案三》)可知,念庵先生是真正通达了,于是我们看到了他物我一体的另一种境界:"终日营营与外物交,以我应之,未始见其非我也,久而见化于物。故舍事无心,舍物无身,暂尔瞑目,彷徨无垠,有如处于寂寞之乡,旷莽之野,不与物对,我乃卓然。"(同上)此种以无心应万物而超然自得的境界,既可用儒者情顺万物而无情的仁者胸怀释之,亦可用庄子物我合一而与天地同在的道家境界说明,还可用禅宗无所住而生其心的随缘任运情调表述。然而,念庵先生依然是儒者,我们看他的《述怀示友人》,便可清晰地感受到他晚年的心态,诗曰:"悠悠望千载,千载未久陈。共此山川居,世代递疏亲。贻谋逮孙子,辽远如越秦。名氏成杳绝,丘墓同飘尘。骨肉尚如此,况彼乡与邻。所赖在简书,遗言亦多湮。百不一可究,六艺俱沉沦。默默忽返顾,造化如我宾。形骸聊一寓,旋当去吾身。吾身既非有,其他复奚因。踽踽诚尔异,煦煦徒为仁。经营慷慨业,冀以名自伸。簸弄卜世语,雠校忘疲辛。酣谑恣放达,破灭称天真。俱谓发狂疾,胡云诣精纯。我思鲁中叟,两楹梦何频?怡然曳杖歌,曾不赠笑颦。达者识其源,顷刻为秋春。愚人不解事,骇怵褫魂神。林中多败叶,乔柯岁华新。彼此更互见,修短宁足论。默观发独慨,证我意中人。"(《念庵文集》卷十九)在本诗中,作者将人生置于永恒的时间之流中,突出了人生的短暂与功业的不可凭借。子孙后代也难有意义,祖孙之间已远隔如越秦;古人之名氏如同其坟丘一般早已烟消云散,其亲族后代尚坐视不管,更何况那些不相干之乡邻?自我之形骸犹是暂寄于世间，顷刻间便会灰飞烟灭，既然我身尚不属我有，那其他又何足挂齿？在死亡面前，什么建功立业名垂千古，什么著书立说以图不朽，都成了没有价值的误入歧途。但倘若由此而放纵自我，恣意享乐，那也属发病发狂，而并未寻求到人生的真谛。理想的人生应该是如孔子那般，既抱有致君尧舜的远大理想，而一旦世不我用，便曳杖而歌，无牵于怀，"优哉游哉，维以卒岁"。(《史记》卷四七，《孔子世家》)在春秋更迭、岁月轮转的大化之流中，不喜不惧，从容自得。这便是念庵先生的理想人生。尽管他的"意中人"孔子已不是纯粹的儒者身份，而是混合了庄禅的意识，但在念庵本人看来，他仍是儒，仍是孔子之传人。在嘉靖时期，像罗洪先这样因人生的挫折而归隐，从而抓住自我的生命之源不放手，融合释、道以求精神的解脱，而又不放弃儒家身份者，可以说大有其人。比如说薛蕙先生，虽并非王门弟子，但其人生经历与思想特征几乎与念庵如出一辙。薛蕙(1489—1541)，字君采，号西原，亳州人。正德九年进士，授刑部主事。他曾谏武宗南巡，与世宗争大礼议，为此而下狱，后又被人攻讦而被罢官。在这险恶的境遇中，他成了一只无助的孤雁，"声未鸣而先绝，翅将举而复坠"；"延性命之苟存，非初心之所营；遭志意之摧折，中无故而或惊"；"避缯缴而往来，困鹰隼之纵横"。其精神空间被大大压缩，忧谗畏讥，心境凄凉，他虽以"鹰隼"自比，并仍有"志激昂而将跃"的意愿，但却失去了鼓起自我志向的凭借。(《考功集》卷一，《孤雁赋》)故而最后终于走向老庄，注《老子》以见志去了。但作为儒者的薛君采并不甘心沦入佛老中去，据《明儒学案》记其为学过程曰："先生初好养生家言，自是绝去文字，收敛耳目，澄虑默照，如是者若干年，而卒未之有得也。久之，乃悟曰：'此生死障耳，不足学。'然因是读《老子》及佛书，得其虚静慧寂之说，不逆于心，已而证之《六经》及濂、洛诸说，至于《中庸》'喜怒哀乐未发之中'，曰：'是矣！是矣！'故其学以复性为要。未发之中，即性善也，情则始有善不善。圣人尽性,则寂多于感,众人私感不息,几于无寂。"(卷五三,《诸儒学案下一》)可知从为学宗旨上言,薛氏之学亦可用"归寂"二字概括之。若证之薛氏原话,则黄宗羲的确所言不虚,比如薛蕙说:"寂然不动,本一理耳,感而遂通,乃散为万事。虽散为万事,因物感之不同,故应之亦不同,千变万化,皆是物也。"(同上)念庵称其所归之寂为良知本体,而薛氏则言其为"理",显示了心学与理学的差异,但无论本体为何,都是为了求得既有主宰又可自然而应物的超然境界,如薛蕙又说:"寂然之时,物物本不相碍,及其感也,虽物各付物,而己不与焉。诚如是也,从容万物之间,夫何为哉?"(同上)这"从容万物之间",实即是对自我生命的安顿。从为学过程看,他开始是因佛老而得悟的,亦即在失意中寻求到了自我生命的支点,但作为一位儒者,又不免对佛老有一种天生的排拒感,从而显得不那么心安理得,非要从《中庸》里寻到相似的说法,于是欣然而喜,遂持之不疑。所以黄宗羲对其理论不满曰:"若止考静中觉性,以为情发之张本,则一当事变纷纭,此体微薄,便霍然而散矣。"(同上)其实,薛氏之求寂,正是为了避开那纷纭的事变而寻求精神的安宁,黄氏不免错会其本意。在这方面,时人文徵明倒是比黄宗羲更理解薛蕙的心态,他说薛氏"晚岁自谓有得于老聃玄默之旨,因注《老子》以自见。词约理明,多发前人所未发。又喜观释氏诸书,谓能一生死,外形骸,将掇其腴,以求会于吾儒性命之理。盖亦闲居无事,用寄其渊微深寂之趣耳。或以为有所没溺,而实非也。所居之西,隙地数弓,即所谓西原者,故有水竹之胜;至是益加树艺,室庐靓深,松竹秀列,陂鱼养花,日游衍其中,著书乐道,悠然自适"。(《文徵明集补遗》卷三二,《吏部郎中西原先生薛墓碑铭》)此处所言"著书乐道,悠然自适",其生命情调实有近于念庵,而其融合儒释道以"寄其渊微深寂之趣"的学术方法与心态,亦几与念庵完全一致。从儒之一面言,他们只是借用了佛老,故所言实非"有所没溺"也;

但从佛道一面言，由于他们必须解决自我生命的安顿问题，就必须借用佛老，故所言实不可不染指佛老也。

抱有此种退守自保而默默无闻的人生态度者，在嘉靖之后的士人群体中占有一定数量，他们不再介入官场，只在民间讲学论道，甚者连学亦不肯讲，只在家中默默自悟，比如耿定向之弟耿定理，他"虽学道，人亦不见其有学道之处，故终日口不论道，然目击而道斯存也"；其学术宗旨乃是守定"未发之中"，自修自证。究其心态，则在于"世人莫可告语者，故遂终身不谈"。（《焚书》卷四，《耿楚倥先生传》）他不会像何心隐之类的狂者那般，具有强烈的出位之思而进取不止，所以当楚倥先生听到何氏的所作所为时，便感叹说："有是哉！神明默成，存乎其人，彼离其本矣，无成，将有害也。"（《耿天台先生全书》卷八，《观生记》）无论是从精神上还是肉体上，他只求自保，但他又决不放弃儒者所应有的节操，决不流于放荡无忌。此类心学传人因无涉于政治纷争与士人纠葛，故往往不被后世学者所注意，但又的确是一种有特色的士人类型，具有独特的人格心态，代表了明代中后期王学流行中士人的一种生存状况。而且，他们对士人群体还造成了一定的影响，故应予以相当的留意。

第四节　王畿——三教合一与士人心态的新变化

一、心学的内部学术对话与王畿的良知观

王畿（1497—1582），字汝中，号龙溪，浙江山阴人。他是阳明在世时最得意的弟子之一，他也终生以发扬光大师门心学为己任。他中举后就学于阳明，遂不愿继续参加科考，阳明劝之曰："吾非以一第为子荣也，顾吾之学，疑信者半，子之京师可以发明耳。"这才决意前往，遂中嘉靖五年会试。因"当国者不说学"，便对钱德洪说："此岂吾与子

第三章 嘉靖士人心态与王学之流变 347

仕之时也？"二人皆不廷试而归。嘉靖七年正欲赴廷试，而闻阳明逝世消息，遂奔丧之广信料理阳明丧事，然后守心丧三年。直到嘉靖十一年始参加廷对而中进士，授南京职方主事。(《明儒学案》卷十二，《浙中王门学案二·王畿传》)后又进至武选郎中，给事中戚贤荐王畿学有渊源，可备顾问，但"夏言斥畿为伪学，夺贤职，畿乃谢病归"。(《明史》卷二八三，《王畿传》)从此便永远离开官场，而"孳孳以讲学为务，所至接引无倦色。自两都吴楚闽越，皆有讲舍，江浙尤盛，会常数百人，年八十余，尤不废出游"。(《续藏书》卷二二，《郎中王公》)由于此种经历，使王畿对当时各地王学流派多有接触，对其发展状况非常清楚，故而他的讲学不是闭门造车，而是在与各个流派的对话甚至争辩中提出自己的见解的，因此许孚远概括阳明之后王学之演化说："姚江之派复分为三，吉州（邹守益）仅守其传，淮南（王艮）亢而高之，山阴（王畿）圆而通之。"（朱怀吴《昭代纪略》卷五）可以说，"圆"乃是王畿心学理论的最突出的特征。

王畿有一段话，充分显示了此种"圆而通之"的特性，不妨全引如下：

> 良知宗说，同门虽不敢有违，然未免各以其性之所近拟议搀和。有谓良知非觉照，须本于归寂而始得，如镜之照物，明体寂然而妍媸自辨，滞于照，则明反眩矣。有谓良知无见成，由于修证而始全，如金之在矿，非火齐锻炼，则金不可得而成也。有谓良知是从已发立教，非未发无知之本旨。有谓良知本来无欲，直心以动，无不是道，不待复加销欲之功。有谓学有主宰，有流行，主宰所以立性，流行所以立命，而以良知分体用。有谓学贵循序，求之有本末，得之无内外，而以致知别始终。此皆论学同异之见，不容以不辨者也。寂者心之本体，寂以照为用，守其空知而遗照，是乖其用

也。见入井孺子而恻隐，见呼蹴之食而羞恶，仁义之心本来完具，感触神应，不学而能也。若谓良知由修而后全，挠其体也。良知原是未发之中，无知而无不知，若良知之前复求未发，即为沉空之见矣。古人立教，原为有欲设，销欲，正所以复还无欲之体，非有所加也。主宰即流行之体，流行即主宰之用，体用一原，不可得而分，分则离矣。所求即得之之因，所得即求之之证，始终一贯，不可得而别，别则支矣。吾人服膺良知之训，幸相默证，务求不失其宗，庶为善学也已。

（《拟岘台会语》，见《明儒学案》卷十二）

王畿此处的论述方式，颇有佛家之判教性质，他认为其他的良知理论均有其缺陷，只有他自己的见解才是最为圆满完善的。以王畿在王门弟子的位置与其对各派的了解程度，他也许有资格做出评判，至于所评是否正确，则须视其具体内容而定。观本段文字，王畿的行文主旨在于顾及两端而执其中，统合各方而归其一，如寂之体与照之用必须兼顾，如果遗照便是乖其用，那就是偏，因此他的主导思想乃是"体用一原""始终一贯"，实际上也就是"圆"。"圆"当然是针对不圆而发的，而当时王畿所指的不圆对象则主要是江右王学的主修派与归寂派。主修派以邹守益为代表，他认为要把握心学的精髓便不能"忽实修而崇虚谈"，所以他为"惜阴会"所作的《惜阴会约》中说："凡乡会之日，设先师像于中庭，焚香而拜，以次列坐，相与虚心稽切居处果能恭否？执事果能敬否？与人果能忠否？居此者为德业，悖此者为过失。德业则直书于册，庆以酒；过失则婉书于册，罚以财，大过则倍罚，以为会费。"（《东郭集》卷七）此处非但有恭、敬、忠诸伦理因素之强调，并有相互监督之责任及经济制裁之措施。此即为龙溪所言"良知由修而后全"，其结果将会"挠其体"。故而虽同是在江西设会，王畿为洪都同心会所作会约便显然不同,其所言设会原因曰:"但恐吾人尚从间接承接过去,不能实致其知,日著日察,以求自得,则所谓晓然明白者尚不免于播弄精魂,非实际也。夫不握其机,则大化无从而运,不入其窍,则大本无从而立,非借师友夹持启悟,则未免溺于沉浮,安于孤陋,大业亦无从而究。"可知其目的即在"夹持而悟",故其会约中无丝毫勉强措施,反而鼓励宽容理解,所谓"议论偶有未合,不妨默体互证,毋执己长以长胜心,庶令可保始终,而此学赖以不坠"。(《龙溪王先生全集》卷二)完全是自由讨论的方式,目的便是求得本体之悟。可知他要纠正邹守益的,是只知修而不知悟。而对于聂豹、罗洪先二人所主张的归寂,王畿则认为是只知求体而弃其用,同为一偏之论,因而与聂豹争辩说:"感生于寂,寂不离感。舍寂而缘感,谓之逐物;离感而守寂,谓之泥虚。"(《明儒学案》卷十二,《浙中王门学案二·致知辩议》)所以,若欲真正把握良知之实,便要即体即用,体用不分,"良知本体原是无动无静,原是变动周流,此便是学问头脑,若不见得良知本体,只在动静二境上捡择取舍,不是妄动,便是著静,均之为不得所养"。(同上,《浙中王门学案二·东游会语》)从实际情形看,王畿的确是最能领悟王阳明致良知的真实精神的,尽管黄宗羲言龙溪跻阳明而为禅,但他还是不得不承认,王畿"亲承阳明末命,其微言往往而在"。(同上)阳明的良知学说在发展过程中当然有不一致甚至矛盾之处,而就其主导特征而言,无论是早期的知行合一,还是晚年的致良知,都是强调的体用不二,动静无间。王畿不仅继承了此种学术思想,而且将其更加明朗化。如当年阳明在四句教中,有"无善无恶心之体"与"知善知恶是良知"二句,本来是讲的体用二端,但因表述含糊而引起了许多争议,如今在王畿这里便明快多了,如:"知是知非而实无是无非,知是知非者应用之迹,无是无非者良知之体也。"(《龙溪王先生全集》卷八,《艮止精一之旨》)"盖良知原是无中生有,无知而无不知。……虚寂原是良知之体,明觉原是良知之用。体用一原,原无先后之分。"(《龙溪王先生全集》卷二,《滁阳会语》)将"无是无非"与"知是知非"同归于良知之体用,概念得到了统一,避免了不必要的误解,而且由此推出了良知"虚明"的特征,从理论的完善性上来说,的确要胜过阳明一筹。这便是黄宗羲所指出的:"先生(指王畿)疏河导源,于文成之学,固多所发明也。"(《明儒学案》卷十二,《浙中王门学案二》)

明清之际的许多学者都认为王畿为学主悟主无,流入释、道之中,使阳明心学走入歧途。这当然不能说毫无道理,但却不能说是对龙溪之学全面深入的理解。就王畿的本意讲,他倒是想极力做到圆满周全的。比如说不少人认为王畿不重功夫而只讲本体,可他分明反对偏于一方,故曰:"致知在格物,格物正是致知,实用力之地,不可以内外分者也。若谓工夫只是致知,而谓格物无工夫,其流之弊便至于绝物,便是仙佛之学。徒知致知在格物,而不悟格物正是致其未发之知,其流之弊便至于逐物,便是支离之学。"(《龙溪王先生全集》卷九,《答聂双江》)正是出于这种考虑,他对白沙之学便有自己的看法,他承认明代学术的"开端是白沙",至阳明而大明。(同上,卷十,《与顾冲宇》)但他并未将二者等同,而认为白沙不过是孔门别派,其关键在于白沙只求静寂,"假静中一段行持,窥见本来面目,以为安身立命根基",这便是"权法"而非究竟意。而阳明的致良知却是"不论语默动静,从人情事变彻底炼习以归于元",也就是内外动静为一,而这才能真正达到人生的彻悟。(同上,卷十六,《霓川别语》)龙溪认为这也才真正是圣人之学。

从此一角度言,"空"与"无"并非是龙溪的最终目的,而是致用之前提。尽管他多次指出"空空者,道之体也"(同上,卷六,《致知议略》),"老子曰无无,既无,湛然常寂"(同上),但若仔细体味其"无"之内涵,似有两种意项构成。一是虚之意。他说:"空空即是虚寂,此学脉也。"(《龙溪王先生全集》卷六,《致知议略》)而虚寂的另一面却是感应之用,所谓"虚寂者心之本体,良知知是知非,原只无是无非,无即虚寂之谓也。即明而虚存焉,虚而明也,即感而寂存焉,寂而感也;即知是知非而虚寂行乎其间;即体即用,无知而无不知,合内外之道也。若曰本于虚寂而后有知是知非本体之流行,终成二见,二则息矣"。(同上,卷十六,《别曾见台漫语摘略》)此"空"此"无"既非无任何内容之断灭空,也不能独立而存在,虚之体的同时便是用之明,寂就在感之中,良知具有知是知非的功能便是由于虚寂行乎其间。王畿曾对此虚与用之关系做过多种比喻,或以镜之虚而能显其明,或以口之空而能辨甘苦,或以目之空而能辨黑白,或以耳之空而能辨清浊,最终归之于心之空而能辨是非。这是从认识功能上说的,而从境界上说,虚则体现了圣人与天地同体的胸襟,他说:"老氏曰致虚,又曰谷神,谷亦虚也。天地间惟万物,万物成象于天地之间而无一物能为之碍者,虚故也。人者天地之心,万物之宰,貌然以一身处乎其间,与万物相为应感,虚以动而出不穷,自然之机也。"(同上,卷十七,《虚谷说》)从语言层面上看似乎有浓厚的老庄思想色彩,但其目的则是要求具备一种开放的胸襟,以便与万物相感通,这其实又是儒家万物一体之仁意识的表现。王畿非常清楚"世之学者反以虚之说出于老氏,讳而不敢言",但他依然敢于冒此风险,是因为他深信"天地此位,万物此育,而虚之为用大矣"。(同上)打通儒释道而为其心学体系服务,这正是王畿思想的特征。二是自然之意。对此王畿解释说:"自然之觉,即是虚,即是寂,即是无形、无声,即是虚明不动之体。"(《明儒学案》卷十二,《浙中王门学案二·致知议辩》)其实,这也是谈的良知之体用问题,在王畿看来,良知虽是自我之主宰,但其本身却又是空寂虚无的,在感应的过程中,良知固然不能"随物流转",因为那将失去主宰,可又不能离开知觉而有意去把握良知,因为这便是有所"执",而"才有执着,终成管带"。

(《明儒学案》卷十二,《浙中王门学案二·答念庵》)所以最佳的状态便是忘却良知主宰一任其自然而又不违良知天则。用王畿的话说叫作:"见在一念,无将迎,无住著,天机常活。"(同上,《浙中王门学案二·水西别言》)或者叫作:"直心以动,自见天则。"(同上,《浙中王门学案二·万履庵漫语》)王畿称此为"自然良知",此处的自然包括了天然现成之本原与自然无碍之感应两个方面,所以王畿说:"先师良知之说,仿于孟子不学不虑,乃天所为自然之良知也。惟其自然之良,不待学虑,故爱亲敬兄,触机而发,神感神应;惟其触机而发,神感神应,而后为不学不虑,自然之良也。"(同上,《浙中王门学案二·致知议略》)此情形犹如珠之走盘,珠在盘中自然而动,自由而走,无外力之限制与自身之胶滞,然又决不会走出盘外而中止,用孔子的话说即"随心所欲不逾矩",而这正体现了王畿"圆"之特性。

而要达到本体之虚明与感应之自然,就不能沿袭朱子主修主敬的传统治学方法,而必须代之以"悟"。上述所言"不学不虑"并非是不经过任何过程便可得其自然之良知,而是说不能靠知识的积累与人为的智虑去获得,必须通过悟方可达此目的。而此悟字最足遭致后人误解,明末儒者刘宗周便说龙溪:"直把良知作佛性看,悬空期个悟,终成玩弄光景。"(同上,《师说》)其实,王畿的本意是说学要以悟为门径,而并非是只需悟便可解决所有问题。应该说此种思路是符合阳明的学术思想的,阳明论学也强调悟,在如今所保存的几种天泉证道的资料中,可以说都曾指出了此一点。拿出入较大的王畿与钱德洪的不同记载相比,便可一目了然。王畿记阳明之言曰:"吾教法原有此两种,四无之说为上根人立教,四有之说为中根以下人立教。上根之人悟得无善无恶心体,便从无处立根基,意与知物皆从无生,一了百当,即本体便是工夫,简易直截,更无剩欠,顿悟之学也。中根以下之人,未尝悟得本体,未免在有善有恶上立根基,心与知物皆从有生,须用为善去恶工夫,随处对治,使之渐渐入悟,从有以归于无,复还本体,及其成功一也。"(《龙溪王先生全集》卷一,《天泉证道纪》)钱德洪则记其师言曰:"我这里接人原有此二种:利根之人直从本源悟入,人心本体原是明莹无滞的,原是个未发之中。利根之人一悟本体即是功夫,人己内外一齐透了。其次不免有习心在,本体受蔽,故且教在意念上实落为善去恶功夫,熟后渣滓去得尽时,本体亦明尽了。"(《王阳明全集》卷三,《传习录下》)在此,王畿明确地指出了无论是简易直截的顿悟还是为善去恶的渐修,其最终目的都是要悟得无善无恶之良知本体;钱德洪的话稍微含糊一些,而所谓"渣滓去得尽时,本体亦明尽了",也应该是渐修后的透悟。在后来的阳明年谱中,也有"汝中须用德洪功夫,德洪须透汝中本体"(同上,卷三五)的话,可证阳明的确要求渐修之人最终亦须悟得良知之虚无本体。因而王畿强调学要以悟为门径并未违背阳明之本意。当然,阳明对王畿只偏于顿悟一途确实表示过忧虑,说他"只去悬空想个本体,一切事为俱不着实,不过养成一个虚寂,此个病痛不是小小"。这是钱德洪的记载,王畿所记无此语,但年谱中亦有此记载,可见是实有之言。故而在阳明逝世后王畿便对其四无说有所纠正,他在《与程方峰》中说:"天泉证道大意,原是先师立教本旨,随人根器上下,有悟有修。良知是彻上彻下真种子,智虽顿悟,行则渐修。"可知他是接受了阳明的劝告的。但他又有了自己的发挥创造,这便是顾及两端而统合之的"圆"之特征,所以他接着说:"此学全在悟,悟门不开,无以征学。然悟不可以言思期必而得,悟有顿渐,修亦有顿渐。著一渐字,固是放宽;著一顿字,亦是期必。放宽便近于忘,期必又近于助。要之皆任识神作用,有作有止,有生有灭,未离生死窠臼,若真信良知,从一念入微承当,不落拣择商量,一念万年,方是变识为智,方是师门真血脉路。"(《龙溪王先生全集》卷十二)他首先承认了学有顿渐二途,此乃其继承师说处。但他更强调的是,学者须以悟为门径而断不能一味执着于顿与渐,如果纠缠于渐,那就有放松自我进取的危险,而放松自我进取便意味着舍弃心性的修炼,此即为"忘";而专执于顿,那就有急于求成的急躁之病,而急于求成的急躁便会造成揠苗助长的不良后果。而按王畿的意思,要成功就必须放弃对顿、渐的固执,该顿者即顿,该渐者用渐,最后悟得良知真境界,"变识为智",方可达到人生的彻悟而学有所得。如此论学,则显然是在阳明的基础上又有了新的进展而更加圆融。

王畿有一首论学诗曰:"天根寂寂从何起,直须感处观无始。愧心才动面生丹,哀心乍萌颡溢泚。瑶藏冲开捷有神,莫把真金弃如屎。寂中起感感归寂,千圣传来旧宗旨。路头差别较些儿,择术从教慎函矢。世鲜中行道益孤,媚俗纷纷乱朱紫。夫君自是儒中英,好向毫厘辨千里。"(《龙溪王先生全集》卷十八,《再用韵论学一首》)良知之体本寂,但须于感处观之,寂中可以起感而感亦必归于寂,两端兼顾,体用双彰,此方可得大道之中行而不滞于一偏。可见王畿本人是有自觉的求"圆"意识的。

二、王畿心学理论所体现的人生价值取向

王畿心学理论所追求的统合圆融特征,从学术的角度讲当然是为了维护阳明先生心学的真实精神。但从更深层的历史背景看,他依然是为了回应时代向士人群体所提出的人生难题。他曾如此描述当时的士人存在状态说:"今世士大夫高者谈玄理,其次为柔愿,下者贪黩奔竞以为身谋,不堕于空虚则流于卑鄙污陋。"(同上,卷十五,《先师画像记后语》)如何纠正这病态的士风,当然是他需要考虑的内容。从当时学风上看,或倾向于谨慎恭敬,或偏重于放纵恣肆,如何避免二者的偏差,也是他需要解决的,于是他提出了"缠绕的要脱洒,放肆的要收敛"(同上,卷二,《水西精舍会语》)的中行原则。从王畿本人看,他

很早便被排除于官场之外,他尽管有讲学明道的热情,但如何保持自我在失意的人生境遇中的安定,也是他绕不过的大题目。因此,王畿的理论思考除了具有学术上的需要,更重要的是解决人生存在的现实问题。人生存在问题体现在王畿的心学理论中,实际上便是其人生价值取向问题。在此一方面,也贯穿了其执其两端而求其中的圆融思路,具体地讲便是,他既不放弃儒家万物一体的人生责任与现实关注,又要保持自我的顺适与人格的尊严,但又不执着于其中一端,而是超越二者,追求一种既可入世又可出世的豪杰人格与圣者境界。于是,在王畿这里,已经没有入世与出世的对立,从而也就没有了儒释道的区别与拣择。而所有这一切,又都被统一于其良知学说之下,最终形成了王畿独特的人生价值理论。

王畿毫无疑问是不能同意脱离现实而归于独善的人生态度的,这不仅可以证之以他终生孜孜不倦地讲学论道、共明圣学的人生实践,还可以在其对聂豹、罗洪先的归寂之学的批评中得到充分的证明。聂、罗二人的归寂主张当然是为了在险恶的环境中能保持自我的纯洁与安定,但同时归寂也是对现实环境采取的一种回避态度,说明了他们对于环境浸染的恐惧。当念庵先生高卧山中不出时,王畿便致函相劝说:"吾兄素行超卓,真纯粹白,同志素所信向。乃今闭关多年,高卧不出,于一己受用得矣,如世道何?兄见此辈发心不真,遂生厌离,不如自了性命,于计为得。且见荆川出山,大业未究,遂有所惩,益坚遁世。窃计此亦过矣。大乘禅宗尚不肯作自了汉。况兄平生种下万物同体真种子,世间痛痒,素所关心,天机感触,随处生发,岂容自已?"(《龙溪王先生全集》卷十,《与罗念庵》)念庵的归山之举与归寂之学都不是不可理解的,既然许多学者的讲学论道已流于口头而与人生实践无关,那又有何必要再与之加以讲论;既然世事已无可救药,荆川先生白陪了性命还要招致非议,那还有什么必要出山去再白送一条性命?但龙溪先生对此却并不予以认可，在他看来，既然身为儒者，在任何情形下都不能自了性命。因为高卧不出尽管可以获一己受用的人生实惠，可是却放弃了"万物同体"的儒者精神，放弃了维护世道的责任，而如果不关心"世间痛痒"，就不能算是一个真正的儒者。于此可见龙溪进取精神之强烈。但王畿不能自了性命的确切含义是不能仅仅自了性命，而不是说不能关注自我性命，于是，王畿的经世便与一般的世俗之学有了区别，那就是既不能重己而轻天下，也不能为天下而失去自我，而是要二者兼顾，双重并举，其关键在于致良知，故曰："夫儒者之学务于经世，但患于不得其要耳。昔人谓以至道治身，以土苴治天下，是犹泥于内外精粗之二见也。动而天游，握其机以达中和之化，非有二也。功著社稷而不尸其有，泽究生民而不宰其能，教彰士类而不居其德，周流变动，无为而成，莫非'良知'之妙用，所谓浑然一体者也。"（《刻阳明先生年谱序》，见《王阳明全集》卷三七）作为儒者的王畿，绝不能同意将治身与治天下分开的主张，尤其不能同意"以土苴治天下"的自私主张，而是应该既有"动而天游"的潇洒，同时又能握其机以化天下的治功，更重要的是要具有化成天下而不以为功的超越境界，这便叫作"浑然一体"的良知效用。

既然王畿具有如此强烈的儒家参与意识，那他何以会遭到后人流于禅的严厉批评呢？如刘宗周言其"蹈佛氏之坑堑"，"孜孜学道八十年，犹未讨归宿，不免沿门持钵"。（《明儒学案》，《师说》）这当然不是毫无根据的指责，在王畿的言论中，的确有不少地方公然为佛道辩护，比如："二氏之学虽与吾儒有毫厘之辨，精诣密证，植根甚深，岂容轻议？"（《龙溪王先生全集》卷十六，《水西别言》）"三教之说，其来尚矣。老氏言虚，圣人之学亦曰虚；佛氏言寂，圣人之学亦曰寂。孰从而辨之？世之儒者不揣其本，类以二氏为异端，亦未为通论也。"（同上，卷十七，《三教堂记》）"或问庄子之学。先生曰：庄子已见大意，拟诸孔门，庶几开点之俦。"（广理学备考本《王龙溪先生集》，《诸会语节录》)理学之改造佛、道以弥补自身心性论之不足,尽管从宋儒那里已经成为普遍的事实,但一般在口头上均对此采取回避的态度,更有甚者,他们事实上对佛、道已染之甚深,可公开场合却又对其大张挞伐,以维护儒学的正统性与权威性。而王畿在此却公然替佛、道辩护,对其不许"轻议",言世儒斥佛、道为异端"未为通论",甚至等庄子为曾点,如此的勇气在龙溪之前也许只有阳明先生堪与相匹,也难怪会招致刘宗周的强烈非议了。王畿之如此钟情佛、道,当然不是偶然的失误,而是在价值取向上的与之趋近,那就是他更重视个体的存在与受用。在阳明那里,强调的依然是为学须有切于身心,即所谓的"实有诸己",其真实意蕴为坚定自我的成圣信念与鼓舞自我的济世热情。可到了龙溪这里,则变成了如下的表述:"学原为了自己性命,默默自修自证。"(《王龙溪先生集》,《拟岘台会语节录》)"吾辈讲学,原为自己性命,虽举世不相容,一念炯然,岂容自昧。"(《龙溪王先生全集》卷十一,《与张阳和》)"吾人发心,原为自己性命,自信不惑,虽万死一生,亦当出头担荷。"(同上,《与赵瀔阳》)在这些表述里,当然也包含有阳明先生所讲的那层意思,但如此反复突出"自己性命",依然透露出他更为重视个体自我的用意,证之以他对生死问题的格外留意,便更会得出其看重个体生命的结论。儒家由于从本质上讲是一种协调社会关系、强调社会伦理的学问,因而除了对祖先的祭祀比较重视,很少留意个体的死亡方面,于是遂留下了孔子"未知生,焉知死"的千古名言。但龙溪在与人论学时却屡屡谈及对个人生死的思考,他说:"堪破世间原无一物可当情,原无一些子放不下,见在随缘,缘尽即空,原无留滞,虽儿女骨肉,亦无三四十年聚头,从未生以前观之,亦是假合相,况身外长物,可永保乎?"(同上,卷九,《李克斋》)在此他不仅动用了禅宗未生以前的空无理论,而且将儒家极其看重的人伦亲情也予以淡化,已显示出有异于传统儒学的价值倾向。然后,他又从对生的孤独转感叹转向对死亡的深切关注,故而说:"衰龄残质,后来光景已无多,生死一念,较旧颇切。古云平时明定,临期自然无散乱。有生死无生死皆不再计度中,一念惺惺,泠然自照,纵未能超,亦任之而已。"(《龙溪王先生全集》卷十一,《答刘抑亭》)他不仅想到了死,而且还想到了对死亡焦虑的克服。而若欲消除对死亡的恐惧,便须认真思考人类生死的真实内涵,于是他又动用了庄子的理论:"近来勘得生死一关颇较明白,生死如昼夜,人所不免,此之谓物化。若知昼而不知夜,便是溺丧而不知归,可哀也已。"(同上,卷十,《答耿楚侗》)此处的生死如昼夜、物化、视死如归家等理论,全都是从庄子那里转手而来的。借庄子弄懂死之不可避免的道理后,他开始入手解决此一问题,他说:"生死如昼夜,人所不免。四时之序,成功者退。人生天地间,此身同于太虚,一切身外功名得丧,何足以动吾一念。一日亦可,百年亦可,做个活泼泼无依闲道人,方不虚生浪死耳。"(同上,卷十二,《与吴中淮》)龙溪先生毕竟是通达的,他没有走向道教长生不老的荒唐奢望,而是凭借原始道家的内在超越理论,希望达到与天地合一的超然境界,做一个"无依闲道人"。然而道家的超越理论毕竟较为粗糙,不能完全解决龙溪先生的问题,因为对于死亡此一揪心的人生话题,并不是说忘便可忘掉的,于是龙溪动用了较道家更为精密的佛家理论,他说:"人之有生死轮回,念与识为之祟也。念有往来:念者二心之用,或善善,或恶恶,往来不常,便是轮回种子。识有分别:识者发智之神,倏而起,倏而灭,起灭不停,便是生死根因。……儒者以为异端之学,讳而不言,亦见其惑也。夫念根于心,至人无心则念息,自无轮回;识变为知,至人无识则知空,自无生死。"(同上,卷七,《新安斗山书院会语》)超生死,绝轮回,这正是佛家立教之本意。龙溪先生通过释、道融会,终于建立起了自己摆脱死亡威胁的超越理论。而他这样做的目的,则在于成就自我"做个出世间大豪杰",并获得个体自我的受用,所谓"眼面前勘得破,不为逆顺称讥所摇,脚根下扎得定,不为得丧利害所动,时时从一念入微酝酿主张,讨个超脱受用。才有所向便是欲,才有所著便是妄,既无所向,又无所著,便是绝学无为本色道人"。(《龙溪王先生全集》卷十一,《与李见亭》)至此我们明白了王畿的学术思路:他钟情佛、道的原因在于要解决生死问题的纠缠,而解决生死问题的目的又在于获取个体自我的超脱受用,则说王畿相当重视个体人生的价值应该是言有所据的。王畿此种人生价值取向的思想背景可从两方面来理解,一方面是对于险恶政治环境的回应,忘生死意味着排除外在环境对自我的心理威胁,这与聂、罗二人的归寂为同一思路,所以王畿在释《易》之艮卦时,认为"艮止"之意为:"惟得其所止,是以不获其身,不见其人,忘己忘物,而无咎也。"(同上,卷八,《艮止精一之旨》)此乃从消极面讲,可称之为自保。然同时又有积极之一面,此可称之为求乐或曰受用。王畿对此曾做过反复强调,所谓"无生死执吝,与太虚同体,与大化同流,此大丈夫超脱受用,功成行满之时也"。(同上,卷九,《与潘笠江》)"独往独来,讨个临行脱洒受用,方不负大丈夫出世一番也。"(同上,《与吕沃洲》)此种求乐的追求是嘉靖时期士人群体中兴起的一种日益强烈的人生愿望,许多士人被从官场排斥出来,在政治上难以再有作为,于是便转而追求自我身心的安乐,乃是顺理成章之事;而且整个社会风俗也都在向着追求物质与精神的亨乐方面发展,尤其是王学流行的南方地区,更是全国最为富庶、风俗最为奢靡之地,身处其中的士人自难免受其影响,王畿当然不能无视此种存在而不做出自己的回答。

一面绝不放弃儒家万物一体的济世责任,一面又要追求个体存在的价值与受用,这既是龙溪之学求全的特点,也是其无法回避的矛盾。按龙溪本人的学术方法,关键就在于如何取其中而使之归于"圆"了。这不仅难不倒他,反而是他最能发挥自身特长的方面,于是他又搬出了早已准备好的良知来对矛盾的两端加以统合,故曰:"良知者,性之灵,以天地万物为一体,范围三教之枢。"(《龙溪王先生全集》卷十七,《三教堂记》)他很清楚,儒学不足以解决生死问题,而"佛氏遗弃伦物感应,而虚无寂灭以为常,无有乎经纶之施,故曰要之不可以治天下国家"。(同上,卷十,《答吴悟斋》)此即其所言"夫沉空者,二乘之学也;溺境者,世俗之学也"。(同上,卷三,《周潭汪子晤言》)若欲经世而不溺于境,自适而不沉于空,唯良知能兼而有之,能兼之的原因在于良知具有超越二者的自然灵明,所以龙溪有诗曰:"三教峰头一驻骖,俯看尘世隔苍烟。青牛白马知何处,鱼跃鸢飞只自然。"(同上,卷十八,《经三教峰》)只有此"鱼跃鸢飞"般的自然良知,才是超越三教的真学脉。从济世之一面讲,王畿是如此描述其良知功用的:"大人之学通天下国家为一身,身者家国天下之主也,心者身之主也,意者心之发动也,知者意之灵明,物即灵明感应之迹也。良知是非之心,天之则也,正感正应不过其则,谓之格物,物格则知至矣。是非者,好恶之公也。自诚意以至于平天下不出好恶两端,是故如好好色而毋自欺,意之诚也。好恶无所作,心之正也。无作则无辟矣,身之修也。好恶同于人而无所拂,家齐国治而天下平也。其施普于天下而其机原于一念之微,是故致良知之外无学矣。"(同上,卷十,《答吴悟斋》)此种思路大致上未越出《大学》所列的八条目,同时还有阳明以正物为致知的心学色彩,关键在于致良知非但可以治国平天下,同时还可以"正心"。所谓"正心"即是"好恶无所作",既然无所作,也就不用有意"辟",也就可以堂堂正正、心地坦然地做人,此乃谓修身。则此处之修身不仅具道德修养之伦理义,并有心地安然之心理义,或可称之为内外兼顾,身心兼修吧。从个体自我之适意讲,则可呈现出如下区别:"吾儒之学与禅学、俗学,只在过与不及之间。彼视世界为虚妄,等生死为电泡,自成自住,自坏自空,天自信天,地自信地,万变轮回,归之太虚,漠然不以动心,佛氏之超脱也。牢笼世界,桎梏生死,以身徇物,悼往悲来,戚戚然若无所容,世俗之芥蒂也。修慝省愆,有惧心而无戚容,固不以数之成亏自委,亦不以物之得失自伤,内见者大而外化者齐,平怀坦坦,不为境迁,吾道之中行也。"(《龙溪王先生全集》卷十五,《自讼问答》)这便是既不归于寂,又不溺于境,"平怀坦坦,不为境迁",一派洒然而乐之境界,而最关键之处乃在于"内见者大而外化者齐",既安顿了个体自我之存在,又未失与物同体之流通,于是便与禅学、俗学区别开来了。而将上述二方面结合起来,便是王畿理想的人生境界,他称此为自得之学,所谓"自得之学居安则动不危,资深则机不露,左右逢源则应不穷"。如此便可成为超乎天地之外、立乎千圣之表的大豪杰。王畿曾以丰富的想象力与诗一般的语言对此境界做出了描绘:"予所信者,此心一念之灵明耳。一念灵明从混沌立根基,专而直,翕而辟,从此生天生地,生人生万物,是谓大生广生,生生而未尝息也。乾坤动静,神智往来,天地有尽而我无尽,圣人有为而我无为,冥权密运,不尸其功,混迹埋光,有而若无,与民同其吉凶,与世同其好恶,若无以异于人者。我尚不知我,何有于天地,何有于圣人? 外示尘劳,心游邃古,一以为龙,一以为蛇,此世出世法也。"(同上,卷七,《龙南山居会语》)这显然是继承阳明对良知之功用的认识发展而来的,但龙溪之良知已不仅有生天生地,成鬼成神的生成功能,更重要的是,具备了"天地有尽而我无尽,圣人有为而我无为"的超越境界,它既有"与民同其吉凶,与世同其好恶"的平凡入世特征,又有"外示尘劳,心游邃古"的超然胸襟。与佛、道相比,具有其自我解脱的精神境界,但没有其决绝世界的消极寂灭;与俗学相比,具有其关注民物,珍惜生命的入世态度,却没有其贪生怕死、为物所役的狭小拘谨。这便是"所谓不以天下万物挠己,自能了得大卜万物"(同上,卷十二,《与杜惟成》)的境界。

王畿所说的良知之学从语言层面看,颇有一些玄而不实的浪漫特征,但如果从其立意核心看,实际上他是汲取了佛、道之空无与儒家之仁体,从而形成其入世出世而兼备的思想特征。他用佛、道之空无来破执扫迹,以归于悟,解决了自我超越世情的难题;同时他又用儒家之仁来与天下万物相联通,以达于治,显示了儒家现实关注的情怀。他曾说:"夫学莫要于见性,性者心之生理,万物之原,其同体于万物,乃生生不容已之机,不待学虑而能,所谓仁也,千圣以来相传学脉。"(《龙溪王先生全集》卷十五,《跋徐存斋师相教言》)有时他也称此"仁"之机为学之"几",其实就是《易》所言"生生"不已之宇宙精神。仁之观念的介入对龙溪的心学理论是相当重要的,因为它不仅保证了对现实的关注情怀,而且也使他的解脱理论未走向寂灭的沉沦。从现实关怀角度言,仁不仅是对百姓自上而下的治理,更是爱之顺之的同情,所以他说:"学也者,以万物为体者也。是故君子之治也,视天下犹一家也,视天下之人犹一人也,视天下之心犹一心也。譬诸木之千枝万叶而一本也,水之千流万派而一源也,是谓一视之仁。"悟解了这种"一体之实学",那便会"因民之生,顺民之性",否则便会"政日扰,刑日繁,而治日远"。(同上,卷十三,《起俗肤言后序》)此已近于老氏之无为而治,其要在于顺民之性。从自我解脱角度言,仁则保证了在摆脱世俗生死等干扰的情况下而又不失生命的活力,王畿为此曾比较了"任生死"与"超生死"的区别。所谓"应缘而生,是为原始;缘尽而死,是为反终。一日亦可,百年亦可,忘机委顺,我无容心焉。任之而已矣"。通达是够通达了,但却不免消极了些。而超生死则是:"退以为进,冲以为盈,行无缘之慈,神不杀之武,固乎不扃之钥,启乎无辙之途,生而无生,生不知乐;死不知死,死不知悲。"此种超生死的境界非但要有超然的胸怀,还要担负化成天下的责任,所谓"无缘之慈",正是指那"过化存神,利而不庸"的"无用为用"的大易之道。正是这仁之生生精神的介入,使王畿的自我解脱理论具备了昂然的生机。

龙溪以仁为核心的良知之学从价值观上讲,实际上是要求个体与社会达到一种平衡的状态，既不为社会而牺牲个体，也不为个体而破坏社会，从中体现了他持其两端而求其中的一贯风格，比如他说："吾人在世所保者名节，所重者道谊。若为名节所管摄，为道谊所拘持，便非天游，便非出世间大豪杰。"(《龙溪王先生全集》卷十二，《与魏敬吾》)既不能丢名节道谊，又要做超然自在之大豪杰。从这一思路出发，他接触到了一个非常重要的命题，那便是人之自然性情与伦理名教的关系问题，对此他依旧是执其两端，故曰："性是心之生机，命是心之天则。口之欲味，目之欲色，耳之欲声，鼻之欲臭，四肢之欲安佚，五者性之不容已也，然有命存焉，立命所以尽性。苟纵其性而不知节，则天则毁矣。是认欲为性，不知天命之性，故曰不谓性也。仁属于父子，义属于君臣，礼属于宾主，智属于贤者，圣人属于天道，五者命之不容已也，然有性存焉，尽性所以立命。苟委于命而不知返，则生机息，是认数为命而不知天性之命，故曰不谓命也。由前言之以命为重而性归于命，不可得而纵也；由后言之以性为重而命归于性，不可得而委也。"(同上，卷三，《书累语简端录》)国内的学者很少有人论及王畿的此种理论，因为此段话是他在解释《孟子》"口之于味也"一章时而生发的，与孟子的原文相比，王畿的解释并没有太多的新意，所以大家对此也便未多加留意，而日本学者沟口雄三先生却颇看中此段论述，认为龙溪所言之"性"已不同于宋儒所指称的"义理之性"，并对其加以评述道："命之天则，是不要让性堕入嗜欲放纵之中，或者，不要以先天的规矩措定去拘束性，在本来的条理上，尽其性之自然。"还从中看出了"天理流贯中的良知的自活自在的情态"。(《中国前近代思想之曲折与展开》，第116页)其实，王畿此种价值趋向的两极性具有非常具体复杂的现实背景，其显示了嘉靖时期士人群体矛盾的人性状况。一方面，面对日益增强的享乐倾向与思想界松动的现实，王畿无论从他人还是从自身，都不能不受其影响，从而要求对人性的捆绑要有所放松；但另一方面，士人对财富的占有欲望与对奢靡生活的追求已严重地浸染了士风，寡廉鲜耻，唯利是图，在士人中如瘟疫般到处传播，若不加以限制，则朝政的败坏、官场的黑暗将愈演愈烈，从而达到不可收拾的结局。因而王畿欲平衡两端的想法便是完全可以理解的。但心学就其实质而言是一种自我修养与自我解脱的主观心性学说，它可以在一定程度上影响现实，却不能从根本上改变现实，因为它没有制度上的保障与可供操作的统一模式。我们看王畿是如何来使两端求得平衡而取其中的："吾人不守道义不畏名节，便是无忌惮之小人；若于此不得转身法，才为道义名节所拘管，又未尝是超脱之学。尝谓为学而有所忌惮做不得真小人，为善近名做不得真君子。若真信得良知过时，自生道义，自存名节，独往独来，如珠之走盘，不待拘管而自不过其则也。"（《龙溪王先生全集》卷四，《过丰城答问》）一切又都回到了良知这里，解决名节与自由的矛盾如此，解决自然之性与伦理天命之间的矛盾也应当是如此。王畿当然有其前提的规定，那就是真正悟得了良知精义时，方可自作主张，然而问题的关键是，有谁来验证是否真正悟得了良知。如果未能悟得却又过于自信，岂非正应了当时士人的一种格言："自以为是，不可以入尧舜之道"。如果每人都"自生道义，自存名节，独往独来"，如何能保证他们全都能"不待拘管而自不过其则"？因而王畿的心学理论与人生价值取向便不能不成为一种多指向的开放性体系，其最终的指向须视为学者个人的特点以及它所遇到的时代如何而决定。而就王畿的本意讲，他是想鱼与熊掌而兼得的。

三、王畿的人生实践与人格心态

王畿的心学以其自然良知与不顾世俗毁誉的超越精神而著称于世，这既是其人生经历的结晶，也是其对时代的回应，当然他也想将此种理论反过来用于指导自己的人生实践。然而，人生理论与人生实践能否求得一致，非但要视当事人的真诚程度而定，更重要的还要看历史环境是否给他提供了合适的机遇。从历史上看，完全将自己的人生理论付诸实践者几乎没有。王畿虽不缺乏真诚，但他的理论却遇到了现实人生的挑战，因而不得不随着现实境遇的改变而矫正其人生的价值取向，可以说王畿的人格心态乃是其人格理论与其人生实践的综合产物。换言之，他主张入世与出世二者并举的双向人生价值取向，在其人生实践中不得不发生一定的倾斜，更多地表现为自我超越与自我适意的人生现实。

王畿人生理论所遇到的最严峻的挑战当然是来自于官场。当他迈开仕途的第一步时，便毫不犹豫地将其真诚的态度付之于实践。他在关系到终生命运的科考中，竟然"直写己见，不数数顾程式。"而且此次竟然遇上了"有识者"，将其"拔置高等"。（徐阶《龙溪王先生传》，见《龙溪王先生全集》附录）但是遗憾的是现实没有再给他第二次这样的机会。在接下来的官场生涯中，他的理论与人格遭遇到了两方面的挫折。一是其耿直独立的人格难以被权贵及复杂的人事关系所容纳。李贽《续焚书》记载："（王畿）病已待补。时相夏贵溪言议选宫僚，其婿吴仪制春，公门生也，首以公荐。贵溪曰：'吾亦闻之，但恐为文选所阻。一往投刺乃可。'公谢曰：'补宫僚而求之，非所愿也。'贵溪怒曰：'人投汝怀，乃敢却耶？若负道学名，视我为何如人？'遂大恨公。补南武选。"（卷二二，《郎中王公》）最后终于寻找机会将其罢官了事。王畿的失误在于用自己的正直显示了权贵与其他官员的结党营私，所以也就难以在官场中继续存在下去。二是他那通达圆融的人生价值取向难以被环境接受。王畿希望既照顾到士人的基本情感欲望，又不违背应具的名节，因而无论对自身还是对他人均持宽容的态度。《明史》本传记载说："畿尝云：'学当致知见性而已，应事有小过不足累。'故在官弗免干请，以不谨斥。"（卷二八三，《王畿传》）王畿是否说过这些话今已不可考，但他的确是因"不谨"的罪名被罢职的，而且将龙溪置于察典的竟是同门王学弟子薛应旂。尽管有许多人认为薛氏此举是为逢迎权相,甚至"一时诸儒,不许其名王氏学者",但黄宗羲在为薛氏立传却依然指出:"其实龙溪行不掩言,先生盖借龙溪以正学术也。"(《明儒学案》卷二五,《南中王门学案一》)可知黄氏也是承认王畿的以"不谨斥"是并不冤枉的。此外,从当时唐顺之给王畿的一封书信中,也证明他确有干请之举,该信曰:"世人之不能疑于吾辈也久矣。近有士大夫自浙中来者,云及吾兄以佃寺之故,使宪司有言,且云兄以寺地据风水之胜,欲作令先大夫墓地,上官某人者既予之矣,而宪使持之,故若此纷纷也。仆闻而窃叹,以为兄安得有此?……仆窃观于兄矣,惟兄笃于自信,是故不为形迹之防;以包荒为大,是故无净秽之择;以忠厚善世不私其身,是故或与人同过不求自异。此兄之所以深信深慕于相知者,亦所以生微疑于不相知者也。"(《荆川先生文集》卷四,《与王龙溪主事书》)"主事"即南职方主事,是王畿初入仕途时所任职务。"兄安得有此"只不过是一句表示委婉的面子话,否则不必说下面的"不为形迹之防""无净秽之择"的责备语。因为这足以说明王畿干请之举确为事实。其实,王畿本人并未将此视为什么大不了的污点,以他的人生价值取向讲,只要于大节无损,不必处处做形迹之防,他曾说:"君子处世贵于有容,不可太生拣择。天有昼夜,地有险易,人有君子小人,物有麒麟凤凰,虎狼蛇蝎,不如是无以成并生之功。只如一身清浊并蕴,若洗肠涤胃,尽去淀秽,只留清虚,便非生理。"(《龙溪王先生全集》卷三,《水西精舍会语》)王畿的话当然没有错,当时的官场干请纳贿已是普遍的现象,此种现象甚至连世宗都予以默许,程朱理学过于严苛的禁欲理论显然已不能有效地限制士人,那么提出一种更为富于弹性的通达理论也就势所难免。然而,在传统的中国社会里,尤其是在官场中,尽管贪污受贿已是尽人皆知的事实,但你只能心照不宣,却不能公然承认,以致形成了谁都心明如镜,却谁都不能说出,大家明知都在虚伪地活着,却又心甘情愿地接受这虚伪,如果谁胆敢冒天下之大不韪将此事实和盘托出,那他便会理所当然地被群体所唾弃。在这方面,起来反对的不仅是蝇营狗苟的政客,还有那一大帮道德理想主义者。后来袁宏道抱着理解的态度对此评价说:"龙溪、近溪非真有遗行挂清议,只为他锻炼甚久,真见得圣人与凡人一般,故不为过高好奇之行。世人遂病之云:'彼既学道,如何情景与我辈相似?'因訾议之。久之即以下流归之耳。若使二公不学道,世人决不议论他。盖众人以异常望二公,二公惟以平常自处。故孔子曰:'道不远人。'"(袁宏道《珊瑚林》下)身处晚明的袁中郎的确是够通达的,但嘉靖官场中的士人却不具备这份通达。故而龙溪先生的"以平常自处",便只能使贪浊者以为攻讦之口实,道德理想主义者视之为败行。王畿的尴尬境遇在于,他既要坚持自我的节操,又要承认现存的人性事实,他的官场失败命运也就不可避免了。王畿的获罪其实主要不在于其具有"干请"的事实,而在于他以圣学讲求者的身份却不免干请,更在于他说出了这干请的事实。丢官的打击对王畿来说也许并不是毁灭性的,但却足以改变其一生的人生道路,依他的本愿,儒者的第一选择理所当然地应该是出仕,所以他说:"士君子立身天地间,出与处而已。出则发为经纶,思行其所学以兼善天下;处则蕴为康济,思善其身以先细民。未尝无所事事,若惟借冠裳假面貌轻肥荡恣,役役终身,甘与草木同朽腐,名为士流,实则凡夫之不如也,可耻孰甚焉。"(《龙溪王先生全集》卷十五,《云间乐聚册后语》)丢官的结果是他再也没有发为经纶而兼善天下的可能,这意味着他必须别无选择地接受"思善其身以先细民"的事实,除非他"甘与草木同朽腐"。这是王畿对其人生理想做出的重大调整,也是迫不得已的调整。

然而,如何实现其"蕴为康济"的人生理想,也还是要经过一番认真思考的,因为在充满琐屑庸常事务的乡居野处中,并不是很容易便可轰轰烈烈的,否则那些欲展现才能抱负的士人就不必纷纷地挤向仕途,争相将自身货与帝王家了。王畿最终的选择是讲学明道,在他的心目中,这或许是唯一可能的选择。从其个人特长讲,他具有上佳的口才,又有在阳明门下做教授师的阅历,能力是绝无问题的,何良俊曾说:"阳明先生之学,今遍行宇内,其门弟子甚众,都好讲学,然皆粘带缠绕,不能脱洒,故于人意见无所发明。独王龙溪之言,玲珑透彻,令人极有感动处。余未尝与之交,不知其力行如何,若论其辩才无碍,真得阳明牙后慧者也。"(《四友斋丛说》卷四)可知龙溪先生的辩才当时是出了名的。从其个人愿望上讲,讲学乃是其不容已的责任。他曾如此表示自己的人生愿望:"不肖百念已灰,而耿耿于心,不能自已者有二:师门宗说,幸有所闻。常年出游,思得一二法器,相与证明,衍此一脉。"此可称之为报师门之恩,则非讲学无以实现之。同时,"先师首倡良知之旨,千圣学脉,赖以复续。不肖晨夕参侍,谬承受记,时举六经疑义,面相指授,欣然有契"。自己"若复秘而不传,后将复悔"。(《续藏书》卷二二,《郎中王公》)所以必须讲学,此可称之为传圣学。当然,在完成报师门与传圣学这"不能自已"的个人志愿后,也就实现了他"康济"的万物一体之责。这是王畿讲学的重要心理动机之一,也是王艮、颜钧、何心隐、罗汝芳们讲学的重要心理动机之一,更是中晚明讲学之风大盛的重要原因之一,士人既然无法在仕途中实现自我济世的人生理想,而又不甘于默默老死草野间,他们便不能不选择讲学之一途。

既然说报师门与传圣学是王畿讲学的重要心理动机之一,也就意味着除此之外还有其他的重要动机。尤其是王畿在"百念已灰"的境遇中,他不可能只想着"康济"的责任而不考虑如何安顿其人生自我,于是我们看到了王畿的另一面,一个追求个体解脱与自我适意的龙溪先生,他曾在另一处谈及其出游讲学的原因说:"时时处家与亲朋相燕昵,与妻奴佃仆相比狎,以习心对习事,因循隐约,固有密制其命而不自觉者。才离家出游,精神意思便觉不同,与士夫交承,非此学不究;

与朋侪酬答,非此学不谈;晨夕聚处,专干办此一事,非惟闲思妄念无从而生,虽世情俗态亦无从而入,精神自然专一,意思自然冲和,教学相长,欲究极自己性命,不得不与同志相切劘相观法。同志中因此有所兴起,欲与共了性命,则是众中自能取益,非吾有法可以授之也。男子以天地四方为志,非堆在家可了此生。"(《龙溪王先生全集》卷五,《致知议略》)他渴望超越家庭亲朋的世俗关系之网,在漫游中自由无拘的讲学,"究极自己性命"。从世俗的观点看,一个儒者应先齐家而后方可治国平天下,这乃是《大学》中所明讲的,如今龙溪要跨过家族此一层面而与同志相与讲学,是否意味着放弃了自己应负的人生责任呢?其实也不尽然,且不说孔子周游列国以讲学游说已早有先例,即使在明代也有以讲学为使命、以朋友为性命的何心隐,但他仍是一位济世热情甚高的儒者。从王畿的初衷而言,他的出游讲学与何心隐具有相近的目的,所以才会说:"不肖冒暑出游,岂徒发兴了当人事,亦颇见得一体痛痒相关,欲人人共证此事。"(同上,卷十六,《万履庵漫语》)然而若从另一角度看,龙溪不顾家族利益而只欲成就自我之出世大豪杰声誉,是否也有一些自我解脱的意味?比如后来的李贽,他为了断绝与家族的来往,便将头发剃去,并声称其学为自私自利之学,只为了悟自己性命,不管他人非议,而他恰恰是王畿的崇拜者,在他们的出游讲学的目的之间,有无一定的联系呢?这很难说。但有一点是可以肯定的,那就是在摆脱家族亲朋的关系网络后,在与朋友无所顾忌的交往中,在与自然山水相亲融的过程中,的确能够开阔心胸,增加情趣,提升自我的人生境界,从而在一定程度上改变其人生的价值取向。对此王畿是颇有心得的,他说:"素性好游,辙迹几半天下,凡名山幽怪奇胜之区,世之人有终身羡慕思至而不可得者,予皆得遍探熟游。童冠追从,笑歌偃仰,悠然舞雩之兴,乐而忘返,是虽志于得朋,不在山水之间,不可不谓之清福。"(同上,卷十五,《自讼长语示儿辈》)在此,山水奇胜的审美享受,笑歌偃仰的生活乐趣,都毫无保留地流露在龙溪先生的字里行间,尽管他在此处所言的"乐而忘返"中所忘的不是圣学,但他却很容易将圣学与乐联系起来。果然,当有人问起"夫子与点之意时",王畿便兴致勃勃地予以详尽解说:"天下事不吃人执定做得,必须淡然超然,若一毫无意于天下事者方能了得。深山之宝,得于无心;赤水之珠,索于象罔。故运瓮者在瓮外,以无用为用也。三子皆欲得国而治,未免执定做去。曾点却似个没要紧的人,当三子言志时且去鼓瑟,眼若无人。及至夫子问他,却舍瑟而对,说出一番无意味话。时值暮春,春服始成,三三两两,浴沂雩泳,其日用之常,一毫无所顾忌,狂态宛然。若是伊川见之,必在所摈斥,夫子反喟然叹而与之,何异说梦?观其应用之迹,未尝有意为三子,而三子规模隐然俱于其中,且将超于政教礼乐之外。春服熙熙,即唐虞垂衣之治;童冠追随,即百僚师让之化;舞雩风咏,即明良赓歌之气象。易地皆然,此千古经纶手段,所谓以无用为用也。"(《龙溪王先生全集》卷七,《华阳明伦堂会语》)依王畿之见,则政治之最高境界,在于天下同归于和乐,如曾点所理想者,浴风沐雨,童冠追随,一派从容和乐景象。但此种景象在历史上是否真正存在过实在无法验证,即使真的有过,也已然成为遥远的过去,成为永远难以重复的梦想。如此美梦尧夫先生做过,白沙先生也做过,现在该轮到龙溪先生做了。但正由于这景象只能成为梦想,也就对现实政治无丝毫的补益。因而龙溪所言的"以无用为用",到头来便真的只能归于无用,充其量只能升华为一种具有审美性质的人生理想而已。

然而,在王畿这里,曾点之乐决不仅仅限于美好的理想,他更想将其落实在自己的人生实践中。"道人自戴华阳巾,满目莺花入暮春。坐对鸥凫机自少,步随童冠道还真。江空不碍龙成窟,地僻何妨树作邻。怅望舞雩千古梦,犹疑风咏未传神。"(同上,卷十八,《暮春登北固山用韵示诸友》)时间也是暮春,也有童冠追随,有山有水,自然也就不缺乏浴风沐雨之条件。然而,这戴着华阳巾的龙溪先生能有欣赏太平景象的心情吗?他穿上春服难道就是"唐虞垂裳之治"?他有童冠追随,难道就代表了"百僚师让之化"?他也能浴风沐雨,难道就成了"明良赓歌之气象"?他当然知道不是,所以才对着这"舞雩"的千古之梦而"怅望",才怀疑自己的"风咏"是否能传曾点之神。尽管如此,这个梦依然时时萦绕在王畿的心头,使他不断吟咏出曾点之乐的诗句:"行歌郊外寺,亦复舞雩风。"(《龙溪王先生全集》卷十八,《永庆寺次荆川韵》)"浮世已回蕉鹿梦,清溪不减舞雩春。"(同上,《用韵酬王岩潭年兄》)"几回东顶看明月,又向西林歌暮春。"(《用韵酬涂罉江学博》)"千古舞雩传圣事,西津童冠即东沂。"(同上,《西津白云寺留别诸生》)无论他重复多少次,梦毕竟是梦,永远变不成现实,因而他的乐也就不是理想中的曾点之乐,而只能是现实中的王畿之乐。这两种乐最大的区别在于:他理想中的曾点之乐是建立在政治太平之上的从容之乐,而他现实中的乐是与现实政治相分离的乐。试看:"时事纷纷浑不定,未妨抱膝乐天吟。"(同上,《和王西野闽阳别业韵四首》其四)"人间荣辱无拘管,万顷风烟一杯酒。"(同上,《贺南渠年兄众乐园之作四首》其二)"更说黄山堪避地,还期一笑白云边。"(同上,《访胡屏山话旧》)是由于时事的无定方才归隐抱膝而乐,这如何能够乐得从容?超越了人间的拘管而与自然合一,当然是一种心灵的享受,可人间的拘管毕竟难以彻底忘却;因而黄山也就只能成为逃避现实的栖隐之地,则这白云边的笑便不能不挂上一丝无奈的苦涩。此种心态在《送荆川赴召用韵》一诗中得到了充分的体现,诗曰:"与君卅载卧云林,忽报征书思不禁。学道固应来众笑,出山终是负初心。青春照眼行偏好,黄鸟求朋意独深。默默囊琴且归去,古来流水几知音。"(同上)荆川的出山是被朝廷所征召,是要去济世救民,尽管说不上致君尧舜,起码也想力挽狂澜,对此甚至连一向归寂的念庵先生也不曾表示异议,可讲究出世与入世兼顾的龙溪先生,竟然说他的出山有负"初心",在其默默囊琴而归去的动作中,我们看到了他失望中的孤独;而在"古来流水几知音"的叹息中,我们又感受到了对唐顺之的些许责备之意。而所有这一切,都说明了王畿对现实的失望与疏离,在如此的心境下,他如何能写出理想中的曾点之乐呢? 于是,他不得不更现实一点地吟出如下诗句:"梧桐露冷荷衣薄,无复春风舍瑟时。"(《龙溪王先生全集》卷十八,《次久庵中秋洗心亭玩月韵三首》其三)此时的情景非但已难与孔子时代相比,连当年阳明先生天泉桥上的和乐境界亦难以为继,于是王畿便不能不呈现出一副凄凉的心境。由此使我们感受到了,王畿的乐是一种个体自我适意之乐,这种乐以超越现实为前提,所谓"朝披半蓑烟,夕弄一竿水。浩气凌万乘,纷纷宁有此"。(同上,《秋日登钓台次阳明先师韵二首》其一)他那冲天的浩气是在超越了纷纷世俗的自我精神世界里获得的,"凌万乘"也只能是一种主观心理感受,而落实到实践的层面上便只能是披蓑独钓的自我之乐。因而很显然,实现此乐的途径也只能是内外两忘的自我之悟,所谓"青山寂无言,至乐云在此。无古亦无今,忘物亦忘己"。(同上,其二)实在是庄子至人真人的最生动体现,所以王畿有时也就不客气地以"道人"而自居了,他有两首类似禅家偈语的诗,其诗前小序说:"八山居士闭关云门之麓,玉芝上人往扣,以偈相酬答,时龙溪道人偕浮峰子叔学生访上人于龙南山居,语次出以相示,即席口占数语呈八山与玉芝共参之。"此时他不仅以"道人"自称,而且与道人相参,可见已深深沉浸在追求自我解脱的道家氛围之中。再看其诗之内容:"魔佛相争不在多,起心作佛即成魔。若于见处能忘见,三界纵横乃尔何?""禅家但愿空诸有,孔氏单传只屡空。儒佛同归较些子,翠屏山色自穹隆。"(同上)前一首言成佛之要在于不起心,而不起心的关键在于能忘,只有忘了方可纵横自在;后一首则将禅儒同归于一空,对此不必深较,而最终只要均达到如翠屏山色那般自然自在,便是人生实在受用。然而,现在要追问的是,王畿的认同佛道到底是一时的逢场作戏呢,还是一种认真的价值选择?我以为他初始只是一时用来摆脱自我的精神苦闷,而到了其生命的后期,则将其当作了生命的寄托。他在万历五年时曾对查铎说:"我每乘月起坐,自试问心,眼前有许多玩好珍美妻子童仆,可割舍而去否?但亦无甚眷恋,可以逝即长逝矣。"果然,到了万历十一年六月初七日病革之际,龙溪先生"早晨盥栉,冠唐巾,食粥,从容出寝室,端坐于琴堂之卧榻而逝"。他的确做到了无所牵挂地从容而逝,故而查铎赞叹说:"今观临革之际,先生气息奄奄,心神了了如此,自非能超脱死生者,孰能与于斯?夫子谓朝闻夕死可,惟先生云云。"(《明文海》卷三四七,《纪龙溪先生终事》)但我们要进一步追问的是,王畿所获的超越生死之道果然是儒家之道吗?答案显然应该是否定的。他最终得到的还是自我生命的解脱,其价值取向仍在向着佛道做出极大的倾斜。

从王阳明到罗洪先再到王畿,从他们的本意讲,都是想通过对圣学的悟解与讲论而改变士风,并通过改变士风从而改变现实政治状况的;最起码他们也想使自我的人生价值取向定位在济世与自适的兼顾层面上,但是令人遗憾的是,他们都未能如愿,而且越到后来越向着自我适意的一端倾斜。这种倾斜是不情愿的甚至是不自觉的,然而却又是无可奈何的甚至是不可逆转的。这种自我解脱、自我适意的求乐倾向犹如细细的春雨,形迹朦胧,润物无声,但又多方渗透,无处不在,从士人的日常生活,兴趣爱好,诗文创作,文学思想诸方面时不时地体现出来。从文学思想上看,王阳明已有追求自我受用的倾向,而到了嘉靖中后期,这种倾向便在更多士人身上表现出来,罗洪先如此,王畿如此,甚至连权相严嵩也受有一定程度的影响。当然在王畿身上便更明显了,尽管他在不少场合想尽量往经国治世方面靠拢,但落脚点又总是在自我超越的人生受用上,比如他为邵雍的《击壤集》作序,一开始说:"康节之学,洗涤心源,得诸静养,穷天地始终之变,究古今治乱之原,以经世为治,观于物有以自得也。"眼光集中在"治乱"与"经世"上。但一旦谈起康节之创作,便说:"于是本诸性情而发之于诗,玩弄天地,阖辟古今,皇王帝伯之铺张,雪月风花之品题,自谓名教之乐异于世人之乐,况于观物之乐又有万万者焉。死生荣辱辗转于前,曾未入乎胸中,虽曰吟咏性情,曾何累哉?其所自得者深矣。"在此,"皇王帝伯之铺张"已成了陪衬,主题转到了自得之乐,不仅有名教之乐,更有观物之乐,而乐之前提又在于死生未入乎胸中的超然境界,这显然已在向自我移位。再接下去总结诗之创作规律时便走得更远了:"予观晋魏唐宋诸家,如阮步兵、陶靖节、王右丞、韦苏州、黄山谷、陈后山诸人,述作相望,虽所养不同,要皆有得于静中冲淡和平之趣,不以外物挠己,故其诗亦皆足以鸣世。窃怪少陵作诗反以为苦,异乎无名公之乐而无所累,又将奚取焉。"(《击壤集》卷十三,《击壤集序》)他所赞赏的全是超然于现实之外而自得其乐的自然山水派诗人,所关注的也是"不以外物挠己"的冲淡和平之趣,从中可明显看出龙溪本人的价值选择。尤其是他对杜甫的态度更须留意,这位一向以忧国忧民而出名的诗圣,到了王畿眼中,却由于未达到"乐而无所累"的境界,而不为其所取,则他原来"治乱""经国"的观点不知跑到何处去了?如果不从其人生价值取向的深层转变上着眼,便很难解释他这种前后不一致的态度。这种并不情愿却又不得不转变其价值取向的情形,固然说明了士人在面对残酷的现实生存环境时的无奈,让我们认识到了士人心态转变过程的曲折复杂,但更重要的是它将对后来万历士人的人生价值选择产生极为深远的影响。

第五节 唐顺之——从气节到中行的心学路径

唐顺之既不是王阳明的及门弟子,也不是其再传弟子,他可以说是一位真正从自我的人生需要出发而接受王学的士人，又是第一位真正将心学理论融入其文学思想并广泛影响了文坛的士人，因而要研究王学与士人心态的关系，这将是一位绕不过去的对象。但是，在以前对唐顺之的研究中，真可谓既不充分却又问题多多。当年黄宗羲在撰《明儒学案》时，虽将荆川列入南中王门，但也仅仅是一笔带过。而今人的明代思想史研究也几乎从不涉及此位人物。文学史与文学批评史倒是都要提到他，然而由于对其心学思想的演变过程与其人格心态的具体特征缺乏研究，从而对其文学思想的把握很不准确，使文学史上所谓的唐宋派研究始终存在着严重的误解。因此，本节对唐顺之的研究，既是理清王学与士人心态关系的需要，同时也兼及其心学思想与文学思想关系的梳理。

一、阳明心学与唐顺之的学术思想

唐顺之（1507—1560），字应德，号荆川，武进人。嘉靖八年会试第一。先后任武选主事、翰林编修、春坊司谏等职，嘉靖十九年因与罗洪先、赵时春一起请百官于元日朝见太子，被世宗削职为民。嘉靖末以其知兵事而被征召入朝，先后任车驾主事、兵部郎中、佥都御史等职，嘉靖三十九年病逝于御倭舟中，年五十四。唐顺之虽被黄宗羲列入南中王门，但他对心学的接触及其思想资料的汲取，实际上是在与朋友的交游讲论中而实现的，同时又经过自己的思辨体悟，然后得以有切于自我之身心性命。因而各种史料中记载其接触心学的途径也就稍有出入，黄宗羲言其学"得之龙溪者为多"。（《明儒学案》卷二六，《南中王门学案二》）而《明书》则言其自述"吾学问得之龙溪，文字得之遵岩"。（卷一四七，《王慎中传》）嘉靖士人郎瑛则记曰："唐荆川尝言：予时文得之薛方山，古文得之王遵岩，经义得之季彭山，道义得之罗念庵。此亦无常师之意欤？"（《七修续稿》卷三）荆川后代唐鼎元在民国年间为其祖上作年谱时,则认为荆川"始好伊洛之学",其心学则"近于双江"之主寂,而与龙溪之良知自然并不相同。(唐鼎元《明唐荆川先生年谱》序,见该书卷首)综合以上各种说法,可知唐顺之学术来源之杂,这种"杂"的特点包含有两方面的意义:一是其"无常师"的多源头性,二是其为学过程的阶段性。合而言之,则是随着他在不同阶段人生需要的不同,其所接触的对象与所汲取的思想资源也就有别。因此,若欲理清荆川的学术思想,就必须弄清其不同时期的人格心态,以及二者之间的关系。

唐鼎元曾如此概括唐顺之的学术与人格:"公二十以前专精制艺之文,故负海内盛名,为场屋圭臬。三十左右为师古文辞,甲兵、钱谷、象纬、历算、击剑、挽强,无不习之。四十以后专研理学。至其性情亦数变:早岁狷介孑特,有怀公(荆川之父)谓为不近人情。……盖公晚讲万物一体之学,冲粹含蓄,痾瘝民瘼,有油油然与之偕而不自失之德量焉。"(《明唐荆川先生年谱》卷六)上述概括的长处是简洁明快,但明快的同时也漏掉了不少本该具体说明的细节与曲折,下面即循其线索做出进一步的阐释。所谓荆川早年性情的"狷介孑特",实指他此时仍是如李梦阳、康海那般的气节之士。此类气节之士一般均性情耿直,讲究操守,不妄与人交,但又重一己之意气,容易流于偏激,被视为是缺乏学养与实际政治经验的典型。这从唐顺之此时与所谓"嘉靖八才子"的交游中即可清楚地显现出来。关于嘉靖八才子的成员,钱谦益《列朝诗集小传》说是唐顺之、熊过、陈束、任瀚、吕高、李开先、王慎中、赵时春八人。(丁集上,《吕少卿高》)其中前六位皆嘉靖八年进士,后二人则为嘉靖五年登第,均为才高气盛之士人。李开先"雅负经济,不屑称文士。在铨部,谢绝请托,不善事新贵人。已迁太常。会九庙灾,上疏自陈,竟罢归"。(同上)陈束,字约之,鄞县人,"与唐应德、王道思诸人,刻励为古文。张、桂受上殊宠,朝士咸奔走,约之独不往。岁时上寿,遣使投刺,驰马过其门,诸老恨之,呼为轻薄小黄毛,出为外藩,投之五溪蛮夷之地,以重困之。稍迁视学,浼更繁剧,愤懑无聊,再疏求去,不得,纵酒属疾,呕血数升而死"。(《列朝诗集小传》丁集上)赵时春,字景仁,平凉人,"极论时政得失,下狱,放归。召补编修,兼太子校书。上疏请朝东宫,又放归";"景仁慷慨磊落,抵掌谈天下事,靡不切当。以边才自负,遇战陈被甲跃马,身当虏冲"。(同上)而吕高与任瀚也均因不合时宜而被遣去。李开先记述嘉靖十四年三月为王慎中贬官饯行的《游海甸诗序》,对此有直接的说明,文中言王慎中"负时名,颇能违众自立,久为当国者所不悦",最终被"谪判昆陵"。于是邀唐顺之、陈束、吕高、熊过等八人,至京城西郊海甸为其送行,"主客两忘,酒酣赋诗,有颦眉者,有昂首者,有口呻吟而身屈伸者"。可见当时之激动场面。不料夏言却劾其"无事漫游海甸",不久,海甸送行八人中有七人被"相次罢谪"。故而最后李开先发感叹说:"大臣忌才,往往济其不党己者,岂惟古有之,今殆有甚焉者矣。诗卷归予手,事如隔世,而人多下世,怆然作序,不惟感诸友之易消歇,而且叹大臣之善倾陷也。"(《李开先集》,第354页)总而言之,嘉靖八才子大致有如下特征:一是多以气节功名自负。二是多被权贵所厌恶而遭贬免官。三是创作多以才情为主,文尚实而诗法六朝初唐,然各人又自有其特点,亦因其贬官后所居之地域文化不同而风格各异。

在这些士人中,唐顺之无疑是名气最大者。他不仅才气过人,独立不屈,曾因不附张璁而被罢官,而且他还是嘉靖八年会试第一人,尤以其八股制艺文章而名噪一时,李开先论荆川之制艺曰:"会试卷,见者以为前后无比,气平理明,而气附乎理,意深辞雅,而意包乎辞。学者无长幼远近,悉宗其体。如圆不能加于规,方不能加以矩矣。"(同上,第621页,《荆川唐都御史传》)后来唐顺之所以能成为唐宋派之首领,与其八股制艺的水平与名气是有密切关系的。正因为唐顺之当时才大名高,所以也颇有不可一世的气概,可以说在他四十岁之前,都应将其归之气节之士的行列。当然在这个过程中,还是有一些值得注意的转变在荆川身上发生了。一是他结识了罗洪先与王畿等王门弟子,初步接触了阳明的心学理论;二是受王慎中的影响,文学观念从崇尚前七子的复古转向追求唐宋古文。而按流行的说法,后者又是受前者影响的。其实,这是需要详细加以辨析的。在唐顺之中举后,他的确已与王学发生联系,因他与罗洪先为同榜进士,而罗又为该榜状元,依他们同年的关系当有较多接触,所以后来荆川在为林东城撰写墓志铭时便说:"是时缙绅之士以讲学会京师者数十人。其聪明解悟,能发挥师说者则多推山阴王君汝中,其志行惇实则多推君与吉水罗达夫。"(《明唐荆川先生年谱》卷一)关于文风转变的问题,最早论及的还是李开先,他在《遵岩王参政传》中说:"升任户部主事,再升礼部员外郎,俱在留都闲简之地,益得肆力问学,与龙溪王畿,讲解王阳明遗说,参以己见,于圣贤奥旨微言,多所契合。曩惟好古,汉以下著作无取焉,至是始发宋儒之书读之,觉其味长,而曾、王、欧氏尤可喜,眉山兄弟,犹以为过于豪而失之放。以此自信,乃取旧所为文如汉人者悉焚之。但有应酬之作,悉出入曾、王之间。唐荆川见之,以为头巾气。仲子言:'此大难事也,君试举必自知之。'未久,唐亦变而随之矣。"(《李开先集》,第616页)而王慎中本人也说:"以余之诵习章句,忽闻诸君之论,亦能谬言其梗概,而窃知一二。……知《大学》之所谓致知者,信在内而不在外,系于性而不系于物,而龙溪君之言为益可信矣。"(《遵岩先生文集》卷二二,《与唐荆川》)这是目前见到的王学影响唐宋派的最直接的材料。但我倒认为当时唐、王二人虽接触了阳明心学并有一定心得,而离其全面掌握并有切于自我身心应尚有一定距离,所以当时作为其意识主导的还是程朱理学。这是因为明代士人自幼必从事于科举之学,而科举之学必以程朱理学为指归,可以说其理论一开始便是以程朱之学为基本构架的。士人要想完全超越程朱理学而归心于王学,是需要有一个过程的。况且王学自身便分为主修与主悟的不同派别,而主修的江右王学实际上与程朱理学是有着相当程度的结合的。唐、王二人若欲完全进入王学体系尤其是主悟的心学体系,也是需要有一个过程的。人们在研究唐宋派的思想渊源时,往往更留意王学的影响,却忽视了宋儒在其初始阶段的文学思想中所占据的主要地位,如上李开先所言,便有"始发宋儒之书读之"的话,唐顺之《与王尧衢编修书》也说:"于是取程朱诸老先生之书,降心而伏读焉,初亦未尝觉其好也,读之且半月矣,乃知其旨味隽永,字字发明古圣贤之蕴,凡天地间至精至妙之理,更无一闲句闲语。"(《明唐荆川先生年谱》卷一)本信被年谱置于嘉靖十五年之下,而一般人则将唐宋派之形成定位在嘉靖十二年,可在本年荆川先生还在如此专心地读程朱之书,如何能说他已完全接受了心学的影响?当时的程朱派学者万古斋之所以在本年与荆川定交,是因为他有如下的感觉:"若荆川之言,盖多与阳明暗合,然究其指归,其牴牾晦翁者鲜矣。"(王孚斋《古斋行状》,同上)可知此时荆川仍处于融会朱陆的阶段。而且荆川此时还对其他学问知识充满了兴趣,据《明史》本传说:"顺之于学无所不窥。自天文、乐律、地理、兵法、弧矢、勾股、壬奇、禽乙,莫不究极原委。尽取古今书籍,剖裂补缀,区分部居,为《左》《右》《文》《武》《儒》《稗》六编传于世,学者不能测其奥也。"(卷二〇五)但根据唐鼎元年谱的考察,这些学问都是在其四十岁以前所做的。其实,他四十以前不仅仅只做学问,同时还在"卅六七时学枪法于河南人杨松",故荆川行状曰:"公去官心未尝忘天下国家,既削迹不仕,于是一意沉酣六经,百子史氏,国朝典故,律历之书。始居宜兴山中,继居陈渡庄,僻远城市,杜门扫迹,昼夜讲究,忘寝废食,于时学射学算,学天文律历,学山川地志,学兵法战阵,下至兵家小技,一一学习。"(《明唐荆川先生年谱》卷二)如果与王阳明相比,荆川此时的所作所为颇与其龙场悟道前学无归宿时相似。但这只能说明他犹将其自我人生依于外境而未收归为心之所悟，则从本质上讲，这并不符合阳明心学的特点。荆川的学术转变显然要有一个过程，他不可能一下子从科举之学转入心学，而是中间经历了一个朱王相混的时期，此一阶段大约是从嘉靖十二年至嘉靖二十五年左右。这其间罢官尽管对荆川来说是人生的一大转折，但却并未完全转变其学术思想。既然此时他尚未了悟心学，则其人格也仍然未发生质变，也就是说仍然还停留在狂傲的气节之士的阶段，所以有"疏狂自分三宜黜，懒病其如七不堪"（《荆川先生文集》卷二，《闻复官报寄京师友人》）的诗句。他自己后来也回忆说："早年驰骋于文词技艺之域，而所恃于立身者，强自努力于气节行义之间。"（《与刘南坦书》，见《明唐荆川先生年谱》卷六）随着年龄的增长他也逐渐地意识到了这种人生的缺点，尤其在被罢官后更是痛加反省，他的由追求复古到倾慕唐宋古文而追踪宋儒，不仅仅是文风的改变，同时也是为了修养心性，变化气质，用他《又与谢两槐书》的话说便是："闭门厌事，此是鄙人前身宿病，进来力自惩创，以庶几吾非斯人之徒与而谁与之意。"（同上）但这也正说明，他此时犹未进入人生之化境。于是，一些奇特的举动便在他身上产生了，据年谱说："公自再遭废黜，弥苦节自励，冬不炉，夏不扇，行不舆，卧不裀，衣不帛，食不肉。掇扉为床，备尝苦淡，曰不如是不足以拔除欲根，彻底澄净。"（同上，卷二）用他自己的话说："所以苦身自约如此者，以为既不能改于其固陋以循时好，则贫贱自是此生常事。谚曰：畏水者不乘桥，恐其动心也。"（《荆川先生文集》卷五，《与王尧衢编修书》）这从气节上说当然是无可挑剔的，但从学理上说，正与颜钧所批评的"制欲非体仁"相同，犹是程朱路径而非心学法门也。最后弄得其父忧心忡忡，甚至要请王龙溪来开导他。这一方面说明荆川犹有进取之心，没有失去一位儒者应有的责任感，而且他的上述做法也收到了一定的效果，嘉靖二十一年巡按舒汀曾向朝廷推荐荆川，其理由是："学以圣贤为本，道以经济自期,立朝著謇谔正直之风,居乡有廉静无求之节。乾坤不可无此正气,天地不可无此正人。"(《明唐荆川先生年谱》卷二)但同时也透露出他还只是从外在的形式上来修身,未达到用之即行舍即休的自如境界。所以其好友项迁听了上述推荐的言语之后,便致函荆川说:"读之令人凛然,不徒见舒公之知贤,兄骊中彪外之学,人皆信之固如此。然圣人不闻以气节著称,伊尹之不至大圣者,正以有任底意思在,惟兄再加涵养,能无意必固我,浑然无声无臭,庶几可以语圣学矣。"(同上)这是当时荆川周围士人同道的一般评价,当然不能完全作为其学术人格之定论,也很难说荆川以后是否已完全达到了圣人的境界,但从中却可得出如此结论,即在其四十岁以前,荆川犹未脱离程朱理学的范畴,尽管他已与王门弟子有密切的接触,并在一定程度上对心学理论有了相当的了解,但要真正内化为自我之悟解,尚须假以时日。

虽说他四十以前未完成由理学到心学的彻底转变,却并非说他没有一定程度的转变。实际上在此过程中,荆川正加紧对心学的研讨与自我心性的体悟。他与聂豹、罗洪先讨论归寂之学(见《荆川集》卷六,《与聂双江司马》),与季本讨论经学(见同书卷四,《与季彭山书》),又与王畿讨论良知自然之学,还较深入地了解了佛、道的静修养生之学。至嘉靖二十五年前后,他与心学诸人的讲论更是达到了一个小小的高潮,据年谱载,木午春"戚南玄、罗念庵来访,周七泉、王龙溪、万鹿园、陈明水、吕沃洲亦至"。可以说来访的全是王门后劲,尤其与念庵相论更为投契,甚至达到了通宵不寐的地步,遂有一种"千载一遇"的感觉,罗洪先为此而赋诗志之曰:"一言天所契,千载俱似非。何事声相应,而能心不违。道从疑后得,机向识中微。大笑重嘲问,狂生或可几。"(《明唐荆川先生年谱》卷三)因此,唐顺之心学思想的重要来源之一应是聂、罗的归寂之说。另外一位与荆川交往密切的王门学者是王畿。但由于龙溪的自然良知常被后人讥之为近禅与放肆,所以唐鼎元在为荆川撰年谱时,便极力将其与王畿区别开来,其实这显然是在为亲者讳,不足为训。王畿曾撰有《祭唐荆川墓文》(《龙溪王先生全集》卷十九),叙述二人关系极为具体生动,其曰:

> 自辱交于兄,异形同心,往返离合者余二十年。时唱而和,或仆而兴,情无拂戾而动无拘牵;或逍遥而徜徉,或偃仰而留连,或蹈惊波,或陟危巅,或潜幽室,或访名园,或试三山之履,或泛五湖之船,或联袂而并出,或枕肱而交眠,或兄为文予为持笔,或予乘马兄为执鞭,或横经而析义,或观象而窥躔,或时控弦射以角艺,或时隐几坐而谈玄,或予有小悟兄为之证,或兄有孤愤予为之宣,或探罔象示以摄生,或观无始脱以逃禅。千古上下,六合内外,凡载籍之所记,耳目之所经,心思之所及,神奇臭腐,无所不语,靡所不研。朋友昆弟,情敬异施,惟予与兄率意周旋。兄为诗文炜然名世,谓予可学每启其钥而示之筌。兄本多能,予分守拙。谓予论学颇有微长,得于宗教之传。每予启口,辄俯首而听,凝神而思,若超乎象帝之先。尝戏谓予曰:'独少北面四拜之礼。'予何敢当?而兄之虚受则横渠之勇不得专美于前。

他们在相当一段时间内形影不离,非但性情相投,而且所论广泛。荆川因晚年的出山御倭曾得力于严嵩的荐举,故其死后曾招致不少人的非议,在这种情形下,如果不是二人确有交情,王畿没有必要编出文中的语句来为自己增添麻烦。而像如此密切的交往与深厚的情感,能说他们相互之间没有影响?尤其是联系到荆川之父曾请求龙溪开导其子不要苦节过分的事实,则王畿对唐顺之的学术与人格的转变应起有相当大的作用。当然,荆川并不完全赞同王畿的为人与学术,所以方会致函规劝龙溪多加检点自我。但他也的确受到了其良知自然的一定影响。正是在罗、王诸人的共同影响下,又通过自我的长期体悟,使唐顺之的学术与人格在四十岁左右时有了一个明显的转变,他曾自我总结说:"仆迂憨无能人也。过不自量,尝从诸友学为古文诗歌,追逐刻镂,亦且数年。然材既不近,又牵于多病,遂不成而罢去。及屏迹山林,自幸尚有余日,将以游心六籍,究圣贤之述作,鉴古今之沿革,以进其识而淑其身。及牵于多病,辄复罢去。既无一成,则惟欲逃虚息影,以从事于庄生所谓堕体黜聪,以为世间一支离闲人,耕食凿饮以毕此生,而不敢有觊乎其外,盖所自量者审也。又何敢以求知于左右也哉?"(《荆川集》卷五,《答顾东桥少宰书》)由于是答复以复古为文学主张的顾璘,所以荆川未便于多谈心学问题;又由于不打算与其进行文学方面的来往,所以态度比较消沉。但有一点是清楚的,那就是他将自己的人生分为三个阶段:"学为古文诗歌",亦即追随复古派阶段;"游心六籍",亦即会合朱王与崇尚唐宋阶段;"逃虚息影",亦即追求心学之悟的阶段。当然,他将自己的最后阶段概括为"从事于庄生所谓堕体黜聪"的消极人生模式是言不由衷的,比如他在同时期给好友王慎中的信中,便完全是另一副口吻:"人以我经年不见人,则以我病不可支矣。不知我貌则槁矣,而精神尚可不死。盖近于养生家稍稍得一归根法也。……近来痛苦心切,死中求活,将四十年伎俩头头放舍,四十年前意见种种抹杀,于清明中稍见得些影子,原是彻天彻地,灵明浑成的东西。生时一物不带来,此物却原自带来;死时一物带不去,此物却要完全还他去。"(同上,《答王遵岩书》)从表面上看似乎颇近于道家养生理论,实际上他所见到的这个"灵明浑成"的影子,乃是阳明心学良知相近的东西。所以他形容此灵明为:"以为有物,则何睹何闻;以为无物,则参前倚衡,瞻前忽后;非胸中不挂世间一物则不能见得此物。"故被其称为是"自家宝藏"。(同上)可知此刻他正在用罗洪先的所谓"归寂"功夫以求其良知本体。而到他作《与蔡子木郎中书》时,其学术思想便已趋于成熟了,他说:"弟之不肖,年来痛痒颇渐自知。追寻病根,大率若血气为累,血气薰成习气,不能自脱。诗文之障,亦时时往来胸中,第争分数轻重而已。"可见他痛下决心要解决的,便是"血气"薰成的"习气",以及对于诗文的爱好,实际上指的就是易于流于偏激的"意气",也就是说要从气节之士变为中行之士。他在下面便谈了自己所悟的结果,认为既要用"细细照察,细细洗涤"的功夫以去除习气,又不能有意"矜持把捉"而妨害心体之自然;既要有"胸中一物不碍"之洒脱,又不能"任情恣肆,不顾名检"。(《荆川集》卷四)黄宗羲将他的此种理论概括为两句话:"以天机为宗,无欲为功夫。"(《明儒学案》卷二六,《南中王门学案二》)"天机"乃取自王畿之自然良知,而"无欲"功夫则取自罗洪先之归寂以消欲。但同时又对二人的观点改造以折中之。此一点他在《与王道思》一信中讲得至为明白:"尝验得此心,天机活泼,其寂与感,自感自寂,不容人力。吾与之寂,与之感,只是顺此天机而已,不障此天机而已。障天机者莫如欲,若使欲根洗尽,则机不握而自运,所以为感也,所以为寂也。"(同上)他不同意有意去追求感与寂,要一顺自然天则之流行,这与王畿接近而含蓄批评了罗洪先;但又必须下功夫洗净障蔽天机的欲根,不能认血气为自然,这又接近于聂、罗之消欲,委婉批评了王畿的取消功夫。而他最终要达到的,乃是依于己而不依于人、依于心而不依于物的圣者境界,故曰:"仁者所见无非山者,然非待山而后乐也;知者所见无非水者,然非待水而后乐也。非待山水而后乐者,非遇景而情生;非遇景而情生,则亦非违景而情歇矣。故境有来去,而其乐未尝不再也。苟其乐未尝不在,则虽仁者之于水、知者之于山亦是乐也;虽入金石,蹈,水火,不足为碍。至于轩裳圭组不足为继,亦是乐也。君子所以欲自得以此而已。"(《荆川集》卷七,《石屋山志序》)这才是心学的境界,一位圣者可以乐山乐水,但并不是因为有了山水才乐,而是心体本身即为乐;既然山水可乐,则入金石水火亦不觉其苦,因为心体本自和乐。这也就是阳明先生曾说过的无入而不自得的境界。在唐顺之眼中,这是他生命的真正归宿与自我的真实受用处,所以才会抛弃一切而去孜孜追求。毫无疑问,阳明心学在唐顺之的人生历程中有着异乎寻常的意义。

二、唐顺之的心学思想与文学思想

作为唐宋派的代表人物的唐顺之,其文学思想被当作唐宋派的代表理论,可以说已被误解的太久了。几乎所有的文学史与文学批评史都会引述其《答茅鹿门主事书》,来说明他为文须有"真精神与千古不可磨灭之见"的本色论,为此有人还专门撰文来说明阳明心学与唐宋派文学思想的关系。[①] 但如果了解了唐顺之学术思想的发展过程与其文学思想的关系,就会知道《答茅鹿门主事书》并不能真正代表唐宋派的文学主张,而应该是代表了唐顺之接受阳明心学后所形成的一种新的文学思想。这其中需要解决的是,何谓唐宋派文论的特征?唐顺之学术思想发展的阶段以及其文学思想发展的阶段如何?其《答茅鹿门主事书》作于何时?能否代表其唐宋派的文论?等等。

唐宋派之得名与茅坤编选《唐宋八大家文钞》当有直接关系,而此一流派被后人公认的代表人物则有唐顺之、王慎中、茅坤、归有光四人。如果除去他们各自的私人因素而保留其共同部分,那么便可得出其如下特征:他们都主张由学习唐宋之文而上溯至史汉之文,都主张道

[①] 见廖可斌《唐宋派与阳明心学》(《文学遗产》1996年第3期)。该文分为三个部分:(一)阳明心学与唐宋派的形成;(二)阳明心学与唐宋派的主导倾向;(三)阳明心学与唐宋派文学创作之得失。应该说论述得比较全面而具体,但其立论的依据基本上是以唐顺之与王慎中为主,这显然是不妥的,尤其是不提归有光,并说茅坤"已被今人遗忘",更不符合真实情况。因此,要谈阳明心学与唐宋派的关系,必须首先弄清唐宋派的主要特征是什么,与阳明心学有何不同?然后再考虑是将受阳明心学影响时所形成的文学思想作为唐宋派发展的一个阶段,还是将其另作为一种文学观念加以讨论。根据个人理解的不同,也许会采取不同的措施,但避而不谈唐宋派文论与心学文学观念的区别,则肯定是不妥的。我以为还是将二者分而谈之为佳,原因是二者属于不同的价值取向。

与文的并重，都讲究法与意的兼顾，而最欣赏的学习对象是欧阳修与曾巩，等等。比如作为古代文论的权威读本的郭绍虞《历代文论选》，便是选了《董中峰侍郎文集序》与茅坤的《唐宋八大家文钞总序》，当作唐宋派文论的代表，应该说是很有眼光的。唐顺之在文章中主要强调了法与意的关系，主张"文之必有法，出乎自然而不可易者"，而其法则为："气有湮而复畅，声有歇而复宣。阖之以助开，尾之以引首。"但文人撰文又不能一味拘于法，其理想状态应像董中峰那样："其守绳墨，谨而不肆，时出新意于绳墨之余，盖其所自得未尝离乎法。"（《荆川先生文集》卷十）亦即守法而不拘于法之意。至于茅坤的序文，用郭绍虞的话说，其目的盖为"开辟门庭，指示途辙"；而"其评点八家文，完全停留在抑扬开合、起伏照应的法上"。（《中国历代文论选》第三册，第81—82页）王慎中与归有光之文论观点也大致未出此一范围。可知追求"法"与"意"之平衡乃唐宋派论文之一大特征。

　　唐顺之是唐宋派的代表作家这是没有问题的，有问题的是他并非只能作为唐宋派的代表作家。诚如上节所言，他一生为学有三个阶段，追求八股制艺阶段、程朱理学与阳明心学交杂而又以理学为主阶段、悟解阳明心学而形成自我学术思想阶段。其文学主张亦可分为三个阶段，追随前七子复古主张阶段、崇尚唐宋古文阶段、坚持自我见解与自我真精神阶段。二者时间也大致相当，即嘉靖十二年前为第一阶段，嘉靖十二年至嘉靖二十五年为第二阶段，嘉靖二十五年以后为第三阶段。很明显，唐顺之作为唐宋派代表作家的时间只能是他生平经历的第二阶段。在这个阶段，在文学上他崇尚唐宋古文，在学术上他尚未脱离程朱理学的范畴。而且其学术思想与其文学思想之间应该说是互有联系的，即他文学主张上的讲究意与法的平衡，是以程朱理学的格物以求天理为理论支撑的。在朱熹那里，单靠主观心灵的悟解以把握圣人之道是不能被允许的，必须要遵循一定的方法与功夫，今日格一物，明日格一物，最后达到豁然贯通的地步。也就是说，必须在心与物、意与法、道与文之间求得某种平衡，才是稳妥可靠的。而阳明心学却与程朱理学大不相同，它对圣学的把握是靠主观心灵的悟解，而不是靠格外在之物，所以阳明将格物释为以我心来正物。在主观心灵成为绝对主宰之后，则外在的形式方法也就被视为无足轻重的东西了，可以说阳明心学的出现，是主观对客观的吞没，是内容对形式的颠覆，而从文学发生上来说，则是性灵说对感物说的取代。唐顺之在四十岁左右的思想转折正体现了此种特征，在学术思想上，他从原来的苦心向外求索各种知识而转为内在心性的体悟；在文学思想上，则从追求唐宋文意与法的平衡转向自我主观精神的自由表现，甚至要抛弃诗文的写作以得到精神的解脱。这种转变前后的情形有大量的材料可以作为证明，荆川行状曾记载，在其四十以前："谓左氏有功于经而文多散碎，谓二十一史经济之要而繁乱无统，谓濂洛诸儒语录朱、陆、张、吕、陈问答为学者门户，历代奏议忠贤嘉猷悉为纂次，编辑古文辞之可取以为法者，如《史》《汉》、如七大家文亦为批点，至于稗官曲艺搜辑罔遗，今《左氏始末》、《史纂左编》、《批点史汉书》已行于世，其藏于家者《儒编》《杂编》尚数种。尝论前代博学诸儒，于郑夹漈、马端临皆所不取，独推服朱晦翁以为不可及，盖自喻也。"（《明唐荆川先生年谱》卷六）无论是搜集诸史以供借鉴，还是纂次诸儒语录以为学习之途径，乃至批点诸大家古文以为效法之对象，就其实质而言皆是有待于外而非悟解于内，而此时他心目中的崇拜对象也是宋代理学大师朱熹先生。而在四十岁以后，他就很少再做这些向外寻求的工作，而一意追求心之所悟了。在《荆川文集》中，曾有许多处都记述了他的四十岁之变，如："仆少不知学，而溺志于文词之习，加以非其才之所长，徒以耽于所好而苦心矻力穷日夜而强为之，是以精神耗散而不能收，筋力枯槁而不能补，积病成衰，年及四十，尫羸卧床，已成废人。此皆诸公所共亲见所共垂悯者。仆平日伤生之事颇能自节,独坐文字之为累耳。反之于心,既非蓄德之资;求之于身,又非所以为养生之地。是以深自愧悔,盖绝必不敢为文者四年于兹,将以少缓余生,为天地间一枯木朽株而已。"(卷五,《与刘三府寒泉书》)这显然是为推托对方索要文章而故意托病,但他从此不再撰作应酬文章则确为事实,其原因则并非身体真的不能支撑下去了,关于此一点他在给王慎中的信中交待得很明确:"仆近稍悟得此意,而深恨年已过时,虽知其无成,然本是自家宝藏,不得不有冀于万一也。是以痛为扫抹闲事、收敛精神之计,则不得不简于应接,不得不托于病不可支以谢客。"(同上,《答王遵岩书》)可知他的病本是托词,是为了悟得自我的生命本源而不得不谢绝一切闲事。这本源便是所谓的"自家宝藏",也家是上面所言的"灵明浑成"的良知本体。而他所谢绝的不仅仅是应酬文字,同时也包括大多数外在的知识寻求。因此,在荆川四十岁之后,无论是其学术思想还是文学思想,都已进入了一个新阶段。

作为支撑唐顺之文学思想的《答茅鹿门主事书》,到底代表了他哪一时期的文学观念呢?这可以从写作时间与实际内容两个方面做出考察,而写作时间又是解决实际内容的前提。然而迄今为止,还没有人对这篇重要文献的撰作年代做出过准确考察,就被匆忙拿来作为研究唐顺之文学思想的主要材料来使用,这不能说不是一件非常遗憾的事情。我认为本文的撰写时间为嘉靖二十四年唐顺之三十九岁之时,其理由如下。本文题目为《答茅鹿门主事书》,可知其必作于茅氏任主事之后。而在其为宦生涯中他曾两任主事,第一次是在丹徒知县任上因赈灾有功,而被破格提升为礼部主事,但不久便因有人陷害而被谪判广平。据《丹徒名宦公移》载,茅坤"自嘉靖二十二年莅任丹徒",则任礼部主事必在此年之后。第二次是在广平通判任满后被提升为南京兵部车驾司主事。此次时间较准确,许孚远《茅鹿门先生传》载:"戊申迁南车驾郎。"(《茅坤集》,第1362页,《附录》一)"戊申"即嘉靖二十七年。可知唐顺之此文必作于嘉靖二十二年至嘉靖二十七年之间，或者更确切地说，不可能作于嘉靖二十二年之前。更进一步，则该文当作于茅氏第一次任礼部主事时。因为四库本《荆川集》此信虽为《答茅鹿门主事书》，但《四部丛刊》影印万历本《荆川先生文集》却题为《答茅鹿门知县书》，所以有两种不同题目，大约是他在丹徒知县与升任礼部主事之间所作，故可两称之。不过此仅为推测之词，难以作为定论。但尚有更直接之证据可证明此论点。在今存《茅坤集》中有幸保留了茅氏答复唐顺之的两封书信，根据内容判断，恰是荆川该信之回复。茅氏之《再复唐司谏书》中，曾替一位已逝的唐姓官员向唐顺之请求为其撰写传记文字之事，信中说："日者痛故郎中唐公孝廉至衰白不改，今且没矣。非得海内大贤厚望题其墓，而令士大夫共传之，则唐君之谊，当与露草同委矣。"（《茅坤集》，第192页）而在茅坤的自撰《年谱》中，同时亦述及唐孝廉之事曰："乡大夫唐公侃，故孝廉而以南京刑部郎中没于官，贫无以殓。解囊中数十金，遣使过南京，为之殓以归。又为之市枕江者之田，以食其家，请唐司谏铭其墓，祠之以学宫。"（同上，第1235页，《年谱》）而此条内容乃被茅氏归属在其丹徒知县任内，可知此处所记与上信所求唐顺之撰作铭文乃同属一人一事，时间亦当较为接近。而按具体情况，则给唐顺之的信当在求取铭文之后。此盖因与唐顺之信中有言曰："据某言之，虽未必上闻乎道，谓非孝廉不可也。先生犹以未及面为辞，何欤？"很显然，唐顺之由于某种原因并没有答应茅坤的请求，故此信也应该是后来的旧话重提。则由此推言，《答茅鹿门主事（知县）书》则应作于茅氏已离丹徒知县之任后，也就是嘉靖二十四年，这是该信时间较准确的上限。至于下限，也不应该迟至本年之后，因为茅坤很快就被贬谪广平，而不能再以主事相称了。关于茅坤之遭贬情况，吴梦旸《鹿门茅公传》记曰："……不及考而擢仪制郎，改司勋。则金华唐公为冢宰，雅习公也。其语公曰：'吾急子不必丹徒，子固两不屈于执政者。'

无何，唐公忤执政削籍去，公亦被逐矣。"(《茅坤集》，第1367页)此所言唐公即吏部尚书唐龙，所忤执政即大学士夏言，而《明史·夏言传》对此言之更详："至二十四年，帝微觉嵩贪恣，复思言，遣官赍敕召还，尽复少师诸官阶，亦加嵩少师，若与言并者。言至，直陵嵩出其上。凡所批答，略不顾嵩，嵩噤不敢吐一语。所引用私人，言斥逐之，亦不敢救，衔次骨。海内士大夫方怨嵩贪忮，谓言能压嵩制其命，深以为快。而言以废弃久，务张权。文选郎高简之戍，唐龙、许成名、崔桐、王用宾、黄佐之罢，王杲、王暐、孙继鲁之狱，皆言主之。"(卷一九六)可知夏言之复职张权在嘉靖二十四年，唐龙之罢亦当在此年，则茅坤之遭贬无疑也是本年。此外，茅坤于嘉靖二十七年被升为兵部主事，是由于他在广平通判已满任三年，则前推三年，亦恰为嘉靖二十四年。根据上述各种材料合而观之，唐顺之《与茅鹿门主事书》一文乃撰于嘉靖二十四年无疑。

嘉靖二十四年唐顺之为三十九岁，距其所言思想转折之时间亦即四十岁仅一年。其实荆川言其于四十岁乃进入人生之另一境界亦当为约而言之，后人也不应当做出太机械的理解，认为四十之前完全是唐宋派文学思想，而四十后便是纯粹的主观性灵的文学思想。窥诸荆川生平实际，他的思想在嘉靖二十三年便已有了明显的转变，如作于本年的《与薛方山书》曰："自惟年垂四十，已蹈无闻之戒，世间事幸不复关涉，一个身子又自不能了，终日碌碌，竟是何事？回头一看，不觉噱笑。以此来岁更欲作一闭关之计，生徒尽已谢遣，交游亦且息绝，非敢望于坐进此道，亦庶几作天地间一闲人，不落闹攘套中，尽有受用矣。康节云：岂为此身甘老朽，尚无闲地可盘桓。每诵此语，怅然太息。文词技能种种与心为斗，亦从生徒交游之例尽谢遣之，尽息绝之。不扰仍是闹攘套子也。山林之士终是入山深入林密乃是安稳地面。"(《明唐荆川先生年谱》卷二)阅此信可知他在三十八岁时已有转变之意，并且亦约称其年龄为"年垂四十"，则作于三十九岁的《与茅鹿门主事书》当更能显示其转变时的思想状态。当然荆川的欲息交游绝文字的语言，只是表示了他从此立志性命之学的一种决心，而不能理解为他从此便真的与诗文已完全绝缘，焚却笔砚、弃绝诗文本是中国文人或表愤怒或显决心的口头禅，后人对此决不可认作真话，因为诗文乃是被士人视为性命的东西，说一句"不要命"是可以的，但你能认为他们会真的去结束性命？就在荆川表示要坚决与诗文断绝关系同时，却又在与他人大谈作文之新体会。据其年谱记载，嘉靖二十三年"有《与陈两湖书》，劝之摆脱词章之习，致力性命之学，并示以千古文章真血脉"。（《明唐荆川先生年谱》卷二）该信所谈千古文章真血脉之具体内容如下："四十更无长进，惟近来山中闲居，体验此心于日用间，觉意味比旧来颇深长耳。以应酬之故，亦时不免于为文，每一抽思，了了如见古人为文之意。乃知千古作家别自有正眼法藏在。盖其首尾节奏，天然之度，自不可差，而得意于笔墨蹊径之外，则微神解者而后可以语此。近时文人说班说马多是寝语耳。"（《荆川集》卷五）在此，他固然还承认"首尾节奏"等形式因素对文章的价值，但其注意力显然已不这方面，而转到了"笔墨蹊径之外"的"意"，认为这才是千古作家的"正法眼藏"。可见其文学观念已发生了较大的变化。那么，作于嘉靖二十四年他三十九岁时的《与茅鹿门主事书》，就更应该是其文学观念转化之后的产物，起码也应是其正在转化过程中的产物，就其实质而论，它已不属于唐宋派的文论主张，但研究界却均将其作为唐宋派的核心理论材料，岂非文不对题？

从《与茅鹿门主事书》的内容上来看，它也属于受阳明心学影响下的产物，而与唐宋派的一般观念具有较大区别。从该信的行文看，是一篇与茅坤争论的文字，这意味着二人之间在文论主张上已有了较大的分歧，那么其分歧在于何处呢？这要先看茅坤信中的观点，鹿门曰："愚窃谓今之有志于为文者，当本之六经，以求其祖龙。而至于马迁，则龙之出游，所谓太行、华阴而之秦中者也。故其气尚雄厚，其规制尚自宏远。若遽因欧、曾以为眼界,是犹入金陵而览吴会,得其江山逶迤之丽、浅风乐土之便,不复思履殽、函以窥秦中者已。大抵先生诸作,其旨不悖于六经;而其风调,则或不免限于江南之形胜者。故某不肖,妄自引断:为文不必马迁,不必韩愈,亦不必欧、曾;得其神理而随吾所之,譬提兵以捣中原,惟在乎形声相应,缓急相接,得古人操符致用之略耳。而至于伏险出奇,各自有用,何必其尽同哉!不审高明以为何如?"(《茅坤集》,第191—192页)应该说茅坤信中的观点是标准的唐宋派文论观点,"本之六经"是唐宋派文道合一的一贯主张,也合乎儒家原道、征圣、宗经的传统;将司马迁之文定为最高标准,也与唐宋派由唐宋以窥乎秦汉的路径相符;同时,他更避免了前七子复古派字模句拟的机械性模仿,而只承认"形声相应,缓急相接"的一般形式法则或曰文章一般规律,并强调"伏险出奇,各自有用"的作家个性与随机变化,从作文的一般形式法则上讲,茅坤的主张实在并无甚不妥之处。但唐顺之却对其论点大不以为然,而且之所以不以为然的原因并不在于是否赞成其文论的具体观点,而是他所关心的问题已与茅坤不在同一层面,也就无法讨论孰是孰非的问题,对此唐顺之在给茅坤的第一封信中便已指出:"来书论文一段甚善。虽然,秦中剑阁金陵吴会之论,仆意犹疑于吾兄尚以眉发相山川,而未以精神相山川也。"(《荆川集》卷四,《答茅鹿门书》)无奈鹿门先生一时未能明了,依然向荆川追问有关文字工巧的"眉发"论题,因而唐顺之便不得不做进一步的解释说:"至如鹿门所疑于我本是欲工文字之人,而不语人以求工文字者,此则有说。鹿门所见于我者,殆故我也,而未尝见夫槁形灰心之我乎?"(同上,《答茅鹿门主事书》)可见荆川以前也是要讲究求文字之工的法则的,所以与茅坤同属于唐宋派的成员,但如今他已不再关心这些问题,因为他已丢弃了"故我",而成了经过"槁形灰心"之悟解后的新我,当然也就有了新的文学思想。所以在与茅坤的信中他丝毫不再谈论意与法、道与文等形式方面的命题，而是集中在两个人生论题上：一是境界说，二是本色说。关于前者他说："只就文章家论之，虽其绳墨布置奇正转折，自有专门师法，至于中间一段精神命脉骨髓，则非洗涤心源，独立物表，具今古支眼者不足与此。今有两人，其一人心地超然，所谓具千古支眼人也。即使未尝操纸笔呻吟学为文章，但直据胸臆，信手写出，如写家书，虽或疏卤，然绝无烟火酸馅习气，便是宇宙间一样绝好文字。其一人犹然尘中人也，虽其颙颙学为文章，其于所谓绳墨布置则尽是矣，然反来复去不过是几句婆子舌头话，索其所谓真精神与千古不可磨灭之见，绝无有也，则文虽工不免为下格。"（《荆川集》卷四，《答茅鹿门主事书》）在此，评定文章的唯一标准便是人生境界的高低，"洗涤心源"是指心地空明而不染于世俗，"独立物表"是指具有傲然挺立的大丈夫人格。具有了如此的境界与人格，才会具备"今古支眼"，然后写出来的文章才会是有价值的"绝好文字"。倘若无此境界与人格，则无论文字如何求工，也照样落于"下格"。再看其本色说。所谓本色，便是自我所独具的而他人所没有的，所以他会说："秦汉以前，儒家有儒家之本色，至如老庄家有老庄家本色，纵横家有纵横家本色，名家墨家阴阳家皆有本色，虽其为术也驳，而莫不皆有一段千古不可磨灭之见，是以老家必不肯剿儒家之说，纵横家必不肯借墨家之谈，各自其本色而鸣之为言，其所言者其本色也，是以精光注焉，而其言遂不泯于世。宋而下文人莫不语性命谈治道，满纸炫然，一切自托于儒家，然非其涵养畜聚之素，非真有一段千古不可磨灭之见，而影响剿说，盖头窃尾，如贫人借富人衣，庄农作大贾之饰，极力装做，丑态尽露，是以精光枵焉，而其言遂不久湮废。"（同上）本色与境界是有密切联系的，但本色又不能与境界相等。比如信中所举的两个例子，陶渊明不仅有本色，而且是"本色高"，所以能写出"宇宙间第一样好诗"，可见有境界等于"本色高"。而沈约也不能说无本色，他的诗所以写得不好,除了过于"较声律雕句文",更重要的是他"本色卑"。因此,唐顺之的本色说的真实内涵便应该是有"千古不可磨灭之见",这种见解也许是并不尽善尽美的,但必须是有独立价值而不可重复的。值得注意的是,唐顺之在此严厉地批评了宋儒,指出他们都是只会依傍他人而毫无自我建树,因此尽管他们天天"语性命谈治道满纸炫然",却适足显其做作的丑态。这意味着唐氏已超越了理学与心学彼此消长的阶段,其思想意识已完全归属于心学,则其文学思想也必将随之发生相应的变化。事实也正是如此,讲洗涤心源,讲独立物表,这都是心学家的常用话头;而本色论也是从阳明先生那里改头换面而来。阳明在强调学贵有自得时,便说过道家与佛家犹有自得,便胜过只知向外寻求的俗儒。但更重要的还是思想方式的改变,在典型的唐宋派文论中,判定诗文的好坏优劣还要依于作者之外的标准,看是否表现了"道",看是否合乎某家(如司马迁)某代的风格,看是否合乎某些法则,等等。可是到了唐顺之的这封信中,所有的这些外在因素都被他置之度外,判定诗文的标准只有作者自我才最具权威性,作家的境界,作家的自我本色,成了诗文最重要的要素,其实也可归为一句话,那便是作家的自我心灵成了最高的权威。这是对"法"的否定或曰超越,是对形式的忽略或曰颠覆,当然,这种见解如果走过了头,甚至会对文学本身也予以否定与颠覆,而只追求自我生命之完善。唐顺之便有此种倾向,他在信的结尾说:"仆三年积下二十余篇文字债,许诺在前,不可负约。欲待秋冬间病体稍苏,一切涂抹,更不敢计较工拙,只是了债。此后便得烧却毛颖,碎却端溪,兀然作一不识字人矣。"但正如上面所言,唐顺之不可能达到这种程度,他的不计工拙是真,至于要"烧却毛颖,碎却端溪",便只好做游戏之言加以看待了。他在另一封与朋友的信中,曾对此时的创作特征叙述说:"艺苑之门久已扫迹,虽或意到处作一两诗,及世缘不得已作一两篇应酬文字,率鄙陋无一足观者。其为诗也率意信口,不格不调,大率似以寒山击壤为宗而欲摹效之,而又不能摹效之然者。其于文也,大率所谓宋头巾气习,求一秦字汉语,了不可得。凡此皆不为好古之士所喜,而亦自笑其迂拙而无成也。"(《荆川集》卷四,《答皇甫柏泉郎中书》)观此则知他未能兑现"烧却毛颖,碎却端溪"的誓言,但其创作诗文的态度确实已发生了变化,尽管他的创作不为好古之士及世俗之人所喜,可他并不顾及这些评价,依然率意信口,不格不调;依然无"一秦字汉语"地信手而写,如写家书,正如他在下面评价蔡白石时所说:"洗尽铅华,独存本质。"他只依自我之爱好来写作,他只表现自我的见解与境界,则评价其诗文的优劣也就只有他本人才最有资格。许多学者认为荆川的这段话只针对前七子复古派,那实在是个误解。就其实质而言,唐宋派的由唐宋古文而上追史汉,同样也是复古,唐顺之不是就与茅坤刚刚发生了争执吗?可知荆川的文论不仅超越了前七子,也超越了茅坤辈,甚至超越了其自身。他无法在历史上寻到同调,无奈之下他选择了寒山与邵雍,但又马上予以否定,说"不能摹效之然者"。无所摹效,则最后便只能自我作古,说此乃"得古作者之精"了。

其实,对唐顺之学术思想与文学思想的这种变化,前人已多有觉察,只是以前未能引起学者的注意罢了。焦竑《玉堂丛语》载:"荆川于文称曾子固,诗称《击壤集》、黄山谷,学则笃信朱元晦。一日候云:'吾觉朱子所解书,无一句是者。'非有会于言语之外,胡以及此?"(卷六,《师友》)可知他原来学宗朱子,而文宗曾巩;而当他悟出朱子所解书"无一句是者"后,是否也会觉得曾子固亦有未是处呢?对此荆川好友李开先早已做出过回答,他说"荆川唐子,晚年诗似信口,有意味,有心思;书似信手,有骨力,有神气。公子号赢庵者,寄其存日所书"立秋诗"一卷,无奇语而未尝不奇,如老态而殊为不老。令人终日相对忘倦,忆旧不能不继之以悲。或者谓其窜入恶道,流为俗笔,其亦浅之乎知唐子哉"!(《李开先集》,第692页,《荆川诗跋卷》)作为嘉靖八才子之一的李开先,尽管对阳明心学未能登堂入室,当他毕竟是位颇有造诣的诗人与剧作家,他以其敏锐的艺术感受力,嗅出了荆川晚年艺术上的变化,并领略了变化之后的艺术美。不仅荆川有此变化,其好友王慎中也被后人察觉出其创作上的明显变化,故而概括说:"吾乡遵岩前辈,独以古文辞起家于嘉、隆间,海内皆知有王仲子。晚益嗜难丰文,服其议论,焚弃早年文章,与毘陵唐荆川共相追逐刘向、曾、王所为,此诚有味乎六艺之旨而思与道俱者。惜乎丰缛该邕而骨节未坚,委复切深而神气少逸,盖已具体而不能极变,未能融之于心而达乎化之境,其去刘向、曾、王犹不啻其一间也已。仲子没今百余年,其《遵岩集》亦行至今,非其生平好之深,为之苦,志不追与古作者并不止,又乌能传世行后,至今未没乎? 先儒谓韩退之因学文日求所未至,于道理上遂有所见。仲子勤于文,亦能日求所未至,因谪常州,再升南礼部员外,则从王龙溪讲伯安之学,后又与聂双江、邹东廓、欧阳南野游,自此学术文章自坚自信。今考其集间有集庄老家言与贾晁纵横馀习,凡数十篇,皆少时未定见识。其原本经传训义湛深者,亦数十篇,则皆早年从事刘向、曾、王所为,笔力近古,可鸣一家。又有数十篇所论学问事功,骤而读之,若径直要约,本诸心而自得,措诸事而不烦,熟玩既久,然后知其出于伯安王氏之学,事事物物皆为良知。中所自致,大异程朱致知格物,合内外而一之说者。"(李光墺、李光型《重刻遵岩集序》,见康熙刊本《王遵岩全集》卷首)在此,遵岩之创作被分为三个阶段:一是少时未定见识阶段,这显然是其未踏入仕途之作为;二是早年之笔力近古阶段,其特征为内容上的"原本经传训义",而风格则追随"曾、王所为",此乃典型的唐宋派特点;三是合内外为一的阶段,其特征为"径直要约,本诸心而自得,措诸事而不烦","大异程朱致知格物",二李便径直指出这是"出于伯安王氏之学"。其实,在对阳明心学的接受程度上,唐顺之比王慎中要深入得多,他之最终被黄宗羲列入《明儒学案》

而王则只能以文人闻名于后世，便是一个明显的证据，因此唐顺之文学思想的变化亦理应比王慎中更为明显。

明白了上述唐顺之文学思想的变化过程，便使我们清楚地认识到，以前将唐顺之的所有关于对文学的见解均归之于唐宋派文论，是非常不合适的。这种不合适主要体现在两个方面：首先是它不符合研究对象的真实情状，因而也就违背了学术研究以求真为目的的基本原则。从学术渊源上讲，其唐宋派时期的文论是以程朱之学作为思想背景的，这决定了其文学思想是以追求道与文、意与法的平衡为指归的，他依然被形式因素所限制，依然以复古为价值取向；而在完全接受阳明心学之后，其文学思想中外在于己的"道"变成了自我之心灵，泛泛之"意"变成了作家的自我人生境界与独特的自我本色，尤其是将"文"与"法"诸形式要素置于自己的视野之外，而更突显了主观的自我心灵，将本色论与性灵说结合起来，这是阳明心学对晚明文坛的最大贡献。而以前却将这两种差别甚大的文学思想混为一谈，则无论如何是不合适的。其次是它不利于对文学思想发展演变过程的梳理，因而也就未能对文学现象进行深层次的研究。唐宋派由于对意与法平衡的强调，使它成为一种能够被一般人所接受的文论主张，因而茅坤、归有光也就成了清代桐城派的始祖，而方苞的义法理论也的确与唐宋派文论一脉相承。唐顺之中期的文学思想也许能被桐城派认可，但他晚年归心阳明心学后的理论便只能被徐渭、公安派所接受。因为桐城派不可能容忍他对"法"的形式要素的颠覆行为，而徐渭、公安派却极欲表现自我的本色，渴望信口信手的不受拘缚。如果不弄清楚唐顺之文学思想的变化过程，便很难合理解释上述复杂的文学思想的继承演变关系，从而使文学思想史的研究仍停留在表层材料的排比论说上。

当然，唐顺之后期的理论与创作并非是无可非议的，尤其是他后期的诗歌创作，更成为许多人訾议的对象，影响最大者当属钱谦益所论，他在《列朝诗集小传》中言:"正、嘉之间,为诗踵李、何后尘,剽窃云扰,应德与陈约之辈,一变为初唐,于时称其庄严宏丽,咳唾金璧。归田以后,意取辞达,王、李乘其后,互相评贬。"(丁集上,《唐佥都顺之》同时兼及遵岩曰:"诗体初宗艳丽,工力深厚,归田以后,掺杂讲学,信笔自放,颇为词林口实,亦略与应德相似云。"(同上)钱氏的观点后来被四库馆臣所接受,并被引至《四库全书总目提要》中,遂造成了更广泛的影响。其实,唐顺之晚年在创作上未能取得更大的实绩并不全在于诗中掺杂了讲学语,其"意取辞达"的主张也不能算错,我以为这其中另有两个原因值得注意:一是他晚年以讲学为主,对诗文创作有所放松,但这并不足以说明他理论的错误,因为理论与创作毕竟是两码事;二是他在将传统的诸种形式要素舍弃后,本应有新的形式来取而代之,但他却未能创造出新的形式,从而也就不能不影响自己的创作。但形式的探索是要经过长期的创作实践方可积淀而成,绝非一朝一夕所能见功,可以说在新形式的探索上,明代文人始终未能取得大的进展,这包括后来的公安派与竟陵派均是如此,这也是影响明代文学的创作成就的一个主要因素。不过,以上所有的不足都不能抹杀唐顺之文学思想的强大影响力,其中他对徐渭的影响尤其应该引起足够的注意,因为徐渭又深深地影响了公安派,则徐氏也就成了从唐顺之到公安派的中间环节,故而有必要在此略加提及。

  徐渭(1521—1593),字文清,更字文长,号则有天池山人、青藤道士、田水月、山阴布衣等十余个。浙江山阴人。他是明代杰出的文学家与艺术家,诗文书画剧作俱佳,但却命运多舛,曾八次参加科举而皆未得售,仅以生员的身份终其一生。无论就其实际接触还是文学思想,徐渭都与唐顺之有密切的关系。在徐渭自撰的《畸谱》中,"师类"一项共列五人:王畿、萧鸣凤、季本、钱楩、唐顺之。其中季本是他作为心学弟子的老师,王畿亦为其心仪之王学前辈,而唐顺之则即有心学亦有文

第三章　嘉靖士人心态与王学之流变　399

学思想上的师授关系。在"纪知"也就是记述生平知己的栏目中,他又一次提到了唐顺之,并说唐顺之对他"称之不容口,无时无古,无不啧啧"。(《徐渭集》,第1325—1334页)而且徐渭所接触唐顺之的思想乃是属于其晚期的心学体系,他曾记述说:"壬子(嘉靖三十一年)武进唐先生过会稽,论文舟中。"并赋诗以志之,其中有"独有赏音士,芳声垂千秋"之句。(同上,第66页)后来荆川出山至江浙一带督兵抗倭,与胡宗宪及东南士人多有往来,则徐渭当有更多的求教机会,陶望龄《徐文长传》载,胡宗宪在一次与唐顺之会面时,拿出徐渭代作之文给荆川看,并试探说:"公谓予文若何?"唐吃惊地说:"此文殆辈吾!"并说胡氏难作此文,愿一见其作者,此时"公乃呼渭偕饮,唐公深奖叹,与结欢而去"。(同上,第1339页)此条材料一看即知为传闻之言而不具真实价值,因为荆川在"壬子"未出山时即已与徐渭多有来往,也就自然不会再发生后来的此一传奇故事,但由此却表现了在当时及后来的文人心目中,唐顺之与徐渭之间关系之密切及文风之接近。

就唐、徐二人所具有的心学思想上看,亦颇多一致之处。从师承关系上说,徐渭除荆川之外,主要从季本与王畿处得心学之传授,而此二人也恰恰是荆川论学的两位主要对象,则二人之心学思想较为接近也就不足为奇了。从二人实际所拥有的心学思想看亦甚接近。荆川之为学宗旨诚如上言,乃是"以天机为宗,以无欲为功夫"。就是说既要顺天则之自然,又不能放荡恣肆;既要消欲以复其良知之体,又不能有有意把握的意必故我。徐渭也是如此,他从王畿处接受了良知自然的主张,故亦讲顺自然之天则;但他更从季本处接受了检束自我的劝告,反对借口洒脱而流于放肆无忌惮。季本曾作《龙惕说》以阐述自己的理论,徐渭更著《读龙惕书》以阐发其师说,其中有言曰:"惕之与自然,非有二也。自然惕也,惕亦自然也,然所要在惕而不在于自然也,犹指目而曰自然明可也,苟不言明而徒曰自然,则自然固虚位也,其流之弊,鲜不以盲与翳者冒之矣。"(《徐渭集》,第678页)此所言"惕"实即个体之自我检束,与荆川所言之"无欲"相近。在徐渭眼中,其师季本的主张是完全正确的,自然当然重要,但不应该是无所顾忌地纵容自我,而是要在自我检束的基础上求自然,做到"自然惕也,惕亦自然也"。从这一篇文章中很难概括出徐渭的全部心学思想,但由此可知他与季本、唐顺之三人在自然与戒惧的关系上,眼光颇为一致,而与王畿有较大的差别。

正是由于徐、唐二人心学思想上的一致,从而也决定了文学思想上的接近。徐渭文学思想的核心也是本色说,此一观点是他在《西厢序》中明确提出来的:"世事莫不有本色,有相色。本色犹俗言正身也,相色,替身也。替身者,即书评中婢作夫人终觉羞涩之谓也。婢作夫人,欲涂抹成主母而多插带,反掩其素之谓也。"(同上,第1089页)此所言婢充主母而多插带的丑态,与唐顺之在《与茅鹿门主事书》中所讥宋儒之言甚为相近,所谓"影响剿说,盖头藏尾,如贫人借富人之衣,庄农作大贾之饰,极力装做,丑态尽露。"不正是"婢作夫人,欲涂抹成主母而多插带,反掩其素"的同义语吗?在《叶子肃诗序》中,徐渭又换了一个比喻,将其喻为鸟与人之关系:"人有学为鸟言者,其音则鸟也,而性则人也。鸟有学为人言者,其音则人也,而性则鸟也。此可以定人与鸟之衡哉?不出于己之所自得,而徒窃于人之所尝言,曰某篇是某体,某篇则否,某句似某人,某句则否,此虽极工逼肖,而已不免于鸟之为人言矣。"(同上,第519页)依徐渭的看法,则不仅前后七子是人学鸟言而缺乏本色,甚至连唐宋派也难免鸟学人言之讥,因为本派文论也要求向唐宋诸家学习而上窥秦汉,岂非亦是依人门径?尽管其反对句摹字拟而讲究有所变化,可充其量不过是学的更高级的鸟而已。而按徐渭的见解,本色的做法便应该是"就其所自得,以论其所自鸣"。(同上)用他《书田生诗文后》中的话说,便叫作"师心纵横,不傍门户"。(同上,第976页)从这些言论中,人们不难发现其浓厚的心学色彩,尤其是唐顺之本色说的色彩。因此如果说徐渭本色论是荆川本色说的继承人,应该说是并不过分的。

然而,徐渭毕竟又不同于唐顺之。荆川的文学思想包括了境界论与本色说两个侧面,徐渭则对前者并无多少论说。尽管他由于接受了心学的理论而具备了独立的人格与充分的自信,但他一生坎坷的遭遇使之再也没有机会立功扬名,同时,在心学上他也难有更多的创获,故而也没有成圣的打算。他所具有的是更强烈的自我表现欲望,以及在痛苦时强烈的自我宣泄意识。因而在人们的印象中,徐渭所具有的不是儒者之圣,而是文人之傲与狂,故《四库全书总目提要》评其诗文曰:"盖渭本俊才,又受业于季本,传姚江纵恣之派。不幸而学问未充,声名太早,一为权贵所知,遂悍然不复检束。及乎时移事易,侘傺穷愁。自知决不见用于时,益愤激无聊,放言高论,不复问古人法度为何物。故其诗遂为公安一派之先鞭。"(卷一七八)四库馆臣对徐渭、公安、竟陵等狂放文人虽多存偏见,但其中亦不乏精彩之论,如对徐渭特意强调其"传姚江纵恣之派"与"不见用于时",以说明其文学思想的特征,便显示出其眼光的敏锐。因为这种见解与徐氏本人在其《自为墓志铭》中所言基本相合:"山阴徐渭者,少知慕古文词,及长益力。既而有慕于道,往从长沙公究王氏宗,谓道类禅,又去扣于禅,久之,人稍许之,然文与道终两无得也。贱而懒且直,故悝贵交似傲,与众处不浼袒裼似玩,人多病之,然傲与玩,亦终两不得其情也。"(《徐渭集》,第638页)与唐顺之相比,徐渭尽管有与其从事心学的相似经历,却与他有了更多的不同之处,这是因为从正统的角度看,或者说拿他与唐顺之比,他的确是在"道与文"两方面有了较大的区别,故言其"两无得也"。而此"两无得"的结果则导源于他"傲与玩"的人生态度。在这方面,可以说他与晚明文人更为接近,或者说他就是晚明文人的先声。首先从经历看,先学古文词,再接触王学,再由王学而转入禅学,颇合乎晚明文人的一般经历,如李贽、焦竑、汤显祖、公安三袁等等。其次是傲与玩。由于对现实的绝望与接触王学后形成的高视自我,遂具备了傲与玩的双重特征。傲源于蔑视世俗的高视自我,玩源于对现实失望后的自虐与自嘲。但其骨子里依然忘不掉现实的关怀与自我价值的实现,因而终于有了傲与玩的"两不得其情"。在徐渭身上,可以说既有唐顺之自我检束、自信良知的品格操守,又具备了晚明文人的狂傲与自放,从而使他成为一位过渡的人物。

从这种人格特点出发,徐渭的本色论也就有了自身的特征。他保持了唐顺之本色说真实独特的内涵,却减少了道学的色彩与成贤成圣的意识,而以自我表现与自我宣泄为核心。就此一点言,他依然具有突出主观性灵的特性,与唐顺之保持了一致。同时,他在形式方面也没有太多的突破,他依然在用传统的艺术形式与方法抒发自我情感。但他比唐顺之更加大胆,他已经不再局限于某一种体裁、某一种风格、某一种技巧而创作,而是将它们统统打碎,随意拿来为其所用。他可以用传统的诗歌来宣泄郁闷,比如他写秦山:"刻削差可拟,带插不添妩,宛如齿龃龉,张吻讼所苦。"(《徐渭集》,第56页,《秦望山东南下折,有峰紫铁色,错竖似花蕊,土人呼雄鹅突,余赠名花蕊峰》)形式依然是五古,没有任何改变,但主观的自我已涨破了形式的束缚,挺立起一位张开自我的大口倾诉痛苦的作者形象。由此推去,什么《四声猿》,什么《歌代啸》,已不是什么规规矩矩的传统杂剧,而是他自我宣泄的工具,因而钟人杰才说:"徐文长牢骚肮脏之士,当其喜怒窘愁,怨恨思慕,酣醉无聊,有动于中,一一于诗文发之。第文规诗律,终不可逸辔旁出,于是调谑亵慢之词,入乐府而始尽。"(《四声猿引》,见《徐渭集》,第1356页,《附录》)可见徐渭尽管没有创造出新形式,却雅俗不分地涉入了更多的艺术领域,并最大效用地利用了旧形式与旧方法。因此他理所当然地比唐顺之取得了更大的创作成果,具备了更为令晚明文人所乐意接受的文学思想,也就成为一位值得注意的中介人物。

三、阳明心学与唐顺之的晚年心态

在生活于嘉靖年间的王门弟子中，像王畿、罗洪先那般被朝廷逐出官场后，在地方以讲学终其一生而保持自我人格与气节者，可以说有相当的数量。这些士人无论是生前还是死后，都赢得了人们的尊重，有些人也许会被淹没在历史长河中而默默无闻，但起码他们不会为他人留下议论的话柄。唐顺之从经历上讲几乎与罗洪先没有什么区别，他们因同一事件而被罢官，又同样乡居而讲学论道，晚年又同样被朝廷征召出山，唯一的区别是罗氏没有接受朝廷的征召而唐顺之却接受了，因而便由此惹起了生前身后的极大争议。首先是他的出山牵涉到严嵩及其同党而遭非议，李诩《戒庵老人笔记》曾议曰："唐荆川罢官，颇自特立，知命之后，渐染指功名。因赵甬江以迎合严介溪，遂得复职，升至淮阳巡抚，殊失初志。"并引了当时规劝他的两首诗，其中有两联最足说明当时部分士人的态度，其曰："莫讶今朝归未得，出山何似在山高？""登阁固知非昔日，出山终是负初心。"（卷一）第二联前边已引用过，那是龙溪先生的手笔。然后，是关于他在王忬之死事件上的非议。王忬乃后七子首领王世贞之父，当时任兵部左侍郎兼右都御史，总督蓟辽军务兼理粮饷，后因防边不力而被朝廷以失陷城寨律弃市，有人记唐顺之巡行蓟辽时之行为说："某生入为疏，则盛言戍卒当练，不宜以调发疲各边，而毁府君不事事。"（《明唐荆川先生年谱》卷八）此所言"某生"系指唐顺之，而"府君"则指王忬，也就是说是唐顺之向朝廷（当时严嵩为首辅）上疏弹劾了王忬，从而使他得到了身首异处的凄惨结果。这是《先司马思质府君行状》中的语言，执笔者便是大名鼎鼎的王世贞。以儿子述老子之事当然有私其亲而过于责人之嫌，但以王世贞的名气，他的记述还是能造成极大影响的。如果说以上均为私家记述而难做定论的话，作为官修史书《明世宗实录》的记载无疑更具权威性，其中曰："顺之初欲猎奇致声誉，不意遂废，屏居十余年。上方摧抑浮名无实之士，言者屡荐之，终不见用。会东南有倭患，工部侍郎赵文华视师江南，顺之以策干文华，因之交欢严嵩子世蕃，起为南京兵部主事，寻升职方员外郎郎中，奉命查勘蓟镇边务，复视师浙直，总督胡宗宪荐其有功，迁太仆寺少卿通政司右通政。"（卷四八三）后来研究明史者当然必读《明实录》，则其影响也就可想而知了，尽管清初万斯同修《明史》时，以及唐鼎元在民国时期修荆川年谱时均曾予以辨正[1]，

---

[1] 唐鼎元《明唐荆川先生年谱》卷八曾综合各种材料予以辨正，现引述如下：

万季野斯同书《国史·唐应德传》后云：初读国史唐公传，曰："此忌者之口也，不足辨之。"已而念公贤者，受诬至此，安可不为之辨？公抱负长才，林居不试。睹乡邦之涂炭，思起而救之。适会赵文华荐，朝廷有夏官郎之授，遂以应命，其出处如此。乃传谓公以策干文华，因以得进。吾观公文集有《却赵侍郎馈遗》一书，彼于匪人交际犹且却绝，安肯以策干之？文华之荐，亦由自知其才欲以博荐贤之名耳，岂公干之而后荐耶？若以文华之荐为公累，时与公同荐者尚有胡松、周相、翁大立、李文进、秦鸣夏五人，惟鸣夏任官道死，余皆至显官，议者未尝以文华故责此五人，何独以此为公累也？史于胡公传备详其善状，而不言文华之荐，独于公之传言之不置，同出一史，而笔削如此，岂非有挟而然耶？传又谓公初欲猎奇致声誉，屏居十五年，上方摧抑浮名无实之士，言者屡荐终不见用。夫公以弱冠登上第，一时文名藉甚，恐名浮于实，故力敦闇然之学，虽诗文亦鄙而不为，何尝无声誉而须猎奇以致耶？其不见用乃当路者不悦，上何尝摧抑之？公亦岂浮名无实者耶？又谓公初罢官居，力为矫亢之行，非其人不交，非其道不取，天下士靡然慕之，既久之不用，晚乃由文华以进。夫天下固有非人不交非道不取者而肯变节以希进耶？何其量天下士薄也。其为此言不过谓公欲得官耳，公诚欲得官，其初尝两为翰林，何不优游文史之地，驯致通显，而乃至屡得屡失耶？始弃翰苑之华阶，而晚求部曹之冗职，亦大非人情矣。至谓公以边才自诡，既假以致身，遂不自量，欲以武功见，尽暴其短，为天下笑。夫公于戊午冬始以郎官视师，至己未开府淮扬，仅六月而卒。其初则权轻不足以集事，其继则受任日浅故不能大有所展布。然公两以病躯扬帆海外巡历而归，诸将凛凛悚息，军容为之一振，屡复斩馘功，三受金绮之赐，一时劳臣宜无如公者，志虽未竟，天下皆叹其忠，何短之暴，而又何人笑之？使当时任事者而尽如公，何至若是之糜烂？以公之劳勋，而犹责之如此，又何以责他人！甚哉！忌者之口可畏也！盖思乡邦之涂炭，而思救之者，其本志也。不得竟其志者，限于年也。奈何欲没其生平而诋诬至是哉？盖《世宗实录》悉出张居正之手，彼于理学诸儒无所不訾毁，而公其犹甚者也。然吾观国史前后诸传，其褒贬不过数语，独公一事而言之再三，彼将以是深章其丑，不知适足自形其为忌耳。自古史官挟私以枉人者何限，吾于公独深有感也，故为之辨。（此文系富阳夏朴山钞致）

万斯同之辨正文字虽未必皆准确无误，但却使人能够看到对唐顺之的另一面的评价，结合对其攻讦之一面，或可有助于全面认识荆川之人格，故引录在此，以资参考。

却终究无法改变《明实录》的记载。其实,在唐顺之生前便有许多朋友提醒过他,其中以李开先的规劝最为直接明了,他致函荆川曰:"此一起官,颇纷物议,出非其时,托非其人,若能了得一两事,急急归山,心迹庶可少白于天下。不然,将举平日所守而尽丧之矣。"(《李开先集》,第624页,《荆川唐都御史传》)在如此情形下,唐顺之本人不会不知道自己出山将会招致何种后果,何况就其一生而言,他也不是贪图利禄而不重名节之士,可他为何要冒身败名裂的危险毅然出山呢? 这当然需要了解他的一贯人格及其当时周围的具体环境,但更重要的是,必须注意阳明心学对其晚年人格心态的影响,否则便难以对此做出清晰的说明。我以为荆川晚年是真正要实现阳明所倡导的圣人境界,即不顾他人非议而独行其志的大丈夫品格,或者说是凤凰翔于千仞之上的超然境界。

此种境界的实现当然要以他本人长期所形成的基本人格为前提。唐顺之的人格主要有勇于自信的个性与热衷用世的志向此两大特征而构成。万表曾述其前者曰:"先生每事皆求定见,其见一定,信之甚坚而持之甚固,即有学识与先生等者,必不能回其既定之见。"(《明唐荆川先生年谱》卷二)此种近于固执的气质使之容易形成一意孤行的狂者人格,为他以后的毅然出山提供了必备的性格因素。但更重要的是,唐顺之用世的愿望既强烈又持久。在他嘉靖十九年被削职为民时,便没有永远归隐的心理准备,当他与一起罢官的赵时春告别时,也许赵氏送给荆川的赠别诗最足表现他们此时的心情:"彰义门前官道柳,到时凋谢发时回,荣枯自是寻常事,闲逐春风归去来。"(同上)在他们的眼中,仕途之顺逆犹如官道边荣枯循环的柳树,今日凋谢了,明日自然会再生出新芽,也许用不了多久,他们便会被朝廷重新起用。果然,当荆川家居后,他并非只安心于讲学论道,观其刺枪使棒、演习武艺的行为,便知其用世之心未歇。他在四十岁左右时,曾一度深隐山中不出,甚至迷恋上了道家养生术,但那只是为了心性修炼,以期求得自心之悟解,并不说明他已完全忘怀世事。实际上他时时在留心国事,并时刻准备为国效力,如嘉靖二十九年俺答侵犯京师,徐阶便有荐举其出山的奏章,其本人亦颇有用世之志,当时其好友刘绘在给他的信中说:"迩复闻兄愤凶房猖獗,数逼京邑,每当士人喜为雄谈,有请缨伏钺之志。"(《明文海》卷一八七,《答荆川书》)由此可知荆川当时愤激之情、跃跃欲试之志实已溢于言表。待东南倭患起,更引起了他的忧患与愤慨,于是他已难以在家安居,遂出游至江浙考察夷情,徐渭曾对此记曰:"时荆川公有用世意,故来观于海,射于越圃。"(《徐渭集》,第66页)此时乃是嘉靖三十一年。荆川又有《岳将军墓》诗曰:"国耻犹未雪,身危亦自甘。九原人不返,万壑气常寒。岂恨藏弓早,终知借剑难。吾生非壮士,于此发冲冠。"(《荆川先生文集》卷三)观诗意此诗当作于游西湖岳飞墓时,说不定也就是这次东南之行的产物。诗中所表现的既是对岳飞奋不顾身以报国精神的仰慕,更是其本人渴求御敌保国心迹的流露,尤其是"岂恨藏弓早,终知借剑难"一联,实在是直接抒发了他本人的情感,他并不为岳飞的不能及早退身以免除祸患而遗憾,他所深深感叹的是岳飞没能有足够的机会与权力去实现其杀敌保国的壮志,所以他最后的"于此发冲冠"非但是为岳飞,也是为自己的壮志难酬而愤愤不平。在这种心态的驱使下,荆川并不讳言自己的再度出仕的愿望,因为在他看来,出山报国不需要扭捏作态,他在《答王南江提学书》中说:"家父又言兄有荐仆之书于京师贵人,此兄之爱我甚而忘我丑也。虽然,仆之与兄以善交闻于人也久矣,兄之荐我,何异于仆之自荐乎?仆年来自计已熟,大抵人用之不敢以隐,人不用不敢以求,亦必不敢以悔,终吾身而已矣。"(同上,卷四)这京师贵人是指严嵩还是徐阶,信中没有明说,因当时首辅大学士为严嵩,故而指他的可能性应该更大一些。但荆川并不以向严氏上书推荐自己而感到羞耻,他有自己的做人原则,这便是"人用之不敢以隐,人不用不敢以求",实际上也就是阳明先生用之则行舍即休之意。其实,这并非是他为自己的出山寻找托词,他在《两汉解疑》中早就说过:"士不欲出而图君则已,苟出而图君,必待梦卜之求,后车之迎,世道陵迟,何所得商周之令主哉?不得已因人而进,第顾其后之所处何如耳。如因小人进,即与小人比,是党恶也,是失己也。苟进焉而忠正自持,锄强抑暴,此正疾风之劲草,倾流之砥柱也。"(《明唐荆川先生年谱》卷七)其实,唐顺之就是在说自己,他身处嘉靖年间朝政混乱之际,面对荒唐独裁的世宗皇帝,又正值声誉甚差的权相严嵩在任,如何能得到伊尹、周公的礼遇?但此时国家又面临南倭北虏的祸乱,朝廷危急,生灵涂炭,具有万物一体之仁的荆川先生当然不能坐视不管。他在嘉靖三十五年给二弟的信中曾说:"兵戈乱离不忍言,亦未知祸之所止。生民何辜,遭此痛酷。毫毛无可援手处,令人长叹!"(《与二弟书》,同上,卷四)而他要重新出仕,便绕不开严嵩的门槛,否则他便只能老死山中,因此命运注定了他必将要因小人而进。既然不能避免小人的介入,那唯一所能做的便是再入仕途之后,表现出士人应有节操,成为疾风之劲草,中流之砥柱。在他临出山之际,正是其父的丧期,面对父亲的亡灵,他再一次表述了自己的心迹:"顾平生颇无富贵之心,年垂五十,用世一念亦渐冷落。不图丧期之内,两承朝命,臣子之义,不敢逡巡,谨于三月间赴京。顾世事之安危休戚不敢,知此身之祸福利害不敢知,苟时有可为,不敢不皆驽钝之才。时遇多艰,不敢忘致身之义;时或可退,不敢昧保身之机。此先考之所以垂教,而顺之之所以自立者也。"(《祭有怀公文》,同上,卷四)唐顺之的确不是贪图富贵之士,这有他俭朴几乎达到了不近人情之程度的生平经历为证,因而他冷落的显然是功名富贵之心,而并非救世济民之志,故而在遇到世事多艰时,他才会不计祸福利害,不忘致身之义。这是荆川先生的真实心态,也是他的一贯人生操守,没有如此的操守,他就不会在相同的人生境遇面前,做出与他人迥异的人生选择。

然而，如果说唐顺之完全不顾及因严嵩而出山所带来的士人非议，那也是不符合其本人的生平为人的。李开先曾如此叙述荆川之早年人格："不但辞受不轻，虽一拜往还之细，亦斟酌可否而后行之。"（《李开先集》，第623页，《荆川唐都御史传》）尽管他通过阳明心学的悟解而使自我有了更为通达的心胸，在一定程度改变了早年往往意气用事的气节之士习性，但这并不意味着他会丧失起码的做人原则。因此，我们便看到了荆川处处极力回避严党的苦心。嘉靖三十六年严党成员赵文华推荐唐顺之任南京兵部主事，荆川当即拒绝，他虽很客气地向赵致函称谢，但劈首却说了一句"贤者之举也必以类"的名言，然后便对比二人之非同类，所谓"公才果而气雄，阔达而不拘细故"；而他本人则是"朴樕细谨，践而多疑少决，铢铢两两不可大受之士"。（《与赵甬江司空书》，见《明唐荆川先生年谱》卷四）从形式上看当然是遵对方而贬自己，不存在丝毫的破绽，但同时也将二人区别开来，尤其是那"阔达不拘细故"的赞语背后，更隐含着赵文华失于自检的道德缺陷，实有自远对方之意。对于严嵩的态度，唐顺之当然更为谨慎，但与对赵文华者并无实质的区别，亦有自别其类之意，这可从以下所选的三封信中做出说明。嘉靖三十六年虽得推荐而尚未出山时，有书信致严氏曰："某不肖尝辱与进焉。而承一言之教于左右久矣。迩来不奉台光且廿年矣。然而不敢通一书于门下者，非敢自疏也，诚自度其最迂阔樗散无用，不足以烦材馆之记存也。某诚自知其无用，而相公误以为可用，曲为推毂，拳拳引而置之于朝，然知相公非私乎其人也。相公之心恐一官不任乎其职，恐一士之不究乎其用，固且为官而择士，固且为天下国家而用其人也。某非敢私为谢以渎相公也，相公为天下国家而用乎其人，宜为天下国家谢相公也。为天下国家谢相公，则莫如以身谢之。以身谢之，则莫如致其身以为天下国家之用，以上称相公以人事主之素心，而明相公得士之效于当世，则庶几乎可以为谢而已。"（《与严介溪相公书》，见《明唐荆川先生年谱》卷四)他首先用二十年"不敢通一书于门下"来为二人的关系定下了调子,以说明其并非严氏私党,但更重要的是要引出下面的内容。因为既然非私交而犹获严氏推荐,则可知严氏之推荐乃为国家而非为私人,这可以说是对严嵩的称赞,从官场的人事往来说非常之得体,此乃荆川的第一层含义;同时他也为自己不向严氏谢恩于私室找到了充分的根据,因为既然您是以天下之公而荐我,则我亦"致身以为天下国家之用"而谢您,岂非是投瓜报李的公平之交?但联系前边他所说的由小人进而能忠正自持,便是砥柱之中流而非党恶失己,则他如今虽由严氏而进,若能致身以为天下国家,岂非是疾风之劲草乎?那严嵩便成了典型之小人了。荆川之用意可谓深矣!第二封信作于嘉靖三十七年入京为官时,具体时间则是其巡察蓟辽军务回来后。荆川之出山本为抗倭,故而他不愿搅在严氏与王忬等人的矛盾中,于是他便致函严嵩,称自己身染疾患,不宜北任。他先是对其病体做了一番夸张性的描述,说是"腹胀露筋,脐突半寸,两足尽肿,面骨削铁",然后便提出正面请求说:"某平生非敢偷安于山林者,但得一金事一郡守,虽在云贵两广之间,亦与南人风土为便,即不敢以远为辞,庶几一见乡土。"荆川的如意算盘的确打得很精明,因为当时东南正有倭患,要改南任则令其御倭乃是最大的可能,如此则一可远离严氏父子,二来也完了自己的出山夙愿,岂非一举两得之举?但他知道以严嵩的精明,不会对自己的此种打算一无所知,所以便一再强调其病情之严重,说什么"外形尽见,非敢掩饰";"惟请门下知其症之非虚也"。(《与严介溪相公书》,同上)可谓欲盖弥彰,更透露出其称病不过是托词而已。第三封信作于嘉靖三十八年在浙直视军情任上时。信中先是向严嵩表示感激之情说:"自起家编氓以致转官京堂,凡所进取,皆是门下奖拔。自阅兵蓟门以致视师海上,凡稍有所建立,皆缘门下指教。"但观以下内容,荆川之意似仍不在于致谢,如说"拔之不待其有求,而教之惟患其不悉",显然又在强调其出山实非向严氏求得;又说"南役以来,虽则治军行旅之才素所不长,至于波涛矢石之间,往往不敢自有其身者,以为非罄其身之所能为者,则无以报国而亦且无以报门下也。自转官以来,区区礼数之末,皆不敢以渎门下,知门下之所期于某者有在也"。(《与严介溪相公书》,见《明唐荆川先生年谱》卷五)荆川如此苦口婆心地反复申说,当然不全是求得严嵩的理解与帮助,更是有意为后人留下一些可供认知的材料,以表明自己的心迹与行迹,说明自己并非是拜爵公堂而谢恩私室的小人,而是一心为国、其心可昭日月的堂堂君子。荆川的如此用心之所以能够在一定程度上实现,固然说明了他的精明与谨慎,但也与严嵩的容忍有关。严嵩固然具有卖官鬻爵的种种劣迹,但你又很难说他天天如此而丝毫无国家社稷之想,更何况他也需要沽名钓誉以固皇宠呢?但是却让我们看到了荆川在处理与严氏的关系时,的确是为表明心迹而陪尽了小心的。不了解此一点,便很难说是真正认识了荆川先生。

然而我们更需要了解的是,唐顺之的出山不全是靠严嵩的提拔奖掖,而是另有背景。这背景便是王学同门的支持与观照。在唐顺之出山的前后,徐阶在内阁占据了越来越重要的地位,而他是极力支持王门弟子出山进入朝廷的,在他的支持下,聂豹、赵时春诸人都先后复了官职,聂氏还曾被任以兵部尚书的重任。以唐顺之的才气与名气,也理所当然地被徐阶视为动员出山的重要对象之一,嘉靖三十六年他曾有致巡抚尚仰山的信说:"唐荆川今世人物,昨虽已起用,然以所荐非人,尚有未肯出山之意。望公为具一疏……公此疏入,仆从中调维,庶成就得一个人才,出为世用也。"(同上,卷四)又聂豹有致罗洪先信说:"欲致二贤相与共事,将必有济,及商之三数知己,皆以为然。"(同上,卷三)其中所言"二贤"即指荆川与念庵二人,可见请他们出山乃是徐、聂诸王门中人深思熟虑之结果。其实,早在嘉靖二十八与二十九年,徐阶便两次上疏推举荆川出山,这有他在当时给荆川的信函为证:"乃犹未得及此时用兄,此仆所以每喟然长叹于推挽之未能也。东宫册立,当再疏以请。"(《明唐荆川先生年谱》卷三)对于徐阶的推挽唐顺之虽口头推逶,然心实然之,如他在嘉靖三十二年致徐阶的信中,虽一面称自己"樗散阘茸,百念尽冷,已作一方外人矣",然随之即询问:"传闻贼酋复有造船大举之说,不知何以为善后计也?"这难忘的济世热情,说明了其前面所谓的"百念尽冷"只不过是不能被及时所用的复杂心情的流露而已。当然,徐阶之请荆川等王门弟子出山,有增强自我实力以便其政治斗争的打算,荆川也不会不知道此一点。但如果说严嵩尚不能完全无时局之忧的话,则徐阶更不能无朝廷之念,他在嘉靖三十年给荆川的信中说:"此中朋友甚少,大概十数年来有意思者辄已摧折,只存得一味慎默无识见之人便为高品,此外皆贪佞谗陷之徒,共相与结纳交构,坑堑满前,使人一毫展布不得。盖其积已非一日之故矣。"(同上)他之请荆川无疑是为了便于自己"展布",但他所指出的朝中充满"贪佞谗陷之徒"与"慎默无识见之人"的情形则基本属实,则他欲引正人以充实朝廷以便于"展布",则其所"展布"者当非全部为一己之私利,这是能够想见的。徐阶的品格在王门弟子中难属上乘自是事实,但也正因为是王门中人,则其为国之念当较严嵩为多亦应属实情。唐顺之的出山有了如此的背景,其自信心当然也就更强了。从此一角度看来,他对严嵩的感谢也就并非真的是出于不容已之情,认为他果真对自己有再造之功,充其量不过是为满足严氏虚荣之心,使他对自己的出山不便从中作梗而已。当然,他的另外一种用心,甚至是主要的用心,也是不容忽视的,那便是借此表白其不属严党的自我心迹。

当然,诚如其本人所言,对他出山动机与目的的最好说明,无过于出山之后的实际所作所为。尽管在其平倭的最后人生经历中,或许也包含了成就个人功名的功利目的,但若以实论之,救民于水火的儒家责任感仍是其人格的主导方面。他在《答万思节参政书》中说:"天下一舟也,天下之人一同舟之人也。猝然而遇风浪大作,纵知其无可奈何,其拦头把柁之人焉得不尽其力以呼号同舟之人有气力者为之助,其同舟之人亦焉得不听拦头把柁者之呼号而尽其力以冀其必济乎?"(《明唐荆川先生年谱》卷六)这便是儒家所倡言之万物一体之仁,他与天下百姓是一种同舟共济的关系,当遇到险风恶浪之时,作为一个儒者便应毫不犹豫地挺身相救,因为这既是救人也是自救,当然也就无任何条件可讲,无任何功劳可居了。但荆川的境界又不是一般的儒者境界,而是感悟阳明心学之后的超然自得境界,故而他救世之心乃出于主体自我的主动选择,而不是依于境的被迫之举,他在《答喻吴皋中丞书》中对此言之甚明:"但世间眼孔甚小,其卑者则既恋恋以保惜富贵为生涯,其高者则又以兢兢守护名节为大事,而古人饥溺由己、沟中之推由己一段学问,漫然不复知矣。平生此心不敢求信于流俗,而敢求信于豪杰;不敢求信于人,而天日炯然在也。"(同上)他既不是惟富贵之所求的俗士,也不是惟名节之是守的俗儒,而是民在饥溺沟壑之中若置之的狂者,是超越于流俗之上的豪杰,是不求信于他人而只任一己"炯然"良知的心学之士。用他自己的另一段话说便叫作:"时行时止,我一付之无心。"(《答万思节参证书》,同上)此处所言之心乃是趋利避害之心、意必固我之心与有意为善之心,而决定其"时行时止"的乃是其无善无恶之自然良知。这便是心学的思路,这便是阳明的境界,黄宗羲将荆川先生列入王门南中学案,实在是慧眼独具。因而,在理解唐顺之时便应该换调世俗的眼光,用一副必为豪杰的心肠去体贴他。尽管他后来由于病情严重未能实现其夙愿,但其拳拳为民之心实可昭诸日月,这有他在病重时给胡宗宪信中的话可以作证:"平生每欲督阵血战,今遭厄如此,雄心徒在,猛气尽销,真可笑也。"(《又与胡梅林总督书》,同上)他的遗憾是英雄壮志未尽的遗憾,因而也就有了"出师未捷身先死,长使英雄泪满襟"的悲壮色彩。他在病危之时,犹起身索令牌而书曰:"岁荒民饥,有司宜加意作糜分赈,弗以本院物故遂草草了事。"(《西山日记》,见《明唐荆川先生年谱》卷六)对于自己的死,他既是无遗憾的,故曰:"死国吾志也。今得良死舟中,幸矣!第恨山中尚少十年功夫耳!"他本来就没有更多的个人欲求,所以会死得从容;但他又是死得有遗憾的,所以又说:"本欲与诸君戮力同卫社稷,今无能矣,愿诸君勉之!"(同上)他出山本是为救民于水火,而他却未能实现之,所以会深感遗憾。这些被记录在各种笔记中的死前感人场面,到底是历史的真实记载,抑或是人们的良好愿望,如今已难以考实,但唐顺之最终乃病逝于御倭赈灾的舟船之中,则是毫无疑问的事实,仅此亦足以见其鞠躬尽瘁、死而后已的可贵精神了。尽管在荆川的生前死后曾招致了不少的非议,但真正理解他的人则给予了极高的评价,尤其是强调了他与阳明先生精神的一脉相承之处,王畿说:"荆川兄忧世一念,可贯金石,原无一毫依附之情。但自信太过,运谋出虑若可与先师并驾而驰,欲以转世,不幸反为世转,致增多口。"(《与俞虚江》,见《龙溪王先生全集》卷十一)龙溪先生毕竟是深悉荆川内心世界的密友,他知道荆川是不肯依附任何人的豪杰人物,他的人生愿望是要学心学大师王阳明,达到事功与学问两得之而又付之无心的圣者境界,然而他却不能同意荆川的出山,因为他认为荆川的学问境界尚未达阳明的境界,故而只能在山中继续修悟,可荆川不听,遂得到了"致增多口"的遗憾结果。龙溪认为自己是最有资格来评价荆川的,所以后来又一次对耿定向论及此事说:"荆川气魄担当大,救世心切,以身徇世,犯手做去,毁誉成败一切置之度外,此岂世之谫谫者能窥其际耶?不肖与荆川有千古心期,使天不夺之速,不论在山出山,尚有无穷事业可做,而今已矣,惜哉!"(《明唐荆川先生年谱》卷八)可知在王畿的眼中,唐顺之若再加以修悟,是最有希望达到阳明先生的境界的。若就荆川的主观愿望讲,他的出山的确是以王阳明为效法榜样的,则龙溪先生实不愧为荆川之知己,荆川可以瞑目矣!

按王畿的说法,唐顺之出山后大业未竟的人生失败是由于其学术未纯,所以一再强调其"欲以转世,反为世转"的自信太过的缺憾。这当然不是龙溪在荆川逝世后有意自显聪明,而是在其生前便已反复指出过的。据载在荆川病重时,是王畿天天不离左右地陪伴着他,并与之日日论学,龙溪之《维阳会语》(《龙溪王先生全集》卷一)详细地记述了他们的论学过程。嘉靖三十九年春天,唐顺之已在病中,依然坐堂命将遣帅,为海防之计:

> (荆川)一日退食,笑谓先生(王畿)曰:"公看我与老师(阳明)之学有相契否?"先生曰:"子之力量固自不同,若说良知,还未致得在。"荆川曰:"我平生佩服阳明之教,满口所说,满纸所写,那些不是良知,公岂欺我耶?"先生笑曰:"难道不是良知,只未致得真良知,未免搀和。"荆川愤然不服云:"试举看。"先生曰:"适在堂遣将,时诸将校有所禀呈,辞意未尽即与拦截,发挥自己方略,令其依从,此是搀入意见,心便不虚,非真良知也。将官将地方事体请问,某处该如何设备,某事却如何追摄。便引证古人做过勾当,某处如此处,某事如此处,自家一点圆明反觉凝滞,此是搀入典要,机便不神,非真良知也。及至议论未合,定著眼睛沉思一回,又与说起,此等处认作沉几研虑,不知此已搀入拟议安排,非真良知也。有时奋桴鼓浪,厉声抗言,使若无所容,自以为威严不可犯,不知此是搀入气魄,非真良知也。有时发人隐过,有时扬人隐行,有时行不测之赏,加非法之罚,自以为得好恶之正,不知自己灵根已为摇动,不免有所作,非良知也。他如制木城,造铜面,蓄猎犬,不论势之所便,地之所宜,一一令其如法措置,此是搀入

格套,非真良知也。尝曰:我一一经营已得胜算,猛将如云,不如著一病都堂在阵,此是挽入能所,非真良知也。若是真致良知,只宜虚心应物,使人各得尽其情,能刚能柔,触机而应,迎刃而解,更无些子挽入,譬之明镜当台,妍媸自辨,方是经纶手段。才有些子才智伎俩与之相形,自己光明反为所蔽,口中说得十分明白,纸上写得十分详尽,只能播弄精魂,非真实受用也。"荆川怃然曰:"吾过矣,友道以直谅为益,非虚言也。"

龙溪的此段描述应该说是基本真实的,而且也应该有一定的道理,连唐顺之本人也承认在其与众将领打交道时不免有故弄玄虚的做作之处,如其《与胡梅林》曰:"军中作用,哭而笑,笑而哭,喜而怒,怒而喜,顷刻几番傀儡;其处顽将骄兵也,一赤子一龙蛇,顷刻几番变态。乃知公向言一面哭一面笑才做得总督,此处认真不得,做假不得,自笑尽得公之神授也。"(《明唐荆川先生年谱》)此种哭笑喜怒无常的"傀儡"做法,便是王畿本段话中所概括的种种情形。从动机上说,这是为了调动手下将领抗倭积极性的方式方法,是为了求事之有成,难说有何不妥之处,故言"做假不得";但在这"顷刻几番变态"的行为表情之中,又很难说全是真情的流露,此犹如假面傀儡,喜怒全非其真,故言"认真不得"。根据徐渭与袁宏道等人的记载,胡宗宪当时的确派头十足,喜怒无常,手下将领都非常怕他,所谓"是时公督数边兵,威振东南,介胄之士膝语蛇行,不敢举头"。(袁宏道《徐文长传》,见《袁宏道集笺校》卷十九)可如此盛气凌人的一位官员,当时在东南士大夫中竟也以讲论心学相号召。荆川的修养肯定要比胡宗宪的境界高,但他既然自称尽得胡之"神授",可见他当时的派头也不小,所以王畿会说他曾有"猛将如云,不如著一病都堂在阵"的自负话头。龙溪认为这是荆川学问尚不到家,亦即未致得真良知的表现。荆川本人似乎也认可了此一点,故而临终时会有"第恨山中尚少十年功夫"的遗憾之言。

然而,我以为唐顺之的人生失败主要不在于其致良知境界的不到家,而是现实的环境已不允许其取得成功。王阳明的事功在明代士人中的确是相当显赫的,但他面对的毕竟是农民暴动、苗夷割据与亲王叛乱之类的内乱,对此欲取得成功虽亦颇有难度,却并非没有可能。可唐顺之面对的却是凶悍异常、流动性强的倭寇,又有东南强人为其内应,其难度较阳明时无异更大,故而明人王锡爵说:"大抵先生之聪明胆勇强力忍诟类王文成。文成秉义士之锐,平乌合定未之贼于呼吸反掌之间,故似难而易;先生以孱将弱卒,破人自为战之贼,故似易而难。"(《唐荆川先生祠堂记》,见《明唐荆川先生年谱》卷七)正是看到了这方面的差别。但更重要的是,此时的士风与世俗都已非阳明之时可比,多数士人已不把道德操守认真对待,贪求富贵成为其首要的人生选择;而社会上也以获取利益作为价值衡量的标准,荆川本人固然可以牺牲自我而不计名利,但他却很难以此去调动他人的积极性,据《江南行略》载:"时顺之方主灭贼,一时行役者多憾之,或议其轻出,或责武功不成,或谤其蕰货。"(同上,卷五)诽谤的理由可以有多种,但唯一的目的则在于自保其身,这意味着道德的感召已失去原有的效应,因而荆川便不得不用各种喜怒无常的诡谲手段去控制将领士卒,于是出现了王畿会语中所描绘的种种行为。而当这些行为也失去应有的作用时,荆川便不得不使用他最不情愿使用的方式,这便是金钱的鼓舞。此种方式是胡宗宪常常使用而又颇见成效的,以荆川的心学修养与人生境界,他肯定视此为小人的行径,然而为了求得御倭的实效,他也就不能不暂且从俗了。但朝廷的经济状况也极为恶劣,不可能有滚滚的财源供荆川随意地使用,于是他便真的无计可施了;于是他便只能写信向胡宗宪抱怨:"贼不难打,苦无钱用。……今株守崇明,只得操两空拳,煮一锅无米粥。奈何!奈何!"(《与胡梅林书》,同上)"但随身银子殊恨其少,公所给银,仅先发一半往崇明,而以一半自随。弟亦搜刮家赀并借贷,仅得银五百两,通公所给共是千金而已。"(《与胡总督书》,见《明唐荆川先生年谱》卷五)然而,荆川莫说家本不富裕,即使他真有万贯家财,也难支御倭的庞大军费开支,于是他的失败也就不可避免了。

唐顺之在个人道德上肯定属于中国士人的楷模,其心学的境界亦达到了相当的高度,但道德的完善只能使他个人在面对危境时可以超然于得失之外,从而以烈士的心态投入人生的炼狱,却终归无法保证他事实上的成功。命运注定了他只能被境所转,而不可能以一人之牺牲去"转境"。在荆川的人生经历中,我以为蕴含了一个深刻而沉重的心学命题,即阳明心学就其实质而言只能是解决个体自我存在的哲学,他具有内在超越的品格,故而能够安顿士人失意的心灵,并以不计成败得失的态度投入现实的人生实践。但他既不可能挽救日益败坏的明代政治局面,也不可能从根本上扭转明代的士风。士人在某种场合或许能以此坚定自我信心,从而得到事业的成功,但一般说来心学缺乏实践的品格,它对士人只能提供一种精神的解脱。唐顺之想用心学的境界来求得仕途的成功,显然是一种误解,但他既不是有此误解的第一人,更不是就此明白的最后一人。在其前面有心学开山大师王阳明,在其身后还有泰州传人赵贞吉以及受心学影响的海瑞,等等,他们都曾以其良知的自信向环境提出过有力的挑战,但又都以其人生的失败而告终。于是,越来越多的士人从这人生的失败中醒悟过来,不再心甘情愿地去做这无谓的政治祭品,因而更倾向于心学所提供的自我超越的人生适意境界。如此一来,也就对王龙溪的自然良知更为钟情。于是,有了下一章要作重点研究的李卓吾、袁宏道等一批士人,显示出有别于明代中期的士人心态,形成了晚明士林的一大景观。

第四章　阳明心学与晚明士人心态

晚明实际上是一个比较模糊的概念，仅就其起点而言便有多种说法，或以为当从嘉靖中期始，或以为当从万历元年始，史学界也并未有一个统一的定论。其实，这也很正常，因为每位学者研究的角度不同，便会有自己的分期标准。如果从明代学术思想的发展变化而言，则恐当以隆庆年间为晚明之起点，《明史·儒林传》说："嘉、隆而后，笃信程、朱，不迁异说者，无复几人矣。"（卷二八三）也就是说，在嘉、隆以前，尽管已经出现了阳明心学并流行得相当广泛，但从整体上说依然是程朱理学占主导地位；而在此之后，王学则影响更为巨大。这是一般人对此问题的理解。其实，如此理解也是有偏差的，从理学与心学在士人中所占位置讲，很难从统计学的角度来定其比例，但直到明代覆灭，程朱理学依然是科举取士的标准，而明代士人的绝大多数也一直以科考为业，则可知理学依然是这个社会的法定意识形态，虽然它受到了严峻的挑战，却并未被推翻。因而我以为判定理学与心学之间学术影响力发生转化的唯一标志，恐怕应该是官方对心学的认可时间，具体讲便是，嘉靖一朝尽管心学在江南士人中已广为流行，但嘉靖初被朝廷定为伪学后却一直未能得以平反，而至隆庆时王阳明之恤典被追补，王学也初步得到朝廷的承认，由此便进入了其自由发展的时期，我想《明史》作者以嘉、隆为界的本意很大程度上也是如此。如此划分也与其他学科的分法出入不大。一般地说来，无论晚明的起点与终点存有多大争议，但把万历一朝作为晚明的主体部分又是大家所一致公认的，本书也依然如此。但随之而来的问题是,万历朝又如何划分？便又有了不同的看法,美籍学者黄仁宇先生不仅将万历十五年作为神宗朝的分期标志,甚至认为本年乃是"历史上一部失败的总记录"(见《万历十五年》,第238页),亦即是明代兴衰的转折点。明史专家孟森先生则另有自己的分法,他在其《明清史讲义》中说:"明之衰,衰于正、嘉以后,至万历朝则加甚焉。明亡之征兆,至万历而定。万历在位四十八年,历时最久,又可分为三期:前十年为冲幼之期。有张居正当国,足守嘉、隆之旧,而又或胜之。盖居正总揽大权,帝之私欲未能发露,故其干济可观,偏倚亦可厌,而若穆宗之嗜欲害政则尚无有,纯乎阁臣为政,与高拱之在穆宗朝大略相等。至居正卒后,帝亲操大柄,泄愤于居正之专,其后专用软熟之人为相。而怠于临政,勇于敛财,不郊不庙不朝者三十年,与外廷隔绝,惟依奄人四出众敛,矿使税使,毒遍天下。庸人柄正,百官多旷其职;边患日亟,初无以为意者。是为醉梦之期。至四十六年,清太祖公然起兵,入占辽、沈,明始感觉,而征兵征饷,骚动天下,民穷财尽,铤而走险,内外交乘,明事不可为矣。是为决裂之期。"(第246页)二人所分各有道理,黄先生注目于青萍之末,对历史变化的诸种蛛丝马迹析之颇详;而孟先生则留意于政治格局之变化,分期简洁明快,唯对第三阶段之划分似稍嫌单薄。本书从心学与士人关系入手,则以万历十年张居正之死作为标志,将王学之发展再分为前后两期。自隆庆元年至万历十年,王学虽被朝廷解禁而有相当的发展规模,但因有高拱、张居正之限制而未能彻底放开。张居正虽深染心学,但为推行其政治变革,力图将其纳入实用的轨道,故而对讲学采取了严格限制的措施,则此时王学对在朝官员之渗透尚难有大的成效。待张居正病逝后,王阳明遂得入庙奉祀,心学乃得以在朝野流行无碍。然随着朝政之日益恶化,士人对政治遂日生厌离之感,王学由此也发生转向,成为士人追求自我解脱与自我适意之学问,多数士人亦将其与释、道合而言之,公然谈禅论道而无复忌讳。当时虽有东林诸子对其空虚之弊加以指责,并有后来刘宗周诸人起而改造之,然已难以对士人造成重大影响,则王学与士人心态之论述亦结束于此。故本章共分四节:第一节总论晚明政治与阳明心学之关系,重点突出了万历前期张居正专权对阳明心学的限制与改造,以及万历后期党争对阳明心学与士人心态的影响;第二节是对晚明狂放思想家李贽的学术渊源、人格心态、哲学观念与文学思想的研究,主要突出其在阳明心学从明代中期到晚期转变中的中介位置与过渡作用;第三节以汤显祖与冯梦龙为代表,通过对他们人格心态的描绘,集中探讨了晚明言情思潮中所体现的心学价值观;第四节是对阳明心学与追求性灵的士人心态关系的研究,主要突出晚明士人在新的历史环境中对阳明心学超然求适此一侧面所做出的主动选择,以及由此所形成的文学思想所体现的心学色彩,同时也描述了随着晚明现实政治的日趋恶化,士人心态由开放到封闭的转换过程。

第一节 风云变幻的晚明政局与阳明心学的历史命运

一、张居正与阳明心学

张居正在人们的印象中,是一位非常严厉而务实的政治家,因而对士人的讲学只能采取强硬的禁止措施。这当然是不错的,但并不全面。张居正本人的人格心态与阳明心学之间不仅存在着千丝万缕的联系,而且在其政治变革中也并非只会一味地禁止讲学,他曾非常谨慎地处理自己与心学朋友之间的关系,并竭力将心学的势力转化为有助于自己的因素。尤其应该注意的是,张居正本人在接触心学过程中所形成的不避毁誉、不计利害得失的超然人生态度,自始至终支持着他的政治行为与人格形态，但他却不允许他人有出位之思与特立独行，而只能在政府实则即张居正所指定的范围内施展自我的能力，否则便会立即对其采取惩治的措施。所有这一切，实际上极大地影响着万历初期的心学发展状况，而以前此方面的研究几乎是空白，本节即对此展开论述。

张居正（1525—1582），字叔大，号太岳，湖广江陵人。嘉靖二十六年成进士，改庶吉士。历任裕邸侍讲学士、礼部右侍郎兼翰林学士、吏部侍郎兼东阁大学士、礼部尚书兼武英殿大学士等职，自隆庆六年至万历十年，先后任首辅大学士，独揽朝纲十余年。万历十年病逝于任上，谥文忠。张居正步入仕途之时，正是阳明心学广为流行的年代，其座主徐阶便是王学的热情鼓吹者，以张氏的精明，他当然会对心学表示好感从而获得徐阶的信任。但他又绝非是借王学搞政治投机，而是对其浸染甚深。在他所交往的心学朋友中，有聂豹、胡直、罗洪先、罗汝芳、耿定向、周友山等知名学者。他曾从学术演变史的角度论述心学产生的必然性，故而说："自孔子没，微言中绝，学者溺于见闻，支离糟粕，人持异见，各信其说，天下于是修身正心真切笃实之学废，而训诂词章之习兴。有宋诸儒力诋其弊，然议论乃日益滋甚，虽号大儒宿学，至于白首犹不殚其业，而独行之士反为世所姗笑。呜呼！学不本诸心，而假诸外以自益，只见其愈劳愈敝也。故宫室之敝必改而新之，而后可观也。学术之敝必改而新之，而后可久也。"（《张太岳文集》卷三，《宜都县重修儒学记》）可知他对心学的接触是在纵观学术发展的大势之后所做出的认真选择，而并非心血来潮的赶时髦行为。他在所接触的各种心学派别中，对聂、罗二人的归寂求虚最感兴趣，他曾在《启聂双江司马》中颇有体会地说："窃谓学欲信心冥解，若但从人歌哭，直释氏所谓阅尽他宝，终非己分耳。昨者伏承高明指未发之中，退而思之，此心有跃如者。往时薛君采先生亦有此段议论，先生复推明之，乃知人心有妙万物者，为天下之大本，无事安排，此先天无极之旨也。夫虚者道之所居也,涵养于不睹不闻,所以致此虚也。虚则寂,感而遂通,故明镜不惮于屡照,其体寂也。虚谷不疲于传响,其中窾也。今不于其居无事者求之,而欲事事物物求其当然之则,愈劳愈疲矣。"(《张太岳文集》卷三五)在此,张居正除却强调了心学的自信自悟外,更对归寂以致虚,致虚以通感的心学思路有了自我的心得。从心学的致虚出发,张居正又浸染于佛学,虽然对其学佛的情况今日已难以做出深入具体的了解,但他对禅学相当有心得是可以肯定的,袁中道《游居柿录》卷四载:"城中见张江陵写唐诗字一轴,下有'太和'二字,盖江陵少时号太和居士。和尚豁渠《语录》云:'过江陵,会张太和,如在清凉树下打坐。'江陵少时留心禅学,见《华严经》'不惜头目脑髓,为世界众生,乃是大菩萨行。'故立朝时,于称讥毁誉,俱有所不避;一切利国利民之事挺然为之。"(《珂雪斋集》,第1209页)豁渠和尚即赵贞吉之弟子邓豁渠,他是晚明王门弟子中由心学流入禅学的典型人物,后来极为李卓吾所赞叹,张居正与他来往密切,其机缘应是通过赵贞吉的关系。当然小修对张居正的了解是很不够的,如他说的"少时"便很含糊,其实张氏的"居江陵"当是其中进士授编修后而家居时,否则他很难与邓和尚有什么瓜葛。但小修的记载还是很重要的,因为它不仅让我们知道了张居正曾染指禅学,并且从其对禅学的理解中也透露出了他心学的特点,即他之取心学与禅学以安顿自我的目的主要不是求得个体的愉悦,而是为解决人生进取中的自我心理障碍,在这方面,他便与聂、罗等人归寂的学说有了差别。就张居正本人而言,他从来没有溺于虚空的忧虑,所以他曾对胡直的劝告不以为然地说:"承教,虚寂之说,大而无当,诚为可厌。然仆以为近时学者皆不务实得于己,而独于言语名色中求之,故其说屡变而愈淆。夫虚故能应,寂故能感。《易》曰:君子以虚受人,寂然不动,感而遂通天下之故。诚虚诚寂,何不可者。惟不务实得于己,不知事理如一同出之异名,而徒兀然嗒然以求所谓虚寂者,窒而不通矣。审如此,岂惟虚寂之为病,苟不务实得于己,而独于言语名色中求之,则曰致曲,曰求仁,亦岂得为无弊哉?"(《张太岳文集》卷二二,《答楚学道胡庐山论学》)此处反复强调的"务实得于己"究竟是何含义?我以为即能够真正解决人生进取中的困惑与矛盾,使自我更有效地投入经世济民的现实运作中,此便是"感而遂通",若有此实感,则又何妨于寂?若无此实得,则无论是求虚求寂,还是致曲求仁,当同归于弊。就后来张居正的实际人生经历看,他尽管在心学上并没有提出什么创造性的理论,但却又绝非只会拾人牙慧,他对寂感理论的确有自己的真切悟解,并对其人生实践发挥了巨大的指导作用。

但是,从嘉靖后期至隆庆年间,张居正所掌握的寂感理论还没有太多投入实践的机会,其中原因既有他本人此时尚未握有重权而无法施展的限制,更重要的是此刻朝廷中的政治环境尚难以提供一个理想的人生实践舞台。此时的士人可分为三类:一是退隐以自保者,如罗洪先、王畿等;二是进取以殉身者,如唐顺之、海瑞、沈炼等;三是亦进亦隐,出入随时者,如聂豹、赵贞吉等。其中第三类占有相当的比例,因为作为儒者身份的士人,让他们完全忘记天下的责任与自我价值的认证是很难的,但他们在心学的影响下,又很难做到丝毫不考虑自我心灵的安顿与自我生命的体悟,从而也就形成了亦进亦隐的人生模式。在此可以赵贞吉为例以说明之。赵贞吉(1508—1576),字孟静,号大洲,四川内江人。登嘉靖十一年进士第,选庶吉士,授编修。先后任右春坊右中允、户部右侍郎、南京礼部尚书等职,后以文渊阁大学士入内阁并兼掌都察院,隆庆时因与首辅高拱不合而愤然辞职,家居著述以终。大洲先生曾以气节劲直、勇于任事而闻名于嘉靖、隆庆间,最突出的例子莫过于嘉靖二十九年的仗义执言事,当时经常骚扰明边境的蒙古骑兵竟逼近了京师,并"嫚书要贡",朝廷集百官会议,可到了日中却无人敢发一语,只有赵贞吉出班大声说:"城下之盟,春秋所耻。且既许贡,虏必入城,入城而要索不已,即内外夹攻,胡以御之,为今日计,请上出御正殿,下诏罪己,录周尚文之功,以厉边帅,释沈炼之狱,以开言路。敕文武有司,严饬守城,遣官宣谕诸将,监督力战,虏可一鼓而退也。"(钱谦益《列朝诗集小传》丁集中,《赵宫保贞吉》)如此盛举当即受到世宗嘉奖,升其为春坊谕德兼监察御史,领敕前往宣谕诸将。但由于严嵩的从中掣肘,只好单骑出入于万虏之中,其难于建功已在不言中,结果他被下狱廷杖,然后贬为广西荔波典史。但他并未因此而收敛锋芒,最终又因考察科道而与高拱相争不下,遂辞职而去。据载隆庆三年,高拱因对故相徐阶有旧仇,欲以"仇视先帝,为无父无君之事"而罪之,时任阁臣的赵贞吉愤然"拂衣而起。拱色变,强留公,乃共改票,止于吏部通行晓谕而已"。(胡直《衡庐续稿》卷十一,《少保赵文肃公传》)所以钱谦益评论他说:"公刚忠英伟,称其气貌,议论慷慨,有孔文举、苏子瞻之风。身任天下之重,百折不回,以宰辅忤时去国,入五台山参禅跌坐,与老禅和扣击宗旨,久之而后去,著《经世通》《出世通》二书。"(《列朝诗集小传》丁集上,《赵宫保贞吉》)其实,钱氏的说法并不准确,赵贞吉并非在退职后方有谈禅的雅兴,而是早就乐此不疲,在京师时便与王门弟子万表滔滔不绝地大肆谈禅。①一面有百折不回的进取意识,一面又对主于解脱的禅学津津乐道,这似乎是矛盾的,但它却是嘉、隆时许多士人的真实存在状况。这也并不值得奇怪,进取与解脱本是士人心理的两极,本身便有维持平衡的需要,因而越是进取意识强烈者,也就越是需要及时地得到心灵的慰藉与解脱。赵贞吉在

---

① 焦竑《玉堂丛语》卷八曾记曰:"内江赵文肃公贞吉,高才负气,好谈禅。时万鹿园恬雅,精于禅学,以淮上阇师如京师。文肃公访之郊外,与之谈禅,议论蜂涌,鹿园不答。文肃大喜。归语人曰:'仆今日降却万鹿园,与之谈论娓娓,鹿园惟有唯诺,不能措一语。'华亭陆平泉宗伯闻而笑曰:'此是鹿园降却赵公,何言赵公降却鹿园也?"按:万鹿园即万表,其卒年在嘉靖三十五年,则其与赵贞吉谈禅必在此之前,彼时距大洲归隐尚远,又明言在都门,则可知赵贞吉之接触禅学是颇早之事,断非钱牧斋所言退隐之后也。

生命的最后阶段所撰作的《出世通》与《经世通》,既可视为是其一生人生经验的总结,亦可视为是他向其他士人所提供的人生存在理论。他在撰作缘起中说:"身居臣子之地,每怀经世之忧;心慕道德之门,时发出世之愿。"也就是说他始终存在着这心理的两极,然而他并不认为此二者有何矛盾,反倒强调二者之互补作用曰:"经世者不碍于出世之体,出世者不忘于经世之用,然后千圣一心,万古一道,圣人忧世之念,可少慰矣。"(胡直《赵贞吉传》,见《献征录》卷十七)融儒与禅于一炉,打通入世与出世的间隔,这是赵贞吉心学的特色,也是嘉、隆时期心学走向的大势,赵贞吉从来不隐讳此一点,所以理直气壮地说:"仆之为禅,自弱冠以来,敢欺人哉!试观仆之行事立身,于名教有悖谬者乎?则禅之不足以害人明矣。仆盖以身证之,非世儒徒以口说诤论比也。"(《明儒学案》卷三三,《泰州学案二·赵大洲传》)以大洲先生的直率,应该承认这是发自其内心的真实感受,证之他的生平经历,也的确没有影响其进取精神。但问题是他何以非要用禅来补儒?我以为原因有两个:一是由于现实境遇的险恶,必须以禅之境界超越之,方可不灰进取之念;二是由于士人更加关注自我的人生价值,在其人生进取的同时,为其自我安排一条人生的退路,以便在遭受人生挫折时不至于手忙脚乱而不知所措。

张居正身处这样的时代,他不可能与当时的士人毫无同感,于是,我们在他的诗文集中读到了如下的诗句:"永愿谢尘累,闲居养营魂。百年贵有适,贵贱宁足论。"(《张太岳文集》卷一,《述怀》)"我志在虚寂,苟得非所求。虽居一世间,脱若云烟浮。"(同上,《适志吟》)"作赋耻学相如工,干时实有杨云拙。一朝肮脏不得意,翩翩归卧沧江月。"(同上,卷二,《曹纪山督学题老子出关图见寄谢之》)这些诗应当是他在嘉靖后期短暂家居时所作,其中所表现的归隐求适的情调是有其现实的人生依据的,他曾对邓豁渠说:"我在京师,风尘难过,故又告病还家。"(《南询录》,见《中国哲学》第十九辑,第390页)可知是官场的黑暗与政治的混乱使他产生了退隐的念头。但依实而论，诗中的情调依然有些过于夸张了，而实际上此时的张居正既未年长老大，亦尚未遇到什么大的人生挫折，本不应该写出这些仿佛饱经人世沧桑的诗篇。尽管我们不能说他这是为赋新诗强说愁，但其中肯定不全是其个人心理体验的反映，充其量是感受了时代的氛围而欲求得与其他士人的心灵沟通而已，但这也从反面说明了当时士林中归隐求适的追求的确较为强烈。因此，张居正对于归隐便有了自己的理解，他在《七贤咏》的序文中对魏晋时的竹林七贤人格心态进行了剖析："自以道高才隽，深虑不免，故放言以晦贞，深湎以毁质，或吏隐于廊庙，或泊浮于财利，纵诞任率，使世不得而羁焉。然其泥蟠渊默，内明外秽，澄之不清，深不可识，岂与世俗之蒙蒙者比乎？蝉蜕于粪溷之中，爝然涅而不缁者也。"（《张太岳文集》卷一）他认为这些所谓的放荡不羁之士并非是自甘堕落，而是在险恶的政治环境中担心自己因"道高才隽"而难免于害，所以方晦贞毁质，给人一个纵诞任率的外表，其实他们都是出污泥而不染的"内明外秽"之士，故而他进一步推论说："余观七子皆履冲素之怀，体醇和之质，假令才际清明，遇适其位，上可以亮工弘化，赞兴亡之业；下可以流藻垂芳，树不朽之声。"（同上）既然自身如此高尚多才，那也就用不着世俗来论定其价值，遇则大抒怀抱而建功立业，不遇则自适自得而独善其身，此正如他所比喻的："夫幽兰之生空谷，非历遐绝景者莫得而采之，而幽兰不以无采而减其臭；和璞之缊玄岩，非独鉴冥赏者谁得而宝之，而和璞不以无识而掩其光。盖贤者之所为众人固不测也。"（同上）此种孤高自珍的心态无疑体现了心学高视自我的超然胸怀，同时也透露出其本人待时而动的人生自信。因此嘉靖末年的张居正绝非是一位心灰意冷的隐士，而是尚未遇时的潜龙，匣中待试的宝剑，据其行状载："太师体故孱弱，又倦游，三十三年甲寅遂上疏请告，既得请归，则卜筑小湖山中，课家僮锸土编茅，筑一室仅三五椽，种竹半亩，养一瘸鹤，终日闭关不启,人无所得望见。唯令童子数人事洒扫煮茶洗药。有时读书,或栖神胎息,内视反观,久之,既神气日益壮,遂下帷益博极载籍,贯穿百氏,究心当世之务。"(《张太岳文集》卷四七,《太师张文忠公行实》)这种半隐士式的生涯持续了大约六年左右的时间,从其生活的内容看,与其说是厌倦仕途,倒不如说是为今后的进取积蓄能量,由此使我们想到了当年隐居钤山堂的严嵩,当时他也是甚有清望,但后来却留下了专权污秽的恶名。张居正也许没有严嵩那般贪婪,但他的藏身待时的做法几乎与严氏如出一辙。其实在他平静的外表下,早就对"贪风不止,民怨日深"的现实忧心如焚,并攥紧拳头等待着时机的到来,他私下曾对耿定向说:"非得磊落奇伟之士,大破常格,扫除廓清,不足以弥天下之患。顾世虽有此,人未必知,即知之未必用,此可为慨叹也。中怀郁郁,无所发舒,聊为知己一吐,不足为他人道也。"(同上,卷三五,《答西夏直指耿楚侗》)毫无疑问,这"磊落奇伟之士"正是其自指,但他此时显然有些失去了耐性,他感叹无人知之,即知之亦难用之,则当年的幽兰和璞如今要急切地做出匣之剑了。然而,嘉靖的年号似乎拖得太久了,虽然严嵩倒了台,徐阶做了首辅,可朝政依然地混乱,皇上依然地荒唐,士风依然地败坏,国势依然地孱弱,于是,他终于忍不住了,毅然致函徐阶,指出他"内抱不群,外欲混迹,将以俟时,不亦难乎"?然后笔锋一转,谈出了自己的见解:"盍若披腹心见情素,伸独断之明计,捐流俗之顾虑,慨然一决其平生,若天启其衷,忠能悟主,即竹帛之名可期也。吾道竟阻,休泰无期,即抗浮云之志,遗世独往,亦一快也。孰与郁郁颛颛而窃叹也。夫宰相者,天子所重也,身不重则言不行。近年来主臣之情日隔,朝廷大政有古匹夫可高论于天子之前者,而今之宰相不敢出一言,何则?顾忌之情胜也。然其失在豢縻人主之爵禄,不能以道自重,而求言之动人主,必不可几矣。愿相公高视玄览,抗志尘埃之外,其于爵禄也量而后受,宠至不惊。皎然不利之心,上信乎主,下孚于众,则身重于太山,言信于蓍龟,进则为龙为光,退则为鸿为冥,岂不绰有余裕哉?"(《张太岳文集》卷三五,《谢病别徐存斋相公》)根据信中"自爱立以来,今且二稔"之语,知其作于徐阶任首辅已二年之时,而徐氏继严嵩为首辅乃在嘉靖四十一年,则该信之具体写作年代当是嘉靖四十三年。信中表示了他对徐阶执政状况的失望与不满,指出了他贪于爵禄而不能以道自重,遂使其所言不能动于人主。如欲有所作为,就必须具备"高视玄览,抗志尘埃之外"的超然境界,无论是"进则为龙为光",还是"退则为鸿为冥",均可一快其平生。这既是对徐阶的规劝与鼓励,更是其本人的自我表白与自我设计。从此一点上看,张居正的人生境界比这位整日忙着张罗讲学的徐座师似乎更具有心学的品格。

张居正尽管早已在精神境界上做好了大干一场的准备,但在嘉靖末隆庆初乃徐阶当政,随后又是高拱与李春芳,客观环境尚未给他提供充分施展抱负的机会。待到神宗皇帝登基后,他方与宦官冯保联手将高拱逐出京城,自己坐上了首辅的位置,从此他便可以实现其早已设计好的人生理想了。万历二年,他向神宗条上早已酝酿在胸的六事:省议论,振纲纪,重诏令,核名实,固邦本,饬武备。由此开始大力推行新政。然后遂前后出笼了许多具体措施,如行考成法以整顿吏治,重新丈量田亩以堵瞒田匿产之弊,推行一条鞭法以革新赋役制度,等等。这些举措取得了明显的实际效果,仅粮食储备一项便可支十年之久,可谓治绩斐然。然而,这些措施也遇到了巨大的阻力,因为隐占田地、拖欠赋税者大都是富豪之家,张居正所增加的国家收入也大多都是从他们手中挖出的,吐出已食之肉的痛苦当然会酝酿成他们愤怒的情绪,从而对新政采取顽强的抵制;同时,自嘉靖中期以来所形成的因循疲软士风,也使大量官员满足于一种低效率的行政作风,张居正的考成法则事事立期限,这种处处较真的严厉也使官员们深感不便,甚至产生严重的危机心理,从而也对新政抱着抵制的态度。张居正尽管利用了神宗的年幼而掌握了朝廷的实权，但按本朝的制度却并不能算是合法的行为，所以早在万历四年御史刘台便上疏弹劾他说："偃然以相自处，自高拱被逐，擅威福者三四年矣。"（《明神宗实录》卷四六，第12页）然后即列举了一系列的事实。抛开刘台上疏的复杂动机，他胆敢以门生的身份弹劾座主，可见他认为自己的理由是能够充分站住脚的。成祖当年设立内阁时，的确是只有秘书与顾问的职能，而如今张居正的权力显然已大大超越了原有的范围，从制度本身讲，则是既不合"礼"也不合"法"的。张居正在《被言乞休疏》中对此辩解说："盖臣之所处者危地也，所理者皇上之事也，所代者皇上之言也。今言者方以臣为擅作威福，而臣之所以代王行政者，非威也，则福也。自兹以往，将使臣易其涂辙，勉为巽顺以悦下耶，则无以逭于负国之罪；将使臣守其故辙，益竭公忠以事上耶，则无以逃于专擅之讥。况今谗邪之党，实繁有徒，背公行私，习弊已久，臣一日不去，则此辈一日不便，一年不去，则此辈一年不便。若取臣之所行者，即其近似而议之，则事事皆可以为作威，事事皆可以为作福，明明之谗日哗于耳。虽皇上圣明万万不为之投杼，而使臣常负疑谤于其身，亦岂臣节之所宜有乎？"（《张太岳文集》卷三九）尽管朝廷最后重处了刘台，但张居正则承认了他的所作所为确有"近似"威福之处，并坦言其所处之地为"危地"，并预计今后仍将遇到更多的非议。

　　既然张居正的做法遇到了前所未有的阻力而又得不到制度上的保障，那么他所依靠的就只有义无反顾的自我决心了。这种决心首先来源于他具有大公至诚的自信心，他曾说："仆一念为国家为士大夫之心，自省肫诚专一，其作用处或有不合于流俗者，要之，欲成吾为国家士大夫之心耳。仆尝有言：使吾为刽子手，吾亦不离法场而证菩提。又一偈云：高岗虎方怒，深林蟒正嗔，世无迷路客，终是不伤人。"（《张太岳文集》卷二八，《答奉常陆五台论治体用刚》）既然自己坚信于心无愧，所作一出于公心，则即使于刑场杀人，也是行菩萨心肠；而对官员士大夫来说，只要自身奉公守法，勤于政事，也就没有必要惧怕刑法严峻。其次这种决心还必须有不顾身家性命的献身精神，否则将会一事无成，故而他说："不谷弃家忘躯，以徇国家之事，而议者犹或非之，然不谷持之欲力，略不少回，故得少有建立。得失毁誉关头若打不破，天下事无一可为者。"（《张太岳文集》卷三二，《答南学院李公言得失毁誉》）因为他知道自己的新政会冒犯一批人的利益，则被人非议将不可避免，有了非议才说明有了成效，所以有时他甚至说："世俗之所非议，不谷之所深喜也。"（同上，卷三一，《答陕西学道李翼轩》）我想他正是从此一角度而立论的。再次，这种决心又与超然的胸怀与自我奉献的精神密切相关。"圣贤之学有举世不见知而无悔者"，"则虽不见知于世而无闷也。"（同上，卷三十，《答司空雷古和叙知己》）这便是阳明所倡导的狂者精神，它犹如凤凰翔于千仞之上而不求人知，却依然显出其高傲自得的境界。而这"不见知于世而无闷"的胸怀，又是与其甘于做祭坛牺牲的烈士心态分不开的，他曾表示："二十年前曾有一弘愿，愿以其身为蓐荐，使人寝处其上，溲溺之，垢秽之，吾无间焉。……有欲割取吾耳鼻，我亦欢喜施与，况诋毁而已乎？"（同上，卷二五，《答吴尧山言弘愿济世》）而之所以能够做到以上三点，则得力于他早年心学与佛学的修炼，其具体方法一为静，所谓"至于去就有命存焉，惟静以俟之而已"。（同上，卷二四，《答宗伯潘水帘》）二为忘，所谓"宦海茫茫，萍踪偶遇，或顺而交合，或逆而相撞，亦适然耳，久之皆成乌有矣"。（同上，卷三二，《答藩伯贺澹庵》）这便是归寂以求感的心学路向，唯有静，方可使自我心灵不受外物所扰而虚明；唯有忘，方可不冰炭满腹而恩仇难解，也方能平心率物而一任自然。张居正在总结自己的执政经历时说："故自仆受事以来，一切付之于大公，虚心鉴物，正己肃下。法所宜加，贵近不宥；才有可用，孤远不遗。务在强公室，杜私门，省议论，核名实，以尊主庇民，率作兴事。亦知绳墨不便于曲木，明镜见憎于丑妇。然审时度势，政固宜尔。"(《张太岳文集》卷二五,《与李太仆渐庵论治体》)从这段话中,可以见出他对当时士风习俗之体认,在扭转士风、强国求治过程中所受之阻碍,以及他进取不懈的人格与处危境而不改其志的孤傲心态,尤其是对"虚心鉴物,正己肃下"这"一切付之于大公"的境界的追求,实在是阳明所提出的自然良知境界应用于现实政治操作的典型实例。当然,这或可视为是张居正的理想境界而并未能完全付诸实践。的确,现实的张居正并不是完人,他存在着许多人性的缺陷,诸如与太监冯保联手对付高拱并在后来欲借王大臣事件陷高于死地,自己一面反复对官场贪污受贿表示厌恶而另一面却又难以洁身自爱,对反对自己的官员实施打击以钳制言路,等等,都表现出他人格的负面因素,以致许多学者将张居正视为心口不一的"市侩"。张居正在不少方面未能免俗确为事实,但他最终没有成为像严嵩那样招来千古骂名的权奸,除了他所取得的政治成就,其人格境界也的确有其高尚的一面。从主观上讲,他是在尽量摆脱世俗的缠绕,但事实上又是相当困难的,而正是在这困难中显示了他可贵的一面,比如他正处于权力的巅峰时,出现了许多阿谀奉承者,有人甚至要在家乡为其建亭以彰声誉,而张居正却没有头脑发热到闻之而喜的地步,他在致对方的信中说:"且古之所称不朽者三,若夫恩宠之隆,阀阅之盛,乃流俗之所艳,非不朽之大业也。吾平生在师心,不蕲人知,不但一时之毁誉不关于虑,即万世之是非亦所弗计也,况欲侈恩席宠以夸耀流俗乎?……使后世诚有知我者,则所为不朽固自有在,岂借建亭而后传乎?"(同上,卷三二,《答湖广巡按朱谨吾辞建亭》)这尽管算不上是什么了不起的见识,但联想到天启年间阉宦魏忠贤生祠遍及全国的事实,依然显示了张居正作为一个士人的清醒头脑。而清醒的重要原因之一,正如他自己所说的那样,是其"平生在师心,而不蕲人知"的心学修养。没有这种修养,他不可能有在缺乏制度保障下而一意孤行的强烈自信心;没有这种修养,他不可能具有不计利害得失毁誉成败的超然境界；没有这种修养，他在炙手可热的权力面前终将会成为严嵩或魏忠贤。从此一角度讲，张居正的出现应该是阳明心学发展的一个积极的成果，尽管从来没有人将其视为王门弟子。

但张居正对王学带来的负面作用较其正面成就几乎还要大，其原因则来源于心学精神与现实专制政治之间的冲突。张居正利用神宗的年幼而掌握了实权，又因心学的支撑而具备了超越制度、超越世俗毁誉的高视独行的人格。可他的自由不仅在实质上是对皇权的侵犯，而且也凌驾于文官集团之上。因此。他一切都要按照自我的意志行事而不允许有异议，有时甚至达到不近人情的地步，他曾说："二三子以言乱政，实朝廷纪纲所系，所谓芝兰当路，不得不锄者。知我罪我，其在是乎？"（《张太岳文集》卷二五，《答汪司马南溟》）"芝兰当路，不得不锄"，这在政治家看来也许是至理名言，但从文化与人性的角度看却肯定是荒谬的。因为在复杂的社会体系中，判断人与事之有无价值决不应持单一的尺度，既然称其为芝兰，也就意味着它从某种角度看是美的、有价值的东西，那么如今毫不犹豫地将其挥锄撅去，能算是完善的举动吗？然而张居正可管不了这许多，他眼睛只盯着新政，同时手举大锄时刻准备锄去那不利于新政的杂草甚至芝兰。比如王世贞与汪道昆都是著名的复古派领袖，与张居正又是同年进士，但因他们只热衷于诗文而缺乏实际的功用，便被张氏视为标准的芝兰而断然锄去，黄仁宇先生在《万历十五年》中说："例如王世贞，是本朝数一数二的散文大家，又和张居正同年得中进士，按理说应该情谊深厚，然而情形却不是这样。王世贞一心想做尚书，多次主动向张居正表示亲近，替他父母做寿序，又赠送了许多礼物，包括一件极为名贵的古人法书。但是张居正却无动于衷，反而写信给王世贞，说什么'才人见忌，自古已然。吴干月钩，轻用必折；匣而藏之，其精乃全'。前两句恭维，其后则把王比作脆弱而不堪使用的武器看待，只能摆在盒子里让人赞赏他雕铸之美，却不能用以斩将夺旗。"(第65页)黄先生的观点从整体上看并无不妥之处，但有一点尚须指出，此处所言之"吴干越钩"自身并非中看不中用的摆设，而是王世贞在经过张氏的试用之后，已证明其并非吴干越钩，于是只好收起来装入盒子中。而真正的吴干越钩是要用来斩将夺旗的，所以张居正在《答滇抚何莱山》的信中便说："虽有吴干，必试而后知其利，信哉！望益懋勤，以需大受。"(《张太岳文集》卷二九)经过试用，何莱山才是真正的吴干越钩，所以张首辅将进一步对其大用之。相信王世贞见到这样的信后，肯定会气得圆瞪双目。张居正对王世贞之类的文士打击究竟有多大，如今已难以具体说明，但王氏本人从此便一蹶不振，只好在家乡信仙修道以了其余生。尽管他活至万历十八年才去世，但这后十余年中已无复早年的锐气。从这方面看，在张居正执政的十几年中，他对文学几乎没有任何建树甚至有所破坏，但复古派的气焰倒是遭到了极大的摧折。若论扫荡之功，张居正恐不在公安三袁之下，这在明代文学思想的演变史上倒是一个颇为有趣的题目。

当张居正挥锄攫去文学这棵芝兰的同时，他又将锄头转向了另一棵芝兰，这便是学术。但这次他却没有断然下锄，而是犹豫再三，并最终决定将其改变成实用之材。张居正对学术的改造是建立在对士风的认识之上的，他认为如今的士人"一切务为姑息弛纵，贾誉于众，以致仕习骄侈，风俗日坏。间有一二力欲挽之，则又崇饰虚谈，自开邪径，所谓如肉驱蝇，负薪救火也"。(同上，卷二三，《答南学院周乾明》)既然病在骄侈虚谈，则必须救之以实用，而实用的标准便是官员士人各安本分，尽职尽责，换言之也就是士人均要成为服务于新政的循吏，而不允许有出位之思。所以他在万历二年的《陈六事疏》中之"核名实"一条特意指出："且近来又有一种风尚，士大夫务为声称，舍其职业而出位是思，建白条陈连篇累牍，至核其本等职业反属茫然。"(同上，卷三六)而"出位之思"恰恰是嘉靖以来心学的重要特征之一，尤其是王门中的泰州学派,更是以出位之思作为其学派的主要特征,而其具体表现便是乐于讲学。显而易见,尽管张居正本人具有心学的品格,他却不会选择心学作为其新政的指导思想,而是依然对便于控制士人意识形态的程朱理学情有独钟。为此他在万历三年五月特撰《请申旧章饬学政以振兴人才疏》以强调之,其中有两条有必要在此处征引。一是禁书院讲学。其曰:"圣贤以经术垂训,国家以经术作人。若能体认经书,便是讲明学问,何必又别标门户,聚党空谭?今后各提学官督率教官生儒,务将平日所习经书义理着实讲求,躬行实践,以需他日之用。不许别创书院,群聚徒党,及号招他方游食无行之徒,空谭废业,因而启奔竞之门,开情托之路。违者提学御史听吏部都察院考察奏黜,提学按察司官听巡按御史劾奏,游士人等许各衙门访拿解发。"二是正学术禁邪说。其曰:"国家明经取士,说书者以宋儒传注为宗,行文者以典实纯正为尚。今后务将颁降四书五经、《性理大全》《资治通鉴纲目》《大学衍义》《历代名臣奏议》《文章正宗》及当代诰律典制等书,课令生员诵习讲解,俾其通晓古今,适于世用。其有剽窃异端邪说,炫奇立异者,文虽工弗录。所出试题亦要明白正大,不得割裂文义,以伤雅道。"(《张太岳文集》卷三九)从张居正的立意看,他所需要的士人必须在思想上纯正,其具体表现则为恪守经义,一尊程朱;同时又具备较强的公文写作与实际办事的能力。在这方面,张居正的确像他自己所说的那样,没有多少新的创造,而只是遵守了太祖朱元璋的旧制。但他恰恰忘记了,此时已经距离朱元璋的时代有二百余年了。朱元璋只想让士人做工具而不想让他们有思想,可如今在心学流行的时代,每位王门学者都非常重视自我对人生的体悟,每人都有一套自己对人生的见解,再让他们只做循吏甚至是当权者手中的工具,难道还能成为现实吗?以张居正的自信与顽强,他起码要做出尝试。于是,他便不能不首先拿王学开刀,对于何心隐之死,无论当时张居正是否得知,但毫无疑问是张氏禁止讲学的直接结果,他在上述奏疏中不是讲得很清楚吗?"游士人等许各衙门访拿解发",何心隐难道不是典型的"游士人等"?但张居正对于心学的态度又是非常谨慎的,他知道要有效地禁止心学,不能只将各地书院拆毁便算了事,他更不能将王门弟子都像何心隐那样"访拿"归案,因为王学势力是如此的强大,尤其在江南更是遍布王门弟子,他当然没有勇气将他们全都正法。更重要的是,在他的朋友与同僚中也有相当多的心学弟子,有不少还有相当高的级别,对这些人他又如何敢不谨慎对待?这从他对王阳明从祀的事件中便可看出一二,本来王阳明的恤典在隆庆初即已予以追补,但王门弟子并不以此为满足,他们还向朝廷提出了从祀孔庙的请求。张居正对此当然不能支持,如果他公然支持阳明从祀孔庙,无异于鼓励心学的发展,那将有违其政策的一贯性,但他又不能公开反对以激起王门弟子的怨愤,于是他采取了低调处理的方式。他先是拖,当有人问起此事时他说:"阳明先生从祀事,以宗伯病不能会议,久稽题复,好事者遂乘间而诋之,其言粗浅可哂,然何伤于日月乎?"(《张太岳文集》卷二五,《答文宗谢道长》)然后便是借故以拒绝之,如他曾在信中威胁说:"阳明先生从祀,礼官方欲定议,而南疏复至,又极其丑诋,至欲并褫其封爵,则亦过矣。"(同上,《答南学院谢虬峰》)仿佛若再求从祀,连封爵亦将难以保留似的,则该事也便只好不了了之。结果是终张居正一生,阳明未能进入孔庙与先圣相伴。其实谁个不知,依当时江陵的权势,如果他同意此事,即使有不同意见存在,他也能轻松化解;而他若不同意,自会有官员心领神会地代上奏疏,有多少事情都是先由他张阁老授意下属上奏章,然后再由其本人批复本属于他自己的见解?有谁能保证这次的所谓"南疏"不是他本人事先授意的呢?

当然,阳明之能否从祀虽然重要,却毕竟只是个荣誉问题,而能否讲学才是牵涉到诸多王学弟子的迫切现实问题。张居正是否看到过何心隐的《原学原讲》已不可知,不过他即使看到过,也不会对这位狂者的言论引起重视。但对于某些王门弟子的质疑,他却不能置若罔闻,如后来与李贽一起讲学的周友山,便曾经与之进行过反复的书信往返讨论,张居正其中的一次答复是如此说的:"吾所恶者,恶紫之夺朱也,莠之乱苗也,郑声之乱雅也,作伪之乱学也。夫学乃吾人本分内事,不可须臾离者。言喜道学者,妄也;言不喜者,亦妄也。于中横计去取,言不宜有不喜道学者之名,又妄之妄也。以指喻指之非指,不若以非指喻指之非指也;以马喻马之非马,不如以非马喻马之非马也。言不宜喜道学之为学,不若离是非绝取舍而直认本真之为学也。孔子自言人不如己之好学,三千之徒日闻其论说,而独以好学归之颜子,今不谷亦妄自称曰:凡今之人不如正之好学者矣。"(《张太岳文集》卷三一,《答宪长周友山讲学》)此段文字用了近二百字,却没有给对方一个明确的答案,这显然不符合张居正所具有的清晰思路与简练文风,在类似禅机的背后,显示出作者的故意闪烁其词。其实,这倒不能全怪张居正词语含糊,他在此之前已向周氏说过:"今人妄谓孤不喜讲学者,实为大诬。孤今所以上佐明主者,何有一语一事背于尧舜周孔之道,但孤所为皆欲身体力行,以是虚谈者无容耳。"(同上,卷三十,《答宪长周友山明讲学》)在此,他已初步透露出自己的主张来,即崇实行而恶虚谈,只是由于他未从正面回答是否同意讲学此一中心议题,才使得周友山反复追问。也许在面对这位极喜讲学的王门弟子时,他实在不愿与之发生正面的冲突,所以不得不王顾左右而言他。其实他倒不是想故弄玄虚,在另外适当的场合,他曾明确地表述过自己的见解:"仆愿今之学者,以足踏实地为功,以崇尚本质为行,以遵守成宪为准,以诚心顺上为忠。兔鱼未获,无舍筌蹄,家当未完,毋撤藩卫,毋以前辈为不足学,而轻事诋毁,毋相与造为虚谈,逞其胸臆,以挠上之法也。"(同上,卷二九,《答南司成屠平石论为学》)这才是张阁老的风格,简洁明快,一语中的,所有的担心都在最后"以挠上之法"五个字。踏实尚本是作循吏的基本素质,只有具备了如此素质,方能有利于新法的执行;而"遵守成宪"与"诚心顺上"是做工具的必备条件,只有具备了如此条件,方能与新法无任何抵触情绪。而要保证上述素质与条件,便必须无离乎经义,无失乎检束,亦即"无舍筌蹄"与"毋撤藩守"。于是,在张居正的眼中,理想的士人品格便是尊老守成而毋事虚谈。当然,这并不包括他张阁老本人,因为如果他也便成因循守旧之士,也就没有所谓的新政出现了。

为了实现其目的,张居正开始了他对王门弟子的改造。他选中的最理想典型是有着长期交情的泰州后学耿定向。耿定向(1524—1596),字在伦,号天台,湖北黄安人。嘉靖三十五年进士。先后任监察御史、太仆寺少卿、右佥都御史、南京右都御史、户部尚书总督仓场事等职。后世学者之所以知道耿定向,是因为他曾经与狂放激进的思想家李贽进行过一场旷日持久的论争,为后人留下了一副封建卫道士的面孔。黄宗羲曾论其学术主旨说:"先生之学,不尚玄远,谓'道之不可与愚夫愚妇知能,不可以对造化、通民物者,不可以为道,故费之即隐也,常之即妙也,粗浅之即精微也'。其说未尝不是,而不见本体,不免打入世情队中。"(《明儒学案》卷三五,《泰州学案四》)其实,耿定向并非不谈本体,只不过更强调人伦日用而已,这也是泰州学派的论学传统,不足为奇。也许正是看中了此一点,张居正似乎与耿定向颇有缘分,早在嘉靖四十年时张居正便与其论学曰:"谕谓比来涉事日深,知虚见空谈之无益,具见长近日造诣精实处。区区所欲献于高明者,正在于此,但此中灵明虽缘涉事而见,不因涉事而有。倘能含摄寂照之根,融通内外之境,知此心之妙,所以成变化而行鬼神者,初非由于外得矣。"(《张太岳文集》卷三五,《答西夏直指耿楚侗》)可见二人之共同处在于强调静以应感,虚以求实,反对一味虚见空谈。这种见解直到万历年间依然没有大的变化,耿定向在万历七年说:"只此无声无臭,是为真常,凡涉色象名号者,卒归销灭;只此不为不欲,是为本心,凡务阔大放散者,终堕堑坑;只此不学不虑,是为天德,凡由意识安排者,便是人为;只此庸言庸行,是为妙道,凡务高玄奇诡者,即是虚妄。"(广理学备考本《耿天台先生集》,《勉万孝廉》)他也讲"无声无臭""不为不欲""不学不虑"之本体,但更重视在"庸言庸行"中体会"妙道",而反对仅追求"高玄奇诡"。也许张居正正是看中了耿定向由虚求实的学术主张,决定拿他作为学以致用的榜样。一开始张氏并未重用耿定向,从万历元年至万历五年,只是让他担任工部主事、尚宝少卿、都察院右佥都御史等不负主要责任的职位。至万历六年,始令其以佥都御史的官衔巡抚福建,并让他具体负责清田之事,关于张居正使其入闽的动机,在其《答宪长周友山明讲学》的信中说得很清楚:"顷借楚侗开府闽中,亦欲验其学之分际,不知能副所期否?"(《张太岳文集》卷三十)由于闽中清田带有试验的性质,待其取得经验后再向全国推广,所以张居正特别重视,一再叮嘱耿定向说:"长地亩,清浮粮,为闽人立经久计,须详审精核,不宜草草。"(同上,《答福建巡抚耿楚侗》)而且他还向耿氏传授鉴别人才的方法说:"人物品流亦无定论,惟在试之而责其成功,毋循虚名,毋求高调,则行能别矣。"(同上,卷三一,《答福建巡抚耿楚侗言治术》)当然,张居正让耿定向在福建辛勤供职时,亦未忘记其成功后的酬报:"借重闽中三载,拟将简置内台,觊以助仆之浅薄。"(同上,卷三二,《答福建巡抚耿楚侗》)这是对耿氏的承诺,也是张氏的本意,而且耿定向在福建似乎也很努力。但遗憾的是在万历八年四月,耿定向的父亲病逝了,于是天台先生必须回家丁忧守制,张居正在万历五年因夺情不守父丧而闹得满城风雨,他自然不敢让耿氏再冒此风险,更何况以人伦之至为论学核心的耿氏一向以孝闻名,即使张居正建议朝廷夺情,他也未必肯领这个情,于是,张氏不得不遗憾地说:"忽闻令先公之讣,无任忉怛。且二三年间,仆将复有明农之请,不能为国家早进贤俊,置之周行,即死有余憾矣。"(《张太岳文集》卷三二,《答福建巡抚耿楚侗》)其实,张居正大可不必如此伤心,他想改造耿定向以求大用,而耿氏倒未必心悦诚服地接受其改造,据焦竑《耿天台先生行状》曰:"自今上临御,江陵励精求治,提衡宇内,宴然为一。后浸为苛急,不类初政。先生以桑梓之谊,又雅为所推重,屡进苦言,江陵卒嗔其规不以受,而先生自此疏矣。"(《澹园集》卷三三)耿氏到底向张居正进了什么"苦言",今已难以具体知晓,但焦氏乃耿定向之得意弟子,所议当非空穴来风,今存张居正在病中所撰《答耿楚侗》的书信,或可透露些许信息:"辱翰示,知恤典已举,即吉有日,无任欣慰,承嘉贶深切感怀,别示云云,一一领悉。贱体以劳致病,入夏至今尚未痊愈。乞归不得,益觉委顿,拟来岁皇储诞后,当决计乞骸骨,或得与公相从于衡湘烟水间也。"(《张太岳文集》卷三三)信中所言"别示",或者便是耿氏的"苦言",但是张阁老是断然不肯轻易放弃权柄的,"相从于衡湘烟水间"也不过是句套话,耿定向不可能改变张阁老。同样,张阁老也别打算轻易改变耿天台,耿氏对于张居正的改造只是具有一定的合作态度而已,事实上他始终与张氏保持着一定的距离,而丁忧守制无疑更为他疏远张居正提供了难得的机会,也正是由于他的精明与幸运,使得他在张氏病逝后有幸未被倒张者列为其同党,从而方有可能在万历十二年被重新启用为都察院左佥都御史。这其中到底说明了耿氏的老于世故呢,还是张氏的无能?但无论如何,张居正未能将耿定向改造成理想的工具则是显而易见的事实。

张居正选中的另一位心学改造对象是罗汝芳。罗汝芳(1515—1588),字惟德,号近溪,江西南城人。嘉靖三十二年进士。先后任太湖知县、刑部主事、宁国知府、云南参政等职,万历五年被张居正勒令致仕,遂周游于各地以讲学尽其余生。罗汝芳是泰州学派著名人物颜山农的弟子,在嘉靖、万历间以善于讲学而在士林中颇有名气。张、罗二人早有交往且感情甚笃,据张氏嘉靖间给罗氏的信中说:"比来同类寥落,和者甚稀。楚侗南都,庐山西蜀,公在宛陵。知己星散,仆以孤焰,耿耿于迅飙之中,未知故我何似。"(《张太岳文集》卷三五,《答罗近溪宛陵尹》)此所言楚侗即耿定向,庐山即胡直,宛陵即太湖县,知该信作于罗汝芳任太湖知县时,且张居正视耿、胡、罗为知己,想来当时诸人是性情相投的。但即使在此时,张、罗二人的学术主张也是有差别的,张居正认为罗汝芳在太湖"所治是信心任理,不顾流俗之是非,此固罗近溪本来面目然",但他却劝告罗氏说:"学问既知头脑,须窥实际,非至琐细至猥俗至纷纠处不得稳贴,如火力猛迫,金体乃见。"也就是学问须落到实处的意思,所以信之结尾犹一再叮嘱:"今之以虚见为默证者,仆不信也。"(同上)至嘉靖三十九年罗汝芳升任宁国知府时,张氏又作《赠罗惟德擢守宁国叙》以送之,文中所强调的依然是学以致用的见解,所谓"断蛟龙,刳犀革,遇盘错而无厚,干将诚利矣。匣而弗试,利无从见也。是故士不徒学,而适用之贵,裕内征外,懋德利躬,此励己之符而亦镜物之规也"。在张居正看来,作为一位儒者必须明了体用,而他所说的体实际上便是学,则行乃学之用,故学最终必须落实在用上。这似乎与阳明先生所言知行合一适相符合,但若仔细辨析二者仍有差别,阳明之行意蕴相当宽泛,举凡孝父信友、居官处野均在其行之内,而张居正所言之行,似乎仅限于现实政治操作一个层面,所以文章最后犹言:"非知之艰,行之惟艰,惟德其念也!"(同上,卷八)他的意思是,阳明的学说固然甚佳,但必须将其落实在为官的实际行动上并见出行政实效,才算是真正学有所得。将张氏此处称罗氏为"干将"并鼓励其出匣而试诸用的态度,与上述客套让王世贞"匣而藏之,其精乃全"的主张相比,可以知道张居正此时对罗汝芳还是寄予了厚望的。但罗如芳却有自己的见解,他不仅要学以为仕,更要仕以为学,即令其治下皆兴好学之心,皆可知忠知孝,则天下便可大治。因此他"殆守宁国,教化益行,郡堂无鞭朴声,日惟讲学水西、志学二处,以崇学育才为功课"。(詹事讲《近溪罗夫子墓志》,见《明文海》卷四四四)这才是罗汝芳为学之得意处,但张居正对此肯定大不以为然,只因当时二人皆为普通官员,虽学不同亦尚可相处无事。至万历元年张居正当国,罗汝芳亦恰丁忧起复,二人相见,地位早已今非昔比,江陵"问山中功课,先生曰:'读《大学》《论语》,视昔差有味耳。'江陵默然"。(《明儒学案》卷三四,《泰州学案三》)在江陵的"默然"中,蕴涵着丰富的意味,也许他是在为这位老朋友的如此顽固而伤脑筋,也许他是在为如何安排其职位而费寻思,也许是他已对规劝争议之类的举动失去了信心。根据后来他对罗氏的安排,似乎在逐渐对其失去信心与耐性。近溪先被补为山东东昌知府,但在新政展开时,也许是张居正担心他难耐繁剧,三年任期满后便令其升任云南副使,再三年转为云南参政,看来没有让他回内地或京城的打算,也许张居正认为将其置于云南教化那些未开化的山民更能发挥其讲学才能吧?可这位近溪先生并不只满足于在偏远的云南讲学,而更乐意在京师开讲:"万历五年,进表,讲学于广慧寺,朝士多从之者,江陵恶焉。给事中周良寅劾其事毕不行,潜住京师。遂勒令致仕。"(同上)张居正终于失去了耐性,决意将这位难以改造且又不识高低的老友永远清除出官场了事。张居正对于罗汝芳的不满其实主要不在其讲学的内容,而在其讲学的方式,具体讲也就是罗汝芳不安心于做一位恪尽职守的循吏,而更愿意做一位自由讲学的教主,而这是典型的出位之思,张居正当然不能坐视不管。在此一问题上,以前曾存在着不少的误解,许多人以为罗汝芳之不被当权者欢迎是在学术宗旨上有违正统,如当时的通政杨时乔便攻击罗氏说:"乃汝芳假圣贤仁义之说,倡为见性成佛之教,谓吾学直捷,不假修为。于是以传注为支离,以经书为糟粕,以躬行实践为迂腐,以纪纲法度为桎梏。逾闲荡检,反道乱德,莫此为甚。"(《明史》卷二二四,《杨时乔传》)罗汝芳曾染指佛学是真,而为学反对拘守传注更是王学的共性,但由此说他"反道乱德",却显然是诬蔑之词。而现代的许多学者也认为罗氏之学肯定人欲而寻求解脱，其实这与杨时乔一样也是属于误解。罗氏虽受有晚明儒、佛相通学风的影响，但他却是一位真正的儒者。他的论学主旨是当下指点良知，使人得知万物一体之仁，认识到孝子之心乃先天而具，顺此仁孝之心而扩充之，便可得圣学之真意，这显然既不违背孟子心性之学，也与阳明所言一致，更带有泰州学派当下指点良知的特色，对此台湾学者龚鹏程在其《晚明思潮》一书中有详细的辨析，可参见。① 在上述杨时乔的话中，也许只有一句是最重要的，那就是："以纲纪法度为桎梏"。因为这既是泰州学派渴望自由讲学的出位之思的真实概括，又是张居正新政最忌讳的思想行为方式，因而也是张居正与罗汝芳冲突的真正焦点。而冲突的结果，失败者依然是张居正，从罗氏的做太湖知县到万历年间被

---

① 龚鹏程在其《晚明思潮》一书中，尽管所论并不能完全令人信服，但仍然有不少平实的见解。例如他在谈及罗汝芳的学说主旨时，引述其《盱坛直诠》卷上的一段话说："孔子云人性相近，是说天下中人居多，故其立教，亦以中庸为至。即如此会四、五百人，谁便即能到得尧舜？然其道只是孝悌。孝悌则人人可为也。……故曰人亲其亲长其长而天下平。吾人出世一场，得亲见天下太平亦足矣，又何必虚见空谈，清奇奥妙、割股庐墓，希望高远，而终不足以剂实用？又何必束手缚足，畏缩矜持，而苦节贞凶也哉？"（见该书第29页）龚先生然后评曰："这一讲，最足以见近溪之精神气力。他不喜欢空洞地描画良知性体，也不讲太拘迫的工夫，工夫就是在日常生活中，努力实践伦理，直指孝悌行为。要看这一段，才能明白黄宗羲对近溪的描述确有道理。《明儒学案》卷三十四云：'近溪舌胜笔，微谈剧论，所触若春行雷动。虽素不识学之人，俄倾之间，能令其心地开明，道在眼前，一洗理学肤浅套括之气，当下便有受用。'因为他指出了一个人人可为的日常伦理生活实践之路，所以人人觉得道在眼前、当下即有受用，可济实用，非虚玄高眇之说也。人人在听到这番言论时，都会产生涉及自我主体的震动，讶然曰原来只须如此、原来只此是道。所谓春行雷动、震豁心目，近溪讲学之成功，正由于此种中庸平常之态度。岂拆穿光景也哉？岂调适而上遂也哉？"（同上）此种见解之所以言其平实，即在于它的确揭示了近溪之学的特征——在百姓日用处行圣贤之伦理，这是泰州学派的为学传统。从此一角度言，近溪之学可谓得泰州之真传。故龚先生下面所概括的，既是近溪，也是泰州传统的特征："故其用心不在指点良知、不在描述道体流行界、不在消化有关良知的系统分解，更不在教人全体放下、浑沦顺适眼前即是。而是要人切切实实地去'致'此良知，且非返归自心逆觉体证式的致，而是在日常行事祛除游气之杂扰、避免耳目嗜欲之牵滞，做戒慎恐惧的工夫，而表现出一种合理也合礼的伦理生活。"（见该书第28页）

罢官，尽管张氏对其或规劝或制裁，却始终难以征服这位狂热的讲学先生。张居正手中的权力只能不让他做官，却无法让他停下讲学。

张居正的失败是必然的，这不仅是因为他侵夺了皇上的权力，而一旦神宗长成便会收回本应属于自己的权力，并对他施以凶残的报复手段，更重要的是他同时也剥夺了其他士人的权力，他要推行新政，所以他要将求虚的心学扭转到求实的方向；他要得到推行新政的自由，所以他便要牺牲其他士人的自由。他知道何心隐时时欲飞，所以他必须斩断他的翅膀，不能让他溢出法网，用李贽的话说，"何公布衣之杰也"，"江陵宰相之杰也"。(《焚书》卷一，《答邓明府》)何心隐是条亢龙，而张居正更是条乘时而起的在位之龙，二龙相争，亢龙伏诛；其实，罗汝芳又何尝不是一条龙？李贽认为如果让罗氏治天下，只能做首相而不能做次相，其原因是："近溪为首相，不吝功名富贵，好高官者，与之高官，彼操其权，自有可观。若作次相，则动转不得自由，便尔弄风作颠矣。"(《李温陵外纪》卷二，《柞林纪谭》)照李贽的看法，倘若罗汝芳当权，也会像张居正一样，操持权力而大有可观，但有谁能保证他不会像张阁老那样，也剥夺了其他士人的自由呢？其实又岂但何心隐与罗汝芳是如此，自明中叶心学流行以来，士人受其影响，不知有多少人欲做豪杰，欲做圣人，欲做横空出世之龙，凭他张居正这一条龙，能降伏得了吗？就实际情形看，他不仅未能清除民间的讲学，甚至陪都南京都难以推行他的讲学禁令，就在其三令五申之时，却从那里照样传来李卓吾、焦弱侯等一大批士人讲学的朗朗之声。也许只有在北京城内，才基本贯彻了张阁老的讲学禁令。张居正是伟大的，在人欲滋长、风俗奢靡、士风疲软、政治混乱的江河日下危局中，他竟然有勇气做砥柱中流而挽狂澜于既倒，并且取得了相当的成就，缓解了朝廷的危机；但张居正又是渺小的，靠他一个人毕竟无法改变历史的行程，在其死后不仅本人迅速被罢去封爵、抄没家产，而且其苦心经营的改革成果也在数年间荡然无存。历史的长河只是在万历初年打了个旋,然后又依然无情地向前流去。

二、晚明政局与阳明心学的历史走向

张居正的病逝与死后被清算肯定使当时的许多士人心中大快,因为他们已被压抑了十余年之久,如今方透过一口气来。心学弟子的感觉应该与大多数士人没有什么大的差异,因为就在万历十二年正在抄没张氏家产的同时,朝廷也于本年十一月"诏先臣王守仁、陈献章、胡居仁从祀孔庙"。据载当时有关王阳明的从祀孔庙曾引起过群臣的争议,所谓"诸臣与者十三,否者十七。甲可乙否,请姑已之,以俟论定"。就在此事行将搁浅时,大学士申时行曰:"守仁致知出于《大学》,良知本于孟子……非禅也。或者谓崇王则废朱,不知道固互相发明,且朱与陆并祀矣,朱学不闻以陆废,今独以王废乎?"神宗终于听从了申时行的建议而有旨曰:"皇祖尝称王守仁有用道学,其与陈献章、胡居仁俱祀孔庙。"(《国榷》卷七二,神宗万历十二年)申时行何以要急急忙忙地使阳明从祀孔庙,原因可能相当复杂,但有一点是可以肯定的,即当时士人中信从王学者已不在少数,使阳明从祀孔庙,以示自己与张居正的区别,当可赢得此类士人的好感,从而在倒张的风潮中处于有利的地位。王世贞当时曾说:"今天下之为新建学者,大率十而七。"(同上)可知王学势力实不容忽视。阳明的从祀孔庙无疑是对心学的又一次肯定,这显然对心学的发展具有促进的作用。事实上也果然如此,自此以后,讲论心学不再受到限制,信奉王学成为时髦,王学可以说达到了空前的普及流行。

王学的广泛流行当然会对士人的人格心态造成极大的影响,其中最突出的便是对士人独立品格的催发作用。明代自太祖成祖以来,由于帝王权势的空前高涨,士人的品格自然也就空前地萎缩,脂韦阿世之辈曾在正德、嘉靖时充斥于朝廷。但自万历中期王学广为流行以来,士人品格有了极大的改变,比如受李贽影响甚深的马经纶,在李贽被捕后为其所作的辩护中说:"至于著述,人各有见,岂能尽同?有同有异,正以见吾道之大,补前贤之缺,假使讲学之家,一以尽同为是,以不同为非,则大舜无两端之执,朱陆无异同之辨矣。"(《与李麟野掌科转上萧司寇》,见《李氏遗书》附录)可知在马氏眼中,不存在统一的真理,而是人人都有求道的资格,而各其不同之道,才构成了道体的全部。这显然是受李贽的影响,而李贽又是王学流行的产物,下面将有足够的文字对其详述。其实,不仅受王学思想影响者具有独立的品格,即使当时批评王学的学者,也在无形中受到了此种时代风气的感染,由此也更说明了王学之深入人心。如曾对心学颇有非议之词的吕坤,在其《呻吟语》中也理直气壮地说:"公卿争议于朝,曰天子有命,则屏然不敢曲直矣。师儒相辨于学,曰孔子有言,则寂然不敢异同矣。故天地间惟理与势为最尊。虽然,理又尊之尊者也。庙堂之上言理,则天子不能以势相夺。即相夺焉,而理则常伸于天下万世。故势者,帝王之权也;理者,圣人之权也。帝王无圣人之理,则其权有时而屈。然则理也者,又势之所以存亡也。以莫大之权无僭窃之禁,此儒者之所不辞而敢于任斯道之南面也。"(卷一,《谈道》)此种以圣人之道抗帝王之势的行为,在明前期是不可想象的。当然,吕坤所强调的依然是道与理,说明他还不是心学学者,但按照王艮道尊身尊的理论,吕坤依然为士人品格的挺立提供了充足的理论根据,而这只有在王学流行的历史环境中方可成为现实。

但王学的发展也并非是一帆风顺的,自以顾宪成、高攀龙为首的东林党开始,便不断有人站出来批评心学的弊端,发展到清初遂形成一股强大的反王学声势,这其中清人陆陇其带有总结性的观点颇具代表性,他曾断言:"明之天下不亡于盗贼,不亡于朋党,而亡于学术。学术之坏,所以酿成寇盗、朋党之祸也。"(《三鱼堂全集·学术辩上》)而他此处所言学术,即指王阳明之心学,故而他又具体描述说:"自嘉、隆以来,秉国钧作民牧者,孰非浸淫于其教者乎?始也为议论为风气,继也遂为政事为风俗,礼法于是而弛,名教于是而轻,政刑于是而紊,僻邪诡异之行于是而生,纵肆轻狂之习于是而成,虽曰丧乱之故不由于此,吾不信也。"(《三鱼堂全集·学术辩中》)至于王学何以能造成如此结果,他认为其因有二:"一则为其学可以纵肆自适,非若程朱之履绳蹈矩不可假借也;一则其学专以知觉为主,谓人身有生死,而知觉无生死,故视天下一切皆幻,而惟此为真。故不贤者既乐其纵肆,而贤者又思求其无生死者,此所以群趋而不能舍。"(同上)陆陇其将明代的灭亡归咎于王学,显然是没有充分理由的。但他的论述亦绝非全属无见,他所指出的王学之"自适"与自我"无生死"之不朽,都是晚明王学的鲜明特征,同时这些特征也的确有悖于传统的儒学。但问题的关键是,究竟是王学的这些特征导致了盗贼、朋党之祸,还是盗贼、朋党乃至其他社会因素导致了王学的此类特征,却是需要认真加以思索的,陆陇其的失误便在于因果关系的颠倒。但陆陇其又绝非唯一的失误者,在现代学者中重复其失误者尚大有人在。龚鹏程在其《晚明思潮》一书中,概括晚明士人对王学的不满为:"可见当时对王学的主要不满,在于王学强调尊德性,重视安顿个人身心性命、成就圣贤人格,而未能在'纲季世界'这方面多所建树。阳明本人虽有事功,但其学问之形态却未能教人如何开物成务。用儒学的术语来说,便是仅有内圣学,缺乏外王学。"(第67页)并述余英时与劳思光二人之观点以支撑其说法:"根据这一现象,余英时和劳思光的观察很有意思。余先生说:明末以来,由于儒者痛感水间林下空谈心性之无补于世道,才觉悟到儒学之体绝不能限于'良知之独体',而必须回向经典,重求内圣外王之整体,故学风渐由尊德性转向道问学,由讲求性命转向经世致用。劳思光则认为儒家心性论发展到王阳明,可说最为纯熟,但儒学之重大缺陷亦因此而最显著,这个缺陷就是主体性的客观化问题,王阳明这一套心性论,因为无法落实在客观世界中去创造某种秩序,以使客观世界中事象之运行纳入此秩序中,仅能依个人道德意志之净化来进行道德活动,又无法超越个别的主体性,而升入一'共同主体性',处理众多主体并立之境域,安顿公共事务,故在客观化方面均有所缺。明末清初许多人针对这一点而议及政治制度之原则、历史演变之方向等问题,则可视为客观化问题业已显现。"(第67—68页)上述的这些看法当然有其道理,但却是站在现代的立场,用求全的眼光去评述阳明心学的。一种哲学思想要在主观与客观上达到均衡状态,既能解决个体的生命安顿,又能保证在客观上建立制度秩序以开物成务,那自然是最理想的。然而,是否能够获得这样一种哲学,即使在现代人心目中,也只能画上一个大大的问号。存在主义是否已达到主客的均衡,是否能建立秩序与制度,是否能够开物成务,还是仅仅关注个体存在的主体性哲学,搞哲学的专家恐怕心中非常清楚。如果不是从平面上来看阳明心学,而是从历史的角度,将其视为是回应具体历史环境、解决士人存在问题的学说,恐怕将会得出另一种结论。从阳明心学产生的前提看,乃是由于正德、嘉靖时皇帝昏庸荒唐、官场环境险恶,而士人又不欲放弃现实的关怀,才不得不提出心学境界以摆脱环境的困扰、安顿自我生命,但目的仍是为了更好地关怀现实。当然,其中有许多士人被挤出官场而失去了现实关注的机会,则心学便成为其退隐时的生命支撑。王学之所以能够在中、晚明大为流行,正是适应了士人的此种心理需要。就其实质而言,王学乃是士人的个体宗教,或者说是一种内在超越之学。它可以为进取者安顿好自我而更有利于进取,但一旦现实不允许其进取时,它便只能解决自我的安顿。依王阳明的本意,他是要救世与自适而兼得的,但历史不会以王阳明的意志为转移,他所创立的心学只能摆脱现实对自我的困扰,却不能扭转历史。因而,晚明士人的陷入自适与空寂乃是社会环境的逼迫,而不是心学败坏了社会。本书的任务是去阐释阳明心学何以会对士人造成如此的影响,而不是去责备它何以不能解决所有的社会问题。靠哲学解决所有的社会问题,王阳明不能,现代哲学家也不能。

所以,问题的根源还得追溯至晚明的社会环境,尤其是纷纭多变之政局与日益变迁之世风。许多人均将党争视为晚明政局混乱之一大特征,这是有一定道理的。晚明的官场仿佛什么都争,有文官与皇帝之间的所谓国本之争,有在野的东林党与当政内阁的是非之争,有内阁大学士沈鲤与沈一贯之间的权力之争,有万历末期的三案之争,有阉党魏忠贤及其余孽与正直士大夫之争,等等,直争到本王朝的灭亡犹未有完结之时。但党争的根源是什么,却是个非常复杂的问题,其中当然有为了私人的利益而结成党派所进行的争夺倾轧,但根本的原因我以为是政治上与思想上均失去了权威,以致在晚明相当一段时间内陷入了政失准的与思想混乱的地步,从而导致了形形色色的争论不休。而上述所有的结果又都得追溯至张居正的死后被清算。在十年新政之内,张居正无疑是真正的权威,他为了推行新政,他将所有的权力都收归自己一人之手,不仅政治上的是非要由他来裁定,思想学术也都要以程朱理学为标准。但自从他死后,整个朝廷便再也未能建立起这样一个权威。文官集团先是清算张居正,揭露其侵夺帝权、钳制言路、报复政敌、徇私自利的种种劣迹,张居正终于得到了身败名裂的下场,同时也把他在神宗面前多年树立起来的信誉一扫而光。既然没有了权威,士人便一下子放开了胆子,先攻张居正,再攻现任内阁大臣,而后又转向神宗本人,最后便结成党派相互攻讦。在明代的政治格局中,本来皇帝是绝对的权威,但由于张居正十余年的控制,使得神宗没有养成如世宗那样的专横跋扈人格,而是造成了一种忌恨对抗的心理。在张居正死后,由于在立储问题上文官集团的不肯合作,于是他便把这种忌恨对抗的心理转向了整个文官集团。他的十余年不立太子与二十余年不临朝,实际上都是在有意与文官们相对抗。于是,在朝廷中首先是文官集团与皇帝之间失去了起码的信任,从而也失去了合作的前提。如在立储问题上,神宗一推再推,文臣们催促,他便说是激扰,更寻到了拖延的理由,有位叫钱一本的按察史忍不住便上疏说:"前者有旨不许诸司激扰,愈致迟延,非陛下预设机阱,以御天下言者乎?使届期无一人言及,则佯为不知,以冀其迟延。有一人言及,则御之曰'此来激扰我也',又改二三年。必使天下无一人敢言而后已,庶几依违迁就,以全其衽席昵爱之私,而曾不顾国本从此动摇,天下从此危乱。臣以为陛下之御人至巧,而为谋则甚拙也。此等机智不可以罔匹夫匹妇,顾欲以欺天下万世耶?"(《明史》卷二三一,《钱一本传》)这种责问不可能出现在明代前期,因为他不仅否定了此种拖延欺诈的方式,更揭出了神宗不顾天下国家而一徇其所爱的自私动机。而皇帝要用欺诈手段来对付群臣,除了说明其已毫无诚信可讲,不也显示出皇上已失去了应有的权威吗?其实,皇上对文官的信任感也早已经荡然无存,如万历十九年神宗谕科道曰:"迩来风尚贿嘱,事尚趋赴,内之参,外之劾,甚无公直,好生欺蔽。且前者天垂星变群奸不道,汝等职司言责,何无一喙之忠,以免瘝旷之罪?汝等市恩取誉,辄借风闻之语讪上要直。至于鬻货欺君,嗜利不轨,汝等何独无言?且汝等岂不闻宫府中事皆一体之语乎?恨每以揄扬君恶,沽名速迁为也?尔等受何人之爵,食何人之禄?至于长奸酿乱,傍观避祸,无斥奸去逆之忠,职任何在?本都该拿问重治,姑且从轻罚俸一年。"(《明神宗实录》万历十九年闰三月)神宗皇帝尽管以懒惰不负责任而闻名于当时与后世,但他却并不是一位糊涂的君主,对于万历中期的官场风尚,可以看出他是相当清楚的。在这道谕旨中,什么"风尚贿嘱""甚无公直""市恩取誉""讪上要直""鬻货欺君""嗜利不轨""沽名速迁",等等,均被他一一拈出。甚至最后的处理结果也显示,他对这群官员贪污受贿的状况早已了如指掌,否则不至于将罚掉一年的俸禄称为"姑且从轻",他深知,文官们早已不把正途收入作为生活的依靠,因而罚俸一年断不会影响他们的生计问题。更重要的是,他把文官向朝廷提出的所有建议与批评,都看作是"讪上要直""沽名速迁"的自私之举,以致使他怀疑所有人的忠诚动机。既然他对士人的诚意已完全失望,于是也就采取了相应的措施,于慎行《谷山笔麈》卷五载:"今上在御日久,习知人情,每见台谏条陈,即曰:'此套子也。'即有直言激切,指斥乘舆,有时全不动怒,曰:'此不过欲沽名耳,若重处之,适以成其名。'卷而封之。予尝称圣明宽度,具知情状,有当事大臣所不及者。而太宰宋公独愀然曰:'此反不是。时事得失,言官须极论正,要主上动心,宁可怒及言官,毕竟还有警省。今若一概不理,就如痿痹之疾,全无痛痒,无药可医矣。'同列服其言。此后数年,百凡奏请,一切留中,即内阁密揭,亦不报闻,而上下之交日隔矣。回忆此公之言,为之三叹。"(《明史资料丛刊》第三辑,第46—47页)神宗对此类心口不一的套子日益失去了兴趣,他更不愿意让这些文臣找到讪君要直的题目,于是便一切置之不理。他不理奏章,不补缺员,不临朝政,总而言之他不能让这群心怀叵测的文官们开心快意。如此以来,即使他失去了文官仲裁者的兴趣,当然也就失去了仲裁的权威,面对文官之间的争执,他往往采取各打五十大板的方式予以草草处理。如万历二十一年,刑科给事中刘道隆论吏部员外郎虞淳熙在考察中应被处罚,却被吏部所包庇。结果考功员外郎赵南星被贬官三级,虞淳熙被罢官,但莫名其妙的是:"刘道隆以不指名,亦夺俸。"(《明史纪事本末》卷六六)大概是怪他生事激扰吧?又如大学士沈鲤与沈一贯在内阁相倾轧,万历三十四年吏科给事中陈良训、御史孙居相弹劾沈一贯奸贪。结果不仅让二沈"并致仕",而且"孙居相夺岁俸,陈良训镌三级调外"。(同上)像这样的事情在万历间可谓比比皆是。

帝王权威及其与文官之间信任感的丧失,使得内阁的协调功能便显得异常重要,同时也使之成为众人注目的是非之地。但是连皇上都已经失去了权威性,内阁自然更无权威可言,这也注定了它只能以和事佬的身份出现。张居正之后的继任者本来就已经被前任的身败名裂弄得胆战心惊,现在又夹在神宗与文官集团之间,于是便不能不一切都小心翼翼,如张四维"一切务为宽大以收人心"(《明通鉴》卷六八),申时行"罢居正所行考成法"(《明史》卷二〇八,《申时行传》)。至叶向高时,更是拼尽全力来维持各方面之间的平衡。但结果是每位首辅大学士都在心力交瘁之后,又在文官们的一片讨伐声中,灰溜溜地离开了内阁。以叶向高为例,他自万历三十五年入阁至万历四十二年致仕,共在内阁待了七年,却始终夹在党争中受气,开始他还想调停各方以和衷共济,但最后却里外皆非之,以致成了"天下第一穷困无告之人"。(《纶扉奏草》卷十三,《乞休第十四疏》)所以他感叹说:"今日人心,纯是名利;今日世界,纯是争场。以名利诋名利,以争止争,皆必不得之。"(《遽编》卷九)在此种情势下,他在内阁非但于事无补,而且还成了众矢之的,眼看国是日非,他心急如焚,却又无计可施,他曾如此描述自己的心态:"在廷诸臣,移书罪臣,轻者责臣以去,而甚者责臣以死。臣眇然之身耳,万罪千愆,万怨千恨,无不总集。虽使金石为躯,亦将销铄,以至于尽也。今祸乱将作,天下人已以臣为罪首,纷纭如此,一旦变故横生,恐虽死不足以快人之意。以二十年来蕴崇之莘毒,而使臣独当,其辜甚可痛矣。"(《纶扉奏草》卷十,《时政疏》)他费尽了心血气力,可没有人能理解他,反倒成立千夫所指的罪魁祸首,他既感到十二分的委屈,又担心留下千古骂名,则除了及早退身,实在没有第二条路可走。于是他不断地向神宗上疏请求致仕,前后竟达六十二次之多,其中万历四十一年的上疏中说:"视臣之匍匐号呼将就死地,如驽骀之垂毙于长途,牛羊之牵入于屠肆,而全不动念者。臣欲讲不可,欲退不能,千古奇穷,生人未有,恨不早入黄泉,免此苦累。"(《纶扉奏草》卷二十,《谢圣谕疏》)今日读此疏,尚可依稀看到一位捶胸顿足、痛不欲生之老者的可怜身影,以致令人顿生唏嘘感叹之情。但若比起他的前任李廷机的三年首辅而上一百二十三封辞职奏疏来,又使后人觉得他并非是万历首辅中的最不幸者。

朝廷中另外一个是非之地乃是吏部。因为吏部在明代是朝廷中拥有实权的部门,其具体权力体现在考察与改调升迁官员上,所以也是最敏感的地方。就其考察升降的标准而言,当然应该是官员的品行与政绩。但至万历后期,由于权威的丧失与党争的激烈,遂使掌握铨政者无论如何也难以得到公平的评价,故而在孙丕扬任吏部尚书时遂创"掣签之法",将官员的命运委之于一片"枯竹"。据沈德符《万历野获编》卷十一载:"初行时,主者既以权衡弛担,幸谢揣摩,得者亦以义命自安,稍减怨怼,亦便计也。"但随之问题便出现了,因官员之能力有大小,各地之政务有繁简,同时又要避免在原籍为官,于是便不得不做出些区别,而弊病亦随之而生:"此后则记认分别,阳则曰南北有分,远近有分,原籍有分,各为一筒,遇无窦径者,任其自取,而阴匿其佳者以待后来。"而且时日愈久其弊愈重,乃至"选司官员每一遇大选前二三日,辄扃其火房,手自粘帖地方,暗标高下,以致签之长短、大小、厚薄,靡不各藏隐谜。书办辈亦不得与闻,名曰做签,公然告人,不以为讳,于是作奸犯科,反不在曹掾矣。其或先有成约,而授受偶误者,则一换、二换、三换,必得所欲而止,他有欲言,则叱詈扶出矣。曰统曰均,如斯而已"。本来创"掣签法"是为维护公平的原则,但如今却适成徇私舞弊之手段。士人在政绩与操守均不能被作为升降之凭据,甚且连撞大运的机会亦已被剥夺净尽时,便真正体会到了政无准的毒害,那么他们还有什么热情再去维持那一份从政的责任心呢?于是士人便不能不分化成两类:一类为求取官场的升迁实惠,不得不结成各种党派以相互照应,并在党争中击垮对方以操持铨柄,可以说政无准的之因必然会带来士无操守之果；另一类则退出官场以保证自我的那份清白，从而也避免被他人所愚弄，可以说政治险恶之因必然会带来退隐自保之果。但二者亦有共同之处，那便是同时都失去了济世为民的精神。

阳明心学便是在如此的历史境遇中而存在的。当然，自万历十年至明亡，又可分为不同的阶段，从而显示出一种变异的轨迹。从万历十年至二十五年左右，尽管在朝廷中执掌言路的科道与内阁矛盾较为尖锐，同时因立国本的原因文官集团也与神宗形成了长期的对峙，但由于当时党争尚不激烈，故而在一般士人之间尚维持着相当宽松的局面。此时王学处于一种自由发展的状态。此时不仅民间讲学相当活跃，如湖北的麻城、黄安当时曾以李贽为首形成了一个不小的讲学中心，而且朝廷中讲学风气也甚为浓厚，陪都南京本来便是讲学中心，此时则更趋于热闹，像罗汝芳、周汝登、焦弱侯、祝世禄、汤显祖等，均为此时的活跃人物；即使北京城内，翰林院中，也在进行心学的讨论，钱谦益曾对此记述曰："近代馆选，丙戌（万历十四年）、己丑（万历十七年）为极盛。诸公有讲会，研讨性命之学。丙戌则袁伯修、萧允升、王则之，己丑则陶周望、黄昭素、董思白及文恪公。幅巾布衣，以齿叙不以科论，词林至今以为美谈。"（《初学集》卷八六，《跋传文恪公大事狂言》）此所言萧允升即萧云举，字允升，号玄圃，宣化人。王则之即王图，字则之，号衷白，耀州人。陶周望即陶望龄，字周望，号石篑，会稽人，乃王门学者周汝登之弟子，又曾问学于李贽。黄昭素即黄辉，字平倩，一字昭素，号慎轩，南充人。董思白即董其昌，自玄宰，号思白，华亭人。而文恪公则指刘楚先。这些人几乎均为公安三袁的好友，其特点是既论心学，又兼禅学，同时还是著名诗人。他们的论学是在轻松融洽的环境中进行的，观点可能并不相同，但却能够和睦相处而各行其是。如陶望龄的禅学气味甚浓，故而黄宗羲说："先生之学，多得之海门，而泛滥于方外。以为明道、阳明之于佛氏，阳抑而阴扶，盖得其弥近理者，而不究夫毫厘之辨也。"(《明儒学案》卷三六,《泰州学案五》)他之深染禅学乃因其人生态度而决定,他曾说:"妄意以随顺真心,任诸缘之并作为行持,观万法之自无为解脱,自觉颇为省便。"(同上)亦即随缘任运而自得自适之意,此与李贽、公安派之人生态度较为接近。这些人此时虽谈禅论空,重视人生受用,但又不消极悲观,且立朝有大节,反较一般士人更具儒者品格,这或许便是心学的作用。如黄宗羲在批评陶望龄泛滥于禅的同时,又言"先生于妖书之事,犯手持正,全不似佛氏举动",故又肯定其"学为始基,原从儒术,后来虽谈玄说妙,及至行事,仍旧用着本等心思"。(同上)而刘楚先之讲心学亦与陶氏颇有象合之处,钱谦益言其"于单传直指,深信不疑",并概括其论学观点说:"谓大慧大悟一十八遍,小悟不计其数。元晦先生及伊川横渠,我朝罗整庵,虽尝学禅,微有所见,安能透彻如许。又谓阳明、龙溪,尚未了向上一著,独知一念,禅家谓之独头无明。盖无量劫来生死本也。须知有向上事,将此生死根本,转为涅槃妙智。阳明云:无声无臭独知时,此是乾坤万有基。认此为极,则毫厘千里矣。此公之心学也。"(《初学集》卷八六,《跋传文恪公大事狂言》)他只称许一个大慧宗杲,而将朱熹、程颐、张载、罗钦顺、王阳明、王畿等宋明杰出学者,一律视为不能透悟而知向上一机的凡夫俗子。这与其说是心学,倒不如说是禅学更合适一些。但且莫以为他已失去儒者之身份而只知体悟禅机,他在个人操守上又是决不含糊的,他曾说:"今之谈禅者,皆宗赵大洲只贵眼明不贵践履之说,终日谈玄说妙,考其立身行事,辞受进退之际,无一毫相应者。乃反贬剥周、程,岂知彼在塔中安坐,而我乃遥说相轮耶?"(同上)所谓"无一毫相应"便是只会玩弄光景,而不能落到实处,他认为在这方面,大洲先生尚不如宋儒周、程二子。由此可知刘氏是自视颇高的,在对心学的透悟性上,他认为自己超过了程、朱、张、王等大儒;而在立身处世上,他又认为胜过"谈空说妙"的赵大洲。当然,其真实境界是否已如他个人所言,自可另当别论,但通过陶、刘二人的学术特点,使我们得知此时的王学已与禅学合流,从事心学者已不再忌讳言禅,但他们却尚未走向人生的空寂,依然没有在现实中放弃儒者的操守。大概此时朝政虽已大不如前,但尚未达混乱之地步,故而士人亦未完全失去人生的自信吧?

而到了万历二十五年以后,随着朝廷中党争的日益加剧,正直士人亦愈益感受到政治之险恶与自身之威胁,便有许多人或主动或被动地从官场中退身出来,而只求自我生命之受用与自我气节之持守。因为在官场中除了各为私利而结党相争,大多数士人已不再顾及原则节操,则正直士人身处其中也就很难自保,更不用说有什么作为,看一看《菜根谭》这部书,你就会了解当时士人的一般精神状态。这部书产生于万历后期是没有什么问题的。在书中,它教导士人如何在一个混乱复杂的时代有效地保存自己。从价值观上讲,它显然是看重个体生命的现实存在的,但却不讲什么原则,如果说它有原则的话,唯一的原则便是有利于己。因而它告诫人们:"处世让一步为高,退步即进步的张本;待人宽一分是福,利人实利己的根基。""处世不必邀功,无过便是功。""处世不退一步,如飞蛾投烛。""一事起,则一害生,故天下常以无事为福。""君子当存含垢纳污之量,不可持好洁独行之操。""持身不可太皎洁,与人不可太分明。""饱谙世味,一任覆雨翻云,总慵开眼;会尽人情,随教呼牛呼马,只是点头。"没有理想,没有情趣,没有原则,没有道德。人们看了这些老于世故的格言,便有理由相信,有人说它"在本质上根本是乡愿"(龚鹏程《晚明思潮》,第248页)实非诬枉之词。可在那一时代,当有不少人欢迎这本书,并将其视为自己生活的教科书,则可知一般士人在那一时代均有乡愿的倾向与行为。从此一角度讲,则无论是独善其身的心学信徒还是坚持气节的东林党人,都是难能可贵的。其中的最大区别也许就在于,有人是不利于乡愿而被赶出了朝廷,有人则是看不惯乡愿而退出了朝廷。在这些人中,焦竑是较早被赶出朝廷的王门学者。焦竑(1540—1620),字弱侯,号漪园,又号澹园,南京人。万历十七年状元。先后任翰林院修撰、东宫太子讲官等职。他是明代有名的学识渊博的大学者,又是泰州后学耿定向的弟子,还与当时名气甚大的李卓吾为莫逆之交。弱侯虽名大学博,然科举之途却颇不顺利,前后共做了二十余年的举子,直到五十岁时方得以举进士。其间李贽曾劝他放弃科举与学问的追求,与自己一起共同讲求性命之学,但那时焦氏尚未失进取之志,故在科场愈战愈勇,终得实现其夙愿。步入仕途后他可谓尽职尽责,任太子讲官则尽心辅导,反复讲解,务使太子成就其德性。但他的积极热情换来的却是同僚的日益嫉妒,尤其是其进《养正图解》一事,更是召来了始料不及的祸患。钱谦益《列朝诗集小传》曰:"太仓谓元子冲龄,典学当引诱以图史故事,弱侯遂采辑成书,绘图演义,名曰《养正图解》。同官相与侧目,喧传已私进禁中。乃具疏上之,上详加省览,温语批答。忌者益众。"(丁集上,《焦修撰竑》)太仓即当时任首辅的王锡爵,他让弱侯等人教太子要"引诱以图史故事",其他人可能并未在意,可弱侯先生却认认真真做了,而且是征得了神宗的恩准的,这本当予以表彰,不料却引来了众人的忌恨。于是,他的官宦生涯也就离结束不远了。《明史》本传说:"竑既负重名,性复疏直,时事有不可,辄形之言论,政府亦恶之,张位尤甚。二十五年主顺天乡试,举子曹蕃等九人文多险诞语,竑被劾,谪福宁州同知。岁余大计,复镌秩,竑遂不出。"(卷二八八,《焦竑传》)焦弱侯的错误在于性情耿直,对是非问题不加掩饰,且勇于任事,故而内阁与同僚都与之过不去,终于寻到一个借口将其赶出官场。此事乃发生于万历二十六年,他是与李贽同船结伴而回南京的,从此再也没有介入官场的兴趣,而是在南京城内与李贽等人讲学论道,以期求得体悟自我生命之解脱。但焦竑的被赶出官场只不过是正直之士遭贬的一个序幕而已,随着沈一贯与沈鲤党争的日益加剧,终于在万历三十年左右达到了一个高潮。钱谦益曾论沈一贯曰:"与宋州(沈鲤)同辅政,而门户角立,砭砭不相下。妖书之狱,宋州及郭江夏懂而得免。人谓少师齮龁之,海内清流,争相指摘,党论纷呶,从此牢不可破。雒蜀之争,遂与国家相始终,良可为三叹也。"(《列朝诗集小传》丁集中,《沈少师一贯》)二沈之争开始时牵连到黄辉贬官,至妖书事起,"右都御史徐作、侍郎刘楚先、祭酒刘应秋、给事中杨廷兰、主事万建昆皆贬黜有差"。(《明史》卷二一九,《张位传》)陶望龄也从此告归家居,再不出仕。非唯此也,甚至连李贽与达观此二位所谓万历间的二大教主之被朝廷逮捕并最终死于狱中,亦与此时党争有密切关系,对此已有人做过较详细之考证,可参见。① 李贽之死,曾在倾向心学的士人中间引起过巨大的心理波动,这在陶望龄给他弟弟的信中显露的甚为清楚,其曰:"卓老之不宜居通州,犹吾辈之不宜居官也。有逐我者,旦夕即行,无之亦当图抽身之策,大约不出此岁。"(《歇庵集》卷十二,《寄君奭弟》)"卓老"即李贽,他是在京畿通州马经纶家中被朝廷捉去的,陶望龄由此想到了自身的不宜居官,仿佛离京师官场愈近,便愈多危险似的。于是,他决意退出,并时刻准备好被人驱逐,而且即使一时不被驱赶,也要设法及早从官场抽身。至于抽身之后的打算,他在另一封信中曾给以解答:"此间诸人,日以攻禅逐僧为风力名行,吾辈虽不挂名弹章,实在逐中矣。一二同志皆相约携手而去,吾辈意辄欲先发,……名场难入,青山白水,是吾故物,闭门二三年,打并此事,虽未必彻去,亦有所成,胜悠悠火宅中多矣。所惜者,诸友皆一时之隽,相聚无几,辄复散去,胜缘难合,深足慨叹!"(同上)此处所言之"打并此事",即求取自我生命之解脱顺适。他们本来便在王畿、李贽学说的启示下已有此方面的

---

① 关于李贽与达观因党争而遭株连之论述,请参见周祖譔《李贽下狱事探微》(《苏州大学学报》1980年第1期)。

追求，只是由于儒者的人生责任未完，方暂留官场以了经世之愿，如今既然被人攻逐，当然也就只有退隐以了自我解脱之愿了。尽管未必完全是心甘情愿的，因为他们毕竟是读过多年圣贤书的儒生，更何况京城中还有好友相聚的美好景象呢？所以未免发一声"深足慨叹"的恋恋不舍之音，但环境既然已不允许其在官场存留，则不情愿也得挂冠而去了。更重要的是，他还向我们提供了"一二同志皆相约携手而去"的信息，显示了此种现象并非其一人所为，而是染指心学而又欲保其节操者的共同趣向。因此，从官场中退步抽身，欲保持自我清洁，并转向自我解脱与自我适意，这乃是此时期心学的大致走向。

从天启到崇祯时期，明王朝步入了它的危亡之时。天启年间大宦官魏忠贤专权的血雨腥风，崇祯年间遍地而起的农民暴动与日益频繁的满族入侵的时代动荡，使整个朝廷处于风雨飘摇之中。对于阉党，许多士人进行了前赴后继的英勇抗争；对于内忧外患的危机，许多士人挺身而出，不惜身家性命而尽到了自己所能尽的责任。对于学术，也有许多人不满于王学的空谈性命，而试图对其加以改造，以便使之担负起正人心、救危局的使命。以上所有这些，从其奉献精神上，从其崇高气节上，至今犹令人由衷地敬慕与向往；而从历史的客观演变上，从实际效果上，却又无助于明朝的衰败与灭亡。历史注定了他们只能成为悲剧的英雄而不是救时的圣人。在此，我们想到了明末大儒刘宗周，想到了他对王学的苦心改造与对时代的徒劳无用。有人说明清之际的黄宗羲是心学的最后改造者，但在与时代结合的密切程度上，我宁愿将此一殊荣送给他的老师刘宗周先生。刘宗周（1578—1645），字起东，号念台，浙江山阴人。因讲学于蕺山，故学者又称其为蕺山先生。万历二十九年进士。先后任礼部主事、尚宝少卿、顺天府尹、左都御使等职。南明政权亡，绝食二十日而卒。念台先生从气节上讲绝对是无可挑剔的，他关心国事，同情百姓疾苦，在万历后期支持东林正直之士，在天启时因斥责魏阉而遭罢官,在崇祯时多次向刚愎自用的毅宗皇帝直言上书,为此而两遭罢官。他正是从有用于世、有补于世道人心的目的来改造王学的。黄宗羲曾叙述其师之为学过程说:"先生于新建之学凡三变:始而疑,中而信,终而辨难不遗余力,而新建之旨复显。"(《刘子全书》卷三九,《子刘子行状》)始而疑,乃疑其空疏放纵而不理世事;中而信,乃信其自信本心以抵御险境;终而辨难,乃欲改造其为正人心、经世务之实学。而他的纠正心学空虚之弊,便是在与陶奭龄的相与讲论中进行的,据刘宗周年谱载:"先生于三月三日率同志大会于石簣先生祠,缙绅学士可二百人,同主事者为石梁先生(即陶奭龄)。石梁,石簣之介弟也。初登讲席,先生首谓学者曰:此学不讲久矣,文成指出良知二字,直为后人拔去自暴自弃病根。今日开口第一义,须信我辈人人是个人,人便是圣人之人,人人可做。于此信得及,方是良知眼孔,因以证人名其社。"(同上,卷四十,《年谱》)在刘宗周之前,越中主讲席者为陶望龄石簣先生及其弟奭龄石梁先生,其主旨乃是混合儒释,并偏重于自我生命之解脱与顺适。他们有时也讲一讲世道人心,讲一讲做人须行善而不可欺心,但却杂之以佛家之因果报应。黄宗羲曾记曰:"(刘宗周)始虽与陶石梁同讲席,为证人之会,而学不同。石梁之门人,皆学佛,后且流于因果。分会于白马山,羲尝听讲。石梁言一名臣转身为马,引其族姑证之。"(《明儒学案》卷六二,《蕺山学案》)其实,问题的关键并不在于石梁以佛教因果报应之说来教化世人,而在于陶氏兄弟之论学主旨乃重在禅家自我心性之识取。刘宗周之为学重心在于良知对于士人品格之陶铸,他要"证人",亦即使士人明了人之所以为人之根本,亦即孟子所言人与禽兽几希之界限乃在于人有伦理之天则,并进而识悟良知之本心以达圣人之境界。故而《明史》本传述曰:"越中自王守仁后,一传为王畿,再传为周汝登、陶望龄,三传为陶奭龄,皆杂于禅。奭龄讲学白马山,为因果说,去守仁益远。宗周忧之,筑证人书院,集同志讲肄。"(卷二五五)从王阳明的超越于世俗而经世,到王畿的欲经世与出世两全之而最终走向自适,再到陶望龄的退守以自适的儒禅并举,越中王学随着时代的变迁而适应着士人不同时期的精神需求,到了刘宗周这里,时代的危机摆在面前,王学又不得不发生新的转折。尽管蕺山之学内涵相当丰富,但撮其要,则可归结为目的之经世与自我操守之纯正二项,其所反对者则在勿使心学流入禅者自适与空寂。《明史》述其临终之言曰:"学之要,诚而已,主敬其功也。敬则诚,诚则天。良知之说鲜有不流于禅者。"(同上)为了不使心学之良知流于禅,所以必须加诚敬之功,故而蕺山论学重意之主宰,重慎独之念,唯一的目的便在于使自我之心归于正并以此正人正世。也就是说,他所有的学说均归于救世之一途,他曾说:"世道之祸,酿于人心,人心之恶,以不学而进。"(《子刘子全书》卷四十,《年谱》)其具体表现则是:"今天下世道交丧,士大夫营营苟苟,不知忠孝节义为何事,平居以富贵为垄断,临难以叛逆为捷径,至于国是日嚣,人心日竞,纪纲日坏,刑政日弛,封疆日蹙,寇盗日炽。"(同上,卷十四,《修举中兴第一要义疏》)刘宗周的确是位知行合一的儒者,他非但自身坚持正心诚意的忠孝大节,而且亦以之教授弟子,劝说君上,并始终不渝地坚守其人生的信念。从人格上讲,蕺山先生是无可非议的。然而在现实中他却是一位彻底的失败者,在其一生中不仅屡遭贬谪,不被周围士人所理解,而且于国家朝廷亦无所补益,最后只能眼看着明王朝走向溃灭,他所能做的与空谈心性者几乎没有什么差别,也只能临死一命报君王。刘宗周的最大悲剧在于,以他如此学正行端的儒者,抱着极大的热情投入危局中以图救国救民,却只能落下个迂执不通的评价,实在令人思之再三。如他在崇祯二年向皇帝上疏,指出了"士节日隳,官邪日著"以及毅宗本人的性情"猜忌",可谓痛快淋漓,最后他总结道:"陛下求治心,操之太急。酝酿而为功利;功力不已,转为刑名;刑名不已,流为猜忌;猜忌不已,积为壅蔽。正人心之危,所潜滋暗长而不自知者。诚能建中立极,默正此心,使心之所发,悉皆仁义之良,仁以育天下,义以正万民,自朝廷达于四海,莫非仁义之化,陛下亦一旦跻于尧舜矣。"(《明史》卷二五五,《刘宗周传》)此种论述完全合乎蕺山先生的一贯学术主张与为人风格,而且以儒家之思想衡量,也没有丝毫的不妥之处,可是皇上听后却是如此的评价:"帝以为迂阔,然叹其忠。"这可以说是崇祯皇帝对刘宗周的一贯评价,他赞叹这位儒士人品的清正高洁,赞赏他正直敢言的一片忠心,但却从他那里讨不出有效的治国方略,所以便有了刘宗周崇祯年间屡召屡贬的奇特经历。其实这种特点连其弟子黄宗羲也难以否认,故而在《明儒学案》中记述道:"上又问兵事,(宗周)对曰:'臣闻御外亦以治内为本,此干羽所以格有苗也。皇上亦法尧、舜而已矣。'上顾温体仁曰:'迂哉!刘某之言也。'"(卷六二,《蕺山学案》)这种迂执不达权变的行为,有时的确达到了令人扼腕叹息之地步,如崇祯十四年明王朝已陷入相当危险的境地,御史杨若桥向朝廷推荐善火器的西洋人汤若望,希望能将其召来试验有无用处,而刘宗周却断然表示反对说:"边臣不讲战守屯戍之法,专恃火器。近来陷城破邑,岂无火器而然?我用之制人,人得之亦可制我,不见河间反为火器所破乎?国家大计,以法纪为主。大帅跋扈,援师逗留,奈何反姑息,为此纷纷无益之举耶?"(《明史》卷二五五,《刘宗周传》)也许刘宗周的话并非全无道理,仅靠火器的确不能解决国家危机,我以火器制人,人亦可反过来以火器制我,亦为尽人皆知的事实。然而,如果说技术主义是不可取的,道德主义同样也不可取,刘宗周认为仅靠正人心便可代替一切,是儒家重道轻艺传统的典型体现,这已不是什么心学与理学的问题,而是儒家学术的整体缺陷。刘宗周希望以改造心学来收拾人心,端正士风,从而使国家形势能有所好转,这种想法本身并没有什么错误,他的错误在于想用心学代替其他一切,他不知道作为一个王朝来说，是由方方面面的许多因素构成的复杂整体，它的兴盛或衰败均非单项因素所能决定，哪怕是非常重要的因素，也不能决定一切。当然，用今天的见解来责备刘宗周这位十七世纪的儒者是不公平的，但同样的道理，如果像清人陆陇其那样，将明代灭亡的责任仅仅归结于心学对世风士习的败坏，同样也是不公平的。如果说仅靠道德人心不能救国的话，则对道德礼法的冲击也不能灭国。但通过刘宗周的失败，我们却能够得出如下结论，即心学的确已经走到了它发展的尽头，它曾经激励过许多士人拯危救民的入世热情，也使许多士人在失败中摆脱环境的困扰，求得心灵的平静与安宁，但在明代末年的动荡时局中，它已经承担不起人们给予它的过重的负担，因而也就理应结束它的历史使命。

第二节　李贽——阳明心学转折的标志

现代学者往往将李贽视为反封建礼教的斗士，故而也往往将其学说认作是对阳明心学之反动，为此嵇文甫先生在其《晚明思潮史论》中，专门列王学左派又曰狂禅派一章以别于正统之王学，李贽也就被归属在此派之中，其后学术界便多从其说。然而，黄宗羲在《明儒学案》中却没有为李贽立传，当然也未载其论学语，可见他是不把李贽算在心学一系之中的。可以说无论是黄宗羲还是嵇文甫，对李贽之学均重在其变异的特征。但从学术演变史的角度看，李贽的思想人格除了变之一面，其承之一面亦不容忽视，否则将有损于学术发展线索之梳理。从实际情形观，李贽的思想构成的确非常复杂，他曾自我总结说："某生于闽，长于海，丐食于卫，就学于燕，访友于白下，质正于四方，自是两都人物之渊，东南才富之产，阳明先生之徒若孙及临济的派，丹阳正脉，但有一言之几乎道者，皆某所参礼也，不尽扣底蕴固不止矣。"（《焚书》增补一，《答何克斋尚书》）可知其学术品格乃是融儒释道于一炉,远非心学之一项所能囊括。但是他本人又在其所著《明灯道古录引》中说:"是录也,乃吾二人明灯道古之实录也,宜题其曰《明灯道古录》。远之不足以继周、邵,近之不足以继陈、王。然此四先生者,精爽可畏,亦必喜而读之曰:'是明灯道古之录也,是犹在门庭之内也,真不谬为吾家的统子孙也。"(见《道古录》卷首)可见他又自视为心学之传人。因此,在论述李贽之思想人格时,虽不能仅仅注意其心学因素而忽视其释道等其他因素,却又必须抓住心学此一主要线索,否则便不利于对其学术特征之认识。可以说,在李贽身上,既有浓厚的阳明心学色彩,又有许多新的要素,其主要差别则在于为学目的与价值取向之变异。因而本节之基本论点是,李贽无论是在学术思想还是人格心态上,都是从明代中期到明代晚期转折的一个标志。弄清李贽的此一特征,则对梳理明代思想之发展演变实为至关紧要。

一、李贽的心学因缘与其人格心态之特征

李贽(1527—1602),本名载贽,字宏甫,号卓吾,别号温陵居士,泉州晋江人。他于嘉靖三十一年中福建乡试举人,因家境寒窘而不再参加进士考试,直接选官为河南辉县教谕。后又为礼部司务、南京刑部员外郎、南京刑部郎中、云南姚安知府等职,并于万历八年五十四岁知府任满后,不再继续担任官职而永远退出官场。但他退职后并未回福建原籍,而是全家留在湖北黄安耿氏家中,以便与耿定向、耿定理兄弟论学讲道。万历十二年后因与耿定向关系恶化而搬至邻县麻城,随之将妻室送归原籍,而本人则在万历十六年时入该县龙湖芝佛寺剃发为主持。在万历二十四年至二十九年之间,曾出游至山西、甘肃、北京、南京等地,然后又回至龙湖。万历二十九年因被当地官绅驱赶而至北京附近之通州,住在好友马经纶家中。万历三十年被在朝官员张问答所奏劾而被捕入镇抚司监狱,并于同年三月自裁于狱中。终年

七十六岁。

李贽在晚明是位名气很大的思想家与文学批评家,曾一度被许多人誉之为圣人。尤其是在死后,其著作虽被朝廷明令禁毁,但在士人中却更为风行一时。其实若就李贽本人身份讲,他本来并不具备声名卓著的条件。从功名上讲,他未曾中过进士,官职也仅达到四品知府,不足以构成显赫的官势;从当时的学术界讲,他也不是有势力的几个王门派别的传人,不足以靠同门师徒的推尊而形成显赫的声势。他唯一所依靠的是其狂怪的个性与激进的思想,从而在士人中造成了极大的震动。其狂怪与激进的主要特征则是既出家隐居以求自我生命之解脱,却又尖刻地讥讽斥责虚伪之世风与假道学。在他死后,与其关系密切的袁中道曾写过一篇《李温陵传》以记述其生平,其中有一段文字对其人格特征进行了总体性的概括,从中颇能见出其独特性来,其曰:

> 其人不能学者有五,不愿学者有三。公为士居官,清节凛凛;而吾辈随来辄受,操同中人,一不能学也。公不入季女之室,不登冶童之床;而吾辈不断情欲,未绝嬖宠,二不能学也。公深入至道,见其大者;而吾辈株守文字,不得玄旨,三不能学也。公自少至老,惟知读书;而吾辈汩没尘缘,不亲韦编,四不能学也。公直气劲节,不为人屈;而吾辈怯弱,随人俯仰,五不能学也。若好刚使气,快意恩仇,意所不可,动笔之书,不愿学者一矣。既已离仕而隐,即宜遁迹名山,而乃徘徊人世,祸逐名起,不愿学者二矣。急乘缓戒,细行不修,任情适口,脔刀狼藉,不愿学者三矣。
>
> (《珂雪斋集》卷十七)

袁中道所言自身与李贽的差别,其中有些属于个人气质的因素,如"好刚使气,快义恩仇"的个性等。但有些则是属于不同时代士人特性的差异,如李贽的居官清节、清洁习惯、求道精神、读书特点及刚直个性,都显示出他是由明代中期而过来的士人,尚未具备晚明士人潇洒风流、放荡不羁的享乐习性,但同时又具有了晚明士人自我适意的价值取向,如在李贽身上非但有"急乘缓戒,细行不修,任情适口,䆉刀狼藉"的口福之乐,更有退隐以求解脱的精神追求。尤其是李贽的既离仕而隐又徘徊人世的行为,更带有从中期到晚期的过渡性质,因为在此种行为的背后,其实显示的是一种双向的价值追求,具体讲便是既欲求得个体的行动自由与精神解脱,又放不下对现实事务的关注之念。这种特性既使得晚明士人引其为同调,又使他们对其高洁性情有仰慕之意,并最终形成了他的赫赫声名。而李贽之所以能形成以上特征,除他个人独特的气质与经历外,更与他深受阳明心学的影响密切相关,可以说没有王学,便不可能出现李贽这位特色鲜明的思想家。

就李贽的一生经历看,可以将其分为三个阶段:在嘉靖四十五年他四十岁之前,仅是个普通的读书士子与一般的下级官员而已,他除了应付"教谕"的日常公务,便是忙于料理家族事务如安葬祖、父灵柩并为其丁忧守制;从隆庆元年至万历十二年,亦即从其四十岁至五十六岁,是其探求心学、佛学及老庄之学,体悟自我生命的真实意义的阶段;第三阶段则是其万历十二年以后直至其死于狱中,是其狂放激进、声名大著、影响日广的时期。而这两次生命转折的产生又都离不开心学的因缘。李贽在四十岁时的人生转折是直接受阳明心学的启迪而发生的。这一年,他经过长期的努力,终于埋葬了祖上三代的五口灵柩,完成了一位儒家士人所应负的人生责任。但由于长期辗转于下层官员的位置上,又被繁重的家族事务所缠绕,使他深感人生的艰辛与无味,他曾感叹:"人生岂不苦,谁谓仕宦乐。仕宦若居士,不乃更苦耶?"(《焚书》卷三,《卓吾论略》)既然人生多苦,仕宦无乐,那么人生的意义究竟又是什么呢?靠当时李贽的认识水准与人生境界,无论如何也不能将如此重大的人生难题予以解决，于是他遂萌生了"无宦意"的念头。可退出仕途并不能真正解开其人生困惑，回到家乡又当如何，各种世俗的事情不是正等着自己吗，那又何必自投罗网呢？此刻他真是走到了人生的十字路口，何去何从实在难以把握。最后他决定继续为官，其目的便是要到京城这人才会萃之地碰碰运气，或许能找到人生的真谛，故而他解释自己出任礼部务的动机说："穷莫穷于不闻道，乐莫乐于安汝止。吾十年余奔走南北，只为家事，全忘却温陵、百泉安乐之想矣。吾闻京师人士所都，盖将访而学焉。"（《焚书》卷三，《卓吾论略》）所谓"安乐之想"是指他刚步入仕途任辉县教谕时，认为宋儒邵雍曾于此地筑安乐窝以隐居，在此为官或可闻道，不料"在百泉五载，落落竟不闻道"。（同上）后来又为家族之事忙得昏头昏脑，便更无暇顾及此事了。如今情形已大不相同，十年的人生体验不仅使其对人生有了更深的感受，长期的苦恼也促使他更急切地弄清生命的真正意义。他带着如此的目的进入了京城，并且真的遇到了获道的机缘，这便是对阳明心学的接触。黄宗羲《明儒学案》曰："（徐用检）在都门从赵大洲讲学，礼部司务李贽不肯赴会，先生以手书《金刚经》示之曰：'此不死学问也，若亦不讲乎？'贽始折节向学。"（卷十四，《浙中王门学案四》）袁中道《李温陵传》曰："初未知学，有道学先生语之曰：'公怖死否？'公曰：'死矣，安得不怖？'曰：'公既怖死，何不学道？学道所以免生死也。'公曰：'有是哉！'遂潜心道妙。"（《珂雪斋集》卷十七）其本人后来亦追忆曰："不幸年甫四十，为友人李逢阳、徐用检所诱，告我龙溪王先生语，示我阳明王先生书，乃知得道真人不死，实与真佛、真仙同，虽倔僵，不得不信之矣。"（《阳明先生年谱后语》）将上述材料综合起来看，可注意者有三：一是当时京城中讲学者以赵大洲为首，而大洲之学则是讲究入世与出世并举的，所以被称为"不死学问"。二是李贽从学之动机乃是解决生死问题，也就是上面所说的个体生命的意义问题，所以正好与当时所讲内容发生心灵的呼应。三是李贽的确由此发生了人生的转折,他从此对阳明心学产生了浓厚的兴趣并成为自己所信仰的理论,他相信通过心学的体悟将使自我获得生命不朽的意义。然而,要真正透悟生命的真谛却并非朝夕之功所能奏效的,于是,李贽开始了他漫长的体悟过程,从北京到南京再到姚安,时间转眼便过去了十五年,其间他默默地自悟,与他人认真地讨论,并由王学向佛、道延伸,他注过《老子》与《庄子》,在姚安还大量阅读了《心经》《华严经》等禅学经典。他自己说在北京"五载春官,潜心道妙"(《焚书》卷三,《卓吾论略》);在南京时则是"每聚会之中,嘿无一言,沉思而已"(祝世禄《环碧斋尺牍》卷一,《与游麻城》);在姚安则是"其为人汪洋停蓄,深博无涯涘,人莫得其端倪"(顾养谦《赠姚安守温陵李先生致仕去滇序》,《焚书》卷一附)。关于此阶段的思考成果,李贽没有直接的表述,但却有一个最明显的标志,那便是辞官而居黄安论学求道。有关李贽辞官的原因,他曾在其自称可当年谱的《豫约》中有过明确的解释,那便是受不了官场的束缚,他说:"余唯以不受管束之故,受尽磨难,一生坎坷,将大地为墨,难尽写也。为县博士,即与县令、提学触;为太学博士,即与祭酒、司业触,如秦,如陈,如潘,如吕,不一而足矣。司礼曹务,即与高尚书、殷尚书、王侍郎、万侍郎尽触也。……最苦者,为官外郎不得尚书谢、大理卿董并汪意。谢无足言矣,汪与董皆正人,不宜与余抵。然彼二人者皆急功名,清白未能过人,而自贤则十倍矣,余安得免触耶?又最苦而遇尚书赵。赵于道学有名。孰知道学益有名而我之触益又甚也。最后为郡守,即与巡抚王触,与守道骆触。……此余平生之大略也。"(同上,卷四)此处所言之"触",乃是对官场限制的一种心理感受,它有时可以表现为外在的行为之触,但更多的是一种心理之触,而且这种触的感觉是整体性的,它与其他官员的个人品行并没有必然的关联,因为与之相触的不仅有"无足言"的谢尚书,更有急于功名而又自我感觉良好的董、汪二大理卿;尤有甚者,以道学而著名的赵尚书也许会被他人所赞许,可李贽与之相触的程度却较之他人尤甚。可见与李贽相触的乃是整个官场。但问题的关键是,既然他一直感到身处官场有"触"的不适应性,何以又在其中奔波了二十余年,而直到此刻方从中退出?这就得归功于心学启迪与近十余年来自我对生命的真切体悟。在此时,他感到身处官场不仅是对自我身心的一种束缚,而且更是一种生命的浪费。他有更重要的事情要做,那将更能体现生命的价值并使自我感到愉快,于是他便决定永远地告别这令人厌恶的官场。正是出于此种原因,所以李贽的退出官场便既不是大官僚志得意满的功成身退,也不是失意官员无可奈何的遭贬被斥,他的退出是一种主动的人生选择,是自我生存方式的积极转换,因此他没有退回家乡,因为"弃官回家,即属本府本县公祖父母管矣。来而迎,去而送;出分金,摆酒席;出轴金,贺寿旦。一毫不谨,失其欢心,则祸患立至,其为管束至入木下土未已也,管束得更苦矣。我是以宁漂流在外,不归家也"。(《焚书》卷四,《豫约》)从官场到家乡,在李贽的眼中,无异于从虎窝中换到狼窝中,依然地受束缚,依然地充满枯燥乏味的俗气。他要从这束缚自我的网络中挣脱出来,便只有选择好友耿定理的家,以期求得在一种宽松和谐的气氛中讲学论道,成就自我的人生大事。李贽所选择的这种生活方式,其实是心学传统中经常被见到的现象,如陈献章的渴望摆脱家庭俗事的缠绕,王畿的奔走四方讲学而不肯回家,何心隐的不以家为家而以朋友为家,都说明了他们对凡庸生活的厌恶与对人生自由的向往,只不过李贽做得更过分,他是举家迁徙异地而永远断绝了乡缘。这种生存方式的转换无疑是李贽人生的一次重大转折,而这却是起因于对心学的接触。

李贽第二次重大的人生转折是与耿定向的学术争论。在万历八年李贽搬入耿氏家中后,的确曾度过了一段平静安宁的生活。他在此时写给好友焦竑的信中,说他在耿家"绝世器,怡野逸"甚宜。(《续焚书》卷一,《复焦漪园》)因为此地"非惟佞佛有场,坐禅有所,且侗老亦知爱之,不以方外生憎也。"(同上,《与焦漪园》)但这并不说明他们之间的学术主张就完全相同,其实,相异而共存,各求所得而互不相碍,这正是李贽所理想的生存方式,故而他说:"弟初不敢以彼等为徇人,彼等亦不以我为绝世,各务于自得而已矣。故相期甚远,而形迹顿遗。愿做圣者师圣,愿为佛者宗佛。不问在家出家,人知与否,随其资性,一任进道,故得相与共学耳。"(《焚书》卷一,《复邓石阳》)但这种平静的生活仅维持了四年左右的时间,然后随着万历十二年七月耿定理的病逝便一去而不再复返。按袁中道的说法,耿定向对李贽的不满乃是出于对家族子弟效其佞佛的担心,故曰:"子庸(即定理)死,子庸之兄天台公惜其超脱,恐子侄效之,有遗弃之病,数至箴切。"(《珂雪斋集》卷十七,《李温陵传》)这当然是有道理的,因为耿定向本人便曾责备李贽说:"楚倥如此无忌惮,皆尔教之。"(《焚书》卷一,《答耿司寇》)但耿、李二人之间的争论,我以为主要仍是起因于学术与人格的相异。耿定向本为重修行之士,尽管他也列身于泰州学派而标榜王学,且与龙溪诸人往来讲论,并由此名声大振,然其论学宗旨始终守定"人伦之至"四字。他为此而撰《喻盲》(《明文海》卷一四四)一文以说明之,文中言有一天生失明之孺子问太阳何形何色,其父母多方喻之,取镜以示形而孺子方得解。只问其色,则无物以喻之,而"孺子竟惘然"。故而他最后总结说:"夫余学夙主修行云云者,犹辨日之形也。虽心无所见,而古先圣哲遗有成规,犹得模拟而冥行尔矣。若所谓道犹辨日之色也,斯心之盲也久矣,即有道者披裂肠腹,多方晓告,顾安能顿开锢迷而令即睹天日也。余自束发与朋友矢志以尽伦修行为学;既壮,游四方,闻先生长者言贵闻道,始爽然自失矣,乃作盲喻以自省云。"虽言"自省",然就其为学品格言,始终亦未能闻道而使其目明。李贽曾对比二人学术思想之差别说:"公之所不容已者,乃人生十五岁以前《弟子职》诸篇入孝出弟等事,我之所不容已者,乃十五成人以后为大人明《大学》,欲去明明德于天下等事。公之所不容已者博,而惟在于痛痒之末;我之所不容已者专,而惟直收吾开眼之功。公之所不容已者,多雨露之滋润,是故不请而自至,如村学究训蒙师然,以故取效寡而用力艰;我之所不容已者,多霜雪之凛冽,是故必待价而后沽,又如大将用兵,直先擒王,以故用力少而奏效大。"(《焚书》卷一,《答耿司寇》)概言之,李为求本,耿为求末;李为明德,耿言亲民;李持未发之中,耿执人伦之至;李主顿悟,而耿主渐修。就其实质而言,李贽的思路应该更符合阳明心学重自我体悟而求心之本体的学术传统,尤其是与王龙溪的自然良知更为接近;而耿定向的重视"人伦之至"也许带有一些泰州学派强调人伦日用的特点,但却有着较浓厚的程朱理学依傍圣贤格套的倾向。但依李贽各不相碍、一任进道的见解,他并不愿对此进行无谓的争议。但耿定向却认为李贽这是灭绝人伦的佛氏之空,从而抱着极大的卫道热情,要"为天下争所以异于禽兽者几希界限"。(《耿天台先生全书》卷四,《求儆》)李贽认为耿氏的行为已不是公平的学术讨论,而是仗势欺人,所以愤怒地说:"仆未尝有一件不与公同也,但公为大官耳。学问岂因大官长乎?学问如因大官长,则孔孟当不敢开口矣。"(《焚书》卷一,《答耿司寇》)李贽之所以弃官后迁至耿家,本来便是要摆脱官场的束缚而进行自由的学术思考的,没有料到却依然被笼罩于大官的势力之下,其失望之情自可想见,因而他的搬出耿家也就势所难免了。而两人之间的争论,也随着李贽的迁至麻城,尤其是至龙湖后的剃发出家而越发升级。耿定向讥讽李贽佞佛灭伦,挟妓宿娟,其行为已超出学术论争的范围而变成人身的攻击。而李贽则认定耿氏乃心口不一之假道学,并公开致函予以痛斥,其《答耿司寇》曰:"试观公之行事,殊无甚异于人者。人尽如此,我亦如此,公亦如此。自朝至暮,自有知识以至今日,均之耕田而求食,买地而求种,架屋而求安,读书而求科第,居官而求尊显,博求风水以求福荫子孙。种种日用,皆为自己身家计虑,无一厘为人谋者。及乎开口谈学,便说尔为自己,我为他人;尔为自私,我欲利他……以此而观,所讲者未必公之所行,所行者又公之所不讲,其与言顾行,行顾言何异乎? 以是谓为孔圣之训可乎?"(《焚书》卷一)李贽认为孔子所重乃在一诚字,正因为孔子能做到"毋自欺","故为真古人耳"。而耿氏之所以不如邹东郭、王龙溪、罗近溪诸心学前辈,关键便在于缺乏他们那种侠肝义胆、古道热肠的真正不容已之诚信,从而失去了李贽所敬仰的泰州豪侠精神。他名心太重,回护太多:"实多恶也,而专谈志仁无恶;实偏私所好也,而专谈泛爱博爱;实执定己见也,而专谈不可自是。"(同上)则无疑便成为言行不一之假道学了。这场争论可以说改变了李贽原来的平静的生活和与世无争的个性,是其人生的又一次转折。在此种愤激心态下,他倾吐了许多振聋发聩的观点,表现出许多惊世骇俗的行为,诸如痛斥伪道学,维护学术自由,倡言为己自适,公然剃发出家,等等。尽管他为此付出了沉重的代价,曾多次遭到地方官绅的驱逐迫害,并为此失去了不少朋友,从而一度使自身陷入尴尬凄凉的境地,甚至最终的死于狱中亦与此不无关系,但他更由此赢得了狂放激进、见解特出的赫赫声名,后世人们眼中李卓吾的狂放激进形象,其实大多是依据他此时的行为思想而形成的。如果没有这场论争,也许他完全可以成为另外一种形象。但现在要追问的是,李贽何以敢如此大胆地与耿定向所代表的世俗之士相抗争而无所畏惧,这既有其深染佛学而具备了狂禅精神的原因,更有阳明心学为他提供的充分的自信。他的行为乃一任其本心,他的好坏优劣只取决于自我之心的判定,而不会顾及世俗的褒贬,他曾明确地说:"盖自量心上无邪,身上无非,形上无垢,影上无尘,古称'不愧''不怍',我实当之。是以堂堂之阵,正正之旗,日与世交战而不败者,正兵在我故也。"(《续焚书》卷一,《与周友山》)如果没有明代中期以来的心学流行,如果不是李贽对王学已深入体悟，便很难想象他会有如此的独立人格与强烈自信。其实，这不仅使李贽在与耿氏的论争中具备了充分的自信，更重要的是由此构成了他高视自我、我行我素的人生态度，他曾自我总结说："大抵七十之人，平生所经风浪多矣。平生所贵者无事，而所不避者多事。贵无事，故辞官辞家，避地避世，孤孤独独，穷卧山谷也。不避多事，故宁义而饿，不肯苟饱；宁屈而死，不肯倖生。此其志颇与人殊。盖世人爱多事，便以无事为孤寂；乐无事，便以多事为桎梏。唯我能随寓而安，无事固其本心，多事亦好度日。使我苟不值多事，安得声名满世间乎？"（《续焚书》卷一，《与城老》）独处而不孤独，有事无所畏惧，这既是无可无不可的禅学境界，更是无入而不自得的心学境界。或者说是李贽用禅学改造了心学，形成了儒、禅浑融的人生境界。

由于李贽的剃发出家与狂放激进，当时及后世许多人都将李贽视为狂禅。其实这是并不全面的。李贽的确与佛禅有着难以斩断的因缘关系，他不仅一开始便将自我的学道动机定位在解决生死问题上，而且经常宣示其为学之目的在于解决自我个体的存在问题，如："我以自私自利之心，为自私自利之学，直取自己快当，不顾他人非刺。"（《焚书》增补一，《寄答留都》）而且还将自我的认识推及一般，说："凡为学皆为穷究自己生死，探讨自家性命下落。"（《续焚书》卷一，《答马历山》）而且他在解决生死的问题时，还动用了佛教"无"的观念，他说："父母已生后，即父母未生前，无别有未生前消息也。见得未生前，则佛道、外道、邪道、魔道总无有，何必怕落外道乎？总无死，何必怕死乎？然此不怕死总自十分怕死中来。世人唯不怕死，故念此血肉之身，卒至流浪生死而不歇；圣人唯万分怕死，故穷究生死之因，直证无生而后已。无生则无死，无死则不怕，非有死而强说不怕也。"（《焚书》卷四，《观音问》）依李贽的思路，学道之人必须先有了对生死的恐惧焦虑，然后运用大慧宗杲的看话禅的修行方式，反复参究父母未生前是何景象；待体悟到自我未生前是绝对之空无时，便知道死后亦归于无，则生时亦可谓无；既然无所谓生，也就无所谓死；既然无所谓死，也就无生死之可惧。这种超越生死的境界，非但可以消除负面的心理威胁，而且能够获得自由无碍的正面人生受用，他在给焦竑的信中层谈及他所欣赏的人生态度："怕作官便舍官，喜作官便作官；喜讲学便讲学，不喜讲学便不肯讲学。此一等人心身俱泰，手足轻安，既无两头照顾之患，又无掩盖表扬之丑，故可称也。赵文肃先生云：'我这个嘴，张子这个脸，也做了阁老，始信万事有前定。只得心闲一日，便是便宜一日。'世间公名富贵，与夫道德性命，何曾束缚人，人自束缚耳。"（《焚书》卷二，《复焦弱侯》）之所以能够得到"心身俱泰，手足轻安"的人生享受，实因为先有了忘怀得失荣辱乃至生死的超然境界。在此他又提及了其心学前辈文肃公赵大洲先生，并以他为例说明何以谓之人生解脱境界。可知若说此种人生态度是禅的境界的话，实在并非卓吾先生的创造，早在赵贞吉那里便已被引入到现实人生中去了，李贽所能做的无非是踵事增华而已。当然，欲做出世圣人，解脱教主，并达到弃家剃发而居于佛寺之中的地步，李贽则是走得最远的一人，因而他之被后人目之为禅也就不值得奇怪了。

然而，李贽人格的主导方面依然不是禅之出世，而是儒之入世。倘若他始终即景生情于佛寺之中追求自我的解脱与受用，便不会发生以后的许许多多的故事，也不会有那样一个血凛凛的生命结局。李贽的确用了佛、道之方法求取自我的精神解脱，但人生的受用却并非其唯一的目的，而追求自我的不朽才是他更重要的人生目标。当他在姚安太守任满后归隐黄安耿家时，许多人都认为他将从此追求禅家之解脱以了悟自我之性命，甚至其本人也公然声称在"佞佛""坐禅"，但事实却并非如此。在心学的传统里，从官场退出决不意味着放弃儒者的人生责任，心学诸子或讲学论道以正士风，或四处传教以化民众，或著书立说以传后世，而决不肯像禅门那样，真的去饥来吃饭困来眠地无所事事。深受心学影响的李贽也是如此，他并没有打算只做一个不负责任的自了汉。在此一点上，第一个误解李贽的人便是耿定向，他攻击李贽佞佛，视其为名教罪人，其实都是没有道理的。比如耿定向担心李贽会影响其弟弟耿定理及其他耿氏子弟流于佛氏之空无，可就在目前唯一保留的一封给耿定理的书信里，李贽却恰恰是规劝其不可只顾自己一人受用的，其中说，儒者之学乃"成己成物一体之学"，不可只知自了，"若谓大休歇人到处自在，只好随时着衣吃饭度日，则孔圣何以汲汲，孟氏何以遑遑，达磨不必东度，青牛不之流沙，从前祖师棒喝交驰，建立道场，作人天眼，尽为没来由底汉矣。韩子曰：'圣贤者，时人之耳目也；时人者，圣贤之身也。'他是文儒，尚是道此，况以圣贤自命者哉"？（《续焚书》卷一，《与耿楚倥》）劝追求圣学的朋友要有万物一体的胸襟，则以圣贤而自居的李卓吾难道会甘于自了而默默无闻吗？早在万历十年，李贽在给焦竑的信中便透露出这方面的信息："中间教以勿谈世事，此弟所素不知谈者，不知兄何所闻而云尔也。弟自弱冠糊口四方，靡日不逐时事奔走，方在事中犹如聋哑，全不省视之矣，岂以今日入山之深而故喜谈乐道之哉！实无有是语也。所谓立言云者，不过一时愤激之词，非弟事也，弟志也。"（同上，《与焦弱侯》）李贽此时既然已对官场失去兴趣，或许真的没有什么心情去谈世事，但穷生死根因与立言以垂不朽则是其一贯的追求。儒家所言三不朽中，立功立德也许已被他放弃，但立言一项则未能他让，此处点出"立言"乃其志，正透露出此一消息。故而在该信下段便谈到了他此刻所做之事，曰："山中寂寞无侣，时时取史册披阅，得与其人会睹，亦自快乐，非谓有志于博学宏词科也。尝谓载籍所称，不但赫然可纪述于后者是大圣人，纵遗臭万年，绝无足录，其精神巧思亦能令人心羡。况真正圣贤，不免被人细摘；或以浮名传颂，而其实索然。自古至今多少冤屈，谁与辨雪？故读史时真如与百千万人作敌,一经对垒,自然献俘授首,殊有绝致,未易告语。近有《读史》数十篇,颇多发明。"这所谓的《读史》,便是后来《藏书》的胚胎。这本书从此时直到万历二十七年在南京出版,共历时十八年之久。这其间经历了多次的修改补充,耗费了他大量的时间精力。李贽对任何其他一部书都没有像对待《藏书》这么认真,比如他为了节省目力与时间,在不少时候阅读不由自己,而由他人在旁高声朗读以听之,其不少书信亦由自己口述而再经其弟子记录整理。但《藏书》的写作却非如此,其好友刘东星曾回忆道:"予为左辖时,获交卓吾先生于楚。先生手不释卷,终日抄写,自披自点,自歌自赞,不肯出以示人。予因疑而问焉。先生曰:'吾镇日无事,只与千古人为友。彼其作用,多有妙处,其心多有不可知处,既已觑破,实不与旧时公案同。如何敢于语人也。以故特书而藏之,以俟夫千百世之后尔。'"(《藏书》卷首,刘序)此言"镇日无事"并不准确,因为此刻正是万历十九年,李贽之到武昌并非旅游访友,而是被黄安、麻城的地方官迫害而到此地避难,这在李贽的人生经历中实为多事之秋。可在如此的困境里,他犹自不肯停止写作此书,且"手不释卷,终日抄写",不由他人代劳,由此可见其态度之认真与对此书之重视。此外,《藏书》之写作出版之所以经历了漫长的过程,又与李贽对它的反复修改有直接关系,其实在万历二十年左右该书便已基本撰成,本年其《与焦弱侯》曰:"《李氏藏书》范仲淹改在'行儒',刘穆之改在'经国'臣内亦可。此书弟又披点两次矣,但待兄证之乃佳。"(《续焚书》卷一)自此时到出版犹有六、七年之久,这中间又经过了多次的修改是没有问题的,果然在万历二十七年李贽又有信曰:"《藏书》收整已讫,只待梅客生令人录出,八月间即可寄弱侯再订,一任付梓矣。"(同上,《与耿子健》)一部书整整牵涉了李贽近二十年的心神,从阅读材料到编排体例,从编订本传到撰写按语,本人一次次地修改,与人一次次地商讨,可谓殚精竭虑,呕心沥血。在李贽隐居黄安之前，他其实是很少著述的，可以说《藏书》的写作几乎贯穿了他学术生涯的全过程。这便是李贽的另一面，追求个体生命不朽的一面。对此李贽也有充分的自信，他已经做好了不被世人理解的心理准备，所以方将其名字定为《藏书》，他深信，即使其著作遭到当世的禁毁唾骂，亦将为后世所推崇，他充满自信地预言，其《藏书》时人"纵不梓，千万世亦自有梓之者，盖我此书乃万世治平之书，经筵当以进读，科场当以选士，非漫然也"。（《续焚书》卷一，《与耿子健》）此种欲做帝王之师与万世之师的强烈欲望，令我们很自然地想到了泰州学派的开山大师心斋先生，的确，在李贽近乎狂放的自信中，明显地透露出泰州学派的狂者精神。对李贽《藏书》的心学特色，当时便已被许多士人明确地指出过。焦竑说："先生程量今古，独出胸臆，无所规放。"（《藏书》卷首，焦序）刘东星说："中间治乱兴败，贞宁贤奸，一从胸怀点缀以出。品骘区别，据事直书，真可谓断自本心，不随人唇吻者也。"（同上，刘序）梅国桢说："分类定品，一切断以己意，不必合于儒者相沿之是非。"（同上，梅序）三人在此指出的"独出胸臆""断自本心""断以己意"，从学术传承上讲，均属心学自信本心的思路。当然，李贽从本心发出的是否为阳明先生所言的自然良知，则须另当别论了。

　　从《藏书》的写作情况来看，李贽乃是为了个体自我的精神不朽作为其著述目的的，这显示出他已从明代前中期士人的以社会价值为核心而转向晚明的以个体自我为核心，但这种转变又的确是心学基本精神的合乎逻辑的发展与演变。所以当朝廷将李贽投入狱中时，其好友马经纶便理直气壮地致函当道说："卓吾先生乃阳明嫡派儿孙也，行己虽枘凿于世人，而学术实渊源于先正，平生未尝自立一门户，自设一藩篱，自开一宗派，自创一科条，亦未尝抗颜登坛，收一人为门弟子，今李氏刊书编长安，可覆按也。"（《启当事书》，见《李氏遗书》附录）此处乃是替李贽辩护，自然很难全都是心里话，如说他"未尝自立一门户"

与未尝"收一人为门弟子",就不合乎实情。但他说李贽是"阳明嫡派儿孙",则显然是由衷之言。如果说马氏之信是写给官方而难以为凭的话,那么李贽最后在狱中写下的那些诗作,应该能体现其真实的心态,因为在他已将生死置之度外之时,他没有必要再掩饰自我的真实。在此不妨以其《系中八绝》(《续焚书》卷五)为例,来透视一下李贽此时的心态。这组诗也许并非一次完成,但其中思路还是清晰可辨的。《老病始苏》与《杨花飞絮》二首表现了他入狱后的自我体验,他一生经历复杂,交游颇广,而"独此垣中未入门"。狱中的生活当然既枯燥乏味又漫长难耐,"几回白日几黄昏",所能感受到的唯有白日与黑夜的交替,而唯一的刺激是:"杨花飞入囚人眼,始觉冥司亦有春。"但这毕竟代替不了难熬的寂寞,故而遂有"求生求死向何门"的悲叹。但李贽坚信自己是蒙受了冤屈的,他并未料到自己会与朝廷处于对立的地位或者破坏了社会的平稳,虽则朝廷为其所定罪名是乱著书而诬世惑民,故而感叹"书奴却以著书死"(《书能误人》)似乎有过一丝悔意,可又确认自己所著之书无可指责,正如他面对镇抚司审讯官员所说:"罪人著书甚多具在,于圣教有益无损。"则他便认定自己的被捕乃是一冤案:"可生可杀曾参氏,上若哀矜何敢死,但愿将书细细观,必然反复知其是。"只要皇上细阅其书,他相信会有"一大圆光照覆盆"(《中天朗月》)的昭雪机会。正是出于此种心理,使他耐着性子身带重病在狱中度过了很长的一段日子,"照旧观书候圣旨",以期有一个公正的结果。然而当今皇上并没有兴趣去细阅其著作,他被纠缠在争国本的政治风波中,正在与朝臣进行一场旷日持久的心理战,群臣劝谏的大量奏折已使之头痛难忍,疲于应付,如何会再去顾及李贽这位无足轻重的罪囚?李贽的耐性当然不是没有限制的,当他看到昭雪无望而又病情加剧时,他决定结束自己的生命:"志士不忘在沟壑,勇士不忘丧其元。我今不死更何待,愿早一命归黄泉。"他之所以引用《孟子》中的那两句话,证明他的确有坚持真理的决心与勇气，无论朝廷给他定下什么罪名，都不会改变他本人的自我评价。他死得安详，因为他深信曲直是非自有后人公论。"小臣当诛兮皇上圣明"，这句明代前期士人不知已重复过多少次的话，竟然没有出现在李贽临死前的口中，你能说这与他所接受的心学主张没有必然的联系？如果说李贽有罪的话，恐怕不以朝廷的是非为是非，而以自我之是非为是非，乃是其最大的罪名，但这样的罪名同样也可以用于王阳明、王艮、王畿、何心隐及罗汝芳等心学诸子。

在李贽的人格中，其实混合着出世与入世这互为矛盾的两种价值取向，从而显示了他的过渡人物的特色。就其隐居谈禅、追求自我解脱与受用看，他已具有晚明士人的个性特征，所以才会在晚明士人中广受欢迎而造成巨大影响。而就其狂放激进、关怀世事看，他又带有明代中期心学人物的精神气质，从而使之成为晚明士人眼中难以企及的圣人。然而，晚明的许多士人尽管敬重这位心高气雄的老前辈，却又不能真正理解他。还在李贽生前的万历二十六年，曾受其深刻影响的袁宗道却致信陶望龄说："老卓在城外数月，喜与一二朦瞳人谈兵谈经济，不知是格外机用耶？是老来眼昏耶？兄如相见，当能识之。"（《白苏斋类集》卷十六，《答陶石篑》）袁宗道难以理解，既然已抱定出世自适的人生目的，那还有什么必要去妄谈兵事经济，他怀疑这或许是卓老非常之禅机妙用，否则便只能是老年的糊涂发昏，他显然不能明白卓老除却出世自适外，还有一副关怀世道的热心肠。在李贽死后，许多士人为之悲伤感叹，但其中也不无遗憾之情，汤显祖便在其挽诗中说："自是精灵爱出家，钵头何必向京华？"（《汤显祖诗文集》卷十五，《叹卓老》）既然已抱定出世的意愿而欲摆脱尘俗，那又何必到京师这繁华场中去自寻烦恼呢？以汤氏的文学才华，他当然不是仅仅责备李贽最后何以会住进通州马经纶之家，而是带有更深刻的寓意，即感叹其出世与入世的人生矛盾态度。在李贽的弟子汪可受为其师所撰的《墓碑记》中，既表现出他对李贽遭害的扼腕叹息,又透露出自身只求解脱的人生追求,这种心态集中体现在文章结尾处的偈赞之中,其曰:"深藏若虚李伯阳,卓吾虚极匪深藏。老子谁能终不忘,八万劫也落空亡。信口信心兼心手,信手一刀出断常。记得上党夜中说,不会先机谓是狂。龙湖潞水共汤汤,大千世界任徜徉。老婆心切葛藤长,《焚书》不焚《藏》不藏。但愿还我《证道歌》,绝学无为娑婆诃。"(《李温陵外纪》卷一)在汪可受看来,李贽对人生的确已悟之颇深,于世俗之事亦能够超然处之,故言其"虚极";但他对世事却又难以脱落得尽,仍然要介入红尘之中,所以言其"匪深藏"。只要真正能够全体超脱,心无所系,则无论是荆楚之龙湖还是京畿之潞水,均可毫无阻碍而随意徜徉。李贽的受阻被害并不在于他是否迹近京师,而是他救世婆子之心太切而世情牵绕太重,遂造成其"《焚书》不焚《藏》不藏"的触怒世俗的后果,则其悲剧的发生便不可避免了。或许本来便对卓吾的行为难以完全认同,或许从其被害中吸取了人生的教训,汪可受已不愿像李贽那般再介入俗世的是是非非,他只愿听李贽手书的《证道歌》,只愿归向"绝学无为"的西方极乐世界。究竟是李贽英豪还是汪氏明智,当然可以有见仁见智的不同评价,但更重要的是从中显示了两代士人不同的人格与心态。

二、自适与真诚——李贽对心学理论的改造与超越

无论是就李贽的实际人事交往还是其所汲取的学术思想资源看,他都与阳明心学有着千丝万缕的联系。在实际交往中,他曾在南京、云南亲自与王畿、罗汝芳当面论学,又从学于心斋之子王襞,在北京时除间接受赵贞吉心学理论影响外,也亲自与其论谈一次,而此数人均为有影响的心学大师。至于他所交往的普通王门弟子,就更是数不胜数了,仅列名黄宗羲《明儒学案》者,便有徐用检、李见罗、杨起元、耿定向、耿定理、焦竑、潘士藻、方学渐、何祥、祝世禄、周汝登、陶望龄等十二

人。从其本人所从事的活动中,他曾编撰过《阳明先生年谱》《阳明先生道学钞》《龙溪王先生文录钞》《批评龙溪语录钞》《评赵文肃公集》等五种王学著作,可以说他对王学是有深入了解的。从情感意向上看,他对心学前辈是充满敬慕的,他极赞阳明先生是"千古大圣人所当让美,所当让德,所当让才"(《续焚书》卷一,《与马历山》)的非凡之士;他又对王畿极表赞叹,称其为"三教宗师"(同上,《与焦弱侯》);对于罗汝芳他不仅表示赞赏,而且自许为知己,说"近老无知者","惟我一人知之"(《焚书》卷一,《答耿司寇》)。他一生只为三个人写过表示悼念的告文,这便是所谓的王龙溪、罗近溪、李中溪这"三溪"。对李中溪的感情,乃是从二人的佛学因缘而着眼的。对王、罗二先生则是就其心学造诣与其道德文章而产生仰慕之情,他曾说自万历五年之后,"无岁不读二先生之书,无口不谈二先生之腹"。(同上,卷三,《罗近溪先生告文》)由此不仅可以知晓李贽对王学的一往情深,而且亦可从中看出他对心学理论的自我选择意向。在给焦竑的一封信中,李贽曾对心学发展大势有过一次总结性的概括:"周濂溪非但希夷正派,且从寿涯禅师来,分明宗祖不同,故其无极、太极《通书》等说超然出群。明道承之,龟山衍之。横浦、豫章传之龟山,延平复得豫章亲旨,故一派亦自可观,然搀和儒气,终成窠穴。独横浦心雄志烈,不怕异端名色,直从葱岭出路。慈湖虽得象山简易直截之旨,意尚未满,复参究禅林诸书,盖真知生死事大,不欲以一知半解自足已也。至阳明而后,其学大明,然非龙溪先生缉熙继续,亦未见得阳明先生之妙处,此有家者所以贵于有得力贤子,有道者所以尤贵有好得力儿孙也。心斋先生之后,虽得波石,然实赖赵老笃信佛乘,超然不以见闻自累。近老多病怕死,终身与道人和尚辈为侣,日精日进,日禅日定,能为出世英雄,自作佛作祖而去,而心斋先生亦藉以有光焉故耳。故余尝谓赵老、罗老是为好儿孙以封赠荣显其父祖者也,王龙溪先生之于阳明是得好儿子以继承其先者也。文王虽至圣，得武周而益显；怀让虽六祖之后已降称师，乃其传之马大师，仍复称祖。吾以是称诸老可谓无遗憾。今所未知者，阳明先生之徒如薛中离之外更有何人，龙溪之后当何人以继龙溪先生耳。"（《续焚书》卷一，《与焦漪园太史》）此段引文虽长了些，但却颇能说明问题，起码有三点应引起我们充分的注意。（一）在剖析宋、明诸儒的学术成就时，李贽认为凡是能够发扬光大其师门者，均与释、道尤其是禅宗有密切联系，如周濂溪亦即周敦颐的学问是受陈抟道人与寿涯禅师启悟而来，横浦亦即张九成之学是在与南宗禅临济宗门下大师大慧宗杲交往论学中得到的启示，慈湖即杨简因借助禅佛而发展了陆九渊的心学理论，而赵贞吉的"笃信佛乘"、罗汝芳的"与道人和尚辈为侣"，也都使泰州学派更为声势显赫。而他们之所以能取得光大师门的成果，关键在于能够"真知生死事大""超然不以见闻为累""能为出世英雄，自作佛作祖而去"，也就是悟得了生命的真实底蕴。由此可知李贽的学术选择具有明显地使心学佛、道化的倾向。（二）关于明代心学的发展趋势，他认为在阳明之后以王畿与王艮二支声势最大也最有成就，正是他们使得阳明先生所开创的学说获得了显赫的地位。此种情形是不是晚明王学演变的真实状况当然可以继续讨论，但起码在李贽眼中是如此，从中可以得知李贽对王学各派的自我选择。其实，就李贽所实际汲取的思想滋养而言，也的确以此二派为最多。（三）李贽认为泰州学派已有赵大洲、罗汝芳作为传人，心斋先生可以无甚遗憾了，龙溪虽对阳明先生有杰出贡献，但龙溪之后却无人来发展其学说，所以便发问："龙溪先生之后当何人以继龙溪先生耳？"则其隐然有以龙溪学说之发扬光大者为己任的意思。认识到此三点，便可对李贽思想的大致取向有一个基本的了解，因而也就对许孚远的如下概括而不感到奇怪了，他说："姚江之派复分为三：吉州（邹守益）仅守其传，淮南（王艮）亢而高之，山阴（王畿）圆而通之，而亢与圆者各有其流弊，颜（山农)、梁(汝元)之徒,本于亢而流于肆;盱江(罗汝芳)之学,出于亢而入于圆;其后姚安(李贽)者出,合圆与肆而纵横其间,始于怪僻卒于悖乱,盖学之大变也。"(《昭代纪略》卷五)除了有价值判断上的区别,许氏对王学发展大势的概括与李贽上面所言极为相似,尤其对李贽学术源头的认识,可谓眼光敏锐,李贽之学正是综合了泰州学派的狂(亢与肆)与龙溪的圆,然后加以改造,从而形成其超越放达(怪僻与悖乱)的独特品格的。下面即循此线索来具体探讨李贽是如何继承泰州与龙溪之学并改造超越之的。

从王艮的安身立本论到李贽的顺民之性论。泰州学派对李贽的最大影响或许并不在其理论,而在其狂傲的人格气质,亦即上所言之亢与肆,所以李贽说:"当时阳明先生门徒遍天下,独有心斋为最英灵。心斋本一灶丁也,目不识一丁,闻人读书,便自悟性,径往江西见王都堂,欲与之辩质所悟。此尚以朋友往也,后自知其不如,乃从而卒业焉。故心斋亦得闻圣人之道,此其气骨为何如者!心斋之后为徐波石,为颜山农。山农以布衣讲学,雄视一世而遭诬陷;波石以布政使请兵督战而死广南。云龙风虎,各从其类然哉!盖心斋真英雄,故其徒亦英雄也。波石之后为赵大洲,大洲之后为邓豁渠;山农之后为罗近溪,为何心隐;心隐之后为钱怀苏,为程后台:一代高似一代。"(《焚书》卷三,《为黄安二上人三首》其一《大孝一首》)可知卓吾之看中泰州者乃在其"英灵",灵为悟,英为雄视一世,并有侠气,实质上便是高视自我之性情气质与万物一体之出位之思。但李贽对泰州学派创始人王艮却并非毫无保留地予以肯定,他认为心斋先生虽气魄过人,却有重外重名的不足,对人生之道并未完全透悟,故而他说:"此老气魄力量实胜过人,故他家儿孙过半如是,亦各其种也。然此老当时亦为气魄亏,故不能尽其师说,遂一概以力量担当领会。……故知儒者终无透彻之日,况鄙儒无识,俗儒无实,迂儒未死而臭,名儒死节徇名者乎!最高之儒,徇名已矣，心斋老先生是也。"(《续焚书》卷一，《与焦漪园太史》)在责备心斋仅仅"以力量担当领会"的背后，实际上是对其人生境界与理论深度的不满。但这并不意味着泰州学派对李贽的学术观点没有丝毫的影响，只不过该派向李贽提供的思想材料不如王畿丰富而已，更何况有些影响是通过对李贽人格气质的浸染而间接进行的，就更不易被人所觉察。我以为心斋安身立本之对于李贽之无为政治观的影响便是如此。如李贽曾说："天子三公不足尊，所尊者此道也；拱璧驷马不足宝，所宝者此道也。获道者贵，未获道者贱；圣人获之故为圣，凡民未获故为贱。"(《老子解》下编，第15页)那么很清楚，手中握有道的士人当然要比太子王公更值得尊贵了，这其中很难说没有心斋尊身论的影响。在其《道古录》中，此一点便表现得更为清晰，李贽认为尽管平治天下是儒者的最终目的，但必须先修身方可达此目的。此盖因若不修身，便不能齐家，"苟不齐，则祸败立至，身不可保，家不可完"。而李贽在此又是将修身与重身密切相连的，故而他同意刘用健的如下观点："普天之下，更无一人不是本，亦无一人不当先立其本者，吾是以未能无疑。观今之天下，为庶人者，自视太卑，太卑则自谓我无端本之责，自陷其身于颇僻而不顾。为天子者，自视太高，太高则自谓我有操纵之权，下视庶民如螳蚁而不恤。天子且不能以修身为本矣，况庶民耶？"(《道古录》卷上，第五章)从论述对象上说，此处是针对《大学》之八条目而展开的；从源头上说，当然还可追溯到《孟子》中的民为邦本论。但从尊身立本的角度看，还是更直接地受有王艮尊身爱身学说的影响，因而包含着重视肉体、重视个体的内涵。然而李贽的尊身论与王艮又是有很大区别的。在王艮那里，尊身除了基本的物质存在条件与人格尊重，更重要的还是加强孝悌忠信等伦理素质的培养，所以他才会将劝忠劝孝的内容编成歌谣广泛宣传。而李贽的尊身却主要是顺性，而顺性的理论又是建立在所谓"物性不齐"的基础之上的，他认为"天下至大也,万民至众也,物之不齐,又物之情也"。既然不齐,那么当权者便不要强天下之人以从我,而应该"只就其力之所能为,与心之所欲为,势之所必为者以听之,则千万其人者,各得其千万人之心,千万其心者,各遂其千万人之欲。是谓物各付物,天地之所以因材而笃也。所谓万物并育而不相害也。今之不免相害者,皆始于使之不得并育耳。若肯听其并育,则大成大,小成小,天下更有一物之不得所者哉?是之谓'至齐',是之谓'以礼'。夫天下之民,各遂其生,各获其所愿有,不格心归化者,未之有也。世儒既不知礼为人心之所同然,本是一个千变万化活泼泼之理,而执之以为一定不可易之物,故又不知齐为何等,而故欲强而齐之,是以虽有德之主,亦不免于刑政之用矣。呼!礼之不讲久矣"!(《道古录》卷上,第十五章)按李贽的看法,对于民物不齐之性,有两种不同的处理措施,一是拔高削低使其就我之齐,此乃以礼害性,使百姓不得安宁,也就是不懂得礼之真正含意的"政教"。二是各从其性,并育而不相害,使百姓各从其欲,各得其所,此乃物各付物,也是"礼"之本意。从王艮加强万民之孝悌良知到李贽顺万民不齐之性,实在是发生了巨大的变化。尽管泰州学派也是意在培育百姓的仁之生机,而反对强行克制情欲,从而提出了"制欲非体仁"的著名观点,但却仍然有一个仁义孝悌的前提作为限定,实质上依然是要"齐物性";李贽则已大大将此前提淡化,而更强调物性之不齐,即所谓大成大,小成小,各遂其生,各获其所愿有,他的齐是让天下人均满足自我的需求,是在承认不齐的前提下而实现的。因而他理想的政治局面便是顺民之性,所谓:"圣人顺之,顺之则安之矣。是故贪财者与之以禄,趋势者与之以爵,强有力者与之以权,能者称事而官,懻者夹持而使。有德者隆之虚位,但取具瞻;高才者处以重任,不问出入。各从所好,各骋所长,无一人之不中用。何其事之易也?"(《焚书》卷一,《答耿中丞》)李贽的理论显然并非完美无缺,比如有德者既然不能担当重任,何以还要隆之虚位,人们又从他们那里瞻些什么?高才者若无德可言,处以重任能否称职?等等,都是需要进一步认真思考的重大命题。但他的主张依然有其理论上的价值,当陈旧的理性对人性的压抑过于严重时,势必造成对个体人格的损害,则顺其性的主张无疑有利于人性的张扬并激发社会的活力。当然,在王艮那里已有了重视个体的倾向,但真正的重视个体却是在李贽这里方才实现了的。而顺其性的政治主张同时也带来了对于君主态度的差异,李贽说:"圣人无中,以民为中也。夫民之所欲,天必从之,况居民上而为天子者哉?……大舜无中,而以百姓之中为中;大舜无善,而以百姓之迩言为善;则大舜无智,而唯合天下、通古今以成其智。"(《道古录》卷下,第一章)心斋是重视士人的人格尊严的,帝王必须待之以师,他方肯出山以辅佐之,否则他宁可在野传道讲学以作天下万世师。但若细细体味,心斋先生之辅佐帝王仍然是要教化万民以归于善域的,天下百姓依然是他教化治理的对象。李贽则要求帝王只须体察百姓之所欲所求,然后顺其性以助成之即可,所以他认为最理想的圣君便是虚己以顺万民者,帝王之"无中""无善""无智",实为大中、至善与上智。这种虚化帝王、悬置君主的观念,有些近于老庄所言的那种混沌未开的原始时代,但又缺乏其温情脉脉的韵味,因为他所主张的各顺其性,是在一种竞争的环境中进行的:"强者弱之归,不归必并之;众者寡之附,不附即吞之。此天道也,虽圣人其能违天乎哉?今子乃以强凌众暴为法所禁,而欲治之,是逆天道之常,反因材之笃,所谓拂人之性,灾必及其身者,尚可以治人耶?"(同上,第七章)倘若说卓吾先生已有自然竞争、弱肉强食的意识,则其圣人无中也就颇有些君主立宪的味道,这也许令人感到迹近荒唐,但我们似乎还是得承认,李贽的想象力的确已经比心斋先生丰富了许多,并且提出了不少虽不完善却又极富启示意义的观点。因而我们说李贽的各顺其性的理论是源于心斋而又超越心斋的。

从阳明、龙溪的无善无恶境界说到李贽的内外两忘自我适意说。李贽对王阳明当然是极其敬仰的,但对其影响最为直接者还是王畿,因而龙溪在他的心目中也就有了与阳明先生同样的地位。他对王畿的赞扬在其言论中随处可见,如:"世间讲学诸书,明快透髓,自古至今未有如龙溪先生者。"(《焚书》卷二,《复焦弱侯》)"王先生字字皆解脱门,既得者读之足以印心,未得者读之足以证入也。"(同上)"故余尝谓先生此书(指《龙溪先生集》),前无往古,今无将来,后有学者可以无复著书矣,盖逆料其决不能条达明显一过于斯也。"(同上,卷三,《龙溪先生文录钞序》)用五体投地来形容李贽对龙溪的倾慕之情实不为过。然而,他到底赞叹龙溪什么呢?我以为主要是对其人生解脱理论的重视,尽管他也说过:"龙溪先生全刻,虽背诵之可。学问在此,文章在此,取科第在此,就功名在此,为经纶参赞之业亦在此。"(《续焚书》卷一,《与刘肖川》)故而他又称龙溪为三教宗师。但他更看重的依然是王畿对自我生命的关注,所以在对比二王的优劣时,他认为龙溪之优于心斋的原因便在于其"从幼多病爱身,见得此身甚重",亦即更珍惜个体自我生命。尽管自我解脱并非龙溪之学的全部,但在其晚年王畿对此投入了越来越多的精力却也是事实,李贽在接受龙溪学说时虽然是有所选择甚至是存有偏颇的,但却不能说是毫无所据的。既然李贽对王畿所感兴趣的是其解脱理论,故而他也就对其无善无恶的良知主张尤为看重,他在《续藏书》中为王畿立传时,对天泉证道的记述几乎完全取材于龙溪全集中的说法,并对钱德洪的"四有说"表示不满。[①]后来李贽又对此做出了进一步的发挥,说:"无善无恶,是谓至

---

① 李贽在《续藏书》中对"四有说"的评价是:"有善恶,安得根基?随处对治,安得入悟?真权法,非实究竟也。"(见该书卷二二,第438页)在此李贽不仅对钱德洪表示了不满,甚至对王阳明对钱、王二人各有认可,并希望其相互补充也感到不满,故有此段评语的出现。

善,于此而知所止,则明明德之能事毕矣。……盖格物则自无物,无物则自无知。故既知所止,则所知亦止;苟所知未止,亦未为知止也。故知止其所不知,斯至矣。"(《焚书》卷一,《答周若庄》)在李贽看来,最高的知便是无知,若未达无知之境界,便不能称为知止。这便将无善无恶更加禅学化了,依禅宗的思维方式,开始参禅时是要悟道成佛或曰悟知,而最后真达悟之境界时,又无道可求,无佛可成,无知可知,唯觉浑沦一片,瞬间千载,一切均自然而然。当然,像阳明与龙溪一样,强调无善无恶的境界本是要获取一种无入而不自得的人生态度,这在心学乃至整个儒学的传统中被称为得其"素",也就是无论置身任何环境中均可泰然处之,因此李贽说:"君子所以无愿外之念者,以其能素位也;所以能素位者,以其无入而不自得于己也。……今夫贫贱我素有也,一旦而居乎富贵之位,则视富贵又若素有然,而行乎富贵之所得行,初不见其身之从贫贱来也。今夫富贵我素有也,一旦而居乎贫贱之位,则视贫贱又若素有然,而行乎贫贱之所宜行,初不见其身之从富贵来也。以至患难夷狄,莫不皆然。"(《道古录》卷下,第十一章)就此处李贽的表达看,并未超出传统儒学的范围,"素"之观念最早源于《中庸》,其第十四章说:"素富贵行乎富贵,素贫贱行乎贫贱,素夷狄行乎夷狄,素患难行乎患难,君子无入而不自得也。"后来王阳明又对其再次做出强调,说:"尝以为君子素其位而行,不愿乎其外,素富贵,行乎富贵,素贫贱,行乎贫贱,素患难,行乎患难,故无入而不自得。"(《王阳明全集》卷四,《与王纯甫》)在阳明之后的心学弟子中,也多有人对此做出表述。这也难怪,中国的传统是在解释经典的过程中来表达自我见解的,因而不同时代便会对同一经典命题展开不同的讨论。但这种讨论却并不意味着没有发展,当对比相近时代的解释时,也许变化并不太大,但如果拿原典与最后的解释对勘,则便会显出惊人的差异,"守素"的观念便正是如此。《中庸》之守素显然是指安分守己的尊礼观念,而到了心学这里,守素与无善无恶的良知境界结合起来,所表现出的内涵实际上是对外在险恶环境的抗拒与超越。在王阳明的思想中,"自得"与"超越"虽然已经有了求取心体和乐的苗头,却并非其主旨,也就是说阳明对环境的超越与自得的境界,还不全是为了获得个体的人生受用,而只是为其入世的现实关怀所做的准备,换言之,"自得"与"超越"并非其人生的主要目的,而只是入世的手段。因此,尽管有许多人攻击阳明为禅,而且其本人也坦然承认曾染指禅学,但他依然有充分的自信将自己与禅学区别开来,因为他并没有只求个人受用的打算,所以便与禅学有了毫厘千里之辨。到了王畿的思想体系中,自得的个体受用成分显然要比阳明增强了许多,特别是到了龙溪的晚年时期,就更是如此。但毋庸置疑的是,王畿仍是一位儒者,其理论从整体上依然是入世与出世并举的"圆"的特征。而到了李贽这里,自得与素位已经具有了新的内涵,就在上面他谈过守素自得之后,接着便说:"今观夫子视富贵如浮云,宁独传舍?庄生鱼乐于濠梁之上,贫贱若曳尾之龟,其为素位亦已极矣。扶杖逍遥与逍遥御风,何殊百代过客乎?观《人间世》以《应帝王》,步步皆实诣,宁独吾夫子教人素位哉?"(《道古录》卷下,第十一章)将孔子的扶杖逍遥等同于庄子的逍遥御风,视道家之超然遗世为儒学之素位自得,其人生价值取向显然已悄然发生转化,将自得变成了自我之解脱与受用,变阳明心学的入世手段为自我的出世目的,这正是李贽的得意之处。像阳明先生一样,李贽也讲儒释道兼容,故而曰:"儒释道之学一也,以其初皆期于闻道也。"(《初潭集》卷十一,《师友一》)但他的闻道前提却是必须"出世",并比较说,孔子视富贵如浮云,道家视天下若枷锁,佛释视人世犹陷阱,于是得出结论说:"其期于闻道以出世一也。"然后,他便将儒家传统的圣人之举全都进行了意义的转换:"尧之让舜也,唯恐舜之复洗耳也。苟得摄位,即为幸事,盖推而远之,唯恐其不可得也,非以舜之治天下有过于尧,而故让之位以为生民计也。此其至著者也。孔之疏食,颜之陋巷,非尧心欤!自颜氏没,微言绝,圣学亡,则儒不传矣。"(《初潭集》卷十一,《师友一》)将尧之让位于舜,孔、颜之疏食陋巷,一律视为出世解脱的行为,不仅是大胆的,同时也提出了一个重大的问题,即儒学传统中的颜子、曾点之乐的真实内涵到底是什么?在明代的心学诸家中,这个问题曾不断被人提起,陈献章取其狷,王阳明取其狂,而王龙溪则取其适,其实均涉及超越人生境界的命题,而且就他们的个人现实行为看,也都曾获得过此种自然自得的人生受用,但由于儒者身份的限制,使他们很难彻底割断对现实事物的关注,因而对所谓的颜、曾之乐便只能意默会之,心向往之,而在语言表述上却不得不含糊其辞,王顾左右而言他了。可到了狂傲的李卓吾这里,却已没有了丝毫的顾忌,他曾对这种人生做出过如此的描绘:

> 志道据德,依仁游艺,今之学宫匾以名斋,人人只是信口读过,不肯理会圣人吐心吐胆为人处,遂使恳切要领之言翻为匾额剩赘无意味语,殊可笑耳!夫志道如志的,的在百步之外,尚尔遥远。据德则已得而据之,然日夜遑遑,犹恐侵夺,终非己有,与我犹二也。依仁则彼我不二矣,然犹未忘一也。到游艺时,则如鱼游水,不见其水;如水裹鱼,不见有鱼,自相依附,不知其孰为依附。尚无所依,而何据何志之有?尚无有仁,而何德何道之有?到此则遣价给由,种种皆艺也;由给价遣,皆游也。岂不平常!岂不奇妙!日用应缘,但如此做去,则工夫一片,工夫一片则体用双彰,体用双彰则人我俱泯,人我俱泯则生死两忘,生死两忘则寂灭现前,真乐不假言矣。孔子告颜子不改其乐,不改此也。程夫子寻孔颜乐处,寻此处也。此乐现前,则当下大解脱,大解脱则大自在,大自在则大快活。世出世间,无拘无碍,资深逢源。故曰:"鱼相

忘乎江湖,人相忘乎道术。"故学至游艺,至矣,不可以有加矣。

(《续焚书》卷一,《与陆天溥》)

明眼人一看即知,李贽在此所构造的"游艺"人生境界,乃是由儒释道三家的思想融合而成的。它有孔、颜、程颢等儒者的从容自得,有道家生死两忘的超然洒脱,又有佛家斩断俗缘的"寂灭现前"。但其落脚点则在于"大解脱""大自在""大快活"之"真乐",也就是个体自我的享乐受用。在此一点上,它又是超越了儒、释、道三教的,因为它不再有出世与入世的差别,而是"世出世间,无拘无碍,资深逢源"的自由境界。在此种境界里,人与境的关系犹如鱼与水的关系,既相即而又相忘:水之裹鱼,犹空明心体之内含世事,既包含之,映照之,而又无所挂念执着;鱼之游水,犹人之处世,感觉从容自在,无所挂碍,而又无不自得。而鱼水相即相得,则喻内外、人我、生死俱忘之自由解脱境界。这种忘既非佛道之"避",亦非俗儒之"即",而是出而不离、入而不执的无碍之境,故而被其称为"世出世入"之游艺。表现在现实行为中,既可以是儒者的自然无碍,所谓"怕作官便舍官,喜作官便做官;喜讲学便讲学,不喜讲学便不肯讲学",便是此种"心身俱泰,手足轻安"(《焚书》卷二,《复焦弱侯》)状态的真实描绘;当然也可表现为佛家之通脱无执,所谓"念佛时但去念佛,欲见慈母时但去见慈母,不必矫情,不必逆性,不必昧心,不必抑志,直心而动",便是此种"真佛"境界的形象说明。由此可知,李贽的解脱境界与阳明的洒落境界不完全相同。阳明先生也讲心地超然,无所执着,即所谓的"用之则行舍即休",但这"用"与"舍"的权力并不取决于我而是取决于境,则阳明的洒落便包含了些许悲凉与无奈。而李贽的喜与不喜、讲与不讲、念佛与不念佛、见慈母与不见慈母,则是完全取决于己而不取决于境,他的选择是个体自我的主动选择,他的目的是求取顺适受用的人生之乐,就是说其最终的落脚点在于个体的自我。这种区别，既是李贽超越心学的可贵处，也是其屡遭非议的根本原因。对此龙溪的学说可以说对李贽有启发诱导之功，但李贽显然要比龙溪走得更远。

从心学的伦理之诚到李贽的自然之诚。阳明心学所要解决的问题其实主要包括两个方面，一是在险恶的现实环境中如何保持自我心境的平静，所以他提出了无善无恶的内在超越方式；二是如何解决士风之伪，使士人具备万物一体的仁人之心，具有真切的现实关怀之情，所以他提出了诚意的方式。在阳明的心学体系中，所谓诚意便是为善去恶之意，故而他说："心之发动不能无善，故须就此着力，便是诚意。如一念发在好善上，便实实落落去好善；一念发在恶恶上，便实实落落去恶恶。"（《王阳明全集》卷三，《传习录下》）这与朱熹的存天理去人欲并无本质的不同，如果说有区别的话，也许阳明比朱子更重视自我善端的培育，而不像朱熹那样更偏重克制人欲，用心学的术语讲便叫作多体仁而少制欲。到王畿论诚时已与阳明不完全相同，他说："圣人无欲，与天地同体，无所障蔽，无所污染，率性而行，无不是道，故曰诚者天之道也。贤人以下，不能无欲，染有轻重，蔽有浅深，虽欲率性而行，为欲所碍，不能即达，必须遵道而修，以通其蔽，而涤其染，故曰诚之者人之道也。"（《龙溪王先生全集》卷八，《中庸章解义》）王畿的论诚显然是与其四无说相联系的，按龙溪的本意，心、意、知、物既然均无善无恶，当然便没有必要下为善去恶的功夫，因而诚已在其理论体系中也就没有位置。但在天泉证道时，阳明曾告诫龙溪，天下利根之人甚少，若一味主张四无，便有遗弃之病。也许王畿接受了其师的忠告，才又强调了贤者以下尚须诚意的功夫。李贽之学多受龙溪影响，尤其对其无善无恶之说更感兴趣，因此在他的理论体系中，为善去恶的诚意功夫就更成为多余的东西了。他也讲诚，但他所讲之诚的内涵已与传统儒学大相径庭，从原来的伦理之善转向了自然之真。他说："《大学》释诚意即首言

'如好好色,如恶恶臭',盖即此以比好恶之真实不欺处。使人知此是诚意,诚即实也;知此是独知,独知即自不敢欺也。不欺则意诚矣。不欺己则慊于己,不欺心则慊于心,不欺人则自不至于消沮闭藏,而无恶之可掩矣。不患千目而视、千手而指矣,而何有于十视与十指耶?何等安闲!何等自在!"(《道古录》卷上,第十八章)此处所言,诚即是实,即是真实不欺;能真实不欺,便是诚意。此犹如见了美色便喜爱,见了丑恶便厌恶一样的自然而然,其重点在于不掩饰自我的内心真实,而并未强调道德的自我检束。在此段文字中,诚之内涵所以会发生转化,是因为作者诚意的目的首先发生改变,即从原来儒家由格物到平天下的序列中独立出来,其目的在于达到"慊于己""慊于心"的自得自足,并最终获得自我心理的"安闲""自在"。正是由于这一原因,使得李贽常常将原本于儒家的诚意与佛家之自然无碍相互阐释,他在解说《金刚经》义理时说:"夫诚意之实,在毋自欺;心之不正,始于有所。有所则有住,有住则不得其正,而心始不得自在矣。"(《续焚书》卷二,《金刚经说》)心之正在于无所住,无所住即不执着于一处,而自欺却正是有意地遮掩自我,也就是未能诚意,那么心便不得自在了。然而,就李贽对诚意的整体认识来看,其主要目的仍不在于求得个体自我的闲适,而是针对现实人性状况的思考以及试图对虚伪士风加以纠正。在李贽最活跃的万历时期,士人最大的问题在于表里不一的虚伪,此即李贽所概括的:"名为山人而心同商贾,口谈道德而志在穿窬。"(《焚书》卷二,《又与焦弱侯》)此种风气犹如瘟疫般在士人中迅速蔓延开来,连一向精明干练的张居正,对此也深感头疼地说:"今之仕者以上之恶虚文,责实效,又骛为拙直任事之状,以为善宦之资,是以忠为诈也。呜呼!以巧为巧,其蔽犹可救也;以拙为巧,其蔽不可救也;以诈为诈,其术犹可窥也;以忠为诈,其术不可窥也。"(《张太岳文集》卷十八,《杂著》)此种以拙为巧、以忠为诈风气的出现,其直接原因也许与张居正严厉的作风与强硬的措施有关,因为在张氏的重压之下,士人欲保住官位而不受惩罚,便不得不投其所好,装出拙直与忠诚的样子来。但更根本的原因则在于,过于理想化的道德标准已与现实的人性状况发生严重的脱节,士人由于难以在现实行为中达到此一理想标准,便只好采用心口相违、言行不一的做法,则道德虚伪的时代便来临了。自嘉靖中期以来,日益发达的商品经济与日益奢靡的世风,都在不断刺激着士人的物质欲望,故而贪污、受贿、请托、徇私等行为在官场中成为越来越普遍的现象,而读书做官、为仕求富也被士人视为理所当然的追求。可是衡量士人优劣的标准还是朱子与阳明定下的,它要求士人一心奉公、克制私欲,否则便非圣人之徒与合格官员。一方面是异常诱人的物质实惠与个人享受,一方面是必须保持的道德节操与圣贤荣誉,二者皆不可舍,则唯一的做法便是具备阴阳两副面孔。王阳明之倡导心学本来也是要解决此一难题的,他采用的方法是唤醒每位士人的天然良知,使他们具备一副真诚恻怛的仁人之心,立下必为圣人的远大志向,从而完成其成己成物的儒者职责。但王阳明失败了,尽管有许多士人的确由追随心学而提升了人生境界,从而成为不计个人荣辱得失的救世豪杰,但这种精神的作用终究抵挡不过物质力量的强大,故而心学非但未能使虚伪的士风有所好转,反而愈演愈烈,终于在万历年间达到了无所不假的地步。于是,思维敏感的李贽便不得不认真地思索这一重大的问题。他的答案是建立一种更加富于弹性的人性理论,以便能够包容复杂多样的现实人性存在。为此他选择真实自然作为人性的基本规定,而将假亦即虚伪作为人性的负面因素。这从他对礼的重新阐释中可以清晰地表现出来,其《四勿说》曰:"盖由中而出者谓之礼,从外而入者谓之非礼;从天降者谓之礼,从人得者谓之非礼;由不学、不虑、不思、不勉、不识、不知而至者谓之礼,由耳目闻见,心思测度,前言往行,仿佛比拟而至者谓之非礼。语言道断,心行路绝,无蹊径可寻,无涂辙可由,无藩卫可守,无界两可限,无扃钥可启,则于四勿也当不言而喻矣。"(《焚书》卷三)整段话的行文主旨便是自然与人伪的对立,凡是天成自然,不假雕饰,一任纯真,而去人伪者,便合乎礼,否则即是不合礼,有时李贽将此自然之真称之为童心。在李贽所言的真实自然中,其实并不排除伦理道德的内容,关键是要视其是否出于自我之真诚,李贽之称赞何心隐、海瑞之类的英雄豪杰与道德楷模,正是从此一角度而立论的。更有说服力的是关于无用和尚的例子,据李贽之好友周友山记载,这位和尚到兴福寺游方,因"悯寺僧之衰残,忿居民之侵害,持竹枪连结果一十七条性命,然后走县自明,诣狱请死"。最后自刎于狱中。李贽闻知此后大为赞叹,连叫"此僧若在家,即真孝子矣;若在国,则真忠臣矣;若在朋友,则真义士矣;能肯学道参禅,则真出世丈夫,为天人师佛矣。可轻易也耶!盖天地间只有此一副真骨头耳。不问在世出世,但有此,百事无不成办也"。(周友山《为山僧明玉书法语》,《焚书》卷四附)无论是做孝子忠臣,还是做义士师佛,关键是能否做到真,真了便无所不可。同样的道理,人欲之私在李贽眼中也并不可怕,只要坦白承认自为其私,虽难称伟大,却也无可非议,所以他说:"市井小夫,身履是事,口便说是事,作生意者但说生意,力田作者但说力田。凿凿有味,真有德之言,令人听之忘厌倦矣。"(《焚书》卷一,《答耿司寇》)反倒比心口不一的假道学耿定向之流更合乎李贽的道德标准。正是在此一层面上,李贽强调了私心的重要:"夫私者,人之心也,人必有私而后其心乃见,若无私则无心矣。"(《藏书》卷三二,《德业儒臣后论》)因为现实明摆在面前,"服田者私有秋之获而后治田必力,居家者私积仓之获而后治家必力,为学者私进取之获而后举业之治也必力"。(同上)如果不承认这些现实,不仅会造成人性的虚伪,而且人们的现实行为也将失去应有的动力。但无论是服田居家还是为学求科举,仍然属于世俗层面的行为,在李贽眼中肯定不是最有价值的追求。从个人理想而言,忘却名利得失、生死荣辱而达超然的解脱境界,才是李贽的真正追求。但能够达此境界的毕竟太少了,李贽认为不能用个别圣贤的标准去要求千变万化的群体,而应该有所区别。所以他说:"名利无兼得之理。超然于名利之外,不与名利作对者,唯孔夫子、李老子、释迦佛三大圣人尔。舍是,非名即利。"(《续焚书》卷一,《复李士龙》)但有一个尺度是必须遵守的,那便是真实自然。或者一心去求利,或者一心去求名,却不可心欲求利而口中邀名,凡欲名利双收者便是不齿于人类之假道学。因此李贽得出结论说:"以身为市者,自当有为市之货,故不得以圣人而为市井病;身为圣人者,自当有圣人之货,亦不得以圣人而兼市井。吾独怪夫今之学者以圣人而居市井之货也。阳为圣人,则炎汉宗室既以为篡位而诛之;阴为市井,则屠狗少年又以为穿窬而执之;非但灭族于圣门,又且囚首于市井。比之市交者,又万万不能及矣,吾不知其于世当名何等也。"(《初潭集》卷二十,《师友》)依李贽的思路,平民、贤者与圣人各有不同之"货",市井小民求利,贤者求名,圣人忘名利而超越世俗,均有存在之价值。求名利为私心,超越世俗为得解脱之道,虽有高低凡圣之差别,然均为真心之显露。惟假道学非但欲名利双收,且又讳言名利而以圣人自居,遂睹之令人生厌。从更大的范围看,李贽的自然真实论实质上也是一种道德的判断,只不过他将判断的标准从宋儒的天理与人欲之辨转化成为真诚与虚伪之辨而已。对于此种转化,以前被许多学者誉之为反传统与反理学,但实际上是并不完全准确的。我以为称其反理学则可,言其反传统则稍嫌笼统。从李贽《四勿说》中所言的"由中出"与"从天降"来看,李贽所说的真实自然无非指合乎天道人情亦即人性之实际而已。而这种看法却并不是由李贽最先提出的,儒家早期著作《礼记》便曾说过:"凡礼之大体,体天地,法四时,则阴阳,顺人情,故谓之礼。"(《丧服四制》)可知"顺人情"本是礼所应有之内涵,因此汉代的司马迁便顺此意说:"余至大行礼官,观三代损益,乃知缘人情而制礼,依人性而作仪,其所由来尚矣。"(《史记》卷二三,《礼书》)将礼与人情对立起来乃是一部分苛厉的宋儒所倡导的,即所谓"存天理去人欲"是也。故而说李贽反理学是可以理解的。其实阳明心学也是反对礼违人情的,阳明先生便说过:"先王制礼,皆因人情为之节文。"(《王阳明全集》卷六,《寄邹谦之》)李贽的"礼由中出"显然也是受心学影响的产物。而且,当时受此影响的又绝非李贽一人,连非王学系统的吕坤,也曾对"宋儒不察礼之情"深致不满,而主张"制礼法以垂万世绳天下者,须是时中之圣人斟酌天理人情之至而为之"。(《呻吟语》卷三,《应物》)顺乎人情,乃是明代中后期思想界一股强大的潮流,与其说它是反传统的,倒毋宁说它更接近原始儒家的本意。但像李贽这样,将人之私欲也纳入礼之范围,则除了晚明人欲横流的世风影响,也与这位思想家狂放的个性密切相关。

三、从本色论到童心说——明代性灵文学思想的演变(一)

李贽哲学思想中真与假观念向文学思想的进一步延伸,便形成了所谓的童心说。此处所说的童心说是对李贽文学思想整体特征的概括,而并不仅限于《童心说》一文,这是必须首先要指出的。然而,要谈李贽的文学思想,依然须从这篇重要的文学论文谈起。倘若对本文的思想脉络稍加寻绎,便会发现贯彻始终的乃是真与假此一对观念。文章开始便说:"夫童心者真心也,……夫童心者,绝假纯真,最初一念之本心也。"(《焚书》卷三)他认为只有具备了这纯真的童心,才能写出真正有价值的天下之"至文"。与童心之真相对立的是假,而一旦人假了,也就只能写出假文来,所谓"盖其人既假,则无所不假矣"。那么衡量文章好坏的唯一标准,便是观其是否为出自童心亦即真心之文,故而他说:"天下之至文,未有不出于童心焉者也。苟童心常存,则道理不行,闻见不立,无时不文,无人不文,无一样创制体格文字而非文者。

诗何必古选，文何必先秦。降而为六朝，变而为近体，又变而为传奇，变而为院本，为杂剧，为《西厢曲》，为《水浒传》，为今之举子业，皆古今至文，不可得而时势先后论也。"（《焚书》卷三）可以说，求真乃是《童心说》一文的真正核心，同时也是李贽文学思想的真正核心，其他所有特征均围绕此核心而展开并由此而派生。

尽管唐顺之在嘉靖三十九年逝世时，李贽已经三十四岁，但根据李贽的生平经历与交游状况，可以肯定地说他与荆川没有任何实际的交往。但由于二人同属于心学的体系，这使得李贽的童心说与荆川的本色论具有许多相似之处。比如二者都强调文章的内容因素，尤其以主观之心性作为文章的首要因素，而对形式技巧不屑一顾。唐顺之认为只懂得绳墨布置而缺乏真精神与千古不可磨灭之见，是断断写不出好文章的。李贽注意到了荆川的这种论文的变化，故而在《续藏书》中为其立传时，说他"文章可以窥班、马，诗可以追李、杜，然尝曰：此不过应酬之作，更看山中静坐十年后，文字更如何耳"。（卷二二）李贽在《童心说》中也同样强调，倘若非出自真心，"言虽工，于我何与"？在《杂说》中他更明确地说："追风逐电之足，决不在于牝牡骊黄之间；声应气求之夫，决不在于寻行数墨之士；风行水上之文，决不在于一字一句之奇。若夫结构之密，偶对之切；依于理道，合乎法度；首尾相应，虚实相生：种种禅病皆所以语文，而皆不可以语于天下之至文也。"（《焚书》卷三）若欲写出天下之"至文"，必须要靠"童心"，而决不能靠什么形式技巧。从王阳明到李贽，心学一系的文学思想可以说都是主观心性论者，都把形式诸因素置于次要地位，甚至有意识地颠覆既定的传统形式技巧。王阳明曾说："勿忧文辞之不富，惟虑此心之未纯。"（《王阳明全集》卷二十，《示徐曰仁应试》）王畿也说："本色文字，尽去陈言，不落些子格数。"（《龙溪王先生全集》卷八，《天心题壁》）均明确无误地表现出贬斥形式的倾向来。与此相联系的是，二者均主张自由无碍之表现。唐顺之要求直抒胸臆,信手写出,如写家书;而李贽也要求"童心自出","童心者之自文",此处所谓的"自出""自文",都是指的自发自然、流畅无阻之意。因此,从总体趋势上看,李贽的文学思想无疑是属于阳明心学一系的,也可以说他对文学的见解,是明代性灵文学思想发展的一个相当重要的环节。

然而,李贽的此一环节却又是使性灵文学思想发生变异的一环。如果仔细比较唐顺之与李贽的文学思想,便会发现在相同里面又包含着巨大的差异。唐顺之尽管强调真精神与千古不可磨灭之见,但与此相对立的却并不是假,而是空与虚。因而荆川立论的核心便是实与虚的一对概念。比如他说:"唐、宋而下,文人莫不语性命,谈治道,满纸炫然,一切自托于儒家,然非其涵养畜聚之素,非真有一段千古不可磨灭之见,而影响剿说,盖头窃尾,如贫人借富人之衣,庄农作大贾之饰,极力装做,丑态尽露。"(《荆川先生文集》卷七,《答茅鹿门主事书》)此处当然也有讥讽其假的意思,但其行文主旨则在指责其空虚无用,重在有识与无识,而不在真与不真。李贽说:"童心既障,于是发而为言语,则言语不由衷;见而为政事,则政事无根柢;著而为文辞,则文辞不能达。非内含以章美也,非笃实生辉光也,欲求一句有德之言,卒不可得。所以者何?以童心既障,而以从外入者闻见道理为之心也。"(《焚书》卷三,《童心说》)此处李贽也讲"实"与"有德",但他更强调的是言语要"由衷",亦即自我之真实情思,而这种情思倒不一定是"千古不可磨灭之见",有时甚至是并不很完美的,但只要是真实的,便是有价值的,因为在本文前边李贽还说:"盖方其始也,有闻见从耳目而入,而以为主于其内而童心失。其长也,有道理从闻见而入,而以为主于其内而童心失。其久也,道理闻见日以益多,则所知所觉日以益广,于是焉又知美名之可好也,而务欲以扬之而童心失;知不美之名之可丑也,而务欲以掩之而童心失。"可知这欲扬之"美"也许本身并非没有价值,而是因为他不是作者的真实内涵,所以才是丑的。而李贽所指责的那些"道理闻见",或许是被儒家视为极其珍贵的仁义忠孝之类的内容,可由于它们并非发自作者内心的真情实感,也就变成丑的了。故而其要在真与不真,而不在其有识无识。在李贽眼中,有见解固然是重要的,所以他在《二十分识》一文强调无论是处世还是作文,均应才、胆、识三者俱备,并且说:"若出词为经,落笔惊人,我有二十分识,二十分才,二十分胆。"(《焚书》卷四)可见他对作家主题要素的重视,体现出其心性论文学思想的特征。但是就其文学思想的整体特点看,真实自然却是更为重要的,这又是他与前此的心性文学思想之不同处。

唐顺之的本色论之所以与李贽强调真实自然的童心说具有较大的区别,其关键依然是由于其儒家道德中心主义所决定的。尽管他承认"秦、汉以前,儒家有儒家之本色,至如老、庄有老、庄家本色,纵横家有纵横家本色,名家、墨家、阴阳家皆有本色",故而"其言遂不泯于世"。但他显然并不是要将此各家与儒家一视同仁,所以他在承认它们各有本色的同时,又指出其"为术也驳"的缺陷。(《荆川先生文集》卷七,《答茅鹿门主事书》)在上一章曾指出过,荆川的本色说实可分为两个层面,一是必须有自我的特性,二是在本色之中又有高低之别。这意味着他可以承认其他各家皆有其见解,亦即各有其本色,但他不可能承认其本色与儒家具有同等高低的位置。因此荆川的本色严格说来仍停留在道德论的层面而未进入审美论的境界,所以他谈起自己所倾慕的前代诗人时,便对宋儒邵雍情有独钟,其中原因便是邵夫子非但有超然求乐的境界,而且不失儒者的品格。为此,荆川也将自身的创作理想向邵雍靠拢,故而总结其晚年创作说:"其为诗也率意信口,不调不格,大率似寒山《击壤》而欲效慕之,而又不能效慕之然者。其于文也,大率所谓宋头巾气习,求一秦字汉语,了不可得。"(同上,卷四,《答皇甫柏泉郎中书》)从其表述方式看,突出了本色自然的重要,内容冲破了形式的限制，而一旦涉及其本色之内涵，则又俨然以道学家身份而自居，这便是荆川文论的特色。而且此种特色并不限于荆川一人，可以说大凡是心学家的文学理论，均不同程度地表现出此种倾向。也许有人会认为，这是由于他们缺乏审美情趣所造成的后果，其实这与是否有审美情趣关系并不密切。像王阳明这样的心学家，不仅具有很高的审美情趣，而且具有超然不俗的胸襟，更能写出优美漂亮的诗文，这在前边已有过详细的论述，但他一论其诗文来，却又总是摆不脱道学家的口气，比如说他的教学方式以启发为主，经常与弟子们在一起弹琴歌诗，颇有艺术的氛围，然而其目的却是："顺导其意志，调理其性情，潜消其鄙吝，默化其粗顽，日使其渐于礼义而不苦其难，入其中和而不知其故。"（《王阳明全集》卷二，《传习录中》）甚至他对于戏曲的认识，也认为主要在教化百姓，"无意中感激他良知起来"。（同上，卷三，《传习录下》）求乐求美与教化育德都是阳明先生所认可的，但到底何者才是其真实的思想呢？我以为它们都是其真实思想的表现，只不过所针对的对象不同而已，前者是就其自我而言的，而后者则是针对弟子百姓而言的。这意味着只要心学诸子不放弃对现实的关注，只要它们依然有正士风、化民俗的打算，就不可能消除其道德中心主义的文论特色。甚至在晚年以追求自我生命之悟与自我性情之乐的龙溪先生，一谈起文来，便立时显露出以德为上的看法，所谓"志于道则志专神禽，德成而艺亦进；役于艺则志分神驰，而德亡艺亦不进"。（《龙溪王先生全集》卷七，《华阳明伦堂会语》）无论各位心学家之观点有多大差别，也无论它们多么强调本色自然的重要，但都无一例外地要加上一个道德伦理的前提限定，也许此一道德前提不如程朱理学的那样外在与生硬，也许它们已被移入作者主体而带有强烈的主观色彩，所以便有了天理与良知的不同，但却依然是仁义忠孝的内涵，依然是对审美主体的一种限制，从而也便与李贽所言的童心说文学思想有了很大的区别。因为李贽所称的真实童心不仅不需要道德伦理作为其前提限定,而且恰恰与所谓的"道理闻见"相对立,可以说真与假的对立在某种意义说便是童心与道理闻见的对立。因而李贽所说的真实自然便是人性的原始状态,他在《读律肤说》中曾对此有过酣畅淋漓的表述:"盖声色之来,发于性情,由乎自然,是可以牵合矫强而致乎?故自然发于性情,则自然止乎礼义,非性情之外复有礼义可止也。惟矫强乃失之,故以自然之为美耳,又非于性情之外复有所谓自然而然也。故性格清澈者音调自然宣畅,性格舒徐者音调自然疏缓,旷达者自然浩荡,雄迈者自然壮烈,沉郁者自然悲酸,古怪者自然奇绝。有是格,便有是调,皆性情自然之谓也。莫不有情,莫不有性,而可以一律求之哉!然则所谓自然者,非有意为自然而遂以为自然也。若有意为自然,则与矫强何异。故自然之道,未易言也。"(《焚书》卷三)在李贽所言的自然观念里,包含着两层互为关联的内涵。一是要完全不加掩饰地自由表现自我,倘若"牵合矫强",那便不是自然。当然,更不可"有意为自然",亦即装出自然的样子来,那与矫强是一样的,均为失去自然之作为。二是各种自然性情均有其存在的价值,不可强分优劣,要尊重每位个体的自然存在,比如说:"同一琴也,以之弹于袁孝尼之前,声何夸也?以之弹于临绝之际,声何惨也?琴自一耳,心固殊也。心殊则手殊,手殊则声殊,何莫非自然者,而谓手不能二声可乎?而谓彼声自然,此声不出于自然可乎?故蔡邕闻弦而知杀心,钟子听弦而知流水,师旷听弦而识南风之不竞,盖自然之道,得手应心,其妙固若此也。"(同上,卷五,《琴赋》)每位弹琴者因个性不同,所奏琴音亦自有别,甚至同一位嵇康在不同境遇、不同心情下,所奏之音亦自相异,那又如何来定此音佳而彼音不佳,此时之音佳而彼时之音不佳?即使断言欢乐之音胜于悲哀,然若无欢乐之心又如何能奏出欢乐之音?即使硬要奏出欢乐之音,可此音若不能表达作者之情感,奏出它又有何用处?倘若扭性格清澈者为舒徐,迫旷达者为雄迈,令沉郁者作古怪,那便是矫强,那便不是自然。因此,自然之音便是毫不遮掩地坦露作者自我之性情,便是对每位个体的存在均一视同仁。而要做到这些,首先是其价值取向要立足于个体,要承认人性之不齐,从而去满足每位个体的不同需要,而不是用礼义去齐不齐之人性。故而欲获得真实自然的前提,便是要消除伦理道德等礼义因素对个体的限制,比如对琴的认识:"《白虎通》曰:'琴者禁也。禁人邪恶,归于正道,故谓之琴。'余谓琴者心也,琴者吟也,所以吟其心也。'"(《焚书》卷五,《琴赋》)在这一"禁"一"吟"之间,显示了价值取向的差异,前者所重在伦理之正,而后者则在心体之舒。无疑,从王阳明到王畿再到唐顺之,对个体价值的重视,对自我顺适的需求,均呈现出越来越强烈的趋势,但从整体上却依然未突破伦理主义的框架,依然徘徊于道德教化与个体顺适之间。只有到了李贽这里,方才将价值的天平从整体上倾向于个体,而其真实自然的童心说,便正是此种价值倾向的体现。此种自然真实论再往前发展,便是晚明的自然性情论,此种自然性情论不仅更重视个体的受用与自我情感的宣泄,甚至连个体的嗜好、怪僻均视之为美,比李贽要走得更远,这在下面我们会有足够的文字对此做出描述。

李贽此种以自然真实为核心的童心说,不仅完成了文学思想从伦理中心到自我中心的转换,而且还使其文学思想真正进入了审美的境界。比如他在论述作者的创作心境时,便强调了其超功利、尚虚灵、重想象的审美特征,而从一般的道德论中脱颖而出。李贽当然没有忽视作家主体素质的充实与提高,所以谈到苏轼的文章时才会说:"苏长公何如人,故其文章自然惊天动地。世人不知,只以文章称之,不知文章直彼余事耳,世未有其人不能卓立而能文章垂不朽者。"(同上,卷二,《复焦弱侯》)此可称为人品决定文品。同时他还强调作者才、胆、识之三者必备,更是对其应有主体素质的说明。然而,一旦作者进入其创作阶段,则必须具备一种独特的心理状态,亦即一种空明的创作心境。此种见解在李贽与焦竑之间关于伯牙学琴的争论中得到了详细的表述,焦氏在《刻苏长公集序》中也对苏轼的文学成就给予了很高的评价,并说苏轼所以取得如此成就之原因为,"悟无思无为之宗",故能"横口所发,皆为文章;肆笔而书,无非道妙"。这显然也是在突出作者的胸襟与境界,但他同时又指出:"古之立言者,皆卓然有所自见,不苟同于人,而惟道之合,故能成一家之言,而有所托以不朽。……譬之嗜音者必尊信古,始寻声布爪,唯谱之归而又得硕师焉以指授之。乃成连于伯牙,犹必徙之岑寂之滨,及夫山林杳冥,海水洞涌,然后恍有得于丝桐之表,而《水仙》之操,为天下妙。若矇者偶触于琴而有声,辄曰:音在是矣。遂以为仰不必师于古,俯不必悟于心,而傲然可自信也,岂理也哉?"(《澹园集》卷十四)此所言乃学琴之法,若欲达高超境界,便既须遵谱师古,亦须自得自悟,从一般艺术理论上讲,可谓折中持平之言。弱侯先生乃李贽之好友,而且李贽也极佩服其学问人品,但他却不能同意焦氏的上述主张,因为这与其童心说强调自然无心不能吻合,故而在其《征途与共后语》中他提出了不同于焦氏的看法:"侯谓声音之道可与禅通,似矣。而引伯牙以为证,谓古不必图谱,今不必硕师,傲然遂自信者,适足以为笑,则余实不然之。夫伯牙于成连,可谓得师矣,按图指授,可谓有谱有法,有古有今矣。伯牙何以终不得也?且使成连而果以图谱硕师为必不可已,则宜穷日夜以教之操,何可移之海滨无人之境,寂寞不见之地,直与世之矇者等,则又乌用成连先生为也?此道又何与于海,而必之于海然后可得也?尤足怪矣!盖成连有成连之音,虽成连不能授之于弟子;伯牙有伯牙之音,虽伯牙不能必得之于成连。所谓音在于是,偶触而即得者,不可以学人为也。矇者唯未尝学,故触之即契;伯牙唯学,故之于无所触而后为妙也。设伯牙不至于海,设至海而成连先生犹与之偕,亦终不能得矣。唯至于绝海之滨,空洞之野,渺无人迹,而后向之图谱无存,指授无所,硕师无见,凡昔之一切可得而传者,今皆不可复得矣,故乃自得之也。此其道盖出于丝桐之表,指授之外者,而又乌用成连先生为耶?然则学道者可知矣。明有所不见,一见影而知渠;聪有所不闻,一击竹而成偈:大都皆然,何独矇师之与伯牙耶?"(《焚书》卷四)创作是一种非常突出的个体化行为,相互之间是绝对不可以替代的,可以替代便意味着可以取消,故而李贽说"成连有成连之音","伯牙有伯牙之音"。由此出发,则作家在创作时也必须具备一种忘怀物我、无所执着、无所顾忌的自由心境。李贽认为,倘若一位作家在临笔挥毫之际犹心存规则戒律、师说成法,而未达空明自如之心理状态,则心中犹如填满烂草污泥,那便会思理不畅,动笔有碍,又焉能写出生花之妙文?此种创作心境犹如伯牙学琴,必至空洞渺茫的绝海之滨,不仅忘掉各种成败得失、礼义限制,甚至连同图谱师授也一一置之度外,方可虚心静气,无复顾忌,此刻再援琴而弹,则无不得心应手,顿成美妙之音。此种心境犹如参禅,必须忘怀佛祖经典,斩断理路言筌,甚或成佛解脱之念亦不可稍介于心,然后偶有所触,顿生会心,方悟得人生解脱自由境界。禅之境界之所以能与审美心境相通,则在于其超越世俗道理闻见的胸襟与无所顾忌的自然自由的人生态度,或者说就是一种天真烂漫的童心童趣。非常显然,这种以自然无心为主要特征的创作审美心境已与儒家拉开了相当的距离,而与禅宗之超悟解脱、道家之物我两忘息息相通。

  然而,就李贽的主要身份而言,他像王阳明、王畿一样,依然属于思想家而并非文学家,那么他又何以能够悟得这超功利、重自然的审美心境呢?我以为最根本的原因是他对文学功能或曰创作目的观念的改变。在儒家的文学理论体系中,文艺的功能与目的始终指向社会的教化,即使顾及心灵的愉悦,也是以心之和作为人际关系之和乃至国家天下之和的前提而出现的。像王阳明这样的心学大师,他本不缺乏审美的情愫,而且在实际生活中也正在享受诗文所带给自我的审美愉悦,但他却是如此来认识文艺功能的:"譬如做此屋,志于道是念念要去择地鸠材,经营成个区宅;据德却是经画已成,有可据矣;依仁却是常常住在区宅内,更不离去;游艺却是加些画采,美此区宅。艺者,义也,理之所宜者也。如诵诗、读书、弹琴、习射之类,皆所以调习此心,使之熟于道也。苟不志道而游艺,却如无状小子,不先去置造区宅,只管要去买画挂做门面,不知将挂在何处?"(《王阳明全集》卷三,《传习录下》)在此,阳明先生毫不迟疑地将"艺"诠释为"义",也就是"理之所宜有",其功能是为"道"加画采,充其量只可"调习此心,使之熟于道而已",此种看法与宋代王安石的视文学为道之画采如出一辙,道是根本,而艺只不过是枝叶,离开了道,艺是没有独立存在的可能的。但李贽却不同,他尽管更注重自我生命之体悟,但文学在他看来绝不是可有可无的,它是自我生命不可须臾相离的一种载体,是自我情感得以宣泄的重要渠道。请看他对文学欣赏功能的认识:

  天生龙湖,以待卓吾;天生卓吾,乃在龙湖。龙湖卓吾,其乐何如?四时读书,不知其余。读书伊何?会我者多。一与心会,自笑自歌;歌吟不已,继以呼呵。恸哭呼呵,涕泗滂沱。歌匪无因,书中有人;我观其人,实获我心。哭匪无因,空潭无人,未见其人,实劳我心。弃置莫读,束之高屋,怡性养神,辍歌送哭。何必读书,然后为乐?乍闻此言,若悯不谷。束书不观,我何以欢?怡性养神,正在此间。世界何窄,方策何宽!千圣万贤,与公何冤!有身无家,有首无发,死者是身,朽者是骨。此独不朽,愿与偕殁。倚啸丛中,声振林鹊。歌哭相从,其乐无穷,寸阴可惜,曷敢从容!

(《焚书》卷六,《读书乐》)

在这首四言长诗中,李贽集中谈了自己读书的目的与其心理状态。他告诉人们,其读书的目的乃在于求得自我生命的愉悦,亦即他所说的"怡性养神"之"乐"。此种乐并非传统意义上的中和之乐,而是包含了歌与哭或曰自我愉悦与自我宣泄此二种形相反而实相成的不同内涵。在此,读书不再是修身立德的手段,而成为自我适意的人生目的。在李贽眼中,读书求乐已构成其不可缺少的生命形式,没有它将会使生命变得枯燥而失去意义。在他"自笑自歌""恸哭呼呵"的阅读过程中,使之得以暂时摆脱狭窄卑琐的现实世界,融入无限宽广的"方策"之中,可以毫无戒心地与古人对话,可以自由自在地进行精神漫游,从而获得生命的升华。在此,读书可使精神和乐是容易理解的,但李贽同时还告诉人们,"恸哭呼呵"也是人生不可缺少的生命形式,这便非一般人所能理解了。他解释其"涕泗滂沱"的原因说:"哭非无因,空潭无人,未见其人,实劳我心。"亦即源自于他那前不见古人、后不见来者的人生孤独感。当时他正处于空旷寂寞的龙湖芝佛院中,忍受着环境的压迫与他人的攻讦,非但现实中难觅知音,有时甚至书册中亦未遇至友,以致其心中郁积了沉重的郁闷烦恼,非涕泗滂沱之恸哭便无以释其闷。他曾设想是否可以将书"束之高屋",以便"辍歌送哭",免去恸哭所导致的情感折磨。但他马上又否定了此种想法,认为读书时的"恸哭呼呵"非但无碍于其"怡性养神",甚至是"正在其间"。这是因为他所哭的内容乃是由于现实的境遇所引起,以致长期郁积心头而无法排遣。而读书却可以遇到种种诱发因素,从而引起涕泗滂沱的情感抒发,将心头郁闷有效释放而获得心理的快适。"歌哭相从,其乐无穷",正是对此二种不同的精神愉悦方式的最好说明。阅读欣赏是如此,创作过程也是如此,在李贽现存的诗文中,你很难看到他教训人的面孔,而全是自我精神世界的真实坦露。更重要的是,李贽不仅在实践中做到了,而且在理论上也认识到了,他在为自己的诗集《老人行》所作的序文里说:"余是以足迹所至,仍复闭户独坐,不敢与世交接。既不与世接,则但有读书耳。故或讽诵以适意，而意有所拂则书之；或俯仰以致慨，而所慨勃勃则书之。"（《续焚书》卷二，《老人行叙》）此所言为"讽诵以适意"的"书之"，便是前所言之"歌"；而为"俯仰以致慨"的"书之"，则是前所言之"哭"。从读书到讽诵致慨再到奋笔书之，构成其情感宣泄的一个完整过程。而《老人行》也便真正成了李贽本人之"穷途哭也"。诗文既然已经成为其自我情感宣泄的窗口与自我生命存在的一种方式，那么他的风格样式、表现方法、价值选择等等，均应该围绕着此一目的而展开。在自我生命愉悦此一目的面前，任何人为的限制都是多余的，因为无论是道德领域中的克制情欲还是艺术领域中的温柔敦厚，都适足成为实现此一目的的障碍，它所要求的只有两个字，那便是"自然"。在《杂说》一文中，我们具体看到了他对自然之文的形象描述："且夫世之真能文者，比其初皆非有意于为文也。其胸中有如许无状可怪之事，其喉间有如许欲吐而不敢吐之物，其口头又时时有许多欲语而莫可所以告语之处，蓄极积久，势不能遏。一旦见景生情，触目兴叹；夺他人之酒杯，浇自己之垒块；诉心中之不平，感数奇于千载。既已喷玉唾珠，昭回云汉，为章于天矣，遂亦自负，发狂大叫，流涕恸哭，不能自止。宁使见者闻者切齿咬牙，欲杀欲割，而终不忍藏于名山，投之水火。"（《焚书》卷三）无意为文而不得不发，自我倾诉而非为他人，一任宣泄而无所遮掩，所有这些，均可用自然二字加以概括，自然的动机，自然的情感，自然的表现，终于成就了一位以自然为美的李卓吾。而所有的这一切，又是为了满足其自歌自哭的生命愉悦。

然而，李贽果然已经从心学的道德中心主义彻底转向了童心的真实自然了吗？似乎又不尽然。他论剧本《拜月亭》说："详试读之，当使人有兄兄妹妹，义夫节妇之思焉。兰比崔重名，尤为闲雅，事出无奈，犹必刿天盟誓，愿始终不相背负，叮谓贞正之极矣。"（同上，卷四，《拜月》）又论剧本《红拂记》说："乐昌破镜重合，红拂智眼无双，虬髯弃家入海,越公并遣双妓,皆可师可法,可敬可羡。孰谓传奇不可以兴,不可以观,不可以群,不可以怨乎?饮食宴乐之间,起义动慨多矣。今之乐犹古之乐,幸无差别视之其可!"(《焚书》卷四,《红拂》)这两段文字若非出之于《焚书》之中,你能相信它们是同出于李卓吾一人之手吗?这大声呼喊着要排除一切道理闻见而一任其童心流露的卓吾先生,转过脸来便要求文学担当起兄兄妹妹、义夫节妇的礼义教化重任,重新回归到了兴、观、群、怨的儒家诗教传统之中。李贽此种自我适意与道德教化之间的价值取向矛盾,其实并不难以理解,因为它正是哲学思想中求真及其对人群的分类主张在其文学思想中的体现。在李贽看来,道德伦理并非不可以谈,也并非没有价值,关键要看它是否出于人性之真,如果是发自内心的真实情感,那也是相当可贵的,所以他才会对海瑞之类的道德楷模投以赞许的目光,则他对《拜月亭》《红拂记》的评价也当作如是观。同时,李贽还将社会群体分为上士与下士、圣人与凡民、悟者与迷者等等,而对不同类型的人又是有不同要求的,所以他说:"但随机说法,有大小二乘,以待上下二根。苟是上士,则当究明圣人上语;若甘为下士,只作世间完人,则不但孔圣以及上古经籍为当服膺不失,虽近世有识名士一言一句,皆有切于身心,皆不可以陈语目之矣。"(同上,卷一,《复宋太守》)此处所言上士即穷究自我性命之奥秘者,他们为自我存在的终极价值而日夜焦心,思考不止,到古语中求印证,至朋友处共商讨,以便最终得到自我生命之悟解。而下士亦即凡人则只欲做一世完人,那么现有的千古格言便已足够其受用,不必再做新的探求。有时他又将此种分别概括为天人与世人的关系,他曾在《寒灯小话》中说:"夫唯真天上人,是以不知有人世事。故世间人之所能知者,天人不知;世间人之所能行者,天人不能;是以谓之天人也。夫世间人之所能知能行者,天人既已不知不能,则天人之所知者世间人亦决不知,天人之所能者世间人亦决不能。若慕天人以其所不知不能,而复责天人以世之所共知共能，是犹责人世以能知，而复求其如天人之不知与不能也，不亦难欤！则不惟天人失其为天人，将世间人亦失其为世间人矣。"（《焚书》卷四）此处所言天人便是童心未失、未受人间礼数熏染者，他们的所言所行，便应是真实自然的，而不应以道德礼义来约束衡量他们；此处所言世人则指众多之凡夫俗子、普通士人，他们本来就没有追求超越境界的打算，只希望在世俗社会里平安生活，那么也就只能遵守人间的礼数，接受道德礼义的教化，则对他们也就不能用天人的标准来衡量。至于是做天人还是世人，则取决于个人的志向，他人难以勉强。当然，李贽无疑是更倾向于天人的，所以才会写下那篇惊世骇俗的《童心说》，要求那些追求自由解脱的至人与渴望写出天下至文的作者，必须超越世俗（包括伦理道德）而达到自由境界，方可自我适意，一任自然。但李贽毕竟是一位未能完全忘怀世事的思想家，他除了渴望自由超脱，还渴望自我不朽，于是他在超越世俗之后还要站在悟者的立场去管人间之事。在他看来入于悟的圣者毕竟是少数，广大芸芸众生仍须各尽其能，各求其利，以达现实政治运作之实效。于是作为满足人之需要的文学也就有了针对不同对象的不同功能与价值。这种观点还反映在其对不同文体的要求上，李贽论诗文多突出其愉悦宣泄的求乐功能，是由于其创作及欣赏对象大都为士子文人，而追求自我超越者往往出之于此类人中；而他在评论戏曲小说时则往往更重视其社会功能与教化意义，这是由于此二种文体的阅读欣赏对象乃是千百万的市井细民，李贽认为对于他们必须进行兴、观、群、怨的教化感发。

从上面的论述中不难看出，李贽既追求出世自适又渴求自我不朽的人格心态，既醉心于内外两忘的庄、禅境界又重视人性的真诚自然，既强调文学自我愉悦与精神宣泄的求乐功能又不放弃其教化民众的目的，都显示了这位思想家的矛盾特征，而这种矛盾特征显示了他是一位从明代中期向晚明过渡的士人代表，其人生态度、思想观点、文学主张几乎都具有如此的特征,他仿佛站在明代士人心态演变史的十字路口,向前通向王阳明、王畿、王艮等心学大师,向后则通向袁宏道、汤显祖、冯梦龙等晚明名士。因而,认真地解读李贽,便成为明代士人心态研究的重要题目。

第三节　阳明心学与晚明言情思潮

一、汤显祖的心学渊源与其言情说的内涵

"言情"是晚明士人的一大人生追求,从哲学到政治再到文学,无不显示出言情的踪迹。像李贽、屠隆、王思任、汤显祖、冯梦龙诸人,便是其中杰出的代表。而犹以汤、冯二人更为突出,本节即以此二人作为论述的中心,以见该思潮之主要特征。

汤显祖(1550—1616),字义仍,号海若、若士、清远道人等,江西临川人。万历十一年进士。先后任南太常博士、南礼部主事、徐闻典史、遂昌县令等职,后弃官家居而卒。汤显祖是个很复杂的人,并由于评论的角度不同而具有不同的侧重,《明史》本传看重的是其政治活动,所以重点引述了他痛斥张居正、申时行的《论辅臣科臣疏》,并评曰:"显祖意气慷慨,善李化龙、李三才、梅国桢,后皆通显,有建树,而显祖蹭蹬穷老。"(卷二三〇)对他未能在政治上有所作为表示了深深的惋惜。而钱谦益则除了看重其政治抱负与劲直气节,对其在诗文方面的革新似乎更感兴趣,故而论其在明代诗文发展中的地位说:"自王、李之兴,百有余岁。义仍当雾雰充塞之时,穿穴其间,力为解驳。归太仆之后,一人而已。"(《列朝诗集小传》丁集中,《汤遂昌显祖传》)这当然与钱氏撰作《列朝诗集》的目的有关。而邹迪光于汤氏在世时所撰的《临川汤显祖传》则认为他是位通才,故而说:"世言才士无学,故

戴逵、王弼之不为徐广、殷亮。而公有其学矣。又言学士无才,故士安、康成之不为机、云。而公有其才矣。又言文人学士,无用亦无行。而公为邑吏有声,志操完洁,洗濯束缚,有用与行矣。公盖其全哉。"(沈际飞辑《玉茗堂选集》卷首)将其视为有学、有才、有用、有行之全人完人,则显系溢美之词。在现代人眼中,汤显祖是以其戏剧创作上的所谓"临川四梦"与其言情主张而显名于世的。对此本书实在难以全面评述,而就其与阳明心学的关系而言,其文学思想上的言情说显然更应引起重视。下面便以此为中心,探讨汤显祖与王学的关系,然后方可深究其人格心态之特征。

在广大学者的论述文字中,均将汤显祖的言情说视为反理学、反礼教甚至反封建的思想主张,尤其是在论述其著名剧作《牡丹亭》时就更是如此。就该剧的基本冲突看,的确有情与理对峙的倾向,剧中不仅有压制女儿情感的封建家长杜宝,还特意设置了一位迂腐古板的老儒陈最良,并最终以柳梦梅、杜丽娘的爱情胜利而结束全剧,更重要的是,作者义仍先生还写了那篇脍炙人口的《牡丹亭题词》,其中曰:"第云理之所必无,安知情之所必有耶?"(《汤显祖诗文集》卷三三)其情、理对峙的态度可谓一目了然。但由此推开去,说汤显祖是反礼教反封建的,却依然是草率而危险的学术结论。其实,汤氏的言情说具有非常复杂的思想背景,同时也就具有非常复杂的思想内涵。如果仅仅将其视为是市民思想、资本主义萌芽的反封建产物,尽管具有理论上的明快性甚至政治文化建设上的实用性,却并不是汤显祖真实的思想状况,因而也就无助于学术研究的进展。而若欲弄清其言情说的真实内涵,必须认真地梳理他与阳明心学的关系,并寻觅出其所受的心学影响又如何融入其言情说中。然后再结合其他方面的情况,方可对其做出一个较为恰当的学术判断。

汤显祖与阳明心学具有密切的关系是自不待言的,他不仅有大批心学方面的好友,如祝世禄、管志道、袁宏道、邹元标、罗大纮等等,更重要的是他生长于王学盛行的江西临川,自幼受到心学的熏陶,并成为泰州后期著名学者罗汝芳的入室弟子,所谓"十三岁时从明德罗先生游"。(《汤显祖诗文集》卷三七,《秀才说》)便是他自幼接受王学影响的明证。而三十七岁时再次与罗汝芳在南京相聚讲学,更对其人生态度产生了重大影响,所谓"如明德先生者,时在吾心眼中矣"。(同上,卷四四,《答管东溟》)正说明了罗氏在汤显祖心目中的地位。如果认真探寻汤氏言情说的思想渊源,可以发现罗汝芳的心学主张是一个主要的源头,其具体途径是:罗汝芳强调赤子之心的体仁学说,影响了汤显祖生生之仁的入世倾向,而这种入世倾向又影响了他关注生命的自我情结,并最终形成了贯穿其人生观、政治观与文学观的言情说。下面便具体论述之。

有学者将中国传统哲学说成是一种"情感哲学",也许过于看重其情感因素而难以被多数学者所接受[1],但阳明心学具有重情感的特征却是不容置疑的事实。因为王阳明既然将心即理作为其哲学的基础,便意味着他要将性与情统之于一心,从而使其哲学更富活力与创造性。此种情感特征包括如下诸方面。(一)承认情感存在之必然。故曰:"喜、怒、哀、惧、爱、恶、欲,谓之七情。七者俱是人心合有的,但要认得良知明白。"(《王阳明全集》卷三,《传习录下》)(二)活泼之特征。其《传习录》对此多有强调:"与其为数顷无源之塘水,不若为数尺有源之井水,生意不穷。""问:逝者如斯,是说自家心性活泼泼地否?先生曰:然,须要时时致良知的功夫,方才活泼泼地,方才与他川水一般。""人孰无根,良知即是天植灵根,自生生不息。"在阳明的思路中,

---

[1] 关于中国哲学的情感特征的论述请参见蒙培元先生的论文《论中国传统的情感哲学》(《哲学研究》1994年第2期)。后来蒙先生在其著作《中国哲学主题思维》与《心灵超越与境界》中,有过更为详细的论述,亦可参看。

活与生生相联系,而生生又与儒者之仁相关联,实质上可统之为生命力之表现。故曰:"心一而已,以其全体恻怛而言谓之仁,以其得宜而言谓之义,以其条理而言谓之理。"此"恻怛"之仁即情感之谓,亦即建立在生生基础上的关怀之情。(三)乐之特征。《传习录中》曰:"乐是心之本体,虽不同于七情之乐,亦不外于七情之乐。"且此乐非但指喜悦之乐,亦指心情之通畅和顺,《传习录下》曰:"问:乐是心之本体。不知遇大故于哀哭时,此乐还在否?先生曰:须是大哭一番方乐,不哭便不乐矣。虽哭,此心安处,即是乐也,本体未尝有动。"此种主生求乐的情感主义倾向,当然是在理性或曰良知的控制下而倡导的,但其意图亦至为明显,即一个人的社会关注与社会责任绝非仅靠道德理性所能解决,而必须要有足够的情感投入。在此一点上,阳明与宋儒颇有出入,程颐曾说:"性即生矣,外物触其形而动于中矣。其中动而七情出焉,曰喜怒哀乐爱恶欲。情既炽而溢荡,其性凿矣。是故觉者约其情使合于外,正其情,养其性,故曰性其情。愚者则不知制之,纵其情而至邪僻,梏其性而亡之,故曰性其情。"(《二程文集》卷八,《颜子所好何学论》)伊川先生尽管未否定情之存在,却是将其作为负面因素而看待的,情与性之间始终是一种相互拒斥的紧张关系。但阳明之主情又绝非儒学之异端,因为孔子所言曾点之乐曾一再被各代大儒所提及,便显示了儒学在伦理之外尚有重情重乐之另一面。之所以要重情重乐,其目的不仅是要安顿儒者的自我性命,更重要的是要强调儒家万物一体之仁的学说,以便使儒者在险恶的环境中不至于冷却入世热情,而始终保持那份对民生的强烈关注之情。关于王阳明心学的情感倾向,有些学者亦曾做出过探讨,可以参看。①

---

① 关于王阳明心学的情感特征的论述,请参看陈来先生《有无之境》第九章第四节,如其中说:"由于阳明把'仁者与天地万物为一体'与《大学》三纲领之一的'亲民'联成一体,比起孔子的博施济众和孟子的仁民爱物,更加凸显出儒学诚爱恻怛的悲悯情怀和对于

王学发展至晚明时期,逐渐呈现出入世与出世此二种不同的价值取向。上节所言之李贽乃是此种分化的一个交结点,即在他身上具有强烈的入世与出世两种矛盾的人生倾向。在李贽之后,受其影响的士人也各自根据其人生需求而做出自己的选择,公安派则基本上是选择了其出世求乐的一面,这在下节将做出具体论述;而汤显祖尽管也对李贽深表赞赏向往之情,而且也受有一定程度的影响,但却与公安派又有区别,这主要是因为他的心学思想是启蒙于罗汝芳而非李贽。罗汝芳的学术宗旨是什么,历来有不同的说法。明清时期拥护者称其为圣学,而反对者则讥之为禅,现代学者则更看重其狂放不羁的风格。其实他的学说基本没有脱离阳明心学的范围,只是增加了泰州学派当下指点的平民化特征而已。当时士人赵志皋概括说:"先生之学,大都指点人心,以日用现在为真机,以孝弟慈为实用,以敬畏天命为实功,一念不厌不倦为朝夕,家常茶饭人人可食。"(广理学备考本《罗近溪先生集》,第11页)正是强调近溪之学的平实特征,但这显然还不能作为罗氏之学的完整概括。我以为还是罗汝芳本人的话最具权威性,他曾叙述自身之为学经过:"某至不才,然幸生儒家,方就口食,先妣即自授《孝经》《小学》《论》《孟》诸书,而先君遇有端绪,每指点目前,孝友和平,反复开导。……年至十五,方就举业,遇新城张洵水先生讳玑,

---

(接上页)社会的责任感与使命感。……无论如何,阳明有关以天地万物为一体的几个大段文字,不仅是一气贯通,如大江之流一泻千里,而且是阳明全部著作中最富感情色彩的文字,这说明以天地万物为一体的思想是他全部学问与精神生活的一个重要部分。"(第259—260页)又据陈先生之《宋明理学》一书曰:"良知作为先验原则,不仅表现为'知是知非'或'知善知恶',还表现为'好善恶恶',既是道德理性,又是道德情感。良知不仅指示我们何者为是何者为非,而且使我们'好'所是,而'恶'所非,它是道德意识与道德情感的统一。"(第276页)可知阳明心学的情感特征已开始被学界所注意,但心学的这种情感倾向对于晚明文学思想及士人人格的影响尚未引起足够的重视,故特于本节着重论述之。

为人英爽高迈,且事母克孝,每谓人须力追古先。于是一意思以道学自任,却宗习诸儒各样工夫,屏私息念,忘寝忘食,奈无人指点,遂成重病。赖先君觉某用功致疾,乃示以《传习录》而读之,其病顿愈,而文理亦复英发。且遇楚中高士为说破《易经》,指陈为玄门造化。某窃心自忻快,此是天地间大道真脉,奚啻玄教而已哉!嗣是科举省城,缙绅大举讲会,见颜山农先生。某具述昨构危疾,而生死能不动心;今失科举,而得失能不动心。先生俱不见取,曰:'是制欲,非体仁也。'某谓:'克去己私,复还天理,非制欲安能以遽体乎仁哉?'先生曰:'子不观孟子之论四端乎?知皆扩而充之,如火之始燃,泉之始达。如此体仁,何等直截?故子患当下日用而不知,勿妄疑天性生生之或息也。'某时大梦忽醒,乃知古今道有真脉,学有真传,遂师事之。比联第归家,苦格物莫晓,乃错综前闻,互相参订,说殆千百不同,每有所见,则以请正先君,先君亦多首肯,然终是不为释然。三年之后,一夕忽悟今说,觉心甚痛快,中宵直趋卧内,闻于先君。先君亦跃然起舞曰:'得之矣,得之矣。'"那么他悟出了什么呢?这便是"从《大学》至善,推演到孝弟慈,为天生明德"。即每人均有至善之孝弟慈伦理天性,由一人推一家,由一家推一国,由一国推至天下,则圣学便可实现,因而他总结说:"故某自三十登第,六十归山,中间侍养二亲,敦睦九族,入朝而遍友贤良,远仕而躬御魑魅,以致年载多深,经历久远,乃叹孔门《学》、《庸》,全从《周易》'生生'一语化得出来。盖天命不已,方是生而又生,生而又生,方是父母而己身,己身而子,子而又孙,以至曾而且玄也。故父母兄弟子孙,是替天命生生不已,显现个肤皮;天命生生不已,是替孝父母、弟兄长、慈子孙通透个骨髓。直竖起来,便成上下古今;横亘将去,便作家国天下。孔子谓'仁者人也','亲亲为大',其将《中庸》、《大学》已是一句道尽。孟子谓'人性皆善','尧舜之道,孝、弟而已矣',其将《中庸》、《大学》亦是一句道尽。"(《明儒学案》卷三四,《泰州学案三》)此处所以要引用过于冗长的原文,是要尽量遵守罗汝芳心学理论的本意。根据其话语的完整意义看,其学术宗旨是生生之仁与孝弟慈之善两项主要内容,而将此二点合而言之,则是其所谓的赤子之心,而所谓赤子之心,便是"爱父爱母,不须学,不须虑,天地生成之真心也"。(《孝经宗旨》,第5页)正是这种生生不已的万物一体之仁,支撑着近溪先生终生东奔西走讲学而不辍,即使被罢官也不能丝毫减弱其对天下苍生的关注之念,因此,罗汝芳也可算是充满爱心的血性男子。但这种生生之仁又是同原始儒家所主张的爱有差等的亲亲原则相联系的,因而也就很容易与晚明发达的商品经济与日益强烈的物质欲望结合起来,构成个体情欲与国家天下同时并举的互为关联观念,这从阳明先生的学以为己,到心斋先生的尊身保身,再到李贽的人必有私,都是在强调说明人之进取的心理原动力问题。直到清初的大儒陈确,方将此一问题做了一个总结性的归纳,他在《私说》中说:"有私所以为君子。惟君子而后能有私,彼小人者恶能有私乎哉?……惟君子知爱其身也,惟君子知爱其身而爱之无不至也。曰:焉有吾之身而不能齐家者乎?不能治国者乎?不能平天下者乎?君子欲以齐、治、平之道私诸其身,而必不能以不德之身而齐之治之平之也。"(《陈确集》卷十一)可知私与公乃同一事物之两端,无私也便无所谓公,不能真正重视自我之私者,便不能真正关心国家天下之公。或许会有人将此视为是资本主义萌芽的产物,但我宁愿将其视为是儒家思想对于时代新问题的回应。无论是情是私还是欲,都是倾向于个体价值一端的,它们在晚明时期均被许多士人所重视,但重视他们是否便会导致放弃儒家的社会责任,则要视每位士人的具体情形而定。汤显祖的言情说也必须置于如此的时代环境中去进行剖析。

汤显祖从其师罗汝芳处所接受的正是此种生生之仁的学术思想,其从孙汤秀琦在《玉茗堂全集序》中曾说:"公少时学道于盱江罗明德先生,有得于性命之旨。"(《玉茗堂全集》卷首)而这所谓的性命之旨,便是汤显祖本人所言的"天机",他说:"盖予童子时从明德夫子游,或穆然而咨嗟,或熏然而与言,或歌诗,或鼓琴。予天机泠如也。"(《汤显祖诗文集》卷三十,《太平山房集选序》)而此所言之天机也便是罗氏之自然而仁的赤子之心,故曰:"中庸者,天机也,仁也。去仁则其智不清,智不清则天机不神。"(同上)因而生生之仁也同样成为汤显祖的哲学思想,最能体现此种思想的是其《贵生书院记》与《明复说》两篇论文。《贵生书院记》是他在贬谪徐闻时所作,在《与汪云阳》的信中他曾解释其撰作动机曰:"弟为雷州徐闻尉。制府司道诸公,计为一室以居弟,则贵生书院是也。其地人轻生,不知礼义,弟故以贵生名之。"(同上,卷四八)可知他在当地讲学以及写作本文的目的,均为使当地士人重视自我之生命,因而他在文章一开始便说:"天地之性人为贵。人反自贱者,何也。"定下了他人本主义的基调,并显示出其重生尊身的泰州学派传统,为此他引述了孔子"天地之大德曰生,圣人之大宝曰位"的话,并解释后句说:"何以宝此位,有位者能为天地大生广生。"可知在他的眼中,帝王之职责便在于大生广生。由此也就顺理成章地推出了他的学术主张:"故大人之学,起于知生。知生则知自贵,又知天下之生皆当贵重也。然则天地之性大矣,吾何敢以物限之;天地之生久矣,吾安忍以身坏之。"(同上,卷三七)既然生生乃天之道,则人便没有理由不自贵其生,而贵生便不能自坏其身,因为坏其身便意味着坏天地生生之道;同时,既然知道自贵其生,也便知道"天下之生皆当贵重",知天下之生皆当贵重,则无疑便可担负起拯济天下的儒者职责。此种生生之道体现在人性中,便是天命之性的"仁",故而其《明复说》曰:"天命之成为性,继之者善也。显诸仁,藏诸用,于用处密藏,于仁中显露。"因此若欲贵生,便须率性而行,此即所谓"吾人集义勿害生,是率性而已"。由是汤显祖提出了他的"明复"主张:"何以明之?

如天性露于父子，何以必为孝慈。愚夫愚妇亦皆有此，止特其限于率之而不知。知皆扩而充之，为尽心，为浩然之气矣。文王'缉熙光明'，故知其中有物而敬之，此知之外更无所知，所谓'不识不知，顺帝之则'也。《大学》'致知在格物'，即'其中有物'之物，帝则是也。君子知之，故能定静。素其位而行，素之道隐而行始怪，闇而不通，非复浩然故物矣。故养气先于知性。至圣神而明之，洗心而藏，应心而出。隐然其资之深，为大德敦化；费然其用之浩，为小德川流。皆起于知天地之化育。知天则知性而立大本，知性则尽心而极经纶。此惟达天德者知之。"（《汤显祖诗文集》卷三七）可知汤氏的论述重心在于知率性，也就是"顺帝之则"，唯有如此，方能"素其位而行"，亦即从容自如而意志坚定，从而构成自我的浩然之气。后来汤显祖将此二文寄给朋友高攀龙，他观后即致函义仍说："龙尝读圣贤书，见孔子言仁便说复礼，孟子言浩然之气便说集义。夫仁者与万物为一体，浩然之气塞乎天地，可谓大矣；而拈出一'礼义'字，便分毫走作不得。其严如此。今时之学非无见其大者，只缘这些子走却便尔落草。门下诸篇迥别时说，何胜为吾道之幸。"（《高子遗书》卷八上，《答汤海若》）这位东林领袖一出手便与汤氏不同，他更看重"复礼"与"集义"，而将仁与浩然之气置于次要地位，显示出其鲜明的程朱理学特色，其立言目的也是针对"见其大者"的阳明心学。最有意思的是他竟然说汤氏的文章与这"见其大者"的"时说"迥别，不免错会义仍原意，因为汤氏明明说"养气先于知性"，其思路也是"知天则知性而立大本，知性则尽心而极经纶"，亦即先知率性之天德而后再知性。而这正是先立其大者的心学思路。可高先生竟然视此不见，硬拉义仍先生为同道，实在令人啼笑皆非。其实，以高先生的学问与敏感，他不可能读不出汤氏文章的行文主旨，也许是出于对朋友的尊重，方以此委婉方式予以针砭吧。这从其信尾所言"聊发所见大端，以望金玉之音"来看，他对汤氏此二文是并不满足的。

在此之所以强调汤显祖的"养气先于知性"主张，乃是出于对其人格的理解及其对其言情说认定的需要。汤显祖在《朱懋忠制义叙》中，曾专门谈及养气与人格文章的关系问题，他说："养气有二。子曰：'智者动，仁者静；仁者乐山，而智者乐水。'故有以静养气者，规规环室之中，回回寸管之内，如所云胎息踵息云者，此其人心深而思完，机寂而转，发为文章，如山岳之凝正，虽川流必溶涓也，故曰仁者之见；有以动养其气者，泠泠物化之间，亹亹事业之际，所谓鼓之舞之云者，此其人心炼而思精，机照而疾，发为文章，如水波之渊沛，虽山立必陂陁也，故曰智者之见。二者皆足以吐纳性情，通极天下之变。"（《汤显祖诗文集》卷三一）就汤氏本人而言，无疑更倾向于以动养气，故而无论是其生生之仁还是浩然之气，均继承了从孟子到王阳明再到王艮、罗汝芳的狂者进取精神。此种精神表现在其人格上，便是慷慨激昂、情感饱满的豪侠气质，因而后人便有"意气慷慨，以天下为己任"来概括其生平。（见《抚州府志》卷五九，《汤显祖传》）这从当时其好友对他的评价中，亦可清楚地表现出来。当他因上疏而被贬官徐闻时，其友刘应秋劝其"行李不必多带别书，惟内典数种可供日课"，其目的便是令其"天下国家之虑，且当置之有心无心之间，直好作蒲团上生涯"。（《刘大司成文集》卷十四，《与汤若士》）这当然是好意，担心汤氏忍受不了徐闻贬官的寂寞生涯，故而劝其以佛氏典籍求得心灵的慰藉，但同时也包含着他对汤氏狂者人格的难以认可，故而在另一封信中才会说："吾丈已萧萧远在风尘之外，崎岖迫厄中，从锻炼得觉悟，从觉悟得操修，便当有真正路头，不至以意气承当，以见解作家珍也。"（同上，《又与汤若士》）"以意气承当"本是当年心学家们对李梦阳之类的气节之士所做的评价，而所谓"见解"也是对于性命之学悟解未透者的断语，可知在刘应秋的眼中，汤显祖的许多做法不过是意气用事而已。由此，他有时便忍不住从正面开导这位固执的朋友说："养性之谈尤极根本。须真见性，乃可论养,默识功夫最为至要,则弟与丈当共图之也。无常迅速,生死事大;其他即伊周事业,夷齐声名,皆大地幻境耳,不足多系念也。"(《刘大司成文集》卷十四,《又与汤若士》)话讲到如此地步,从中所显示的已经不是修养境界的问题,而是价值取向的问题。视伊周事业为秕糠,等夷齐声名如虚誉,既是当年庄子的思路,也是晚明许多王学弟子在混乱政局中所采取的人生选择,其中李贽在其人格的一个侧面便显示了此种特性,而公安袁氏兄弟则几乎完全认同了此种价值取向。但汤显祖却难以认同它,他的生生之仁的意识太强,他拥有了太多的情感,因而也就很难放弃对世事的关怀。在刘应秋与汤显祖之间,很难用是非对错的用语来加以判断,在那样一种政治环境中,刘氏既有责任同时也有充足的理由对其朋友进行提醒劝谏,比如他曾致函义仍说:"丈在外谈论勿轻,恐垣耳甚多,借我辈为人者不少也。"(同上,《又与汤若士》)从中显示的便既有对朋友的真正关心,更有对自身险恶境遇的忧心恐惧。当然,在汤氏的周围也并不缺乏知音,邹元标便是一位难得的同道,这位在万历前期反对张居正专权的心学弟子,在张氏倒台后被重新起用,但他却并未因此而收敛自我的锋芒,反而不断向继任首辅申时行发难,于是再次被罢官,只好在家乡"建仁文书院,聚徒讲学"。(《明儒学案》卷二三,《江右王门学案八》)当汤显祖被贬官时,他便与刘应秋的做法全然不同,他说:"方义之上书排阉,此身皆其度外,宁计其他!余独喜者,义志性命之学,兹固坚志熟仁之一机也哉!夫贞松产于岩岫,固苍然翠也;然非霜雪之摧抑,雷霆之震惊,则其根不固,而枝叶不能不凋。义幸勉之!宁为松柏,无为桃李,宁犯霜雪,无饱雨露;俾向之烨然可惊可愕者,敛而若无若虚。斯非上之赐而余所深望者哉!若夫跳叫际晓,登临赋诗,自写其抑郁无聊之气,非余所知也。"(《邹公存真集》卷四,《汤义仍谪尉朝阳序》)在邹氏看来,汤显祖所遭遇的贬官不幸,非但无后悔之必要,且适足见其松柏之劲直,所以他鼓励汤氏,"宁为松柏,无为桃李,宁犯霜雪,无饱雨露",真正的气节之士正是通过霜雪之摧抑、雷霆之震惊的磨炼,才能更加根深叶茂。如果汤氏由此收敛起自我的个性,进入一种"若无若虚"的状况,那是他所不愿看到的。邹氏的见解适足与刘应秋的劝告构成当时士人价值选择的两端,而汤显祖无疑是更接近于邹元标的,在梗直劲节,疾恶如仇上,二人的确甚为相似,这也就是他们能够成为终生朋友的原因之一。但邹氏也并非完全认可汤氏,他是位以勇于谏争而出名的官员,不仅以直言敢谏称,而且对朝廷之责罚贬斥持欣赏的态度,以致神宗认定他们的进谏行为乃是讪君卖直,所以邹氏对汤氏在受到贬官摧残时便要登临赋诗而自写其抑郁无聊之气是大不以为然的。由上可知,汤显祖的人格既不同于刘应秋,也与邹元标有别,他拥有关注天下苍生的热情与劲直的气节,所以无论如何也难以达到墨守自适的虚无境界;但他又有着丰富的情感与过人的才气,于是在他进取受阻时也不可能默然受之,而是要赋诗作剧,以寄托自我抑郁不平之气。

汤显祖的此种人格特征既决定了其政治观,也影响了其文学观。在汤氏的心目中,理想的圣王之治便既非老氏的混沌世界,也不是俗儒的礼法世界,而是充满生机与人情味的有情世界,他在《青莲阁记》中曾对比"有情之天下"与"有法之天下"曰:"世有有情之天下,有有法之天下。唐人受陈隋风流,君臣游幸,率以才情自胜,则可以共浴华清,从阶升,娭广寒。令白也生今之世,滔荡零落,尚不能得一中县而治。彼诚遇有情之天下也。今天下大致灭才情而尊吏法,故季宣低眉而在此。假生白时,其才气凌厉一世,倒骑驴,就巾拭面,岂足道哉?"(《汤显祖诗文集》卷三四)可知此种有情之天下充满了和睦的气氛,并能充分发挥个体之才情,就像唐代的李白,能与君共友,来去自由。本文是为其朋友李季宣而作的,李氏乃仪征人,由举人身份而入仕为县令,然而尽管他三年为令"大著良声,雅歌徒咏",却依然被人攻评,不容于官场,所谓"雄心未弇,侠气犹厉。处世同于海鸟,在俗惊其神骏。遂乃风期为贾祸之媒,文字祗招残之檄矣"。(《汤显祖诗文集》卷三四)于是他只好弃官而遨游于江湖之上了。故而义仍发感慨说,假如季宣生于唐代,便会如李白那般潇洒自由;而如果李白处于当今之时,也会像季宣一样,不能得一中县而治,最终得一个"滔荡零落"的尴尬结果。汤显祖所向往的有情之天下显然带有浓厚的理想化色彩,在一定程度上是一种追求个体自由的知识精英意识。但这并不是其主情思想的全部,而毋宁说他的主情意识是带有全民性的。在《南柯记》第二十四出《风谣》中,汤氏曾借淳于棼治下的南柯郡描绘了此种政治理想,所谓"才入这南柯郡境,则见青山浓翠,绿水渊环。草树光辉,鸟兽肥润。但有人家所住,园池整洁,檐宇森齐。何止苟美苟完,且是兴仁兴让"。可谓是充满一派生机。然后他又用四支曲辞对此"兴仁兴让"的政局进一步加以补充道:"征徭薄,米谷多,官民易亲风景和。老的醉颜酡,后生们鼓腹歌。""行乡约,制雅歌,家尊五纶人四科。因他俺切磋,他窨俺琢磨。""多风化,无暴苛,俺婚姻以时歌《伐柯》。家家老少和,家家男女多。""平税课,不起科,商人离家来安乐窝。关津任你过,昼夜总无他。"(《汤显祖集》第四册,第2176页)此处所提出的是百姓生生的必备条件,如征徭薄少,米谷充足,收税合理,关津通畅,老少相安,婚姻以时,等等,但更重要的是还有"制雅歌"的精神陶冶,"官民易亲"的平等和乐。它有伦理的教化,因而不同于无父无君的远古蛮荒之时;但它又没有吏法之束缚,一切均以自觉自愿为前提,从而获得自乐自适的受用。总之,这是一个充满生机而人人自足的有情世界,也是汤显祖的理想世界。这个世界的核心是体现生生之仁的情,所以他说:"圣王治天下之情以为田,礼为之耜,而义为之种。"(《汤显祖诗文集》卷三四,《南昌学田记》)可知倘若没有情这块田地,礼义也是无从施展的。

既然生生之仁的情是贯穿汤显祖人生观与政治观的核心,那么它理所当然也就是其文学思想言情说的核心。他曾说:"世总为情,情生诗歌,而行于神。天下之声音笑貌大小生死,不出乎是。因以憺荡人意,欢乐舞蹈,悲壮哀感鬼神风雨鸟兽,摇动草木,洞裂金石。其诗之传者,神情合至,或一至焉;一无所至,而必曰传者,亦世所不许也。"(《汤显祖诗文集》卷三一,《耳伯麻姑游诗序》)既然这个世界是由情构成的,则诗歌之发生、效果与价值,也都由情来决定。而深悟了生生之仁者便会具备深情,则写起诗来也才更加感人,故曰:"道心之人,必具智骨;具智骨者,必有深情。"(同上,卷二九,《睡庵文集序》)文学之所以离不开情,是由于它无论对作者还是读者都是至关紧要的。从文学发生的角度讲,情是作家创作的第一原动力,所谓"情致所极,可以事道,可以忘言。而终有所不可忘者,存乎诗歌序记词辩之间。固圣贤之所不能遗,而英雄之所不能晦也"。(同上,卷三十,《调象庵集序》)从文艺的功能上讲,只有饱含了情的作品与表演,才能感染读者与听众。关于此一点,他在《宜黄县戏神清源师庙记》讲得至为清楚,其曰:

> 人生而有情。思欢怒愁,感于幽微,流于啸歌,形诸动摇。或一往而尽,或积日而不能自休。盖自凤凰鸟兽以至巴渝夷鬼,无不能舞能歌,以灵机自相转活,而况吾人。奇哉清源师,演古先神圣八能千唱之节,而为此道。初止爨弄参鹘,后稍为末泥三姑旦等杂剧传奇。长者折至半百,短者折才四耳。生天生地生鬼生神,极人物之万途,攒古今之千变。一勾栏之上,几色目之中,无不纡徐焕眩,顿挫徘徊。恍然如见千秋之人,发梦中之事。使天下之人无故而喜,无故而悲。或语或嘿,或鼓或疲,或端冕而听,或侧弁而咍,或窥观而笑,或市涌而排。乃至贵倨弛傲,贫啬争施。瞽者欲玩,聋者欲听,哑者欲叹,跛者欲起。无情者可使有情,无声者可使有声。寂可使喧,喧可使寂,饥可使饱,醉可使醒,行可以留,卧可以

兴。鄙者欲艳,顽者欲灵。可以合君臣之节,可以浃父子之恩,可以增长幼之睦,可以动夫妇之欢,可以发宾友之仪,可以释怨毒之结,可以已愁愦之疾,可以浑庸鄙之好。然则斯道也,孝子以事其亲,敬长而娱死;仁人以此奉其尊,享帝而事鬼;老者以此终,少者以此长。外户可以不闭,嗜欲可以少营。人有此声,家有此道,疫疠不作,天下和平。岂非以人情之大窦,为名教之至乐也哉?

(《汤显祖诗文集》卷三四)

本段文字有两点尤其值得重视。(一)强调了情对于戏剧发生与效应的重要性。因为人生而有情,所以便会自然而然地将其喜怒哀乐之情发于啸歌舞蹈,于是便产生了戏剧。同时它又反过来作用于有情之听众,自然也会引起他们的"无故而喜,无故而悲"的情感反应。(二)强调了戏剧功能的多样性,尤其是强调了其社会教化作用。戏剧不仅"可以合君臣之节,可以浃父子之恩,可以增长幼之睦,可以动夫妇之欢",甚至能够"疫疠不作,天下和平",真是达到了无以复加的程度。在此,情已不仅仅只关涉到一己之性情,而且有了兴、观、群、怨的强大社会功用。所谓"以人情之大窦,为名教之至乐",便是要用合乎人情的方式,而取得教化天下的结果。这显然与其人生观、政治观是完全一致的。从此一点出发,使我们有理由相信陈继儒在《牡丹亭题词》中的那段记载并非是毫无所据的,其曰:"张新建相国尝语汤临川云:'以君之辩才,握麈而登皋比,何渠出濂、洛、关、闽下?而逗漏于碧箫红牙队间,将无为青青子衿所笑!'临川曰:'某与吾师终日共讲学,而人不解也。师讲性,某讲情。'张公无以应。"(《晚香堂小品》卷二二)就目前所掌握的资料看,陈眉公与汤显祖之间并没有什么直接交往,因而陈氏所记载的此则传闻的真实性是大可怀疑的。但奇怪的是,明清两代的许多士人竟然对此深信不疑,争相转录,今所见者便有冯梦龙之《古今谭概》、朱彝尊之《静志居诗话》、周亮工之《因树屋书影》等数种。此种情形有理由使人相信,即使陈氏所记并非历史上所实有,起码亦与汤氏之一贯思想相合,方能使其他士人所信服而乐于转录。也就是说,在他们的眼中,汤显祖的言情并非仅仅满足一己之兴趣,也不仅仅是抒发自我之郁闷,同时还兼有以情化人的社会教化目的,或者说他是要用情来唤醒世人,从而来挽救败坏的士风与腐败的政治。以前在谈论汤显祖的言情说时,总是先将其置于反理学反封建的地位,于是情与理的对立也就成了个体性情与封建伦理之间的对立。其实汤氏所言之情远比人们想象的复杂,因为它不仅牵涉到汤氏的文学思想,也与其人生观、政治观密切相关。如果将其言情说放在汤氏的整个思想体系中来考察,便会发现情是构成其体系的最根本的要素,从而在不同的侧面也就会表现出种种不同的特征,因而也就具备了种种不同的复杂内涵。不了解此一点,便会产生种种误解。台湾学者郑培凯先生在谈及汤显祖文艺思想时说:"涉及文艺起源这个问题上,他持有两种相互冲突的观念,一是承袭《诗大序》传统的'情动于中而发于言'的抒情说(见《宜黄县戏神清源师庙记》),另一则是迹近'天才说'与'灵感说'的想法,……前者是大众化的抒情理论,可以配合泰州学派'人人都是圣人'、'百姓日用'的说法;后者则是精英化的神授理论,不是人人都可以做到的,若是没有灵感,任你如何'情动于中而发于言',那'言'是无足观的。"(《汤显祖和晚明文化》,第368页)此种看法当然不能说没有道理,汤氏本人的确有重视灵感的倾向,他有时将此称之为才或曰才气,故而在其《序丘毛伯稿》中说:"天下文章所以有生气者,全在奇士。士奇则心灵,心灵则能飞动,能飞动则下上天地,来去古今,可以屈伸长短生灭如意,如意则可以无所不如。"(《汤显祖诗文集》卷三二)这显然是在强调灵感。同时他还说:"天下大致,十人中三四有灵性。能为伎巧文章,竟伯什人乃至千人无名能为者。"(同上,《张元长嘘云轩文字序》)这也是明显的精英意识,因此可以毫不迟疑地将汤氏归之于阳明心学的性灵文学思想系列中,同时也是汤氏之能够与三袁成为文友的重要原因之一。但汤显祖的言情说毕竟又不同于公安派的性灵说,在公安派那里,作者的兴趣灵感是文学发生的原动力,所以袁宏道说:"夫性灵窍于心,寓于境。境所偶触,心能摄之;心所欲吐,腕能运之。"(江盈科《敝箧集叙》,见《袁宏道集笺校》附录三)可知性灵乃是文学发生的第一要素。这与公安派文学思想自我适意的价值取向是一致的,在中郎那里,诗文既是自我性灵的表现,同时也是为了自我性灵的愉悦,则性灵当然应该置于首要地位。汤显祖虽也很重视性灵,甚至不排除有一定的自我愉悦倾向,但在总体上他却更重视文学的感化功能,由此性灵也就不可能成为其文学思想中的唯一决定因素,他曾说:"昔人常因其情之卓绝而为此。固足以传。通之以才而润之以学,则其传滋甚。"(《汤显祖诗文集》卷三一,《学余园初集序》)在此,情是决定诗之能否传之久远的首要因素,当然如果再"通之以才而润之以学",那便更可传世。他将此称之为"神情合至"(同上,《耳伯麻游姑诗序》),或曰"才情并诣"(同上,《仪部郎蜀杨德夫诗序》),这是最理想的境界。起码也要"一至",若"一无所至",那就别指望能够传世了。而从情可感人这一根本作用上看,汤氏无疑是更重视情的,在他的文学思想体系中,情乃是文学发生的首要因素。从此一角度看,上述郑培凯先生对汤显祖文艺思想的叙述便有了值得商榷的余地,即其言情说与灵感说并不是一种并列的关系,而是言情说为根本,灵感说为辅助。如果说缺乏灵感的情动于中而发于言的"言"无足观的话,那么缺乏情的灵感之言就更加不足观了。

明乎此,则回过头来再看《牡丹亭》中所言之情,便会有更深入的理解。在当时以及后来,许多学者都将该剧视为一个浪漫的爱情故事,再加深究者,则说它鼓吹了个性解放的思想。今日看来,首先得承认它的确是一个爱情故事,而且许多人也是在这方面受到感染的;另外,从现代人的接受主体出发,将其视为个性解放的追求也很难避免。但我们同时又必须指出,从汤显祖的整体思想而言,它又决不仅仅只限于爱情,更不只限于个性解放。汤氏本人在该剧的题词中说:"如丽娘者,乃可谓之有情人耳。情不知所起。一往而深,生者可以死,死可以生。生而不可与死,死而不可复生者,皆非情之至也。梦中之情,何必非真。天下岂少梦中人耶。必因荐枕席而成亲,待挂冠而为密者,皆形骸之论也。……嗟夫,人世之事,非人世所可尽。自非通人,恒以理相格耳。第云理之所必无,安知情之所必有邪?"(《汤显祖诗文集》卷三三,《牡丹亭记题词》)汤氏的目的显然就是为了突出情的作用与力量,但此情与一般的男女之情又不相同,他之所以要用一场梦来作为情的实现环境,便是将该剧与一般的爱情戏区别看来,正如他本人所强调的,如果"必因荐枕席而成亲",亦即将肉体结合作为情的证明,那便是不识深意的"形骸之论"了。汤氏所言之情,乃是一种宇宙的精神,它生生不息,鼓动万物,使人无端而悲,无端而喜,它是一种自然的生机,你无法解释它何以会产生,也不能解释它何以会有如此巨大的力量,但它却能鼓荡人心,超越生死。而那些迂腐固执的俗儒,却常常用死板的"理"来"格"这充满生机的"情",则势必会将这个世界弄得死气沉沉。他们不知道,这个世界并非用单 之理便能解释得了,因为"第云理之所必无,安知情之所必有耶"?将此视为是对过于僵硬的程朱理学的反动,而渴望个性情感的解放,是完全合乎汤显祖的本意的,但将其视为反儒学反礼教则是不能接受的,因为他的重情乃是儒家生生之仁的传统精神的延续与光大。关于此点,看他对理势情关系的论述便会更加明白,他在《沈氏弋说序》中说:"今昔异时,行于其时者三:理尔,势尔,情尔。以此乘大下之吉凶,决万物之成毁。作者以效其为,而言者以立其辨,皆是物也。事固有理至而势违,势合而情反,情在而理亡,故虽自古名世建立,常有精微要眇不可告语人者。史氏虽材,常随其通博奇诡之趣,言所欲言,是故记而不伦,论而少衷。何也?当其时,三者不获并露而周施,况后时而言,溢此遗彼,固然矣。嗟夫!是非者理也,重轻者势也,爱恶者情也。三者无穷,言亦无穷。"(《汤显祖诗文集》卷五十)依汤氏看来,这世界是由理势情三者构成的,但在他所处的时代,却最缺乏情,只有礼法与权势充斥在这个社会中,弄得人们动辄得咎,没有自由,整个社会也毫无生气,所以他要大声为情呼唤,以期一个有情世界的到来。在他看来,以理格情是不能接受的,因为是非与爱恶并非属于同一范畴,因而也就是不能相互替代的。既然理不能代替情,那么也就很难想象他会同意用情去代替理。其理想的状态也许应该是,情理并行而以情助理,最终达到"以人情之大窦,为名教之至乐"的创作目的。关于这些,其实前辈学者已有所涉及,只是语焉不详而已。如戏曲史学家吴梅先生说:"明之中叶,士大夫好谈性理,而多矫饰,科第利禄之见,深入骨髓。若士一切鄙弃,故假曼倩诙谐,东坡笑骂,为色庄中热者下一针砭。其自言曰:'他人言性,我言情。'又曰:'理之所必无,安知情之所必有。'又曰:'人间何处说相思,我辈钟情似此。'盖惟有至情,可以超生死,忘物我,通真幻,而永无消灭;否则形骸且虚,何论功业,仙佛皆妄,况在富贵?世之持买椟之见者,徒赏其节目之奇,词藻之丽;而鼠目寸光者,至诃为绮语,诅以泥犁,尤为可笑。"(吴梅《四梦跋》,见《汤显祖研究资料汇编》,第711页)此处强调不能仅视四梦为丽辞绮语是对的,说作者要以情抗理也有道理,同时指出只有情可以不朽也没有违背汤氏的本意,但有一点却被吴先生忽视了,那便是汤显祖绝非仅仅为了自我的真情与不朽才去倡言其重情主张的,他更重视情之生机与感人功能,以便为世人说法,去实现一个有情的世界。汤显祖的不能忘情,就其实质而言,乃在于他的不能忘世。俞平伯先生也曾对汤显祖的剧作发表过不少评论,其中有一段话论《牡丹亭》曰:"夫仁者人也，正者正也，尽人之性，尽物之性，此正而不可乱，常而不易者也，内圣外王之法也，而犹未是也，直自然之本然耳。何谓自然之本然？'虫儿般蠢动'是也，此物之性，即人之性也，此人道也（读如未通人道之人道），即人之道也，谓为秽亵非也，谓为神圣亦非也，此自然之本然，'直'观之而已矣。"（俞平伯《牡丹亭赞》，见《汤显祖研究资料汇编》，第986页）此处所谓的"虫儿般蠢动"，实际上便是正常的情感冲动，亦即生生之仁，此乃物之性，亦为人之性，此种仁之生机乃是自圣贤至百姓人人共具的普通之性，所以说它并不"神圣"，但它又是世界人类赖以存在的基础，所以说不能视其为秽亵。应该说俞先生基本把握住了汤显祖所要表达的思想，只不过他未能将其展开加以详细说明罢了。

通过以上论述，我们大致可以对汤显祖言情说的内涵作一概括了。汤氏所言之情从哲学观上讲，是指生生不息的宇宙精神，体现在人类身上，则是生生之仁，表现在具体的人性之上，便是包括爱情在内的人之情感。他的这种见解，是受了阳明心学重主观心性的影响，尤其是受罗汝芳生生之仁的心学理论的影响，然后根据其所遇到的现实境遇深入思考后而提出的。从汤氏的个体人格上讲，此情是指其对现实人生的执着以及对现实政治的关注，同时也指他丰富的情感世界与充沛的生命活力。从文学思想思想上讲，此情是指文学产生的原动力以及感化人心的艺术力量，它是文学得以产生并传之久远的决定因素，同时也是它能够发挥教化百姓、和谐社会的根本原因。而作为贯穿其哲学思想、人格心态与文学思想的核心，则是生生之仁此一基本精神。当然，也可以将其称为一种生气灌注的生命活力，也可以简而言之称之曰情。所以，情也，生生之仁也，生命活力也，实在是互为关联而又相互包容的一组观念，并由此构成了汤显祖在晚明士人中的突出特征，正如陈洪谧所称赞他的："惟先生以性情为文，故往来千载，脱然畦封；以性情为治，故浮湛一官，傥然适志。其文弗可及，其人愈弗可及也。"（《汤显祖诗文集》附录,《玉茗堂选集题词》)一个情字,终于成就了汤显祖杰出的人品与文品。

二、心学影响与佛学因缘——汤显祖人格心态演变轨迹描述

汤显祖终生虽以言情为主,但其人格心态却并非静止不变的。从横的一面看,其人格中始终便包含着出世与入世的两极,甚至在其幼年所受先辈影响中,便已显示出此种倾向,所谓"家君恒督我以儒检,大父辄要我以仙游"。(《汤显祖诗文集》卷二,《和大父游城西魏夫人坛故址诗》序)于是他不得不徘徊在父亲与祖父的双重要求之间。当然,出世的倾向在其早年是并不强烈的,只有到了他领略尽仕途艰辛、人世冷暖的晚年,他才真正将出世置于自我人生存在的视野之内。但就汤氏的整体人格看,入世始终占据着主要方面。由于他对生生之仁与真情至情的追求,使他对侠与儒的人格要素倾注了更多的兴致,他曾如此论侠与儒曰:"人之大致,惟侠与儒。而人之大患,莫急于有生而无食,尤莫急于有士才而蒙世难。庸庶人视之,曰:'此皆无与吾事也。'天下皆若人之见,则人尽可以饿死而我独饱;天下才士皆可辱可杀,而我独顽然以生。推类以尽,天下宁复有兄弟宗党朋友相拯绝寄妻子之事耶?此侠者之所不欲闻,而亦非儒者之所欲见也。"(同上,卷三四,《蕲水朱康侯行义记》)此所赞侠与儒之精神,乃是指侠视天下为一人之扶困济危,与"儒仁者与万物一体"之救世济人,以常语论之则可归之为人之"血性",亦即义仍所言之"至情"也。冯梦龙评《牡丹亭·叫画》一出曰:"真容叫唤,一片血诚。"(橘君《冯梦龙诗文》,第119页,《风流梦总评》)此言"血诚"亦可代之以血性或至情,其内容并无太大变化。此种至情血性反映在汤显祖的人格上,便是其狂者的气质。他曾自称:"余素无老子之恍忽,兼乏孔子之中庸。"(《汤显祖诗文集》卷三一,《二周子序》)既无出世之欲,又乏中庸之德,则显系狂者无疑,

故而又曰:"子言之,吾思中行而不可得,则必狂狷者矣。语之于文,狷者精约严厉,好正务洁。持斤捉引,不失绳墨。士则雅焉。然予所喜,乃多进取者。其为文类高广而明秀,疏夷而苍渊。……于天人之际,性命之微,莫不有所窥也。因以裁其狂斐之致,无诡于型,无羡于幅,峨峨然,泇泇然。"(《汤显祖诗文集》卷三二,《揽秀楼文选序》)这当然不仅仅是对狂者之文的赞赏,同时也是对其人格风范的认同,而其核心则在其"进取"之精神。在这方面,他正体现出泰州学派的传统人格特征,则从个人气质上讲,便与公安派有所不同。袁中郎虽也一向以狂者自居,但更多是表现为自我放任与自我闲适,与世俗尤其与官场并不构成正面冲突,可以说狂中兼有狷者气质。汤显祖则更注重对现实的关注与进取的精神,故而也才是真正的狂者气质。正是由于这种人格上的差异,也导致了他们在相同的晚明政治境遇中遭到了不同的命运。

至于说汤显祖何以能形成此种狂者气质,则是一个相当难以回答的题目。这其中也许有遗传的因素,但更重要的应该是其所处地域心学的广泛流行,影响了他少年的性情。如其少年所交际的本地文友周宗镐、姜鸿绪、黄颖恩等人,均曾就学于罗洪先,同时也都是高才狂放之士,其中《临川县志》记周宗镐曰:"少以文章意气自豪,于帝王将相儒者之略无所不窥,谈天下厄塞如在几席。初为诸生,后弃去。神宗中叶,徒步走京师,上书言时务,为当路所排,因而归。自号无怀氏,究元同性命之奥。性轻财,与人虽百金弗吝,与于人一钱必偿。将死,谓其子曰:'吾无所负于人,止负某氏六斛粟,必反之。'子如命。少与汤显祖友善,为立石,表其墓云:'生不负人,死不愧尸。'著《悼亡友赋》以哀之。"(卷四六)其狂者气质实与义仍甚近似。按汤氏所作《悼亡友赋》今不见于其诗文集中,唯卷二十六存有《哀伟朋赋》一首,是悼其好友饶崙与周宗镐二人的,或许便是县志所言之《哀亡友赋》。在该赋之序言中,汤氏称二人"皆奇士",并述及三人之密切关系曰:"同卧处三岁余,前后别去。至同赴南宫,试都下,卧未尝有异衾枕,履袜先起者即是,不知其谁也。"又叙三人之风度曰:"三人嵯峨蹒跚而行乎道中,旁无人也。"其实,奇士也即是狂士,汤氏与他们为密友,自然亦可视为自评。看到他们之间关系的密切与旁若无人的风貌,也就不会奇怪汤氏后来的狂侠精神了。而他们之所以同具此狂态,又与其秉承罗汝芳之泰州传统不无关联。

但年轻时的汤显祖尽管一定程度上接受了近溪之学,在气质上也受有相当的影响,但他却曾一度陷入放荡不羁之中。他曾叙述此事说:"盖予童子时从明德夫子游,或穆然而咨嗟,或熏然而与言,或歌诗,或鼓琴。予天机泠如也。后乃畔去,为激发推荡歌舞诵数自娱。"(《汤显祖诗文集》卷三十,《太平山房选集序》)考汤氏生平,这"畔去"尽管可以指其终生未能成为讲学之儒者,但最明显的指谓却是从其二十一岁中举到三十七岁在南京为官时。对此,他曾有过明确的表述:"不佞亦且从明德先生游。后稍流浪,戏逐诗赋歌舞游侠如沈君典辈,相与傲倪优伊。成进士,观政长安,见时俗所号贤人长者,其屈伸进退,大略可知。而嘿数以前交游,俊趣之士,亦复游衍判涣,无有根柢。不如掩门自贞。"(同上,卷四四,《答管东溟》)观此则知义仍之"自娱"实可分为中进士前后两个阶段。其中进士前所以会有放浪之行为,是由于科举的挫折与苦闷,用他自己的话说便是"某少有伉壮不阿之气,为秀才业所消,复为屡上春官所消"。(同上,《答余中宇先生》)自万历元年至万历八年,他曾三上春官而皆败,其中除了命运的捉弄,还由于首辅张居正的从中作梗。①反复的失败不仅逐渐在消磨其锐气,而且科场

---

① 关于汤显祖拒受张居正拉拢而落第事,许多史籍均有记载。邹迪光《汤义仍先生传》曰:"丁丑(万历五年)会试,江陵公属其私人啖以魏甲而不应。庚辰(万历八年),江陵子懋修与其乡之人王篆来结纳,复啖以魏甲亦不应,曰:'吾不敢从处女子失身也。'"(《调象庵集》卷三三)而万历丁丑汤显祖的科举情形尚有更详细的记载,钱谦益《列朝诗

的弊端也使之胸中积聚了厚重的郁闷。为了继续参加科考，他曾长期在南京国子监做监生读书。在金陵这个繁华的都市里，他结识了沈懋学、梅鼎祚等风流才子，在一起赋诗作文，并流连于青楼歌舞之场，自然就难免有风流放荡之事。这便是上面所说的"后稍流浪，戏逐诗赋歌舞游侠如沈君典辈，相与傲倪优伊"，君典乃沈懋学之字，他与梅鼎祚皆为宣城人，又同受学于罗汝芳，所以才会与汤显祖有密切的关系。义仍在万历五年所作的《别沈君典》一诗中曾说："昨日辞朝心苦悲，壮年不得与明时。"（《汤显祖诗文集》卷三）可知他的流连歌楼舞场本是消愁遣闷的一种方式，但却毕竟属于"流浪"之举。而且在多年之后，每当回忆起这段风流潇洒的日子，依然充满了留恋之情，如其《遥和诸郎夜过桃叶渡》诗曰："诸公纷纷去何所？隔岸荧荧高烛举。若非去挟秦家姝，定是将偷邛市女。一从西蜀老王孙，千骑东方总不论。也乏使君呼共载，也无游女解宵奔。无缘此属翩连去，飘飘晔晔知何处。翠纳香奁夜著人，绛蜡清笙几回曙。当时我亦俊人群，情如秋水气如云。有酒谁家惜酣畅，饶花是处怯离分。如今两鬓笼纱帽，轻烟澹粉何曾到。眼看诸公淹夜游，心知此事从谁道。衙斋独宿清汉斜，灯影笼窗半落花。拼不风流长睡去，却持残梦到他家。"（同上，卷十）根据诗中"如今两鬓笼纱帽"之句，可知他此时已在南京为官，则是万历十一年中进士之后了，尽管他此刻因是在位官员而不得不对自身的风流行为有所收敛，但看到他人或"挟秦家姝"，或"偷邛市女"，便立时想到当年自己

（接上页）集小传》曰："万历丁丑，江陵方专国，从容问其叔：'公车中颇知有雄骏君子晁贾其人者乎？'曰：'无逾于汤、沈两生者矣。'江陵将以鼎甲畀其子，罗海内名士以张之。命诸郎因其叔延致两生。义仍独谢弗往，而君典（即沈懋学）遂与江陵子懋修（应为嗣修）偕及第。"（丁集中，《汤遂昌显祖》）谈迁《枣林杂俎》亦曰："至期并寓燕。前客果来，劝谒相国，各未决。客曰：'第访我，相国自屏后觇之耳。'沈独往则退。……招义仍，终不往。寻沈隽南宫，对策进士第 。义仍下第。"如此的不识抬举，当然会被对方做手脚而影响自己的前程。但其此前的科场失败则显然包含有运气不佳的成分在内，同时也说明科举考试充满了偶然性，并没有固定的标准可以遵循。

也曾是这其中的一员,也曾"情如秋水气如云",便深深遗憾自己再也难以到此"轻烟澹粉"之地去漫游嬉戏,只能深夜独守衙斋,与孤灯为伴了。无奈之中,他只好打消风流的念头,用一觉大睡去忘却这所有的烦闷,不料在梦中却又奔向了牵肠挂肚的"他家"。由此便可知道当年他的确对此风流歌舞之地染指甚深。在刚中进士后的三四年中,虽然他的放荡行为已有所收敛,但并没有将人生的志趣转向现实的政治,这从他对官位的选择上便可清楚地显示出来。他在中进士后,主动要求到南京任太常寺博士。当有朋友劝其转官北京时,他仿效嵇康的《与山巨源绝交书》,表示自己难以在北京做官之五不可:一不愿远离父母,二不愿离别多病之子,三不愿在北京贫寒度日,四不愿在北京奔波忙乱而自病其身,五不愿在北方领受风寒。其实这都不是重要原因,信函最后所讲的才是其真实思想,所谓:"况夫迩中轴者,不必尽人之才;游闲外者,未足定人之短。长安道上,大有其人,无假于仆。此直可为知者道也。……倘得泛散南郎,依秣陵佳气,与通人秀生,相与征酒课诗,满俸而出,岂失坐啸画喏耶。语不云乎,'斐然成章'。人各有章,偃仰澹淡历落隐映者,此亦鄙人之章也。"(《汤显祖诗文集》卷四四,《与司吏部》)正如上面所说,他看透了贤人长者的自私无能,俊趣之士的游衍判涣,也就对政治失去了应有的兴趣,便只愿"掩门自珍"。因而邹迪光《汤显祖传》在概括其本段经历时说:"以乐留都山川,乞得南太常博士。至则闭门距跃,绝不怀半刺津上。掷书万卷,作蠹鱼其中。每至丙夜,声琅琅不辍。家人笑之,老博士何以书为?曰:'吾读吾书,不问博士与不博士也。'闲策蹇驴,探雨花木末,乌榜燕矶,莫愁秦淮,平陂长干之胜,而舒之毫楮。都人士展相传诵,至令纸贵。"(同上,附录)可见他此时的主要生活内容便是写诗作文,游水玩山,依然没有改变其风流才子的性情。又据此时其交游情况看,亦可说明此点。除了沈懋学、梅鼎祚这些老朋友,他又相继交上了不少新友,如臧懋循、屠隆、唐伯元、魏允贞、李化龙、李三才等,而臧、屠、唐诸人均为著名的风流才子,钱谦益《列朝诗集小传》曾记臧懋循说:"懋循,字晋叔,长兴人。万历庚辰(八年)进士,风流任诞,官南国子博士,每出必以棋局、蹴鞠,系于车后。又与所欢小史衣红衣,并马出凤台门,中白简罢官。时南海唐伯元上书议文庙从祀,恭进石经大学,与晋叔偕贬,同日出关。"(丁集上,《臧博士懋循》)此事当时曾在士人中广为流传,影响甚大,臧氏非但迷恋于各种游戏技艺,甚或对男色也有浓厚兴趣,并炫耀于公开场合,也难怪会被逐出官场了。而对于臧氏的此种遭遇,汤显祖却抱着同情甚至是欣赏的态度,这有他写下的诗作为证明:"君门如水亦如市,直为风烟能满纸。长卿曾误宋东邻,晋叔讵怜周小史。自古飞簪说俊游,一官难道减风流。深灯夜雨宜残局,浅草春风恣蹴鞠。杨柳花飞还顾渚,箬酒苕鱼须判汝。兴剧书成舞笑人,狂来画出挑心女。仍闻宾从日纷纭,会自离披一送君。却笑唐生同日贬,一时臧谷竟何云。"(《汤显祖诗文集》卷七,《送臧晋叔谪归湖上,时唐仁卿以谈道贬,同日出关,并寄屠长卿江外》)由诗中可以看出,义仍对屠、臧的风流放荡行为非常清楚,但他认为并不能因为做官而减少了自我的风流,深灯夜雨之时,就是应该以切磋棋艺而消磨时光;浅草春风之中,更应随心所欲蹴鞠游戏。这的确显示了汤显祖对风流潇洒生活的向往,以及他本人六朝名士的风度。然而,如果认为汤显祖及其所交往的士人,本意便是迷恋于诗酒山水歌儿舞女甚至是自甘堕落,则依然是皮相之见。许多晚明士人在形似沉沦放荡的背后,其实都包含着不得已的苦衷,比如汤显祖的好友屠隆,在明人乃至后人的印象中,都是一副风流潇洒的名士派头,钱谦益曾如此记述其行迹:"长卿令青浦,延接吴越间名士沈嘉则、冯开之之流,泛舟置酒,青帘白舫,纵浪泖浦间,以仙令自许。在郎署,益放诗酒,西宁宋小侯少年好声诗,象得甚欢,两家肆筵曲宴,男女杂坐,绝缨灭烛之语,喧传都下,中白简罢官。……长卿既不仕,遨游吴越间,寻山访道,啸傲赋诗,晚年出盱江,登武夷,穷八闽之胜。"(《列朝诗集小传》丁集上,《屠仪部隆》)似乎是位地地道道的放荡不羁之士,许多现代学者也都将他作为晚明追求个性解放文人的代表,但是他自己却在给汤显祖的信中沉痛地说:"仆自中含沙以来,性灵无恙,皮毛损伤,仕学两违,身名俱废;……虽然,士托天壤,亦多途矣。桓荣、井丹,显晦异执;子鱼、幼安,静躁殊操。不闻云鸿下慕泽雉,不闻野鹿乃羡槛猿。安身立命,仆盖别有所得。固将毁弃荣华,灭裂文藻,跳尘中而立霞外。余便难与足下竟谭。数十年后,足下终当入我窠臼来。海内好刻画不佞,多失其实。仆少无佻达之性,长有臃肿之形。此中颇真,风调绝少;酒德既浅,胜具更微,远游以伧父不收,伯伦以俗物见弃。惟是坚心苦行,可随雪山老头陀执爨扫除,则仆所自亮。世人皮相长卿,足下当别开慧眼,何如,何如?"(《栖真馆集》卷十六,《与汤义仍奉常》)此为屠隆实言,令人闻之鼻酸。他的放荡实为不得已之所为,尽管他在愤激之余所提出的"士托天壤,亦多途矣"的价值多元,也显示了晚明文人开放的心态,但他做出如此的选择则实在是出于无奈,所以他才会抱怨海内对他的刻画"多失其实",认为那全是"皮相长卿",并渴望义仍先生"别开慧眼",能够理解其苦心。此种意思他在《答刘子威侍御》的信中表述得更为明白:"不佞少有大志,慨然欲以文章功业自表见于世。文章视其材力,不佞材力浅薄。既无当作者,方出为吏,辄捐身忘家,冀勉竖尺寸。命其不然,乃有物败之。"又述其败后之愿曰:"不佞勋业为彼夫所败,便当立灰世念,撒手烟霞,遇境乘流,又何顾焉。"(《明文海》卷二〇八)从其急于向他人表明心迹这一点看,屠隆的确是感受到了被环境所误解的苦恼。对此也许只有老朋友汤显祖才能真正成为他的知音,事实上也的确如此,我们看义仍先生在《怀戴四明先生并问屠长卿》一诗中是如何描述屠隆的:"赤水之珠屠长卿,风波宕跌还乡里。岂有妖姬解写姿,岂有狡童解咏诗?机边折齿宁妨秽,画里挑心是绝痴。古来才子多娇纵,直取歌篇足弹诵。情知宋玉有微词,不道相如为侍从。此君沦放益翩翩,好共登山临水边。眼见贵人多卧阁,看师游宴即神仙。"(《汤显祖诗文集》卷七)义仍在此指出了屠隆"风波宕跌还乡里"的不幸遭遇,也就理解了他放荡不羁的行为,其"折齿""挑心"的失检并不足以涂污其人格,他的娇纵乃是才子的娇纵,正由于沦放才使之更加傲岸狂放,在登山临水的漫游中消磨其一腔不平之气。从本质上讲,汤显祖前些年的流连于歌楼舞榭与这些年的闭门读书及漫游山水,在某种程度上与屠隆之所为乃同一性质,他对屠隆的理解实在就是一种自我的表白。从汤显祖本时期所创作的传奇剧本《紫钗记》里,你可以明确地感受到此一点。在李益与霍小玉的浪漫爱情故事中,显然糅合进了义仍本人的一些生活经历与情感基调,身着唐代服装的青楼才子,实在与当时南京城中的晚明士人没有什么太大的区别。然而,作者并没有将眼光只盯在青楼之上,他还运用皮里阳秋的笔法,描绘了一位专权霸道的卢太尉,在这位权相身上分明可以嗅出浓厚的张居正气味。同时,作者还写了一位黄衣豪士,让他专管人间的不平之事,在他的身上,既透露出汤氏本人的些许侠气,又寄托着汤氏的某种飘忽不定的人生理想。当然,上述这些倾向都不算强烈,都只在作品中隐隐约约地表现出来。生活中的汤显祖依然只闭门读书,依然只游山玩水,依然只作文吟诗,总之依然是一位风流才子,因而也就像屠长卿一样遭到过不少人的误解。

然而就在万历十四年这一年头,汤显祖的人生经历发生了一次较大的转折,转折的直接促成因素乃是罗汝芳到南京的讲学活动。杨起元《罗近溪先生墓志铭》记曰:"夫子乙酉大会江西同志于会城。丙戌(万历十四年)麻城周柳塘公来访。同舟下南昌,游两浙,至留都。日与朱子廷益、焦子竑、李子登、陈子履祥、汤子显祖等谈学城西小寺。未几同志咸集,会凭虚阁,会兴善寺。"(《近溪子集》附集卷二)尽管在这些年中汤显祖并没有忘记自己的老师近溪先生,也与其他心学弟子多有接触,而且对于讲学的解禁也是由他率先提出的[①],但毕竟他在这其间更多的是过着吟诗作赋、漫游山水的文人生涯,早年的心学修养并没有融化进他的人格之中。而这次他又有了一段集中的时间与近溪先生及其他学者在一起讨论性命之学,并在他的意识深处引起了巨大的震动。尽管他们当时所讨论的具体内容今已不得而知,但有幸的是汤氏记述了此次论学对其人生转折的重大意义,如其《秀才说》曰:"吾生四十余矣。十三岁时从明德罗先生游。血气未定,读非圣之书。所游四方,辄交其气义之士,蹈厉靡衍,几失其性。中途复见明德先生,叹而问曰:'子与天下士日泮涣悲歌,意何为者,究竟于性命何如,何时可了?'夜思此言,不能安枕。久之有省。知生之为性是也,非食色性也之生;豪杰之士是也,非迂视圣贤之豪。"(《汤显祖诗文集》卷三七)在此近溪先生指出,汤氏诸人的"泮涣悲歌"亦即自由放任地生活与创作,实在是一种无目的的生命宣泄,无助于对自我生命价值之体认。也就是说,如何安排自己的一生,怎样生活方有价值,何种结果才是真正的人生归宿,等等。近溪提出的这些人生问题引起了义仍的深思,以致使他长夜不能安枕。最后他得出的结论是,生生之仁才是性之内涵,而不能只限于食色之类的最基本的生命层面;真正的豪杰之士应该具有关注民生、化导天下的圣贤作为,而不是迂视圣贤、目空一切的狂傲放任。这种心学的体悟表现在其现实人生行为上,便是对朝

---

① 汤显祖《奉罗近溪先生》的信说:"受吾师道教,至今未有所报,良深缺然。道学久禁,弟子乘时首奏开之,意谓吾乡吏者当荐召吾师,竟尔寥寥。"(《汤显祖诗文集》卷四四)阳明心学的解禁当然不是义仍一人之功,从当时的阁臣到各部中的许多要员,都有这样的打算,再加上朝野间王学的强大势力,王学的解禁可以说是必然的。但汤显祖的请求王学解禁的奏疏依然是不可忽视的一件事情,且不言其是否"首奏开之",起码说明了他对阳明心学的热情与责任感,则对于我们此处所研究的他与心学的关系便是相当重要的了。

政士风的关注,如他在本年所写的《答舒司寇》中说:"故倾朝中尊卑老壮交口相恶,莫甚此一二年余。人各有心,明公以诸言事者多恶少,正恐诸言事者闻之,又未肯以诸大臣为善老耳。"(《汤显祖诗文集》卷四四)可知他的立场是鲜明地站在言官小臣一边的,这也为他后来的上疏指斥"大老"做了张本。不过最能表现他此时心态的,还是作于本年的《三十七》一诗,其曰:"我辰建辛酉,肃皇岁庚戌。初生手有文,清羸故多疾。自脱尊慈腹,展转大母膝。剪角书上口,过目了可挟。就君有明教,大父能阴骘。童子诸生中,俊气万人一。弱冠精华开,上路风云出。留名佳丽城,希心游侠窟。历落在世事,慷慨趋王术。神州虽大局,数着亦可毕。了此足高谢,别有烟霞质。何悟星岁迟,去此春华疾。陪畿非要津,奉常稍中秩。几时六百石?吾生三十七。壮心若流水,幽意似秋日。兴至期上书,媒劳中搁笔。常恐古人先,乃与今人匹。"(同上,卷八)本诗当作于汤氏参与罗汝芳讲学论道之后。因据《文昌汤氏宗谱》所记,义仍生日在八月十四日,则本诗必作于此后无疑。而近溪之来南京讲学,则据罗氏自作全集题词中"夏仲,余同年友柳塘周君来自楚黄""修篁如栉,暑气全消"等语,时间显然是在本年夏天,故知诗当作于论学之后。(见徐朔方《晚明曲家年谱》第三卷,第285页)在这首志生日的诗中,义仍对其生平做了回顾与总结,他回忆了自身"希心游侠窟"的放纵生涯,也表示了"慷慨趋王术"的人生抱负。尽管仍自认"别有烟霞质",却必待了此神州大局后方可满足此愿望。于是他终于有了"兴至期上书"的现实选择,只是因为时机不成熟方才搁笔,然而却就此为万历十九年的上疏埋下了伏笔。因此,这首生日诗实质上意味着汤显祖新的人生态度的开始。当然,汤氏最近几年中在现实行为上并没有太大改变,依然在南京礼部任他的博士、主簿、主事之类的闲职,但在一些不易察觉之处却也悄悄起了变化,比如自本年开始,他诗集中反映民生疾苦的诗作一天天多起来了,像《丙戌五月大水》《丁亥戊子大饥疫》《闻北土饥麦无收者》《江西米信》《饥》《喜麦》等等，都是在他前此的诗中非常少见的，这显示了他已将目光从一己之情趣移向万民之哀乐，如在《戊子春》诗中，面对着"士女接春游，清郎陪胜引"的南都佳丽之景，他却有了异样的感觉，"岂无春日迟，常似风凄紧"，那么其原因何在呢？原来他看到的是"素屋少生烟，紫陌多流殣"的生民不幸景象，于是遂产生了"耳目都非是，言笑复何忍"的同情之心。（《汤显祖诗文集》卷八）可见此时他已俨然具备了一副杜甫般忧国忧民的热肠。

万历十八年是汤显祖发生思想转折的另一个比较重要的年头，尽管在决定意义上它抵不上万历十四年的分量，但至少可以将其视为加速义仍转化的重要因素。具体而言便是本年他接触了当时思想界大怪杰李贽的思想。本年是李贽与耿定向展开学术争论的第六个年头，并在此时将二人论争的来往书信收入其《焚书》中在麻城出版。汤显祖在《寄石楚阳苏州》中说："有李百泉先生者，见其《焚书》，畸人也。肯为求其书寄我驼荡否。"（同上，卷四四）据徐朔芳先生考证，该信作于万历十八年，也就是说汤氏于本年不仅已读过《焚书》，并对李贽产生了浓厚的兴趣与向往之情，所以才让石昆玉进一步为之搜集李氏著作。而且他在此时还与名僧达观来往密切，而达观更是一位虽身入佛门却未忘怀世事的热心人。如果说近溪先生影响汤显祖的主要是生生之仁的济世观念的话，则李贽、达观则以其狂放进取的精神深深吸引了义仍。正是有了这些影响，使他更加关注朝政国事，所以当他看到同乡山西道御史万国钦弹劾首辅申时行的奏疏时，顿觉心情振奋，万氏在疏中斥责申阁老"互相党援，欺君误国"。（《明实录》卷二二七）可谓直言不讳，他虽然被贬为剑州判官，却深得义仍称赏，在其《寄万二愚》的信中曰："读兄大疏，甚善。一不负江西，二不负友，三不负髯。"（《汤显祖诗文集》卷四四）由此非但可以看出他对内阁的态度，甚至可以隐隐透出他本人跃跃欲试的心情。果然，在次年三月，他便向朝廷呈上了那封著名的《论辅臣科臣疏》。在疏中他不仅指出了言官之所以无一喙之忠，实乃因内阁闭塞言路，并且还揭发了科臣杨文举、胡汝宁贪贿失职之罪，尤其是对近二十年的朝政做了总体性的否定，他说："陛下经营天下二十年于兹矣。前十年之政，张居正刚而有欲，以群私人嚣然坏之；后十年之政，时行柔而有欲，又以群私人靡然坏之。"（《汤显祖诗文集》卷四三）此疏一出，可谓人心大快，但汤氏本人却落了个贬官徐闻典史的结果。钱谦益在《列朝诗集小传》中，说汤显祖上疏后曾在致友人的信中说："乘兴偶发一疏，不知当事何以处我？"（丁集中，《汤遂昌显祖》）此信在现存的汤氏书信中已难以见到，但可以肯定地说，汤氏的上疏绝非一时的心血来潮，而是思想转变后的必然之举，他在《答张起潜先生》中说："观时事，上疏一通，或曰上振怒甚，今待罪三月不下。弟子不精不神，盖可知矣。"（《汤显祖诗文集》卷四四）在皇上的震怒面前，他并未表现出惊慌的心情。其实，他在上疏之前，便应知道后果的严重，因为他很清楚如今的士风与朝廷形势对上疏者是相当不利的，所以才会说："此时男子多化为妇人，侧行俛立，好语巧笑，乃得立于时。不然，则如海母目虾，随人浮沉，都无眉目，方称盛德。"（同上，卷四八，《答马心易》）那么如今他要做一个顶天立地直言上疏的豪杰，自然会不被朝廷尤其是内阁所容了，更何况头年已有万国钦的遭贬作为前车之鉴呢？既然明知自我之不合时宜并将会得到开罪朝廷的结果，那他又是靠什么力量来支持自我的现实行为的呢？那只能说是心学的自信与无畏，关于此一点他在《答管东溟》的信中讲得很清楚："得奉陵祀，多暇豫。如明德先生者，时在吾心眼中矣。见以可上人之雄，听以李百泉之杰，寻其吐属，如获美剑。方将藉彼永割攀缘，而竟以根随，生兹口业。"（同上，卷四四）其实，无论是罗汝芳、李贽还是达观，他们的人生态度与思想见解都是一柄双刃之剑，既有斩断世俗而追求超越的一面,又有关注现实而干涉世事的一面。汤显祖当然想借助此三人的人生理论摆脱现实的烦恼,但明德之仁、达观之雄、卓吾之杰,再加上义仍的狂放执着,却更容易形成其强烈的进取精神,其结果便是《论辅臣科臣疏》的出现。可以想见,倘若没有罗汝芳万历十四年对义仍思想的重新陶冶,没有李贽、达观雄杰精神的激励,便很难有该疏的提出,也许汤氏依然会像前些年那样,或流连诗酒,或登山临水,或闭门读书,做一个风流潇洒的放荡才子。其实,这三位前辈的思想决不仅仅限于对义仍进取精神的激励,而且对他一生的人生态度都有着难以估量的深层影响。当他被贬官徐闻时,许多人都为他抱不平,邹迪光致诗曰:"不博謇修怜,却贾女婆詈。一鸣辄见斥,中道竟踣踬。"(《调象庵集》卷四,《寄赠临川汤义仍二首》其一)梅鼎祚亦赠诗曰:"器大苦难用,分乖适不华。绳墨中自谐,安能趋群邪?"(《柳亭诗话》卷二,《赠义仍》)帅机亦有诗曰:"弘词早已标芳苑,直疏频能批逆鳞。海鹤秋风仍傲客,岭猿夜雨伴孤臣。"(《秋阳馆集》卷十一,《喜汤义祠部奏弹权贵谪尉雷阳》)这其中除了同情,还有对其不公正遭遇的义愤不平,以及对其孤独寂寞的流放生涯的担忧,这从好友刘应秋劝其多带内典以解除烦闷的行为中,可以很清楚地显示出来。但朋友们实在是低估了此时义仍的思想境界,他应付挫折的能力也许大大出于许多友人之预料,这应是得力于他在近几年中所受心学的熏陶。在赴徐闻的途中他不仅未表现出消极感伤的情调,反倒一路游山观水,吟哦不绝。邹迪光曾特意记述此时义仍状况曰:"徐闻吞吐大海,白日不朗,红雾四障,猩猩偲偲,短狐暴鳄,啼烟啸雨,跳波弄涨。人尽危公,而公夷然不屑。曰:'吾生平梦浮丘罗浮,擎雷大蓬,葛洪丹井,马伏波铜柱而不可得,得假一尉,了此宿愿,何必减陆贾使南粤哉!'"(邹迪光《临川汤先生传》,见《汤显祖诗文集》附录)在这毒雾弥漫、鳄鱼出没的天涯海角之地,其环境绝不比阳明先生贬谪之地的贵州龙场更为优越，但他却像阳明先生一样地从容坦然，他不仅有漫游山水的雅兴，并在贵生书院中讲学以阐明其生生之仁的人生理论，其最为重要的哲学论文《明复说》也正是撰于此一时期。尽管他没有像阳明先生那样由此悟出开一代风气的学术思想，但其所拥有的人生境界当无太大差异。这种遇逆境而不失其乐、处偏远而不忘其责的人生境界，不仅帮他度过了徐闻的贬谪生涯，并使之在转官遂昌县令后依然能做出显赫的政绩，尽管他不愿多谈自我，经常轻描淡写地说："弟素不习为吏，喜遂昌无事，弟之懒云窝也。"(《汤显祖诗文集》卷四五，《寄马心易比部》) "平昌令得意处别自有在。第借俸著书，亦自不恶耳。"(同上，《答习之》) 但他所采取的却并非老庄无为而治的态度，而是"减科条，省期会，一意拊摩噢咻，乳哺而翼覆之。用民得和。日进青衿子秀扬推论议，质义斧藻切劘之，为兢兢。一时醇吏声为两浙冠"。(邹迪光《临川汤先生传》，同上，附录) 他在遂昌所采取的是去豪强之害而与民休息，教学校子弟以振作士习而已，并且他已将此种为政措施上升至理论高度，所以在与朋友的信中才会说："头大平昌，一以清静理之。去其害马者而已。士民惟恐弟一旦迁去，害马者又怪弟三年不迁。昔人性之所不通，归之命；命之所不通，归之性。性命通则出入以度而无碍。恨复未臻兹境耳。"(同上，卷四五，《答李舜若观察》) "未臻兹境"显系自谦之词，这且不去管他，而通性命则意味着顺仁体之生机而一任其自然。这可以说不仅是其治理遂昌的经验，也是其政治理想，更是其心学的境界，如果给汤氏以机遇，或许他会将其理想推向更为广阔的领域。

然而，风云变幻的晚明社会不会给汤显祖提供实现其理想的任何机遇。万历二十六年，汤显祖的直声美誉已广被朝野，甚至有了汤氏直名已题于神宗御屏之上的传说，故而其好友梅禹金在信中说："闻直名题在御屏，不可谓不遇主矣。"(《鹿裘石室集》卷八，《与汤义仍》) 似乎一时间汤氏的前途充满了光明。但就在此时，义仍先生却挂冠离开了官场,着实令不少人吃了一惊。关于汤氏辞官的原因,邹迪光在《临川汤先生传》说:"公以倜傥夷易,不能卷韝鞠跽,睨长吏色而得其便。又以矿税事多所跅盭,计偕之日,便向吏部堂告归。虽主爵留之,典选留之,御史大夫留之,而公浩然长往,神武之冠竟不可挽矣。"(《汤显祖诗文集》附录)邹氏的叙述是真实的,这有义仍自己的话作为证据,他在《漫书所闻答唐观察四首》(同上,卷十二)中说:"只言姓字人间有,那得题名到御屏?"(其一)他绝不相信自己的名字会引起皇上的重视。因为他很清楚:"心知故相嗔还得,直是当今丞相嗔。"(其三)他已经惹得当今的首辅很不高兴,如何还会有官运可言?"已拼姓字无人识,检点封章得内家。"(其四)而不被丞相所喜欢的原因,则是邹氏所言的"不能卷韝鞠跽",也就是不能屈身从人,故而便招致了权贵的忌恨。关于"矿税"之事,有他的《寄吴汝则郡丞》为证:"搜山使者如何,地无一以宁,将恐裂。"(同上,卷四五)文后有注曰:"时有矿使至。"遂昌是一多山地区,当然免不掉矿税的骚扰。汤氏对于此事的感受相当复杂,因为他不仅担心地方受害,更对神宗本人以及朝廷前途也已完全失望,故而深深感叹曰:"中涓凿空山河尽,圣主求金日夜劳。赖是年来稀骏骨,黄金应与债台高。"(同上,卷十二)如今皇上感兴趣的是黄金而不是人才,其用意与李商隐之"不问苍生问鬼神"同。既然自己已不容于现实,皇上也再无振作之志,则非但自身升迁以图大举之理想已经破灭,甚至连其治下也已难保平静,那他还有什么理由继续滞留于仕途而不辞官归隐呢?但汤显祖没有料到的是,他的不幸遭遇这才刚刚是个开始,在以后的数年中,除了失去儿子开远等子女亲人,他又在万历二十九年的官员考察中以"浮噪"被除去官籍,正如他本人所说,他已经"三年杳然岩壑,不当入计中"(同上,卷四七,《与冯大所大参》),然而掌管考察的官员还是秉承前任首辅的遗意,又一次给了汤显祖人格上的污辱；万历三十年，他所仰慕的前辈学者李贽被朝廷逮系狱中，并最终自裁而死；万历三十一年，他的老师兼朋友名僧达观亦被朝廷捉拿，最终亦圆寂于狱中；同时，朝政更是一天天地恶化，连汤显祖最佩服的清官能吏赵邦清，也在万历三十年被人诬陷而罢职还家。所有这一切，都促使汤显祖日益对政治产生厌倦情绪，他曾感叹说："世路良难，吏道殊迫。"（《汤显祖诗文集》卷四六，《答山阴王遂东》）他晚年自号"茧翁"，取其"干而不出之意"。（同上，《答赵梦白》）甚至表示："天下事耳之而已，顺之而已。吾辈得白头为佳，无须过量。……视今闭门作阁部，不得去，不得死，何如也。"（同上，《与丁长孺》）当叶向高诸位阁老先生在仕途中欲去不得，欲死不能时，汤显祖的自作茧翁起码保持了自我的适意。正是在此种心情支配下，他对佛教解脱理论倾注了更多的精力。

谈到义仍的佛教因缘，当然不能不提达观和尚（1543—1603）。达观乃真可之字，其晚年又号紫柏，俗姓沈，苏州吴江人。少年豪放任侠，性情火爆，年十七，仗剑远游，途遇虎丘僧明觉，遂从其出家，后遍参各方，终成为一代名僧。汤氏与达观的交往经历有些近乎传奇色彩，其《莲池坠簪题壁二首》诗序回忆说："予庚午（隆庆四年）秋举，赴谢总裁参知余姚张公岳。晚过池上，照影搔首，坠一莲簪，题壁而去。庚寅（万历十八年）达观禅师过予于南比部邹南皋郎舍中，曰：'吾望子久矣。'因诵前诗，三十年事也。师为作《馆壁君记》，甚奇。"其二首题壁诗曰："搔首向东林，遗簪跃复沉。虽为头上物，终是水云心。""桥影下西夕，遗簪秋水中。或是投簪处，因缘莲叶东。"（同上，卷十四）很难说此时的汤显祖真有什么出世之念，他所言"虽为头上物，终是水云心"的禅机之语，或许有功成身退的意思在内，不过对于一位二十一岁的青年举人来说，似不应有太强的出世追求。但这并不经意而题写的两首绝句，却在偶然之间被达观发现了，他于是认定题诗人当与佛氏大有因缘。他在后来给义仍的信中也追忆说:"野人追踪往游西山云峰寺,得寸虚(达观为义仍所取之法号)于壁上,此初遇也。至石头,晤于南皋斋中,此二遇也。辱寸虚冒风雨而往顾栖霞,此三遇也。及寸虚上疏后,客瘴海,野人每有徐闻之心,然有心而未遂。至买舟绝钱塘,道龙游,访寸虚于遂昌。……然此遇,四遇也。今临川之遇,大出意外。何殊水云相遇,两皆无心,清旷自足。此五遇也。"(《紫柏老人集》卷二三,《与汤义仍》)其中的初遇、二遇与五遇,的确均为无心而遇,说明二人实在有些缘分。然而在这看似偶然的巧合中,二人之相遇却又存在着必然的因素。义仍在遇到人生挫折时需要精神的慰藉,于是便会主动地接触佛学;而达观则认为义仍世情太重,需要宗教的超越。而且达观又在晚明士人中具有很高的名望,则二人的遇合便不是偶然的了。许多学者都认为汤显祖与达观之间的人生观是相互对立的,原因是汤强调情而达观重视理,这当然是有道理的,但却是并不全面的。达观虽已入空门,其用世之心却并不下于义仍,他只是认为汤显祖应该放弃诗文等无关于性命的世情行为,而更留意于性命之道,并非要他完全不问世事,因为这是连他本人都难以做到的。就达观的心性理论而言,与阳明心学具有某种一致之处,他在《法语》中说:"夫理,性之通也;情,性之塞也。然理与情而属心统之,故曰心统性情。即此观之,心乃独处于性情之间者也。故心悟,则情可化而为理;心迷,则理变而为情矣。若夫心之前者,则谓之性;性能应物,则谓之心;应物而无累,则谓之理;应物而有累者,始谓情也。故曰,无我而通者,理也;有我而塞者,情也,而通塞之势,自然不得不相反也。……故通塞、远近、悟迷,初皆无常者也。心悟,则无塞而不通;心迷,则无近而不远也。……心之为物,不可以内外求,不可以有无测。内求不免计心于身内,外求则不免计心于身外。有求则不免计心于声色形骸,无求则不免计心于寂灭虚空。如是求悟心者,皆不善求者也。"(《紫柏老人集》卷一)此处所言"应物而无累"之理,实类于阳明心学所言之无善无恶境界。故而从整体上言乃是心学的思路。以心之迷悟来论理与情,固然有佛教意味,但更有心学之特征,关于此一点他在另一处言之更明:"率情率性霄壤隔,相逢几人辨端的。两者从来一而二,用处在人迷与悟。悟则喜怒惟率性,率性能通天下情。情通开物而成务,譬如一指间屈信。不能率性而率情,迷中信人可怜生。……率性之谓道,率情之谓倒。噫,圣人岂无情哉!惟其通而无累,情故无所不达,无累故初无爱憎。……率性则无我,无我则无内外。内外既无,则出入者其谁乎?……觉情觉情,觉则性明。无分憎与爱,触处本光灵。"(同上,卷二)达观所言之性,其实便是阳明之良知,论本体,它无善无恶,无执无滞,故无世情之累;论发用,则知善知恶,是非分明,可以应世达情。由此可以看出其未能忘世之心态,以及儒、释相融之思想特征。正是由于此种思想特征,才出现了如下形似反常的事件。在万历三十年,达观决意北上至京阻止矿税时,汤显祖反劝他切莫入京,以免遭遇不测。但达观却回信说:"大抵仆辈披发入山易,与世浮沉难。公以易者爱仆,不以难者爱仆,此公以姑息爱我,不以大德爱我。昔二祖与世浮沉,或有嘲之者,祖曰:'我有调心,非关汝事。'此等境界,卒难与世法中人道者。……且仆一祝发后,断发如断头,岂有断头之人,怕人疑忌耶?"(同上,卷二三,《与汤义仍》)而达观此次进京的目的,则是要实现其三大誓愿,所谓:"海印不归,我为法一大负;矿税不止,我救世一大负;传灯录不续,我慧命一大负。舍此一具贫骨,释此三负,不复走王舍城矣。"(钱谦益《列朝诗集小传》闰集,《紫柏大师可公》)海印即其好友憨山德清和尚,此老亦为晚明名僧,并与皇室关系密切。万历二十三年,神宗因不满于皇太后耗巨资为佛事而迁怒于德清,将其置于狱中,并以私创寺院的罪名令其充军雷州。续传灯录乃宗门内事,这且不言,而要使德清归来与阻止矿税,均为难度极大之事,其中仅矿税一事,便足以使汤显祖萌生弃官的念头,而达观却义无反顾地要以生命去挽回这混乱的世道,由此便可见出其勇于献身的精神,而且他最后也终于用一死兑现了自我的诺言。了解这些之后,便须对义仍与达观的关系做出新的理解,尤其是他们之间关于情与理的争论,便既不能从传统的程朱理学之理与自然情感之情的层面来阐释,也不能从儒家入世精神与佛教出世的态度之层面来解说。而是牵涉到人生修养境界这一重大问题。达观认为,只有斩断自我私情之累,方可免去牵缠,至于无我,性体明灵,通而无碍。这便是心学传统中常说的能出世方可入世的意思。然而,属于泰州一系的汤显祖却无法理解此一点,因为在他看来,既欲入世而又无世情是不可能的;既无世情,则世亦不必入,一切皆空矣,故曰:"情有者理必无,理有者情必无。真是一刀两断语,使我奉教以来,神气顿王。谛视久之,并理亦无。世界身器,且奈之何。……迩来情事,达师应怜我。白太傅、苏长公终是为情使耳。"(《汤显祖诗文集》卷四五,《寄达观》)若是无情,并理亦无;若是有理,则情亦难免。不像达观那般,既要断绝情缘,又要做教主管人间之事。义仍在晚年曾作总结说:"弟一生疏脱。然幼得于明德师,壮得于可上人,时一在念,未能守笃以环其中。来去几合,尚悠悠如是,时自悲怛。"(同上,卷四七,《答邹宾川》)无论是相比于明德师还是可上人,他都难以达到得其环中以应无穷的圣人境界。这便是他与二人的真实不同处。从对心学理解的透悟性来说,义仍显然难与达观相比,因为汤氏毕竟是一位才华横溢的诗人与剧作家,让他断绝人间情欲的确是非常艰难的。但在晚明险恶的境遇中,又不能充分施展自我的才情,于是便不能不一面渴望出世以躲避烦恼,一面又因强烈的入世之情而难以完全入空求无,从而也就形成其矛盾复杂的心态。我以为这是把握汤氏晚年心态的一条重要线索。

汤显祖在其一生中的确不断地表示要到佛道中去求解脱,而且越到晚年此种倾向越强烈。但由此却并不像以前许多学者所说的那样，这表现了汤显祖思想的消极倾向。恰恰相反，他之所以需要不断用佛道来进行自我安慰，正说明了其入世精神的顽强而难以更易。如果没有其入世精神与险恶环境相撞击而产生的严重心理焦虑，也就没有必要寻求宗教的药方。要准确把握义仍的晚年心态，便必须弄清其弃官归隐的性质，即是否由此断绝了世情，还是依然贯彻了其对情的执着与正直的人格。我以为他的退出官场只意味着对黑暗政治的失望，而并非是对人生的绝望，其区别只不过是前者以现实政治操作来表现其对人生关注，后者则是用文艺创作来表达同样的内容罢了。就儒者的人生理想来说，后者当然不如前者更为直接有效，但在万般无奈的险恶境遇里，也只能做出如此的选择了。评论汤显祖的专家沈际飞便清楚地看到了此一点，故而说："义仍先生，其人不可得而见，其集可得而论。殆裹诚慕义，疆执孤行，而踯躅不进，思穷力蹙，故大放厥词。欢欣悲叹，法戒作止，莫不假是以托情，缘情而著体，非了然于中者勿言，非诚有于己者勿述。"（《玉茗堂集序》，见《汤显祖研究资料汇编》，第378页）沈氏指出，正由于其"裹诚慕义"之品格与"疆执孤行"之个性在现实中遭到了挫折，方使之在文艺创作中"大放厥词"，亦即现实的挫折迫使他改变了表述的方式。其实义仍本人也清楚地认识到了此一点，他曾说："不伎幼志颇巨，后感通材之难，颇事韵语，余无所如意。"（《汤显祖诗文集》卷四八，《答许子洽》）从原来欲在现实中展现其才能的颇巨之志，到后来的一意从事韵语创作，的确是人生的重新思考与重新设计，但这并不意味着要改变其一贯的人生态度。此种情形从其"临川四梦"的创作中可以得到充分的说明。四梦中除《紫钗记》作于南京为官的早期外，其他三梦均集中于万历二十五年至二十九年他辞官归隐的前后。关于《牡丹亭》的创作时间尽管目前仍有争议，或以为作于万历二十五年义仍辞官前，或以为作于万历二十六年其辞官后。① 其实一部长篇传奇本身便可能跨越较长的时段，或许在二十五年已基本完成，而二十六年又有所修改也说不定，何况时间仅差一年，对我们了解汤氏的心态亦无太大影响。该剧集中笔墨写情是没有问题的，其情之内涵已见于上节分析，先再看其创作的目的。本剧第一出《标目》有一首《蝶恋花》曲子曰："忙处抛人闲处住，百计思量，没个为欢处。白日消磨肠断句，世间只有情难诉。玉茗堂前朝复暮，红烛迎人，俊得江山助。但是相思莫相负，牡丹亭上三生路。"（《汤显祖集》第三册，第1811页）从这首曲子中可以看出，尽管义仍对官场已失去兴趣，但在与政治绝缘之后，入世精神极强的他依然感受到极大的失落，因而他"百计思量，没个为欢处"。从此一角度讲，他之创作《牡丹亭》，乃是无奈中的选择，用这"断肠句"来消此"白日"，亦足悲矣。然而，他之创作行为又不仅仅只是消磨时日，因为那里边还有其人生价值寄托，他要用"情世界"来实现他在世俗世界没有完成的夙愿。你可以说义仍之作《牡丹亭》是其政治失败后的情绪发泄，是他弥补心灵失衡的白日梦，但这情绪与梦中却有他的一贯理想与人生信念。最容易引起人们误解的乃是后二梦，许多文学史与戏曲史均将其视为是作者晚年消极情绪的体现。从作品情调上看，后二剧的确不如前二剧格调欢朗，但这并不说明作者本人已对人生完全绝望，已步入寂灭的宗教殿堂，如果那样的话，他完全没有必要、同时也不会再有兴趣去进行戏剧的写作，而会悄无声息地走完自己的人生历程，然后再归向那彼岸世

---

① 关于《牡丹亭》创作时间的争议，持万历二十六年说者可以徐朔方先生为代表，他在《玉茗堂传奇创作年代考》一文中认为："《牡丹亭还魂记题词》自署万历戊戌秋，当作于是年。"（《晚明曲家年谱》第三卷，第484页）但徐先生的观点一直有人持有异议，直到近年来还有人在撰文予以商榷，对此可参见刘宗鹤《〈牡丹亭〉作于遂昌证说》（《戏曲艺术》1997年第4期）。该文对徐朔方先生所用的几条论据材料——予以辩难，同时又提出了一些新的证据，最后得出结论说："汤显祖于万历二十五年赴京上计之前在遂昌县官任上写成《牡丹亭》传奇；次年秋定稿，作《牡丹亭记题词》并演出于临川。"我以为这种看法较接近于历史事实。

界,你几曾见一位得道高僧、彻悟禅师还去从事这俗世的行当?汤显祖在其《南柯记题词》中说:"人之视蚁,细碎营营,去不知所为,行不知所往,意之皆为居食事耳。见其怒而酣斗,岂不哄然而笑曰:'何为者耶!'天上有人焉,其视下而笑也,亦若是而已矣。"(《汤显祖诗文集》卷三三)翠雅阁本评此段话曰:"只此数语,已竟一本传奇。"(同上)依汤氏之意,人的行为与蝼蚁无异,平生所为,只为"居食事";而人之争斗,亦与蚁同。犹如天上之人而视地上之人,完全是无谓的争斗。他告诉人们,"居食事"是不可少的,故须有生生之意与深厚之情;然又不能常梦无醒,贪于争斗。换言之,人既要有梦中之真,又要有梦后之醒,这便是《南柯记》的主旨。沈际飞亦循此思路评曰:"临川有慨于不及情之人,而乐说乎至细至微之蚁,又有慨于溺情之人,而托喻乎醉醒醒醉之淳于生。淳于未醒,无情而之有情也;淳于既醒,有情而之无情也。惟情至,可以造立世界;惟情尽,可以不坏虚空;而要非情至之人,未堪语乎情尽也。"(《题南柯梦》,见《汤显祖研究资料汇编》,第1325页)后来戏曲史家吴梅重复了沈氏的此种见解,并言"此临川填词之旨也"。(同上,第1340页)之所以会有这种主旨,与义仍本人对情的看法分不开,他在《复甘义麓》中说:"性无善无恶,情有之。因情成梦,因梦成戏。"(《汤显祖诗文集》卷四七)如果说情可以分为善恶的话,则《紫钗》与《牡丹》二记无疑为善情,而《南柯记》或可称之为善恶相杂之情,作者一面描写蝼蚁生生之世界的有情,一面又感叹人生相互争斗之无谓。而到了《邯郸记》中,则便基本是对恶情之嘲笑了。这有义仍自己的话为证,他在《邯郸记题词》中说:"士方穷苦无聊,攸然而与语出将入相之事,未尝不怃然太息,庶几一遇之也。及夫身都将相,饱厌浓酲之奉,迫束形势之务,攸然而语以神仙之道,清微闲旷,又未尝不欣然而叹,惝然若有遗,暂若清泉之活其目,而凉风之拂其躯也。又况乎有不意之忧,难言之事者乎?回首神仙,盖亦英雄之大致也。"

(《汤显祖诗文集》卷三三)这其中确有人生无常的意味,但这种人生无常的感受却是从官场无常中引申出来的。剧中卢生的升迁贬谪、祸福荣辱,完全没有什么凭准,或因祸得福,或因福得祸,完全出之于偶然的命运安排,所有剧中官员无不尔虞我诈,蝇营狗苟。但这些人却又恋着功名富贵,如蝇嗜血,卢生在梦中醒来时犹自放不下自己的娇妻美妾、富贵荣华,实在是冥顽不化之徒。台湾学者郑培凯先生曾对比《南柯》《邯郸》二剧曰:"若从全剧的安排及呈现的气氛来看,《南柯记》中人情幽默与悲欢离合相杂,却有一种悲天悯人的精神,反映了显祖逐渐超脱世情纷扰的静穆。在《邯郸记》中,这种静穆的气氛消失了,代之而生的是无情的嘲讽。现实只是一场喧嚷的闹剧,终得收场,而收场时却是如此的荒唐可笑:卢生年到八十,位极人臣,一门显贵,只想长生,便与二十四个教坊女乐采战修养,谁知竟因此衰歇而亡。"(《汤显祖与晚明文化》,第179页)这种态度的变化显然与义仍的现实经历密切相关,当他写《南柯记》时,还处于平和心态之中,尽管他已对朝政不抱什么希望,也知道自己在官场上再也没有什么前途,但他却难以忘怀其遂昌治下的广大众生,不能放弃他对天下的生生之望。然而,万历二十九年的吏部官员考察,又给了他如雪上加霜般的重重一击,使他又一次看到了官场相互倾轧的残酷,甚至连他这个早已退隐的官员都不肯放过。也许由于本次事件的引发,以前所有的官场经历又出现在他的脑海中,举凡张居正的专权,申时行的阴柔,南京时的贬官,当今首辅的怨毒,而所有这一切,终于凝聚成了一部《邯郸记》。刘世珩在其《玉茗堂邯郸记跋》中说:"《邯郸记》托迹灵幻,陶写胸中魁垒,要于洗涤情尘,消归空有,则其微尚所存,略可见矣。"(《汤显祖研究资料汇编》,第1261页)此种评价是可以接受的,其要在于揭示了该剧"陶写胸中魁垒"的主旨。而近人吴梅所评则已稍嫌胶着,他在《邯郸记跋》说:"记中备述人世险诈之情,是明季官场习气,足以考镜万历间仕途之况,勿粗鲁读过。盖临川受陈眉公媒孽下第,借此泄愤,且藉此唤醒江陵耳。"(《汤显祖研究资料汇编》,第 1266 页)说该剧所写乃"明季官场习气"固然不错,然以下所述便已不着边际,且不言陈眉公较义仍小八岁,汤氏在考取进士之时,他尚只有十几岁,不可能"媒孽"义仍下第。更有甚者,张居正死于万历十年,而作于万历二十九年的《邯郸记》恐断无唤醒江陵之可能矣,则吴氏之说实迹近于荒唐无稽之辞矣。对该剧评价最为允当者当推闵光瑜,他在《邯郸梦记小引》中说:"若《邯郸》、若《南柯》,托仙托佛,等世界于一梦。从名利热场一再展读,如滚油锅中一滴清凉露;乃知临川许大慈悲,许大功德,比作大乘贝叶可,比作六一金丹可,即与《风》《雅》骖乘亦可,岂独寻宫数调,学新声斗丽句哉!"(同上,第 1247 页)闵氏的眼光的确敏锐,他不仅看到了"托仙托佛,等世界于一梦"的象征手段,没有将二剧视为一己情绪之发抒,而且他还感受到了汤氏"许大慈悲,许大功德"的济世热情。因此,无论是强调其讽刺官场,还是注重其唤醒世人,都说明了义仍关注现实人生意识的难以磨灭。当然,最有力的证据还是汤氏本人的话,他在作于万历四十二年的《续栖贤莲社求友文》中说:"岁之与我甲寅者再矣。吾犹在此为情作使,劬于伎剧。为情转易,信于痎疟。时自悲悯,而力不能去。嗟夫,想明斯聪,情幽斯钝。情多想少,流入非类。吾行于世,其于情也不为不多矣,其于想也则不可谓少矣。随顺而入,将何及乎?应须断想人间,澄情觉路,非西方莲社莫吾与归矣。"(《汤显祖诗文集》卷三六)在此,情意味着一种悲天悯人的入世精神,而"澄情觉路"则体现了出世的宗教解脱追求。从现实的状况言,他实在无法忍受困境的煎熬,因而从理智上他深感"应须断想人间",超越现实的苦难而归向西方清静世界;然而,他的本能又使他很难放弃现实的人间,为此他后悔甚至痛恨自己,在六十五岁的高龄依然在"为情作使,劬于伎剧",还能指望他能够免去世情的缠绕吗?在汤显祖的一生中,你可以不断地听到他的此种忏悔,可以不断地见到他渴望归依佛道的愿望表达,但反复的忏悔与不断的发愿并不说明他断绝世情的坚决,反而更显示了其俗情难断与入世之深。

汤显祖之所以在创作领域中难忘世情,当然是由于他生活中难改一贯的自我人格。他曾说:"天下忘吾属易,吾属忘天下难。"(《汤显祖诗文集》卷四七,《答牛春宇中丞》)这可以视为汤氏晚年的真实心态,有时他看似已归隐不问世事,连其本人也决心断绝人间之想,所以才会说:"少年早抱长生之诀,衰年乃就无生之意。"(同上,卷四八,《答孙公誓》)但他又很快进行了自我否定,无可奈何地说:"乱世思才,治世思德。惟中世无所思。然吾辈不能不为世思也。高卧北窗,亦何可便得?"(同上,《答丁右武》)在这既非乱世亦非治世的时代,沉闷的朝政与尔虞我诈的官场实在令人难以措手,但无论如何却又不能不为"世思",无论如何就是不能"高卧北窗"。这从他始终难以改变其疏梗率直的个性上便可清楚地显示出来。对于义仍的疏梗忤时,许多朋友均对其进行过反复的劝告,其中以袁黄之言最为透彻明朗,他在《与汤海若书》中说:"今天下方蒙蒙尔,亦役役尔。足下抱俊才高调,安之乎?仆为足下谋:明洞八埏,吾守其黑;气压三军,吾居其柔;辩若悬河,吾用其默。人知我,则出所得相磨相厉,而不尸其能;不知我,则扩此之奇,涵彼之庸,而立于无何有之乡。……窃谓持之而不使倾,捧之而不使坠,任其践踏而不为动,斯之谓载积之甚,深养之甚。固收众流而不拒,纳群秽而不辞,测之莫得其涯,窥之不见其底,斯之谓厚。释氏亦有言曰:'身为床座遍三千。'夫床座岂易为哉!居最下之位,而劳者待以安,走者待以息,牛羊践之不加怒,尊贵履之不加喜,此善载物者也。"(《明文海》卷一九〇)袁黄的话当然有其道理,视唾面自干为厚德载物,以便在相互倾轧的晚明官场得以免遭覆灭,但这只能是一种理论上的预设出路,在现实行为中却极难实现。因为那是一个党争激烈、个性张扬的时代，没有人去甘心做他人的床座，张居正曾用佛氏的"如入火聚，得清凉门"的牺牲精神，表示愿做众人唾骂的对象，但他的挟私报复却是出了名的。要用世之心极强的大才子义仍汤先生"纳群秽而不辞"，也显然是万万不能的，他宁可丢弃官职，归隐草野，也绝不会守黑居柔，他以一世不可余、余亦不可一世的狂傲，决心与世俗对抗到底，"至如不佞，故无通俗之识，空有忤物之累。长麋丰草，谁曰不宜"。（《汤显祖诗文集》卷四八，《寄陶石篑》）在这方面，他近似于李贽的狂傲与达观的义侠，他尽管没有像二位前辈那样剃发出家，但违时傲物却一点下于他们。他不作应酬文字，不交接权贵，不逢迎官府，其好友王宇泰看他境遇贫寒凄凉，劝其稍见官府并适当作些文字，他回答说："来教令仆稍委蛇郡县，或可助三径之资，且不致得嗔。宇泰意良厚。第仆年来衰愦，岁时上谒，每不能如人。且近莅吾土者，多新贵人，气方盛，意未必有所悒。而欲以三十余年进士，六十余岁老人，时与末流后进，鱼贯雁序于郡县之前，却步而行，伺色而声，诚自觉其不类。因以自远。至若应付文字，原非仆所长。必糜肉调饴，作胡同中偏食，令市人尽鼓腹去，又窃自丑。因益以自远。其以远得嗔，仆固甘之矣。"（同上，卷四九，《答王宇泰》）于此可见此老倔强如初，并无丝毫改易。在晚明社会中，结党营私已成为普遍现象，但汤显祖却依然能够坚持自我气节，依然能够保持自我清白，实在是难能可贵的。

汤显祖在本质上依然是一位文学家，他在人生境界上没有达到圣者的高度，尤其在对待情的问题上，也有许多含混之处。他将情分为善恶二种，显然是缺乏理论上的明晰性的。比如他在《论辅臣科臣疏》中，一面斥责张居正之"刚而有欲"与申时行之"柔而有欲"，却紧接着又说："夫人臣自非天性公直，要取富贵而已。富贵者，明主所以诱天下公直，权奸所以诱天下私邪，皆此具也。使公直者不失富贵，谁当私耶；私邪者不得富贵，谁非公直！"（同上，卷四三）在此唯一的差别便在于掌握富贵的是辅臣还是君上,那又为什么君上便可诱之以公而辅臣便是诱之以私呢?他一面承认人臣"非天性公直",必须用富贵来引诱其公直,则人之有私便成了理所当然,那又何必斥责张、申二首辅"有欲"呢?他们岂非亦为君上所诱之对象?这种混乱所导致的最直接的结果便是他自身的矛盾态度,他一面痛恨官场的倾轧与人世的险恶,所以要超越世俗走入空寂,但又放不下对现实的关注与自我的耿直人格,于是便时时表露出好恶之情。他一面认为这种情是生生之仁的必然表现,一面又认为此种世情是妨害悟道的病根。因而他便只好处于不断的自责与焦虑之中。当然,此种意识上的混乱并不限于汤氏一人,在日益变化着的晚明社会中,美丑是非对错往往浑杂在一起,实在令人有眼花缭乱之感。人们对爱情的追求,对正常物欲的满足,对自我个性的坚持,自然是属于被肯定的情欲;然而同时便又存在着情欲的放纵,生活的奢靡,以及士人的结党营私,要在这二者之间区别得一清二楚是相当困难的,于是便有了混乱与困惑,在《金瓶梅》中便有了在总体上消欲归佛的设想与具体描绘上的津津乐道。这是兰陵笑笑生的局限,当然也是汤显祖的局限。汤显祖生生之仁的入世之情与耿直伟岸的人格,显然得力于来自罗汝芳与李贽等人的王学熏陶,这可以说成就了他的一生;但心学充其量只具备了加强伦理意识与超越现实环境的两重特性,却并不具备解决现实中人欲之私的难题,因而这也使他在现实中陷入了混乱。这当然与汤显祖的悟性与人格无关,而是阳明心学本身所具有的无法克服的先天缺陷。一种哲学思想无论如何优秀,它也不能解决所有的现实问题。

三、冯梦龙的人格特征与其情教说

冯梦龙(1574—1646),字犹龙,别署龙子犹,顾曲散人,墨憨斋主人等。吴中长洲人。年轻时颇有才名,与其兄梦桂、弟梦熊并称吴下三冯。然命运不佳，长期徘徊于科场而不得售其艺，直到崇祯三年方以贡生授丹徒训导。崇祯七年升任福建寿宁知县，三年后退职还家。明亡后编有《甲申纪事》与《中兴伟略》等书，于清顺治二年（1646）郁郁而死，得年七十有二。根据目前所掌握的资料推测，冯梦龙与汤显祖很可能终生未曾有谋面的机会，但二人却又绝非毫无关系，从戏曲创作的角度，他们属于不同的流派。冯是以沈璟为代表的吴江派的主要成员，论曲主张守格律重本色；而汤显祖却是临川派的首领，论曲重意趣与文采。此二派在万历剧坛上曾展开过长期的论争，形势几同水火。但令人颇感兴趣的是，他们二人却又是言情说的代表人物，可知当时文坛的情形是相当复杂的。当然，由于二人出身、经历、性情、时代的不同，其言情说既有相同的一面，又有不同的一面。因而若欲弄清冯氏的情教说，必须先认识其人格特征。

冯梦龙在现代人的心目中，是以编撰"三言"与整理其他戏曲小说而出名的通俗文学家，但这肯定不是他的完整形象。据今所知，直接记载冯氏生平的是《苏州府志》卷八一《人物》，其曰："冯梦龙，字犹龙，才情跌宕，诗文丽藻，尤明经学。崇祯时，以贡选寿宁知县。"根据他留下的《麟经指月》等经学著作，他在经学方面应有一定的造诣，但不会太高，因为他所留下的经学著作基本上都是为应科举而撰写的，说不上有什么深入的研究。至于此处所言的"才情跌宕"，那倒是有所依据的，现存王挺所撰的《挽冯犹龙》一诗可以作为直接证明："学道勿太拘，自古称狂士。风云绝等夷，东南有冯子。上下数千年，澜翻廿一史。修辞逼元人，纪事穷纤委。笑骂成文章，烨然散霞绮。放浪忘形骸，觞咏托心理。石上听新歌，当堤候月起。逍遥艳冶场，游戏烟花里。本以娱老年，岂为有生累。予爱先生狂，先生忘予鄙。从此时过从，扣门辄倒屣。兴会逾艾龄，神观宜久视。去年戒行役，订晤在鸳水。及泛西子湖，先生又行矣。石梁天姥间，于焉恣游屐。忽忽念故园,匍匐千余里。感愤填心胸,浩然返太始。"(《冯梦龙诗文》,第147页附)在这首朋友挽诗里,可以看出冯氏之生平大概。不仅知道他晚年曾漫游西湖、石梁、天姥等处山水,以及他最后"感愤"而"返太始",亦即上所言郁郁而死。更重要的是可以大致了解其完整的人格,他有着较广博的知识基础,具有较高的才气,性情豪放疏宕,具有狂士之个性;同时还颇为风流潇洒,经常出没于"艳冶""烟花"之处。这与他曾与妓女侯慧卿有过相爱经历的传说是相一致的。因此,其同乡文人钱谦益对他的概括应该是比较准确的,即所谓"晋人风度汉循良"。(《冯二丈犹龙七十寿诗》,同上,第146页)就是说他一面有魏晋名士风流放荡的性情,亦即王诗所称的"放浪忘形骸,觞咏托心理";同时他又是一位关切政治、为政清廉的模范官员,这大凡是指他在寿宁知县任上的所作所为。

但无论是《苏州府志》还是王、钱二人,都未能强调其对于戏曲小说散曲民歌等通俗文学的搜集改编贡献,只有王诗轻描淡写说了句"修辞逼元人",透露出他曾从事于戏曲创作的某些信息。但了解他在这方面的情形对于认识其人格心态是很重要的,因为当冯梦龙作为一位编辑者兼出版家的身份而出现时,他所说的话便不全然是真实的内心表白,而具有了一定的角色意识,或者按现代术语讲要追求一定的广告效应,如果完全按照他所说的话来探讨其人格心态,就可能会造成不必要的误解。比如他在编撰《古今笑》时便对笑之作用加以强调说:"人但知天下事不认真做不得,而不知人心风俗,皆以太认真而至于大坏。……孰知萤光石火,不足当高人之一笑也。一笑而富贵假,而骄吝忮求之路绝;一笑而功名假,而贪妒毁誉之路绝;一笑而道德亦假,而标榜倡狂之路绝;推之,一笑而子孙眷属皆假,而经营顾虑之路绝;一笑而山河大地皆假,而背叛侵陵之路绝。"(《古今笑自叙》,同上,第23—24页)似乎笑是人间第一可宝贵之事,而在《智囊自叙》中却又

第四章　阳明心学与晚明士人心态　559

说:"人有智,犹地有水;地无水为焦土,人无智为行尸。智用于人,犹水行于地,地势坳则水满之,人事坳则智满之。周览古今成败得失之林,蔑不由此。何以明之? 昔者桀纣愚而汤武智,六国愚而秦智,楚愚而汉智,隋愚而唐智,宋愚而元智,元愚而圣祖智,举大则细可见,斯《智囊》所为述也。"(《冯梦龙诗文》,第42—43页)转眼间智又成了决定得失成败的关键,但在《情史序》中又说:"六经皆以情教也。《易》尊夫妇,《诗》首《关雎》,《书》序嫔虞之文,《礼》谨聘奔之别,《春秋》于姬姜之际详然言之,岂非以情始于男女? 凡民之所必开者,圣人亦因而导之,俾勿作于凉,于是流注于君臣父子、兄弟朋友之间,而汪然有余乎! 异端之学,欲人鳏旷,以求清净,其究不至于无君父不止,情之功效亦可知已。"(同上,第86页)在此情又被视为世间万事万物的关键。此外,如讲民歌之真挚,讲《太平广记》之知识,等等,也无不如此。借用现代叙事学的理论,冯梦龙在这些序言中均是以叙述人的身份而出现的,因而不能将他的话完全视为是其本人真实思想的表现,他在某些序文中或许部分表现了其真实的思想,而在有些叙述中则或许只是为了叙述本身的需要。那么我们在此必须弄清,究竟哪方面才是他所最关心的呢? 或者说哪一项才是他的真实表达呢? 这便不能仅仅从其文字本身着眼,而必须结合他所接受的思想渊源的影响以及他本人的一贯人生行为,才会有一个较准确的认识。

　　从他所接受的思想影响看,较为明显者是李贽与王阳明的思想,这已经有人专门做过研究,可以参看。关于李贽对冯氏的影响,也有人做过专门讨论,比如说他曾两次到过李贽晚年活动的地域麻城,并与李贽的弟子朋友杨定见、邱长孺等人有过密切接触,等等。[①] 这些研究

[①] 关于冯梦龙接受阳明心学的途径问题,可参看傅承洲《冯梦龙与明代哲学思潮》(《南京师大学报》1995年第2期)、王凌《冯梦龙与李贽》(《福建论坛》1987年第4期)、《冯梦龙麻城之行》(《福建论坛》1988年第4期)等文。

当然都是很重要的,但李贽对冯氏的影响显然渠道要比这多得多,拿李贽的影响力与其著作在晚明的流行状况,冯梦龙可以随时受其影响,朱国桢曾描述当时状况说,士人"李氏《焚书》、《藏书》,人挟一册,以为奇货"。(《涌幢小品》卷十六)而许自昌《樗斋漫录》也说冯梦龙当时"酷嗜李氏之学,奉为蓍蔡"。卷六则他完全可能通过当时所流行的李贽著作来接受其思想,而不会待至麻城后方才受其影响。根据冯氏在其各种著作中可以随手引用李贽书中之语的情形,更可证明此一点。关于冯氏所受李贽影响的实际内容,我以为主要是其狂放不羁的精神,这从上述他随意议论古今的行文中便可感受出来,又如他在《广笑府叙》中说:"又笑那孔夫子这老头儿,你絮叨叨说什么道学文章,也平白地把好些活人都弄死。"(《冯梦龙诗文》,第29页)又在《古今谭概》"迂腐部小引"中说:"天下事被豪爽人决裂者尚少,被迂腐人耽误者最多。何也?豪爽人纵有疏略,譬诸铅刀虽钝,尚赖一割;迂腐则尘饭土羹而已,而彼且自以为有学有守,有识有体,背之者为邪,斥之者为谤,养成一个怯病,天下以至于不可复,而犹不悟。哀哉!"(同上,第4页)无论从话语的内容还是行文的语气,都酷似李贽,可以看出是同受晚明时代氛围影响而形成的放纵习气。至于冯氏所受王阳明之影响,我以为主要是其良知之直接浑成与学以致用之精神,在其所编撰的《皇明大儒王阳明先生出身靖难录》中,他特意引了阳明的答薛尚谦诗曰:"良知底用安排得,此物由来是浑成。"(《冯梦龙全集》,第十一册,第75页)并在最后撰诗二首曰:"三言妙诀致良知,孔孟真传不用疑。今日讲坛如聚讼,惜无新建作明诗。""平蛮定乱奏奇功,只在先生掌握中。堪笑伪儒无用处,一张利口快如风。"(同上,第75页)前首肯定了致良知的简捷直接,而后一首则赞扬了阳明先生讲学以致奇功,并指责了俗儒的空谈无用。在其《三教偶拈序》里,基本上体现了冯氏的学术思路,他说:"宋之崇儒讲学,远过汉、唐,而头巾习气,刺于骨髓,国家元气,日以耗削。……余于三教概未有得,然终不敢有所去取。其间于释教吾取其慈悲,于道教吾取其清净,于儒教吾取其平实。所谓得其意皆可以治世者,此也。偶阅《王文成公年谱》,窃叹谓文事武备,儒家第一流人物,暇日演为小传,使天下之学儒者,知学问必如文成,方为有用。"(《冯梦龙全集》,第十一册,卷首)在此,他非议了宋儒讲学的头巾习气,尤其是不满于其耗削国家元气的弊端,可以说与李贽的思路非常接近。而主张三教合一,则是自阳明以来尤其是王畿、李贽以来的大势。然而,冯梦龙却又与李贽不完全相同,他的主张三教合一不是为了追求个体生命的解脱,而是为了"治世"的目的,在这一点上,他更近于阳明先生,也与汤显祖较为一致。只是他比汤显祖的忧患意识更强,因为他所处的天启、崇祯时代,要比万历时期的政治更为混乱,局势更加危急,所以他虽有才气,却更重视现实的实用效果,他之所以将阳明先生的事迹演为小传,便是让士人知道学儒"必如文成,方为有用"。

根据冯氏上述的人格特征,我以为重情是贯穿其一生的核心思想,并已融入其自身的生命情调中,因而是最值得深究的。他曾总结其生平曰:"余少负情痴,遇朋侪必倾赤相与,吉凶同患。闻人有奇穷奇枉,虽不相识,求为之地,或力所不及,则嗟叹累日,中夜展转不寐。见一有情人,辄欲下拜;或无情者,志言相忤,必委曲以情导之,万万不从乃已。尝戏言:'我死后不能忘情世人,必当作佛度世,其佛号当云多情欢喜如来。有人称赞名号,信心奉持,即有无数喜神前后拥护,虽遇仇敌冤家,悉变欢喜,无有嗔恶妒嫉种种恶念。'又尝欲择取古今情事之美者,各著小传,是人知情之可久,于是乎无情化有,私情化公,庶乡国天下,蔼然以情相与,于浇俗冀有更焉。"(《情史序》,见《情史类略》卷首)依他自己的说法,他之编写《情史》绝非一时的心血来潮,而是其一生的志愿,他不仅想以情教化众生,更自幼便有不能自已的"情痴",这包括救人于患难的不容已之真心,以及使无情之人变无情为有情。尤其是他立志做"多情欢喜如来"的愿望,更透露出其以情化成天下的教主性格。然而,这种说法是否像其他书籍的出版前言那样,是近乎广告宣传的表面文章呢?证诸冯氏其他材料,结论应该是否定的。冯氏之同郡友人俞琬纶,在其《自娱集》卷八《打枣竿小引》中记曰:"盖吾与犹龙俱有童痴,更多情种。情多而缘寡,无日无牢骚。东风吹梦,歌眼泣衣,吾两人大略相类。"(引自徐朔方《冯梦龙年谱》,见《晚明曲家年谱》第一卷,第410页)可知当时冯氏的确是以"情种"而闻名的,实无愧于自称为"多情欢喜如来"的名号。

当然,冯梦龙情的观念在其一生中是有所变化的。具体而言它可以大致分为两个时期,前期是万历时期,其情主要以"冶情"或曰男女之情为内涵;后期是天启以后,其情主要以不容已之生机为内涵。这当然是就其主要方面而言,其实二者容或相互包容交错。冯氏生长于繁华之吴中,该地向来以风俗奢华而著称,在明代的万历时期尤其更甚,因此冯氏自难免受时俗影响,他曾自述曰:"余少时从狎邪游,得所转赠诗悦甚多。"(《桂枝儿》卷五,《扯汗巾》评)可知他是经常出入于艳冶之场的,据载他曾与一位叫侯慧卿的妓女有过一段很深的恋情,这在今日看来是不足称道的。尤其是他曾将同性相恋也称之为有情,更容易引起后人非议,如在《二犯傍仙台·情仙曲》序中说:"余谓鬼不灵而情灵。古有三不朽,以今观之,情又其一也。无情而人,宁有情而鬼。"徐朔方先生说此论"简直是又一个杜丽娘活现,但令人扫兴的事实是他的这一高调为对已故的同性恋少年而发"。(《晚明曲家年谱》第一卷,第399页)可见后人对冯氏的批评并没有冤枉他。但是,又不能完全以今日的眼光来评价冯梦龙情的观念,比如按当时人的看法,纳妾、冶游甚至同性相恋,都是令人艳羡的风流韵事。就具体行为而言,这些或许均可视为是病态的,但其中所体现的某些价值取向,又是值得肯定的。比如冯氏对"冶情"的赞颂,乃是以相互倾慕的真情为前提的,而并非以玩弄女性为乐事,所以他能够超越一般风流文人的限制,而对情有了更深一层的理解。也正由于此,冯氏也与一般的狎客有了区别,他与侯慧卿的关系似乎也是建立在相互倾慕的基础之上的,故而当侯氏被迫嫁人之后,便永绝青楼之好,这有冯氏之友董斯张的评语为证,其曰:"子犹自失慧卿,遂绝青楼之好。有怨离诗三十首,同社和者甚多,总名曰《郁陶集》。"(《太霞新奏》卷七)当然不能说参与和诗的文人都对情有深入的理解,也很难将冯、侯二人的情视为正常的爱情,但说冯氏对侯慧卿具有一定真实的情感应该是没有问题的,冯氏当时所写的三十首怨离诗今仅存最后一首,其曰:"诗狂酒癖总休论,病里时时昼掩门。最是一生凄绝处,鸳鸯冢上欲断魂。"(《冯梦龙诗文》,第128页)从诗作本身讲,情感颇为深挚,对于侯氏的思念,非诗酒所能奏效,白昼掩门,总为那病里相思。视与此位红颜知己永别为一生之最凄绝事,痛苦断魂于鸳鸯冢上,都透露出这位情种的丰富情感世界,而他从此永绝青楼之好的行动,证明了其上述诗中所言绝非为满足一时诗兴而发的矫情之语。冯梦龙此时的人格性情,决定了他早期对情的强调乃是以真为核心,这表现在现实中便是与侯慧卿的情感,表现在文学思想上便是对于民间情歌的热爱与搜集,《桂枝儿》与《山歌》两部民歌集便是直接的证据。他论民歌之价值曰:"今所盛行者,皆私情谱耳。虽然,桑间濮上,国风刺之,尼父录焉,以是为情真而不可废也。山歌虽俚甚矣,独非郑卫之遗欤?且今虽季世,而但有假诗文,无假山歌。则以山歌不与诗文争名,故不屑假,苟其不屑假,而吾藉以存真,不亦可乎?抑今人想见上古之陈于太史者如彼,而近代之留于民间者如此,倘亦论世之林云尔。若夫借男女之真情,发名教之伪药,其功于《桂枝儿》等,故录《桂枝词》而次及《山歌》。"(同上,第1页)他承认当时流行的民歌大多为"私情谱",亦即多写男女欢爱之情,但他依然将其搜集流传,其关键一点便是其中所流露的均为真情。他由此上追之

《诗经》,认为孔子之所以未删郑、卫之音,亦因其"情真而不可废也"。当时数量庞大的诗文已不能真实地表现人们的情感,而只有随心而发的民歌才是真情的流露,故而他搜集民歌的目的并非全在其述私情,而是要"藉以存真";而存真的目的又在于指责纠正士风之假,这便是"借男女之真情,发名教之伪药"。存真去伪本是自王阳明以来王学一贯强调的思想,其中尤以在李贽身上表现得最为突出,可以说求真乃是其论学的核心命题,讥讽伪道学也是他终生的得意之笔,更是他招祸的真正原因。因此,冯梦龙的此一思想可以视为是晚明时心学家共同关心的话题。当然,将男女真情用作批判假道学的工具,则是身处吴中的冯梦龙的独特之处。

冯梦龙后期不容已生机之情主要体现在其所编撰《情史类略》的序文及评语中,同时在其所编选的"三言"序文中也有一定程度的表现。尽管目前尚难以确定《情史类略》的具体编撰年代,但其作于天启年间应该是没有问题的。该书卷六《丘长孺》之评语曰:"余昔年游楚,与刘金吾、丘长孺俱有交。"据徐朔方先生考证,冯氏之游楚时间为万历四十八年(见《晚明曲家年谱》第一卷,第 419 页),而亦有人认为冯氏麻城之行当在万历四十年前后(参看王凌《冯梦龙麻城之行》)然无论是四十抑或四十八年,则冯氏撰《情史》时既言"昔年",则当已有相当一段时间,故定为天启年间当无大误。此时冯梦龙已不再将情之内涵局限于男女之爱的范围之内,而是将其提高到一个哲学的高度,他在《情史序》所撰《情偈》中曰:"天地若无情,不生一切物。一切物无情,不能环相生。生生而不灭,由情不灭故。四大皆幻设,惟情不虚假。有情疏者亲,无情亲者疏。无情与有情,相去不可量。我欲立情教,教诲诸众生。子有情于父,臣有情于君。推之种种相,俱作如是观。万物如散钱,一情为线索。散钱就索穿,天涯成眷属。若有贼害等,则自伤其情。如睹春花发,齐生欢喜意。盗贼必不作,奸宄必不起。佛亦何慈圣,圣亦何仁义。倒却情种子,天地亦混沌。无奈无情多,无奈人情少。愿得有情人,一起来演法。"(《情史类略》卷首)在冯氏的眼中,可以说天地间惟情为最大,它超越了人与物的限制,佛与儒的界限,构成了世界得以成立的根本,没有情也就没有天地,没有人类,当然也就没有君臣,没有父子。在此情具备了两方面的特征,一是其创生性,亦即情可创造世界,创造人类,这显然受有李贽的影响,李贽在《初潭集》中以夫妇作为所有人间关系的根本,也是将夫妇之情置于天地根本的地位,故而他在《夫妇论》中说:"夫妇,人之始也。有夫妇然后有父子,有父子然后有兄弟,有兄弟然后有上下。夫妇正,然后万事无不出于正。夫妇之为物始也如此。"(《焚书》卷三)而冯梦龙也说六经皆起于情,而情皆始于男女,然后"流注于君臣、父子、兄弟、朋友之间而汪然有余"。(《情史序》,见《情史类略》卷首)二人之思路几如出一辙。这显然已将情提到了一种哲学的高度。二是其不容已之生机。情所以能够具备创生世界的根本属性,乃在其本身所拥有的巨大生命活力,因而在冯梦龙的观念里,情也就成了生命力的象征,他反复强调说:"草木之生意,动而为芽;情亦人之生意也。谁能不芽者?文王、孔子之圣也而情,文正、清献诸公之方正也而情,子卿、澹庵之坚贞也而情,卫公之豪侠也而情,和靖、元章之清且洁也而情。情何尝误人哉?人自为情误耳!红愁绿惨,生趣固为斩然;即蝶嚷莺喧,春意亦觉破碎。然必曰草木可不必芽,是欲以隆冬结天地之局,吾未见其可也!"(同上,卷十五,《情芽类》总评)"万物生于情,死于情。人于万物中处一焉,特以能言,能衣冠揖让,遂为之长,其实觉性与物无异。……生在而情在焉。故人而无情,虽曰生人,吾直谓之死矣。"(同上,卷二一,《情通类》总评)"人生死于情者也;情不生死于人者也。人生而情能死之,人死而情又能生之。"(同上,卷十,《情灵类》总评)这便是上所言"天地若无情,不生一切物"之意。从情的此一特性看,他实际上是儒家生生之仁的另外一种表述方式。此种生生精神表现在儒家体系中，便是所谓的"圣亦何仁义"之仁；表现在佛家体系中，便是"佛亦何慈圣"之慈，但归结起来又均可说成是天地好生之德，或者说是一种悲天悯人的好生情怀。这无疑是阳明心学精神的体现，与汤显祖所言之情一样，同为心学影响之产物。汤显祖曾言"世总为情"，已有将情作为宇宙根本的意思，只是表述尚不系统而已，而到了冯梦龙这里，终于将其提升到万物根本的高度。

既然情乃人生之表征与生命力之构成，则圣人设教必以情为主，所以总言"六经皆以情教"，其结论便是"王道本乎人情。不通人情，不能为帝王"。（《情史类略》卷十五，《智骺》评语）这与汤显祖所言的"圣王治天下之情以为田"语意极近，而且这不应被视为是冯氏为情而说的门面话，而有他自己的真实感受，他认为"人知惟圣贤不溺于情，不知惟真圣贤不远于情"。（同上，《孔子》评语）自宋儒尤其是朱熹以来，总是强调圣人能够克制自我情欲的一面，却忘掉了圣人若无情，便会影响其经理天下的热心，从而也便不成其为圣人，冯氏认为应该提出被宋儒遗忘的这一面加以强调。他当然不是凭空想出的这些观念，而是有大量的事实作为根据，他说："自来忠孝节烈之事，从道理上做者必勉强，从至情上出者必真切。夫妇其最近者也，无情之夫，必不能为义夫；无情之妇，必不能为节妇。世儒但知理为情之范，孰知情为理之维乎？"（同上，卷一，《情贞类》总评）此处意为，只有发自情之不容已的忠孝节义才是真的忠孝节义，宋儒只知道用理来规范情，甚至视情若洪水猛兽，却不知道情乃是维护理的基本前提，没有情，便不会有理，即使有，也是虚假之理。那么，情何以会成为理之维呢？这是因为："世上忠孝节义之事，皆情所激。故子犹氏有情胆之说。"（同上，卷五，《情豪类》评语）在此，冯氏加进了一个胆字，认为人只有先有了情，才会有胆；有了胆，才会有真忠义。这是他的一贯主张，早在万历年间他便解释情胆说:"语云:'色胆大如天'。非也,直是'情胆大如天'耳。天下事尽胆也,胆尽情也。杨香屠女而拒虎,情极于伤亲也;刖跪贱臣击马,情极于匡君也。由此言之,忠孝之胆,何尝不大如天乎?总而名之曰'情胆'。聊以试世,碌碌之夫,遇事推调,不是胆歉,尽由情寡。"(《桂枝儿》卷一,《调情》评语)可知无情即无胆,无胆则难做大事,也就自无忠义可言,故曰:"情不至,义不激,事不奇。"(《情史类略》卷四,《情侠类》卷后评语)当然,情教说并不只限于忠义,有时它会突破传统礼教的范畴而发为惊世骇俗之论,如曰:"古者聘为妻,奔为妾。夫奔者,以情奔也。奔为情,则贞为非情也,又况道旁桃李,乃望以岁寒之骨乎?春秋之法,使夏变夷,不使夷变夏。妾而抱妇之志焉,妇之可也;娼而行妾之事焉,妾之可也。彼以情许人,吾因以情许之;彼以真情殉人,吾不得复以杂情疑之,此君子乐与人为善之意。"(同上,卷一,《情贞类》总评)在此当然还有对妾与娼的贱视,还有礼之等级观念的残留,但冯氏的立意不在于等级的区别也是很明显的,他以情作为衡量的标准,在妇、妾、娼之间开了一个可以相互转换的通道,实际上是打破了原来冰冷僵硬的礼教限制,为妾与娼摆脱自身的卑贱地位开了一线生机,他将此称为"君子乐与人为善之意",也就是更符合人情味之意。由此夫妻关系在冯氏这里有了更宽泛的规定,所谓:"妻者,齐也。或德或才或貌,必相配而后为齐。相如不遇文君,则绿绮之弦可废;文君不遇相如,两颊芙蓉,后世亦谁复有传者。是妇是夫,千秋为偶。风流放诞,岂足病乎!"(同上,卷四,《情侠类》,《卓文君》评语)在他这种"必相配"而"齐"的夫妻标准面前,卓文君私奔相如的行为成了值得称赞的举动,他们的夫妻关系成了理想夫妻的楷模,则冯氏的观点显然是继承了李贽言文君之奔相如为"善择偶"的看法,从中说明了二人在对待情的问题上都主张一种富于弹性的观点,故而台湾学者陈万溢先生指出:"冯梦龙则希望以内在自然的弹性的教导方式,摆脱一切外在的、压迫的、不能变通的道理,以达到他自己所期许的'多情欢喜如来'的世界。"(《晚明小品与明季文人生活》,第178—179页)当然,冯梦龙既然要以情作为教化天下的根本,而不仅仅是满足于一己之欲望,他便不会同意无限制地放纵情欲,而采取了较为谨慎的态度,因此他在肯定情对人之不可缺少的同时,又强调另一面说:"情犹水也,慎而防之,遇溢不止,则虽江海之决,必有沟浍之盈矣。情之所悦,惟力是视。田舍翁多收斛麦,遂欲易妻,何者?其力余也。况履富贵之地,而行其意于人之所不得禁,其又何提焉?始于宫掖,继以戚里,皆垂力之余而益焉者也。上以淫导,下亦风靡。生斯世也,虽化九域而为河间,吾不怪焉。夫有奇淫者必有奇祸,汉唐贻笑,至今齿冷,宋渚清矣,元复浊之。大圣人出而宫内外肃然。天下之情不波猗与休哉。"(《情史类略》卷十七,《情秽类》卷后评语)在此冯氏只不过重复了"饱暖思淫欲"这一悠久的古训,但人们会随着物质基础的丰富而鼓舞起自我的情欲,也的确是千古难以更易的定理,尤其是对于那些没有任何力量加以限制的最高统治者来说,就更容易放纵自我的情欲。而他们的追逐淫靡,同时便会影响世风迅速趋于奢侈,最终达到不可收拾的地步。冯梦龙所处的晚明社会,尤其是他所处的经济发达、生活奢靡的吴中,放纵情欲所带来的负面效应,已经非常清楚地显现出来,所以他才会说,出生在这样的时代,即使整个国家都化为淫纵之场,也是不值得大惊小怪的。既利用情之生机而使社会充满活力,而又不使之过于放纵而反过来危害社会,这是晚明士人始终面对的一个人生难题,而且是一直未能很好加以解决的难题,冯梦龙不仅注意到了,而且也提出了他自己的解决方案,尽管他也未能解决问题,却并不能由此否定他对此问题的思考结果。从《情史序》中我们可以看出,他之编撰此书,是有其全面计划与完整设想的,这便是:"是编也,始乎'贞',令人慕义;继乎'缘',令人知命;'私''爱'以畅其悦;'仇''憾'以伸其气;'豪''侠'以大其胸;'灵''感'以神其事;'痴''幻'以开其悟;'秽''累'以窒其淫;'通''化'以达其类;'芽'非以诬圣贤,而'疑'亦不敢以诬鬼神。辟诸《诗》云兴、观、群、怨、多识,种种具足,或亦有情者之朗鉴,而无情者之磁石乎!"(《情史类略》卷首)冯梦龙的确已认识到,情乃是一种"怒生不可閟遏之物"(同上,卷三,《情私类》评语),他往往"迫于时而不自已"(同上,卷二十,《情迹类》卷后评语),故而无视情的存在是很危险的。但正因为它是不可阻遏之物,才需要其情的理论必须带有双重性质,即使无情者而有情,又使放纵情欲者而有所收敛,起到"有情者之朗鉴"与"无情者之磁石"的两种作用。重情而又限制情,并最终将情引入正之一途,是其编撰《情史类略》的主导思想,同时也是其后期一贯的文学思想,如他在此时所作的"三言"的序言,也都体现了此种要求,他在《古今小说序》中说:"试令说话人当场描写,可喜可愕,可悲可涕,可歌可舞,再欲捉刀,再欲下拜,再欲决脰,再欲捐金。怯者勇,淫者贞,薄者敦,顽钝者汗下。虽小诵《孝经》《论语》,其感人未必如是之捷且深也。嗟,不通俗而能之乎?"(《古今小说》卷首)他又在《警世通言序》中再一次强调说:"说孝而孝,说忠而忠,说节义而节义,触性性通,导情情出。"(《警世通言》卷首)尽管冯氏很重视小说的教化作用,将"三言"作为"六经国史之辅"(《醒世恒言序》,见该书卷首),但他并没有将小说变成通俗的道德教科书,他固然主张通俗,目的也是为教化,但却必须依靠情的感染而不是直接的说教,若不能达到"可喜可愕,可悲可涕,可歌可舞"的"导情情出"的程度,便不可能获得"怯者勇,淫者贞,薄者敦"的"触性性出"的教化结果,小说之所以比《孝经》《论语》之感人"捷且深",关键便在于它以"描写"的手段所取得的以情感人的艺术化效果。

很显然,冯梦龙关于情的理论有一个发展变化的过程,即从前期的歌颂男女真情到后期的强调生机之情。应该说此二者之间是有不同的,前者追求的是个体自我情感的满足,而后者却更重视社会效果的考虑。但二者也有其相通的一面,即均强调情感之真,只不过前期冯氏是以个体之真情来对抗虚伪之名教,即所谓"借男女之真情,发名教之伪药";而后期则是将情与理统一起来,要以人间之真情,补名教之罅漏,他要追求的乃是所谓的"真道学",亦即通情达理、体贴人情的道学。全面考察此种变化的原因是很困难的,因为关于冯梦龙的生平还有许多难以弄清的地方。如果按照其有真情者乃可以为真道学的观点,这种转化倒是顺理成章的。但原因肯定不会如此简单。就今日已知者观之,起码还包括了个人与环境两方面的原因。从个人一面讲,与侯慧卿的决绝是其转化的标志,这有上所言"自绝慧卿,遂绝青楼之好"的话为证。从一般的个人成长过程观,年轻时或许难免青楼之好一类的荒唐放浪之举,但随着年龄的增长,也就会日益成熟,从而逐渐担负起自己的社会责任,这本也是顺理成章之事。但更重要的,乃是整个社会环境变化所导致的人生体验的不同。在万历末期,尽管朝中党争日益激烈,但一般说来对于普通士人尤其是在野士人影响尚不十分突出,许多士人在官场失败后反倒容易退居乡间寻觅人生之乐,以弥补心灵的失衡。但到了天启年间,阉党魏忠贤把持朝政,残酷地迫害正直士人,尤其对东林之发源地苏州一带的士人毒之更深。面对如此的危局,已容不得士人对政治再采取漠不关心的态度,因而也就从一己之享乐转向了对社会的关心。只要读一读张溥所作的《五人墓记》,看一看颜佩韦等五位普通士人在临刑之前,"意气扬扬"而大骂奸党"谈笑以死"的举动(《七录斋诗文合集·古文存稿》卷三),便知道当时士人对于政治的关注倾向是多么的强烈。而曾与冯梦龙发生过交往的苏州派戏剧作家群,更是以戏曲创作为劝善惩恶、挽救世风的手段,从而形成了独特的流派特色。则身处其中的冯梦龙便没有理由不对政治局势、社会风俗抱有强烈的关注。在社会危机面前,他不仅能够提出情教说以教化众生,更在明代灭亡时撰作表彰忠义、志图恢复的《甲申纪事》与《中兴实录》,而他最后"感愤填心胸,浩然返太始"的死不瞑目,印证了他的确是一位既情感充沛而又具忠义大节的血性男儿。

情是晚明士人集中讨论的一个大题目,其中由于各自的人生态度不同与立论的角度有异,其所言之情也就包含种种复杂的要素。本节选取汤显祖与冯梦龙作为研究的对象,是由于他们二人与阳明心学具有较密切的关系,并且都是以情的生生之仁作为其立论核心的,更重要的是,二人情的思想都对晚明士人造成了巨大的影响,成为当时言情说的主流。但是,这并不意味着他们二人的思想可以包容一切,在他们二人言情的主流外,还存在着种种其他的言情主张,有些影响不大也就可以忽略,但以追求满足个体情欲为目的的主张却是不容忽视的,因为它代表了相当一批士人对情的看法。忽视了它,便不能对晚明言情理论进行完整的理解。如汤显祖的朋友兼评论家王思任,他所说的情便与告子之性相近,如曰:"《诗》三百皆性也,而后之儒增塑一字,曰:'诗以道性情。'不知情即性之所出也。性之初于食色原近,告子曰:'食色性也。'其理甚直。"(《落花诗序》,见《明诗话全编》第七册,第7602页)从形式上看,他认为提出情字是多余的,因为性已将情包容在内,不必再多此一字,然而他所推崇之性实乃告子"食色"之性,并称赞"其理甚直",可以说已离宋儒很远,而且与阳明也已判然有别,难怪他会说:"甚矣宋先生之拘也。"(同上)于是,性情便没有了任何限制,它所反映的是晚明人性的开放状况。当然,晚明士人也没有忘记性情曾执行过求忠求孝的责任,但他们认为此时已无忠孝之可能,则唯有倾向与好色之一途,卫泳《悦容编》说:"情之一字,可以生而死,可以死而生。故凡忠臣孝子,义夫节妇,莫非大有情之人。顾丈夫不遇知己,满腔真情,欲付之名节事功而无所用,不得不钟情于尤物,以寄其牢骚愤懑之怀。至妇人女子一段不可磨灭之真,亦惟寄之以色事人一道。"

所以他得出结论说:"人只为虚情死生,所以祸福得丧,种种惑乱。勿怪乎名节道义之当前,知而不为,为而不力也。倘思修短有数,趋避空劳,勘破关头,古今同尽,缘色以为好,可以保身,可以乐天,可以忘忧,可以尽年。"有学者认为卫泳此处所言之失误在于混色与理为一,因为"好色行为未必尽合良知之理"。(曹淑娟《晚明性灵小品研究》,第186页)但卫泳则认为好色之好与好义之好为同一所好,同属情之范畴,他既可用之名节事功,亦可用之于女色尤物。而如今只是由于"欲付之名节事功而无所用",才不得不寄情于尤物以寄其牢骚不平。而只要能够做到"缘色以为好",便可以无所不至,其中包括名节道义之追求。从其思路上看,与汤显祖与冯梦龙均较接近,但可惜的是此处所言之情尚仅停留于"色"亦即欲之层面,故而男子唯其好色,女子也唯有以色事人,则连男女之间的关系也被简化到色之一种,这便大有以名节事功做幌子而只求满足好色之一途的味道,因而也就与唐、冯二人以生生之机为核心的情有了很大的区别。梦觉道人的《三刻拍案惊奇序》则显示了另一种倾向,他认为"君臣父子夫妇兄弟朋友之道理,宜认得真;贵贱穷达酒色才气之情景,须看得幻"。这便将理与情又对立起来了,于是他宣称自己编写该书目的说:"天下之乱,皆从贪生好利、背君亲、负德义所致。变幻如此,焉有兵不讧于内,而刃不横于外者乎?今人孰不以为师旅当息、凶荒宜拯,究不得一济焉。悲夫!既无所济,又何烦余之饶舌也。余策在以此救之。使人睹之,可以理顺,可以正情,可以悟真;觉君父师友自有定分,富贵利达自有大义。今之叙说古人,虽属影响,以之谕俗,实获我心,孰谓无补于世哉?"(《三刻拍案惊奇》卷首)在此作者强调是"理顺""正情""悟真",而其"正情"的内容便是使人知"富贵利达自有大义",也就是一切以理性原则为前提。非常明显,他已将"贪生好理"的情欲追求与"背君亲、负德义"置于同等的地位,那么情在其意识中自然也就没有了任何位置。这与汤、冯二人将情视为生生之机并作为贯穿理之线索已相去甚远。不顾人情而唯教化之是重，一方面固然说明了社会危机的严重与作者救世之心的急切，但同时也意味着思想的干枯与失去活力。晚明士人对情的认识与讨论，便是如上所述的那样，始终处于一种动态的发展过程之中，如果抽去任何一方，都会有损于对其内涵的完整把握。汤、冯二人无疑在这中间扮演了重要的角色，其理论也较他人具有更多的合理因素，因而也赢得了更多士人的呼应，这当然是得力于阳明心学对他们的影响。

第四节　阳明心学与追求性灵的士人心态

一、公安派的心学渊源与求乐自适的人生价值取向及其人格心态

关于公安派与阳明心学的关系问题，凡研究晚明历史与晚明文学者几乎无不略有涉及，但真正将其梳理清楚者又极为少见，诸如公安派到底受了心学何种影响，其影响途径为何，他们与阳明心学有何异同，阳明心学在公安派人生观念、人格心态、文学思想的构成中有何作用，以及是何种原因造成了阳明心学在晚明士人中的变异形态，等等，都是目前尚未能深入讨论而又极有必要加以讨论者，这也是本节要重点解决的问题。

袁宗道（1560—1600），字伯修，号石浦。万历十四年会试第一及第，选庶吉士，授翰林院编修，官至右庶子。袁宏道（1568—1610），字中郎，号石公，又号六休。万历二十年进士，授吴县令，后官至礼部郎中。袁中道（1570—1623），字小修，晚年自号凫隐居士。万历四十四年进士，官至南京礼部郎中。因他们兄弟三人均为湖北公安人，故被称为公安派。他们之所以能够在历史上留下其大名，当然是由于在明代文学演变中具有扭转风气的作用，具体而言也就是从前后七子的复古

主张到晚明文学的独抒性灵,他们兄弟三人起到了关键的作用,这包括理论倡导与创作实绩两个方面。然而要追寻其取得文学成就的原因,便不能不提及阳明心学对他们的影响。

生活于晚明的袁氏兄弟,受有心学影响是毫无问题的,因为在他们踏入官场与文坛的时候,正是张居正病逝后王学重新风行的时代,当时朝野遍布心学弟子,良知之学几达逢人便谈之地步,故而在他们的眼中,心学乃是最有价值的学说,当然也是他们求学论道的首选学说。如袁宏道反复说:"仆谓当代可掩前古者,惟阳明一派良知学问而已。"(《袁宏道集笺校》卷二一,《又答梅客生》)"阳明、近溪,真脉络也。"(同上,卷四三,《答陶周望》)当然,就像其他学派一样,公安派在接受心学影响时也是经过了自我选择的,我们看袁宗道《白苏斋类集》卷二二的《杂说》,便知道他所理解的心学,乃是由王阳明到王龙溪并兼及王艮泰州学派尤其是罗汝芳的一系。台湾学者龚鹏程先生在其《晚明思潮》的序言里,特别反对仅将晚明思想界归于由王阳明到王龙溪,由王龙溪再到李卓吾,再由李卓吾到公安派的简单一系,并由此怀疑下述几成定论的学术观点:"晚明便代表了一个由礼教道学权威及传统所构成的社会,逐渐转变为着重个体生命、情欲和现实生活世界取向的时代。而此种转变之所以会出现,则可能是因资产社会平民意识之勃兴或商业资本主义萌芽,故能将传统儒家对最高道德本体的追求,转而落实于百姓日用之现实生活世界也。"(见该书第 4 页)龚先生又从正面阐述其怀疑理由曰:"我对于讨论晚明而以公安及泰州为主,深表怀疑。此二派在当时之代表性如何?若此仅为其中具有变异精神之一部分,而尚有一大部分并不如是;又如若在当时文坛上的主流势力乃是七子派,思想上乃是程朱学的天下,即使在王学中,泰州也只是王学诸派之一支而已。我们单拈这一小部分事例,便来综论整个社会的变迁,岂非管中窥斑,误把花纹看成了花鹿?"(同上,第 5 页)对于龚先生的观点我深表同意,泰州学派、李卓吾与公安派的确代表不了整个晚明社会思潮,将哲学与文学直接同所谓的市民意识、资本主义萌芽相联结也实属草率肤浅,而许多学者却毫不迟疑地接受了此类经不起严格推敲的观点,并将其作为立论的当然前提与基础,从而以讹传讹,相煽成风,最终将真实的历史状况掩埋在厚重的俗见灰尘中。但同时我们却又必须承认,王龙溪、罗汝芳、李卓吾的思想在晚明的确影响甚大,起码在公安派的眼中,龙溪与泰州是最有活力的思想。如果说将泰州与龙溪作为当时思想界的主线是误解的话,则此种误解最早便是由公安派造成的。如伯修说:"予始读阳明先生集,意不能无疑。及读先生天泉证道之言曰:'汝中所见,我久欲发,恐人信不及,含蓄到今。此是传心秘藏,颜子、明道所不敢言者。今既已说破,亦是天机该发泄时,岂容复秘?'嗟夫!先生发藏最上一着,许多年不露一点端倪,若非龙溪自悟,当终身闭口矣。大宗匠作用何如哉?"(《白苏斋类集》卷二二,《杂说》)可见在心学体系中,伯修肯定了龙溪"四无"的学术宗旨,并对其悟性深表赞叹。这从中郎的话中亦可得到印证:"王龙溪书多说血脉,罗近溪书多说光景。如有人于此或按其十二经络,或指其面目手足,总只一人。但初学人不可认光景,当寻血脉。"(袁宏道《珊瑚林》上)[1] 在此,中郎不仅对比了二溪的学术异同,而且指出了选择的途径,这说明他对二人的熟悉以及轻重优劣的倾向性。弄清此一学术传统甚

---

[1] 研究袁宏道心学与佛学思想的材料,目前中国大陆所保存的主要有钱伯诚先生《袁宏道集笺校》中所收文字及佛学著作《西方合论》等。但还有一些材料则是大陆上所没有的,如收藏于日本内阁文库的三种袁宏道著作,即《珊瑚林》《金屑编》与《六祖坛经节录》,便是许多大陆学者所不知,或知而未经目睹的。《珊瑚林》是袁宏道隐居柳浪时期的谈学记录,收在《袁宏道集笺校》中的《德山麈谭》便是其节录本。而后二种则是其重要的佛学著作。台湾知名学者江灿腾先生闻知我在搞明代文学思想史的研究,便主动向我提供了此条线索,使我得知有这些重要著作的存在。后来江先生又亲自从台湾将他搜集来的这些重要资料寄来,使我能够得以利用。这表现了江先生视学术为天下之公器的宽阔胸襟与热心帮助朋友的无私精神,在此笔者再一次表示诚挚的谢意。

有必要,因为他涉及公安三袁对心性的理解问题。换言之,公安派的心性理论基本上是属于龙溪与泰州二系,尤其与龙溪有着更密切的关系。如伯修论至善曰:"夫善何以曰至也?住于恶固非善,住于善亦非至善。善恶两边俱不依是何境,所谓至善也。"(《白苏斋类集》卷十七,《读大学》)此处所言之"至善"实际便是龙溪的无善无恶之良知,对此伯修曾特意加以强调说:"良知二字,伯安自谓从万死得来,而或者谓其借路葱岭。夫谓其借路,固非识伯安者。然理一而已,见到彻处,固未尝有异也。……或曰:伯安以知善知恶为良知,将无与真心自体之知异乎?余曰:知善知恶,彼为中下根人权说耳。王汝中所悟无善无恶之知,则伯安本意也。汝中发伯安之奥也,其犹荷泽发达磨之秘乎?"(同上)他在此将王畿比作能够继承慧能南宗禅衣钵的荷泽大师神会,可见是格外突出了他在王门心学中的地位。其二位弟弟亦有相同的见解,中郎曰:"孟子说性善,亦只说得情一边,性安得有善之可名?且如以恻隐为仁之端,而举乍见孺子入井以验之。然今人乍见美色而心荡,乍见金银而心动,此亦非出于矫强,可俱谓之真心邪?"(《袁宏道集笺校》卷四四,《德山麈谈》)小修亦曰:"性如太虚,至善者也,善恶俱不得有。"(《珂雪斋集》卷二四,《示学人》)可知在认心性为无善无恶这一点上,公安三袁是颇为一致的。那么,现在要问的是,他们为何要做出此种选择呢?对此,小修的《传心篇序》予以了明确的回答,他说:

心者何?即唐虞所传之道心也。人心者,道心中之人心也。离人心,则道心见矣。道心见,则即人心皆道心矣。见道心故谓之悟,即人心皆道心则修也。悟到即修到,非有二也。圣贤之学,期于悟此道心而已矣。此乃至灵至觉,至虚至妙,不生不死,治世出世之大宝藏焉。而世谓儒门无此学术,奉而归之于禅,则大可笑已。有宋诸儒,虽所见不同,然未有不见此道心者也。世间高明之士，所以轻宋儒者有故。心体本自灵通，不借外之见闻。而儒者为格物支离之学，其沉昏阴浊莫甚焉。心体本自潇洒，不必过为把持。而儒者又为庄敬持守之学，其桎梏拘挛莫甚焉。世间之大知慧者，岂肯米盐琐碎，而自同木偶人哉？宜其厌之而趋禅也。然以此概诸儒焉则过矣，周茂叔、程明道、邵尧夫辈，实是悟向上一路，未易可测也，朱晚亦入悟。国朝白沙、阳明，皆为妙悟本体。阳明良知，犹为扫踪绝迹。儿孙数传，盗翻窠穴，得直截易简之宗，儒门之大宝藏，揭诸日月矣。

（《珂雪斋集》卷十）

在本篇文字中，作者所要表达的意思主要有三点。一是强调悟，所谓"悟到即修到"，可见修已成为无足轻重的东西。而悟即悟此本体之"道心"，其特征为"至灵至觉，至虚至妙，不生不死"，其实也就是阳明所言之良知，只是在小修这里更淡化了其伦理属性而已。这显然与其悟道目的密切相关，即它不仅是为了治世，更是为了出世，所以才会说"治世出世之大宝藏"。二是强调心体之灵通潇洒的自然特征，它是人所自有的，既不须借助外在的知识见闻，也不必过为把捉操持。在此一点上，他批评了朱熹向外寻求的格物与庄敬持守的拘谨。三是重新强调了自宋儒周、程、邵到明儒白沙、阳明的心学传统，试图建立儒家"悟向上一路"的心性之学，将追求性命解脱的学问归之于"儒家之大宝藏"。在这方面，他有意突出了阳明良知之学的作用。从总体倾向上看，小修具有变阳明治世的良知之学为追求自我解脱之学的意思，比如他曾说："今之学者，儒禅并进，若较盛于往时。然其实阳明先生良知二字，未见有人透过者。盖徒见宗门中麻三斤，青州布衫七斤，便作奇特想；而良知二字，平田里荆棘，多视以为寻常，不复究竟，所以未见真种子。"（同上，卷二四，《寄周宪副海门》）他认为儒禅并进的求学方式,较之以前更重视自我性命的真实追求,但仅留意于禅门公案便不免有故弄玄虚之感,不如通过体悟自我之良知更能把握心性之真种子。但小修虽在形式上力避禅学之名,在价值取向上实际已逐渐向禅学靠近,比如他论天理说:"天理非另有一理在心上也,过去不留滞,即是过去天理;未来不安排,即是未来天理;现在不取相生爱憎,即是现在天理。"(《珂雪斋集》卷二四,《示学人》)其实,如果将此处的天理换成道、悟、佛性之类的禅学术语,或许其文字将会更为通畅,更能表现小修所欲表达之意。还是公安派的另一成员陶望龄将此意表述得更为直率清楚,他说:"今之学佛者皆因良知二字诱之也。"(《歇庵集》卷十六,《辛丑入都寄君奭弟十五首》其十)在晚明时期,阳明心学与禅学的合流已成为不可逆转之势,而禅学的重新崛起也的确与心学的流行有密切的内在关联。公安派作为晚明的一个重要文学流派,它也难以超越时代的大势而与禅学无染。而且尽人皆知的是,他们平时聚会的重要内容之一便是谈禅,其中袁宏道更是当时居士佛学的著名代表人物。根据阳明心学的自身特性而言,他实在具有两种潜在的价值指向,一是趋于超越世俗的解脱境界,一是趋于济世救民的社会关注。在王守仁本人看来,此二者是并不矛盾的,只有具备了超越世俗功利的圣人境界,才能更加义无反顾地投入现实的进取。但在其后学弟子中,则由于各自的不同情形,尤其是由于不同的现实境遇,便出现了只取其一端的情况,这也是有人讥阳明为禅的原因之一。公安派何以会在接受阳明心学时更趋于超越解脱的禅学一端,其中原因当然非常复杂,但这与他们接受心学的途径肯定有直接的关系。

关于公安派的心学与佛学渊源,一般均会追溯至与李卓吾的师徒关系。但也有人表示不以为然,如台湾学者龚鹏程先生认为公安三袁在万历十八年始晤卓吾,此时中郎之学已成,故而他断言:"影响最大者则是其兄伯修。伯修带他进入了佛学的领域,并使他将儒释老庄的藩篱一齐打破。通过庄子,进窥佛理之堂奥。精修得悟后,始持之与古今学说相印证。访李卓吾于麻城,不过求其印可而已。印可之后,当然会令其更为精进,但不能说中郎之学(包括文学见解与禅学思想)是由李卓吾处得来。"(《晚明思潮》,第140页)将中郎乃至公安之思想渊源做出更为宽泛的理解,用意当然是无可非议的,但其结论则依然颇有商榷余地,此盖因龚氏之论虽敏慧可称,而考证不精故也。他所言中郎之学得之伯修固然有据,却不知伯修之学又得之何人,小修《石浦先生传》曰:"己丑(万历十七年)焦公竑首制科,瞿公汝稷官京师,先生就之问学,共引以顿悟之旨。而僧深有为龙湖高足,数以见性之说启先生,乃遍阅大慧、中峰诸录,得参求之诀。"(《珂雪斋集》卷十七)此所言瞿汝稷,字元立,常熟人。钱谦益说他"博学无所不窥,尤邃以内典,一时推为多闻总持"。(《列朝诗集小传》丁集下,《瞿少卿汝稷》)看来伯修向他问学主要是由于其博学多识,而对伯修思想造成较大影响的,应为焦竑与无念,而焦竑与李贽在此之前至少已有了十年以上的论学经历,互为影响自不待言;深有即无念,自万历十二年起已与李贽在麻城相处论学,虽不必为卓吾之弟子,亦当会在禅学上相互影响,则此时李贽虽未与三袁谋面,则俨然已有一形象出现于三袁脑海中。由此而言,说伯修受李贽影响亦自无不可。此可知龚氏所言不免失之简略。至于中郎与小修的接受心学与禅学影响,则的确是从其长兄而来,中郎说:"迨先伯修既以中秘里旋,首倡性命之说,函盖儒、释,时出其精语一二示人,人人以为大道可学,三圣人之大旨,如出一家。"(《袁宏道集笺校》卷四十,《募建青门庵疏》)小修亦曰:"蕞尔之邑,不知有所谓圣学禅学,自兄从事于官,有志于生死之道,而后我兄弟始仰青天而见白日矣。"(《珂雪斋集》卷十九,《告伯修文》)因而从三袁最初的学术渊源上说,能够称得上师辈资格者,唯有李贽与焦竑二人,因此袁宏道才会公然承认:"自笑两家为弟子,空于湖海望仙舟。"(《袁宏道集笺校》卷二,《送焦弱侯老师至梁,因之楚访李卓吾先生》)而李贽本人也毫不客气地说:"世道由来不可孤,百年端地是吾徒。"(《焚书》卷六,《九日至极乐寺闻袁中郎且至因喜而赋》)对于此种双方均认可的师承关系,显然是难以轻易否定的,所以才有了钱谦益的下述说法:"中郎以通明之资,学禅于李龙湖,读书论诗,横说竖说,心眼明而胆力放。"(《列朝诗集小传》丁集中,《袁稽勋宏道》)其实,不仅是公安三袁,公安派的其他成员如陶望龄、潘去华等人也曾接受过李贽的影响。当然,三袁对李贽之学也并非只会被动地加以接受,他们本身也在进行求道的体悟,因而也会反过来影响李、焦二人,如中郎得闻性命之学后,经过自我参悟,将参杨岐公案的体会撰成《金屑编》一书,并拿给李贽相质正,据小修记曰:"李子大相契合,赠以诗,中有云:'诵君《金屑》句,执鞭亦忻慕。早得从君言,不当有老苦。'"(《珂雪斋集》卷十八,《中郎先生行状》)可见卓吾对中郎的悟性是相当赞赏的,所以对他希望也最大。根据上述材料,可大致知道公安派心学与禅学的思想渊源,尽管很难说李贽思想是其唯一源头,但起码可以说在李贽、焦竑、无念、陶望龄、公安三袁之间,形成了一种相互影响的学术氛围,其中李、焦二人在开始时是作为师辈而出现的。这只要读一读袁宗道的《白苏斋类集》便会有深切的体会,在集中论学的卷二十二,他不仅全文抄录了李贽的《童心说》《四勿说》等论文,而且许多关于王学的理论与传说逸事也都是通过李贽获得的。袁中道的《柞林纪谭》是三袁与李贽相会的谈话记录,如果加以对比,便会发现其中许多内容也同时被伯修记在其集子里,试看如下两段谈话:

> 伯修退,予问曰:"学道还须要根器否?"曰:"如何不要?根器即骨头也,有些骨头者方可学道。当时王阳明不知多少人在他门下,彼一见,知其软弱无用者,尽送与湛甘泉,且教之曰:'湛甘

泉是大圣人,可去就学,即甘泉亦自以为推己,而不知阳明实拨去不堪种草之人,寻好汉也。于时王龙溪少年任侠,日日在酒肆博场。王阳明偶见而异之,知其为大乘法器。然龙溪极厌薄讲良知者,绝不肯一会。阳明便日与门弟子陆博、投壶、饮酒。龙溪笑曰:'你们讲学,酸腐之儒也,如何作此事?'答者曰:'我这里日日是如此,即王老师在家亦然,岂有此酸腐之话。'龙溪便惊异求见阳明。阳明一会,龙溪即纳拜矣。阳明得此一人,便是见过于师,可以传授,其余皆土苴也,何用之有?"

(《柞林纪谭》,见《珂雪斋集》附录二)

前辈为余言:阳明接人,每遇根性软弱者,则令其诣湛甘泉受学。甘泉自负阳明推己,欢然相得。其实阳明汰去沙砾,直寻真金耳。于时王龙溪妙年任侠,日日在酒肆博场中,阳明亟欲一会,不来也。阳明却日令门弟子六博投壶,歌呼饮酒。久之,密遣一弟子瞰龙溪所至酒家,与共赌。龙溪笑曰:'腐儒亦能博乎?'曰:'吾师门下日日如此。'龙溪乃惊,求见阳明,一睹眉宇,便称弟子矣。

(《白苏斋类集》卷二二,《杂说》)

对比两段文字,显然均来源于李贽,只是小修所记近于白话,故稍稍详细一些,而伯修所记则为文言,故而稍嫌简略些。从内容看,主要强调的是为学必须有高超的胸襟与坚强的人格,或者说具有狂放不羁的豪杰精神,在这一点上,李贽的确对袁氏兄弟有很大的影响,正如中郎所说:"老子本将龙作性,楚人元以凤为歌。"(《袁宏道集笺校》卷二,《怀龙湖》)同时还可以顺带证明一个事实,许多人曾怀疑小修《柞林纪谭》的真实性,如果拿它与伯修所记相比,便会知道小修的记述是真实的,也就没有必要再产生疑心。从价值取向上看,三袁的思想亦与李、焦二人多有相近之处。李贽的心学思想乃是合龙溪与心斋二家又融以己意,其显著特色为入世与出世而兼备,既有社会关注的一面,又有归隐自适的一面,但其落脚点则是偏重于自我生命之不朽与个体生命之解脱。焦竑曾师事耿定向,在学术传承上属泰州后学,但又深受李贽的影响,除保留有泰州学派关心现实的传统特色外,较其师更关注个体价值与生命解脱。因而三袁通过他们而接受的阳明心学带有浓厚的禅学色彩,也就不值得奇怪了。尤其是三袁在与李贽初始接触的万历二十年左右,正是其狂放激进的时期,因而也在不同程度上带上了狂傲的特征。

当然,公安三袁的思想毕竟具有与李、焦二人不同的自身独特之处,此种独特之处就其主要方面而言,便是具有了更为突出的个体化特色,他们已不再对心学关注社会的倾向感兴趣,而只留恋其超越世俗、性命解脱的功用,所以小修便说:"阳明、近溪诸老悟处,如百炼精金,未易窥测。邓定宇之定也,陶周望之淡也,参求之真切也,皆真为生死者也。"(《珂雪斋集》卷二三,《答云浦》)这便将心学宗旨归向了禅学目的,而再不提起它经国治世的作用。至于说他们转向的原因,当然有个人方面的,如袁宗道的最初留意自我生命是由于病魔缠身,所谓"抱奇病,病几死。有道人教以数息静坐之法有效,始闭门鼻观,弃去文字障,遍阅养生家言。是时海内有谭冲举之事者,先生欣然信之,谓神仙可坐而得也"。(同上,卷十七,《石浦先生传》)后来他的接近心学,并更注重其解脱功能,便很难说与其早年热衷于养生之学毫无关联。但我认为更重要的还是时代的原因,在三袁所处的时代,伴随着经济生活的发展与士人追求享乐倾向的加强,许多人更加看重自我生命的价值,再加之政治生活中的种种不如意,便很容易倾心于佛、道。对此用不着远取他人为证,既以伯修本人为例,小修曾记曰:"先生官翰院,求道愈切。时同年汪仪部可受,同馆王公图、萧公云举、吴公用宾,皆志于养生之学,得三教林君艮背行庭之旨,先生勤而行焉。"(同上)

在他的同僚中，有那么多人都在从事于养生之学，这自然会令他更加坚定了求道的决心，只不过他像其他人一样，尚未寻求到一种恰当的解脱方式而已。此刻，焦弱侯先生来了，禅僧深有也来了，他们带来了阳明心学的理论与禅宗的顿悟之学，并告诉诸位同僚，眼下有一位高人李卓吾先生正在湖北麻城龙湖芝佛院精研性命之学。于是伯修从此改变了为学的宗旨，开启了一条新的人生之路。正因为袁氏兄弟一开始便是从自我生命的解脱而步入心学的，故而其为学宗旨也就与其前辈不完全相同，因此也就在不少场合表述了与李贽甚至与阳明不尽相同的认识。比如说，他们主张将儒与禅分开，而不同意混为一谈。袁宏道说："近代之禅，所以有此流弊者，始则阳明以儒而滥禅，既则豁渠诸人以禅而滥儒。禅者见诸儒汩没世情之中，以为不碍，而禅遂为拨因果之禅；儒者借禅家一切圆融之见，以为发前贤所未发，而儒遂为无忌惮之儒。不惟禅不成禅，而儒亦不成儒矣。"（《袁宏道集笺校》卷二二，《答陶石篑》）中郎严分儒、释的主张或许受到过管志道的影响。管志道，字登之，号东溟，苏州太仓人。隆庆五年进士，官至广东佥事。他与袁氏兄弟亦为论学之友，与中郎多有书信来往。他虽是泰州后学，但论学则以理圆体方立论，所谓："乾元无首之旨，与《华严》性海浑无差别，《易》道与天地准，故不期与佛、老之祖合而自合，孔教与二教峙，故不期佛老之徒争而自争。教理不得不圆，教体不得不方，以仲尼之圆，圆宋儒之方，而使儒不碍释，释不碍儒。以仲尼之方，方近儒之圆，而使儒不滥释，释不滥儒。"（《明儒学案》卷三二，《泰州学案一》）依管氏之意，从义理上说，儒与佛、道均有相通之处，所以不应相互非议；但是在其立教目的上，儒主经世而佛、道主出世，故而又必须严格将其区别开来。他的理圆教方的提出当然有其前提，教圆是要解决宋儒排佛的严苛，而教方是要纠正近儒浑同儒、佛的不明。袁宏道的思路有与管氏相近之处，他并不反对士人学佛论禅追求性命解脱,但却不能接受儒、禅相杂的倾向。要弄清中郎如此立论的真实动机,便首先需要知道阳明心学何以会具有儒、禅相杂的特征。就阳明本人来说,他为了摆脱现实险恶环境的威胁,必须以佛、道的空虚超越世俗的缠绕,然后方可实现其万物一体之仁的济世愿望,没有佛、道的帮助,他便不可能顺利度过龙场之贬与忠、泰之变,也不可能始终保持从容自得的超然心境。但总的说来,禅的追求仍是其达到济世目的的手段。而自嘉靖后期以来,阳明后学中追求自我解脱者越来越多,遂将阳明原来作为手段的佛、道当成了人生的目的。但他们又毕竟是儒门中人,不能完全忘怀自我的人生责任,于是便在追求自我解脱的同时,又以佛、道为工具而批评世儒之学。如中郎所举之邓豁渠,本名鹤,号太湖,四川内江人,与泰州后劲赵贞吉为同乡,并从学于贞吉。当他接触心学之后,"以为性命甚重,非拖泥带水可以成就,遂落发为僧"。(《明儒学案》卷三二,《泰州学案一》)最终成了狂放纵情的典型。就其所追求的人生价值观来看,当然是以自我性命的解脱为旨归的,所以他描述其超然之乐曰:"杜闲谈之客,远假借之徒,却世情之交,自行自止,自歌自咏,优游亟泳,以似凡情消化,离生死苦趣,入大寂定中,大光明藏生灭灭矣。"(《南询录自叙》,见《中国哲学》第十九辑,第378页)为了追求此种解脱之乐,他长期出游不归,不顾儿女婚嫁,已与儒家所规定的家族责任发生了严重的冲突。更有甚者,他还站在佛家解脱的立场大肆攻击儒家圣人,比如他说:"尧舜事业,自尧舜视之,如一点浮云过太虚。尧舜之所轻,众人之所重也。更不去尧舜所重处寻觅,譬如苍蝇钻窗,何时得出三界,终须败坏性命事,谓之向上机缘,非拖泥带水可得成就。如今就做得君君臣臣,父父子子,兄兄弟弟,夫夫妇妇,如唐虞熙熙皋皋也,只是下的一坪好棋子;桀纣之世也,只是下坏了一坪丑棋子,终须卒也灭,车也灭,将军亦灭。故曰往古递成,千觉梦中原都付一坪棋。凡所有相,皆是虚妄,离一切相,即名诸佛。"(《南询录》,《中国哲学》第十九辑,第 387 页)同时又将此种看法从历史引入现实:"今之书生志于富贵而已,中间有窃道学之名而贪谋富贵者,跖之徒也。或有假富贵,而行好事,存好心,说好话,干好事,尽忠报国,接引贤人,谓之志于功名似也,谓之志于道德则未;谓之德似也,谓之妙道则未。"(同上,第 402 页)像他这样公开地将儒家圣贤事业贬得一文不值,将"尽忠报国"等儒者现实行为讥之为凡情俗欲,显然已经大大超出了一般士人所能接受的界限,从而成了以佛乱儒的代表。从他的经历与思想看,倒是与李贽颇为接近,故而卓吾言豁渠"学问是真实学问,从万死中得来"。(《柞林纪谭》)中郎在此批评豁渠,实有兼指卓吾之意,只是由于自己与李贽的关系密切,不便明言而已。明白了心学儒、禅相混的实质之后,也就可以得知中郎严分儒、禅的用意了。实际这意味着阳明心学的又一次转向,在袁宏道这里,他不仅已将追求自我生命的解脱当作其为学的宗旨,而且不再对现实政治与世俗士风抱批判的态度,他认为儒者与禅家各有其职责,一个士人追求什么可以自由选择,但不能将二者混而言之,以免互相妨碍。对此长兄伯修具有相同的见解,他曾说:"三教圣人,门庭各异,本领是同。所谓学禅而后知儒,非虚语也。"这便是理圆的意思,但他同时又说:"若夫拾其涕唾以入帖括,则甚不可,宜急戒之。勿以性命进取,溷为一途可也。"(《白苏斋类集》卷十七,《说书类》)这便是教方的意思。"帖括"在此指科举制艺,追求禅学的解脱是可以的,但要有严格的场合限制,不能将禅学的意识与术语用在八股文章中,否则便会影响自己的前程。谢肇淛在《五杂俎》中,曾将当时士人的人生追求分为三种:"今之号为好学者,取科第为第一义矣;立言以传后者,百无一焉;至于修身行己,则绝不为意。"(卷十三)可知追逐科举制艺当时被视为俗学,但伯修却不能忽视这俗学,因为他牵涉到儒家的家族责任问题,再俗也必须追求。小修曾将此一点说得非常清楚:"看来世间自有一种世外之骨,毕竟与世间应酬不来。弟才入仕途,已觉不堪矣。荣途无涯,年寿有限,弟自谓了却头巾债,足矣,足矣!升沉总不问也。"(《珂雪斋集》卷二五,《与梅长公》)他明知自己在仕途上应酬不来,也知道自我生命之可贵,但他必须参加科举,必须踏入仕途,然后方可不问升沉,追求出世。在科举上的成功不仅是证明自我能力的标准,也不仅是对于家族的责任,甚至成了必须偿还的人生债务。读《珂雪斋集》,像这种告诉亲友中进士如完债务的书信,竟达十余封之多,可知此种心理感受在其胸中蓄积之厚重。有人将此称为八股心态,应该说是可以接受的。三袁及许多士人都已觉察到八股制艺的空虚无用与官场的虚伪无聊,但他们已不再有纠正它们的决心与勇气,他们只希望在了却这世俗的债务后,去满足自我解脱的追求,这便是他们要将儒、禅严格区别开来的根本目的。因此,在李贽那里难以被接受的,袁宏道却能心情释然地加以容纳,他在《识张幼于箴铭后》说:"余观古今士君子,如相如窃卓,方朔俳优,中郎醉龙,阮籍母丧酒肉不绝口,若此类者,皆世之所谓放达人也。又如御前数马,省中阅树,不冠入厕,自以为罪,若此类者,皆世之所谓缜密人也。两种冰炭不相入,吾辈宜何居?袁子曰:两者不相肖也,亦不相笑也,各任其性耳。性之所安,殆不可强,率性而行,是谓真人。今若强放达者而为缜密,强缜密者而为放达,续凫项,断鹤颈,不亦大可叹哉!"(《袁宏道集笺校》卷四)此种各顺其性的主张有与庄子思想相近之处,也与李贽天人与凡人各不相碍的思路有一致的地方,但对于那类"不冠入厕,自以为罪"的固执刻板,不仅庄子难以认可,即使李贽也会大批一个"迂"字,或随口骂一句"假道学"。而袁宏道却能处之泰然,真正体现了他儒、禅各不相碍而又判然有别的理论观点。他只需要自我的放任与自由,而没有兴趣去管他人的固执与虚伪。

因此,三袁的人生价值取向便显示出其独有的特征,那便是一切以求乐自适为原则。尽管他们并不否定儒家孝悌的伦理价值,但却认为这些远不是士人追求的终极目标,如中郎说:"佛氏以生死为一大事,而先师云'朝闻道,夕死可',是亦一大事之旨也。"可见无论是儒还是佛,均以关注生死为大事,然而,"今儒者溺于章句,纵有杰出者,不过谓士生斯世,第能孝能忠廉信节,即此是道。然则使一世之人,朝闻孝悌之说,而夕焉盖棺可乎?"可见孝悌并非士人生命的终极义。而阳明心学的意义便在于其对生死问题的关注:"至近代王文成、罗旴江辈出,始能抉古圣精髓,入孔氏堂,揭唐、虞竿,击文、武铎,以号叫一时之聋聩。而世之儒者,疑信相参。其疑者固无足言,所谓信者亦只信其皮貌,以自文其陋而已。故余尝谓唐、宋以来,孔氏之学脉绝,而其脉遂在马大师诸人。及于近代,宗门之嫡派绝,而其派乃在诸儒。"(《袁宏道集笺校》卷四一,《为寒灰书册寄郧阳陈玄朗》)可见中郎心目中的最高人生目标便是求道,求道便是关注自我的生死问题,亦即关注自我生命的价值与意义,而这价值与意义落实在现实人生行为上,便是求乐,便是适意,便是顺其自然性情,中郎曾将学道之人概括为玩世、出世、谐世与适世四种,而他所最欣赏者乃是适世之人:"独有适世一种其人,其人甚奇,然亦甚可恨。以为禅也,戒行不足;以为儒,口不道尧、舜、周、孔之学,身不行羞恶辞让之事,于业不擅一能,于世不堪一务,最天下不紧要人。虽于世无所忤违,而贤人君子则斥之惟恐不远矣。弟最喜此一种人,以为自适之极,心窃慕之。"(同上,卷五,《徐汉明》)此类适世之人所可恨的不是他对世俗构成了什么挑战,而是不再担负儒者的责任,但他于世并"无所忤违",其唯一的兴趣便是自我的适意,用中郎的话说也可以叫作求乐。用伯修的诗句说便是:"都门仕宦者,独有二乐事:第一多美酒,第二饶朋辈。"(《白苏斋类集》卷二,《对酒》)有美酒醉人,有朋友谈禅论文,当然是令人愉快的。但这不如中郎概括的全面透彻:"真乐有五,不可不知。目极世间之色,耳极世间之声,身极世间之鲜,口极世间之谭,一快活也。堂前列鼎,堂后度曲,宾客满席,男女交舄,烛气薰天,珠翠委地,金钱不足,继以田土,二快活也。箧中藏万卷书,书皆珍异。宅畔置一馆,馆中约真正同心友十余人,人中立一识见极高,如司马迁、罗贯中、关汉卿者为主,分曹部署,各成一书,远文唐、宋酸儒之陋,近完一代未竟之篇,三快活也。千金买一舟,舟中置鼓吹一部,妓妾数人,泛家浮宅,不知老之将至,四快活也。然人生受用至此,不及十年,家资田地荡尽矣。然后一身狼狈,朝不谋夕,托钵歌妓之院,分餐孤老之盘,往来乡亲,恬不知耻,五快活也。士有此一者,生可无愧,死可不朽矣。"(《袁宏道集笺校》卷五,《龚惟长先生》)其中有物质性的口福之乐,也有精神性的著书之乐,还有放纵肉欲的男女之乐,亦有狼狈不堪的无耻之乐。他们不再去担负前辈士人视为当然的人生责任,而一门心思去盘算如何满足自我的人生欲望。在中郎看来,作为一个士人,只要享受到其中一种,便没有白来世上活一遭,更何况五种齐全呢? 当然,中郎此信作于万历二十三年,正是其狂放激进之时,其中难免有夸张戏谑的成分,也许小修的诗可以作为其有力的补充,其曰:"山村松树里,欲建三层楼。上层以静息,焚香学薰修。中层贮书籍,松风鸣嗖嗖。右手持《净名》,左手持《庄周》。下层贮妓乐,置酒召冶游。四角散名香,中央发清讴。闻歌心已醉,欲去辖先投。房中有小妓,其名唤莫愁。《七盘》能妙舞,百转弄珠喉。平时不见客,骄贵坐上头。今日乐莫乐,请出弹箜篌。"(《珂雪斋集》卷五,《感怀诗五十八首》其十)在小修的心目中,既欲置身于山村松树的自然环境中而不受世俗的烦扰,又可享受到人生的乐趣。这种乐趣既包括超然的修身养性,又有读书的精神之适,同时还要有小妓奏乐相伴的欲望满足,诚可谓占尽了人生的实惠。但无论是何种享乐,都有一个核心贯穿其间,那便是顺从人性之自然。袁宏道对此曾做过集中的表述:"圣人之于生也,无安排,无取必,无侥倖,任天而行,修身以俟,顺生之自然,而不与造化者忤,是故其下无伤生损性之事,而其上不肯为益生葆命之行。古之善养生者,有三家:释曰无生,儒曰立命,道曰外其身而身存。既曰无生,即非养之所能生也。既非养之所能生,则不以不养而不生明矣。立命者,顺受其正。顺受故不欣长生,不悲夭折,何也? 命不待寿而立,寿何益? 命不因夭而不立,夭何恶? 夭不足恶,寿不足欣,故养生以益寿,皆妄之妄者也。外其身者可以存身,则内其身者亦可以亡身。"(《袁宏道集笺校》卷二三,《广庄·养生主》)结论便是一切顺应自然,既不要做伤生损性之事,也不要过为贪心而为益生葆命之行,在中郎这里,儒、释、道在任天而行与顺受其正这一点上求得了一致。当然,由于他是在阐释庄子,因而无安排、无取必的思想也就更接近庄子所提出的人生价值取向的本意。同时,《广庄》作于万历二十六年,正是中郎思想的活跃时期,则顺从自然的人生观也恰是其本时期的主要倾向。三袁的人生观当然不是固定不变的,正如许多学者所指出的那样,他们有一个发展变化的过程,大致上可分为早期的狂放激进与晚期的清静无为,但在这变化的过程中又有始终不变的因素贯穿其中,那便是自我的顺适。他们在年轻奋发之时,以禅悟为主,饮酒作诗,纳妾游妓,此乃满足其人生之情欲;而晚年觉得饮酒与女色伤身,便可退居山水中,修净土,节欲望,此乃满足其出世之追求。纵欲之乐与清静之乐虽不同,然却又同属求乐自适之人生观的不同侧面。这正如小修所说的:"人生贵适意,胡乃自局促。欢娱极欢娱,声色穷情欲。寂寞奇寂寞,被发入穷谷。胡为遂红尘,泛泛复碌碌。"(《珂雪斋集》卷二,《咏怀七首》其一)可以"声色穷情欲"地极尽欢娱,也可以披发入穷谷而清净寂寞,均为自我人生之受用,唯一不可取的是混迹红尘而被打入世俗队中,从而失去了生命的光彩。这便是三袁的人生价值取向。

当然,尽管三袁有其共同的人生价值取向,但却又各自具有独特的表现方式。具体地讲,长兄伯修采取的是与世和谐的方式,中郎采取的是超世狂放的方式,而小修则是避世求乐的方式。小修曾区别二位兄长的处世方式说:"伯修则谓居人间,当敛其锋锷,与世抑扬,万石周慎,为安身保亲之道。而先生则谓凤凰不与凡鸟同巢,麒麟不共凡马伏枥,大丈夫当独往独来,自舒其逸耳,岂可逐世啼笑,听人穿鼻络首!"(《珂雪斋集》卷十八,《中郎先生行状》)从性格类型上讲,伯修是内向型的,他为人蕴藉,一般不剑拔弩张;而中郎是外向型的,他直爽坦率,往往冲口而发。但伯修绝非不看重自我的生命价值与不要保持自己的个性,他只是更讲究恕道而已。他的此种人格,自有他自己的认识为基础,他在《又答同社》的信中如是说:"来教云:'乾坤是一大戏场,奈何龈龈为,縶人于苛礼。'此论甚高。不佞窃谓礼者,世界所赖安立,何可易谈。且就兄所称戏剧喻之:扮生者自宜和雅,外自宜老成,官净自宜雄壮整肃,丑末自宜跳跶恢谐。此戏之礼,不可假借。藉令一场之中,皆傅墨施粉,踉跄而叫笑,不令观者厌呕乎?然使作戏者真认己为某官某夫人,而忘却本来姓氏,则亦愚骇之甚矣。"(《白苏斋类集》卷十六)伯修在其他场合也喜用戏场来论述做人的道理,可暂且将此种倾向称之为角色意识。如果说"礼"代表了儒家的话,则自我生命的解脱与个性之保任则象征着禅家。而二者之间则体现了社会与个体的关系。"礼"乃"世界所赖安立",亦即社会得以建立与稳定的手段与原则,故而士人在进入社会之后,便必须依礼的规定扮演一定的角色,并按角色的规定特点行事,此犹如戏曲中之生、旦、净、丑诸般角色一样,各尽其责,各行其是,方可演好一台戏。但又必须很清醒地认识到,这毕竟是在演戏,切不可久假而不归,忘记了自我的本来面目,如果这样,便是失去了真实的自我个性。从此段议论中可以得知,伯修所以能够在官场中与他人和谐相处,靠的便是此种角色意识,这使他既不与他人发生冲突,又保持了自己的个体人格。然而他的此种理论与人格,却已与其心学前辈大为不同,无论是大儒王阳明还是狂人李卓吾,都不能容忍戴着面具做人,因为这意味着失去做人的原则与责任。阳明先生建立心学的本意,便是要纠正士人不能真诚追求圣学而一味趋同于流俗的风气,并通过改变士风而进一步改造政治。然而到了伯修的时代,现实环境已经逼迫他不能不用扮演角色的方式而在官场立足,只要他不因为角色而忘记了真实的自我,那已经在士人中属于难得的高品了。其实,不仅袁宗道具有此种角色意识,即使其弟中郎在理论上也毫无保留地认同于伯修,他在《题初簿罢官册》中,面对一位遭受了科举与官场失败的士人说:"官与人非二也,有不得不二者,时也。夫居今之时,处簿书会稽之间,而欲以重厚长者之道行之,必败。故夫儒而吏者,有三不可:以君子待其身,而不信世间之有小人,一不可也;任书生肮脏脱略之习,而少脂韦斌媚之致,二不可也;我信其心,人疑其迹,我复不能暴其心而文其迹,三不可也。然则人生涉世亦难矣哉!"(《袁宏道集笺校》卷四)中郎之语若反言之便是:倘若欲涉世为官,则务须先准备好对付世间之小人,且不可凭书生意气,最好还须有点"脂韦斌媚"之术,并能"暴其心而文其迹"。这话是讲得相当沉痛的,按一位儒者的志向,尤其是深受心学影响的学者,入仕行道应是其不假思索的人生追求,但中郎告诉人们,此路不通,要守道切莫做官,而欲做官便难守道。认道与政为二且已听之任之,可以说是儒家责任感的放弃;承认做人与为官可以不同,则显然也是一种角色意识。当然中郎作此文的目的是安慰这位仕途失意者:"初君幸而人与官二耳。二之则官去而人犹在,然则上之人亦罢吴县主簿耳,非罢君也。君今失吴县主簿耳,君尚在也。守己之行,听天之命,适来适去,何怍何辱?君亦可以自慰矣夫。"(同上)用现代的话说便是,您尽管失去了官职,却没有失去人格;或者说您失去官职之后,更能保持自我人格。从此一角度讲,的确是可以"自慰"的。然而,中郎有一层隐含的意思尚未讲出,即尚未从官场退出者如中郎辈们,是否也处于此种"官与人二"的状态?如果处于此种状态,他们心里是否可以"自慰"?依据他们的现实存在状况,中郎们既然不能回避这"官与人二"的事实,便只能自觉履行社会所规定的角色职责。但中郎却没有伯修的耐心与宽和,于是在戴着面具做人时便不能不处于一种身心皆疲的苦累状态。他在吴县为令时,不能不算尽职尽责,可以说县令角色扮演得相当成功,以致被申时行称之为吴地二百年难遇之官,然而他自己的感觉却简直糟透了,于是便在给朋友的信中反复诉苦,其中一封说:"弟作令备极丑态,不可名状。大约遇上官则奴,候过客则妓,治钱谷则仓老人,谕百姓则保山婆。一日之间,百暖百寒,乍阴乍阳,人间恶趣,令一身尝尽矣。苦哉,毒哉!"(《袁宏道集笺校》卷五,《丘长孺》)他所扮演县令角色非但卑微,而且一日之间要反复转换,时而做上司的奴仆,时而强颜欢笑应酬过客,时而又要绞尽脑汁治理钱谷,时而面谕百姓又要信誓旦旦地如保山婆。如此状态实在"苦""毒"之极,于是他不得不连上七道辞官奏折,离开这令人厌恶的鬼域。他"六休"的号大约便是此时所取,小修曾说:"家仲曾号六休,因初入仕时,无意游宦,乃取司空图《休休亭记》中有'六宜休'语,故用六休为号,志无忘山中冷云耳。"(《珂雪斋集》卷二三,《答宝庆李二府》)司空图所言六休为:"盖量其材,一宜休也;揣其分二宜休也;且耄聩三宜休也;而又少而惰,长而衰,老而迂,是三者皆非救时之用,又宜休也。"(《全唐文》卷八〇七,司空图《休休亭记》)司空图的六宜休其实也可以归结为一句话,那便是不能有效地扮演官员的角色,袁宏道也正是取此意而自号六休的。袁中郎的辞官是由于他性格中的两种因素所决定的:一是求乐的意识。他在吴地为官,面对的繁荣豪华的城市生活,而自身却不得不忍受种种的宦涯之苦,对比之下,自然会有逃苦累而就欢愉的追求,他自己曾对比说:"画船箫鼓,歌童舞女,此自豪客之事,非令事也。奇花异草,危石孤岑,此自幽人之观,非令观也。酒坛诗社,朱门紫陌,振衣莫釐之峰,濯足虎丘之石,此自游客之乐,非令乐也。令所对者,鹑衣百结之粮长,簧口利舌之刁民,及虮虱满身之囚徒耳。然则苏何有于令,令亦何关于苏哉?"(《袁宏道集笺校》卷五,《兰泽、云泽叔》)在如此诱人的人生受用之前,他却只能当看客,中郎如何能够受得了? 二是突出的自我意识。中郎向来以豪杰自居,这显然是秉承了泰州学派与李卓吾的精神,他甚至敢于斗胆大言:"除却袁中郎,天下尽儿戏"。(同上,卷九,《别石篑十首》其五)则他也便明确宣示:"因拙而辞世,因傲而辞官。"(同上,《严子陵滩限韵,同陶石篑、方子公赋四首》其四)中郎先生的确有一肚子的不合时宜,故而会整日高叫着"谁能学少女,眉画入时工"(同上,卷三,《岁暮纪事》)的牢骚不平,但他的不合时宜却只能走向名士的超世自适,而不可能是志士的讽世乃至救世。在中郎的眼中,这卑琐的世俗与混乱的官场是不值得与之认真的:"世人眼如豆,见如盲,一切是非议论,如瓮中语日月,冢中语天,粪担上语中书堂里事。便胜得他,也只如胜得个促织;就输些便宜与他,也只当撇块骨头与蚁子而已。焉有堂堂丈夫,与之计较长短哉?"(同上,卷一一,《管东溟》)这当然是对时代已经失望之极的愤激语,可谓骂尽官场,骂尽世俗,但既然是失望之极,也便没有了改造官场与世俗的热情,只想着"大家浑沦作一团去"。(同上,《与朱司理》)于是,他可以辞官,可以漫游山水,可以论诗谈禅,可以饮酒御色,可以隐居山中,但却没有太多的兴趣去与世俗作对,更没有兴趣去改变士风。袁宏道的一生经历了由"寄"到"不溺"的转换,可以说都是围绕着如何使自我生命更有价值而展开的。他早年饮酒作诗,游山谈禅,甚至有"青娥之好",便是一律将其视为人生之受用,以为若无此受用,便失去了人生意义,他称此为寄,在给友人的信中说:"人情必有所寄,然后能乐。故有以弈为寄,有以色为寄,有以技为寄,有以文为寄。古之达人,高人一层,只是他情有所寄,不肯浮泛虚度光景。"(同上,卷五,《李子髯》)该信作于万历二十四年,可谓中郎之早期。所谓寄,乃是指自我生命的寄托,因为有了生命寄托,也就享受了人生之乐,而如此人生也才有价值可言,其中所体现的自然是对自我的珍惜与生命的留恋。作于一年后的《兰亭记》将这层意思讲得更为明白:"古今文士爱念光景,未尝不感叹于死生之际。故或登高临水,悲陵谷之不长;花晨月夕,嗟露电之易逝。虽当快心适志之时,常若有一段隐忧埋伏胸中,世间功名富贵举不足以消其牢骚不平之气。于是卑者或纵情曲蘖,极意声伎;高者或托为文章声歌,以求不朽;或究心仙佛与夫飞升坐化之术。其事不同,其贪生畏死之心一也。"(《袁宏道集笺校》卷十)畏死是从负面讲,求乐是从正面讲,而归结点则在于对生命之留恋。但严格讲来,中郎此时仍在求道之初期,因为寄也可以说成是执,而执则意味着被物所困,仍为禅之未了义。正如他晚年所言,寄之实质便是溺,若欲去执,务须不溺:"举世皆以为无益,而吾惑之,至捐性命以殉,是之谓溺。溺者,通人所戒,然亦通人所蔽也。溺于酒者,至于荷锸;溺于书者,至于伐冢;溺于禅者,至于断臂。""有大溺者,必有大忍。今之溺富贵者,汩没尘沙,受人间摧折,有甚于水者也。抑之而更拜,唾之而更谀,其逆性反情,有甚于笑者也。"(同上,卷五一,《游苏门山百泉记》)因此,无执才是人生解脱的真实境界。尽管作为文人的袁中郎未能做到完全无溺,而最终仍溺于诗文与山水,但他的确渴望从世俗之溺中解脱处来,求得自我的心灵快适。从寄到不溺,是袁中郎生命过程的自然发展,其核心乃在于求取人生之乐。但所有这一切,都并不表明中郎有与世俗相对抗的打算。他隐居山中时,可以随心所欲,无所顾忌,作于万历三十三年的《人日自笑》,形象地描绘了他的隐居生涯:"是官不垂绅,是农不秉耒,是儒不吾伊,是隐不蒿莱。是贵者荷芟,是贱宛冠佩,是静非杜门,是讲非教诲,是释长鬓须,是仙拥眉黛。攸而枯寂林,攸而喧嚣阓。逢花即命歌,遇酒辄呼篷。一身等轻云,飘然付大块。试问空飞禽,澄潭影何在?旷哉龙屈伸,颓焉方外内。"(同上,卷三三)这非官非农、非贵非贱、非静非动、非仙非释的不定身份,显示了他无可无不可的人生适意态度,但这也只有在摆脱了官场礼节限制的野居之时,方可获得此种任性适情的人生自由。然而只要一踏入仕途,便不允许他再享受此种生活,万历三十五年中郎在柳浪隐居六年后,又重新入京为官,不用他人指点告诫,他自己便在诗中表示:"处世真妨达,归山无那贫。且收鱼鸟韵,检点做时人。"(《袁宏道集笺校》卷四六,《德州舟中逢沈何山二首》其一)他深知处世会妨碍自我个性的舒展,但他却无意去抗拒与改变这有碍个性舒展的社会与礼教,像其兄伯修一样,他只做好了"检点做时人"的心理准备,然后去自觉扮演合格的官员角色。因此从总体上看,不与世俗相对抗是三袁的共同特征。(关于小修的人格,放在下节专门论述)这也难怪,他们的一生主要徘徊于万历中期的官场,面对的现实是皇帝倦于朝政,文官们也逐渐对政治失去兴趣。他们看不惯这沉闷的局面,故而采取一种求乐的人生态度,希望超然于世俗之上,保持自我的个性并获取人生的享受。但他们又不像同时的东林诸人那般,要泾渭分明地区别君子与小人,袁宏道的下述一番议论也许能够代表他们的共同态度:"夫吏道有三:上之有吏才,次之有吏趣,下则有之以为利焉。吏才者,吏而才也。吏而才,是国家大可倚靠人也,如之何而可不用哉! 吏趣者,其人未必有才,亦未必不才,但觉官有无穷滋味,愈劳愈佚,愈苦愈甜,愈淡愈不尽,不穷其味不止。若夺其官,便如夺婴儿手中鸡子,啼哭随之矣。虽欲不用,胡可得耶?若夫有之以为利者,是贪欲无厌人也。但有一分利可趁,便作牛亦得,作马亦得,作鸡犬亦得,最为污下,最为可厌。然牛马鸡犬,世既不可少,则此等之人亦可随大小方圆而器之矣。独生则有大乖戾不然者,不才无论矣,又且与乌纱无缘,既不能负重致远,又不安司晨守夜,此等之人,虽分文用亦无矣。尚可不知进退,处居人间繁苦地耶?"(同上,卷六,《张幼于》)在中郎的眼中,这三种人都未达透悟人生之道的境界，故而他本人也不打算学此任何一种；但他虽不认同于他们，尤其是对于第三种做牛马而不辞的贪欲无厌之人，认为最为可厌，可他并没有与之对敌的看法，反而认为他们也自有存在的理由与本身的价值。袁氏的态度在当时代表了相当一部分士人的处世之道，它既非和光同尘，亦非深恶痛绝，而只显示了通达与宽容。这种态度从积极的一面讲，是由于他们具有更高的人生境界的追求，而不屑与世俗为伍；从消极的一面讲，则是无力改变现实时的人生无奈。在这新的时代境遇里，阳明心学没有成为改造社会的武器，而只能成为追求自我解脱的工具。

多少年来，公安派给人留下的是闲适潇洒的名士形象，生活上饮酒谈禅，游山玩水；学术上阐释庄周，会合禅净；文学上独抒性灵，反对复古。但这果真是他们的完整形象吗？实在不能不令人怀疑。在此，不妨从他们的文学继承关系谈起，公安派曾对白居易与苏轼颇有好感，伯修以"白苏"名斋，后又以"白苏斋"名集，可见其爱好程度。中郎与小修谈起二人来，亦多有倾慕之情。从表面看来，公安派对白、苏的认同，乃是求乐自适人生观的接近，应该说是有一定道理的。白居易曾有《中隐》诗曰："大隐住朝市，小隐入丘樊。丘樊太冷落，朝市太嚣喧。不如作中隐，隐在留司官。似出复似处，非忙亦非闲。不劳心与力，又免饥与寒。终岁无公事，随月有俸钱。君若好登临，城南有秋山。君若爱游荡，城东有春园。君若欲一醉，时出赴宾筵。洛中多君子，可以恣欢言。君若欲高卧，但自深掩关。亦无车马客，造次到门前。人生处一世，其道难两全。贱即苦冻馁，贵则多忧患。唯此中隐士，致身吉且安。穷通与丰约，正在四者间。"（《白居易集笺校》卷二二）完全以自我适意为取舍标准，占尽人生的实惠，的确够潇洒的，但失去原则的潇洒不免显得有些俗气，诚如古人所评："胸中无挂碍，乃得此空明洒脱之境。"（《唐宋诗醇》卷二五）但在此我们同样要问，这果真是白居易的真实心态吗？换言之,公安派所认同的果真是如此吗？对此小修在《白苏斋记》中有真切的说明:"乐天当朋党甫动时,即奉身而退,为散官,为分司;而子瞻自元祐以后,徘徊公卿间,如食蔗然,曾不为引决之计,故宜未几而祸生也。乐天怀知足之情,子瞻多干世之意,然而祸福之几,亦可畏矣。今伯修官渐高,禄渐厚,然每见必屈指谓予曰:'吾数年内归矣。'嗟乎,伯修近日所欲同,而吾辈亦必欲同之者,其尤在白乎,其尤在白乎!"(《珂雪斋集》卷十二)原来在这知足常乐的背后,是一颗畏祸忧害的心灵,由此不免令我们怀疑白居易与公安派兄弟们,果真是彻底地潇洒吗？其实,作为自幼读圣贤书且深染王学的公安三袁兄弟,若说他们毫无儒者的责任感,那是难以令人信服的。他们不仅知道士人入仕为官所应负的责任,同时也知道要为官便难以避免行政之苦,伯修曾说:"十年做太仓雀鼠,今得报效,少忏素餐罪过,不敢厌劳怨苦也。"(《白苏斋类集》卷十六,《又寄三弟》)这是万历二十五年伯修升任太子讲官后给小修的信,他不仅深深地为自身未能全力报效朝廷而忏悔,而且也为有这样一个报效机会而稍存安慰。小修记载当时他任讲官时情状是"鸡鸣而入,寒暑不辍",至万历二十八年秋,"偶有微恙,强起入直,风色甚厉,归而病始甚。明日,复力疾入讲,竟以急极而卒"。(《珂雪斋集》卷十七,《石浦先生传》)虽不必说伯修最终累死于讲官任上,但却由此使我们看到了他努力为朝廷操劳的另一副面容。一面是当仁不让的儒者职责,一面却又欲离尘俗而求至乐,其中转变的契机是什么呢？我以为主要是畏祸的心理。伯修有诗曰:"人烟江水上,江上日生波。街巷鱼虾满,门庭鸟雀多。酒中传佛意,笔底困诗魔。已自戢毛羽,何由畏网罗。"(《白苏斋类集》卷四,《偶成》)由于江上有波,街有鱼虾,故而饮酒赋诗都难得有一个好心情,突然便产生了收敛毛羽而避免网罗的奇怪念头。袁宏道讲得更清楚,他的辞去吴县县令其实并不全为惧怕吃苦,因为"上官直消一副贱皮骨,过客直消一副笑嘴脸,簿书直消一副强精神,钱谷直消一副狠心肠,苦则苦矣,而不难"。但最为令人可怕的是:"唯有一段没证见的是非,无形影的风波,青岑可浪,碧海可尘,往往令人趋避不及,逃遁无地,难矣,难矣!"(《袁宏道集笺校》卷五,《沈广乘》)这场"无形影的风波"如今虽已难以具体考实,但当时肯定是对中郎很有些危险的,否则他不至于由此得出如下感想:"吏情物态,日巧一日;文网机阱,日深一日;波光电影,日幻一日。更复十年,天下容有作令者耶?"(同上,卷六,《何湘潭》)其实,也许用不着做太细密的考据,当时最令士人忧心的,也最无是非可讲的,便是党争,中郎对此言之甚明:"近日事体,大约如人家方有大盗,而其妻妾尚在房中争床笫间事。"(同上,卷二一,《答梅客生》)可见袁氏兄弟并非不知时弊,中官征税,党派交攻,他们全清楚,只不过他们对此非但无所措手,反而自身亦有岌岌可危之感,此诚如中郎所言:"今时作官,遭横口横事者甚多,安知独不到我等也?今日吊同乡,明日吊同年,又明日吊某大老,鬼多于人,哭倍于贺,又安知不到我等也?"(同上,卷二二,《答黄无净祠部》)一面是险恶的时局,一面是死亡的威胁,如何不令他们萌生灰心退隐的念头?混乱不堪的局面,沉闷无聊的政治,倾轧相仍的官场,迷茫无望的宦途,终于销蚀尽了他们的用世热情,他们不是不想有所作为,而是无人理解自己的内心苦衷,于是在无可奈何之际,只得出之于黑色幽默而一笑了之,请读一读中郎的下面这首诗吧,它会帮助您洞视他那左右为难的心态:

野花遮眼酒沾涕,塞耳愁听新朝事。邸报束作一筐灰,朝衣典与栽花市。新诗日日千余言,诗中无一忧民字。旁人道我真聩聩,口不能答指山翠。自从老杜得诗名,忧君爱国成儿戏。言既无庸默不可,阮家那得不沉醉?眼底浓浓一杯春,忉于洛阳年少泪。

(同上,卷十六,《显灵宫集诸公,以城市山林为韵四首》其二)

中郎的确是够无聊的,他不愿再听朝中之事,将邸报尽行烧却,将朝衣典与花市,虽然天天依然做文写诗,却不再写那些忧国忧民的文字。你且莫以为中郎甘心如此,他实在是有不得已的苦衷。他并非不知道失去儒者责任的可耻,否则他不必以野花遮眼,将耳朵塞住,也不必酒与泪相伴,因为他知道那些口中诗中整日充满忧国忧民之语的官员,只不过是要博得个忠君爱国的名义而已,自己如何能逐队随群去从事此种儿戏之举?也许自己的无所作为会被他人讥之为昏聩无能,可他不需要辩解,也无以辩解,只能手指青山,顾左右而言他了。在这言之无用而又沉默不忍的境遇里,他只好以酒麻醉自我的心灵,可又谁能够真正理解自己内心的痛苦呢?当袁中郎咽下这杯不三不四的苦酒之时,你还会认为他真的心无所系的潇洒闲适吗?当你了解中郎的此种心态后,你便会发现他的纵情诗酒山水,在许多情形下是无可奈何中的人生选择,而在他洒脱飘逸的文字中,又往往透露出一丝丝不易觉察的苦笑。"时事不堪书,下笔每惊悸。道书参谜机,禅理供嘲戏。"(《袁宏道集笺校》卷十四,《戊戌除夕》)如此的参禅论道果真能够开心展眉吗?他的参谜机无非是安顿那颗惊悸的心灵,而他的谈禅理也不过是为了打发心情的无聊。"夫幽人韵士,屏绝声色,其嗜好不得不钟情于山水花竹。夫山水花竹者,名之所不在,奔竞之所不至也。天下之人,栖止于嚣崖利薮,目眯尘沙,心疲计算,欲有之而有所不暇。故幽人韵士,得以乘间而踞为一日之有。夫幽人韵士者,处于不争之地,而以一切让天下之人者也。惟夫山水花竹,欲以让人,而人未必乐受,故居之也安,而踞之也无祸。"(同上,卷二四,《瓶史引》)漫游山水,欣赏花竹,确实是够高雅的,但这高雅除了有幽人韵士超越功利的审美情愫的原因,更出于此类东西为奔竞之徒所不喜,故可踞之而无害。因此对于山水花竹的兴趣,便不仅仅是满足审美情趣的需要,而且还是远害全身的有效手段。所以他进一步断言:"嵇康之锻也,武子之马也,陆羽之茶也,米颠之石也,倪云林之洁也,皆以癖而寄其磊傀隽逸之气者也。"(《袁宏道集笺校》卷二四,《瓶史·十好事》)这便使自我同漫长历史中的不得志之士联结了起来。袁中道甚至将冶游贪色也与其不得志之情联系起来说:"丈夫心力强盛时,既无所短长于世,不得已逃之游冶,以消磊块不平之气。"(《珂雪斋集》卷十,《殷生当歌集小序》)结合公安派的整体人格特征,便应该承认这并非是他们言不由衷的自我解嘲之语。

于是,历史便为袁中郎们留下了两副面孔:"中郎正是一个关心世道,佩服'方巾气'人物的人,赞《金瓶梅》,作小品文,并不是他的全部。"(《且介亭杂文二集·"招贴即扯"》)鲁迅的话当然没错,中郎先生除了佩服"方巾气"的顾宪成,在他的集子中还会发现更多关心时事的文字,如:"屈指悲时事,停杯忆远人。汀花与岸草,何处不伤神。"(《袁宏道集笺校》卷二,《登高有怀》)"痛民心似病,感时泪成诗。不是摧科拙,由来薄茧丝。"(同上,卷三,《赠江进之八首》其一)"三河及两浙,在在竭膏髓。焉知疥癣疾,不延为疮痏。"(同上,卷十三,《猛虎行》)"客里关心辽左事,梦中失路京华道。宦心灰尽复如何,大都也似霜前草。"(同上,卷十二,《冬尽偶成》)这些诗句的存在,难道还能说中郎"诗中无一忧民字"吗?然而,就在写作上面那些诗的同时,中郎先生也在写出如下诗句:"安心权在酒,长日困于诗。除却闲居外,朝昏总不知。"(同上,《日暮》)"释闷多诙史,赢欢少破钱。不簪复不履,随意但高眠。"(同上,《偶成》)这又是何等的超然潇洒,又是何等的闲适无忧!那么,这两副面孔中哪一副是他的真实面貌呢?应该说它们都是真实的,或者说它们是公安派人格的两面。在伯修那里,它体现为亦官亦隐的两可境界:"今世界如一大舶在惊涛中,只靠数辈老长年,有不得出者,又有欲归者,其奈苍生溺何?处处好从赤松游,不必弃侯印归山中也。"(《白苏斋类集》卷十五,《梅开府》)这是伯修的两难,他深切体悟到整个国家"如一大舶在惊涛中"的危险局面,更痛心于朝廷中在位官员的一天天减少,为了不使天下苍生受陷溺之苦,他鼓励梅客生继续在官位上待下去。然而待下去又毫无作为,便只好学赤松子之隐。但伯修是否想到,既然要学赤松之隐,在山中与在朝中又有何区别呢?他的劝人居官,无非体现了其自身要留无用、欲罢不忍的两难心态而已。而中郎已没有伯修的耐性,他的狂放个性更难容于官场,他的失望更有甚于乃兄,他当然想有所作为,"但时不可为,豪杰无从着手,真不若在山之乐也"。(《袁宏道集笺校》卷二二,《又与冯琢庵师》)于是,便有了中郎先生的数次归隐。然而这种归隐又是充满痛苦的:"时事如此,将何所托足?虽江河为泪,恐不足以尽贾生之哭也。"(同上,《答沈伯函》)很难设想,抱着如此心态的中郎先生,能够始终如一地安心隐于山中。因此,在中郎的一生中,形成了三出三隐的人生模式,而其心态也始终处于"劝我为官知未稳,便令遗世亦难从"(同上,卷三二,《甲辰初度四首》其二)的矛盾之中。当然,此种矛盾心态并非单一因素所构成,而是包含了两重虽有联系却又有区别的内涵:一是对世事的恐惧与难以忘怀的矛盾。当感到世事无所作为并有可能危及自身时,他渴望退隐山中而谢绝红尘;而当他真的与世隔绝时,却又不能不忧心国事。他曾如此概括其进退两难的复杂矛盾心情:"近日燕中谈学者绝少,弟以此益闲。尘车粪马,弟既不爱追逐,则随一行雅客,莳花种竹,赋诗听曲,评古董真赝,论山水佳恶,亦自快活度日。但每日一见邸报,必令人愤发裂眦,时事如此,将何底止?因念山中殊乐,不见此光景也。然世有陶、唐,方有巢、许,万一世界扰扰,山中人岂得高枕?此亦静退者之忧也。"(同上,卷五五,《与黄平倩》)据钱伯城先生考,该信作于万历三十五年中郎三次入仕时。他本人在京城已是无事可做,只能以养花作诗来打发日子,但看到时局日益恶化,仍劝朋友且莫静处深山。这固然显示了中郎的儒者本色。但仅仅过了两年,他自己也不得不重新退回山中而永远静居了。二是求乐倾向中热闹与寂寞的矛盾。当他处于是非纷扰的官场中时,他想念山中的清净;而当他归隐山中断绝尘缘时,又难以忍受孤身独处的寂寞。他曾说:"京中有苦有乐,家中亦有苦有乐。京中之苦在拜客,家中之苦在无客可拜;京中之苦在闭口不得,家中之苦在开口不得;京中之苦以眼目为佛事,家中之苦以眉毛为佛事。两苦相较,未知孰优孰劣。"(《袁宏道集笺校》卷二一,《答王则之检讨》)既然难以区分优劣,便只好始终徘徊于二者之间,寂寞之时,便想热闹;喧嚣之场,又思闲静。他将此做一比喻说:"如猴子在树下,则思量树头果;及在树头,则又思量树下饭。往往复复,略无停刻。"并说此乃"人情大抵皆然"。(同上,《兰泽、云泽两叔》)此种徘徊矛盾的心态,并非只有中郎存在,而是在公安派的许多其他成员中均有不同程度地表现,只是没有中郎典型而已。当然,此种矛盾也并非始终一样,愈至后来,退隐的成分愈重。就中郎而言,他在万历三十八年第三次归隐,临行时"一则感时事之多虞,一则叹知己之难逢,回首国门,惟有飞涕而已"。(同上,卷五五,《上孙立亭太宰书》)而且"归来便杜门,如脱笼鹦鹉,见绿条翠筱,尚以为笼也,入山惟恐不深矣"。(同上,《与朱玉槎》)政治状况的继续恶化与同道好友的星散飘零,使中郎先生再也没有了涉足是非之地、繁华之场的兴趣,他在沙市买一临江之楼曰"砚北",日日置身其中,或眺远水,或读韦编,既无宦情,亦减游兴,更绝女色,并声称:"兴之所至,时复挥洒数语,以疏沦性灵,而悦此砚北之身,吾志毕矣,吾志定矣!"(《珂雪斋集》卷十四,《砚北楼记》)他果然于数月后病逝于其中,兑现了自己的诺言。

二、从良知到性灵——明代性灵文学思想的演变(二)

公安派文学思想中最有价值也最为人所重视者,无疑是其"独抒性灵,不拘格套"的创作主张。从术语本身看,便可以显出与阳明心学的良知灵明具有密切的关系。其实，关于性灵与良知的关系，当时便已被许多文人所觉察，中郎的好友屠隆对此曾有过直接的说明："夫道生天地，天地生万物。道者，天地万物之所以生也。万物灵矣，人于万物尤灵矣。夫万物之灵，人于万物之为尤灵者道也。匪道则块然之形也。物之无情者则无灵。……余姚王先生则揭良知以示学者，学者如披云雾而见青天。夫良知者，人心之灵明也。"（《白榆集》卷一，《刘鲁桥先生文集序》）在此屠隆认为人具备了道与情，因而也就成为万物中之最灵者，而阳明所揭出的良知便正是人心之灵明。在晚明时期，以性灵论文者可以说比比皆是，屠隆说："夫文者，华也；有根焉，则性灵是也。士务养性灵，而为文有不臣丽者，否也。是根固华茂者也。"（《鸿苞集》卷十七，《文章》）焦竑说："诗非他，人之性灵之所寄也。"（《澹园集》卷十五，《雅娱阁集序》）汤显祖说："天下大致十人中三四有性灵，能为伎巧文章。"（《汤显祖诗文集》卷三二，《张元长嘘云轩文字序》）可以说他们所强调的全是作家主体素质对于创作的重要性，可见阳明心学在晚明已深入到文学内部，成为晚明许多士人文学思想的核心。自从阳明将良知称为造化的精灵，并突出其生天生地、成鬼成帝的巨大功能后，王门后学便在心与物的关系中，日益重视主体之心而将物置于次要地位，胡直说："理在人，不在物。……夫点苍之石备山水之态，桂林之洞繁人禽之形，苟人迹之弗至与至而弗溝者，宁复有山水人禽哉？"（《衡庐精舍藏稿》卷三十，《续问上》）此乃言若无人之存在，则物之理亦将失去其价值意义，可以视为是对阳明所言心、物关系的具体说明。王时槐则更进一步说："阳明以意之所在为物，此义最精。盖一念未萌，则万境俱寂，念之所涉，境则随生。且如念不注于目前，则虽泰山觌面而不睹；苟念注于世外，则虽蓬壶遥隔而成象矣。故意之所在为物，此物非内非外，是本心之影也。"（《明儒学案》卷二十，《江右王门学案五》）在此，王氏提出了境的概念，而此境实乃心物相融之结果,有类于以前所称之意境,但与传统相别处,在于他更强调了"意"对于境之创生统率作用,此种观念应是晚明性灵说的哲学基础。再向前发展,便是以性灵而论诗文了,如袁宏道称真诗之创作说:"诗何必唐,又何必初与盛? 要以出自性灵者为真诗尔。夫性灵窍于心,寓于境。境所偶触,心能摄之;心所欲吐,腕能运之。心能摄境,即蝼蚁蜂虿皆足寄兴,不必《雎鸠》《驺虞》矣;腕能运心,即谐词谑语皆是观感,不必法言庄言矣。以心摄境,以腕运心,则性灵无不毕达,是之谓真诗。"(江盈科《敝箧集叙》,见《袁宏道集笺校》附录)中郎在此当然不是专门讨论性灵与外物的关系问题,但他还是在无意中从两个方面突出了性灵的重要。一是从发生过程看,由所寓性灵之心而至境,再由心而至手,最后方由手而成诗,其第一发生之源在于作者之性灵,正是在此意义上,他才称"出自性灵者为真诗"。二是从价值轻重看,决定诗之好坏高低的因素,乃在于以心摄境与以手写心的能力,而不取决于外物的美丑与好坏,语言的谐谑与庄重,只要心能摄境与腕能运心,亦即充分表达了自我之性灵,则无论何种外境都是可以具有价值的。因此,无论是从诗学发生论还是从诗学价值论上看,公安派的性灵文学思想都具有浓厚的心学气息。故而若欲真正弄清公安派之文学思想,便须首先理清它与心学的渊源关系。近年来已有人开始对此一问题进行探讨,但远没有达到令人满意的程度。[1]其实公安派与心学间存在着密切的关系,本是尽人皆知的事实,之所以在研究上至今难以取得突破性进展,乃在于它们之间的继承发展关系并非单一的途径,而是经过了王门后学如罗汝芳、李贽等许多中介环节,从而使问题变得更加复杂。因

---

[1] 有关公安派与阳明心学关系的研究,请参见吴兆路《性灵文人与阳明心学》(《文史知识》1995年第5期)、《公安派与阳明后学》(《浙江学刊》1995年第2期)。此二文对公安派与阳明后学的交游及其相互影响进行了叙述,对于该问题的研究有相当的贡献,然惜未能深入至其文学思想与审美意识中加以对比考察,故仍须进行二者关系的深层研究。

而在探讨此一论题时,既要注重其继承,又要弄清其变化,同时还要注意其所受影响的不同途径,庶几可以得出近乎事实的结论。

在公安派与阳明心学的关系中,其实存在着并不相同的两个侧面:一是顺延性的,即从阳明心学原来哲学性质的良知观念发展为审美的文学观念,此可称之为踵事增华;二是变异性的,即对其原来的儒家伦理性质进行了扬弃与改造,此可称之为旁枝异响。因而在论述它们之间的任何一种继承关系时,都必须注意到这两个侧面。下面便从三个方面来探讨公安派与阳明心学之间的继承发展关系。

(一)从良知虚明到审美超越。自从阳明先生揭出四句教以后,关于良知本体到底是无善无恶还是知善知恶的争论便一直没有停息,而公安派所接受的心学派别主要是王畿、李贽及其泰州后学罗近溪,故而在理解良知本体时也以无善无恶为旨归。伯修论良知曰:"伯安所揭良知,正所谓'了了常知'之知,'真心自体'之知,非属能知所知也。"(《白苏斋类集》卷十七,《读大学》)在此,伯修借用了禅佛理论,将良知说成是超越了善恶的真心自体,它既非一般感觉之能知,亦非外界之所知,而是真常之体。同时,伯修又称此为"自然灵知",故曰:"情念不孤起,必缘物而起,故名情念为物也。初入道人,如何用功,须是穷自己情念起处。穷之又穷,至于穷不得处,自然灵知显现,迥然朗然,贯通古今,包罗宇宙,则知致矣。"(同上)此"迥然朗然,贯通古今,包罗宇宙"之自然灵知,与阳明之良知实为一物,而亦与伯修文学思想中之性灵具有密切联系。而此自然灵知的核心便在其虚明不染之特性,所以伯修又说:"虚灵之地,不染一尘。"(同上,卷十九,《读孟子》)在以虚明为良知本体这一点上,三袁基本上是共同的。此种以禅释儒的思路,在阳明处已初露端倪,至龙溪、卓吾时则更变本加厉,三袁显然是从后二人处直接受到了启示。

三袁不是心学家,因而他们的汲取心学资源也并非为讲学论道,空谈心性,而是为其求乐适意的人生观寻求哲理支撑。因此当他们将虚明之良知理论转化为人生境界时,便成为禅学无心无执的人生观,中郎则将此称之为"韵",他在作于万历三十五年的《寿存斋张公七十序》中说:"山有色,岚是也;水有文,波是也;学道有致,韵是也。山无岚则枯,水无波则腐,学道无韵则老学究而已。昔夫子之贤回也以乐,而其与点也以童冠咏歌。夫乐与咏歌,固学道人之波澜色泽也。江左之士,喜为任达,而至今谈名理者必宗之。俗儒不知,叱为放诞,而一一绳之以理,于是高明玄旷清虚澹远者,一切皆归之二氏。而所谓腐滥纤啬卑滞局局者,尽取为吾儒之受用,吾不知诸儒何所师承,而冒焉以为孔氏之学脉也。且夫任达不足以持世,是安石之谈笑,不足以静江表也;旷逸不足以出世,是白、苏之风流,不足以谈外物也。大都士之有韵者,理必入微,而理又不可以得韵。故叫跳反掷者,稚子之韵也;嬉笑怒骂者,醉人之韵也。醉者无心,稚子亦无心,无心故理无所托,而自然之韵出焉。由斯以观,理者是非之窟宅,而韵者大解脱之场也。……颜之乐,点之歌,圣门之所谓真儒也。"(《袁宏道集笺校》卷五四)中郎此论,意在打通儒释道三家,或者说是打算以儒来统合释、道,其要旨在于:一是儒者之目的亦为求生命之乐;二是求乐放达而无碍于经世;三是唯其求乐有韵,理愈可入微。此种见解实源于阳明与心斋二先生,阳明教人屡称"不是捆缚人的",心斋言学亦以乐为宗旨,这些意思均可在中郎的话中找到回应。而颜回、曾点之乐,则一直是心学家所乐谈之题目。可知他的乐是由佛、道之解脱与儒家之和乐相融而成,这是因为他将此乐称之为韵,而此处所言之韵乃是无心无执的自然自由状态,它犹如儿童与醉者之无心。得韵则理必入微,即学道已真正悟得生命之底蕴。但真正超悟者又必须无执于理与道而达到"忘"的自如境界,故言"理又不可以得韵"。然而,一旦达到理无所托的无心无执状态,自然之韵便会不期而至,从而获得自我解脱之乐。中郎在此处所追求的,实为物我两忘的超然人生境界，故而他所说的"无心"，便与阳明"心忘鱼鸟自流形"的"自得"，与李贽自然无执的童心，具有了同一意旨。尤其是他所称的稚子无心与醉人无心的韵，更与李贽的童心状态相近，则其乐之境界亦与李贽所言的"游艺"之境相同。

公安派的真正贡献不在于他们在求乐理论上有何超越前人之处，而在于他们在继承心学求乐传统的基础上，将此种无心无执的人生观推向超然的审美心境。在公安派的文学思想里，此种审美心境是指既不为俗儒的道理闻见所执，亦不为世俗功利所扰的高雅情趣。袁宏道认为历代取得卓越艺术成就者，如阮籍、白居易、苏轼，以及本朝的祝允明等，他们的诗文书画之所以至微入妙，盖因其"异人之趣，去凡民远甚"。(《袁宏道集校笺》卷四一，《纪梦为心光书册》) 小修曾对此种异人之趣有过具体说明，他在为李贽的弟子夏道甫诗集作序时，言道甫曾挟数千金至麻城经商而甚不得其道，乃至被人视为迂拙。但却能"神情静嘿，日与造物者游"，亦即沉醉于艺术想象之中，故被李贽、梅国桢诸先贤称为"韵人"。小修由此总结说："士之有趣致者，其于世也，相远莫如贾，而相近莫如诗。"(《珂雪斋集》卷十一，《夏道甫诗序》) 远于贾即超越世俗，近于诗即具有审美情怀。从哲学的虚明到人生态度的无心再到超越的审美心境，公安派终于将一个心学上的哲理概念升华为一种审美的理论。不过在此须顺便澄清一个误解，即不少学者认为公安派有俗之追求，如称赞民歌与通俗小说以及强调诗文之宁今宁俗，等等。但在肯定他们此类见解时，应该保持特别审慎的态度。当然不应忽视其看重民歌、小说等通俗文体的一面，但公安派所言之俗大凡是指相对于貌似古板典雅之假古董的清新质朴风格，若据此推言他们有平民意识，则实有毫厘千里之谬。其实在三袁眼中，官吏与小民之俗同为审美之仇敌，在这方面，他们与后来的张岱具有同一思路。中郎《虎丘》结尾曰："甚矣！乌纱之横，皂吏之俗哉！"此盖因"歌者闻令来，皆避匿去"。(《袁宏道集笺校》卷四)官吏的到来破坏了人们听歌的雅兴与游山的快乐,当然要被其视为俗物了。而其《烟霞石屋》叙及所游景点时则又曰:"而洞为庸奴所据,嘈杂若市。穿岩而出,得树石少休,继者不已,枣面而腥者益哗,遂去。至此始觉乌纱皂吏亦微有快人处,因书之壁,以告贤士大夫之清逸者,慎无以呵导为俗而轻去之也。"(同上,卷十)欲与民同乐时,厌恶官吏之横;而如今嫌庸众嘈杂而欲求清逸,便又思念起"乌纱皂吏"之能使人"避匿"来。其间态度仿佛是矛盾的,但其同为获得超越高雅的审美趣味则又是一致的。这其中当然包含了士大夫孤芳自赏的清高之癖,然追逐利禄之官吏与心疲计算之小民,也的确缺乏高超胸襟与审美能力。由此可知,公安派的雅俗标准与文体、语体并无必然联系,而是取决于作者是否具备了超然的审美心境。

　　三袁自身的确具有超越世俗的审美追求。"伯修少有逸兴,爱念光景,耽情水石。"(《珂雪斋集》卷十二,《白苏斋记》)中郎则更是"恋恋烟岚,如饥渴之于饮食"。(同上,卷十八,《中郎先生行状》)而且他们也的确在山水漫游中获取过极大的审美愉悦,如中郎观庐山黄岩瀑布,"一旦见瀑,形开神彻,目增而明,天增而朗,浊虑之纵横,凡吾与子数年淘汰而不肯净者,一旦皆逃匿去,是岂文字所得诠也"。(《袁宏道集笺校》卷三七,《开先寺至黄岩寺观瀑记》)在自然山水中,心灵得到净化,境界得以提升,一种难以用文字言说的美感油然而生。但是,山水对于公安派来说并不是其审美的核心,尽管他们每人平生均有山水之癖,可依然有更重要者存在于其文学思想中,中郎曾说:"善琴者不弦,善饮者不醉,善知山水者不岩栖而谷饮。孔子曰:'知者乐水。'必溪涧而后知,是鱼鳖皆哲士也。又曰:'仁者乐山。'必峦壑而后仁,是猿猱皆至德也。唯于胸中之浩浩,与其至气之突兀,足与山水敌,故相遇则深相得。纵终身不遇,而精神未尝不往来也,是之谓真嗜也。"(同上,卷五四,《题陈山人山水卷》)鱼鳖猿猱虽终身居于山水之间,却未可以哲士至德相称,盖因其自身并无灵性,不具备"知""仁"之胸襟。人唯有先具此浩浩阔大之心胸,而后在与奇丽美妙之山水相遇时,方可主客相融,构成审美之境界。即使终身不遇山水,而只要具此审美胸怀,仍可通过欣赏山水画卷,甚至通过艺术想象而获得审美之享受。在此,可以明显地看出公安派审美观念中,具有非常突出的阳明心学重作家主体心性的倾向,即在心与物的关系中,以心作为第一要素,没有审美心胸,便不存在审美创造与审美欣赏。以前许多人均将此讥之为脱离现实的唯心主义倾向,当然不能说毫无道理。但从另一方面看,随着历史的发展,人类在审美过程中主观自我的因素所占比例愈来愈大,乃是一个总的趋势。从文学发生过程看,中国古代文学思想之所以从早期的感物说转向晚期的性灵说,也是一个不可逆转的趋势。自王阳明提出良知说后,经过了王畿的求乐说,再到李贽的童心说,最后发展为公安派的性灵说,正是此一转变过程的主要潮流。正是在此一方面,显示了公安派文学思想的意义与价值。当然,这是一个逐渐演变的过程,在阳明先生那里,他已具备了相当丰富的超越审美意识,并创作出不少体现其审美理想的诗文作品,但他毕竟是思想家,他所看重的依然是对士人救世热情的鼓励与伦理观念的强化,而未在理论上对超越的审美意识进行集中的表述。到了李贽时,他已较之阳明先生进了一步,在文学思想上明确地提出了童心说,其理论形态已与公安派相当接近,但由于他入世观念的强烈,其自身反倒在审美上并未得到太多的人生真实受用。公安派既将阳明先生哲学上的良知虚明演化为无心无执的超然审美境界,又吸取了李贽人生受用的价值观念,从而既在现实中获得了潇洒自由的真实受用,又在理论上提出了明确的性灵主张,而且还在创作上取得了相当的实绩,可以说代表了明代性灵文学思想的最高成就。

(二)从良知灵明到慧心灵性。公安派的性灵观中当然具有阳明先生的良知虚明色彩,中郎曾言:"一灵真性,亘古亘今。"而且此"真神真性,天地之所不能载也,净秽之所不能遗也,万念之所不能缘也,智识之所不能入也,岂区区形骸所能对待者哉"?(《袁宏道集笺校》卷十一,《与仙人论性书》)此种对性灵的表述显然是承袭了阳明良知生天生地的灵妙特征。但阳明突出良知灵明的目的在于增强体认自然天则(德性之善)的信心,公安派强调自我性灵除有重视作家主体性情外,更将其与作家灵动的审美感受力与独特的艺术才能联结起来,这在公安派的表述中常常被称之为"才气"。如中郎称江进之"才高识远"。(同上,卷十八,《雪涛阁集序》)三袁兄弟间之称"才高胆大""逸趣仙才"。(《珂雪斋集》卷十一,《中郎先生全集序》)在明代文学史上,前后七子也重才,故而方会以才子称之,王世贞的"雕虫一代谁贵,倚马千言自才"(《弇州山人四部稿》卷三二,《自嘲》)诗句,可以说集中代表了他们以才自贵的心态。公安派之重作家才气当然有与七子相近之处,但更存在着不同之处。七子所言才气更多是指模拟、修辞之才,而公安派的才气则主要指作家所独具的灵心慧性,如小修称诗人周伯孔的诗文"抒自性灵,清新有致",并述其成因曰:"湘水澄碧,赤岸若霞,石子若樗蒲,此《骚》才所从出也。其中孕灵育秀,宜有慧人生焉。"(《珂雪斋集》卷十,《花雪赋引》)此所言"灵""秀""慧",均指作家之天才灵感。而有无此种灵感,便成为判断诗文价值高低的标准。小修读其好友马远之文,觉其"灵潮汩汩自生,始知天地之名理,与人心之灵慧,搜而愈出,取之不既"。(同上,《马远之碧云篇序》)马氏之文所以会灵潮汩汩而生,关键便在于其心中有搜之不尽的灵慧之性。而灵慧之性之所以有价值,乃因其与美有密切关联,小修曾论慧与美之关系曰:"凡慧则流,流极而趣生焉。天下之趣,未有不自慧生也。山之玲珑而多态,水之涟漪而多姿,花之生动而多致,此皆天地间一种慧黠之气所成,故倍为人所珍玩。至于人,别有一种俊爽机颖之类,同耳目而异心灵,故随其口所出,手所挥,莫不洒洒然而成趣,其可宝为何如者？"(《珂雪斋集》卷十,《刘玄度集句诗序》)此言由慧而生之趣有二层含义：一为慧则流,而流即活,活即盎然之生命感,此处所言山、水、花三种喻体之"玲珑""涟漪""生动",均与鲜活灵动的生命感相关联,故称其为"慧黠之气所生"；二是"俊爽机颖"的心灵之慧发之为各自不同的灵心慧口,便会在诗文中形成独特的生命之趣,从而显示出其鲜明的艺术个性。二者相合,灵慧便重在一个"活"字,而只有活了,才会有生命感；也只有活了,才会具备自我之独特个性；而只有具备了生命感与独特个性,才会是真正美的诗文。

在此种重视作者个体灵心慧性的背后,其实隐含着价值观的转变。袁中道在称赞中郎转变文坛风气的功劳时说："至于今天下之慧人才士,始知心灵无涯,搜之愈出；相与各呈其奇,而互穷其变,然后人人有一段真面目溢露于楮墨之间。即方圆黑白相反,纯疵错出,而皆各有所长,以垂之不朽,则先生之功于斯为大矣。"(同上,卷十一,《中郎先生全集序》)观此可知小修所以将诗文之价值收归于心,乃是由于他更看重每位作者之个体存在,在重视自我心灵的前提下,每位作者便可"各呈其奇",便可将自我的"一段真面目溢露于楮墨之间",于是便会"各有所长",也才会最终而"垂之不朽"。从此处所言的"方圆黑白相反,纯疵错出,而皆各有所长"来看,其价值观不在于趋同,而在于存异,这意味着明代的文学思想已经从前期的重伦理之同,转变为后期的重个性之异。在此一转变中,公安派的文学思想与阳明心学既有相近的继承一面,更有发展变异的一面。在王阳明那里,尽管依然在围绕着伦理心性而立论,但同时也强调学以"自得",主张教育弟子时重视其个性,所谓狂者便从狂处成就他,狷者便从狷处成就他,有此也开启了心学重个体自我的传统。最能体现重作家主体思想的是唐顺之的本色论,他不仅重视每位作家的真知灼见,而且提出了儒、墨、名、老庄、纵横、阴阳各家自有其本色的见解,认为尽管儒家之外各家其为术也驳,却也具备了千古不可磨灭之见,故而亦各有其价值。虽然唐顺之的本意尚不在于肯定诸子百家之地位平等,但他的此种说法对后来仍然有极大的启示意义是自不待言的。不过唐顺之的本色说依然尚未脱去心学的心性论色彩,这表现在一是带有浓厚的伦理气息,二是多从作家之"识"而未从审美方面着眼,以致有时表现出连同文学本身也一同否定的偏见。到李贽时便又有了更大的转变,他不仅承认天生一人自有一人之用的个体价值,而且主张自然流露自我性情,提出了著名的童心说,这已与公安派的理论极为接近,只是尚未完全深入到创作实践中去而已。公安派正是继承了心学的此一传统,才会提出其重性灵、重个体的文学思想来,在三袁中的长兄伯修那里,尚留有本色论的影响,他在《论文下》(《白苏斋类集》卷二十)中,提出了"有一派学问,则酿出一种意见;有一种意见,则创出一般语言"的观点,并具体论述曰:"无论《典》、《谟》、《语》、《孟》,即诸子百氏,谁非谈理者?道家则明清净之理,法家则明赏罚之理,阴阳家则述鬼神之理,墨家则揭俭慈之理,农家则叙耕桑之理,兵家则列奇正变化之理。汉、唐、宋诸名家,如董、贾、韩、柳、欧、苏、曾、王诸公,及国朝阳明、荆川,皆理充于腹而文随之。"因而他最后得出结论说,复古派七子"其病源则不在模拟,而在无识"。无论是就其认同的阳明、荆川的学源上,还是强调诸子百家各有其识上,以及为文重"识"而缺乏审美色彩上,伯修的理论都有明显的心学倾向,并直接与唐顺之本色论有渊源关系。但他同时又提出了为文须有真感情的观点,故曰:"大喜者必绝倒,大哀者必号痛,大怒者必叫吼动地,发上指冠。"这显然又受了李贽童心说所倡言的自然表现论的影响,并开启了公安派重自我个性的文学思想。到了中郎、小修这里,其性灵说的内涵已有了重大的变异。其核心在于他们已将性灵完全落实在作者真实的个性表现上,并以抒发情感的审美功能为旨归。在此便须提到中郎先生那篇著名的《叙小修诗》,其中论小修之诗曰:"大都独抒性灵,不拘格套,非从自己胸臆流出,不肯下笔。有时情与境会,顷刻千言,如水东注,令人夺魄。其间有佳处,亦有疵处,佳处自不必言,即疵处亦多本色独造语。然予则极喜其疵处;而所谓佳者,尚不能不以粉饰蹈袭为恨,以为未能尽脱近代文人气习故也。"(《袁宏道集笺校》卷四)在此,当然仍可看出心学色彩与本色说思路,这不仅依然有"本色独造语"的术语沿袭,而且"独抒性灵,不拘格套"的主张,也与唐顺之以内容颠覆形式技巧的做法如出一辙。然而一句"予极喜其疵处"的表述,将中郎与荆川严格地区别开来,因为荆川无论如何肯定名、墨、老庄,但对其为术也驳的缺陷是绝对难以认可的,他心目中的理想状态,依然是儒家的纯正善美,只是在与无本色相比时,儒家之外的诸子百家才具有了相对的本色价值。可知荆川判别文章的最高标准乃在其善与不善。而袁宏道所看重者,乃是否从自我胸臆流出,那些"佳处"虽合乎传统的善美标准,却有模拟蹈袭的"假病"存在;而疵处虽有种种不如意,却是作者真实情感的流露,故"多本色独造语",因而也就有了不可替代的价值。公安派的另一成员江盈科将此意旨表述得更为明确:"窃自谓文与诗,皆不能工,乃不务藏拙,顾反炫焉,何也?夫人莫爱倕之指,而爱己之指,盖工非所爱,爱其属己者也。故山鸡自爱其羽,孔雀自爱其尾,少或摧残,不胜怜恤,况余之文与诗,即不工,然余之精神在焉,其重不啻鸡之羽、雀之尾,岂其自爱反出指下,而甘弃之如遗也耶?"(《江盈科集》,第5页,《雪涛阁集自叙》)江盈科承认自己的诗文并不完美,但由于其中寄托着自我的真精神,表现着自我的真个性,所以才会自贵如此。可知公安派判别文章的最高标准乃在其真与不真。以疵为美实际上便是以真为美,而这种美实际上便是以不完善为美。这显然已与阳明、荆川的审美观有了重大的差别,从而使明代性灵论发生了根本的转向。此一转向是从李贽开始的,到公安派时则已基本完成。从公安派开始,便形成了一种以疵为美、以癖为美的审美思想,并在晚明广泛流行,于是;在许多晚明作家的文集中,为异人、畸人、癖人立传便成为一时风气,华叔说:"举世皆乡愿也,集癖集颠,不几诞矣?非也。癖有至性,不受人损;颠有真色,不被世法,颠其古之狂欤?癖其古之狷矣!不狂不狷,吾谁与归?宁癖颠也欤!"(《癖颠小史跋》,见该书卷首)董复亨说:"余友顾太史尝与余论史,谓太史公列传每于人纰漏处刻划不肯休,盖纰漏处,即本人之精神血脉,所以别于诸人也。"(《议上集序》,见该书卷首)曹臣也说:"风流之士有韵,如玉之有瑕,犀之有晕,美处即病处耳。"(《笔记小说大观》本《舌华录》卷五《韵语》引)此处所言的颠癖、纰漏与韵,均系指人与文之缺陷,而这些缺陷又恰恰是其价值所在,"美处即病处"实在是它们的最好概括。张岱则解释其中原因说:"人无癖不可与交,以其无深情也;人无疵不可与交,以其无真气也。"(《五异人传引》)可见深情与真气依然是这些士人钟情于此类有缺陷者的根本原因。当然,也有不少人为文而造情,所谓"赋得性灵"者,则已与公安派所倡导的主张无关。对此,小修曾有过很好的说明:"凡古来醉后弄风作颠者,固有至性,其中亦有以为豪爽而欲作如是态者。若阮籍之醉,王无功之饮,天性也。米元章之颠,有欲避之而不能者。故世传米老《辨颠帖》,而世乃以其颠为美,欲效之,过矣!云林之癖洁,正为癖洁所苦,彼亦不乐有之。今以癖洁为美而效之,可呕也。"(《珂雪斋集》卷二一,《书游山豪爽语》)其要依然是一真字,若米老之癖洁,乃是其真性之外现,故显其美;而欲效之者则是虚伪作假,则适见其丑。因此,从善到真的转变,乃是把握明代性灵文学思想演变的一大关键。

(三)从自然童心到自然性灵。强调心性自然本是王学的传统,许多王门学者如王畿、罗汝芳等,喜将此称之为赤子之心,但公安派的自然性灵观念应是直接受了李贽童心说的影响。尽管心学自龙溪始便已注重突出良知的当下现成与发用自然,只是仍罩着一顶伦理天则的帽子。李贽继承了龙溪心性现成与自然的说法,而舍弃了良知的伦理属性,以本体之空与自然童心取而代之,并将其引入文学理论的领域。因此李贽童心说的核心乃是真实自然,它由真实无欺之本心与自发无碍之表现此二种互为关联的内涵所构成,并以重视自我价值为其根本前提。公安派对李贽的童心说可谓心领神会而全部继承,且将其在创作实践中全面展开,从而形成其自然洒脱的审美风格。袁宗道非但将李贽的《童心说》全文录入其《白苏斋类集》中,更发挥强调说:"率乎天命之谓性者,所谓素也,所谓易也。素者,无缘饰之谓。易者,平常无奇之谓。瞥牛意见,便是外,不是素;是险,不是易。"(《白苏斋类集》卷十八,《读中庸》)无缘饰、不瞥生意见显然是李贽反对道理闻见障蔽童心的转语,素亦为绝假纯真之童心的另一表述。中郎也说:"盖天对人而言,凡属见闻思虑皆人也。情识不到,不知其然而然,是谓天命也。即此谓之性,能随顺这不落见闻思虑的便谓之道,修此不落见闻思虑的便谓之教。"(《珊瑚林》上卷)将思虑见闻属之人,将与人相对者属之天,恰与李贽天人与世人的分法如出一辙,并与李贽《四勿说》之论礼亦颇为相像。

就实际情形论,公安派在自然人性论上较之李贽并无更多新的发展,其重要性在于将李贽的思想在其自然人生境界的描绘中全面而具体地展开。中郎将此境界概括为自然之趣,所谓:"世人所难得者惟趣。趣如山上之色,水中之味,花中之光,女中之态,虽善说者不能下一语,唯会心者知之。……夫趣得之自然者深,得之学问者浅。当其为童子也,不知有趣,然无往而非趣也。面无端容,目无定睛,口喃喃而欲语,足跳跃而不定,人生之至乐,真无逾于此时者。孟子所谓不失赤子,老子所谓能婴儿,盖指此也。趣之正等正觉最上乘也。山林之人,无拘无缚,得自在度日,故虽不求其趣而趣近之。愚不肖之近趣也,以无品也,品愈卑故所求愈下,或为酒肉,或为声伎,率心而行,无所忌惮,自以为绝望于世,故举世非笑之不顾也,此又一趣也。迨夫年渐长,官渐高,品渐大,有身如桎,有心如棘,毛孔骨节俱为闻见知识所缚,入理愈深,然其去趣愈远矣。"(《袁宏道集笺校》卷十,《叙陈正甫会心集》)从行文的语气看,中郎的自然之趣汲取了老子与孟子的思想,也与罗汝芳的赤子之心相近,近溪曾说:"赤子孩提欣欣长是欢笑,盖其时,身心犹自凝聚。及少少长成,心思杂乱,便愁苦难当。世人于此,堕俗习非,往往驰求外物,以图安乐。不思外求愈多,中怀愈苦,老死不肯回头。"(广理学备考本《罗近溪先生集》,第14页)但就其价值取向看,则是李贽童心说的具体推衍。陆云龙评中郎上述文字曰:"自然二字,趣之根荄。"可谓中的之言。正是以自然为核心,中郎论童心之自然无碍,山林隐士之自由自在,愚不肖之率性而行,以及高官显宦被道理闻见塞却心灵之拘禁失真。此乃与李贽所言童心为同一旨趣。所不同者为中郎又增加近趣之愚不肖一类,但此显系与童心之无知无识通。中郎曾叙及一位嗜酒之僧人,可视为此愚不肖类型之注脚:"酒酣,则拳两手相角,左胜则左手持杯饮,右亦如之。或指草束木桩,相对嫚骂,或唱或笑,或作官府叱喝之声,或为皂隶,坐复跪,跪复坐,喧呼不达旦不休。"(《袁宏道集笺校》卷十,《碧晖上人修净室引》)此种醉后无拘无忌的自然本性坦露,恰如一场认真而有趣的儿童游戏,则其醉僧之心与童心亦无异矣。可知在中郎的人生观中,趣、自然与童心乃三位一体之物。

由自然人生之趣出发,公安派又将其引申为自然审美之趣。中郎曰:"夫花之所谓整齐者,正以参差不伦,意态天然,如子瞻之文随意断续,青莲之诗不拘对偶,此真整齐也。若夫枝叶相当,红白相配,此省曹墀下树,墓门华表也,恶得为整齐哉?"(同上,卷二四,《瓶史·五宜称》)无论是自然花卉之美抑或诗文之美,其原则均应为"意态天然"。正如李贽之论童心,公安派论诗文自然之美亦有两层内涵:首先是求真,亦即表现出自我之真实面目。中郎又将此称之为"质",其曰:"古之为文者,刊华而求质,敝精神而学之,惟恐真之不极也。"(《袁宏道集笺校》卷五四,《行素园存稿引》)而伤质之者有理之碍与意之执二害,故中郎强调:"夫诗以趣为主,致多则理诎。"(同上,卷五一,《西京稿序》)可知理乃趣之大敌,随后中郎叙及破除理与意的过程说:"博学而详说,吾已大其蓄矣,然犹未能会诸心也。久而胸中涣然,若有所释焉,如醉之忽醒,而涨水之思决也。虽然,试诸手犹若掣也。一变而去辞,再变而去理,三变而吾为文之意忽尽,如水之极于澹,而芭蕉之极于空,机境偶触,文忽生焉。风高响作,月动影随,天下翕然而文之,而古之人不自以为文也,曰是质之至焉者矣。"(《袁宏道集笺校》卷五四,《行素园存稿引》)此虽仍是李贽"无意而为文"理论的发挥,但却又是一位优秀作家真正的创作心理描述。作家之作文务须先有"大其蓄"的学识积累,然后化为自我之自然本能,在临笔创作时方能不为这些积蓄所执。非惟学识要忘,而且过分的修饰、学问的卖弄,甚至有意于诗文之工拙,亦应完全忘却,故曰"一变而去辞,再变而去理,三变而吾为文之意忽尽",从而真正达到无成算于胸中,摒道理于诗外,心境空明,物来毕照,此刻忽有所感,随而发之,便是人之自然真性情。其次是求达亦即表现的自然流畅。此乃与求真密切相关联。若欲真实表现自我,当然不能顾及形式之工拙、语言之雅俗、意象之美丑、风格之婉露,甚至嬉笑怒骂,无所不可。中郎除了在万历二十四年提出了"非从自己胸臆流出,不肯下笔"的创作主张,在万历二十七年再次强调说:"文章新奇,无定格式,只要发人所不能发,句法字法调法,一一从自己胸中流出,此真新奇也。"(同上,卷二二,《答李元善》)在此中郎一再用"流"字来形容文学的表现,可知他特别看重表现的自发与流畅,与李贽所言"自文"之意同,亦即尽情达意,有怀必吐。

而求真与求达的结合,便构成公安派真实自然、酣畅淋漓的美学风格。陆云龙曾论中郎之小品文特征曰:"中郎叙《会心集》,大有取于趣。小修称中郎诗文云率真。率真则性灵现,性灵现则趣生。即其不受一官束缚,正不蔽其趣,不抑其性灵处。夫士栖棬其己以比时,只博一官,至不受官制,必解脱后快,更何事得转移哉!冲口信手,具写其中郎,中郎遂自成一中郎矣。"(《袁宏道集笺校》附录三,《叙袁中郎先生小品》)在此陆氏既指出了中郎的文学风格,又说明了此种风格与其人格的关系。袁宏道不为官位所缚的洒脱性情,使他能够冲口信手地自由表现,显露出一个真实的自我性灵,而此性灵亦即其超凡脱俗的人生之趣。此人生之趣乃是一种我行我素、不计世俗毁誉的超然胸襟。这种审美风格的好处在于无所遮掩的透彻性,给人一种酣畅明快的感觉,其不足之处是缺乏一种蕴藉从容的大家风范,有时甚至流于浮泛浅露。如果拿人格类型作比的话,中郎只能是文之狂者而非文之圣者。但从基本审美观看,公安派对真实自然、流畅无碍美学风格的强调,意味着对传统审美范式的突破,自有其文学思想史上的意义。小修曾很明确地意识到自己文之狂者的特征,他将含蓄蕴藉者喻之为圣贤,将雕琢虚饰者称之为乡愿,而视流畅自然者为狂狷,在《淡成集序》中,他先为文学风格排队说:"天下之文,莫妙于言有尽而意无穷,其次则能言其意之所欲言。"然后又论当时之文坛状况说:"至于今,而才子慧人,蜚英吐华,穷其变化,其去言有余而意不尽者远矣。"但是他并不认为非文之圣者的狂便无价值可言,而是详细论证了何以要变文之圣为文之狂者:"虽然,由含裹而披敷,时也,势也。惟能言其意之所欲言,斯亦足贵已。楚人之文,发挥有余,蕴藉不足。然直摅胸臆处,奇奇怪怪,几与潇湘九派同其吞吐。大丈夫意所欲言,尚患口门狭,手腕迟,而不能尽抒其胸中之奇,安能嗫嗫嚅嚅,如三日新妇为也。不为中行,则为狂狷。效颦学步,是为乡愿耳。……近日楚人之诗,不字字效盛唐;楚人之文,不言言法秦汉,而颇能言其意之所欲言。以为拣择太过,迫协情景,而使之不得舒真,不如倒囷倾囊之为快也。本无意外之意,而又不能达意中之言,又何贵于言。楚人之文,不能为文中之中行,而亦必不为文中之乡愿,以真人而为真文。"(《珂雪斋集》卷十)在小修眼中,圣贤虽佳,含蓄蕴藉虽优,却毕竟已成昔日黄花,无可再得。当文坛上横生一片黄茅白苇之乡愿时,则"直摅胸臆"之狂狷便不得不取圣贤而代之。小修说此种变化之原因是"时也,势也"二项,其真实含意是什么呢?这其中当然包含有文学自身"由含裹而披敷"的发展趋势,但是同时也具有因时代变化而导致士人心态变异的原因,中郎在论小修诗文之酣畅淋漓特征时,曾特举屈原为例说:"且《离骚》一经,忿怼之极,党人偷乐,众女谣诼,不揆中情,信谗赍怒,皆明示唾骂,安在所谓怨而不伤者乎?穷愁之时,痛哭流涕,颠倒反复,不暇择音,怨矣,宁有不伤者?"(《袁宏道集笺校》卷四,《叙小修诗》)屈原的《离骚》之所以有违乐而不淫、哀而不伤的诗教原则,从而形成其"忿怼之极"的狂狷色彩,并非作者对此有特别偏好,而是他处在了"穷愁之时",造成了他"痛哭流涕"的情感状态,于是便形成了他"不暇择音"的怨与伤之结果。在中郎看来,先有了时代的变异,引起了作家心态的变异,最后才会形成有违文之圣者的狂狷风格。屈原的情形是如此,小修与整个公安派的情形亦当作如是观。公安派对诗文狂狷风格的欣赏,正是他们人格上认同于狂狷的必然结果,中郎曾说:"夫颠狂二字,岂可轻易奉承人者?狂为仲尼所思,狂无论矣。若颠在古人中,亦不易得。"(同上,卷十一,《张幼于》)小修亦曰:"狂狷者,豪杰之别名也。……若弟辈者,上之不敢自附于圣贤,而下之必不俯同于庸人。马肆骇龙,鸡群疑凤,世眼自应尔,而岂所望于具只眼者哉!"(《珂雪斋集》卷二三,《报伯修兄》)没有这种对乡愿世俗的极度鄙视,没有这种对豪杰大丈夫人格的向往,是绝不可能形成狂狷的诗文风格,从而对传统诗教产生强烈冲击的。

公安派狂狷人格的成因自然相当复杂，其中他们自身过人的才气以及对现实的愤激都是颇为重要的因素，但也不可忽视李贽对他们的影响。李贽本人具有突出的狂放色彩已是公认的事实，而在袁中道所作的《柞林纪谭》中，我们也可以看到李贽与三袁对豪杰问题曾有过反复的讨论，他们称赞司马迁、孔融、阮籍、杜甫、王阳明、王畿、王艮、何心隐等许多先贤，都是从豪杰的角度对之加以认肯的。袁宏道的一联诗，将他们之间的此种关系言之甚明："老子本将龙作性，楚人元以凤为歌。"（《袁宏道集笺校》卷二，《怀龙湖》）袁氏兄弟曾将李贽誉为当今之李耳，故此处所说"老子"即指卓吾，而楚人则系中郎自称。中郎在此龙凤相配，可知他们均拥有狂傲之个性。其实不仅李贽的狂狷性情对公安派产生过影响，整个心学的狂狷传统，也是形成三袁狂傲气质不可缺少的时代氛围。自阳明先生开始，狂者精神便已成为心学的一大特色，阳明本人曾当着众弟子的面，挥笔写下了"铿然舍瑟春风里，点也虽狂得我情"（《王阳明全集》卷二十，《月夜二首》其一）的有名诗句，表现出他毫不掩饰的豪杰气质。阳明先生之后，此种狂狷的豪杰精神便不断被心学弟子发扬光大，龙溪先生继承了阳明狂者的衣钵自不待言，以心斋开创的泰州学派则更是一个狂者辈出的心学流派，什么赵大洲、颜山农、何心隐、罗汝芳之辈，均为明代历史上出名的狂士，而龙溪与心斋二派的融合，最终孕育出一位以狂放出名的大怪杰李贽，并对晚明士人产生了深刻的影响。公安派生活于如此时代，并与心学诸人有过密切的来往，则他们形成狂狷的人格，并写出有违传统审美风格的诗文，也就不足为奇了。

从上述三方面的论述中，便不难来论定公安派文学思想的位置了，它是处于心学思潮与时代变异交结点上的产物，因而也就显示出既有浓厚心学色彩又有巨大变化的复杂特征。而且此种特征是必然会出现的，因为王学本身便提供了士人超越现实环境的理论途径，所以公安派会毫不犹豫地选择心学作为自我人格的支撑；但随着时代的变化，他们又不得不对心学价值观做出必要的修改与补充，并对更适应其人生趣味的李贽学说特加钟情。谭元春曾论中郎曰："其识已看定天下所必趋之壑，而其力已暗割从来所自快之情。"（《谭元春集》卷二二，《袁中郎先生续集序》）便正是从时代趋势与自我表现这两个方面来认识公安派的。其实，早在清代便已有人指出过心学与公安派的密切关系，陈仅曾说："诗本性情，古无所谓'性灵'之说也。《尚书》：'诗言志。'《诗序》：'诗发乎情，止乎礼义。'《文赋》：'诗缘情而绮靡。'有情然后有诗。其言性情者，源流之谓，而不可谓诗性也。'性灵'之说，起于近世，苦情之有闲，而创为高论以自便，举一切纪律防维之具而胥溃之，号于众曰：'此吾之性灵然也。'无识者亦乐于自便，而靡然从之。呜呼！以此言情，不几近于近溪、心隐之心学乎？夫圣人之定诗也，将闲其情以返诸性，俾不至荡而无所归。今之言诗者，知情之不可荡而无所归，亦知徒性之不可以说诗也，遂以'灵'字附益之，而后知觉、运动、声色、货利，凡足供其猖狂恣肆者，皆归之于灵，而情亡，而性亦亡。是故圣道贵实，自释氏遁而入虚无，遂为吾道之贼。诗人主情，彼荡而言性灵者，亦诗之贼而已矣。"（《竹林诗话》，见《清诗话续编》，第2222页）陈氏的态度略显迂腐，而且论述也说不上透彻，但他却把几个重点指出来了。他认为诗之所以言情，是要使情返归于性，而晚明诗人不言情而言性灵，是为了便于其"猖狂恣肆"，亦即毫无拘束地表现自我。而文学领域中这种不言情而言性灵的现象，是与哲学上的由圣学而入于释氏之虚无为同一性质的。在宋明理学中，程朱理学是讲格物、重修养的"实学"，而阳明心学则大有返实入虚的趋势，尤其是阳明后学，将禅学引入心学中，以佛道之空无而剔除良知之天则，从而认知觉为性体，遂决名教之堤防。而无论是哲学还是诗学，均为儒道之"贼"，只不过哲学为"道之贼"而诗学为"诗之贼"而已，但究其实质，又均可称为

"德之贼",因为它们都将"知觉、运动、声色、货利,凡足供其猖狂恣肆者,皆归之于灵",从而既破圣教之大防,又破诗教之大防。陈仅的目的当然是卫道,但他却歪打正着,指出了阳明心学与公安派性灵说之间的必然联系。因此可以说,若欲深入理解性灵诗观之特征内涵,便必须究明其与王学之关系。

三、从公安到竟陵——晚明士人由开放到封闭的心态转换

在张居正病逝与朝廷中党争加剧之间的这一段历史,其实时间非常短暂,充其量也不过十五年左右。此一段时间乃是晚明士人最为活跃的时期,也是其思想、人格、文风最为放任的时期,而公安派的高潮期恰恰便处于此一时期之内,因而也就成为明代历史上最为激进的一个诗文流派。然而,从伯修十四年中进士登上文坛到万历二十八年病逝,也就只有十四左右的时间,那也是公安派最为辉煌的阶段。尤其是从万历二十年袁宏道中进士到万历二十八年其隐居柳浪之间,更是公安派的巅峰期。但在这之后,随着伯修的病逝,李贽、紫柏的死于狱中,以及党争的日益加剧,公安派狂放的精神便一天天地收敛衰落,再不复有昔日之景象矣。许多后代的研究者认为是竟陵派纠正了公安派浮泛浅率的文风,并创立了幽深孤峭的新风格,这自然不能说毫无道理,但却忽视了此一转变的复杂原因与过程。其实早在袁宏道时,此种转变便已开始产生,到袁中道时便已出现明显的转变迹象,而再到竟陵派时,只不过是将此一过程完成而已。至于说到转变的原因,则是复杂的时代因素导致了士人心态的变化,并最终引起了文风的变化。

在小修为中郎全集所作的序文中,除强调中郎文风从早年的率直快爽到晚年的沉稳含蓄外,还兼及其学术与人格说:"先生之学,以暗然退藏为主,其所造莫可涯涘。生平作人,冲粹夷雅,同于元气。若得志,可使万物各得其所。"(《珂雪斋集》卷十一,《中郎先生全集序》)

依实而论,这种概括仅适于中郎之晚年而难以尽其一生,像文风一样,其人格也经历了一个变化的过程,中郎本人便说过:"当余少年盛气时,意不可一世士,见乡里之铢持寸守者,意殊轻之,调笑玩嫚,见于眉睫。中年以来,饱历世故,追思曩日所怀,可愧非一。"(《袁宏道集笺校》卷五四,《寿刘起凡先生五十序》)至于此种从早年狂放到中年后悔悟收敛的原因,当然有人生阅历增加后的自然成熟,但更重要的则是党争的加剧与时代对士人的挤压。早在万历二十四年他在吴县任上时,便已遇到了麻烦,故而致信友人曰:"猜嫌忽至,谤议遂成,足下深居避影,不肖亦望岫息心。"(同上,卷六,《管东溟》)尽管此次"猜嫌"的具体内容已难以落实,但却是他"望岫息心"的真实原因。万历二十六年,焦若侯被朝中党人排挤归乡,中郎曾在信中对弱侯先生曰:"宦途薄恶,情态陷侧可笑。"(同上,卷二二,《焦弱侯座主》)这无疑在其心灵中又增添了一重阴影。万历三十年,袁氏兄弟所仰慕的前辈学者李卓吾先生死于京师镇抚司狱中,这对他们的震动是相当大的,尽管此时中郎正隐居于柳浪,却依然引起了其心灵的波动,在两年后所作的《德山麈谈》中他说:"学道人须是韬光敛迹,勿露锋芒,故曰潜曰密。若逞才华,求名誉,此正道之所忌。夫龙不隐鳞,凤不藏羽,网罗高张,去将安所? 此才士之通患,学者尤宜痛戒。"(同上,卷四四)此处虽未提李贽被害事,但此种畏祸退藏的思想显然不能排除李贽与紫柏之祸的影响,小修有一首吊李贽的诗说:"威凤不潜羽,蛟龙罢隐鳞。网罗耽耽至,何处可藏身? "(《珂雪斋集》卷三,《入都过秃翁墓三首》其二)其中所用语言几乎与中郎上述议论完全一致,可知李贽得祸的教训是他们兄弟间常常议论的话题,并由此证明了中郎的畏祸退藏思想的确与李贽之死密切相关。晚年中郎的退隐,可以说是抱着对人生适意的向往、对朝廷政治的失望以及远害全身的复杂心态,而做出的必然选择。而无论是朝政的混乱,李贽、紫柏的被害,还是公安派自身的危机感,又均来自于朝廷中党争的日益加剧,早在伯修在世时,公安派的另一成员陶望龄便说:"长安如奕棋,世路日难矣。"(《歇庵集》卷十五,《与袁石浦》)这实在可以视为是公安派的共同心理感受,因而退隐也就逐渐成为他们各自的人生选择。

到了袁中道时,他的人格心态可以说又与中郎大不相同。他当然有过短时的狂放任性,并有仿效李白任侠的打算,故而时常在诗中写一些"生不行乐求富贵,试看雨花台上冬来草"(《珂雪斋集》卷一,《同丘长孺登雨花台》)之类的豪放语,但他的豪侠奔放已难以再现李白风采,故而李贽便说小修"风颠放浪,都是装成"。(同上,附录二,《柞林纪谭》)这是因为小修除有与二位兄长相同的时代感受之外,更多了一层科举之途的不幸,他连年参加科考,却一直命运多舛,难以如愿,而传统的儒家家族责任又容不得他彻底告别仕途,于是便不得不继续考下去,直到年近五十时方得一第。科场的失意造成了他更为复杂悲凉的心态,所以中郎《叙小修诗》说:"盖弟既不得志于时,多感慨;又性喜豪华,不安贫窘;爱念光景,不爱寂寞。百金到手,顷刻都尽,故尝贫;而沉湎嬉戏,不知樽节,故尝病;贫复不任贫,病复不任病,故多愁。愁极则吟,故尝以贫病无聊之苦,发之于诗,每每若哭若骂,不胜其哀生失路之感。"(《袁宏道集笺校》卷四)如此的经历与心态,使小修的豪放任性缺了些许底气,而多了一份悲凉哀伤。由此我们还可以知道,小修早期的人生观与文学观更多地受到二位兄长的影响,并依靠二位兄长的存在而作为支撑。当公安派的核心人物袁宏道于万历三十八年病逝后,小修所受到的情感打击已远非悲伤所能形容,他在致友人的信中如是说:"弟所以处困穷而不戚戚者,止以知己之兄在耳。今复化去,弟复有何心在世中?肠谁与吐,疑义谁与析,风月谁与共欢,山川谁与共赏?锦绣乾坤,化作凄凉世界。已矣,已矣!恐弟亦不久于世矣!"(《珂雪斋集》卷二三,《寄苏云浦》)尽管这并非他世念灰冷、归依净土的唯一原因,却无疑是重要原因之一。小修所以没有下定断绝世情的决心,是由于他尚未能中进士,似乎还欠着一笔人生债务没有偿还。一旦在科场成功之后,其出世之念立时再度萌生,故而说:"我望五之年,得此一第,已足结局。意在闲适,不乐仕进,便欲从此挂冠,遍游天下山水,何往不乐?"(《珂雪斋集》卷二五,《与四弟五弟》)在小修的意识中,科举已彻底失去其原初的选拔英才以供朝廷所用的目的,而异化为证明自我成就的一种并不高明的方式。科举的成功不再是履行其人生责任的开始,而成为人生责任的完成。这种心态的产生并不全是长期科场失败的心灰意冷,而是由于他费尽心血气力而挤进的官场,此刻已成为一个令人望而生畏的烂泥塘,小修曾谈及入仕后的感觉说:"大端我辈毕竟是一肚不合时宜,弟入塵数月,已悉知之矣。况世道日下,好以议论相磨戛,即不能效鸟飞鱼沉,为长往之计,而庶几处非仕非隐间,聊以藏身而玩世。"(同上,《答钱受之》)其实,在此做官与否已不重要,重要的是他已抱定藏身玩世的人生态度,再也鼓不起用世的热情,再也看不到人生的希望,他所具有的唯有自保其身、尽其天年而已。在小修的晚年,可以说是身心两病的,他曾总结致病原因说:"弟之病,实由少年谭无忌惮学问,纵酒迷花所致。年来血气渐衰,有触即发。兼之屡遭失意,中外多忤心之境。知己骨肉,一朝永别。"(同上,卷二四,《答王章甫》)早年放荡的身体损害,屡遭失意的环境压迫,失去知己的孤单寂寞,使得小修的人格心态在其晚年发生了不小的变化。在佛学上,他由早年的追求禅悟而转向晚年的净土修行,为此他专门撰写了《心律》一文来重新申说佛家十戒。他将早年与晚年的差别形容为"火中莲"与"水中莲"的不同,并解释说"浩浩谈禅"乃早年之火中莲,而在晚年"深山结伴,远离喧嚣,一心净业,水中莲也"。(同上,卷二一,《书五台续白莲社册后》)在心学上,他由早年的倾慕泰州学派与李贽的狂放之学而转向重视自我修养的江右王学,他曾自述其接触王学的经过说:"东越良知之学,大行于江以西,而庐陵尤得其精华。盖东越之学,以悟入之,以修守之。近世一二大儒,于本体若揭日星,而其行事之迹,未免落人疑似。惟塘南先生,广大绵密,庶几兼之。予未得亲炙其人,而幸读其书以私淑。……故此后奉塘南先生为绳尺,无异议。"(《珂雪斋集》卷九,《枝江大令赵凤白初度序》)塘南即江右王门后学王时槐之号,他论学主收敛研几,属渐修之一路。此种学术旨归,与其佛学的转变是恰相一致的,说明小修晚年随着由悟到修的转向,其人格也从早年的狂放转变为晚年的狷介。但无论小修如何归心净土与向往渐修,他都依然与早期阳明心学有着本质的不同,因为他无论是早年的主悟也罢,还是晚年的主修也罢,其为学目的与早期王学相比均已悄然发生变化。在阳明先生那里,他之谈悟与修、有与无,都无一例外地存在着一个前提,即"致良知"此一目的,亦即体悟自我的伦理天则,以及通过致此天则而平治天下。其实,非但阳明先生如此,即令在龙溪与心斋处,也大致如此。而小修则在李贽与两位兄长的影响下,早已将心学致良知的目的转换为生死情切的自我生命主题,他无论谈什么,都离不开此一主题。因为在他这里,悟是禅家生命解脱之悟,而修则是佛家戒定的净土之修。小修说:"而今而后,知古人战战兢兢,临深履薄,是吾人保命符。"(同上,卷二一,《书族兄事》)"保命符"绝非在比喻的层面使用,而的确是对自我生命之保护。明乎此,我们方能认识到,小修从早年的狂放到晚年的归隐自保,尽管在处世方式上发生了不小的变化,但却又始终一贯地坚守着其重视自我生命价值的主题,就此而言,他并未走向李贽与早期公安派的反面,只不过是此一流派在新境遇中的不同表现而已。我们看他如何解释归隐山林的原因:

  吾赋性坦直,不便忍嘿,与世人久处,必招怨尤。不若寂居山中,友麋鹿而侣梅鹤,此其宜居山者一也。又复操心不定,朱紫随染,近繁华即易入繁华,迩清净即易归清净。今繁华之习渐消,清净之乐方新,而青山在目,缘与心会,此其宜居山者二也。兄弟俱阐无生大法,而为世缘迫逼,不得究竟。今居山中,一意理会一大事因缘,必令微细流注,荡然不存,此其宜居山者三也。骨肉受命悭薄,惟尽捐嗜欲,可望延年。业缘在前,未能尽却,必居山中,乃能扫除,此其宜居山者四也。生平爱读书,但读书之趣,须成一片。俗客熟友,数来嬲扰,则入之不深,得趣不固。深山闭门,可遂此乐,此其宜居山者五也。

(《珂雪斋集》卷二四,《寄祈年》)

他依然地不改直性,依然地避苦求乐,依然地难谐世俗,依然地珍惜性命,尤其在信的结尾,依然傲骨嶙峋地宣称:"且凤凰不与凡鸟同群,麒麟不代凡驷伏枥。大丈夫既不能为名世硕人,洗荡乾坤,即当居高山之顶,目视云汉,手扪星辰。必不随群逐队,自取其辱也。"可谓始终不改名士的派头。其与中郎所言人生五乐相比,从价值观上来讲,并没有本质的区别,均为自我价值之关注,均为自我欲望之满足;所不同者乃在于一为繁华之乐,一为清净之乐;一为世间之乐,一为山中之乐;一为火中之莲,一为水中之莲。然而在小修的眼中,"少年见妖姬,高士见山色,虽浓淡不同,其怡志销魂一也"。(同上,卷十五,《游青溪记》)可见此种不同仅仅是求乐方式的差异而已。上述的信件乃是给中郎之子祈年的至亲家书,因而也就没有理由怀疑其中所流露的心态的真实性,也就最能反映小修晚年的真实人格形态。然而,尽管只是如此的转变,在小修那里也是非常艰难的,如果不是出于环境的巨大压力,他不会改掉前期的放浪生活方式,哪怕是他自己想改也很难做到,他自己曾将此概括为"骨刚"与"情腻"的矛盾:"予谓世间自有一种名流,欲隐不能隐者。非独谓有挟欲伸,不肯高举也。大都其骨刚,而其情多腻。骨刚则恒欲逃世,而情腻则又不能无求于世。腻情为刚骨所持,故恒与世相左,其宦必不达。而刚骨又为腻情所牵,故复与世相逐,其隐必不成。于是口常言隐,而身常处宦。欲去不能,欲出不遂,以致徘徊不决,而婴金木,蹈罗网者有之矣。夫惟骨刚而情不腻者,乃能耐寂寞,而可以隐。耳能耐寂寞,而不须丝竹;目能耐寂寞,而不须粉黛;口能耐寂寞,而不须肥甘;身能耐寂寞,而不须安逸;门户能耐寂寞,而不须光荣;名姓能耐寂寞,而不须称扬。"(《珂雪斋集》卷十三,《东游记十》)骨刚即超越世俗的高洁情怀,而情腻则是满足自我的欲望追求。公安派成员大都是晚明文化土壤中生长起来的士人,他们已与六朝名士不完全相同,由于城市经济的发达与奢靡风俗的浸染,使他们身上带有更为浓厚的物欲色彩。此处所言的"丝竹""粉黛""肥甘""安逸"以及科举之"光荣"、名气之"称扬",全都是他们早期所竭力追求的,如今要彻底抛弃,做到"骨刚而情不腻"的忍耐"寂寞",该是多么的艰难!然而他们又必须抛弃这些,因为他们在晚明官场中要满足"情腻",便会损及"骨刚",亦即自甘落入凡俗队中随波逐流,为了维护自我的"骨刚",他们便必须忍受失去"情腻"的寂寞。由此,小修对比了三位前辈士人:"昔渊明骨刚而其情不腻,故能保其隐。乐天骨刚情腻,而持之于口,故能免祸。子瞻骨甚刚,情少腻,而舌端笔端,其锋正不可当,宜其有岭海之行也。虽然,其为刚骨等也。骨若不刚,则不得为名士矣。吾辈当保其刚骨,制其腻情,而更持于舌端笔端,庶泛泛常作水上之凫,而闲可偷,躯可全也。"(同上)陶潜、白居易与苏轼三人均有追求自我解脱、坚守自我节操的超然胸襟,因而保证了他们作为名士的资格,但其中做得最好者为陶潜,他可以始终保持一种悠然的境界而不染俗情;乐天先生便未能免俗,只是他能够不显人之过而态度谨慎,也可免去自我的祸患。东坡先生虽则心胸之高一如前二人,却只因为时常嘲讽世俗而命运多舛。小修追求的理想状态当然是渊明境界,起码也应该达到乐天的口不臧否他人,而不能像东坡那般多生事端。于是便需要"保其刚骨,制其腻情,而更力持于舌端笔端",如此便可自闲与自保。因为自闲的前提是免祸,而只有收敛个性、忘情山水,方可躲是非而免祸患。正是从如此人生目的出发,小修提出了自己晚年的理想人生模式:"上之究竟性命之理,以心学抒为作用;其次读古人之书,拨肤见骨,发为诗文,另出机轴,垂清光于百代。至于名山胜水,优游徜徉其间,无非乐境。"(《珂雪斋集》卷二四,《寄钱太史受之》)以自我性命为旨归,读古人书以抒写性灵,友游山水以求乐趣,不难看出,小修已经俨然一副竟陵派头矣。

其实,小修晚期的生命情调便是竟陵人格心态的主调。在现代人的心目中,公安与竟陵乃是前后相承的两个不同文学派别,如果以中郎与钟惺的时间衔接看,那自然是不错的,因为在中郎病逝的万历三十八年,恰恰是钟惺中进士的年头,也可以说是他登上文坛的标志,两个文学派别的衔接竟如此阶段分明,这在文学史上实在是很少见的。但若窥之小修生平,则又截然不同,他尽管比钟惺成名早,可中进士却比钟氏整整晚了六年之久,而他的卒年则仅比钟惺早两年,其年龄亦仅比钟惺大四岁,从这一点上说,二人简直就可以说是同时人物。时间的接近意味着他们将面对相近的境遇,因而也就具有相似的人格心态。假如对竟陵派首领钟惺的生平创作作一考察,便会体会到此说之不虚。钟惺(1574—1625),字伯敬,号退谷,湖北竟陵人,万历三十八年进士,授行人。先后任南京礼部祠祭主事、仪制郎中、福建提学佥事等职。关于钟惺的人格,其同派人物谭元春曾予以描述说:"性深靖如一泓定水,披其帷,如含冰霜。不与世俗人交接,或时对面同坐起若无睹者,仕宦邀饮,无酬酢主宾,如不相属,人以是多忌之。"(《谭元春集》卷二五,《退谷先生墓志铭》)可知他属于刚介冷峻的人格类型,他曾有一联咏铁塔的诗,也许足以作为其人格的象征,其曰:"立山水中精神子,瘦干高茎疏其节。"(《隐秀轩集》卷五,《玉泉寺铁塔歌》)细瘦孤立而又傲然劲拔,默默清冷而又伟岸不屈,这便是他所欣赏的人生境界。此种人格的形成或许不能排除其遗传与家庭环境的影响,但更重要的是时代在他身上的投影,陈继儒亦有文赞退谷先生曰:"长松之下,杖者安之。吏耶,隐耶,吾不知为何谁? 其思路微,其行径畸。其冷如万年冰,其钝如无字碑。……舌有骨,笔有眼,而又有一肚皮不合时宜耶!"(《白石樵真稿》卷十五,《钟伯敬先生像赞》)陈眉公在此除了又一次强调钟惺那"冷如万年冰,钝如无字碑"的孤傲人格,更指出了他"一肚皮不合时宜"的人格成因。

钟惺的不合时宜包含了自我与时代两方面的因素。从其原初人生志向说,他本想有所作为,因而在刚入仕途时,"官行人,思有用于当世,与一二同官讲求时务"。(《谭元春集》卷二五,《退谷先生墓志铭》)然而,他所处的晚明时代,已难以为之提供施展抱负的机遇。他有一首题为《邸报》的诗,对他眼中的朝政官场做出了述评:"曰余生也晚,前事未睹记。矧乃处下流,朝章非所识。三十余年中,局面往往异。冰山往崔嵬,谁肯施螂臂? 片字犯鳞甲,万里御魑魅。目前祸堪怵,身后名难计。……己酉王正月,邸书前后至。数十万余言,两三月中事。野人得寓目,吐舌叹且悸。耳目化齿牙,世界成骂詈。哓哓自哓哓,愦愦终愦愦。雄主妙伸缩,宽容寓裁制。并废或两存,喧嘿无二视。下亦复何名,上亦复何利? 议异反为同,途开恐成闭。机彀有倚伏,此患或不细。遘此不讳朝,杞人弥忧畏。"(《隐秀轩集》卷二)按"己酉"乃万历三十七年,据"两三月中事"之句,则本诗当作于万历三十七年三、四月间无疑。当时他虽尚未入仕,却已看到了士人"片字犯鳞甲,万里御魑魅"的可怕遭遇,也感觉到了神宗皇帝"并废或两存,喧嘿无二视"的倦于朝事,更痛心于"耳目化齿牙,世界成骂詈"的党争排陷,以及"哓哓自哓哓,愦愦终愦愦"的麻木不仁。这意味着当钟惺步入仕途时，所遇到的必然是一个纷乱的政治局面，也就注定了他"思有用于当世"的初衷必将以失败而告终。果然，他在踏入仕途后，便只能面对是非纷争的官场，于是也就很快变得兴味索然，萌发出"做官真无味"的心理感受。（《隐秀轩集》二八，《寄叔弟怪》）"十年迹渐陆沉间，屡见时情国步艰。如某一官何足道，惟公千里亦相关。"（同上，卷十一，《陈中丞正甫自晋赍书白门极为相念感答时将以南少司农莅任于此》）此四句诗实可作为他这十年为官生涯的总结，始终徘徊于下层官位而无所作为，眼见得国家时局一天天恶化，实在是够烦心的了。在此情形下，他亦曾编《谐丛》以自娱，但他终于没能笑得出来，而是形成了冷眼观世的孤傲心态，因为周围充满了争斗，布满了杀机，如何能让他笑得起来？他曾感叹："居乱世之末流，待朋友不可不恕。所谓'交情'二字，只可于作秀才及退居林下时以之责人。若士宦得失之际，卖友得官，此亦理势之常。"（同上，卷二八，《与熊极峰》）平静中流露出愤激，冷淡中显出孤傲，"卖友得官，此亦理势之常"一句，可谓骂尽官场中士人。用袁中道的话说，在如此境遇中，他要保持刚骨，便不能不冷却世情了。而在用世的人生追求陷入绝望境地时，他也便只能转向自我的适意。他本来就曾接受过公安派的影响，如公安派的重要成员雷思霈乃其科考之座师，袁中道、丘长孺亦是其文友，则钟氏受其影响当不言而喻，尤其是他与雷思霈的关系，早已超越了一般的科考师生关系，雷氏曾对钟惺说："从来座主门生不为少矣，吾两人觉别有神情，别有契合。"当钟惺向其请教大道之要，并问及世缘未断是否有碍学道时，雷曰："大道何必断世缘哉！道念深，缘念自浅。必缘尽而后学道，是世终无学道之人也。"钟惺说他"以此一语抹平生退转之恨"。（同上，卷三四，《告雷何思先生文》）可知他受雷氏之影响包括了探究生命价值与生死解脱的内容。同时他也接受了阳明心学的影响，如他在给三袁好友王以明的信中说："往时溺于诗文，忘却生死。

今承屡教,寄示近集《游戏三昧》及慈湖、近溪诸种。甘露之濯,自不必言。"(《隐秀轩集》卷二八,《与王以明》)他所看重王学的与公安派一样,也是以生命解脱为核心。万历四十五年,他在南京时结识了著名王门学者焦竑,其《题焦太史书卷》曰:"丁巳,予请假还,止寓南都,始得见先生。盖先生七十有八矣。其颜面间常有岳渎之气,真异人也。沐浴经年,为益不少。"(同上,卷三五)可知他所欣赏弱侯先生的,是其超然的"岳渎之气"。当然,钟惺从公安派与阳明心学那里所受之影响也不全是出世之念,这从他与李贽弟子陶珽的交往中可窥得一二。钟氏在南京时曾作有《史怀》一书,被时人目为"经世之书",陶珽在为该书所作的序言中说:"《史怀》者,吾友钟伯敬经世之书也,櫽括正史而论断之,自云取谢康乐'怀抱古今'之意。盖伯敬一官闲散,不操经世之权,而生平之慧心明眼,高才大识,无所用之,耻以文人自了,特向癔寐中借顾人之天下而发其蕴,上下数百年,扫理障,决群疑,洗沉冤,诛既死,是是非非,唯唯否否,一裁之道义经权而各成其是,此岂口耳坐谈者所可辨哉!"(引自陈广宏《钟惺年谱》,第195页)从陶氏所叙看,该书的撰作目的与行文方式与李贽所作《藏书》为同一旨趣,则当是受李贽影响无疑。当然,陶珽乃李贽弟子,在序《史怀》时是否有自身的主观倾向呢?这有钟惺自己的话可为证明:"弟俶居金陵,心自怀归。盖平生精力,十九尽于《诗归》一书,欲身亲校刻,且博求约取于中、晚之间,成一家言,死且不朽。又将《二十一史》肆力一遍,取其事以经世,取其文以传世,以怡情。"(《隐秀轩集》卷二八,《与谭友夏》)由此可知陶珽之论并非空穴来风,从钟氏"经世""传世""怡情"的撰作目的看,无论是其文学观还是其人生观,均与李贽有相近之处。但同时也说明,钟氏的经世已不再偏重于现实政治的进取,而是采取与古人对话的方式,寄希望于将来,其中情形与李贽当年隐居黄安、麻城著述以垂不朽颇为相似。因而与公安派相比,他和世俗之间拉开了更远的距离,他的性情更趋于孤僻,他的心态更趋于封闭,如果说三袁尤其是袁宏道尚偏于狂的话,钟惺则流于狷之一路。

清人陈允衡曾解释钟惺"好学孤行,不肯逐队"之成因说:"大略其所处在中晚之际,复为党论所挤,当时以大行拟科,忽出而为南仪曹,志节不舒,故文气多幽抑处。"(《尺牍新钞》卷十六,《复愚山先生》)后来,现代学者钱基博先生在解释竟陵诗风时,便是由陈氏之言而生发之,其曰:"惺生当晚明,复为党论所挤,当时以大行拟科,忽出而为南仪曹,志节不舒,而不肯赶热;'冷'之一言,其诗文,其学行皆主之。""以官为隐,以读书为官,其人其品实不可及!"这便将其人格与诗品联系起来,则其以下评价亦较公允:"其手近隘,其心独狠,要是著意读书人,可谓之偏枯,不得目为肤浅。其于师友骨肉之间,深情苦语,令人鼻酸;则又未可以一冷字抹煞。"(《明代文学》,第99—100页)陈、钱二人虽一古一今,然其所言皆为知人论世之语,颇能服人,较之清代许多官方学人将钟、谭一概骂倒实在高出多多。如钱谦益虽为钟惺之同时人,且二人之间亦多有交往,然其论钟惺虽承认其"以求绝出于时俗"之动机,但对其评价却甚为苛刻,言其诗文乃"以凄声寒魄为致,此鬼趣也。尖新割剥,以噍音促节为能,此兵象也。鬼气森,兵气杀,著见于文章,而国运亦随之"。(《列朝诗集小传》丁集中,《钟提学惺》)后来朱彝尊在其《静志居诗话》重复了钱谦益的看法,称钟、谭"流毒天下,诗亡而国亦随之矣"。(卷十七,《钟惺》)就动机论,钱、朱二人或许略有差别,钱氏在晚明欲做文坛领袖,自然嫉妒钟、谭声名,故倡言排击,语多失实;而朱氏则主要痛心于明代灭亡,急于寻找亡国原因,则亦不免有偏激之处。以实论之,钟惺人格之孤僻悲郁与文风之幽深孤峭,乃在于朝政之混乱与官场之险恶;而并非由其人格与文风导致了国运之衰恶。对此钟惺本人在为其好友谭元春诗集作序时,便已将时代、人格与文风之关系表述的非常清楚具体:"古称名士风流,必曰门庭萧寂,坐鲜杂宾,至以青蝇为吊客,岂非贵心迹之并哉? 夫日取不欲闻之语,不欲见之事,不欲与之人,而以孤衷峭性,勉强应酬,使吾耳目形骸为之用,而欲其性情渊夷,神明恬寂,作比兴风雅之言,其趣不已远乎? 且夫性子而习昵,则违心;意僻而貌就,则谩世;初谐而终疏,则变素;恒亲而时乖,则示隙。夫诗,清物也。才士为之,或近薄而取忌。违心谩世,薄道也。变素示隙,忌媒也。欲以明厚而反薄,欲免于忌而媒之,非计得之者也。索居自全,挫名用晦,虚心直躬,可以适己,可以行世,可以垂文,何必浮沉周旋,而后无失哉!"(《隐秀轩集》卷十七,《简远堂近诗序》)在此段话里,钟惺讲了三层意思:一是自古以来的风流名士,皆以远俗静守、幽深渊默为特征,而今若欲追随古代名士之境界,亦当以此为楷模;二是自己所具有的孤衷峭性与世俗之趋炎附势实格格不入,勉强去应酬世俗,只会损斫自我性情,并进而破坏自我之高雅诗趣;三是以自我之孤峭个性去与世相处,便会有违自己之初衷,同时也会表现出"谩世"之姿态,并"示隙"于人,最终招来世俗之忌恨,从而也就会危及自身。因此,他之所以在心态上趋于封闭静守与文风上追求幽深孤峭,目的即为"可以适己"的自我满足,"可以行世"的自我保护,以及"可以垂文"的自我不朽。在钟惺的话语中,有避世的打算,有愤世的心态,却没有乱世的动机。他的本意只是在污浊的时代保持自我人格之独立与高洁。不幸的是,他的不肯同流合污却招来了他人的忌恨,天启四年,他已丁父忧而家居,可福建巡抚南居益却依然不肯放过他,上疏弹劾他在福建提学佥事任上"百度逾闲,五经扫地。化子衿为钱树,桃李堪羞;延岨侩于皋比,门墙成市。公然弃名教而不顾,甚至承亲讳而冶游,疑为病狂丧心,讵止文人无行"。(引自陈广宏《钟惺年谱》,第 232 页)如此的诬蔑真令他欲哭无泪,他在逝世前一年所作的《甲子岁冬》一诗中说:"山岳中宵徙,冰霜烈日生。岂知原有故,只觉太无名。默默非人力,嚣嚣自物情。"(《隐秀轩集》卷十二）他知道有人会陷害自己，但却没有想到出之于如此名目；他也知道自己的孤高性情会招致俗士的"嚣嚣"之议，却又为这突然的变故而愤愤不平。于是，其好友谭元春便安慰他说："阅尽风涛舟易稳，望知阻险步先匀。长安弈散全抛子，豪杰江宽暗揣纶。雨急忽迷南北路，沙明转爱鸥鹭身。"（《谭元春集》卷十四，《甲子除夕和伯敬岁暮感怀之作示弟辈》）看了如此的不平遭遇，你还会觉得钟惺的倾向于幽深孤峭不可理解吗？但更为不幸的是，他在明清两代依然难以得到人们的理解，依然得到了一个"流毒天下"的评语，这难道是公平的吗？

在晚明时代，追求此类"偏""冷""小"等幽深孤峭风格者，实在并不限于竟陵一家。钱锺书先生在《谈艺录》中论竟陵派时，曾广征博引，并得出结论说："七子、钟谭两派中分诗坛，对垒树帜，当时作者如不归杨则归墨然。公安家言尚不足拟于郑之小国处两大国间，直曹郐之陋不成邦而已。"（见该书第420页）竟陵在晚明之影响超过公安远甚，固然有文学自身的因素①，但它在人格心态上与多数士人更为接近无疑是重要的原因之一。而追求"偏""冷""小"的风格便正是此种心态的反映。董说在评价汤显祖的文学观时，已提出"文章真诀一孤字，林壑精神在冷时"（《东石涧日记》，见《汤显祖研究资料汇编》，第460页）的观点，虽未必合乎汤氏之情形，却体现了董氏本人的情

---

① 公安派之所以在晚明之影响不如竟陵派，除止义所言的对社会的感受差异外，从文学本身讲亦有其原因。就言性灵讲，二者似亦无大别，然公安言性灵稍粗泛，他们所强调的识高、性慧、趣韵高远等，自然都是诗中重要因素，但又均带有强烈的个人色彩与玄妙特征，是可遇而不可求的诗人主体素质，缺乏实际可操作性，学诗之人无法仿效揣摩，故学公安者往往流于浅率鄙俗。而竟陵派则不同，据钟氏言，《诗归》之作，其目的便是"和盘托出，亦一片婆心婆舌，为此顽冥不灵之人设"。（《隐秀轩集》卷二八，《与高孩之观察》）即有了供其揣摩的样板，亦即有了实际可操作性，则也就便可以批量生产。尽管生产出的大多数肯定不是一流诗人，但对初学者说，则无疑有了较为具体的途径，这或许应当作为竟陵派在晚明时比公安派影响大的原因之一。但最根本的原因，我以为还是竟陵派的人生态度更合乎晚明士人的追求，因而也更受士人的重视。

趣。沈守正在《凌士重小草引》中也说："山之有巉崿也，石之有拳握也，草树之有梅竹也，书之有鸟爪虫丝也，画之有与可、云林也，诗之有韦、孟、郊、岛也，见者莫不喜，喜而欲狂，唯其趣异也。而不知者诋之曰奇、曰偏、曰小品。夫人抱迈往不屑之韵，耻与人同，则必不肯言侪人之所言，而好言其所不敢言、不能言。与其平也，宁奇；与其正也，宁偏；与其大而伪也，毋宁小而真。"观此，便可知诸多晚明士人之趣向矣。他们最大的兴趣在于求异而不在于趋同，而求异之原因则在于对自我性灵之重视与自我受用之追求，王圣俞在《苏长公小品序》中对此曾做过具体解释："人于万物，大者取大，小者取小。诗文亦然。今之文人皆谭往世千秋之业，而非余所存。问于余，文何得？对曰：寐得之醒焉，倦得之舒焉，愠得之喜焉，暇得之销永日焉。是其所得于文者皆一晌之欢也，而非千秋之志也。"（《苏长公小品》卷首，见《苏轼资料汇编》上编三，第1067—1068页）他之所以不取大而取小，乃是由于其创作目的不再幻想着去实现治国平天下此类的大事业，而是为了寐得之醒、倦得之舒、愠得之喜、暇得之销永日的自我满足。不过在此须更正的一点是，有此追求的绝非王圣俞一人，而是相当一批士人的共同志向。至于此时士人何以会在文中仅求一晌之欢而失却千秋之志，其根源则在于政治理想的丧失。吴士奇在《吴虎臣诗叙》中说："虎臣非直以诗酒雄也，盖雅志用世，既以矫世，卒之轻世肆志而嘿嘿终焉。"（《绿滋馆稿》卷二）按：吴士奇乃万历壬辰（二十年）进士，文中所言虎臣情形无疑为晚明士人心态，其自"用世"至"矫世"再至"轻世肆志"的人生经历，实在是从明中期以来士人失意的典型模式。此种由用世到轻世的人生价值取向的转换，不一定都是经过官场风浪颠簸的士人，他有时是一种时代的氛围，或者说是一种时代的情绪，它初始时也许是生发于官场之中，但随之便会扩散开来广泛传播于社会，以致令那些普通士人亦染而有之。比如宋懋登便是典型的例子。宋字幼清，上海人。今日虽已难以具体知晓其生卒年代，但他与王圻、施大经、俞汝楫号称万历间四大藏书家，则当系晚明士人无疑。他曾概括其生平曰："我二十年前，好名贪得，庚寅（万历十八年）以后，备尝艰险，始信奢俭苦乐，总是一妄，然犹以进取自励，至甲午（二十二年）病胃犯噎，乃慨然束经，病中追思往念，悉已成空，遂并一切诸好，亦复澹然。"（《九籥集》，第239页，《与张大》）像袁宏道一样，他的此种人生态度的变化并没有本质上的差异，"好名贪得"尽管有用世的倾向，却又与自我的放任密切相连，这只要看一看他早年的愿望便可了然，他说："少苦羁绁，但愿畜马万头，都缺衔辔。"（同上，第262页，《与樊一》）如此的狂放不羁精神显然是出现在万历十年至二十年之间的士人思想激进期。而晚年则"舍名舍得，兴来则吟咏诵读，笔削记述；兴去则散步涉世，饮酒高卧；要以期志之所适，虽流离颠沛，付之偶然而已"。（同上，第239页，《与王先生》）前后对比，固然有积极与消极之分，然期于"志之所适"则一也。宋氏的此种收敛行为据他自己讲乃是由于疾病所致，但倘若他处于明代前、中期，还会仅仅因一场病便失却人生的进取愿望吗？疾病此一诱发因素当然是不可忽视的，但时代的整体氛围在其人生转折中当更为重要。此种转折从心底讲当然是迫不得已的，甚至是充满苦涩的，这使他从传统士人的生存状态中脱离出来之后，获得了一种悠闲甚至是无聊的心情，这便需要寻找消愁破闷的方式，而他原先为科举做官所准备的种种知识道德储备，在此已难以发挥其效用，所以才会有"仁义礼智信，非止足处"（同上，第255页，《与乔九》）的感觉，于是便选择了积书、逃禅等其他方式，诗文则更成为其不可缺少的生命寄托载体，故曰："吾妻经，妾史，奴婢，而客二氏者二年矣，然待我于枕席者文赋，外宅儿也。"（同上，第246页，《与家二兄》）尽管在各种文体类别之间尚有高低贵贱的差别，但它们又全都是为了满足自我的需要而被其所使用。与明前期士人的妾妇心态相比，宋懋登成了堂堂丈夫,且莫言朝廷皇上,连一向被视为万世不变之大法的六经与治世宝鉴的史书,也被他当作妻妾来指派,实在是够大胆也够潇洒的。在晚明士人的眼中,一切都围绕着自我的满足而展开,同时也只有能够满足自我的东西也才有价值。华淑《闲情小品序》说:"长夏草庐,随兴抽检,得古人佳言韵事,复随意摘录,适意而止,聊以伴我闲日,命曰闲情。非经非史,非子非集,自成一种闲书而已。然而庄语足以警世,旷语足以空世,寓言足以玩世,淡言足以醒世。而世无有醒者,必曰此闲书不宜读而已。人之避闲也如是哉!然而吾自成其非经非史非子非集之闲书而已。"(《闲情小品》卷首)放弃了"警世""空世""玩世""醒世"的追求,所余唯有自放与自适,则亦唯有成此适己闲情之书而已。在这失去了千秋大志的时代里,文学的确显得目的单纯、格局狭小了,并带有浓厚的消极甚至颓废的色彩,但却更加走近了自我,更加贴近了文学目的本身。当然,满足自我不能作为文学的唯一目的,然而,抒写自我性情、满足自我愉悦,毕竟是文学的主要目的。从此一角度言,说晚明文学找回了久已失去的本质特征,也并非是毫无道理之论。

  从形式上看,晚明士人大都具有滑稽幽默的个性,表现在诗文风格上,尤其是当时广为流行的小品文风格上,便是其潇洒谐谑的特征。这其中当然是由摆脱传统束缚后的自我性灵发舒与自我价值的关注而导致的。对此我们也许可以将出世的超然洒脱作为晚明士人及其作品的共同追求。当时,甚至连东林领袖高攀龙也在《荷蒉言序》中,对华无技之出世求乐大加赞赏说:"无技与不佞生同岁,其受气十倍不佞,当用于世,未可以丘壑与;又其人有肝胆,能当天下事,未忍以丘壑与。然无技阅世多,知世味如此,而无涯之乐现前,有尽之年迫后。坐双桂间,香一炉,茗一杯,酒一樽,书一卷,出门而云烟帆鸟变态于七十二峰,皆吾几席上物,世味岂更有旨于是者!宜其有荷蒉之心哉!"(《冰雪携》上）世味饱尝而又真乐在前，则弃苦求乐似乎在所难免。事实上晚明士人的确有相当一部分采取了此种弃苦求乐的人生态度，在他们的眼里，似乎一切都不如享受人生之乐实惠，如："三九大老，紫绶貂冠，得意哉，黄粱公案；二八佳人，翠眉蝉鬓，销魂也，白骨生涯。"（《婆罗馆清言》）"甜苦备尝好丢手，世味浑如嚼蜡；生死事大急回头，年光疾于跳丸。"（同上）"宦情太浓，归时过不得；生趣太浓，死时过不得，甚矣，有味于淡也。"（《安得长者言》）所有这些言论，均围绕着一个共同的主题，即避开世事的纷扰，关注自我的生命。然而，人生的幽默实在是人生苦难的一种解脱方式，而对自我生命的关注也就是现实进取之路被斩断后无可奈何的人生选择，因而在晚明士人充满笑容的背后，你可以明显感受到难忍的苦涩。倘若不信，试看如下言论："吾辈聚首，开口即是浪谑调笑，借以消永日，亦谓世上难可庄语，不得不出是耳。"（《珂雪斋集》卷二二，《心律》）"历经寒暑，勘破玄黄。……欲叹则气短，欲骂则恶声有限，欲哭则近于妇人，于是破涕为笑。"（《文饭小品》，第438页，王思任《笑词序》）"迂散闲旷、幽忧抑郁之夫，取而读焉，亦自不觉其眉之伸、颐之解，发狂大叫而不能自已。"（《江盈科集》，第438页，《笑林引》）世不可庄语而出之以谐语；欲叹欲哭欲骂而不能，乃破涕为笑；以此谐笑之文而读之，而闷为破愁为消；等等，又是晚明士人真实心态的一个重要方面。他们面对败坏的政局，眼看无法收拾的世界，却又难于有所作为，于是悬崖撒手，破涕为笑，并反过来嘲笑那群在世俗泥坑里打滚的政客，此乃典型的末世心态。

当然，此种因现实政治环境的险恶而导致的退隐放浪人生态度，并非全都是可取的，在王朝末世的众生相中，无奈、无聊、无耻、无赖，都进行了充分的表演，诚如于慎行所言："标玄同之趣以文贵生之诀，而生未必养也。昄寂灭之宗以鬯无生之法，而生未必忘也。或世名已歇，托淡泊以依栖。或荣进无阶，借清净以表异。故有示辟谷之迹，而不能绝念于刀锥。修离欲之迹,而未必息心于绂冕。"(《谷山必麈》卷十七)于氏当然是从负面来揭示此类现象的,也不排除当时确有心口不一、故作清高之假山人假隐士,但又不能说此类矛盾徘徊、进退不定的态度全都是虚伪之举,有时倒是不得不然的真实心态的流露。一位学者在分析当时士人王思任的心态时说:"几番无奈,几多尴尬,其为人处世,既不愿同流合污,但又不免随波逐流;既不愿欺世媚俗,又不得不逢场作戏;虽渴求真情,想做真人,但又无奈于世态炎凉;虽向往有用于当世,却又敌不过诸般世俗邪恶。"(王恺《公安与竟陵》,第276页)这种分析是符合当时实际状况的,也是令人信服的。由此,让我们想起了陈继儒这位有争议的晚明士人。陈继儒(1558—1639),字仲醇,号眉公,又号清懒居士,松江华亭人。他早年即颇有名气,为诸生时与董其昌齐名,在科举上很被时人看好。但他在万历十四年二十九岁时,却"取儒衣冠焚弃之,隐居昆山之阳"。(《明史》卷二九八,《陈继儒传》)至于隐居的原因,今日已难以得知具体情形,但他在二十九岁尚未考中举人,可见是命运不偶。加之他又身处繁华之吴中,并不缺少施展才能的空间,则去烦难而就乐易也就不是不可能之事了。他尽管终生未能出仕,但在当时却名满天下,史载其"工诗善文,短翰小词,皆极风致,兼能绘事。又博闻强识,经史诸子、术伎稗官与二氏家言,靡不较核。或刺取琐言僻事,诠次成书,远近竞相购写。征请诗文者无虚日"。(同上)后来其声名甚至耸动朝廷,在崇祯间曾被数次荐举,皆辞不就。《四库全书总目》言晚明之时,"道学侈谈卓老,务讲禅宗;山人竞述眉公,矫言幽尚"。(卷一三二,杂家类存目九,《续说郛》)可知其影响与李贽并列,一时间曾倾动海内士人;同时也说明他虽名为隐居,可名气却越隐越大,不免令许多人怀疑其隐居的诚意。清人蒋士铨在其剧作《临川梦》第二出中,曾以"隐奸"称之,令其口言上场诗曰:"妆点山林大架子,附庸风雅小名家。终南捷径无心走,处士虚声尽力夸。獭祭诗书充著作，蝇营钟鼎润烟霞。翩然一只云间鹤，飞来飞去宰相家。"这就有点像李贽所讥讽的那样，属于名为山人而心同商贾的假货色了。倒是钱谦益综合各方评价以折中之曰："以仲醇之才器，早自摧息，时命折除，声华浮动，享高名食清福，古称通隐，庶几近之。玄纁物色，章满公车，动以康斋、白沙为比，谓本朝正史，当虚席以待笔削。耳食承伪，斯固可为一笑。而一二儒者，必欲以经史渊源之学，引绳切墨，指摘其空疏，而纠正其踳驳，亦岂通人之论哉！"（《列朝诗集小传》丁集下，《陈征士继儒》）钱氏既瞧不起陈眉公的布衣身份，以为将其誉为吴与弼、陈献章之类的大儒实属不伦；但又认为他的确有些才气，不应以正统之经史学问来指责其空疏偏谬。以实道来，陈眉公确有其俗气的一面，尤其不能同李卓吾相比，他曾自述曰："古隐者多躬耕，余筋骨薄，一不能；多钓弋，余禁杀，二不能；多有二顷田，八百桑，余贫瘠，三不能；多酌水带索，余不耐苦饥，四不能。乃可能者唯嘿处淡饭著述而已。然著述家切弗批驳先贤，但当拈己之是，不必证人之非。"（《岩栖幽事》）时代的确是变了，此时眉公非但已不同于古之隐者，他既无条件亦无兴趣再去躬耕南亩，也再不去忍受清苦的生活，而是带有晚明文化人的特性，著书交游，以维持高雅悠闲的生活水准；但他甚至也已不同于其前辈李卓吾先生，当年李贽隐居龙湖芝佛院时，亦以著述为主，可他尚未完全心冷，时刻关注着时事，批道学之伪善，评历史之是非，身隐而心难隐，以致最终自割于狱中。可以说他不仅"拈己之是"，更要"证人之非"，故而他给人的印象乃是狂者大豪的形象。如今时隔不久，眉公先生再也没有"证人之非"的兴趣，而惟余"拈己之是"的要求了。这固然不如李贽的是非分明更为令人敬慕，从而包含了俗气的一面。但这种俗气并不始于陈眉公，早在公安派那里这已被作为一种做人的原则了，在前边提及的《菜根谭》中更是俯拾皆是。后人对此或许会做出市侩的评价，但你得承认这又是经过无数次人生失败后所得出的经验之谈。那位世人皆醉我独醒的李卓吾,以及骂天下士人皆妇人的海刚峰,都曾领略过被世人唾骂的滋味。还有稍后的东林诸君子,他们以自身为君子而认他人为小人,亦曾落得个血肉横飞的下场。从这些惨痛的教训里,士人终于总结出一条人生经验:自身可以高洁,但不可以言他人之卑污;以君子律己则可,以小人责人则不可。这是市侩的,但同时也是实惠的。

然而,随俗只是陈继儒人格的一面,同时他还有另一面。他可以不证人之非,但却又要拈己之是,也就是说,他依然带有晚明士人清冷幽孤的独傲品格。也许正由于此,他才会跑到南京去有意结交那位不肯依附世俗的"冷人"钟敬伯先生。此事发生于万历四十五年,钟惺曾有诗记之曰:"相逢各不愧闻声,一揖舟中见一生。名士去来关耳目,高人语默远机情。禽鱼于我心无隔,笔墨窥君道甚平。自是出山时最少,闲游未免致将迎。"(《隐秀轩集》卷十,《访陈眉公于舟因共集俞园》)钟、陈二人之间自然不能算深交,但从"相逢各不愧闻声"的相互认可以及对其"远机情"的赞许看,钟惺起码对眉公先生没有坏的印象,也就意味着他们都具备了独善自守的士人品格。这有钟惺致眉公的信函为证:"相见甚有奇缘,似恨其晚。然使前十年相见,恐识力各有未坚透处,心目不能如是之相发也。"(同上,卷二八,《与陈眉公》)十年前即万历二十五年之前,那时钟惺尚未入仕,尚未领受仕途的险恶,他当然不能明白眉公退隐的意义,此刻他已在宦途徘徊八年之久,所以认为与眉公相见正是时机,正可对各自的人生体味"相发"相悟,故有相见恨晚之意。窥诸眉公生平,钟惺的评价并非没有道理。陈氏在绝科第而归隐之初,曾撰告衣巾呈文曰:"例请衣巾,以安愚分事。窃惟住世出世,喧寂各别;禄养志养,潜见则同。老亲年望七旬,能甘晚节;而某齿将三十,已厌尘氛。生序如流,功名何物?揣摩一世,真拈对镜之空花;收拾半生,肯作出山之小草。乃禀命于父母,敢告言于师尊,长笑鸡群,永抛蜗角。读书谈道,愿附古人;复命归根,请从今日。形骸既在,天地犹宽;偕我良朋,言迈初服。所虑雄心壮志,或有未瘳之时,故于广众大庭,预绝进取之路,伏乞转申。"(王应奎《柳南随笔》卷三,《陈眉公告衣巾》)他并不缺乏"雄心壮志",也知道"禄养"的好处,他之所以绝意仕进,是由于不愿做出山的小草。做小草当然有违于自我之初衷,因为那会变成逐队之"鸡群",有碍自我的伸展与难保士人的品格。更重要的是,在进入"蜗角"之争斗场中时,会有各种人生危险逼近自己。在其临终遗训中,陈眉公总结说:"启予足,启予手,八十年履薄临深;不怨天,不尤人,百千秋鸢飞鱼跃。"(陈梦莲《眉公府君年谱》,崇祯十二年)仿佛一生潇洒无比的陈眉公先生,却原来终生伴随着"履薄临深"的心灵恐惧,而且此种恐惧也绝非在其生命尽头方忽然有悟,而是由来已久,早在王思任罢官之时,眉公即告他说:"某尝谓临事而惧,好谋而成。所成何事?盖行有行之事,非谋与惧不成;藏有藏之事,非谋与惧不成。台下在行藏之间,千万与识者议之。"(李延昰《南吴旧话录》卷十一)从此种谋与惧的角度出发,陈眉公在貌似随和的行为里,立身行事均极其谨慎,他在万历二十八年不肯参与东林讲社,又在万历三十三年借病辞去理学讲社,便均为思之成熟的举动。他曾告诉董其昌说:"吾与公其时,不愿为文昌,但愿为天聋地哑,庶几免于今之世矣。"(《陈眉公先生全集》卷二,《文娱录序》)他的此种畏祸心态主要源于对党争的恐惧与时局的忧心,故曰:"方今东西唐突,南北复立党议。壬午(万历十年)而后,何纷纷也?忠义之降,流为气节;气节之降,流为客气。客气之弊,其始为位望,自相水火而不知。渐及于朝政,其泪于朝政,自相矛盾而不知。渐及于军务,其究为军务,自相柄凿而不知。渐及于豪杰之解体,君父之威损,草莽鄙夫,只有长叹而已。"(同上,卷五七,《与项东鳌》)是的,作为布衣身份的陈继儒,面对无休无止的党争与日益衰败的国势,他除了长叹,又有何事可做呢？为了保持自我的节操，为了免于环境的危害，他只能做"天聋地哑"的沉默人。但沉默只是其外表，我们看他上面对时局的分析，内心又是何等的洞若观火，明察秋毫！于是，他说："士大夫当有忧国之心，不当有忧国之语。"(《安得长者言》)这话讲的是何等的沉痛又是何等的无可奈何！凭他士人的敏锐感觉，他深知国家正一天天步入无可挽回的危局，于是由不得他不在平静的背后深藏着一种忧惧的心理。假如看不到陈继儒心理的此一侧面，便很难说已真正认清了陈眉公其人。

当我们认识了陈继儒的真实人格心态后，便不再会奇怪于他在晚明时代何以会有如许大之影响了，可以说他代表了相当一批晚明士人的人生追求，并以其鲜明的特征与前此的士人品格区别开来。最后，我想用陈眉公对颜子形象的认识来结束本节文字，并对比他与前辈士人的差别。颜子之乐本是自宋代以来儒者追求的人生理想之一，至于颜子所乐何事，或以为乐道，或以为乐得道后之和乐境界。陈继儒《志林》中"颜子身讽"的小品，却从另外一个新的角度，对颜子形象进行了创造性的诠释："颜子居陋巷，一箪食，一瓢饮。孔子贤之，非贤其安贫乐道也。安贫乐道，独行苦节之士皆能之，何足以难颜子。颜子王佐才也，箪瓢陋巷中，却深藏一个王佐。当是时，不特仲由子贡诸侪辈拉他不去，即其师孔子栖栖皇皇，何等急于救世，而颜子只是端居不动，而且有以身讽孔子之意。其后孔子倦于辙环，亦觉得陋巷的无此劳攘；厄于绝粮，亦觉得箪瓢的无此困顿；又其后，居夷浮海，毕竟无聊，原归宿到疏水曲肱地位，而后知颜子之早年道眼清澈耳。所以有感而三叹其贤也。古人云：智与师齐，减师半德；智过于师，乃堪传授。其颜氏之谓耶！故终日不违，不见他如愚，惟于箪瓢陋巷时味之，绝不露王佐伎俩，亦绝不露三十少年圭角，至此方见得颜子如愚气象。"(《晚香堂小品》)在明代前期的儒者眼中，颜子是苦节自守的道德高士，其特征在于绝俗禁欲之清纯，这显然仍旧是朱子所理解的颜子形象。到了陈献章、王龙溪那里，颜子又成了超然于世俗之外，自悟其道、自得其乐的独善儒者，其特征在于其既有高尚之品德、又有求乐之趣向的羲皇上人之品格。至李卓吾时，颜子又成了追求自我性命解脱的典范，他认为孔子便是一位像释迦与老子那样难以企及的出世圣人，而传孔子之学者惟颜子一人，其特征则在于看重自我生命、追求自我适意的隐士品格。而在陈眉公的眼中，颜子则成为一位身处乱世而能从容对待的贤者，他甚至比孔子更有远见卓识，其特征在于能够慧眼独具而全身远害。可见他的解释与传统的诸种说法均不相同，但证诸孔子的时代，也并非全无可能，因而陈氏的颜子形象可以算是真正的创造性诠释。更重要的是颜子的形象中映现着陈眉公本人的影子，你看他的颜子，年龄仅三十来岁，便绝不露圭角，绝不露王佐伎俩，眼光是何等敏锐，见解是何等高超！而且他的端居不出的行为，还有更深一层的用意，即有"以身讽孔子之意"。那么，二十九岁便弃却儒者衣冠的陈继儒岂非与颜子如出一辙，其全身远害的追求岂非与颜子同一旨趣，则其端居不出的行为是否也有以身讽世的深意呢？这在今日已经很难做出准确回答了，但晚明士人似乎已经读懂了眉公先生的深意，否则的话，他何以会在当时有如此大的名气呢！回顾晚明的士人存在状况，可以说已与阳明时代大不相同，但你得承认晚明士人又深深受到了阳明心学的影响，一位李卓吾，一位陈眉公，此二位晚明士人的楷模与代表，既是时代的产物，可他们也同样是阳明心学的变异后代。阳明心学本有济世与超越的两个方面，体现了士人关注社会与珍惜自我、开放进取与封闭自守的两种不同心态模式。由于社会环境的变迁，晚明士人只继承了后者而舍弃了前者，尽管这种舍弃是并不情愿的甚至是充满痛苦的，但却又是他们不得不做出的重要人生选择。阳明心学的出现本是为了挽救明王朝的社会危机，可最终却走向了如此结局，实在是一个令人值得深思的问题。

主要参考引用书目

《十三经注疏》 阮元校刊 中华书局1982年版
《诸子集成》 上海书店出版社1994年版
《论语集释》 程树德 中华书局1990年版
《老子校释》 朱谦之 中华书局1984年版
《老子解》 李贽 严凌峰《老子》集成本
《庄子集释》 郭庆藩 中华书局1982年版
《庄子解》 李贽 严凌峰《庄子》集成续编本
《周易集解纂疏》 李道平 中华书局1994年版
《周易本义》 朱熹 中国书店1994年版
《礼记集说》 陈澔 中国书店1994年版
《四书集注》 朱熹 中国书店1994年版
《通书》 周敦颐 上海古籍出版社1995年版
《张载集》 张载 中华书局1978年版
《二程文集》 程颢 程颐 丛书集成初编本1937年版
《二程集》 程颢 程颐 中华书局1981年版
《二程遗书 二程外书》 程颢 程颐 上海古籍出版社1995年版
《皇极经世书》 邵雍 文渊阁四库全书本
《朱子语类》 朱熹 中华书局1994年版
《朱子文集》 朱熹 商务印书馆1937年版
《坛经校释》 郭朋 中华书局1983年版
《金刚经集注》 上海古籍出版社1984年版
《史记》 司马迁 中华书局1989年版
《汉书》 班固 中华书局1982年版
《汉书补注》 王先谦 中华书局1983年版
《后汉书》 范晔 中华书局1982年版

《晋书》 房玄龄等　中华书局1974年版
《北史》 李延寿　中华书局1974年版
《宋史》 脱脱等　中华书局1977年版
《通制条格》 黄时勉点校　浙江古籍出版社1986年版
《明史》 张廷玉等　中华书局1984年版
《明史稿》 王鸿绪等　敬慎堂刊本
《明书》 傅维麟　丛书集成初编本
《明实录》 台湾"中央研究院"历史语言研究所影印本
《明史纪事本末》 谷应泰　中华书局1977年版
《明通鉴》 夏燮　上海古籍出版社1990年版
《明会要》 龙文彬　中华书局1956年版
《弇山堂别集》 王世贞　中华书局1985年版
《国榷》 谈迁　中华书局1988年版
《明名臣琬琰录》 徐纮等　江苏古籍刻印社1988年版
《藏书》 李贽　中华书局1974年版
《续藏书》 李贽　中华书局1974年版
《国朝典故》 邓士龙　北京大学出版社1993年版
《国朝献征录》 焦竑　上海书店1987年版
《明大政撰要》 谭希恩　四库全书存目丛书本
《明儒言行录》 沈佳　文渊阁四库全书本
《皇明文衡》 程敏政　四部丛刊初编本
《明文海》 黄宗羲　中华书局1987年版
《列朝诗集小传》 钱谦益　上海古籍出版社1983年版
《明诗纪事》 陈田　上海古籍出版社1993年版
《两汉三国学案》 唐晏　中华书局1986年版
《宋元学案》 黄宗羲等　中华书局1986年版
《明儒学案》 黄宗羲　中华书局1985年版
《日知录集解》 顾炎武著 黄汝成集释　岳麓书社1994年版
《四库全书总目》 永瑢等　中华书局1983年版
《廿二史劄记》 赵翼　中国书店1984年版
《水东日记》 叶盛　中华书局1980年版
《典故纪闻》 余懋登　中华书局1981年版
《菽园杂记》 陆容　中华书局1985年版

《四友斋丛说》 何良俊 中华书局 1997 年版
《戒庵老人漫笔》 李诩 中华书局 1982 年版
《七修类稿》 郎瑛 中华书局 1959 年版
《留青日札》 田艺蘅 上海古籍出版社 1992 年版
《玉堂丛语》 焦竑 中华书局 1959 年版
《万历野获编》 沈德符 中华书局 1980 年版
《治世馀闻 继世纪闻 松窗梦语》 陈洪谟等 中华书局 1985 年版
《涌幢小品》 朱国桢 中华书局 1959 年版
《谷山笔麈》 于慎行 见《明史资料丛刊》第三辑 江苏人民出版社 1983 年版
《书影》 周亮工 上海古籍出版社 1981 年版
《明武宗外纪》 毛奇龄 上海书店 1982 年版
《制义科琐记》 李调元 丛书集成初编本 1936 年版
《陶渊明集》 逯钦立校注 中华书局 1982 年版
《白居易集笺校》 朱金城笺校 上海古籍出版社 1988 年版
《击壤集》 邵雍 文渊阁四库全书本
《苏轼文集》 孔凡礼点校 中华书局 1986 年版
《苏轼资料汇编》 四川大学中文系唐宋文学研究室编 中华书局 1994 年版
《鲁斋遗书》 许衡 文渊阁四库全书本
《文宪集》 宋濂 文渊阁四库全书本
《高青丘集》 高启 上海古籍出版社 1985 年版
《海叟集》 袁凯 文渊阁四库全书本
《逊志斋集》 方孝孺 文渊阁四库全书本
《文敏集》 杨荣 文渊阁四库全书本
《东里全集》 杨士奇 文渊阁四库全书本
《东里文集》 杨士奇 中华书局 1998 年版
《省愆集》 黄淮 文渊阁四库全书本
《薛文清公读书录》 薛瑄 丛书集成初编本 1939 年版
《于忠肃集》 于谦 文渊阁四库全书本
《类博稿》 岳正 文渊阁四库全书本
《匏翁家藏稿》 吴宽 文渊阁四库全书本
《康斋集》 吴与弼 文渊阁四库全书本
《胡文敬公集》 胡居仁 文渊阁四库全书本
《陈献章集》 陈献章 中华书局 1987 年版

《怀麓堂集》 李东阳 文渊阁四库全书本
《李东阳集》 李东阳 岳麓书社1985年版
《李东阳续集》 李东阳 岳麓书社1997年版
《罗圭峰文集》 罗玘 文渊阁四库全书本
《阳明全书》 王阳明 四部备要本
《王阳明全集》 吴光等编校 上海古籍出版社1995年版
《空同先生集》 李梦阳 台湾伟文图书出版社明代论著丛刊本
《何大复集》 何景明 中州古籍出版社1989年版
《对山集》 康海 文渊阁四库全书本
《渼陂集》 王九思 四库全书存目丛书本
《王氏家藏稿》 王廷相 四库全书存目丛书本
《慎言》 王廷相 四库全书存目丛书本
《迪功集》 徐祯卿 文渊阁四库全书本
《山中集》 顾璘 文渊阁四库全书本
《华泉集》 边贡 文渊阁四库全书本
《杨文忠公三录》 杨廷和 文渊阁四库全书本
《龙溪王先生全集》 王畿 光绪八年重刊本
《王龙溪先生集》 王畿 广理学备考本
《王心斋先生遗集》 1912年袁承业据原刻本重编校排印
《西樵遗稿》 方献夫 四库全书存目丛书本
《渭厓文集》 霍韬 四库全书存目丛书本
《东郭集》 邹守益 文渊阁四库全书本
《双江先生困辩录》 聂豹 四库全书存目丛书本
《升庵集》 杨慎 文渊阁四库全书本
《考功集》 薛蕙 文渊阁四库全书本
《少谷集》 郑善夫 文渊阁四库全书本
《桂洲文集》 夏言 明崇祯十一年刊本
《钤山堂集》 严嵩 清嘉庆十一年严氏重刊本
《明道编》 黄绾 中华书局1959年版
《文徵明集》 文徵明 上海古籍出版社1987年版
《荆川集》 唐顺之 文渊阁四库全书本
《荆川先生文集》 唐顺之 四部丛刊本
《王遵岩全集》 王慎中 清康熙间刊本

《遵岩集》 王慎中 文渊阁四库全书本
《念庵文集》 罗洪先 文渊阁四库全书本
《李开先集》 李开先 中华书局 1959 年版
《杨忠愍公集》 杨继盛 丛书集成初编本 1936 年版
《茅坤集》 茅坤 浙江古籍出版社 1993 年版
《青霞集》 沈炼 文渊阁四库全书本
《徐渭集》 徐渭 中华书局 1982 年版
《颜钧集》 黄宣民点校 中国社会科学出版社 1996 年版
《衡庐续稿》 胡直 文渊阁四库全书本
《震川先生集》 归有光 上海古籍出版社 1981 年版
《近溪子集》 罗汝芳 四库全书存目丛书本
《罗近溪先生文集》 罗汝芳 广理学备考本
《孝经宗旨》 罗汝芳 丛书集成初编本
《何心隐集》 中华书局 1960 年版
《弇州山人四部稿》 王世贞 文渊阁四库全书本
《弇州山人续稿》 王世贞 四库全书存目丛书本
《太涵集》 汪道昆 四库全书存目丛书本
《海瑞集》 海瑞 中华书局 1962 年版
《张太岳文集》 张居正 上海古籍出版社 1984 年版
《南询录》 邓豁渠著 黄宣民标点《中国哲学》第十七辑 岳麓书社 1998 年版
《耿天台先生集》 耿定向 四库全书存目丛书本
《焚书》 李贽 中华书局 1963 年版
《续焚书》 李贽 中华书局 1959 年版
《道古录》 李贽 明刊本
《阳明先生道学钞》 李贽 明刊本
《李温陵外纪》 张师绎 台湾伟文图书出版社明代论著丛刊本
《初潭集》 李贽 中华书局 1974 年版
《读升庵集》 李贽 四库全书存目丛书本
《李温陵集》 李贽 四库全书存目丛书本
《高子遗书》 高攀龙 文渊阁四库全书本
《学蔀通辩》 陈建 四库全书存目丛书本
《呻吟语》 吕坤 岳麓书社 1991 年版

《澹园集》　焦竑　金陵丛书本
《鸿苞集》　屠隆　四库全书存目丛书本
《白榆集》　屠隆　四库全书存目丛书本
《由拳集》　屠隆　四库全书存目丛书本
《白苏斋类集》　袁宗道　上海古籍出版社1989年版
《袁宏道集笺校》　钱伯诚笺校　上海古籍出版社1981年版
《金屑编》　袁宏道　明刊清响斋刻本
《珊瑚林》　袁宏道　明刊清响斋刻本
《坛经节录》　袁宏道　明刊清响斋刻本
《珂雪斋集》　袁中道　上海古籍出版社1989年版
《歇庵集》　陶望龄　台湾伟文图书出版社明代论著丛刊本
《江盈科集》　江盈科　岳麓书社1997年版
《汤显祖诗文集》　汤显祖　上海古籍出版社1982年版
《汤显祖集》　汤显祖　中华书局1962年版
《调象庵集》　邹迪光　四库全书存目丛书本
《纶扉奏草》　叶向高　台湾伟文图书出版社1977年版
《隐秀轩集》　钟惺　上海古籍出版社1992年版
《谭元春集》　谭元春　上海古籍出版社1998年版
《绿滋馆稿》　吴士奇　四库全书存目丛书本
《九籥集》　宋懋登　中国社会科学出版社1984年版
《冯梦龙全集》　陆国斌点校　江苏古籍出版社1993年版
《冯梦龙诗文》　橘君辑注　海峡文艺出版社1985年版
《情史类略》　冯梦龙　岳麓书社1984年版
《悦容编》　卫泳　香艳丛书一辑卷二
《菜根谭》　洪应明　岳麓书社1991年版
《说郛三种》　陶宗仪等编　上海古籍出版社1988年版
《安得长者言》　陈继儒　四库全书存目丛书本
《刘子全书》　刘宗周　清道光四年刻本
《牧斋初学集》　钱谦益　上海古籍出版社1985年版
《有学集》　钱谦益　上海古籍出版社1996年版
《绛云楼题跋》　钱谦益　中华书局1958年版
《鲒埼亭集》　全祖望　四部丛刊初编本

《陈确集》 陈确 中华书局1979年版
《三鱼堂文集》 陆陇其 文渊阁四库全书本

《文心雕龙》 刘勰著 范文澜注 人民文学出版社1958年版
《全唐文》 董诰等 上海古籍出版社1993年版
《全明散曲》 谢伯阳编 齐鲁书社1994年版
《明人小品十六家》 陆云龙等选评 浙江古籍出版社1996年版
《历代诗话》 何文焕辑 中华书局1982年版
《历代诗话续编》 丁福保辑 中华书局1997年版
《明诗话全编》 吴文治主编 江苏古籍出版社1997年版
《清诗话》 王夫之等 中华书局1963年版
《清诗话续编》 郭绍虞编选 上海古籍出版社1983年版
《明诗评》 王世贞 丛书集成初编本1937年版
《静志居诗话》 朱彝尊 人民文学出版社1990年版

《中国哲学史新编》 冯友兰 人民出版社1982年版
《中国思想通史》 侯外庐主编 人民出版社1980年版
《中国古代思想史论》 李泽厚 人民出版社1985年版
《儒家思想新论》 杜维明著 曹幼华 单丁译 江苏人民出版社1996年版
《中国前近代思想之曲折与展开》〔日〕沟口雄三著 陈耀文译 上海人民出版社1997年版
《中国的思想》〔日〕沟口雄三著 赵士林译 中国社会科学出版社1995年版
《中国文化中人的观念》 李庆 学林出版社1996年版
《中国圣人论》 王文亮 中国社会科学出版社1993年版
《士与中国文化》 余英时 上海人民出版社1987年版
《中国思想传统的现代诠释》 余英时 江苏人民出版社1995年版
《摆脱困境——新儒学与中国政治文化的演进》〔美〕墨子刻著 颜世安等译 江苏人民出版社1996年版
《儒学本体论研究》 严正 天津人民出版社1997年版
《心体与性体》 牟宗三 台湾正中书局1968年版
《朱子学与阳明学》〔日〕田岛虔次 陕西师范大学出版社1986年版
《理学纲要》 吕思勉 东方出版社1996年版
《理学与中国文化》 姜广辉 上海人民出版社1994年版

《宋明理学史》　侯外庐等编　人民出版社 1987 年版
《宋明理学研究》　张立文　中国人民大学出版社 1987 年版
《宋明新儒学略论》　冯达文　广东人民出版社 1997 年版
《理学的演变》　蒙培元　福建人民出版社 1984 年版
《理学范畴系统》　蒙培元　人民出版社 1989 年版
《中国哲学主体思维》　蒙培元　人民出版社 1993 年版
《心灵超越与境界》　蒙培元　人民出版社 1998 年版
《陆王心学研究》　刘宗贤　山东人民出版社 1997 年版
《晚明思想史论》　嵇文甫　东方出版社 1996 年版
《明代思想史》　容肇祖　民国丛书本
《明代思想与中国文化》　宗志罡主编　安徽人民出版社 1994 年版
《晚明思潮》　龚鹏程　台湾里仁书局 1994 年版
《陆王学述》　徐梵澄　上海远东出版社 1996 年版
《从理学到朴学》〔美〕艾尔曼著　赵刚译　江苏人民出版社 1995 年版
《人间净土的追寻》　江灿腾　台湾稻乡出版社 1989 年版
《明清民国佛教思想史论》　江灿腾　中国社会科学出版社 1996 年版
《中国近代佛教思想的争辩与发展》　江灿腾　台北南天书局 1998 年版
《江右王学与明中后期江西教育发展》　吴宣德　江西教育出版社 1996 年版
《宋明理学》　陈来　辽宁教育出版社 1995 年版
《有无之境》　陈来　人民出版社 1995 年版
《王学通论》　杨国荣　上海三联书店 1990 年版
《心学之思》　杨国荣　生活·读书·新知三联书店 1997 年版
《王阳明哲学研究》　沈善洪　王凤贤　浙江人民出版社 1981 年版
《王阳明与禅》　陈荣捷　台湾学生书局 1982 年版
《左派王学》　嵇文甫　上海开明书店 1934 年版
《论浙东学术》　方祖猷等主编　中国社会科学出版社 1995 年版
《优入圣域——权利、信仰与正当性》　黄进兴　陕西师范大学出版社 1998 年版
《宋明思想与中华文明》　祝瑞开主编　学林出版社 1995 年版
《心学与中国社会》　吴雁南主编　中央民族学院出版社 1994 年版
《薛瑄学术思想研究论文集》　赵北耀主编　山西古籍出版社 1997 年版
《李贽学术国际研讨会论文集》　张建业主编　首都师范大学出版社 1994 年版
《李卓吾的佛学与世学》　林其贤　台湾文津出版社 1992 年版
《念佛与参禅——晚明袁宏道的佛教思想》　邱敏捷　台湾商鼎文化出版社 1993 年版

《刘蕺山哲学研究》 东方朔 上海人民出版社1997年版
《中国教育史研究（明清分卷）》 周德昌主编 华东师范大学出版社1995年版
《明清史讲义》 孟森 中华书局1981年版
《剑桥中国明代史》〔美〕牟复礼〔英〕崔瑞德编 中国社会科学出版社
　　1992年版
《明清史国际学术讨论会论文集》 天津人民出版社1982年版
《明史研究备览》 李小林 李晟文主编 天津教育出版社1988年版
《明清人物论集》 历史研究编辑部编 四川人民出版社1982年版
《明清佛教》 郭朋 福建人民出版社1985年版
《下学集》 李洵 中国社会科学出版社1995年版
《明初重典考》 杨一帆 湖南人民出版社1984年版
《三案始末》 温公义 重庆出版社1984年版
《明清之际党社运动考》 谢国桢 中华书局1982年版
《容肇祖集》 容肇祖 齐鲁书社1989年版
《明清进士题名碑录索引》 朱保炯 谢沛霖编 上海古籍出版社1979年版
《晚明曲家年谱》 徐朔方 浙江古籍出版社1993年版
《沈周年谱》 陈正宏 复旦大学出版社1993年版
《明唐荆川先生年谱》 唐鼎元 1939年排印本
《王世贞年谱》 郑利华 复旦大学出版社1993年版
《李卓吾年谱附补遗》〔日〕铃木虎雄 朱维之译 《李贽研究参考资料》第一辑
　　福建人民出版社1974年版
《李贽年谱》 容肇祖 生活·读书·新知三联书店1957年版
《李贽年谱考略》 林海权 福建人民出版社1992年版
《李贽评传（修订本）》 张建业 福建人民出版社1992年版
《钟惺年谱》 陈广宏 复旦大学出版社1993年版
《明代内阁制度史》 王其榘 中华书局1989年版
《明代内阁政治》 谭天星 中国社会科学出版社1996年版
《永乐皇帝》 商传 北京出版社1989年版
《王守仁评传》 张祥浩 南京大学出版社1997年版
《严嵩传》 张显清 黄山书社1992年版
《李开先传略》 卜键 中国戏剧出版社1989年版
《张居正大传》 朱东润 湖北人民出版社1981年版
《万历十五年》〔美〕黄仁宇 中华书局1982年版

《叶向高与明末政坛》 冷东 汕头大学出版社 1996 年版
《汤显祖与晚明文化》 郑培凯 台湾允晨文化实业股份有限公司 1995 年版
《汤显祖论稿》 周育德 文化艺术出版社 1991 年版
《汤显祖编年评传》 黄芝冈 中国戏剧出版社 1992 年版
《论汤显祖及其他》 徐朔方 上海古籍出版社 1983 年版
《汤显祖研究论文集》 江西省艺术研究所编 中国戏剧出版社 1984 年版
《汤显祖研究资料汇编》 毛效同编著 上海古籍出版社 1986 年版
《中国历代小说序跋集》 丁锡根编 人民文学出版社 1996 年版
《谈艺录》 钱锺书 中华书局 1984 年版
《宋明理学与文学》 马积高 湖南师范大学出版社 1989 年版
《理学文化与文学思潮》 韩经太 中华书局 1997 年版
《明代文学批评史》 袁震宇 刘明今 上海古籍出版社 1996 年版
《明代诗文的演变》 陈书录 江苏教育出版社 1996 年版
《中国新文学渊源》 任访秋 河南人民出版社 1986 年版
《明代文学复古运动研究》 廖可斌 上海古籍出版社 1994 年版
《何景明研究》 李叔毅等编 中州古籍出版社 1992 年版
《明代隆庆、万历间文学思想转变研究》 饶龙隼 西南师范大学出版社 1995 年版
《佛教与晚明文学思潮》 黄卓越 东方出版社 1997 年版
《晚明士人心态与文学个案》 周明初 东方出版社 1997 年版
《〈袁宏道集笺校〉志疑》 李健章 湖北人民出版社 1994 年版
《晚明文学革新派公安三袁研究》 张国光 黄清泉主编 华中师范大学出版社 1987 年版
《竟陵派与晚明文学革新思潮》 竟陵派研究会编 武汉大学出版社 1987 年版
《公安与竟陵》 王恺 江苏古籍出版社 1996 年版
《公安派的文学批评及其发展》 周质平 台湾商务印书馆 1986 年版
《冯梦龙散论》 陆树仑 上海古籍出版社 1993 年版
《〈三言二拍〉的精神史研究》 王鸿泰 台湾大学出版委员会 1994 年版
《晚明性灵小品研究》 曹淑娟 台湾文津出版社 1988 年版
《晚明小品与明季文人生活》 陈万益 台湾大安出版社 1988 年版
《晚明小品研究》 吴承学 江苏古籍出版社 1998 年版

后　　记

　　本书系北京市哲学社会科学"九五"规划项目"王学与中晚明士人心态"研究的最终成果。本项目就其研究范围而言，乃是对阳明心学与中晚明士人精神生态及其行为方式之间关系的研究，因而也就相应地采取了文史哲打通的研究方法，具体考察了阳明心学在历史的实际运行过程中对士人心态的影响方式与影响结果。其主要研究途径为：探讨阳明心学产生的历史前提与发生契机，指出阳明心学的实质特征与对阳明本人人生存在的意义，梳理出阳明心学在中晚明的历史演变过程中对士人精神生态所造成的实际影响。其主旨在于：揭示阳明心学乃是为了解决明代士人的生存困境，方提出了其致良知的哲学主张，它由内在超越的个体自适与万物一体的社会关怀两方面的内涵构成，目的是要解决自我生命的安顿与挽救时代的危机，然而在实际的历史运行中，它却伴随着环境的挤压而逐渐向着个体自适倾斜，从而变成了一种士人自我解脱的学说。本书写作的初衷乃是将其作为明代文学思想研究的一个环节，通过对阳明心学对士人心态的影响，更深入地认识当时文学思想的内涵与演变线索，因此在写作过程中，曾有意识地对阳明心学与文学思想的关系多增加了几分关注。但是，就整体而言，基本还是将其作为一个独立的整体加以关照的，即力争将明代的历史、哲学、文学诸要素融会贯通起来，使对阳明心学与士人心态关系的考察变成一种立体系统的研究，从而将其写作目的扩展为：不仅弄清阳明心学与士人心态的实际联系与真实面貌，并为明代的历史、哲学与文学研究提供一个合适的诠释视野。至于说本书是否达到了预期的目的，则只有靠读到它的专家学者们去判定了。

就本书来说，如果论起感受之深来，写作的过程实在是大大超过了写作的内容。在此书的写作过程中，笔者所经受的苦辣酸甜，不仅是一种重要而丰富的人生体验，而且也是一次人生经验的总结与人生境界的提高。

当窗外的树木经过了绿了又黄、黄了又绿的几度变换之后，我终于做完了这个科研项目。说心里话，实在有一种如释重负的感觉。而屈指算来，距我开始对本论题的研究已经整整四年了。本来，这个项目是我整个学术计划的一部分，是早就想做的。当我在1992年初入南开大学攻读博士学位时，就计划做一部《明代文学思想史》，但我的导师罗宗强先生认为此一题目太大，绝非短时期所能毕功，与其大而无当，不如小而深入，于是最终选择了《李贽与晚明文学思想》作为博士论文的题目。当时曾计划将此博士论文题目作为研究的第一步，并计划第二步对王阳明心学与明代文学思想的关系展开研究，第三步再写作《明代文学思想史》，或许会更显扎实些。因而在1996年，便以"王学与中晚明士人心态"为题，申报了北京市哲学社会科学"九五"规划项目并获准立项，原计划在三年内可从容地将其完成。然而，工作期间的研究毕竟与读书时人有不同，刚刚毕业需要安顿家庭，又要做好系里安排的工作，因而便不得不时时将精力从研究对象上移开。可是当你再回到题目上来时，又不能不花大力气整理散乱的思绪，以便接上原来的思路。常常是炎夏中汗水爬满面颊而对着窗外冥思苦想，寒冬时在纷飞大雪中徘徊漫步而归纳思路。没有双休日，没有节假期，许多章节是伴随着他人除夕联欢晚会的热闹与大年初一走亲访友的欢快而写出的。治学须耐得寂寞，受得清苦，这是多年前便已明白的道理并早就习以为常，但所有这些，又都代替不了对于时间流逝的苦恼与心力交瘁的折磨,从此一角度说,研究毕竟是一件苦差事。

然而如今毕竟将此项目完成了,其间支撑自我意志的当然不全是传承人类文化的使命感,尽管这听起来颇为动人。项目期限的催促,科研任务的完成,职称评定的需要,这些听来虽然俗气的种种因素,我依然不能彻底从我完成项目的动机中排除。我们毕竟都是生活在这个大千世界中的草民,受到种种现实人生的牵扯,也就不可能不食这人间烟火。但是,我还是得坦白承认,除各种现实需要而不得不忍受这研究工作的枯燥外,同时也从中实实在在领受过人生的愉悦和灵魂的净化。当你面对古人的那一刻,既会被他们所经历的各种人生烦恼、现实磨难、失意不幸、悲愤凄凉所深深感动,更会被他们的真诚、坦白、超然、洒脱的人生境界所紧紧吸引。当你看到王阳明身陷龙场绝境毫无生路时,却能悟道自存而不失进取之心,你能不被他的坚忍执着所打动!当你看到他立下平定叛乱的大功而被群小攻讦时,却能一笑置之而只将其作为砥砺人生的难得机遇,你能不被他的宽阔胸襟所折服!当你看到遭遇到空前的人生困境时,却能抱着"用之即行舍则休"的无可无不可的人生态度,你能不被他这通达而又不失责任心的境界所同化!当你看到他在戎马倥偬的军旅生涯与变幻莫测的朝廷官场之中,却依然能够保持明净敏锐的艺术感受力,你能不被他如此高雅的审美情愫所感染!当你面对这位六百年前的先哲时,你将会得到一种怦然心动的心灵体验,暂时从凡俗的生活中抽身出来,心灵得到了净化,境界得到了提升,感受到了诗意的纯美,体验到了人生的高尚,从而理解了人生的苦难与人生的欢悦对于自我的意义同等重要。对于王阳明提出的致良知的心学理论,你动用你的理性可以从历史的实际运行中验证出它的种种局限与不足,也可以看到这种理论对士人所造成的种种不幸与尴尬,但你得承认,他们在人格上大都是真诚的,你大可以放心地和他们进行心灵的对话,于是研究变成了情感心灵体贴与理性智慧解释的双重并举。这样的研究显然不全是吃苦，而且更充满了愉快，所以我做完项目时，既有精力的疲惫，也有精神的满足，并且乐意继续从事这样的研究。如果当读者阅读此书时，不仅认识了过去的历史，同时也得到了情感的熏陶与境界的提升，那将是我最感庆幸的。

说到底，本项目的研究只是我对于明代文学思想研究计划中的一个部分而已，或者说它只是我的学术思考的一个段落。在思考的过程中，得到了北京市社科规划办公室与首都师大科研处、中文系在资金、时间、设备等方面的支持，否则这种思考将难以顺利进行下去。如今又要讲这种思考的结果物化为书籍呈现给读者，依然得到了北京市社科规划办公室与中文系211工程重点学科的资助，否则此一物化的结果亦将难以实现。这是我所必须加以声明并表示深深谢意的。同时，本书的出版还得到了人民文学出版社王培元、周绚隆先生的支持，在此谨一并致以谢意！

在此，我必须对我的博士生导师罗宗强先生表示真挚的感谢，因为我所使用的研究方法与所拥有的学术思想，都是在罗先生处所受得训练与启迪，没有那一段的严格训练与令人难忘的学术经历，就不可能有今日的学术风格与研究成果。

古人的最终目的是成就圣人的境界，虽然高远而难达，却毕竟有个尽头，而我们的研究却没有一个尽头，既没有勇气将学问做完，也不敢奢望将学问做得无懈可击，而唯一的价值便在研究的过程，读书的愉快，思考的充实，与古人对话的放松，都令我觉得人生充满了味道。于是，我将继续研究。

左东岭

1999年10月29日于首都师范大学

再 版 后 记

本书初版于 2000 年 4 月,距今已有 12 年的时间了。但至今回忆起来,那依然是一段美好的岁月。《王学与中晚明士人心态》这本书我不敢说是我的所有著作中写得最好的一本,因为著作的质量只有读者才有资格去进行评判,但我认为这是我写得最为愉快的一本书。

作为一位人文学科的研究者,他的学术思考最为需要的是充裕的时间保障与平静自由的心境。一定的物质条件当然是必要的,比如现代的书写工具与出版的经费资助等等。然而,如果没有时间去从容思考,任何优裕的学术资源都将失去其对于学术的意义。正如我在初版后记中所言:"项目期限的催促,科研任务的完成,职称评定的需要。"这些功利性的因素也伴随着本书写作的整个过程。然而有两点是我至今依然印象深刻的。第一是时间得到了较为充足的保障。那时尽管也有项目主管部门的催促与监管,但实际上对我造成的影响几乎可以忽略不计。作为人文学者,最为重要的是自我把握的能力,尤其是抵御外界的诱惑和学会拒绝的定力。在当今的学术环境中,学术资源的争夺几乎达到了白热化的程度,许多高校都将有无高级别的项目作为考核的指标与奖励的标准,从而迫使大批学者去采取种种的方式争取各种级别的项目。但我要说,对于王阳明心学与士人心态关系的研究是我整个学术计划的一部分,是一个我必须并且乐意去做的课题。无论是否得到学术资助,做自己愿意做的研究,我认为这是人文学者的底线。如果为了功利的目的而被环境所左右,那么将会散漫无归而一事无成。

同时，学会拒绝也是时间得以保障的重要前提之一。在当今的学术体制中，学科建设的需要与学者之间的友情合作，都会时时分散学者的时间与精力。如何处理好学科建设与学术个性、学术友情与独立品格之间的关系，是当下每位人文学者都要面对的难题。但无论如何，都不能影响自己的重要学术计划，从而必须拒绝一切可能的干扰。第二是能够保持平静的心境进行自由的学术思考。那时候我还没有行政事务的干扰与繁杂的社会工作，除了上课，便可整日沉浸于学术研究之中。阳明心学是一种体验性很强的学说，尤其当它与士人心态的研究结合在一起时，就更体现出强烈的主体性特征。因此，当面对此一研究对象时，需要的不仅是历史文献的训读与梳理，理论范畴的推论与思辨，更需要的是心灵的体贴，情感的沟通，生命的感悟与诗意的联想。那时，面对窗口的冥思苦想与仰望天空的心灵对话成为生活的主题。在正式进入写作过程后，整整的8个月就在这样充实而快乐的节奏中度过。如今想来，那时一段多么值得留恋与回忆的时光！每当看到这本书，都会勾起我无限的美好记忆。

我常常在想，一位研究者的思考结果当然是重要的，同时其思考过程难道不也同样重要吗？学术研究是一种工作，更重要的它还是一种生活，一种境界，一种品位，而不是谋取名利的工具，尽管社会也会以名利去奖励那些成功者。然而，如果以名利作为研究的目的，最好不要去进行人文学科的研究，因为那将得不到人生的快乐，更失去了研究的意义。

在本书初版后的这12年中，是我人生中最为繁忙的12年，因为从那时起，除了教学研究的本职工作，我还身不由己地兼做起了行政工作，并一直延续到今天。且不说当今行政体制内复杂纷扰的难言之隐，学术研究上也整整用了10年的时间去从事明代诗歌史的研究。这其间虽然也曾对王阳明的诗学思想与诗歌创作进行过研究，但毕竟没有时间集中地思考其哲学及影响了。于是,《王学与中晚明士人心态》一书便成为我学术生涯中相对完整的一个阶段,成为值得回忆的美好经历。从学术上讲,本书无疑是受到了我的导师罗宗强教授《玄学与魏晋士人心态》的启发,但就论题自身讲则具有一定程度的原创性,因而我一直很珍惜此一论题。从人生体验讲,本书承载了我最美好的学术生涯,曾给过我无可替代的心灵感动与审美愉悦,因而我一直对其充满了深深的留恋。如今,商务印书馆的常绍民先生以其古道热肠与职业眼光,决定再版这本著作,从而使我能够重温当年的愉快感觉,我不得不对他表示由衷的感谢与敬意!当然,如果本书还能够对广大的读者继续有所启发,那就更是我的意外惊喜了。

左东岭

2012年10月5日于北京寓所